Otto/Oelerich/Micheel (Hrsg.)
Empirische Forschung

Empirische Forschung und Soziale Arbeit

Ein Lehr- und Arbeitsbuch

Herausgegeben von Hans-Uwe Otto, Gertrud Oelerich und Heinz-Günter Micheel

Luchterhand

Bibliografische Information Der Deutschen Bibliothek
Die Deutsche Bibliothek verzeichnet diese Publikation in der Deutschen Nationalbibliografie; detaillierte bibliografische Daten sind im Internet über http://dnb.ddb.de abrufbar.

www.luchterhand-fachverlag.de

Umschlag: arttec grafik simon & wagner, St. Goar
Druck: Betz Druck, Darmstadt
Printed in Germany, September 2003

♾ Gedruckt auf säurefreiem, alterungsbeständigem und chlorfreiem Papier

Inhaltsverzeichnis

Forschungstheorie

Forschungsessay

Methodische Beiträge

Berichte aus der Forschung

Forschungsmethoden

Einleitung

HANS-UWE OTTO/ GERTRUD OELERICH/ HEINZ-GÜNTER MICHEEL

Mehr als ein Anfang
Empirische Forschung in der Sozialen Arbeit

I.

Die empirische Forschung gewinnt in der wissenschaftlichen Diskussion der Sozialen Arbeit zunehmend an Bedeutung. Eine Einschätzung der Forschungssituation, wie sie noch 1985 von Hornstein zu Recht formuliert wurde, dass nämlich »eine wirklich empirische, die Problemlagen erschließende Analyse« (ders. 1985, 474) im Hinblick auf die Praxis der Sozialen Arbeit fehle, kann heute nicht mehr in einer solchermaßen grundsätzlichen Weise vertreten werden. Für eine euphorische Bewertung der empirischen Forschungslandschaft in der Sozialen Arbeit besteht gleichwohl auch kein Anlass. Insbesondere mit Blick auf theoretisch-systematische Fragestellungen gibt es zum aktuellen Zeitpunkt weiterhin gute Gründe, die Skepsis, mit der viele Protagonisten der empirischen Diskussion den entsprechenden Forschungsstand in der Sozialarbeit / Sozialpädagogik betrachten, zu teilen (vgl. z.B. Dewe/Otto 1996; Hornstein 1998; Lüders 2001; Thole/Rauschenbach 1998).

Abseits dieser Einschätzungsdiskurse kann als gesichert gelten, dass empirische Arbeiten immer stärker in den Alltag der Disziplin vordringen und damit auch diesen anwachsenden Bereich selbst durch ihren unterschiedlichen Ergebnischarakter mittlerweile neu typologisieren, geht es doch nicht mehr nur um Praxisforschung, sondern zunehmend auch um empirisch gestütztes Wissen für die Theorieentwicklung (vgl. Otto 1998). Daraus ergeben sich neue differenzierte Sichtweisen und weitreichende Konsequenzen für das Verständnis und den Umgang mit dem ›klassischen‹ Verhältnis von Praxis und Theorie (vgl. z.B. für Großbritannien Powell 2002; für Finnland Karvinen et al. 1999). In diesem Sinne kann zweifelsohne von einer take-off-Phase empirischer Forschung in dem kombinierten Bereich Sozialarbeit/ Sozialpädagogik gesprochen werden. Hierin findet letztlich auch die vorliegende Veröffentlichung ihre Legitimation.

Grundlage einer jeden wissenschaftlichen Disziplin ist ihre theoretische *und* empirische Wissensbasis. Eine disziplinäre Weiterentwicklung der Sozialarbeit / Sozialpädagogik ist somit unmittelbar mit der Weiterentwicklung ihrer Wissensbasis verbunden. Gleiches gilt für eine aufgeklärte professionelle Handlungspraxis in der Sozialen Arbeit, die sich ohne vielfältige und umfängliche empirische Kenntnisse über ihren Gegenstandsbereich nicht weiterentwickeln kann. Über eine disziplin- und professionsinterne Vergewisserung hinaus hat eine empirisch-analytische Forschung die Aufgabe, einen systematischen, methodisch kontrollierten und kritisch-reflexiven Blick auf die Entwicklung ihres Gegenstandsbereichs zu werfen – für die Soziale Arbeit heißt das: auf ihre NutzerInnen bzw. AdressatInnen, die professionellen Ausprägungen und ›ehrenamtlich‹ Handelnden wie auch auf die institutionellen und gesellschaftlichen Voraussetzungen Sozialer Arbeit – wobei sich diese Aufgabe freilich nicht in einer bloßen Abbildung des Bestehenden erschöpfen darf.

Trotz aller immer wieder vorgebrachten Skepsis kann man feststellen: Empirische Forschung im Bereich Sozialer Arbeit findet zunehmend statt. Zum Gegenstand empirischer Forschung werden sowohl praxisrelevante Thematiken als auch Fragestellungen, die sich mit systematischen Aspekten der Sozialen Arbeit beschäftigen. Dies ist nicht nur an der steigenden Anzahl drittmittelgeförderter empirischer Forschungsprojekte ablesbar, sondern ebenfalls an der zunehmenden Zahl einschlägiger Publikationen.

Der hier vorgelegte Band ›Empirische Forschung und Soziale Arbeit‹ steht für diese sich entwickelnde Forschungslandschaft. Er hat sich zum Ziel gesetzt, einen weiterführenden Beitrag zur Auseinandersetzung mit wissenschaftlichen, empirischen Forschungen aus dem Bereich der Sozialen Arbeit zu leisten und damit letztlich zur Weiterentwicklung der empirischen Forschung und der Theoriebildung in der Sozialen Arbeit beizutragen.

Weit über den engeren Kreis der unmittelbar empirisch arbeitenden Wissenschaftlerinnen und Wissenschaftler hinaus herrscht ein breiter Konsens darüber, dass die disziplinäre und professionelle Weiterentwicklung der Sozialen Arbeit ohne einen konsequenten und intensiv betriebenen Ausbau der empirischen Forschung nicht möglich ist. Diese Einsicht will der vorliegende Band nachdrücklich unterstreichen, indem er Beispiele aufzeigt, Perspektiven formuliert und Mut für ein eigenes Projekt machen will. Dieser Band versteht sich somit als ausgewählte Dokumentation des empirischen Forschungsstandes im Feld Sozialer Arbeit, als Forum für neue Ideen, als Darstellung bewährter Forschungsansätze und als kritische Bühne für die Anwendung unterschiedlicher Forschungsmethoden. Darüber hinaus geht es um die Diskussion konkreter Erfahrungen aus der Forschungspraxis und schließlich um die Entwicklung einer Forschungstheorie.

Als Konsequenz aus diesen Überlegungen vertritt das Konzept des Bandes ausdrücklich nicht eine qualitative oder quantitative Forschungsrichtung bzw. Forschungsmethodologie. Vielmehr ist gerade das Gegenteil die Absicht. Durch methodische Offenheit soll der Diskurs nicht nur interessant, sondern in der Sache wegweisend gestaltet und anregend für alle Interessierten sein. Erst in der Vielfalt unterschiedlicher Herangehensweisen kann es gelingen, den Gedanken der empirischen Forschung in der Sozialen Arbeit über seine Notwendigkeit hinaus auf eine breite Basis zu stellen und damit – zumindest mittelfristig – auch eine entsprechende Weiterentwicklung der Theorie zu befördern.

Die Frage nach den besonderen Charakteristika, nach dem ›Eigenständigen‹ einer *sozialpädagogischen Forschung* und Methodologie steht hierbei weniger im Vordergrund, obwohl einzelne Beiträge in diesem Band (Sommerfeldt/Meyer; Richter u.a.) diese Fragestellung ausdrücklich mit einbeziehen. Eine intensive Diskussion findet sich hierzu an anderen Stellen (vgl. z.B. Lüders 1998, 2001; Rauschenbach/Thole 1998; Thole 1999). Nicht mitaufgenommen wird die müßige Frage nach der entwicklungstheoretischen Differenz von (universitärer) ›sozialpädagogischer Forschung‹ auf der einen und fachhochschulbezogener ›Sozialarbeitsforschung‹ auf der anderen Seite (vgl. hierzu zuletzt Gredig/Wilhelm 2001). Obwohl diese Diskurse aktuell und wie in der jüngeren Vergangenheit immer wieder Auseinandersetzungen um eine Vergewisserung des Gegenstandsbereichs Sozialer Arbeit angestoßen haben, ist es für die wissenschaftliche Weiterentwicklung in der Sozialen Arbeit von weitaus größerer Bedeutung, dass vielfältige empirische Forschungen durchgeführt werden, die ausgewiesenen wissenschaftlichen und methodischen Standards folgen.

Schließlich ist eine profunde Beschäftigung mit empirischer Forschung in der Sozialen Arbeit auch insofern besonders notwendig, als empirische Forschungsmethodik derzeit verstärkt Anwendung in der Praxis Sozialer Arbeit findet. Als Beispiele hierzu sei auf hermeneutische Diagnoseverfahren im Kontext der Vorbereitung von ›Hilfen zur Erziehung‹ verwiesen, auf die vielfältig durchgeführten Projekt- und Programmevaluationen, auf ausgebaute Qualitätssicherungssysteme oder auch auf verschiedene Planungsverfahren. In allen genannten Feldern Sozialer Arbeit werden regelmäßig sozialwissenschaftliche, empirische Methoden angewandt, deren Ergebnisse in die Weiterentwicklung der Praxis zurückfließen. Auch vor diesem Hintergrund ist eine regelmäßige, kontinuierliche Auseinandersetzung mit empirischer Forschung in der Sozialen Arbeit, mit ihren Erkenntnismöglichkeiten, Voraussetzungen, Reichweiten und Grenzen von großer Bedeutung.

II.

Die Beiträge im diesem Band spiegeln die Vielfalt empirischer Forschung im Bereich Sozialarbeit / Sozialpädagogik wider – und zwar sowohl hinsichtlich der untersuchten Fragestellungen als auch der gewählten methodischen Vorgehensweisen.

So beziehen sich die Beiträge auf eine große Bandbreite unterschiedlicher *sozialpädagogischer Handlungsfelder*: Gemeinwesenarbeit, Altenarbeit, Sozialarbeit in Justizvollzugsanstalten, sozialpädagogische Arbeit in der Psychiatrie, Hilfen zur Erziehung, Jugendarbeit, Arbeit in Kindertagesstätten etc.

Die Beiträge nehmen darüber hinaus unterschiedliche *Akteure*, die im Feld Sozialer Arbeit beteiligt sind, in den Blick: Professionelle ebenso wie AdressatInnen. Schließlich richten sie sich auch auf unterschiedliche *organisationelle bzw. institutionelle* Voraussetzungen und Strukturen Sozialer Arbeit.

Damit geht es auf der Ebene der Gegenstandsbereiche um zentrale Eckpunkte, mit denen sich die wissenschaftliche Diskussion in der Sozialpädagogik / Sozialarbeit zu beschäftigen hat – um die beteiligten Institutionen Sozialer Arbeit, um die in ihnen tätigen Professionellen und um die beteiligten Adressatinnen und Adressaten – (vgl. Lüders/Rauschenbach 2001, 564). Sie bilden in jeweils spezifischer Schwerpunktsetzung zentrale Ausgangspunkte der hier vorgelegten Arbeiten.

In Bezug auf die *methodischen Vorgehensweisen* und die methodologischen Forschungsprinzipien spannen die Beiträge ebenfalls einen weiten Bogen. Sie beziehen sowohl standardisierte Befragungen oder entsprechende Auswertungen von Interviews mit ein, also solche Methoden, die dem quantitativen Paradigma empirischer Forschung zuzuordnen sind, als auch methodisch offen angelegte Interviewstudien, inhaltsanalytische Verfahren, Ansätze der Handlungsforschung oder ethnographische und objektiv hermeneutische Vorgehensweisen, die dem qualitativen Paradigma folgen.

Schließlich wurden entsprechend der Zielsetzung dieses Bandes Beiträge ausgewählt, die von ihrem Texttypus her unterschiedlichen Kategorien zuzuordnen sind: Versammelt sind Beiträge, die sich als ›*Abhandlungen*‹ ausführlicher mit einzelnen inhaltlich wie methodisch relevanten Thematiken empirischer Forschung in der Sozialen Arbeit beschäftigen. Ein ›*forschungstheoretischer Beitrag*‹, in dem für ein relevantes Forschungsfeld der Sozialen Arbeit forschungsstrategische und methodologische Konsequenzen generiert werden und ein ›*Forschungsessay*‹ zu aktuellen Fragestellungen erweitern in einem verstärkten analytischen Zugriff beispielhaft den reflexiven Hintergrund empirischer Forschungen. Die Artikel, die unter der Rubrik *'methodische Beiträge'* zusammengestellt sind, fokussieren relevante methodische Einzelfragen und spezifische Forschungsprobleme. Mit den *'Berichten aus der Forschung'* werden Informationen aus aktuellen Untersuchungen geliefert und konkrete Forschungsprozesse skizziert.

III.

Peter Sommerfeld und *Konrad Maier* beziehen sich in ihrem Beitrag auf ein nicht alltägliches Forschungsprojekt, das eine komplexe Zielsetzung verfolgt: Innerhalb *eines* (Forschungs-)Prozesses sollen Theorie- und Praxisentwicklung miteinander verschränkt werden. Den Ausgangspunkt des Projekts bildet der vollständige Neubau eines Stadtviertels zum Beginn der 1990er Jahre und der Versuch, mittels der Unterstützung durch gemeinwesenorientierte Angebote der Sozialen Arbeit einen »lebendigen« und »attraktiven« Stadtteil entstehen zu lassen[1]. Ziel des Projektes ist es, einen Beitrag zur praktischen Entwicklung des Gemeinwesens zu leisten und zugleich auch zur Weiterentwicklung des Wissensstandes der Sozialen Arbeit – also zur Theorieentwicklung – beizutragen. Hierbei stellt das umfangreiche qualitative Forschungsdesign die Untersuchung der Entwicklung des sozialen Raums in den Mittelpunkt. Als Ergebnis des Forschungsprojektes wird eine Heuristik der Herausbildung der sozialen Alltagskultur im neu entstandenen Stadtteil vorgestellt, an die, entsprechend der Komplexität der Zielsetzung dieses Projekts, unterschiedliche Diskussionspfade geknüpft werden. Sie lassen die Vielfalt, die mögliche Tragfähigkeit und die – theoretische wie praktische – innovative Potenz dieses »Praxisforschungsprojekts« deutlich werden.

Der Beitrag von *Helmut Richter, Thomas Coelen, Elisabeth Mohr* und *Lutz Peters* knüpft an die Frage nach einer »genuin pädagogischen Forschungsmethode« an. Die AutorInnen entwickeln in ihrem Beitrag mit dem Konzept einer »Handlungspausenforschung« einen Vorschlag, der von der These ausgeht, dass der Forschungsprozess selbst den Charakter eines zugleich reflexiven Bildungsprozesses annehmen kann. Sie grenzen ihren Ansatz von den meisten vorliegenden quantitativen wie qualitativen Forschungsprozessen ab, weil ihrer Ansicht nach dort eine weitgehende Verobjektivierung der Untersuchten – z.B. im Rahmen von Interviews – stattfindet , ebenso wie eine Verobjektivierung der ForscherInnen selbst. Die Differenz einer pädagogischen Forschungsmethode zu darstellenden, soziologischen und psychologischen Verfahren verorten die Autoren insbesondere innerhalb des Verfahrens der Forschung selbst. Die »Handlungspausenforschung (hat) methodologisch zum Ziel, die in den drei Forschungsphasen von Datenerhebung, Datenauswertung und Datenverwertung enthaltenen pädagogischen Momente akzentuiert hervortreten zu lassen, indem sie den dynamischen, kommunikativen Prozess zur Grundlage ihres Vorgehens macht«.

Für die beiden genannten Beiträgen gilt wie oben angesprochen, dass sie ausdrücklich der Frage nach den Spezifika *(sozial-)pädagogischer Forschungsmethodik* und den Möglichkeiten von *Handlungs- bzw. Praxisforschung* nachgehen. Freilich beantworten sie diese Frage auf je spezifische, unterschiedliche Weise.

Die Untersuchung, die dem Beitrag von *Kirsten Hanssen, Heinz-Günter Micheel* und *Sabine Wagenblass* zugrunde liegt, nimmt die Lebenslagen von Jugendlichen im Transformationsprozess der neuen Bundesländer von 1992 bis 1998 in den Blick. Auf der Grundlage eines quantitativen, statistischen Reproduktionsmodells lassen sich Daten von drei verschiedenen Stichproben soweit aufbereiten, dass im Zeitvergleich »statistisch gesicherte Aussagen

---

[1] Im Folgenden verweisen Textstellen, die in Anführung gesetzt sind (»«), auf Zitationen aus den jeweiligen Beiträgen in diesem Band.

über Veränderungseffekte und Stabilitäten von jugendlichen Lebenslagen im fortschreitenden Transformationsprozess« getroffen werden können. Subjektives Wohlbefinden, Zufriedenheit und Belastungspotentiale werden im Zeitverlauf als Komponenten jugendlicher Lebenslagen analysiert und auf der Basis einer trennscharfen Achter-Clusterlösung als rekonstruierte Typologie dargestellt. Ein Supplement von *Heinz-Günter Micheel* ergänzt diesen Beitrag durch Erläuterungen zum statistischen Verfahren einer explorativen Typenbildung.

Der Beitrag von *Karl-Heinz Reuband* beschäftigt sich ebenfalls explizit mit der Situation der Bevölkerung in den neuen Bundesländern. Im Mittelpunkt steht eine repräsentative, postalische Umfrage unter der Erwachsenenbevölkerung in drei ost-deutschen Städten zum Zusammenhang von objektiver Bedrohungssituation durch kriminelle Delikte und dem subjektiven Empfinden von Sicherheit. Untersucht wird, in welchen sozialen Gruppen Viktimisierungserfahrungen verbreitet sind und ob objektive Unterschiede der Kriminalitätsbelastung auf lokaler Ebene sich analog zu Unterschieden in Bezug auf die Furcht der Bürger vor Kriminalität verhalten. Es zeigt sich, dass objektive und subjektiv empfundene Bedrohungslagen durchaus parallel zueinander vorliegen, dies aber keineswegs immer der Fall sein muss.

Die Untersuchung von *Cornelia Schweppe* orientiert sich, anders als die beiden vorangegangenen Beiträge, am qualitativen Forschungsparadigma und stellt die Frage nach den produktiven Möglichkeiten einer Verknüpfung von biographischen und ethnographischen Verfahren. Ihr Forschungsgegenstand bezieht sich auf die Altenarbeit im ländlichen Raum. Sie konfrontiert hierbei die Ergebnisse, die sie mittels biographischer Interviews mit Älteren, die im Rahmen einer Fallstudie in einem Dorf gewonnen wurden, mit einer kontextbezogenen ethnographischen Analyse von Angeboten der Altenarbeit. Mit diesem Vorgehen kann sie deutliche Diskrepanzen zwischen den Angeboten der Professionellen auf der einen und den Interessen der AdressatInnen und NutzerInnen der Angebote auf der anderen Seite aufzeigen. Vor diesem Hintergrund diskutiert sie schließlich die Fruchtbarkeit der Ergänzung von biographischer und ethnographischer Forschungsmethode.

Ausgangspunkt des Beitrags von *Christian Lenhart* ist die These, dass mit dem zunehmenden Verschwinden durchgehender Normalbiographien und der Zunahme diskontinuierlicher Erwerbsverläufe die »Entwicklung von *Überlebenskompetenz* (...) zum zentralen Bestandteil arbeitsmarktpolitischer Anstrengungen und den damit verbundenen Aufgaben Sozialer Arbeit wird«. Demgegenüber stellen arbeitsmarktpolitische Interventionen, wie sie z.B. im Rahmen des europäischen Sozialfonds (ESF) finanziert werden, häufig den Verbleib im bzw. die Integration der TeilnehmerInnen in den ersten Arbeitsmarkt nach dem Ende der jeweiligen Maßnahmen in den Mittelpunkt. Sollen solche Programme nun evaluiert werden, stellt sich die Frage, wie man die Effekte einer Maßnahme messen kann, wenn man sie nicht mit den Effekten vergleichen kann, die erzielt worden wären, wenn die beteiligten Personen nicht an den Maßnahmen teilgenommen hätten. Die Frage nach solchermaßen vermuteten Entwicklungen von TeilnehmerInnen an potentiellen Maßnahmen lässt sich systematisch nicht beantworten – ein grundlegendes Problem vieler Maßnahmeevaluationen. Als Antwort auf dieses Dilemma wird ein »System zur diskursiven Dokumentation und Bewertung aller Ergebnisdimensionen arbeitsmarkt- respektive sozialpolitischer Maßnahmen« vorgeschlagen.

Dem forschungstheoretischen Beitrag von *Hansjörg Sutter* geht es um die Entfaltung der Grundstrukturen einer systematischen, strukturtheoretischen Forschung in einem sozialisatorisch relevanten Handlungsfeld. Auf der Basis einer immanenten Kritik der sozialwissenschaftlichen Moralforschung werden die Grundannahmen einer soziologisch-sozialisationstheoretischen Ergänzung der weithin entwicklungspsychologisch orientierten Moralforschung entwickelt. Hierbei steht die Akzentuierung eines erziehungswissenschaftlichen Theorie- und Forschungsprogramms, das die sozialisatorische Funktion pädagogischer Praxen und deren potentielle Entwicklungs- und Bildungsbedeutsamkeit im Mittelpunkt. Am Beispiel einer Untersuchung, die in einem Jugendgefängnis durchgeführt wurde, verweist der Beitrag nachdrücklich auf die Chance – wie auch auf die Notwendigkeit, für eine angemessene und weiterführende Untersuchung sozialisations- und bildungsrelevanter Fragestellungen einzelfallrekonstruktive, sequenzanalytisch vorgehende Analysen konkreter Interaktionsprozesse vorzunehmen.

Einen ähnlich komplexen Zuschnitt wählt *Albert Scherr* in seinem Forschungsessay. Er stellt auf der Grundlage eigener empirischer Untersuchungen zu politischen und berufsbiographischen Orientierungen Jugendlicher und neuerer Studien der Jugendforschung eine Forschungsmethodologie vor, die es erlaubt, die Erforschung des subjektiven Sinns von Handlungen und Äußerungen systematisch auf die Analysen sozialstruktureller Lebensbedingungen zu beziehen. Auf der methodologischen Ebene geht es hierbei um die Bestimmung des Forschungsgegenstands der Jugendforschung und um die Frage, »wie eine sinnverstehende sozialwissenschaftliche Hermeneutik von einer Philosophie der Interpretation (...) sowie von Methodologien des psychologischen und im engeren Sinne kulturwissenschaftlichen Sinnverstehens unterschieden werden kann.«

Gemeinsam ist den beiden zuletzt skizzierten Beiträgen, dass sie explizit die Frage nach der konstitutiven und für eine Theoriegenerierung notwendigen Korrespondenz zwischen dem Gegenstand einer Forschung auf der einen Seite – hier im Feld der Sozialen Arbeit – und einer dazu angemessenen Forschungsmethodologie auf der anderen Seite stellen. Und beide Argumentationen verweisen auf die dem Untersuchungsgegenstand immanente Notwendigkeit einer methodologischen Auseinandersetzung.

Die Artikel, die unter der Rubrik ›Methodische Beiträge‹ zusammengestellt sind, fokussieren unterschiedliche methodische Einzelaspekte, die für die empirische Erforschung der Sozialen Arbeit relevant sind:

Udo Kelle, Janine Marx, Sandra Pengel, Kai Uhlhorn und *Ingmar Witt* zeigen am Beispiel einer Studie zur Heimerziehung forschungspraktische Möglichkeiten auf, wie die Auswertung leitfadengestützter, qualitativer Interviews mittels heuristischer Theorieansätze angeleitet werden kann.

Im Mittelpunkt der Erörterungen des Beitrags von *Andreas Hanses* stehen ebenfalls qualitative Interviews, hier narrative Interviews. Er versucht die Frage zu beantworten, »wie im Kontext anwendungsbezogener und praxisorientierter Forschung das Potential biographischer Verfahren bei gleichzeitiger Berücksichtigung begrenzter (Zeit-)Ressourcen genutzt werden kann«. Er stellt ein sensibilisierendes Vorgehen für den Umgang mit narrativen Interviews vor, welches »nicht nur die Qualität für eine Theorieentwicklung (besitzt)«, sondern das als ein für den Gegenstandsbereich sinnvoll ausdifferenziertes heuristisches Konzept den Analyseprozess forschungsökonomisch verdichtet kann.

Die methodologischen Anmerkungen von *Friedhelm Vahsen* sind im Kontext eines internationalen Forschungsprojekts entstanden, das sich mit Migrationserfahrungen älterer Menschen befasst. Er bezieht sich insbesondere auf die vielfältigen sprachlichen Probleme, die entstehen, wenn man in einer mehrsprachigen ForscherInnengruppe zusammenarbeitet und sich mit einem mehrsprachigen Feld befasst (hier die Lebenssituation von MigrantInnen). Dass sich für ein interpretatives Vorgehen in beiden Bereichen systematische Probleme ergeben, wird nachdrücklich deutlich. Der Beitrag endet mit der eher skeptischen Einschätzung, dass es »(noch) keine sozialpädagogische Methodik« gibt, die in der Lage ist, das Konzept der Lebensweltorientierung tatsächlich analytisch und interpretativ zu füllen.

Den drei zuletzt vorgestellten Beiträgen ist gemeinsam, dass sie sich mit jeweils spezifischen Aspekten qualitativer Interviewstudien befassen, mit Problemen wie mit Problemlösungsvorschlägen.

Bei den folgenden methodischen Beiträgen stehen demgegenüber recht differente Fragestellungen im Mittelpunkt: Welche Chance und Leistungsfähigkeit historische Quellen zur Theorieentwicklung in der Sozialen Arbeit bieten können und welche Voraussetzungen für eine erfolgreiche Archivarbeit damit verbunden sind, diskutiert der Beitrag von *Volker Gedrath.*

Jens Pothmann beschäftigt sich mit einer anderen Art von ›Quellenstudium‹. Es setzt sich mit solchen Informationen auseinander, die im Rahmen aktueller interkommunaler Kennzahlenvergleiche (Vergleichsringe) in der Jugendhilfe als bereits erhobene Daten vorliegen. Für ihn scheint ein gewisser Vorbehalt zu bleiben, ob und wie Informationen, die unter anderen Interessen als wissenschaftlichen zusammengetragen wurden – hier ökonomische und/ oder Steuerungsinteressen – zum Zwecke wissenschaftlicher Erkenntnisgewinnung sinnvoll einsetzbar sind – eine Frage freilich, die in ähnlicher Weise an alle Sekundäranalysen gestellt werden kann.

Im folgenden Abschnitt sind ›Berichte aus der Forschung‹ zusammengestellt, gewissermaßen veröffentlichte Mitteilungen und Diskussionen aus dem Alltag der empirischen Erforschung der Sozialen Arbeit:

Jasmin Mamier, Liane Pluto, Eric von Santen und *Mike Seckinger* schildern die Herausforderungen wie auch die Begrenzungen, die mit der Erforschung von Institutionen – hier von Jugendämtern – verbunden sind. Ihr Bericht führt eindrücklich vor Augen, wie vielfältig die Komplizierungen sind, die die Forschungspraxis gerade im Feld von Erhebungen bei großen (öffentlichen) Institutionen bereit hält.

Das Forschungsprojekt, das von *Stefan Schnurr* vorgestellt wird, bezieht sich ebenfalls auf den Handlungskontext des Jugendamtes. Hierbei geht es um die Rekonstruktion von ›Ermessen‹ im Alltag sozialpädagogischer Professioneller in marktförmig strukturierten Organisationskontexten der Sozialen Arbeit.

Lilian Fried informiert über ein Forschungsprojekt, das sich ebenfalls mit professionellem Handeln im Kontext Sozialer Arbeit – hier im Kindergarten – beschäftigt. Die Frage nach der Qualität von Kindergärten soll hier anhand von qualitativen Interviews mit KindergärtnerInnen wie auch mit deren quantifizierender Auswertung untersucht werden.

Schließlich wird von *Salvatore Pasquale Angilletta, Kirsten Fuchs* und *Parviz Rostampour* das Konzept einer bundesweiten empirischen Untersuchung zum beruflichen Verbleib und Selbstverständnis von AbsolventInnen erziehungswissenschaftlicher Hauptfachstudiengänge vorgestellt, also die Ausbildungsperspektive im weiteren Kontext Sozialer Arbeit in den Blick genommen.

Dem Charakter von forschungsmethodischen Handbuchbeiträgen entsprechend werden abschließend unter der Rubrik ›Forschungsmethoden‹ besonders interessante Methoden empirischer Forschung vorgestellt: das Verfahren der Gruppendiskussion (*Nadia Kutscher)*, die Untersuchung mittels Vignetten (*Stefan Schnurr)* und die Bildung explorativer Typisierungen anhand von Ratingskalen (*Heinz-Günter Micheel)*.

Dass die empirische Forschung in der Sozialen Arbeit bei weitem nicht mehr am Anfang steht, sondern bei genauem Hinsehen außerordentlich interessante Arbeiten und ein für viele vielleicht unerwartet hohes Niveau in Untersuchungen und Diskussionen hervor gebracht hat, wird nicht zuletzt anhand der hier vorgelegten Beiträge nachdrücklich untermauert. Wenn zudem eine Neugier erwächst, die über die informative Beschäftigung hinaus zu einer aktiven Teilnahme am empirischen Diskurs führt, ist ein weiteres Ziel dieser Veröffentlichung erreicht.

Literatur

Dewe, B./ Otto, H.-U., 1996: Sozialpädagogik – Über ihren Status als Disziplin und Profession. In: neue praxis, 26.Jg., H.1, S. 3 - 16

Gredig, D./ Wilhem, E., 2001: Forschung als Rückgrat von Disziplin und Profession der Sozialen Arbeit. Eine Diskussion zweier Sammelbände. In: Zeitschrift für Pädagogik, 47.Jg.; H.5, S. 693 - 702

Hornstein, W., 1985: Die Bedeutung erziehungswissenschaftlicher Forschung für die Praxis sozialer Arbeit. In: neue praxis, 15.Jg., H.6, S. 463 - 477

Hornstein, W., 1998: Erziehungswissenschaftliche Forschung und Sozialpädagogik. In: Rauschenbach, Th.; Thole, W. (Hrsg.) 1998: Sozialpädagogische Forschung. Gegenstand und Funktionen, Bereiche und Methoden. Weinheim und München, S. 47 - 80

Karvinen, S./ Poso, T./ Satka, M. (eds.) 1999: Reconstructing social work research. University of Jyvaskyla.

Lüders, C., 1998: Sozialpädagogische Forschung – was ist das? Eine Annäherung aus der Perspektive qualitativer Sozialforschung. In: Rauschenbach, T.; Thole, W. (Hrsg.): Sozialpädagogische Forschung. Gegenstand und Funktionen, Bereiche und Methoden. Weinheim und München, S. 113 - 132

Lüders, C./ Rauschenbach, T., 2001: Forschung: sozialpädagogische. In: Otto, H.-U., Thiersch, H. (Hrsg.): Handbuch Sozialarbeit Sozialpädagogik. Neuwied, Kriftel, S. 562 - 575

Otto, H.-U., 1998: Die Zukunftsfähigkeit der sozialpädagogischen Forschung. In: Rauschenbach, Th.; Thole, W. (Hrsg.): Sozialpädagogische Forschung. Gegenstand und Funktionen, Bereiche und Methoden. Weinheim und München, S. 133-140.

Powell, J., 2002: The changing conditions of social work research. In: British Journal of Social Work 32. Jg., H.1, S. 1 - 15.

Rauschenbach, T./ Thole, W. (Hrsg.) 1998: Sozialpädagogische Forschung. Gegenstand und Funktionen, Bereiche und Methoden. Weinheim und München

Thole, W., 2001: Die Sozialpädagogik und ihre Forschung. Sinn und Kontur einer empirisch informierten Theorie der Sozialpädagogik. In: neue praxis, 29.Jg., H.3, S. 224 - 245

Hinweis

Ein Großteil der hier versammelten Beiträge sind auf Veranstaltungen der Empirie-AG der Kommission Sozialpädagogik der DGfE vorgetragen worden oder in ihrem Kontext entstanden. Diese AG tagt jährlich in Bielefeld mit dem Ziel, Erfahrungen und Erkenntnisse in der sozialpädagogischen Forschung zu bündeln und zu vermitteln, insbesondere aber auch eine Vernetzung der Forschungsaktivitäten auf verschiedenen Ebenen zu fördern, kurzum ein Forum für aktuelle empirische Forschung zu schaffen, ohne dabei den bewährten Werkstattcharakter aufzugeben. Sie steht allen Interessierten offen. Anmeldungen und weitere Informationen über Prof. Dr. Hans-Uwe Otto, Fakultät für Pädagogik, Universität Bielefeld, Postfach 10 01 31, 33501 Bielefeld, E-Mail: hansuwe.otto@uni-bielefeld.de.

Mit der Auslieferung dieses ersten Lehr- und Arbeitsbuchs beginnt der „Call for papers“ für die zweite Ausgabe, für die eine breite Mitarbeit sehr willkommen ist.

Abhandlungen

PETER SOMMERFELD/ KONRAD MAIER

Integrierte Praxisforschung als Theoriebildung *und* Praxisentwicklung

Reflexionen zur Kooperation von Wissenschaft und Praxis am Beispiel des Projekts »Quartiersaufbau Rieselfeld«

Zusammen mit der Frage nach der Form und dem institutionellen Ort der Wissenschaft der Sozialen Arbeit wird in letzter Zeit die Frage nach der Form der Forschung dieser Disziplin thematisiert (Steinert u.a. 1998; Rauschenbach/ Thole 1998). Thole (1999) hat einen Überblick geliefert.

Wir vertreten eine Auffassung, die darauf hinausläuft, den Doppelcharakter und damit die doppelte Aufgabenstellung von Handlungswissenschaften gegenüber dem Wissenschaftssystem und dem Praxissystem zu bezeichnen (Sommerfeld, 1996). Handlungswissenschaften haben einen konstitutiven Bezug zum Handeln (traditionell seit Gründung der ersten Universitäten) und können gleichwohl nichts anderes tun, als Wissen produzieren. Es stellt sich die Frage nach dem Transfer oder nach integrativen Ansätzen, nach »Austauschbeziehungen höherer Ordnung« (Neidhardt, 1979) (nicht nach der »Lösung« (vgl. Watzlawick, 1986) des Theorie-Praxis-Problems), nach der erfolgreichen Umsetzung der Aufgabenstellung. Die Forschung hat in unserem Modell ebenso eine doppelte Aufgabenstellung wie die Wissenschaft der Sozialen Arbeit insgesamt: die Forschung ist dem Wissenschaftssystem verpflichtet und somit einem mittel- bis langfristigen Erkenntnisprozess, der sich in Theorien, Modellen und »Verfahren« (oder Technologien) vergegenständlicht (Sommerfeld op cit; Maier, 1999: 210ff). In einem spezifischen Forschungstypus, der im übrigen keine Exklusivität für sich beansprucht, ist sie aber auch dem Praxissystem verpflichtet und somit einem unmittelbaren, kurzfristigen Erkenntnisprozess, der (auch) auf die Bearbeitung unmittelbarer Handlungsprobleme zielt. Es ist damit die Idee verbunden, im Forschungsprozess Wissenschaft und Praxis kooperativ zu verschränken (Sommerfeld, 1998), eine »hybride« (transdisziplinäre und multiprofessionelle) Form der Wissensproduktion (Gibbons u.a., 1994) zu schaffen, die den heute vorherrschenden komplexen Handlungs- und Erkenntnisproblemen angemessen zu sein scheint. Die grundlegende, mit diesem Ansatz verbundene, erkenntnistheoretische Annahme ist, dass durch die Austauschbeziehungen höherer Ordnung, die im Kooperationsprozess realisiert werden können, der Erkenntnisprozess angereichert wird, eine grössere Komplexität verarbeitbar wird.

Dieser Ansatz, den wir unglücklicherweise selbst mit dem label »Praxisforschung« versehen haben, setzt sich offenbar von vornherein und unbesehen dem Verdacht aus, dass letztlich nur noch eine Bestätigung der bestehenden Praxis stattfinden kann, dass die Fragestellungen verkürzt um unmittelbare Praxisinteressen nur kreisen können, dass ihr Theoriebezug niedrig ist, dass die kritische und insbesondere ideologiekritische Funktion der Wissenschaft damit verloren geht, dass es insofern einen systematischen Gegensatz von Praxisforschung und disziplinärer Forschung gibt (vgl. Thole op. cit.; Hornstein, 1998; Otto, 1998; Wilhelm, 2000).

Statt einer wieder erkenntnistheoretischen Replik auf diesen Verdacht, schliessen wir uns Anselm Strauss sinngemäss an: Zwar ist es wichtig, sich auch immer wieder methodologisch und erkenntnistheoretisch kritisch zu hinterfragen, aber an einem bestimmten Punkt der Diskussion ist es gescheiter zu handeln, in diesem Fall zu forschen. Der folgende Bericht soll also exemplarisch zeigen, wie es aussehen könnte, wenn man »Praxisforschung« in unserem Verständnis betreibt. Das Projekt, von dem wir berichten, stellt also in gewisser Weise ein Experiment bezüglich unseres Verständnisses einer Handlungswissenschaft dar – einen Prototyp, an dem bestimmte (erkenntnistheoretische) Vorstellungen (forschungs-)praktisch erprobt werden konnten. Es handelt sich um einen Werkstattbericht, der nicht die methodologischen und erkenntnistheoretischen Fragen abschliessend klärt, sondern der illustrieren will, welche Form sich konkretisieren lässt, wenn man in diese Richtung denkt.

1. Quartiersaufbau Rieselfeld – das Konzept für die professionelle Praxis

Die Projektidee entstand, als die Stadt Freiburg Anfang der 90er Jahre als eine der ersten deutschen Städte wieder einen urbanen Stadtteil für 12.000 Einwohner auf der grünen Wiese plante[1]. Die Leitfrage war: wie kann eine problematische Entwicklung, wie sie sehr viele Neubaustadtteile der 60er und 70er Jahre genommen hatten, im Stadtteil Rieselfeld verhindert werden oder positiv gewendet, wie kann erreicht werden, dass ein »normaler«, »lebendiger« und »attraktiver« Stadtteil entsteht.

In Projektseminaren an der Ev. Fachhochschule Freiburg wurde in Auseinandersetzung mit den Traditionen der Sozialen Arbeit und insbesondere der Gemeinwesenarbeit ein Konzept der sozialarbeiterischen Begleitung des Aufbaus neuer Stadtteile entwickelt. Durch die Auswertung der Fachliteratur und durch zahlreiche Praxisbesuche, insbesondere in Skandinavien, Österreich und der Schweiz wurde ein Konzept entwickelt, das Elemente der Ge-

---

1 Für eine ausführlichere Darstellung vgl. Maier, 1995

meinwesenarbeit in sozial belasteten Stadtteilen[2], der skandinavischen Milieuarbeit (Ebbe/ Friese, 1989), der soziokulturellen Animation (Moser u.a., 1999; Spierts, 1998), des genossenschaftlichen Planens (Selle, 1994) sowie der Community Organization in den USA (Mohrlok, 1993) verbindet.

Zunächst galt es, das Ziel eines »normalen« Stadtteils hinreichend präzise zu definieren, so dass einerseits konkrete Leitziele für das Alltagshandeln der Sozialarbeiter[3] hergeleitet werden konnten, zum andern, dass das Erreichen des Ziels empirisch überprüfbar wurde. In Anlehnung an Thierschs Begriff des »gelingenden Alltags« (Thiersch, 1986) wurde als zentrale Zielgrösse die Entwicklung einer *tragfähigen Alltagskultur* benannt. Alltagskultur wird hier verstanden als ein System von lokalen Regeln und Traditionen, von Bewusstseinslagen, von selbstverständlichen Deutungs- und Handlungsmustern, die erkennbar, bekannt und vermittelbar sind. Eine tragfähige Alltagskultur wäre demnach dadurch gekennzeichnet, dass sie ein Gemeinwesen in die Lage versetzt, unterschiedliche soziale Bedürfnisse zu befriedigen und soziale Problemlagen mindestens teilweise autonom zu bearbeiten, und dass sich im Zuge der Bearbeitung sozialer Problemlagen soziale Strukturierungen bilden, die sich auf Dauer alltagskulturell verdichten und verfestigen und insofern als *nachhaltige soziale Ressourcen* zur Verfügung stehen.

Diese normative Leitkonstruktion wurde zur Strukturierung der Praxis in sechs Dimensionen einer »tragfähigen Alltagskultur« aufgefächert, die für die sozialarbeiterische Praxis die Funktion von übergeordneten, die Feinplanung orientierenden Handlungszielen haben:

1. Aufbau von Kommunikationsmöglichkeiten und Kommunikationsstrukturen
2. Entwicklung eines Systems von gegenseitigen Hilfen im Alltag
3. Entwicklung von Regeln für ein ziviles Verhalten im öffentlichen und halböffentlichen Raum
4. Aufbau einer Soziokultur im Stadtteil
5. Mitbestimmung über die Ausgestaltung des Wohnnahumfeldes und des Stadtteils
6. Identifikation mit dem Quartier/ das Quartier als Heimat

Diese Handlungsziele sind einerseits hinreichend konkret, um deren Vorhandensein oder Fehlen festzustellen, andererseits sind sie in einem doppelten Sinne grundsätzlich offen:

– es gibt sehr unterschiedliche Formen von Kommunikation, Hilfe im Alltag, Soziokultur, Mitbestimmung usw.

---

2 Vgl. Jahrbücher der Gemeinwesenarbeit 1975 ff.

3 Wir verwenden mal die männliche, mal die weibliche Form zur Bezeichnung beider Geschlechter. Der Leser und die Leserin stehen damit vor der Aufgabe zu entschlüsseln, wann nur ein Geschlecht gemeint sein kann.

- Für das Gesamtprojekt ist es gerade eine spannende Frage, welche Form von Alltagskultur sich aus der Interaktion von QuartiersarbeiterInnen und Bewohnern herausbildet.
- Auch der Grad der Verwirklichung der genannten 6 Handlungsziele ist nicht von vornherein festlegbar und darf auf keinen Fall im Sinne eines »je mehr desto besser« gefasst werden, er kann nicht von aussen gesetzt werden, sondern er kann nur in einem Prozess mit den Bewohnern von Angebot einerseits und Annahme oder Ablehnung oder Modifizierung andererseits entwickelt werden.

Die zentrale methodische Orientierung zur Entwicklung einer »tragfähigen Alltagskultur« wurde mit dem Begriff der »Inszenierung des Sozialen« gefasst: Die professionellen Sozialarbeiter inszenieren Kommunikation, Möglichkeiten für gegenseitige Hilfe im Alltag, Formen der Konfliktregelung, Foren für die Mitbestimmung, soziokulturelle Aktivitäten, Aktionen zur Identifikation mit dem Stadtteil. Die SozialarbeiterInnen arbeiten auf den genannten Dimensionen sozusagen in einen amorphen, noch relativ unstrukturierten sozialen Raum hinein, regen Prozesse an und hoffen auf die selbstorganisierenden Kräfte, die durch diese Inszenierungen freigesetzt werden. Grundannahme dieses Konzepts ist die Erwartung, dass sich in einem komplexen Interaktionsprozess, bei dem die SozialarbeiterInnen immer wieder Reize setzen, aber auch für Kontinuität sorgen, bestimmte Formen von Kommunikation, nachbarschaftlicher Hilfe, Soziokultur und Mitbestimmung zu einer Alltagskultur verdichten.

Auf dem Hintergrund der gesellschaftlichen Entwicklungen der 90er Jahre und des entsprechenden sozialwissenschaftlichen Diskurses wurden diesem Konzept zwei weitere Dimensionen hinzugefügt:

- unter der Chiffre »Krise der Arbeitsgesellschaft« wird ein säkularer Bedeutungsverlust der Erwerbsarbeit diskutiert: Es geht dabei nicht nur um die zunehmende Zahl von Arbeitslosen und von Menschen die nur vorübergehend und marginal in das Erwerbsleben integriert sind, sondern auch um die Erosion der sinngebenden und das Leben strukturierenden Kraft der Erwerbsarbeit im »neuen Kapitalismus«, wie sie Richard Sennett beschrieben hat (Sennett, 1998; vgl. auch Giarini/ Liedtke, 1998: 147 ff.). In einem dialektischen Spannungsverhältnis zur Globalisierung gewinnt das örtliche Gemeinwesen eine zunehmende Bedeutung, einmal als Raum für sinnvolle Betätigung, zum anderen als Bedingungsrahmen für neue Formen der Existenzsicherung bzw. der Erschließung zusätzlicher materieller Mittel. »Gemeinwesenökonomie« und die Entwicklung einer »lokalen Ökonomie« (vgl. z.B. Elsen, 1998) werden damit zu elementaren Bestandteilen einer lokalen Alltagskultur.
- Unter der Chiffre »Krise des Wohlfahrtsstaates« wird im Diskurs der sozialen Arbeit immer deutlicher zur Kenntnis genommen, dass einem weiteren Ausbau Zielgruppen spezifischer Dienste enge Grenzen gesetzt

sind. (Böhnisch, 1994). Dies ist einmal in der Knappheit der öffentlichen Haushalte begründet, zugleich sind jedoch auch in der Fachdiskussion zunehmend Zweifel angemeldet worden, ob eine zunehmende Klientelisierung einer wachsenden Zahl von Menschen in der Tat wünschenswert sei. Damit stellt sich jedoch die Aufgabe, soviel Engagement im Stadtteil zu wecken, dass das soziale und kulturelle Leben überwiegend von Bewohnerinnen und Bewohnern getragen wird und zugleich ein Unterstützungsmanagement zu entwickeln, wie es neuerdings unter dem Stichwort »Stadtteilmanagement« diskutiert wird (vgl. als Überblick Alisch, 1998). Dettling fasst den Gedanken allgemeiner, indem er den Umbau vom »Wohlfahrtsstaat« zur »Wohlfahrtsgesellschaft« vordenkt, der die weitreichende »Aktivierung der Gesellschaft« voraussetzt (Dettling, 1995).

Die Stadt Freiburg beschloss, dieses Konzept zu erproben und beauftragte die »Kontaktstelle für praxisorientierte Forschung e.V.«. an der ev. Fachhochschule Freiburg mit der Trägerschaft. Zur Durchführung des Praxisprojekts wurde in dieser Trägerschaft »K.I.O.S.K. e.V.« gegründet und mit personalen Ressourcen ausgestattet. Der Name ist in diesem Fall Programm, die Buchstaben stehen für »Kontakt, Information, Organisation, Selbsthilfe und Kultur«. Durch die Aufnahme dieses Projekts in das Bundesprogramm zur Förderung von Forschung und Entwicklung an Fachhochschulen wurde zugleich eine wissenschaftliche Fundierung und Begleitung des Projekts ermöglicht. Dieser letzte Hinweis ist vor allem deshalb wichtig, weil die Kooperation von Wissenschaft und Praxis aufwendig ist und aufgrund der bisherigen Erfahrung nicht von der Praxis finanziert wird bzw. werden kann. Insofern hat unser Prototyp ideale Voraussetzungen gehabt.

2. Forschungsansatz und Forschungsorganisation

Zielsetzung

Das oben in Kurzform vorgestellte, mittlerweile praktisch erprobte und weiterentwickelte Konzept beansprucht für sich wie jedes Konzept eine gewisse Plausibilität, und enthält notwendigerweise eine Mischung aus theoretischen, professionellen Erfahrungsgrössen und normativen Elementen. Wie alle uns bekannten Konzepte im Bereich der Gemeinwesenarbeit/ Stadtteilarbeit war auch dieses aus allgemeinen Überlegungen zum Zusammenleben im sozialen Nahraum abgeleitet worden und weder im Hinblick auf die organisatorischen, noch gesellschaftlichen Bedingungen, noch im Hinblick auf das professionelle sozialarbeiterische Handeln empirisch fundiert. Das Projekt »Quartiersaufbau Rieselfeld« war sowohl als Praxis- wie auch als Forschungsprojekt von Anfang an darauf ausgelegt, diese »Naivität« zu durchbrechen und somit einen Beitrag zur Entwicklung des Projekts ebenso wie zur Weiterentwicklung des sozialarbeiterischen Wissensbestandes, also zur Theorieentwicklung zu leisten.

Neben der soeben genannten allgemeinen Zielsetzung bestand die Aufgabenstellung für die Forschung darin, die Inszenierungen des Sozialen auf ihre Wirksamkeit und Angemessenheit hin zu untersuchen. Da der Begriff »tragfähige Alltagskultur« die einzelnen Handlungsdimensionen umfasst, diese also vorwiegend in Bezug auf ihn konzeptionellen Sinn ergeben, erschien es notwendig, auch die Entwicklung der Alltagskultur zu erfassen, um daran beurteilen zu können, ob die geleistete Soziale Arbeit notwendig und effektiv ist. Oder anders formuliert: Um das Konzept der Inszenierung des Sozialen theoretisch zu fundieren, das auf einem sehr abstrakten und letztlich im oben zu verstehenden Sinne naiven Verständnis von Alltag und Alltagskultur aufbaut, erschien es notwendig, die Bedingungen, unter denen sich eine solche Alltagskultur entwickelt, empirisch zu analysieren. Dafür bot und bietet der neu entstehende Stadtteil geradezu ideale Bedingungen, da die Prozesse von null beginnen. Die Aufgabenstellung für die Forschung bestand also schliesslich darin, die Aktivitäten der Praxis einerseits zu dokumentieren und zu evaluieren, und andererseits die Genese der Alltagskultur im Rieselfeld zu studieren. Im Sinne einer »formativen Evaluation« (Patton, 1990), so unsere Überlegung, sollten aus den Erkenntnissen über die Bildung der Alltagskultur Heuristiken für die weitere Planung und Gestaltung der Praxis gewonnen werden. Andererseits sollten diese Heuristiken als Bausteine zur theoretischen Fundierung der bereichsspezifischen Sozialen Arbeit dienen. Das Fernziel ist daher eine umfassende, gegenstandsbezogene, empirisch fundierte Theorie der Gemeinwesenarbeit/ sozialen Stadtentwicklung.

Datenerhebung und methodische Ausrichtung

Die Datenerhebung wurde aufgrund der relativ offenen Fragestellungen explorativ angelegt. Um die komplexe Aufgabenstellung mit den begrenzten zur Verfügung stehenden Mitteln bearbeitbar zu machen, wurden folgende Schritte unternommen:

(a) Im Sinne von *Selbstevaluation* wurden umfassende *Dokumentationen* und darauf bezogene Reflexionen von den PraktikerInnen zu den verschiedenen Aktivitäten während der Projektphase erstellt. Darüber hinaus wurden die unterschiedlichsten Aktivitäten sowie Beobachtungen und Auffälligkeiten im Alltag des Stadtteils systematisch protokolliert, um später im Sinne einer sozialhistorischen Aufarbeitung Prozessverläufe rekonstruieren zu können.

(b) Im ersten wie auch im zweiten Bauabschnitt wurden jeweils 100 Haushalte mit einem Leitfadengespräch in Verbindung mit einem Fragebogen nach ihren Einstellungen, Bedürfnissen und Erwartungen in Bezug auf das soziale Leben allgemein und spezifisch geschnitten in Bezug auf das Rieselfeld erhoben. Dabei wurden in Ergänzung zu dem Material der

Einwohnermeldebehörde wichtige statistische Eckdaten (Haupteinnahmequelle, Spätaussiedler) gewonnen. Im Sinne »aktivierender Sozialforschung« dienten diese Befragungen auch einer ersten Kontaktaufnahme und der Information der neuen Bewohner über KIOSK und den Stadtteil. Und umgekehrt konnten sich die Mitarbeiter ein erstes Bild der Bedürfnislage der Bewohnerinnen machen und ihre Arbeit teilweise mit diesem Hilfsmittel orientieren.

(c) Im Rahmen eines studentischen Projektseminars unter externer Leitung (Anette Blunck, Tübingen) wurden ethnographische Feldstudien zu Gestaltungsformen des sozialen Nahraums anhand von ausgewählten Treppenhäusern sowie unterschiedlichen öffentlichen und halböffentlichen Räumen durchgeführt.

(d) Zur vertieften Bearbeitung der Frage nach Bedingungen und Gestalt der Entstehung der Alltagskultur auf dem Rieselfeld wurde eine qualitative Längsschnittstudie durchgeführt. Grundgedanke dieses Ansatzes ist es, dass sich durch die wiederholte Befragung einer begrenzten Zahl von ausgewählten Bewohnern, die wesentlichen Muster der Alltagskultur und deren Entwicklung rekonstruieren lassen. Da sich die Strukturierung des sozialen Raums durch die Akteure vermittelt vollzieht (vgl. Giddens, 1992), müsste man umgekehrt durch die »Erlebniswelt der Akteure« (Crozier/ Friedberg, 1979) hindurch zu den konkreten Strukturierungen sowie zu den allgemeinen Strukturbedingungen und möglicherweise zur Entwicklungsdynamik vordringen können. Ausgewählt wurden sechs Personen, die jeweils unterschiedliche Milieus, Lebensformen, Altersstufen etc. repräsentierten. Diese Personen wurden kurz nach ihrem Einzug zu ihrer Vorgeschichte, zum Ankommen und zu ersten Erfahrungen auf dem Rieselfeld interviewt. Dieses erste Interview wurde als »narratives Interview« (Schütze, 1983) konzipiert, das durch einige Fragen zur Alltagskultur ergänzt wurde, die sich aus dem theoretischen Vorverständnis entwickeln liessen. Acht Monate später wurden dieselben Personen ein zweites Mal interviewt. Grundlage für diese Befragung bildeten die Auswertungen der ersten Interviews, die zu einem Leitfaden für ein halbstrukturiertes Interview (Lamnek, 1989; Atteslander, 1971) verarbeitet wurden.

Bei der folgenden Darstellung einiger Ergebnisse ebenso wie bei deren Reflexion in Bezug auf die Praxis beziehen wir uns vorwiegend auf die zuletzt genannte Datenquelle, die qualitative Längsschnittstudie. Da die gesamte Untersuchungsanlage im »rekonstruktiven Paradigma« (Bohnsack, 1993) verortet ist, sind auch die anderen Auswertungen in die Rekonstruktion eingegangen. Sie haben den Status von »Kontextwissen«. Als weiterer Bestandteil des Kontextwissens sind die Erfahrungen der PraktikerInnen, die an der Auswertung der Interviews beteiligt waren, in die Rekonstruktion eingegangen.

Die primäre Bearbeitung der Interviews erfolgte mittels der zur Verfügung stehenden Techniken der »Paraphrasierung« (Mayring, 1993 und »Kodierung« (Strauss, 1994). Beides sind Verfahren, mit deren Hilfe das Textmaterial im Hinblick auf seine innere Aussagestruktur geordnet und analysiert wird. Mit der »Paraphrasierung« wird die Aussagestruktur zunächst plastischer herausgearbeitet, indem das Textmaterial thematisch gruppiert und auf seine »Kernaussagen« hin verdichtet wird. In dieser Phase der Bearbeitung wurden die interviewten Personen als »Fälle« beschrieben. Mit der »Kodierung« werden rekonstruktiv Kategorien gebildet, mit denen die interessierenden Realitätsausschnitte in ihren sinnvollen Zusammenhängen abgebildet und beschrieben werden können. Die interpretative Rekonstruktionsleistung besteht darin, die sinnhafte Strukturiertheit der Aussagen in ihrem Zusammenhang mit dem raumzeitlichen und sozialen Kontext »Rieselfeld« und der Sozialarbeit darin herauszuarbeiten. Für eine ergänzende Analyse der »latenten« Sinnstruktur« konnte gelegentlich, nämlich an besonders interessant erscheinenden Interviewpassagen, auf die Methode der »objektiven Hermeneutik« (Oevermann u.a., 1979) zurückgegriffen werden. Dieses auf die den Akteuren selbst verborgenen und insofern latenten sozialen Sinnstrukturen zielende Verfahren ergänzt die beiden vorgenannten methodischen Zugänge, weil sie tiefere Schichten der Regulierung sozialer Interaktion erschliesst.

Für die weiterführende Bearbeitung des aus den Interviews gewonnenen Materials jenseits der unmittelbaren Auswertungstechniken haben wir uns vor allem an die Arbeiten von Geertz und seinen Begriff der »dichten Beschreibung« (Geertz, 1983) sowie an Strauss und seinen Begriff der »grounded theory« (Strauss op. cit.) angelehnt. Geertz hat seine Methode zur Analyse von kulturellen Systemen entwickelt. Mit dem Begriff der »dichten Beschreibung« ist gemeint, dass aus den erhobenen Daten eine Beschreibung der Prozesse und ihres kulturellen Sinns entwickelt wird, die so dicht ist, dass alle beobachtbaren Phänomene damit erklärt oder zumindest verstanden werden können. Ganz ähnlich argumentiert Strauss. Das Ziel einer »grounded theory« ist, zu einer »konzeptionell dichten« und »theoretisch gesättigten«, unmittelbar gegenstandsbezogenen Beschreibung zu gelangen, die das reale Geschehen auf unterschiedlichen Ebenen hinsichtlich »Interaktionen, Strategien, Bedingungen und Konsequenzen« (Strauss, 1994: 90 ff.) abbildet und dadurch in seiner komplexen Strukturierung erklärt. Mit beiden Zugängen ist es möglich, die Fälle nicht nur als Einzelfälle zu betrachten, sondern die Besonderheit des Einzelfalles im Zusammenhang mit der Gestalt des sozialen bzw. kulturellen Handlungssystems zu rekonstruieren. Der zugrundeliegende Gedanke ist, dass sich im Besonderen das Allgemeine rekonstruieren lässt. Das operative Ziel war die Entwicklung einer gegenstandsbezogenen Theorie über die Entstehung der Alltagskultur auf dem Rieselfeld. Der Anspruch, der an die Ergebnisse von uns gestellt wurde, ist, ein heuristisches Modell zu entwerfen, das sowohl die Beurteilung und Weiterentwicklung der Praxis ermöglichen, als auch einen Schritt auf dem Weg zu einer umfassenden bereichsspezifischen (GWA/Stadtteilentwicklung) Theorie der Sozialen Arbeit bilden sollte.

Die Forschungsorganisation

Konkret wurde die Kooperation zwischen Wissenschaft und Praxis mittels einer komplexen Organisationsstruktur (vgl. ausführlicher Maier, 1998: 79ff.) realisiert, deren Funktionsweise und Problematik hier nicht wirklich ausgeführt werden können. Jedenfalls wurde es durch die Kopplung an die Fachhochschule und die Finanzierung aus Forschungsmitteln möglich, die PraktikerInnen teilweise für die Forschung freizustellen. Annäherungsweise dürfte ein Drittel der Arbeitszeit für die Mitarbeit an den einzelnen Forschungsaktivitäten eingesetzt worden sein. Die umfangreichen Dokumentationen im Rahmen der Selbstevaluation sowie die quantitative Befragung der Bewohnerinnen wurde von den PraktikerInnen durchgeführt und ausgewertet. Für die unten zu referierende Teiluntersuchung haben die Praktikerinnen die Interviews geführt und unter Leitung des externen professionellen Forschers an der Interpretation des Datenmaterials mitgewirkt.

3. Zentrale Ergebnisse

Im folgenden wird die Struktur und die Dynamik der Vergemeinschaftung in dem von uns untersuchten Stadtteil, wie wir sie aus dem uns zur Verfügung stehenden Material rekonstruiert haben, kurz skizziert. Die von uns rekonstruierten Zusammenhänge wurden in Bezug gesetzt zu insbesondere soziologischen Theorien, um verallgemeinerbare Aussagen zur Entstehung von Alltagskultur im sozialen Nahraum machen zu können (vgl. zu diesem Vorgehen Strauss, 1994; Bohnsack, 1993; Meuser/ Nagel, 1991).

Der soziale Raum »Rieselfeld« hat eine grundlegende sozialräumliche Struktur, die v.a. dadurch gekennzeichnet ist, dass zwei unterschiedliche Sphären konstitutiv in ihn eingehen: Die Sphäre des »Privaten« und die Sphäre des »Öffentlichen«. Das Private wird in unserer Definition zunächst räumlich durch die jeweilige eigene Wohnung bestimmt, während das Öffentliche alle anderen Räume, hier der Einfachheit halber auch alle halböffentlichen Räume umfasst. Die privaten Räume ebenso wie die Menschen in ihnen sind durch »Ko-Präsenz« (Giddens, 1992) gekennzeichnet, d.h. sie existieren nebeneinander und sind zugleich relativ unverbunden. Der Ausgangspunkt wird von uns also dadurch gesetzt, dass wir von geschlossenen privaten Räumen ausgehen, die kopräsent in einem davon unterschiedenen Raum angesiedelt sind. Dieser Raum ist nicht privat, er ist prinzipiell öffentlich. Sozialräumlich wird das Ganze dadurch, dass sowohl zu Privat, zu Öffentlich, als auch zu den spezifischen Räumen soziale Praktiken und dazu komplementäre (subjektive) Deutungen gehören, die handlungsleitende Kodierungen sozialer Art sind (Bourdieu, 1989). Der soziale Raum hat daher auch eine zeitliche Dimension. Indem sich bestimmte Formen des sozialen Handelns in Bezug auf vorfindbare Strukturmomente etablieren, bilden sich soziale Praktiken, die, indem sie reproduziert werden, die Struktur des sozialen Raumes über Zeit hinweg bilden. Mit »Strukturierung« (vgl. Giddens op. cit.) ist ein Prozess gemeint, der im Wechselspiel von Akteuren, objektiv gegebenen Bedingungen und Handeln eine Struktur hervorbringt, die alle weiteren Handlungen »begrenzt und ermöglicht«, und die insofern die kopräsenten Räume und Akteure in spezifischer Weise aufeinander bezieht. Die soziale Struktur beinhaltet also soziale Ressourcen (vgl. auch den Begriff »soziales Kapital« bei Bourdieu (Bourdieu, 1980; Bourdieu, 1983) und Coleman (Coleman, 1990: 300-321), die notwendig sind, damit sich soziales Handeln in einer spezifischen Form ereignen kann. Je nach Ressourcenlage sind unterschiedliche Handlungen möglich. In Abb. 1 findet sich dieses Konzept der sozialräumlichen Strukturierung wieder, das von uns als Kodierschema entwickelt und verwendet wurde. Im oberen Teil der Grafik ist der sich selbst steuernde soziale Prozess und seine Grundstruktur dargestellt. Im unteren Teil findet sich die Ebene des Akteurs, der über seine subjektive Wahrnehmung Strategien bildet und handelt und diese Strategien und sein darauf bezogenes Handeln auf der Grundlage der Konsequenzen des Handelns in Abhängigkeit der Deutungsmuster eventuell verändert. Mit diesem Modell der Strukturierung wird die Bildung von Sozialität einerseits als sich selbst strukturierender Prozess beschreibbar, andererseits wird die Abhängigkeit dieses Prozesses von Akteuren mitgedacht.

Wichtig ist an dieser Stelle, dass es eine grundlegende Differenz gibt zwischen Privat und Öffentlich, die konstitutiv in den Prozess der Strukturbildung eingeht, und dass diese Differenz durch den Begriff der »Grenze« gefasst werden soll. »Aber zur Öffentlichkeit gehört auch eine ganz bestimmte Geographie; Öffentlichkeit steht in einer Beziehung zu einem anderen Bereich, zur Privatsphäre. Öffentlichkeit ist Teil eines umfassenden Gleichgewichts innerhalb der Gesellschaft. (...) Damit wollen wir uns jetzt der umfassenden Geographie zuwenden, der Grenzlinie zwischen Öffentlichkeit und Privatsphäre« (Sennett, 1994: 129f.). Die Grenze, ihre Beschaffenheit, ihre Form und Durchlässigkeit wird dynamisch von den Akteuren durch ihre sozialen Praktiken gestaltet, die ihrerseits von den Bedingungen der modernen Gesellschaft abhängen. Die sozialen Praktiken etablieren eine dynamische Grenze zwischen Öffnung und Schliessung, zwischen Austausch und Abgrenzung. Durch dieses sich selbst organisierende Zusammenspiel entsteht eine spezifische Alltagskultur, eine spezifische Form der Vergemeinschaftung mit spezifischen Strukturierungen und sozialen Ressourcen.

Abbildung 1

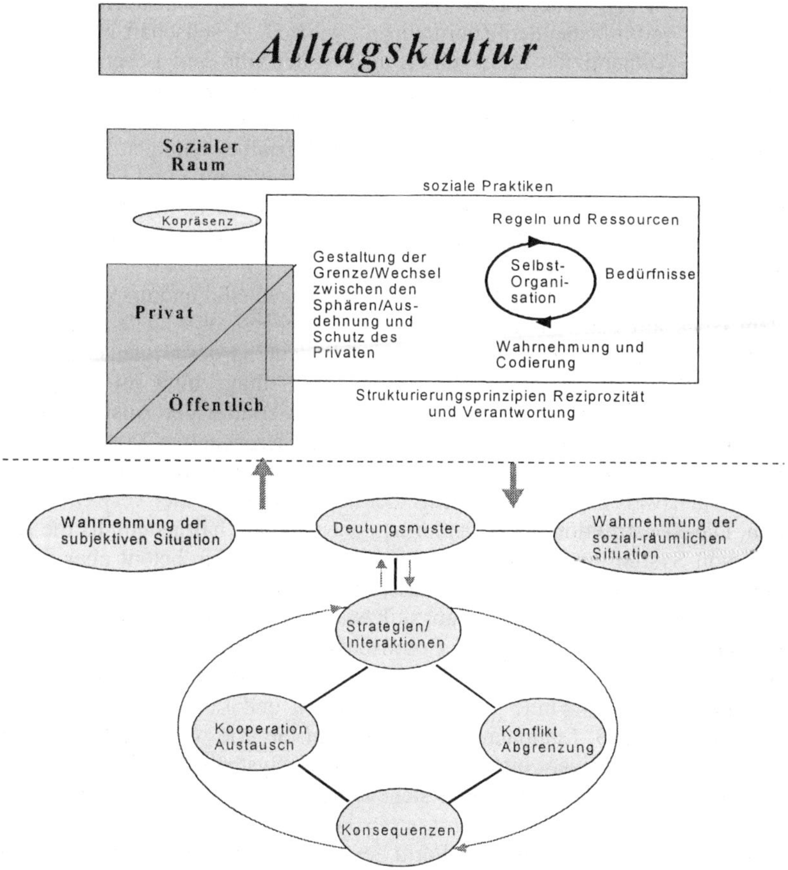

Es konnten im sozialen Raum Rieselfeld zwei grundsätzlich differente Formen der Vergemeinschaftung herausgearbeitet werden:

- Vergemeinschaftung, die über die Organisationen der »funktionalen Teilsysteme« (Luhmann, 1997) läuft.
- Vergemeinschaftung, die über zumeist informelle Prozesse in der »Lebenswelt« läuft, die sich als von den funktionalen Teilsystemen »übriggelassener sozialer Raum« zeigt.

Wir verwenden den Begriff »Vergemeinschaftung« zur Beschreibung der Formbildung von Sozialität im untersuchten Stadtteil. Der Begriff wurde aus dem empirischen Material heraus gebildet. Die Tatsache, dass wir Vergemeinschaftung auch in Bezug auf die funktionalen Teilsysteme der Gesellschaft verwenden, steht zunächst im Widerspruch zur üblichen polaren Gegenüberstellung von »Gemeinschaft und Gesellschaft« (Tönnies, 1988) oder von »System und Lebenswelt« (Habermas, 1981). Sie steht auch im Widerspruch zu vereinfachenden Zuordnungen, wie z.B. Gesellschaft mit Entfremdung und Authentizität und Freiheit im Privaten mit dem Lebensweltlichen (Plessner, 1966; Dahrendorf, 1968), ebenso wie mit der entsprechenden Zuordnung auf der Handlungsebene von instrumentellen Sozialbeziehungen im Hinblick auf Gesellschaft und emotionalen Sozialbeziehungen im Hinblick auf Lebenswelt, oder von zweckrationalem (Gesellschaft) und kommunikativem (Lebenswelt) Handeln. Wir folgen an dieser Stelle lieber Sennett und befassen uns mit der »umfassenden Geographie«, wie er es nennt, von Gesellschaft, Öffentlichkeit und Privatsphäre.

Da wir über den Weg der Forschung gegangen sind und ursprünglich mit dem Blick auf den Alltag implizit auf die »Lebenswelt« zielten, haben wir erst im Verlauf des Prozesses die enorme Bedeutung der Organisationen der funktionalen Teilsysteme für die Bildung der Alltagskultur im Sinne eines »umfassenden Gleichgewichts« entdeckt. Im Verlaufe der Auswertung des empirischen Materials sind wir deshalb dazu übergegangen System und Lebenswelt als eine »widersprüchliche Einheit« zu begreifen, wobei System und Lebenswelt explizit nicht im Habermasschen Sinne hier verwendet werden. Die Konstruktion der widersprüchlichen Einheit hält jedenfalls die Dualität von System und Lebenswelt zunächst aufrecht. Sie betont aber die gegenseitige Komplementarität und lässt mehr theoretischen Spielraum für die Beschreibung von Durchdringungs- bzw. Überlagerungsverhältnissen. Um den Gedanken der Einheit des Gesellschaftlichen noch stärker zu betonen, führen wir die Unterscheidung von System und Lebenswelt als formlogische Unterscheidung im Sinne von Spencer Brown und Luhmann (vgl. Spencer Brown, 1979; z.B. Luhmann, 1995b) hier ein. So wie wir oben »öffentlich« quasi als »nicht-privat« eingeführt haben, soll »System« für die Organisationen der funktionalen Teilsysteme stehen und »Lebenswelt« für Nicht-System in diesem Sinne.

Wir haben oben neben der Form der Vergemeinschaftung durch die Organisationen der funktionalen Teilsysteme, die Form der Vergemeinschaftung im von diesen Funktionssystemen »übriggelassenen sozialen Raum« genannt. Diese beiden Formen der Vergemeinschaftung spiegeln die widersprüchliche Einheit von System und Lebenswelt im soeben definierten Sinne auf der Prozessebene. Der Begriff »übriggelassener sozialer Raum« weist in diesem Zusammenhang auf vier Befunde unserer Forschungsarbeit hin:

– Erstens darauf, dass wir in unserem Datenmaterial festgestellt haben, dass die Organisationen der funktionalen Teilsysteme weit, ja bis in feinste Verästelungen der individuellen Lebensführung in die Lebenswelt der Akteure hineinragen und in dieser Lebenswelt spezialisiert viele Aufgaben übernehmen. Ohne die Organisationen der funktionalen Teilsysteme würde keine individuelle Lebensführung in der uns selbstverständlichen Weise stattfinden können. Umgekehrt formuliert: Die Akteure bedienen sich der funktionalen Teilsysteme für die Gestaltung ihrer individuellen Lebensführung und somit ihrer Lebenswelt, ja sie sind in vielfältiger Weise abhängig von den Leistungen der funktionalen Teilsysteme.

– Zweitens darauf, dass dadurch relativ wenige bis gar keine Funktionen in den öffentlichen Aspekten des sozialen Nahraums zur autonomen Gestaltung übrigbleiben, die Anlässe für soziales Handeln sein und die die Bildung einer (tragfähigen) Alltagskultur auf einem hinreichend entwickelten Niveau entstehen lassen könnten.
– Drittens darauf, dass der sozialräumliche Nahbereich, der als ursprünglicher lebensweltlicher Kernbereich menschlicher Sozialität angesehen werden kann, in seinen öffentlichen Aspekten als *relativ unstrukturierter bis anomischer sozialer Raum* sich darstellt, dort wo er von der teilsystemischen Bearbeitung übriggelassen wird, wo also keine funktionale Zuständigkeit besteht, und dort, wo die Grenze zum privaten Raum besteht. Diese eigentümliche Struktur des öffentlichen Raumes wird uns später noch eingehender beschäftigen.
– Damit soll viertens auf einen gesellschaftlich induzierten Bedeutungsverlust des sozialen Nahraums hingewiesen werden, den wir unter dem Begriff »soziale Verarmung« vorläufig gefasst haben (vgl. zu diesem Begriff die Diskussion um Putnams Begriff »decline of social capital«, Putnam, 1995). »Soziale Verarmung« beschreibt den sozialen Raum als arm an nachhaltigen sozialen Ressourcen, die zur autonomen, alltagskulturellen Gestaltung des sozialen Nahraums verwendet werden könnten, die einen Raum sozialen Handelns konstituieren und aus sich heraus und nachhaltig reproduzieren würden.

Wir beschreiben also die widersprüchliche Einheit zwischen System und Lebenswelt als ein Spannungsfeld, in dem sich die Ordnungsbildung der Alltagskultur dynamisch vollzieht. Auf der einen Seite stehen die Organisationen der funktionalen Teilsysteme. Das politische System und die dazugehörige Verwaltung sorgen für die Planung, Gestaltung und Aufrechterhaltung der räumlichen Gegebenheiten und der Infrastruktur. Diverse Wohnbaufirmen gehen ihrem Geschäft nach und vermieten und verwalten einen grossen Teil der Häuser. Das Bildungswesen ist in Form von Schule und anderen Angeboten vor Ort. Kindergarten, Beratungsstellen, K.I.O.S.K. vertreten die Soziale Arbeit, Ärzte, Krankengymnasten etc. das Gesundheitssystem. Handwerker, Einkaufsketten, Kneipen und Restaurants bieten ihre Dienstleistungen an. Die Kirche sorgt sich um das Seelenheil. Die Polizei sorgt für Ruhe und Ordnung. Alle operieren unmittelbar in der Lebenswelt der Menschen, übernehmen Funktionen, die für deren lebensweltliche Reproduktion und für das gesellschaftliche Leben notwendig sind. Sie operieren aber nicht in einer lebensweltlichen Rationalität, sondern in der Rationalität des Systems, um es noch einmal vereinfachend in Anlehnung an Habermas auszudrücken. Systemtheoretisch und mit Luhmann ausgedrückt hat das System aber nicht eine Rationalität, sondern die jeweiligen Teilsysteme haben ihre eigenen Rationalitäten, die sich in ihren »basalen Selbstreferenzen« ausdrücken, die von den Organisationen in ihre jeweiligen »Programme« transformiert werden und die das Handeln in ihnen *operativ geschlossen* (vgl. Luhmann, 1995a) steuern.

Ein wichtiger Aspekt davon ist, dass die Systeme nach ihrer eigenen Rationalität entscheiden, welche Menschen sie wie als Personen adressieren und welche Menschen aufgrund welcher Kriterien in die Teilsysteme inkludiert oder exkludiert werden (Luhmann, 1995b; Stichweh, 1997). Diese Form der Vergemeinschaftung führt zu einer Entlastung des einzelnen hinsichtlich vieler für die individuelle und gesellschaftliche Reproduktion notwendiger Leistungen, u.a. aber auch zu einer *Entlastung von Verantwortung*. Die meisten Menschen werden in der Form von passiven »Publikumsrollen« (Göbel/Schmidt, 1998: 103ff.) in die verschiedenen Teilsysteme inkludiert, nämlich als Kunden, Patienten, Klientinnen, Gläubige, Ruhestörer, Mieterinnen, Schülerinnen. Die Akteure müssen in all diesen Rollen nur Verantwortung für sich selbst übernehmen, nicht aber für die Erfüllung der Funktionen, die gleichwohl existentiell wichtig für sie sind, weil sie eine wesentliche Voraussetzung ihrer Lebenswelt sind. Alle diese Bereiche funktionieren ohne das Zutun der passiv Inkludierten. Man kann, ja muss oft die Angebote der Organisationen einfach konsumieren. Während die Inklusion in die Teilsysteme auf der Seite der »Publikumsrollen« prinzipiell allen offen steht, sind die Organisationen hoch selektiv in Bezug auf diejenigen Menschen, die für die Funktionserfüllung notwendig sind. Diese Menschen werden in der Form von »Leistungsrollen« inkludiert und in spezifisch anderer Weise als »Personen« von den sozialen Systemen adressiert, nämlich als Verkäufer, Ärztinnen, Sozialarbeiter, Pfarrerin, Polizist, Vermieter, Lehrerin. Diese Form der Strukturierung des gesellschaftlichen Lebens hat eine eigentümliche Struktur des öffentlichen gesellschaftlichen Raumes zur Folge, den wir als Nicht-Privat definiert haben: Ein grosser Teil des öffentlichen Raums wird von den Organisationen der Teilsysteme besetzt, »kolonialisiert« und segmentiert. Die Teilhabe am gesellschaftlichen Produktions- und Reproduktionsprozess wird in der Regel an passive »Publikumsrollen« geknüpft. Die systeminternen Prozesse in den Organisationen bleiben aufgrund ihrer operativen Geschlossenheit und der damit zusammenhängenden Selektivität der Öffentlichkeit weitgehend verschlossen. Das öffentliche gesellschaftliche Handeln jenseits des privaten Raums wird in diesem Sinn von den Organisationen der Teilsysteme segmentiert, parzellisiert und dem handelnden Zugriff weitgehend entzogen. Das öffentliche Leben verschwindet gleichsam hinter den Mauern der Organisationen und es bleibt ein öffentlich zugänglicher Raum übrig, der von fast allen Anlässen für fast allen Anlässen für soziales Handeln entleert ist, den man schliesslich nur noch »durchquert«, in dem man sich aber nicht in einem aktiven, expressiven und gestalterischen Sinne »aufhält« (Sennett, 1994: 103ff.), in dem man vor allem aber nicht sozial handelt, weil es eben nichts zu tun gibt, und der in diesem Sinne eben »sozial verarmt« ist.

Auf der anderen Seite können die funktionalen Teilsysteme systematisch kein funktionales Äquivalent für die unmittelbare Sozialität im zwischenmenschlichen Bereich des sozialen Nahraums bereitstellen, obwohl sie in der hier vertretenen Perspektive wesentlicher Bestandteil der Lebenswelt der Akteure sind und menschliche Bedürfnisse sich durchaus in Organisationen auswirken. Gleichwohl bilden die meisten Organisationen höchstens soziale Knotenpunkte, an denen weiterreichende, lebensweltlich orientierte Sozialität kondensieren könnte, wenn zusätzliche Bedingungen erfüllt sind. Die Befriedigung umfassender psycho-sozialer und sozialer Bedürfnisse kann indes von keiner Organisation gewährleistet werden, weil Menschen von diesen sozialen Systemen in ganz spezifischer und selektiver Weise als »Personen« adressiert und, wenn man so will, auf die Rationalität des jeweiligen sozialen Systems verpflichtet werden. Dies gilt sowohl für »Leistungsrollen«, als auch für »Publikumsrollen«. Die Frage ist also: Wie strukturieren die Akteure ihre von den funktionalen Teilsystemen übriggelassene soziale Welt unter den gegebenen Bedingungen, so dass ihre weitergehenden psycho-sozialen Bedürfnisse befriedigt werden können?

Während der Arbeit am Datenmaterial haben sich die Begriffe »Reziprozität«, »Kooperation« und »Verantwortung« als tragfähige »Schlüsselkategorien« (vgl. Strauss, 1994) in Bezug auf die Frage nach der Strukturierung des sozialen Raums durch die Akteure erwiesen. Rund um diese Begriffe haben wir ein *Entwicklungsmodell der Alltagskultur* im neu entstehenden Stadtteil entworfen, das jetzt so kurz wie möglich skizziert werden soll (vgl. Abbildung 2).

Die Ausgangslage ist, wir haben es eingangs bereist erwähnt, ein sozialer Raum, der durch die Ko-Präsenz geschlossener privater Räume gekennzeichnet ist. Diese privaten Räume sind tatsächlich vollständig gegenüber den anderen geschlossen und es ist völlig legitim, diese Geschlossenheit auch über die Zeit hinweg aufrechtzuerhalten. F[4]: »Ich muss sagen, jeder wohnt für sich selbst, separat.« Wenn nun die Grenze zwischen den privaten Sozialräumen stark defensiv gestaltet wird, dann wäre das Ergebnis eine vollständige Anonymität, d.h. es würde keine nennenswerte soziale Interaktion im sozialen Nahraum jenseits der Organisationen stattfinden. Aufgrund sozialer Bedürfnisse einzelner, die möglicherweise auch mit Konventionen der Höflichkeit zu tun haben, ist eine derartig vollständige und radikale Geschlos-

---

4 Wir haben die Interviewpartner mit Buchstaben anonymisiert.

Abbildung 2: Heuristisches Modell der Entwicklung alltagskultureller Strukturierungen des sozialen Raumes

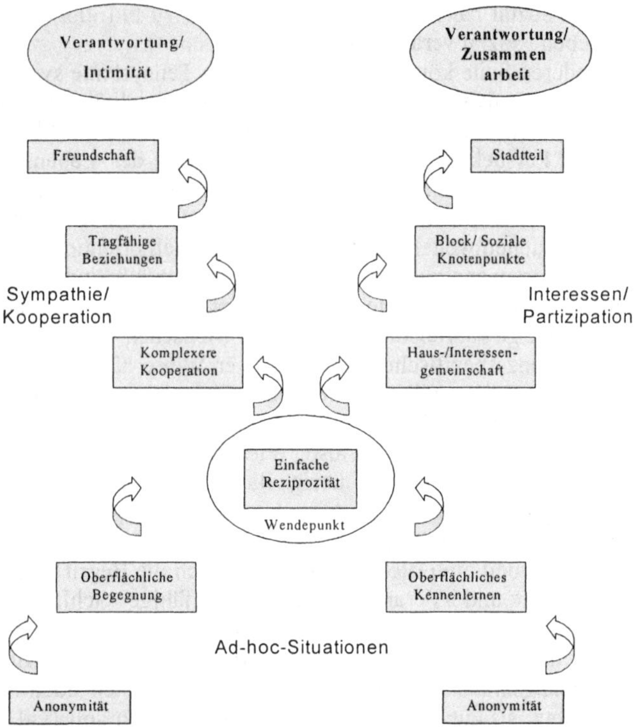

Geschlossenheit für die meisten unerträglich. B: »Wir grüssen einander, aber eine Hausgemeinschaft ist noch nicht entstanden.« Zufällige Begegnungen im öffentlichen sozialen Raum sind zudem auf Dauer unvermeidlich und durch verbesserte Architektur »inszeniert«. D: »Ja so hin und wieder trifft man sich halt.« Es entstehen also ad hoc sozial und individuell relevante Situationen. In diesen Situationen scheint etwas zu greifen, das Gouldner als »Reziprozitätsnorm« beschrieben hat und sich aus zwei Elementen zusammensetzt: »(1) Man sollte denjenigen helfen, die einem geholfen haben, und (2) man sollte jene nicht kränken, die einem geholfen haben« (Gouldner, 1984). Gouldner arbeitet heraus, dass diese Reziprozitätsnorm aufgrund ihrer inhaltlichen Unbestimmtheit als soziales Bindemittel in sozialen ad-hoc-Situationen verwendet wird (ebenda 106), und dass sie insofern als Basismechanismus für die Bildung von sozialen und kulturellen Systemen angesehen werden kann. Wir sind auf die Reziprozitätsnorm über die Aussagen unserer Interviewpartner gestossen und haben die Sätze von Gouldner auf dieser Basis umformuliert: (1) Behandle andere so, wie Du willst, dass sie Dich behandeln, und (2) tue anderen nichts, was Du nicht willst, dass sie es Dir tun. Die so formulierte Reziprozitätsnorm entspricht den Aussagen in den Interviews besser, weil sie auch defensiv, also zur Verhinderung von sozialen Beziehungen genutzt werden kann: Wenn ich nicht will, dass sich jemand in meine private Sphäre einmischt, dann halte ich mich auch aus denen von anderen heraus. Oder, wenn ich mich um jemanden kümmere, dann muss ich damit rechnen, dass der sich aufgefordert fühlt, sich auch um mich zu kümmern.

Die Entwicklungslogik verläuft von dieser einfachen Reziprozitätsnorm über komplexere Formen der Kooperation zwischen Angehörigen verschiedener privater Räume hin zu Formen starker Vernetzung und Freundschaft. Komplexere Formen der Kooperation sind beispielsweise verlässliche Formen der gegenseitigen Entlastung z.B. beim Einkaufen, beim Kinderhüten oder auch wiederkehrende gesellige Aktivitäten wie gemeinsame Grillabende oder Ausflüge. Exemplarisch E: » Man hilft sich da mal aus oder hat das Werkzeug oder so was (...) und dann sich abends auch mal besucht oder so was, oder auch mal zusammen Karten spielen, dass man sich auch zu Festen einlädt.« Der Übergang zu starker Vernetzung wird durch Grade der Häufigkeit und Intensität bestimmt. Freundschaft ist ein Produkt aus diesen Ko-Operationen, das eine Steigerung der Verlässlichkeit und gegenseitigen Verantwortung mit sich bringt.[5] Über die Prozesse der Reziprozität und der Kooperation entstehen also Strukturierungen für die beteiligten Akteure, die die Grenze ihres jeweiligen privaten Raumes teilweise öffnen und eine soziale Vernetzung von an einem derartigen Prozess beteiligten privaten Räumen und diesen privaten Räumen angehörenden Akteuren zur Folge haben. Diese Vernetzung bildet auf den ersten Blick gemäss unserer Definition einen Aspekt des öffentlichen sozialen Raums. Ähnlich wie bei den Organisationen der Teilsysteme führt diese Strukturierung aber zu einer *Parzellisierung* des öffentlichen sozialen Raums. Zwar können hier weitgehende psycho-soziale

[5] Die Aussagen in den Interviews decken sich mit älteren Forschungen zur sozialen Kognition (z.B. Selman, 1984; Youniss, 1982). Da es uns nicht um Fragestellungen rund um soziale Kognitionen ging, sehen wir in dieser Übereinstimmung eine Bestätigung unserer Ergebnisse. Da wir das Entwicklungsmodell aus geschilderten Handlungsereignissen rekonstruiert haben, gehen wir zudem davon aus, dass dieses Entwicklungsmodell mehr ist als nur die Wiedergabe sozialkognitiver Einstellungen, sondern tatsächlich die Strukturierungsdynamik im informellen Bereich, also im von den Funktionssystemen übriggelassenen sozialen Raum im wesentlichen charakterisiert. Dies müsste freilich noch intensiver untersucht werden, insbesondere auch die Frage, ob ein stufenförmiges Modell, wie wir es in Anlehnung an Piaget entwickelt haben, tatsächlich die beste Form ist, die Entwicklungslogik darzustellen.

Bedürfnisse befriedigt werden, diese Formen der Sozialität sind aber hochgradig selektiv, ja exklusiv. Dazu ein Zitat aus dem Interviewmaterial: »Also ob ich mich da öffnen will demjenigen oder nicht und da isch so ne Wellenlänge oder Sympathie oder – isch da schon ausschlaggebend, ob man da so einen Draht (?) findet und da auch ein bißchen intensiver spricht ... also da wähl ich natürlich auch aus. Also es gibt schon solche Beziehungen, die also über smalltalk hinausgehen, sag ich jetzt mal (E).«

Gegenüber der soeben charakterisierten »sympathieabhängigen« Achse des Entwicklungsmodells, die letztlich durch das Strukturmoment »Intimität« Gestalt gewinnt, verläuft eine Achse sympathieunabhängiger Strukturierung, die ebenfalls auf den Prozeduren der Reziprozität und der Kooperation aufbaut. Hierunter können alle *zielorientierten Aktivitäten zur Herstellung öffentlicher sozialer Beziehungen* gefasst werden. Zur Markierung der Differenz in Bezug zu den sympathieabhängigen kooperativen Prozessen, die durch das Strukturmoment »Intimität« bestimmt werden, haben wir den Begriff »Zusammenarbeit« hier gewählt. Die Stufung ergibt sich aus der zunehmenden räumlichen Ausdehnung, die von Haus- und Interessengemeinschaften (z.B. selbstorganisierte Krabbelgruppe), über den als Einheit wahrnehmbaren »Block« und besondere soziale Knotenpunkte (z.B. von K.I.O.S.K. organisierte Diskussionsforen) bis hin zum Stadtteil insgesamt (bzw. eigentlich bis hin zur Gesellschaft) reicht. Das leitende Strukturmoment ist die Identifikation mit gemeinsamen Zielen und Interessen. Verantwortung resultiert hier nicht aus der gegenseitigen und unmittelbar wahrnehmbaren Verpflichtung in einer relativ engen (intimen) Beziehung, sondern aus der zunächst abstrakten Verpflichtung, die sich aus der Identifikation mit Zielen und Interessen in Verbindung mit relativ aufwendigen Zuschreibungsprozessen von Relevanz des sozialen Raumes für die eigene Lebensführung entwickeln lässt. Diese komplexe Konstruktion ist ein relativ unwahrscheinliches Ereignis, weil Verantwortung hier im Grunde von den Organisationen der Funktionssysteme wahrgenommen wird. Partizipation, also die aktive Übernahme von Verantwortung, erscheint als irrelevant.

Dieser zweite Strang wäre im engeren Sinne als öffentlicher Bereich des sozialen Handelns in einem Stadtteil zu begreifen, während der erste Strang zwar im öffentlichen Bereich sich abspielt, aber eindeutig einen privaten Charakter aufweist, insofern der »Tyrannei des Privaten« (Sennett, 1994) unterliegt. Die Modelle der Sozialen Arbeit wie der Stadtplanung (exemplarisch Klöck, 1998; Ries u.a., 1997; Keller, 1991), die auf Partizipation zielen, beziehen sich deshalb im Grunde auf den zweiten Strang. Dieser unterliegt nun aber wesentlich der Form der Vergemeinschaftung durch die Organisationen der funktionalen Teilsysteme und dies hat weitreichende Konsequenzen für die Wahrnehmung und somit für die Entstehung von *Verantwortung*. Zur Identifikation der Entwicklungslogik auf diesem Strang waren eigenverantwortliche Möglichkeiten der Unterstützung oder Konfliktbearbeitung im

Interviewmaterial besonders aufschlussreich. Die Auswertung diesbezüglicher Stellen haben uns zur Kategorie der »*Delegation von Verantwortung*« geführt. Die Bewältigung von Problemen, die im sozialen Raum auftreten, sei es die zu laute Musik, sei es der Ehestreit nebenan oder die Misshandlung von Kindern, seien es die Jugendlichen, die den sozialen Raum erkunden und für sich strukturieren und dadurch für andere Bewohner zur Bedrohung werden, sei es die alleinstehende ältere Frau nebenan oder sei es die überforderte Mutter, all dies sind entweder Probleme, die dem Privaten zugeordnet werden können und dadurch per se nicht in einen erweiterten Verantwortungsbereich fallen, oder man kann mühelos eine zuständige Organisation identifizieren, die das Problem eigentlich lösen müsste. Verantwortung wird somit delegiert. Und sie wird nicht etwa delegiert, weil die einzelnen Menschen nicht genügend Zivilcourage aufbringen oder schwache Persönlichkeiten ausgebildet haben, sondern die Delegation von Verantwortung wird durch die gesellschaftliche Dynamik auf relativ direktem Wege erzeugt, indem die Organisationen der funktionalen Teilsysteme Verantwortung für die gesellschaftliche Problemlösung monopolisieren und in ihren operativ geschlossenen Systemen verwalten.

Damit ist ein zirkulärer Prozess beschrieben: Durch die funktionale Differenzierung der Gesellschaft bleibt der öffentliche soziale Raum übrig, d.h. er wird von Funktionen und Anlässen für soziales Handeln entleert. Dadurch fehlt es an sozialen Ressourcen und (mittelfristig) an sozialen Kompetenzen im sozialen Raum, die zur autonomen Problembewältigung aktiviert werden könnten. Der übriggelassene soziale Raum verfügt nicht über ausreichende soziale Strukturierungen. Strukturierungen, um hier noch einmal an Giddens zu erinnern, »ermöglichen und begrenzen soziales Handeln«. Umgekehrt formuliert: Fehlende Strukturierungen verhindern soziales Handeln bzw. erzeugen eine Tendenz zu »defensiven Strategien«, die wir zuhauf in unserem Datenmaterial gefunden haben, und zu einem Rückzug ins Private. In einem derartig strukturierten sozialen Raum wird die Verantwortung geradezu notwendig an die hoch effektiv arbeitenden, zumindest aber als verlässlich erscheinenden Funktionssysteme delegiert. Man selbst muss sich nicht anstrengen, ja eine Einmischung kann fatale Folgen haben. Man bleibt daher besser passiv oder geht in einen Verein. Eine nachhaltige Entwicklung von sozialen Ressourcen im übriggelassenen öffentlichen sozialen Raum muss unter diesen Umständen als höchst unwahrscheinliches Ereignis begriffen werden, zumal die Ansätze, die unter dem Strukturmoment der Zusammenarbeit entstehen, stets der Tendenz unterliegen, in quasi-private Beziehungen, die durch »Intimität« strukturiert werden, abzugleiten und dadurch den Drive zum Privaten auch von dieser Seite her zu verstärken. Wenn nun partizipative Ansätze in einem derart strukturierten sozialen Raum kommuniziert werden, dann stellen sie im Grunde ein paradoxes Ansinnen dar, das in der Regel kommunikativ nicht anschlussfähig ist: Partizipation wird nicht als eine sinnvolle Option von den Akteuren wahrgenommen. Man findet deshalb meist nur einen kleinen Kreis von Aktivistinnen, die zudem ihre Motivation auf Dauer nur schwer aufrechterhalten können. Auch der tendenzielle Verfall der Motivation hängt mit der Strukturierung durch »Intimität« zusammen. Wenn das soziale Handeln tendenziell auf der Folie von Intimität gedeutet wird, dann ist es schwer, den Wert der Zusammenarbeit in Bezug auf Verantwortung für den öffentlichen sozialen Raum auf Dauer zu kodieren.[6] Die im Rieselfeld und anderswo stets angestrebte und hoch bewertete Mitbestimmung bzw. Partizipation findet im Grunde unter Ausschluss der Öffentlichkeit im kleinen (vertrauten) Kreise statt bzw. eine urbane »zivilisierte« Öffentlichkeit findet jenseits der Funktionssysteme und quasi-privater Beziehungen strenggenommen gar nicht statt.

Zusammenfassend zeichnet sich also ein Bild der Entwicklung einer sozialen Alltagskultur ab, das an der Basis durch soziale ad-hoc-Situationen und geringe soziale Strukturierung gekennzeichnet ist, die tendenziell passive und auf Abgrenzung angelegte defensive Strategien und Deutungsmuster zur Folge hat. Darauf aufbauend schaffen auf der einen Seite sozial kompetente (oder vermittelt durch die Soziale Arbeit »befähigte«) Akteure durch die partielle Vernetzung ihrer privaten Räume soziokulturelle, aber quasi-private »Inseln«, die für ihre psycho-soziale Bedürfnisbefriedigung günstige Bedingungen bereitstellen, die soziale Verantwortung aber wie im Privaten exklusiv auf sich selbst beziehen. Auf der anderen Seite unterliegt die Bildung einer öffentlichen und zivilisierten, d.h. auch partizipativen und möglicherweise »tragfähigen« Alltagskultur erheblichen Einschränkungen, die unmittelbar mit den Bedingungen der modernen Gesellschaft zusammenhängen, und die wir anhand der Vergemeinschaftungsprozesse durch die Organisationen der funktionalen Teilsysteme dargestellt haben. Die auf diese Weise strukturierte widersprüchliche Einheit von System und Lebenswelt führt zu einer strukturellen Entleerung und Schwächung des sozialen Nahraums (zu einer »sozialen Verarmung«) bis hin zu Anomie[7] und zu einem »Zerfall der Öffentlichkeit« jenseits der Funktionssysteme und jenseits passiver Publikumsrollen, bzw. sie führt, noch etwas pointierter formuliert, zu einer Unterminierung der Möglichkeit der Entstehung öffentlichen sozialen und verant-

---

[6] Diesen Tatbestand, dass öffentliche Räume sehr schnell »privatisiert« werden, kann man sich an dem wohl allseits bekannten Phänomen verdeutlichen, dass sowohl in Jugend- und Quartiertreffs, als auch in Mütter- und Familienzentren, die Räume von Gruppen regelrecht in Besitz genommen werden, so dass Schwellen für Neue entstehen und Zugang zumindest zum inneren Kern über Kriterien der Sympathie geregelt wird.

[7] Vgl. Bohle u.a., 1997 und im Hinblick auf die moderne Stadt und deren soziale Zerfallserscheinungen Keim, 1997.

wortlichen Handelns im Sinne »zivilisierter Urbanität«[8]. Die gesellschaftlich induzierte »soziale Verarmung« des sozialen Nahraums in seinen öffentlichen Aspekten geht einher mit Passivität der Akteure, die es gewohnt sind, dass sie soziale Ressourcen in der Form von Publikumsrollen konsumieren können, dass sie nichts zu deren Reproduktion beitragen müssen (ausser Geldzahlungen), und dass sie legitimerweise Verantwortung für den öffentlichen sozialen Raum delegieren können. Nachhaltigkeit (Kontinuität als ein Indikator) wird nur über den Umweg über die Organisationen der funktionalen Teilsysteme erzielt. Autonome lebensweltliche soziale Ressourcen, die sich zu einer tragfähigen Alltagskultur verdichten könnten, sind nicht oder nur in sehr geringem Masse beobachtbar. Wir stellen also eine gesellschaftliche Tendenz fest, die eine Verengung der Wahrnehmung von Verantwortung auf die individuelle Lebensführung zur Folge hat (vgl. den Begriff der Individualisierung in diesem Zusammenhang, Beck, 1983), also auf den privaten Raum, auf quasi-private soziale Beziehungen und auf individuelle Anstrengungen, in ausreichendem Masse an der Gesellschaft in Form von Leistungs- und Publikumsrollen teilhaben zu können. Soziale Verantwortung, ja sogar die Wahrnehmung sozialer Ungerechtigkeit wird damit notwendig und systematisch zu einer gesellschaftlich induzierten Randerscheinung.

Am Rande sei hier nur noch auf eine weitere Bedingung dieser Gesellschaft hingewiesen, die erheblich zur strukturellen Schwäche des sozialen Nahraums beiträgt: die *Mobilität*. Die Mobilität erzeugt den Effekt, dass weit auseinanderliegende soziale Räume für die individuelle Lebensführung, sei es in Leistungsrollen, sei es in Publikumsrollen, sei es in quasi-privaten Netzen, genutzt werden können. Diese Ausdehnung des zugänglichen sozialen Raums verstärkt auf der individuellen Ebene den Abfluss von Ressourcen (z.B. Zeit und Energie) aus dem sozialen Nahraum, und sie verstärkt den Effekt der Entfremdung gegenüber verantwortlichem, auf die öffentlichen Aspekte des gesellschaftlichen Lebens zielenden sozialen Handeln im sozialen Nahraum.

4. Diskussionspfade

Es ist ein heuristisches Modell entstanden, das empirisch noch keineswegs gesättigt ist, das andererseits aus unserer Sicht theoretisch hoch plausibel ist, das aber auch auf dieser Ebene, wie jede wissenschaftliche Erkenntnis, wie

---

[8] »Es besteht ein enger Zusammenhang zwischen Zivilisiertheit und Urbanität. Zivilisiertheit bedeutet, mit den anderen so umzugehen als seien sie Fremde, und über diese Distanz hinweg eine gesellschaftliche Beziehung zu ihnen aufzunehmen. Diejenigen (...) müssen sie auf dem Weg über Versuch und Irrtum selbst schaffen, aus dem Wunsch heraus mit anderen zu leben, statt dem Zwang zu erliegen, ihnen nahe zu kommen« (Sennett, 1994: 336).

jede wissenschaftliche Aussage, einer diskursiven Prüfung bedarf. Diese Selbstverständlichkeit sei hier betont. Zugleich ist ein heuristisches Modell entstanden, das sich im unmittelbaren Praxisentwicklungsprozess bewährt hat. Es geht bei der folgenden, dem notorischen Platzmangel geschuldeten, stichwortartigen Andeutung einiger Aspekte der Ergebnisse nicht um eine fundierte Reflexion im Hinblick auf die Tragweite der Ergebnisse, die natürlich begrenzt ist, sondern um die Demonstration der reichhaltigen und vielseitigen Verwendbarkeit des mit dem hier vertretenen Ansatz entwickelten Materials.

(1) Die Forschung erfüllt mindestens drei Ansprüche an akademische wissenschaftliche Forschung im klassischen Sinn. Sie beruht auf wissenschaftlich methodischen Prozessen und sie schliesst an wesentliche theoretische Diskurse und Fragestellungen an, und sie eröffnet Möglichkeiten für weitere Forschung. Beispielsweise weisen die Ergebnisse auf Wirkungen der funktionalen Teilsysteme auf der konkreten Handlungsebene hin und bestätigen in gewissem Masse die empirielose Luhmannsche Theorie bzw. zeigen mindestens, dass diese Theorie sich in der gegenstands- und materialbezogenen Theoriebildung bewährt. Mit dem Theorem der »sozialen Armut« des sozialen Nahraums, das aus dem Datenmaterial gewonnen wurde, werden Anschlüsse an Theoretiker wie Sennett und Putnam (op cit.) möglich, mit denen die Generalisierung der empirischen Ergebnisse gestützt werden kann. Es werden aber auch Anschlüsse möglich an soziologische Ansätze im näheren Umfeld der Sozialen Arbeit, wie sie im Reader von Heitmeyer (Heitmeyer, 1997) versammelt sind oder an neuere Forschungen zur Anomie (Atteslander u.a., 1999). In diesem Sinne leistet die Forschung einen Beitrag zum allgemeinen, interdisziplinären sozialwissenschaftlichen Theoriediskurs.

(2) Das heuristische Modell beschreibt eine gesellschaftliche Dynamik, in der die Soziale Arbeit operiert, die sie aber weitgehend ignoriert. Wenn das Modell in Ansätzen zutrifft, dann arbeitet sie in der Gegenströmung zu dieser Dynamik und steht gleichsam vor einer ähnlichen Aufgabe wie der alte Sisyphos: das Maximalziel ist nur erreichbar, wenn die Schwerkraft, also die zentrale dynamische Gegenkraft (durch göttlichen Beschluss) ausser Kraft gesetzt würde. Der Unterschied besteht darin, dass die Gesetzmässigkeiten des Sozialen vielschichtiger und dynamisch-historisch, also ohne göttlichen Beschluss, veränderbar sind. Das heisst, dass mit dem heuristischen Modell einige Probleme des sozialarbeiterischen Handelns in ihrer Genese beschreibbar werden. Es leistet also einen Beitrag zur Erforschung der gesellschaftlichen Bedingungen sozialarbeiterischen Handelns. Mit dem Entwicklungsmodell werden zugleich Ansatzpunkte für die Evaluation und Weiterentwicklung der Praxis fassbar, denn im Gegensatz zu Sisyphos kann man die Praxis der Sozialen Arbeit auch dann als erfolgreich beschreiben, wenn kleine Distanzen mit dem Stein zurückgelegt werden können. Dies ist ein Beitrag zur Erforschung der organisationellen Bedingungen sozialarbeiterischen

Handelns. Darauf kommen wir sogleich zurück. Beides sind disziplinäre Generalthemen der Sozialen Arbeit.

(3) Es werden mit diesem Modell »naive«, tradierte und in gewisser Weise ideologische Anteile des sozialarbeiterischen Diskurses thematisierbar. Wenn die beschriebene soziale und gesellschaftliche Dynamik jenseits der wenigen Fälle, die wir untersucht haben, tatsächlich exisitiert, dann stellt sich z.B. die Frage nach dem Stellenwert und der Angemessenheit des Begriffs »Partizipation«, der seit mehr als 20 Jahren in allen Konzeptionen der GWA/ Stadtentwicklung die prominente Position einnimmt, trotz offenkundiger Schwierigkeiten der Umsetzung. Partizipation muss, legt man unsere Ergebnisse zugrunde, jenseits seiner normativen Funktion in den Handlungsorientierungen der Sozialen Arbeit differenziert im Hinblick auf die konkreten Umsetzungen und Bedingungen der Umsetzung und realistische Grössenordnungen hin befragt und diskutiert werden. Dies ist ein Beitrag zum Professionswissen der Sozialen Arbeit.

(4) Es lassen sich von daher empirisch fundierte bereichsspezifische theoretische Überlegungen zur Funktion der Sozialen Arbeit als »intermediäre Instanz« (vgl. Hinte, 1994; Selle, 1991) im Stadtteil anstellen, welche die professionellen Paradoxien des Handelns in einer Organisation des funktionalen Teilsystems »Soziale Arbeit« sichtbar machen und in einen systematischen Zusammenhang bringen: Die Soziale Arbeit erzeugt wider Willen Inklusionsbedingungen in der Form von passiven »Publikumsrollen«, aber im Gegensatz zu den anderen Funktionssystemen ist dies für die Soziale Arbeit ein Problem. Denn indem die Soziale Arbeit auf die Stärkung der Lebenswelt unter der Prämisse der sozialen und gesellschaftlichen Integration und Problemlösung zielt, müssen in der Lebenswelt, also in einer systemfremden Rationalität, Prozesse stattfinden, die im Endeffekt die Frage beantworten, ob die Soziale Arbeit ihre Funktion erfüllt oder nicht. Im Gegensatz zu anderen Organisationen anderer Teilsysteme, muss sie, um ihre Funktion zu erfüllen, sozial verantwortliche und selbstorganisierende Prozesse in der Lebenswelt »stimulieren«, und zwar gerade dann, wenn diese sich nicht spontan in der Lebenswelt entwickeln, unter der Massgabe, dass in ihrer eigenen, sozialarbeiterischen Rationalität, Handeln als notwendig und legitim erscheint. Neben den eigentlichen (professionellen) Leistungsrollen müssen die in der Form von »Publikumsrollen« Inkludierten zu »Koproduzenten« (Effinger/ Köber, 1994) werden, und dies immer schon unter der Massgabe der «Autonomie der Lebenspraxis« (Oevermann).

Es lassen sich innerhalb dieser Grundparadoxie von den empirischen Ergebnissen aus drei Funktionsbereiche der Sozialen Arbeit im Stadtteil beschreiben, nämlich »Anwaltschaft«, »Dienstleistungen« und »Empowerment«, die alle zusammen notwendige Elemente des sozialarbeiterischen Handelns umfassen, die sich zugleich aber in paradoxer Weise gegenüberstehen und paradoxe Handlungsanforderungen systematisch erzeugen. Insofern sind die Ergebnisse im Einklang mit beispielsweise dem Ansatz von Spierts, der aufgrund einer historischen Analyse der soziokulturellen Animation in den Niederlanden und einer Reflexion der konzeptionellen Strömungen in diesem Kontext, die Professionellen im Stadtteil als »Balancekünstler« charakterisiert (Spierts, 1998). Es gilt immer wieder Entscheidungen zu treffen, in welchem Funktionsbereich der Tätigkeit Prioritäten gesetzt werden. Dazu braucht es u.a. Methoden, die eine Einschätzung des Entwicklungsgrades des Stadtteils in unterschiedlichen Bereichen ermöglichen und es braucht Professionelle, die in der Lage sind, komplexe Information zu erzeugen, zu verarbeiten und in Handlungen umzusetzen, die nicht gleichförmig in nur eine Richtung, z.B. ein einseitig verstandenes «Empowerment« laufen können.

Die drei letzten Punkte (2,3 und 4) sind allesamt Elemente einer gegenstandsbezogenen Theoriebildung der Sozialen Arbeit, also einer disziplinären Theoriebildung im engsten Sinne und schliessen an ältere disziplinäre Diskurse, beispielsweise zur Kolonialisierung der Lebenswelt (vgl. z.B. Müller/ Otto, 1984) problemlos an. Gegenstandsbezogene und bereichsspezifische Theorien (hier GWA/ Stadtentwicklung) sind Bestandteile des Professionswissens, auch wenn sie primär der Disziplin zugeordnet werden müssen.

(5) Neben diesen wissenschaftsbezogenen Verwendungsmöglichkeiten der Ergebnisse und in engem Zusammenhang mit diesen, konnte der Auftrag zur Evaluation der Praxis in differenzierter Weise erfüllt werden. Zum Beispiel konnte auf der Grundlage des Entwicklungsmodells beurteilt werden, dass die Praxis auf der Entwicklungsschiene hin zum Privaten, also bei der Vernetzung privater Räume sehr erfolgreich war. Ausserdem konnte festgestellt werden, dass der soziale Knotenpunkt KIOSK im Sinne der zweiten Entwicklungsschiene hin zur Bildung einer öffentlichen »zivilen Urbanität« sehr gut funktioniert hat, erfolgreich gearbeitet hat, dass dort auch Ansätze zur Partizipation und autonomen Gestaltung inszeniert und auf den Weg gebracht werden konnten, dass insgesamt aber das Erreichte weit entfernt von dem übergeordneten Idealziel einer »tragfähigen Alltagskultur« ist. Zugleich kann mit dem heuristischen Modell aber auch eingeschätzt werden, dass das Erreichte sich in einem realistischen Rahmen bewegt, weil die gesellschaftliche Gegenströmung mit in die Beurteilung einbezogen werden kann. Sisyphos ist damit nicht mehr das Schreckgespenst des vergeblich ackernden Sozialarbeiters. Es sind konkrete Erfolge beschreibbar und zurechenbar. Dies erweist sich sowohl für die Freude an der Arbeit, als auch für die Professionalisierung, als auch für die Darstellung der Sozialen Arbeit in der Öffentlichkeit als wichtiges Element.

Ein weiterer Effekt ist, dass auch die Beurteilung von Einzelmassnahmen sehr differenziert durchgeführt werden kann. Beispielsweise wurde eine Aktion »Baumpatenschaften« inszeniert, verbunden mit dem Ziel, symbolisch Verantwortung für den öffentlichen Raum zu übernehmen. Die Aktion ist auf den ersten Blick ein Erfolg: 1/3 der Haushalte hat eine solche Patenschaft übernommen. Bei genauerem Hinsehen konnte allerdings festgestellt werden, dass die Paten ihre Patenschaft nicht als Verantwortungsübernahme im öffentlichen Raum kodieren, sondern als Ausdehnung ihres privaten Raums. Aufgrund der verbesserten Beobachtungsperspektive konnte dieses Phänomen überhaupt erst wahrgenommen werden, und es konnten Anschlussstrategien entwickelt werden, die in Richtung des ursprünglichen Handlungsziels wirken sollen.

(6) Damit ist der zentrale Aspekt der Praxisentwicklung angesprochen. Die Entwicklung des heuristischen Modells und die Auseinandersetzung mit ihm und den anderen erhobenen Daten in Bezug zur eigenen Erfahrung im Praxisfeld bildete die Grundlage für einen aufwendigen Reflexions- bzw. Professionalisierungsprozess, der sowohl eine Diskussion der Konzeption, der Zielsetzungen, und der Angemessenheit der Strategien beinhaltete. Darauf aufbauend konnte sodann die Suche nach Ansatzpunkten für eine gezielte Arbeit auf der bislang weniger erfolgreichen Entwicklungsschiene aufgenommen werden. Diese Suche konnte sich aufgrund der entwickelten Beobachtungsperspektive auf »Kehrwasser« in der gesellschaftlichen Gegenströmung konzentrieren und differenziertere Überlegungen auf der Grundlage des Entwicklungsmodells hervorbringen. Zum Beispiel gingen die Überlegungen dahin, Öffentlichkeit primär nicht auf der Ebene des Stadtteils anzustreben, sondern auf einer tieferen Stufe des Entwicklungsmodells anzusetzen, näher am Privaten, also kleinräumiger zu denken und zu handeln und öffentliche Anlässe für soziales Handeln auf der Aggregationsstufe des Treppenhauses zunächst einmal anzustreben, um überhaupt Anschlüsse für Bewusstseinsbildung sowie den Aufbau von Kompetenz und Ressourcen legen zu können. In diesem Zusammenhang wurden erste Ansätze entwickelt und mittlerweile auch umgesetzt.

In dem hier angesprochenen Entwicklungsprozess wurden wissensbasiert und im Bewusstsein um die Paradoxien, in denen sich die professionelle Praxis im Stadtteil bewegt, diverse Entscheidungen für neue Prioritäten und neue Strategien bzw. Teilprojekte gefällt. Dies bedeutet sowohl im Oevermannschen wie auch im Schützeschen Verständnis (Oevermann, 1996; Schütze, 1996) eine erhebliche Steigerung der Professionalität und ist ein erwarteter Teilerfolg des Projekts. Obwohl dieser Praxisentwicklungsprozess zunächst für sich steht, können die getroffenen Entscheidungen modellhaft in die gegenstandsbezogene Theoriebildung der Gemeinwesenarbeit/ Stadtentwicklung eingebaut werden und diese anreichern.

(7) Schliesslich lassen sich ideologiekritische Anfragen an die Konzepte des Umbaus der Gesellschaft im Sinne der »Aktivierung der Gesellschaft« (Dettling, 1995) oder auch an Konzepte der »Zivilgesellschaft« (Wendt, 1996) formulieren, wenn diese lediglich über die bestehenden Verhältnisse übergestülpt werden, ohne zu sehen, dass die Bedingung ihrer Realisierung eine weitgehende Veränderung der gesellschaftlichen Dynamik der funktio-

nalen Differenzierung, also der herrschenden sozialen und gesellschaftlichen Gesetzmässigkeiten voraussetzt, weil ansonsten die gesellschaftliche Dynamik immer die nachhaltige lebensweltliche Ressourcenbildung im sozialen Nahraum tendenziell unterläuft. Dialektische Gegenprozesse seien hier der Einfachheit halber einmal ausgenommen.

Zusammenfassend: Die Erwartungen, die sich aus dem erkenntnistheoretischen Modell der Kooperation von Wissenschaft und Praxis haben formulieren lassen, haben sich im Prototyp weitgehend erfüllt. Es scheint möglich, auf beiden Seiten, auf der Seite des unmittelbaren Erkenntnisgewinns und dessen Umsetzung in die Praxis, als auch auf der Seite des theoriebezogenen Erkenntnisgewinns und der Umsetzung in die Wissenschaft, zugleich produktiv arbeiten zu können und darüber hinaus sogar den Effekt einer gegenseitigen Bereicherung mitnehmen zu können. Zugleich ist aber auch deutlich geworden, dass der Prozess sehr aufwendig ist, und dass die Kooperation im Schnittfeld zwischen Wissenschaft und Praxis eine ganze Reihe von Fallstricken bereithält. Es ist keine »Lösung des Theorie-Praxis-Problems« durch das Kooperationsmodell möglich und auch niemals angestrebt gewesen, sondern die Probleme werden lediglich auf eine andere Ebene transponiert, auf der *andere Formen des Austauschs* praktiziert werden können, die erfolgversprechend sind, die sich im berichteten Beispiel weitgehend bewährt haben, die aber nicht automatisch funktionieren. Beispielsweise ist die Akzeptanz der Ergebnisse keineswegs dadurch bereits gesichert, dass die PraktikerInnen am Forschungsprozess aktiv teilnehmen. Wenn die Wissenschaftlerin/ der Forscher eine eigenständige Position einnimmt, und nur dann ist Kooperation sinnvoll, dann wird seine Perspektive früher oder später, mehr oder weniger von der Perspektive der Praktiker abweichen. Aufgrund der Form der Beziehung und der gesammelten Erfahrungen im Kooperationsprozess sind aber ganz andere Möglichkeiten der Auseinandersetzung gegeben und somit andere Möglichkeiten des Lernens – auf beiden Seiten nota bene. Austauschbeziehungen höherer Ordnung (Bedingung für Integration) werden durch die Kooperation erreicht, weil im Gegensatz zu den alten Modellen der Wissensproduktion, in denen die Beziehung zwischen Wissenschaft und Praxis und somit der Transfer unilateral gedacht wurde, jetzt bilaterale Beziehungen denkbar und praktizierbar sind. Dass diese Chancen nicht ohne zusätzliche Kosten (Aufwand) und nicht ohne die Risiken des Konflikts bis hin zu Blockade und Abbruch der Kommunikation bzw. der Zusammenarbeit zu haben sind, ist aus jeder Arbeitsbeziehung bekannt und spricht nicht gegen die Sinnhaftigkeit, ein solches Unterfangen in Angriff zu nehmen.

Zu guter Letzt meinen wir, dass wir mit dem vorliegenden Bericht und den Ergebnissen unserer Forschungsarbeit (forschungs-)praktisch haben zeigen können, dass das 12-Felder-Schema von Thole (Thole, 1999: 234) und die ihm zugrundeliegende Unterscheidung von den drei Forschungstypen »Praxisforschung«, »Professionsforschung« und »Disziplinforschung« (Otto,

1998) wie so viele Bemühungen um Systematiken in der Pädagogik, doch etwas zu kurz greift, denn gerade die Erforschung des konkreten professionellen Handelns und seiner gesellschaftlichen und organisationellen Bedingungen (vgl. Sommerfeld, 1996), bildet eine reichhaltige Quelle disziplinärer und interdisziplinärer Theoriebildung: Eine Paradoxie vielleicht, aber gleichwohl deswegen systematisch nicht auszuschliessen und im übrigen erkenntnis- und wissenschaftstheoretisch begründbar und insofern erwartbar. Zumindest kann über diese Systematisierung gesagt werden, dass sie sich auf die alten, klassischen Modelle der Wissensproduktion bezieht und die neuen Formen der Wissensproduktion, zu denen wir unseren Ansatz der »integrierten Praxisforschung« rechnen würden, eben nicht sieht, und zwar weil die Unterscheidungen dies nicht zulassen, nicht weil es diese neuen Formen der Wissensproduktion nicht gibt.

Literatur

Alisch, M. (Hrsg.), 1998: Stadtteilmanagement. Voraussetzungen und Chancen für die soziale Stadt. Opladen: Leske+Budrich.

Atteslander, P., 1971: Methoden der empirischen Sozialforschung. Berlin/New York

Atteslander, P./ Gransow, B./ Western, J. (Hrsg.), 1999: Comparative Anomie Research: Hidden Barriers – Hidden Potential for Social Development. Aldershot: Ashgate Publishing Ltd.

Beck, U., 1983: Jenseits von Stand und Klasse? In: Kreckel, R. (Hrsg.): Soziale Welt. Sonderband 2. Göttingen: 35-74

Bohle, H. H./ Heitmeyer, W./ Kühnel, W./ Sander, U., 1997: Anomie in der modernen Gesellschaft: Bestandsaufnahme und Kritik eines klassischen Ansatzes soziologischer Analyse. In: Heitmeyer, W. (Hrsg.): Was treibt die Gesellschaft auseinander? Frankfurt a.M.: Suhrkamp: 29-68.

Böhnisch, L., 1994: Gespaltene Normalität: Lebensbewältigung und Sozialpädagogik an den Grenzen der Wohlfahrtsgesellschaft. Weinheim und München: Juventa

Bohnsack, R., 1993: Rekonstruktive Sozialforschung: Einführung in Methodologie und Praxis qualitativer Forschung. Opladen: Leske+Budrich

Bourdieu, P., 1980: Le capital social: notes provisoires. In: Actes Recherche en Sci. Soc., 31: 2-3.

Bourdieu, P., 1983: Forms of Capital. In: Richardson, J. G. (Hrsg.): Handbook of Theory and Research for the Sociology of Education. New York: Greenwood Press: 241-258

Bourdieu, P., 1989: Die feinen Unterschiede. Kritik der gesellschaftlichen Urteilskraft. Frankfurt a.M.

Coleman, J. S., 1990: Foundations of Social Theory. Cambridge, Mass.: Harvard University Press

Crozier, M./ Friedberg, E., 1979: Macht und Organisation – die Zwänge kollektiven Handelns. Königstein

Dahrendorf, R., 1968: Homo Sociologicus. Köln und Opladen

Dettling, W., 1995: Politik und Lebenswelt: Vom Wohlfahrtsstaat zur Wohlfahrtsgesellschaft. Gütersloh: Verlag Bertelsmann Stiftung

Ebbe, K./ Friese, P., 1989: Milieuarbeit. Grundlagen präventiver Sozialarbeit in lokalen Gemeinwesen. Stuttgart

Effinger, H./ Köber, K., 1994: Sozialunternehmer, Freiberufler oder Bedienstete: Professionalisierung im Intermediären Bereich. In: Neue Praxis, 1/94: 46-56

Elsen, S., 1998: Gemeinwesenökonomie und Gemeinwesenarbeit im Zeitalter der Globalisierung. In: Klöck, T. (Hrsg.): Solidarische Ökonomie und Empowerment. Neu-Ulm: AG SPAK: 69-98

Geertz, C., 1983: Dichte Beschreibungen. Beiträge zum Verstehen kultureller Systeme. Frankfurt a.M.

Giarini, O./ Liedtke, P. M., 1998: Wie wir arbeiten werden: der neue Bericht an den Club of Rome. Hamburg: Hoffmann und Campe

Gibbons, M./ Limoges, C./ Nowotny, H./ Schwartzman, S./ Scott, P./ Trow, M., 1994: The new production of knowledge. The dynamics of science and research in contemporary societies. London, Thousand Oaks, New Dehli: SAGE Publications

Giddens, A., 1992: Die Konstitution der Gesellschaft. Grundzüge einer Theorie der Strukturierung. Frankfurt, New York: Campus

Göbel, M./ Schmidt, J. F. K., 1998: Inklusion/ Exklusion: Karriere, Probleme und Differenzierungen eines systemtheoretischen Begriffspaars. In: Soziale Systeme, 4. Jg., Heft 1: 87-117

Gouldner, A., 1984: Die Norm der Reziprozität. Eine vorläufige Formulierung. In: Ders. (Hrsg.): Reziprozität und Autonomie. Ausgewählte Aufsätze. Frankfurt a.M.: Suhrkamp: 79-117

Habermas, J. 1981: Theorie des kommunikativen Handelns, Band I+II. Frankfurt

Heitmeyer, W. (Hrsg.), 1997: Was treibt die Gesellschaft auseinander? Frankfurt a.M.: Suhrkamp

Hinte, W., 1994: Intermediäre Instanzen in der Gemeinwesenarbeit – die mit den Wölfen tanzen, In: Bitzan, M./ Klöck, T. (Hrsg.): Jahrbuch Gemeinwesenarbeit 5. Politikstrategien – Wendungen und Perspektiven. München: AG SPAK: 77-89

Hornstein, W., 1998: Erziehungswissenschaftliche Forschung und Sozialpädagogik. In: Rauschenbach, T./ Thole, W. (Hrsg.): Sozialpädagogische Forschung. Weinheim und München: Juventa: 47-80

Keim, K.-D., 1997: Vom Zerfall des Urbanen. In: Heitmeyer, W. (Hrsg.): Was treibt die Gesellschaft auseinander? Frankfurt a.M.: Suhrkamp: 245-286

Keller, D. A., 1991: Kommunikation und Partizipation als Herausforderung an die Stadtentwicklungsplanung. In: GDI (Hrsg.): Urban Management. Interessenkonflikte und Lösungsansätze für eine zukunftsfähige Stadt. Rüschlikon/ Zürich: GDI: 119-124

Klöck, T. (Hrsg.), 1998: Solidarische Ökonomie und Empowerment. Neu-Ulm: AG SPAK

Lamnek, S., 1989: Qualitative Sozialforschung, Band 2 »Methoden und Techniken«. Weinheim und München

Luhmann, N., 1995a: Die operative Geschlossenheit psychischer und sozialer Systeme. In: Ders. (Hrsg.): Soziologische Aufklärung 6. Die Soziologie und der Mensch. Opladen: Westdeutscher Verlag: 25-36

Luhmann, N., 1995b: Inklusion und Exklusion. In: Ders. (Hrsg.): Soziologische Aufklärung 6. Die Soziologie und der Mensch. Opladen: Westdeutscher Verlag: 237-264

Luhmann, N., 1997: Die Gesellschaft der Gesellschaft. Frankfurt a.M.: Suhrkamp

Maier, K. (Hrsg.), 1995: Der Beitrag der Sozialarbeit zum Aufbau neuer Stadtteile. Freiburg i.Br.: Kontaktstelle für praxisorientierte Forschung

Maier, K., 1998: Das Projekt »Quartiersaufbau Rieselfeld«. Entwicklung und Erprobung eines »Verfahrens« zum Aufbau sozialer Strukturen in Neubaustadtteilen. In: Steinert, E./ Sticher-Gil, B./ Sommerfeld, P./ Maier, K. (Hrsg.): Sozialarbeitsforschung: was sie ist und leistet. Freiburg i.Br.: Lambertus: 67-85

Maier, K. (Hrsg.), 1999: Forschung an Fachhochschulen für Soziale Arbeit. Freiburg i.Br.: Kontaktstelle für praxisorientierte Forschung

Mayring, P., 1993: Einführung in die qualitative Sozialforschung. Weinheim

Meuser, M./ Nagel, U., 1991: ExpertInneninterviews – vielfach erprobt, wenig bedacht. Ein Beitrag zur qualitativen Methodendiskussion. In: Garz, D./ Kraimer, K. (Hrsg.): Qualitativ-empirische Sozialforschung. Konzepte, Methoden, Analysen. Opladen: Westdeutscher Verlag: 441-471

Mohrlok, M., 1993: Let's organize! Gemeinwesenarbeit und Community Organization im Vergleich. München: AG SPAK

Moser, H./ Müller, E./ Wettstein, H./ Willener, A., 1999: Soziokulturelle Animation: Grundfragen, Grundlagen, Grundsätze. Luzern: Verlag für Soziales und Kulturelles

Müller, S./ Otto, H.-U. (Hrsg.), 1984: Verstehen oder kolonialisieren? Grundprobleme sozialpädagogischen Handelns und Forschens. Bielefeld

Neidhardt, F., 1979: Praxisverhältnisse und Anwendungsprobleme der Soziologie. In: kzfss, Sonderheft 21: 324-342

Oevermann, U., 1996: Theoretische Skizze einer revidierten Theorie professionalisierten Handelns. In: Combe, A./ Helsper, W. (Hrsg.): Pädagogische Professionalität. Frankfurt a.M.: Suhrkamp: 70-182

Oevermann, U./ Allert, T./ Konau, E./ Krambeck, J., 1979: Die Methodologie einer >objektiven Hermeneutik< und ihre allgemeine forschungslogische Bedeutung in den Sozialwissenschaften. In: Soeffner, H.-G. (Hrsg.): Interpretative Verfahren in den Sozial- und Textwissenschaften. Stuttgart: 352-434

Otto, H.-U., 1998: Die Zukunftsfähigkeit der sozialpädagogischen Forschung. In: Rauschenbach, T./ Thole, W. (Hrsg.): Sozialpädagogische Forschung. Weinheim und München: Juventa: 133-13.

Patton, M. Q., 1990: Qualitative Evaluation and Research Methods. Newbury, London, New Delhi

Plessner, H., 1966: Das Problem der Öffentlichkeit und die Idee der Entfremdung. In: Ders. (Hrsg.): Diesseits der Utopie. Düsseldorf, Köln: 9-22

Putnam, R. D., 1995: Bowling Alone: America's Declining Social Capital. In: Journal of Democracy, 6: 65-78

Rauschenbach, T./ Thole, W. (Hrsg.), 1998: Sozialpädagogische Forschung. Gegenstand und Funktionen, Bereiche und Methoden. Weinheim und München: Juventa

Ries, H. A./ Elsen, S./ Steinmetz, B./ Homfeldt, H. G. (Hrsg.), 1997: Hoffnung Gemeinwesen. Innovative Gemeinwesenarbeit und Problemlösungen in den Bereichen lokaler Ökonomie, Arbeitslosigkeit, Gesundheit, Benachteiligung. Neuwied, Kriftel, Berlin: Luchterhand

Schütze, F., 1983: Biographieforschung und narratives Interview. In: Neue Praxis, Heft 3: 283-293

Schütze, F., 1996: Organisationszwänge und hoheitsstaatliche Rahmenbedingungen im Sozialwesen. Ihre Auswirkungen auf die Paradoxien des professionellen Handelns. In: Combe, A./ Helsper, W. (Hrsg.): Pädagogische Professionalität. Frankfurt a.M, suhrkamp: 183-275

Selle, K. (Hrsg.), 1991: Der Beitrag intermediärer Organisationen zur Entwicklung städtischer Quartiere. Darmstadt: Wohnbund/ Verlag für wissenschaftliche Publikationen

Selle, K., 1994: Lokale Partnerschaften – Organisationsformen und Arbeitsweisen für kooperative Problembearbeitung vor Ort. In: Froessler, R./ Lang, M./ Selle, K./ Staubach, R. (Hrsg.): Lokale Partnerschaften. Die Erneuerung benachteiligter Quartiere in europäischen Städten. Basel etc.: Birkhäuser: 36-66

Selman, R. L., 1984: Die Entwicklung des sozialen Verstehens. Frankfurt a.M.: suhrkamp

Sennett, R., 1994: Verfall und Ende des öffentlichen Lebens. Die Tyrannei der Intimität. Frankfurt a.M.: Fischer Taschenbuch Verlag

Sennett, R., 1998: Der flexible Mensch: die Kultur des neuen Kapitalismus. Berlin: Berlin Verlag

Sommerfeld, P., 1996: Soziale Arbeit – Grundlagen und Perspektiven einer eigenständigen wissenschaftlichen Disziplin. In: Merten, R./ Sommerfeld, P./ Koditek, T. (Hrsg.): Sozialarbeitswissenschaft – Kontroversen und Perspektiven. Neuwied: Luchterhand: 21-54

Sommerfeld, P., 1998: Erkenntnistheoretische Grundlagen der Sozialarbeitswissenschaft und Konsequenzen für die Forschung. In: Steinert, E./ Sticher-Gil, B./ Sommerfeld, P./ Maier, K. (Hrsg.): Sozialarbeitsforschung: Was sie ist und leistet. Freiburg i.Br.: Lambertus: 13-30

Spencer Brown, G., 1979: Laws of Form. New York
Spierts, M., 1998: Balancieren und Stimulieren. Methodisches Handeln in der soziokulturellen Arbeit. Luzern: Verlag für Soziales und Kulturelles
Steinert, E./ Sticher-Gil, B./ Sommerfeld, P./ Maier, K. (Hrsg.), 1998: Sozialarbeitsforschung: Was sie ist und leistet. Freiburg i.Br.: Lambertus
Stichweh, R., 1997: Inklusion/Exklusion, funktionale Differenzierung und die Theorie der Weltgesellschaft. In: Soziale Systeme, 3. Jg., Heft 1: 123-136
Strauss, A. L., 1994: Grundlagen qualitativer Sozialforschung. München: Fink
Thiersch, H., 1986: Die Erfahrung der Wirklichkeit. Weinheim und München: Juventa
Thole, W., 1999: Die Sozialpädagogik und ihre Forschung. In: neue praxis, 29. Jg., Heft 3: 224-244
Tönnies, F., 1988: Gemeinschaft und Gesellschaft: Grundbegriffe der reinen Soziologie. Darmstadt: Wissenschaftliche Buchgesellschaft
Watzlawick, P., 1986: Vom Schlechten des Guten. München
Wendt, W. R., 1996: Zivilgesellschaft und soziales Handeln: bürgerschaftliches Engagement in eigenen und gemeinschaftlichen Belangen. Freiburg i.Br.: Lambertus
Wilhelm, E., 2000: Sozialarbeit/ Sozialpädagogik: eine Disziplin ohne konsolidierte Forschungskultur? In: SozialAktuell, Nr. 3, Februar 2000: 27-37
Youniss, J. E., 1982: Die Entwicklung und Funktion von Freundschaftsbeziehungen. In: Edelstein, W./ Keller, M. (Hrsg.): Perspektivität und Interpretation. Zur Entwicklung des sozialen Verstehens. Frankfurt a.,M.: Suhrkamp: 78-109

HELMUT RICHTER/ THOMAS COELEN/ ELISABETH MOHR/
LUTZ PETERS

Handlungspausenforschung – Sozialforschung als Bildungsprozess

Aus der Not der Reflexivität eine Tugend machen[1]

Eine der vielfältigen Formen von Pädagogisierung und Klientifizierung ist die Verobjektivierung von Beforschten in den meisten Ansätzen der empirischen Bildungs- und Sozialforschung. Foucault (1989b: 82f.) hat die Pädagogik u. a. deshalb – wie auch die Psychologie und die Medizin – als »Geständnis-Wissenschaft« bezeichnet.[2] Zur Umgehung der Verobjektivierung schlagen entwickeltere Konzepte der qualitativen Bildungs- und Sozialforschung eine deutliche Subjektorientierung vor. Wie aber lässt sich die gewollte Subjektorientierung ohne Verobjektivierung erreichen?

Im Kern geht es bei dieser Frage um die Reflexivität der empirischen Bildungs- und Sozialforschung: Mit welcher Methode kann man beispielsweise das Verhältnis von Pädagogik und kommunaler Öffentlichkeit[3] erforschen, wenn die Empirie gleichzeitig in Frage stehen soll? Die These lautet: Indem der Forschungsprozess selbst den Charakter eines zugleich reflexiven Bildungsprozesses annimmt. Denn in den Humanwissenschaften sind auch die Forschenden selbst immer unmittelbar vom Forschungsprozess betroffen, und im Unterschied zum naturwissenschaftlichem Vorgehen – wo nach einer Theorie oder Hypothese ein Experiment aufgebaut wird, das entweder *q. e. d.* oder *false* ergibt – führen in der Bildungs- und Sozialforschung »die ›Instrumente‹ (...) ein Eigenleben und sind keine bloßen Registratoren« (Friedrichs 1973: 208).

Allerdings bleiben die Fragen, die Fuchs anhand der Biographieforschung aufgeworfen hat, meistens unbeantwortet: »Wie bearbeitet der biographische Forscher das Problem der Reflexivität? Kann das Produkt biogra-

---

[1] Vgl. zu diesem Beitrag auch Coelen (2002, insbesondere Abschnitt 2.3).

[2] Zu Foucaults Relevanz für die Pädagogik siehe Coelen (1996).

[3] Das Verhältnis von Pädagogik und kommunaler Öffentlichkeit ist Forschungsgegenstand des Forschungsprojektes »Nix los in Horn!? – Konflikte und Kontakte in der Kommune« (Leitung: Helmut Richter, Universität Hamburg, Fachbereich Erziehungswissenschaft), welches das Konzept der Handlungspausenforschung seit 1994 anwendet.

phischer Forschung an die Befragten zurückgegeben werden, und wenn nein, warum nicht? Welche Strategien der Publikation schlägt der Sozialforscher ein? Bemüht er sich um Mehrfach-Lösungen, kommuniziert er seine Ergebnisse also nicht nur an die wissenschaftlichen Kollegen? Enthält der Forschungsbericht eine ausführliche Darstellung der entsprechenden wissenschaftspolitischen und forschungsethischen Entscheidungen?« (1984: 190). Diese Liste soll im Rahmen des hier dargelegten Ansatzes ergänzt werden um die Frage, inwiefern etwaige durch die Erhebungs- und Auswertungssituation angeregte Reflexions- und Bildungsprozesse in den Forschungsprozess und seine Ergebnisse einfließen.

Bisher hat die Erziehungswissenschaft keine Methode entwickelt, die es ermöglicht, in dieser Weise Fragestellung, Gegenstand und Verfahren zu verbinden, d. h. die Erziehungswissenschaft hat bis heute überhaupt keine eigenständige *pädagogische* Forschungsmethode entwickelt. Es gibt lediglich vielfältige Ansätze pädagogisch *orientierter* Bildungs- und Sozialforschung, die sich mit erziehungswissenschaftlich relevanten Forschungsgegenständen und -feldern beschäftigen und dabei verschiedene sozialwissenschaftliche Methoden anwenden.

Der sich als alternativ verstehende Ansatz der »pädagogischen Jugendforschung« (Breyvogel 1989) rückt beispielsweise statt des funktionalsoziologischen Zugangs die Problemsicht und Deutungsmuster der Jugendlichen ins Zentrum und fragt nach den sich eröffnenden Möglichkeiten durch gesellschaftlichen Wandel, berücksichtigt aber nicht die Veränderung der Perspektiven durch den Prozess des Forschens selbst.

Die Herausgeber eines kürzlich erschienenen Bandes über »sozialpädagogische Forschung« bleiben in der Frage nach einer eigenständigen Methodologie ganz formal, indem sie von sozialpädagogischer Forschung »im engeren Sinne« sprechen, wenn diese »von SozialpädagogInnen zu sozialpädagogischen Fragestellungen durchgeführt« wird (Rauschenbach/Thole, 1998: 18). Die Autoren legen sich hinsichtlich der Verfahren nicht fest, heben aber hervor, dass der »sozialpädagogische Blick« zwischen »Feld- und Bildungsbezug, zwischen Subjekt- und Strukturperspektive, zwischen institutionellen und personellen Aspekten« eine kritische Perspektive gegenüber einer »rein wirklichkeitserfassenden« und »nur abbildenden« Forschung ermögliche (ebd.: 20). Mollenhauer (1998: 33) kommt in demselben Band zu dem Schluss, dass es keine methodologische Besonderheit der Sozialpädagogik geben könne, weil sowohl die Einzelfallanalyse als auch der Lebenswelt-Begriff keine methodologischen Spezifika der Sozialpädagogik darstellten und das Lernfeld der sozialpädagogischen Klientel zu heterogen sei, um darauf eine methodische Entscheidung zu gründen. Hingegen biete die Feldforschung – obwohl ethnologischer Herkunft – alles, was sozialpädagogische Forschung zur Geltung bringe (vgl. ebd.: 32). Auch Lüders (1998: 113) sieht kein spezifisch sozialpädagogisches, inhaltlich begründetes Verhältnis von Fragestellung,

Fragestellung, Gegenstand und Verfahren. Insofern sei eine genuin sozialpädagogische Forschung bisher mehr ein programmatisches »Versprechen« als bereits eine methodologische Konzeption.

Die Differenz einer pädagogischen Forschungsmethode zur darstellenden, soziologischen oder psychologischen Forschung liegt jedoch nicht allein in der Perspektive (von der Gesellschaft her bzw. vom Subjekt aus), sondern auch im *Verfahren* der Forschung selbst, und zwar insbesondere dann, wenn es richtig ist, dass der methodologische Grund für das Fehlen einer eigenständigen (sozial-)pädagogischen Forschung in der weit verbreiteten Entkopplung von Datenerhebung und Datenverwendung liegt: »Die Frage nach dem Verwendungszusammenhang der geplanten Forschungsergebnisse wird selten gestellt und selten beantwortet« (Fuchs 1984: 204). Die Erhebung und die Auswertung des empirischen Materials stehen meist ohne Zusammenhang zu ihrer Verwendung, zumal wenn die empirische Bildungs- und Sozialforschung vornehmlich an einem ›rein wissenschaftlichen‹ Erkenntnisgewinn interessiert ist. Bildungs- und Sozialforschung bleibt so entweder normativ oder schlicht konstatierend.

In Variation der oben aufgestellten These zur Sozialforschung als Bildungsprozess kann eine eigenständige *pädagogische* Forschung, die Bildungsprozesse impliziert, sich nicht darauf beschränken, *über* soziale und pädagogische Sachverhalte und Prozesse zu berichten. Anknüpfend an die Leitidee sozialökologischer Forschungsansätze, können Erhebungen nicht allein dem Feststellen eines Zustandes dienen (vgl. Baacke 1993: 136).

Im Einklang mit diesem Grundgedanken erscheinen einseitig von der Wissenschaft definierte Subjekt-Objekt-Beziehungen im Rahmen einer pädagogischen Sozialforschung nicht angemessen. Aus diesem Grund hat die weiter unten vorgestellte Handlungspausenforschung methodologisch zum Ziel, die in den drei Forschungsphasen von Datenerhebung, Datenauswertung und Datenverwendung enthaltenen pädagogischen Momente akzentuiert hervortreten zu lassen, indem sie den dynamischen, kommunikativen Prozess zur Grundlage ihres Vorgehens macht.

In den folgenden Abschnitten wird entsprechend die Frage nach einer eigenständigen pädagogischen Bildungs- und Sozialforschung erörtert, und zwar vor dem Hintergrund einer kritischen Würdigung anderer Methoden der qualitativen Bildungs- und Sozialforschung (narratives Interview, objektive Hermeneutik, Aktionsforschung/sozialökologische Forschung). Die Rolle des Subjekts im Forschungsprozess soll bei den Betrachtungen im Mittelpunkt stehen. Vor diesem Hintergrund wird dann das Konzept der Handlungspausenforschung entwickelt.

Datenerhebung: Einseitige Subjektorientierung

In den Verfahren der *quantitativen* Forschung werden die Untersuchten zu reinen Objekten des wissenschaftlichen Erkenntnisgewinns gemacht. *Quali-*

tative Verfahren reklamieren demgegenüber einen ›ethischen Vorsprung‹, der darin besteht, dass die Beforschten als Subjekte in den Vordergrund gestellt werden. Durch die verschiedenen Formen des offenen Interviews[4] soll erreicht werden, »mittels eines Dialogs Einblick in die subjektive Weltsicht zu gewinnen« (Terhart 2000: 164). Indem qualitative Verfahren den Menschen als aktives, produktives und reflexives Wesen akzeptieren, billigen sie ihren Beforschten im Forschungssetting Reflexions- und Dialogfähigkeit zu. Die erkenntnistheoretische Tradition einer stabilen Trennung von Subjekt und Objekt wird dadurch überwunden.

Eine Methode, die mit dem Anspruch einer besonders ausgeprägten Subjektorientierung verbunden wird, ist das narrative Interview nach Schütze (1983). Es betont die Wichtigkeit einer Handlungsentlastung während der Interviewsituation, weshalb das narrative Interview meist hypothetische Konfliktsituationen oder weit zurückliegende Ereignisse zum Gesprächsgegenstand macht. Durch eine Eingangsfrage sollen die Interviewten zu umfänglichem Erzählen veranlasst werden. Nachfragen der Forscherin oder des Forschers dagegen sind weitgehend zu vermeiden, da Erzählende beim Sprechen selbstgesetzten Zugzwängen unterliegen: Wenn eine Person erzählt oder argumentiert, ist sie um die Nachvollziehbarkeit, innere Stimmigkeit (»Gestaltschließung«) und Akzentuierung ihrer Äußerungen bemüht. Die Methode des narrativen Interviews zieht aus diesem Phänomen die Konsequenz, Dialogsituationen zwischen Beforschten und ForscherInnen zu unterbinden. Die Interviewer sollen lediglich interessiert, aber ohne Stellungnahmen zuhören und bei Pausen den Erzählfluss wieder in Gang bringen, um »den Befragten daran zu hindern, aus dem Erzählen auszusteigen« (Fuchs 1984: 181). ›Verboten‹ sind alle Fragen nach Begründungen und Argumentationen sowie Äußerungen von Zweifel. Auf diese Weise wird der »formende Beitrag des Interviewers bei der Entstehung der Daten« stark verringert (ebd.: 221). Das narrative Interview basiert insofern auf der methodologischen Trennung von Subjekt (Erzähler) und Objekt (Zuhörer) und trachtet danach, das dialogische Element der Gesprächssituation zu reduzieren.

Die fehlende »Reziprozität« ist wesentlicher Bestandteil dieses Forschungsansatzes. Deshalb ist das narrative Interview auch in der Regel als Zwei-Personen-Situation und nicht als Gruppengespräch arrangiert. Problematisch erscheint den Vertretern dieser Interviewmethode, dass sich die Gesprächspartner in Gruppensituationen »in unkontrollierbarer Weise (...) gegenseitig beeinflussen« (Friedrichs 1973: 215), weil dadurch der individuumzentrierte Zuschnitt der Untersuchungsansätze außer Kraft gesetzt werde. So geht Witzel (1982: 86) beispielsweise davon aus, dass Gruppeninterviews

4 Teilstandardisiertes oder Leitfaden-Interview, Dilemma-Interview, biographisches, problemzentriertes, fokussiertes, exploratives, narratives Interview, Intensiv- oder Tiefeninterview etc.

aufgrund des herrschenden Gruppenzwangs keine individuellen Meinungen erkennen lassen. Kritisch wird außerdem angemerkt, dass (Lern-)Effekte der Einzelnen durch Gruppengespräche die Gültigkeit des einmal Gesagten und damit die Validität der Interpretation in Frage stellen (Friedrichs 1973: 251).

Der Anspruch, durch »fehlende Reziprozität« die Subjektorientierung im Interview umzusetzen, zeigt, dass das narrative Interview letztlich an der Trennung von Objekt und Subjekt festhält, weil es das Reflexionsvermögen der Beforschten nicht einbezieht. Bildungsprozesse sind im narrativen Interview – das vielen Konzepten der empirischen Bildungs- und Sozialforschung methodisch als Vorbild dient – nicht nur nicht intendiert, sondern werden systematisch aus dem Forschungsprozess ausgeschlossen. Die Bedeutung des narrativen Interviews für eine pädagogisch *orientierte* Forschung bleibt trotz dieser Tatsache unbenommen. Hinsichtlich der eingangs gestellten Frage nach einer genuin *pädagogischen* Forschungsmethode liefert das Vorgehen nach Schütze jedoch keine ausreichenden Antworten.

Datenauswertung: Nachträgliche Verobjektivierung

Die Subjektorientierung in der Erhebungsphase narrativer Interviews hat zur Folge, dass sich die Forschenden gleichsam als passiv aufnehmende Objekte des Erzählens der Beforschten verhalten. Erst in der anschließenden Datenauswertung dreht sich das Subjekt-Objekt-Verhältnis um, indem die Forschenden ihren Subjektstatus durch das Interpretieren des Textmaterials wieder einholen.

Die Auswertung narrativer Interviews verläuft dem Grundsatz nach in Form einer »stellvertretenden Deutung« nach Oevermanns Verfahren der »objektiven Hermeneutik« (1979). Diese Interpretationsmethode für qualitative Interviews basiert zentral auf der Grundannahme der Latenz: In den verbalen Äußerungen der Interviewten sind nach Oevermann latente Sinnstrukturen erkennbar, die anhand der Transkripte mit unterschiedlichen Analyseverfahren hervorgehoben werden können. Die objektiven Sinnstrukturen werden als weitgehend unabhängig von subjektiven Sinnzuschreibungen und ihrer Realisierung angesehen (Kompetenzebene). Die Motive der Subjekte und ihre Bildungsprozesse sind von geringerem Interesse als ihre Textproduktion (Performanzebene). Die Subjektorientierung in der Erhebungssituation wird also zugunsten einer Objektorientierung während der Interpretationsphase aufgegeben, indem der anhand einer Tonbandaufnahme erstellte Text alleiniger Gegenstand des wissenschaftlichen Erkenntnisinteresses ist.

Die »stellvertretende Deutung« vollzieht sich als Gruppenarbeit von Forschenden, so dass nach Oevermann als abgesichert gelten kann, dass trotz oder gerade wegen des Ausschlusses der Interviewten vom Interpretationsprozess alle denkbaren latenten Sinnstrukturen erfasst werden können.[5] Verdrängt wird die mit diesem Prozess notwendig verbundene »verstehende Zurichtung« des Textes durch den Hörer/Forscher. Ignoriert wird darüber hinaus der für das sprechende Subjekt relevante räumliche und zeitliche (Lebens-) Zusammenhang, der sich mit jedem Wort (auch dem im Interview gesprochenen) immer wieder neu reflektiert herstellt.

Die Verobjektivierungsproblematik gilt somit für die Erhebungs- wie auch für die Auswertungsphase, und es bleibt zu konstatieren, dass die von der qualitativen Bildungs- und Sozialforschung geforderte Subjektorientierung nicht umgesetzt wird. Das von der objektiven Hermeneutik verfolgte Ziel, »den Autor besser zu verstehen, als er selbst dazu in der Lage ist«, ähnelt eher dem der literaturwissenschaftlichen Hermeneutik (Merkens 1989: 630). Vor dem Hintergrund eines pädagogisch *orientierten* Erkenntnisinteresses erscheint dieses Forschungsvorgehen plausibel. Es wird jedoch einer genuin *pädagogischen* Forschungspraxis nicht gerecht, weil der Mensch im Bildungsprozess immer zugleich Subjekt und Objekt seiner Erkenntnis ist. Solange die Subjektorientierung nicht in allen drei Forschungsphasen – der Erhebungs-, der Auswertungs- *und* der Verwendungsphase – verwirklicht ist, wird dem Anspruch auf Bildung der in die Forschung einbezogenen Subjekte von daher nicht Rechnung getragen.

Datenverwendung: Verbindung von Theorie und sozialpolitischer Praxis

Die Aktions- bzw. Handlungsforschung stellt neben den eher biographisch orientierten Methoden eine weitere Form von subjektorientierter Forschung dar. Während das narrative Interview lediglich in der Erhebungsphase den Anspruch auf Subjektorientierung erhebt, bestreitet die Aktionsforschung jedes Recht der Objektivierung von AktionsteilnehmerInnen während des gesamten Forschungsprozesses, d. h. auch in der Verwendungsphase. Im Unterschied zu anderen Forschungsmethoden, die ihre Ergebnisse in den wissenschaftlichen und/oder Expertendiskurs rückbinden wollen, versteht sich die Aktionsforschung als Prozessforschung. Ihr zentrales Ziel ist die Aktivierung der Beforschten, um auf diesem Wege zu einer Veränderung der gesellschaftlichen Realität beizutragen (vgl. Haag u. a. 1972).

Sozialökologische Forschungsansätze befinden sich in einer gewissen Nähe zur Aktionsforschung, denn auch sie sollen nicht allein einem wissenschaftlichen Erkenntnisgewinn, sondern ebenso praktischen Interessen dienen (vgl. Baacke 1993: 146). Statt Typenbildung und Strukturergebnisse zu er-

---

[5] Die Deutenden bezeichnen ihre Verständigung untereinander als »Diskurs**Fehler! Textmarke nicht definiert.**« (vgl. Merkens 1989: 630) und berufen sich auf die Begriffskonzeption von Habermas. Allerdings erfüllt diese Form eines ›Experten-Diskurses‹ nicht alle Kriterien, die Habermas ausgearbeitet hat: Nicht allen potentiell Betroffenen steht die Möglichkeit offen, sich daran zu beteiligen – vor allem sind die Befragten selbst nicht beteiligt.

möglichen, werden Anschaulichkeit und inhaltliche Konkretion beabsichtigt. »Der ökologische Ansatz geht nicht von einem theoretischen System von Regeln und Sätzen aus, setzt sie zumindest nicht absolut, sondern bezieht Problemstellungen aus der Realität mit ein, will auch auf die Realität Einfluss nehmen« (Baacke 1993: 136). Im Gegensatz zur »analytischen Orientierung« sonstiger Forschung (ebd.; a.a.O.) heben sozialökologische Verfahren den Zusammenhang von »Grundlagen-Orientierung und praktischen Resultaten« hervor (ebd.: 140f.).

Das von Urie Bronfenbrenner, dem Begründer der »sozialökologischen Sozialisationsforschung« (1976) ausgearbeitete Konzept, beschreibt diejenigen sozialen Kontexte, in denen die Beforschten leben. Dabei wird der Versuch unternommen, die Komplexität alltäglicher Situationen nachzuvollziehen, in denen meistens mehr als zwei Personen mit dauerhaften Rollen und Beziehungen zusammen sind, wechselseitige Beeinflussungen stattfinden und das Verhalten abhängig ist von anderen sozialen Rollen sowie von Einflüssen zweiter Ordnung durch nicht unmittelbar anwesende Personen. Danach sind nicht nur Prozesse innerhalb einzelner Sozialisationsmilieus von besonderem Interesse, sondern vor allem Beziehungen zwischen den Institutionen. Auch der Gesamteinfluss von Personen, die in verschiedenen Bereichen aufeinander bezogene Rollen spielen, wird untersucht. Schließlich werden benachbarte oder übergreifende Systeme mit einbezogen, von denen faktisch abhängt, was sich im engeren unmittelbaren Rahmen abspielen kann oder nicht.

Indem eine Wahlverwandtschaft zwischen dem Blick der Forschenden und der Haltung von praktisch handelnden SozialpädagogInnen (vgl. Lüders 1998: 123) angenommen wird, werden die Forschungsergebnisse so in einen – allerdings vorwiegend institutionellen – Verwendungszusammenhang überführt.

Der Aktionsforschung wie dem sozialökologischen Ansatz kommt das Verdienst zu, Bildungsprozesse als Analysegegenstand in den Forschungsprozess aufzunehmen, allerdings zunächst nur in beschreibender Hinsicht: In der Erhebungs- und Auswertungsphase wird *über* Bildungsprozesse geforscht, ohne diese selbst reflexiv rückzubinden. In diesem Sinne vermögen auch diese Forschungsrichtungen die verobjektivierenden Elemente ihrer Methoden nicht auszuschließen.

Darüber hinaus aber werden – im Nachvollzug der Einheit von Entstehungs- und Verwendungszusammenhang – die Forschungsergebnisse durch sozialpädagogisches Handeln der Forschenden in das Forschungsfeld zurückvermittelt, um auf diesem Wege Bildungsprozesse auszulösen. Problematisch wird diese aktive Einbindung der ForscherInnen zum einen, wenn damit Versprechen gegenüber den Beforschten verbunden werden, die z. B. aufgrund systemischer Machtverhältnisse und begrenzter Mittel nicht eingelöst werden können (vgl. Loney 1983). An der Aktionsforschung der 1960er und 70er Jahre lässt sich zudem kritisieren, dass die Planung gemeinsamer *politischer* Aktionen von ForscherInnen und Beforschten zur Durchsetzung (vermeintlich) gemeinsamer Ziele den möglichen *pädagogisch* relevanten Bildungsprozess auf die Planung gemeinsamer Strategien reduziert, ohne eine verbindende Handlungsmotivation und -grundlage in den Blick zu nehmen.

Im folgenden Abschnitt wird nun die Möglichkeit einer pädagogischen Sozialforschung erörtert, die den Objektstatus der Befragten *und* auch der Fragenden vermeidet, (wechselseitige) Bildungsprozesse systematisch berücksichtigt und eine pädagogisch relevante Verbindung von Theorie und Praxis entfaltet.

Sozialforschung als Bildungsprozess: Das Konzept der Handlungspausenforschung

Absicht der Handlungspausenforschung ist es, nicht nur einer *beschreibenden* Sozialforschung zu dienen, sondern darüber hinaus eine explizit pädagogische Vorgehensweise zu ermöglichen. Sie ist dementsprechend nicht nur pädagogisch *orientiert* – also auf einen rein gegenstandsbezogenen Erkenntnisgewinn ausgerichtet –, sondern beinhaltet den Versuch, das Moment des Pädagogischen im Sinne von Bildungsprozessen in die Methode selbst zu integrieren. Die Handlungspausenforschung geht folglich im Unterschied zur Handlungsforschung mit dem Anspruch einher, in sich pädagogisch und nicht schon aktionspolitisch zu sein, indem sie Friedrichs' Ausführungen über den Informationsstand von Befragten über den sachbezogenen Aspekt hinaus erweitert: »Nun ist der Informationsstand eines Befragten keine unveränderliche Größe; er kann ebenso als kognitiver Lernprozess im Verlauf des Fragens begriffen werden. Die Fragen brauchen sich nicht darauf zu beschränken, den Informationsstand zu einem gewissen Zeitpunkt zu ermitteln, sondern man kann Informationen liefern oder durch die Anordnung der Fragen den Befragten problembewusster machen« (Friedrichs 1973: 196).

Die grundsätzliche Differenz der Handlungspausenforschung zu anderen Forschungsmethoden liegt in der Erkenntnis, dass Bildungsprozesse einen notwendig offenen Ausgang aufweisen, dem sich im Übrigen auch das reflexive Lernvermögen von Forschenden nicht entziehen kann. Die Konsequenz daraus ist, dass die Empirie des pädagogischen Prozesses nur im Prozess des Forschens selbst erkennbar wird und darum der Vorgang der Materialsammlung ein integrierter Bestandteil des pädagogischen Prozesses ist. Damit gerät diesbezügliche Forschung in die Situation, auch sich selbst zum Gegenstand zu haben: Pädagogische Forschung ist mithin die Reflexion selbst durchlebter Aufklärungsprozesse.[6]

[6] Vgl. auch das Konzept der qualitativ-heuristischen Sozialforschung nach Kleining (1982).

Deshalb unterscheidet sich die Handlungspausenforschung hinsichtlich ihrer Erhebungsmethode vom narrativen Interview, hinsichtlich ihres Auswertungsverfahrens von der objektiven Hermeneutik und hinsichtlich der Verwendung ihrer Ergebnisse von der Aktionsforschung und sozialökologischen Richtungen. Gleichwohl macht sie Anleihen bei den genannten Methoden, die im Folgenden für die Datenerhebung, -auswertung und -verwendung aufgezeigt und für die Handlungspausenforschung fruchtbar gemacht werden.

Wechselseitige Subjektorientierung: Das diskursive Interview

Während der Datenerhebung ist die Form der Datenverwendung bereits geklärt: Die GesprächspartnerInnen der Handlungspausenforschung sind sich während der Interviewsituation bewusst, dass alle ihre Äußerungen für eine öffentliche Verwendung bestimmt sind und nur solche Argumente ausgewertet und verwendet werden, die sie öffentlich gesagt haben wollen. Im Gegensatz zur Erhebung repräsentativer Aussagen geht es ausschließlich um argumentativ authentische Aussagen, d. h. im Forschungsprozess sollen Anschauungen über die Wirklichkeit zusammengetragen und als Ausdruck bestimmter Geltungsansprüche in die Öffentlichkeit vermittelt werden. Während die Ergebnisse anderer Forschungsmethoden nur verobjektivierend verwendet werden können, besteht so die Möglichkeit, Lernprozesse rational zu motivieren.

Die Auswahl der GesprächspartnerInnen nach inhaltlichen Kriterien, wie z. B. institutionellen, subkulturellen oder sozialräumlichen Erwägungen, kann dabei möglicherweise systematische oder lebensweltliche Ergebnisse zur *Darstellung* bringen. Eine solche Auswahl ist jedoch lediglich eine notwendige, aber keine *hinreichende* Bedingung für eine gelingende *pädagogische* Sozialforschung. Es müssen weitere Gesprächsvoraussetzungen gegeben sein, damit aus einem Interview für alle Beteiligten ein Bildungsgespräch wird: Um eine verbindende Handlungsmotivation für die Einleitung von Bildungsprozessen herausarbeiten zu können, ist die vorgängige Ermittlung von gemeinsamen Fragestellungen eine wichtige Voraussetzung. »So ist es zu Anfang des Interviews (wie als Teil der Verabredung) notwendig, die *Ziele von Interviewer und Befragtem* zu klären, um das erforderliche Minimum der Übereinstimmung zu erreichen. Es muss also bereits bei der Forschungsplanung überlegt werden, was jemanden dazu bringt, eine Kommunikation dieser Art einzugehen« (Friedrichs 1973: 228f.). Für eine gelingende pädagogische Forschung müssen Forschende und Befragte gemeinsame Themen haben, weil sich sonst beiderseitige Verobjektivierungen in das Gespräch oder in die Auswertung einschleichen können, die schwerlich wieder aufzulösen sind. Die Handlungspausenforschung setzt deshalb – wie die Aktionsforschung – im Forschungsfeld selbst an, indem sie gemeinsame Fragestellungen der Forschenden und der GesprächspartnerInnen und/oder des Forschungsfeldes thematisiert. Jedoch kommt aus dem Konzept des narrativen Interviews das Prinzip der Handlungsentlastung hinzu, d. h. anders als die Aktionsforschung der 1960er und 70er Jahre versteht sich die Handlungspausenforschung nicht macht*politisch*, sondern *pädagogisch*, sie möchte nicht machtorientiert *aktivieren*, sondern kulturorientiert *motivieren* (vgl. Richter 1998: 187ff.).[7]

Der Forschungsansatz zielt deshalb darauf ab, die Wirklichkeit des pädagogischen Prozesses so zu reflektieren, dass kein Handlungszwang den rationalen Diskurs der Beteiligten darüber stört, und konzentriert sich auf eine verständigungsorientierte Kommunikation. Diese kann aber nur gelingen, wenn Diskurse handlungsentlastet geführt werden, d. h. wenn die Gültigkeit von Argumenten nicht daran gemessen wird, welches Handeln daraus abzuleiten wäre. Deshalb ist die Handlungs*pause* der Rahmen, innerhalb dessen die Methode mit dem Versuch ansetzt, ein Nachdenken über die gegebenen Verhältnisse und das eigene Verhalten anzuregen.[8]

Aus ähnlichen Gründen hat Horster die Wichtigkeit der Handlungspause für »sokratische Gespräche« unterstrichen. Gegenstand eines »sokratischen Gesprächs« müsse ein länger zurückliegendes Beispiel aus dem Alltag sein, »um auf diese Weise ganz *handlungsentlastet* die philosophische Arbeit aufnehmen zu können« (Horster 1994: 36f.). Die Handlungspausenforschung zielt allerdings nicht darauf, die Gesprächsentlastung durch historische oder fiktive Begebenheiten zu erreichen, sondern es geht ihr ganz allgemein um die Reflexion dessen, was der Fall ist. Es sollen ein gemeinsames Hintergrundwissen und verbindende Handlungsgrundlagen überprüft werden. Dies geschieht in schriftlichen und mündlichen Formen, die für die GesprächspartnerInnen verständlich sind.

Die Erhebungssituation der Handlungspausenforschung ist als Gespräch mit einzelnen Personen oder Personengruppen *einer* Subkultur gestaltet. Der Eingangsimpuls ist ähnlich offen gestaltet wie beim narrativen Interview, um die selbstgesetzten Zugzwänge des Erzählens und Argumentierens zu berücksichtigen. Jedoch verhalten sich die ForscherInnen der Handlungspausenforschung im Unterschied zum narrativen Interview in den Gesprächen nicht passiv, sondern beteiligen sich aktiv am Gesprächsverlauf.

Hiermit schließt die Handlungspausenforschung an die Interviewtechnik der Forschungsgruppe um Bellah u. a. an, welche ihre Vorverständnisse und Fragen in die Gespräche mit einbringt, um so die Möglichkeit eines öffentlichen Sprechens und Argumentierens zu eröffnen: »Though we did not seek to impose our ideas on those with whom we talked (...), we did attempt to uncover assumptions, to make explicit what the person we were talking to

---

[7] Zur Differenz von »Reflektieren und Handeln« im Forschungsprozess vgl. C. W. Müller (1998: 173ff.).

[8] Zur Differenz von Handlungszwang und Handlungspause im Anschluss an Habermas und zu ihrer Bedeutung für die Pädagogik siehe Richter (1991: 145f.).

might rather have left implicit. The interview as we employed it was active, Socratic« (1986: 304).

Die amerikanischen AutorInnen betonen, dass ihre mäeutische Interviewtechnik – Hauptmethode der »social science as public philosophy« – keine methodologische Innovation darstelle (vgl. ebd.: 305). Dennoch besteht hier ein sehr weitreichender methodischer Unterschied zu anderen Ansätzen der empirischen Bildungs- und Sozialforschung. In der Handlungspausenforschung drückt sich die gleiche Differenz darin aus, dass die Forschenden in den Interviews zwar Anfragen anhand eines Gesprächsleitfadens (einer Themenliste) stellen, dabei aber nicht in erster Linie auf Informationen aus sind, sondern Widersprüche und vermeintliche Gewissheiten hinterfragen, um Reflexions- und Bildungsprozesse anzuregen – immer im Bewusstsein und mit der Zielperspektive einer öffentlichen Verwendung. »Aufgabe der ForscherInnen ist es, in Form einer ›reflexiven Radikalisierung‹, d. h. durch Nachfragen sowie durch Tatsachenhinweise, sicherzustellen, dass die Äußerungen der Befragten in ihren Urteils- und Vorurteilskomponenten deutlich werden« (Richter/Mohr/Peters 1995: 3f.).[9] Die Forschenden müssen also neben ihrer Wissenskompetenz auch Gesprächskompetenz mitbringen.[10] Alle Beteiligten können gleichermaßen das Gespräch bestimmen, d. h. es gilt der Subjektstatus für alle TeilnehmerInnen. Die gewählte Gesprächsform wird deshalb als »diskursives Interview« bezeichnet.

Allerdings ist zu bedenken, dass ›Diskurs‹ im Anschluss an Habermas mehr meint als ›Dialog‹ oder ›Diskussion‹: Ein Diskurs ist ein freiwilliges und gleichberechtigtes Gespräch über strittige Geltungsansprüche. Nun ist die wechselseitige Unterstellung eines herrschaftsfreien Dialogs, in dem kein Zwang herrschte als der des besseren Argumentes, nicht immer unmittelbar einzulösen, weil sie zwar unvermeidlich ist, aber dennoch oftmals kontrafaktisch erfolgt. Insbesondere hinsichtlich der Einleitung von Reflexions- und Bildungsprozessen kann die Asymmetrie der GesprächspartnerInnen jedoch praktisch im pädagogischen Diskurs (vgl. Richter 1991) aufgehoben werden, indem die formalen Diskursvoraussetzungen jeweils thematisiert und erläutert werden. Ein solcher »Diskurs unter Anleitung« ist darauf angewiesen, dass die GesprächspartnerInnen grundsätzlich bereit sind, unterschiedliche Kompetenzen zu akzeptieren, ohne dass damit festgeschrieben wäre, wer fragt und wer antwortet.

---

[9] Zum Gesprächsverhalten in der Handlungspausenforschung vgl. Witzel (1982, Abschnitt III), Pollock (1955: 34) oder Horster (1994: 37).

[10] Die Elemente des Gesprächsverhaltens basieren auf Rogers' »Basisvariablen« der Kongruenz, Akzeptanz und Empathie. Zum pädagogischen Gesprächsverhalten vgl. Pallasch (1993) und grundlegender Schulz von Thun (1994).

Dialogische Auswertung: Kommunikative und argumentative Validierung

Der Grundgedanke des pädagogischen Diskurses betrifft nicht nur die Erhebungssituation in der Handlungspausenforschung, sondern auch die Auswertung des erhobenen Gesprächsmaterials. Er wirft nämlich die Frage auf, ob es grundsätzlich legitim ist, Gespräche zu deuten, ohne den GesprächspartnerInnen die Möglichkeit zur Stellungnahme oder Korrektur zu geben.

Die Handlungspausenforschung geht davon aus, dass auch Bildungs- und SozialwissenschaftlerInnen ›die anderen‹ nicht besser verstehen als diese sich selbst – anders als es beispielsweise der Anspruch der objektiven Hermeneutik impliziert. Die Methode betont daher, mit Deutungen nicht an denen vorbeigehen zu können, mit denen Gespräche geführt werden. In Bezug auf die Datenauswertung ist folglich die ausschließliche bzw. abschließende Deutung einer Äußerung hinsichtlich ihrer Richtigkeit, Wahrheit und Wahrhaftigkeit durch die Forschenden nicht möglich. Gleichwohl hält die Handlungspausenforschung daran fest, dass – ebenso wie in Alltagsgesprächen – jede Datenauswertung immer Elemente des Objektivierens in sich birgt. Die objektivierenden Elemente können nur zurückgenommen werden, indem die interpretierten, d. h. »verstehend zugerichteten« Daten nicht einfach als Definitionen über objektives Verhalten, sondern zur weiteren Klärung eingebracht werden. Im Rahmen der Handlungspausenforschung werden deshalb die Transkripte an die GesprächspartnerInnen zurückgegeben, um ihnen die Möglichkeit zu geben, Korrekturen, Änderungen und Ergänzungen im Hinblick auf eine öffentliche Verwendung vorzunehmen. Dieses Verfahren wird auch als »kommunikative Validierung« bezeichnet (vgl. Terhart 2000: 166).[11]

Die Auswertung des Transkripts unterliegt dann, da sie Interpretationen und Meinungen der Forschenden enthält, nicht demselben ›Validierungszwang‹ seitens der GesprächspartnerInnen wie das Transkript. Wohl aber geht es darum, die Akzeptanz der Auswertung als Grundlage für weitere Gespräche miteinander und/oder in der Öffentlichkeit herzustellen. Soweit bezüglich der Auswertung Einwände erhoben werden, muss in weiteren Diskussionen geklärt werden, welche Interpretation angemessen ist. Für den Fall dass darüber kein Konsens herstellbar ist, kann ein fairer Kompromiss angestrebt (indem z. B. unterschiedliche Interpretationen berücksichtigt werden) oder auf die Verwendung des Gesprächsauszugs verzichtet werden. Dieses Verfahren ist bereits als »argumentative Validierung« bekannt (Terhart 2000: 166).

Die Auswertung der Gespräche in der Handlungspausenforschung dient insgesamt der Verdichtung von Argumenten, die in der Öffentlichkeit disku-

[11] Vgl. auch Fuchs' Überlegungen zur »Rückgebbarkeit« von Interpretationen und seine Erörterung der Fragen von Veröffentlichungsrechten (1984: 188).

tierbar sind. Wie in »sokratischen Gesprächen« (vgl. Krohn u. a. 1989; Horster 1994) und in den Interviews von Bellah u. a. (1986) geht es darum, individuelle Bildungsprozesse zu generalisieren. Wie bei jeder qualitativen Forschung stellt sich dabei das Problem der Verallgemeinerbarkeit. Jedoch geht es nicht darum, eine quantitative Repräsentativität der Aussagen herzustellen. Statt dessen sind die Äußerungen als für die Öffentlichkeit bestimmte Argumente authentisch und damit auf Verständigung angelegt. Somit wird es überflüssig, gleichlautende Äußerungen in möglichst großer Zahl zu sammeln, denn »die Qualität eines Arguments ist hinsichtlich der in ihm enthaltenen Geltungsansprüche nicht auf quantitative Signifikanz angewiesen« (Arlt-Niedecken 1994: 7).

Wichtig ist aber die Unterscheidung zwischen Äußerungen und Argumenten. Das Textmaterial kann eine Fülle an Äußerungen enthalten, die allgemeineren Charakters sind. Unter einem Argument wird aber darüber hinaus eine – wie gut auch immer – *begründete* Äußerung verstanden. Die Herkunft eines Arguments ist dabei nur insofern wichtig, als klar gemacht wird, dass man sich über ein öffentlich relevantes unterhält. Seine genaue, personale Urheberschaft ist nicht entscheidend, weil es einer handlungsentlasteten Gesprächssituation entstammt und somit über die Situation hinausweist. Die Auswertungsmethode soll somit ermöglichen, das Argument in einer Aussage ernst zu nehmen, ohne seine Geltung von der Identität seines Autors abhängig zu machen. D. h. die damit verbundenen Ansprüche auf Geltung werden insofern anerkannt, als das Erheben eines Geltungsanspruchs überhaupt legitim ist, und insofern, als es hier um Aussagen geht, über deren objektive Wahrheit, normative Richtigkeit und subjektive Wahrhaftigkeit man reden kann, ohne einem anderen Zwang unterworfen zu sein als dem des besseren Arguments (vgl. Richter 1991: 148).

Welche praktischen Konsequenzen eine Zustimmung zu oder Ablehnung von Argumenten erzeugen, kann zunächst keinen Einfluss auf deren Geltung haben. Die Handlungspausenforschung macht also das Angebot einer – im Hinblick auf ihre Zielperspektive von Öffentlichkeit – ›künstlichen‹ Anonymität. Denn in den verschiedensten Formen der Öffentlichkeit kann ein Sprecher nicht immer und nur anonym bleiben, sondern muss seine Wahrhaftigkeit gegebenenfalls unter Beweis stellen. Das fällt aber bereits nicht mehr in den Bereich der Auswertung.[12]

Mit dem Verfahren der argumentativen Validierung soll ein Gesprächs*prozess* angestoßen werden. Das pädagogische Moment dieser Methode liegt in dem Bemühen, bei der Rationalisierung von Ambivalenzen unterstützend tätig zu werden. Es geht aber weder darum, Widersprüche in Bezug auf Bindung, Verwurzelung, Fremd- und Eigenzuschreibungen abzuwerten oder zu

---

[12] Siehe dazu ausführlicher den nächsten Abschnitt zur Verwendung.

beseitigen, noch darum, Kommunikations- oder gar Persönlichkeitsstörungen aufzudecken. Statt Erzählwidersprüche in der Auswertungsphase deutend zu fixieren, will die Handlungspausenforschung solche zwar ebenso wie die objektive Hermeneutik aufdecken, aber nur, um sie in weiteren Gesprächen gemeinsam mit den Beforschten zu reflektieren. In der Einheit von Gegenstand und Methode ähnelt sie also dialogischen Konzepten: »Generell ist zu den dialogischen Verfahren anzumerken, dass in ihrem Rahmen alles in allem eher das Moment der Erfassung mit dem der Veränderung subjektiver Sinnwelten Hand in Hand geht; dieses Kennzeichen macht sie für pädagogische Forschung insofern besonders attraktiv, als in gewisser Hinsicht das pädagogische Motiv bei dialogischen Verfahren auf sich selbst trifft« (Terhart 2000: 166). Die Handlungspausenforschung ist deshalb eine genuin *pädagogische* Methode, weil mit ihr Bildungs- und soziale Prozesse sowohl beschrieben als auch angeregt werden können.

Pädagogische Verbindung von Theorie und Praxis: Motivierung zu Bildungsprozessen

Auch der Vorgang der Datenverwendung ist in der Handlungspausenforschung ein integrierter Bestandteil des pädagogischen Prozesses. Dafür kann u. a. an die Verfahrensweisen der Aktionsforschung und der ökologischen Sozialisationsforschung angeknüpft werden: Das durch die Forschung angesammelte Wissen soll neben seiner wissenschaftlichen Verwendung auch und gerade den GesprächspartnerInnen im Forschungsfeld zugute kommen. Den genannten Methoden geht es dabei nicht allein um ein ›reines‹ Beschreiben des Forschungsprozesses, sondern auch um Veränderungen durch die Prozessforschung. Bei der Parallelisierung von Forschung und Bildungsarbeit treten zwar einige neue Fragen auf, jedoch sind zwei Grundprobleme qualitativer Forschung gelöst: Die Befragten haben nach den Interviews die Möglichkeit, an ihren Themen weiterzuarbeiten, und die Ergebnisse können auch außerhalb der Fachöffentlichkeit aufgenommen werden (vgl. Fuchs 1984: 269).

In Anlehnung daran ist es der Anspruch der Handlungspausenforschung, den Rücklauf der zusammengetragenen Ergebnisse in dieselbe Öffentlichkeit zu gewährleisten, aus der sie stammen, um auf diese Weise zur Herstellung bzw. (Re-)Animierung von Öffentlichkeit zu motivieren, die ihrerseits selbständig und mündig über die Verwendung entscheiden kann. Dazu ist es von äußerster Wichtigkeit, dass die Perspektive einer öffentlichen Verwendung in den Phasen der Erhebung und der Auswertung immer schon vorhanden ist. Gerade weil die interviewten Personen anonym bleiben, kann die betroffene Öffentlichkeit autonom über die Verwendung der Ergebnisse bestimmen, denn die geäußerten Argumente sind hinsichtlich einer öffentlichen Verwendung gewichtiger als ihre Urheberschaft.[13]

Die Handlungspausenforschung übernimmt also Fragestellungen der jeweiligen Öffentlichkeit und bindet sich arbeitsteilig in sie ein. In deutlicher Abgrenzung zur Handlungsforschung basiert das Konzept jedoch darauf, dass Wissenschaft sich nicht unmittelbar praktisch im Forschungsfeld engagieren sollte, um Versprechen zu geben oder einzulösen. ›In Aktion‹ gehen die Forschenden deshalb nur dann, wenn sie z. B. als BewohnerInnen eines Stadtteils oder StaatsbürgerInnen selbst betroffen sind. Im Gegensatz zu einer *aktivierenden* Forschung ist daher das *motivierende* Gespräch das Spezifikum einer pädagogischen Bildungs- und Sozialforschung. Während die Aktionsforschung den Schritt zur Machtpolitik geht, betont die Handlungspausenforschung die Autonomie der Pädagogik *innerhalb* der politischen Sphäre, indem sie die Möglichkeit eines Forums zur Einübung rationaler Diskurse bietet.

Die Handlungspausenforschung unterstreicht den wechselseitig anerkannten Subjektstatus in der Phase der Datenerhebung wie auch in der Phase der Datenverwendung. Die GesprächspartnerInnen/Interviewten *bleiben* ExpertInnen ihrer Lebenswelt. Im Verfahren der Gesprächsauswertung sieht das Konzept den Wert der Gespräche in den als öffentliche Argumente gemeinten Äußerungen. In Erweiterung üblicher dialogischer Verfahren stellt die Handlungspausenforschung damit einen Versuch dar, die Einsicht in das dialogische Wahrheitsprinzip nicht nur in die Auswertung zu integrieren, sondern darüber hinaus auch in die Erhebung und die Verwendung der Daten.

Tabelle 1: Schematische Darstellung der Handlungspausenforschung

Datenerhebung	**Datenauswertung**	**Datenverwendung**
wechselseitig anerkannter Subjektstatus • Ermittlung gemeinsamer Fragestellungen und Diskussion öffentlicher Argumente in Form eines handlungs-*entlasteten* Gesprächs: »diskursives Interview« • evtl. Diskurs unter Anleitung: »pädagogischer Diskurs«	1a objektivierendes Element • Transkribierung der Äußerungen und Argumente aus dem diskursiven Interview 1b wechselseitig anerkannter Subjektstatus • kommunikative Validierung 2a objektivierendes Element • Kommentierung des Transkripts durch die ForscherInnen (Auswertung) 2b wechselseitig anerkannter Subjektstatus • argumentative Validierung	wechselseitig anerkannter Subjektstatus • Gesprächsangebote auf der Basis der Auswertungen • Motivierung von (kommunaler) Öffentlichkeit • Vermittlung der Ergebnisse in die wissenschaftliche Öffentlichkeit

[13] Zum Begriff der Öffentlichkeit und ihrer Relevanz für Bildungsprozesse vgl. Richter (1999).

Die Handlungspausenforschung konzentriert sich ganz auf den kommunikativen Prozess mit den GesprächspartnerInnen. In Form von Diskursen soll dabei zur Selbstvergewisserung beigetragen und eine rationale Reflexion im Hinblick auf das eigene Selbstverständnis angeregt werden. Sie gründet auf der Annahme, dass kommunikatives Handeln – im Gegensatz zur Verengung auf die teleologische Handlungsdimension in der Moderne – wieder die ursprüngliche, lebensweltliche Einheit der Vernunftmomente aus Zweckrationalem, Normativem und Subjektivem umfasst.

Als eine wissenschaftliche Methode findet die Handlungspausenforschung allerdings ihre Grenze an der Frage, wie in Bezug auf die subjektive Welt Rationalität gesichert werden kann. »Vielleicht kann man sagen, dass Subjektives so durch wahrhaftig geäußerte Erlebnissätze repräsentiert wird wie existierende Sachverhalte durch wahre Aussagen und gültige Normen durch gerechtfertigte Sollsätze« (Habermas 1995, Bd. 1: 137). Der Ausdruck von Wünschen und Gefühlen bemisst sich demnach ausschließlich »am reflexiven Verhältnis des Sprechers zu seiner Innenwelt« (ebd.: 138), d. h. er muss sich als wahrhaftig erweisen. Nun wird aber in den diskursiven Interviews die Anonymität der GesprächspartnerInnen gewahrt, um ihnen die Möglichkeit zu geben – eventuell unter pädagogischer Anleitung – herrschaftsfreie Dialoge einzuüben. Die Forschenden verbürgen sich lediglich für die Authentizität der Argumente, d. h. sie versichern, dass es Personen in der Öffentlichkeit gibt, die diese Argumente vertreten. Selbstverständlich können die GesprächspartnerInnen aus der angebotenen Anonymität heraustreten.

Ein Beispiel für eine partielle und selbstgewählte Aufhebung der Anonymität im Rahmen der Handlungspausenforschung ist das Angebot, Gespräche mit VertreterInnen unterschiedlicher sozialer Gruppen oder Institutionen zu organisieren. Denn ein weiteres Anliegen des Konzeptes besteht darin, Themen als Diskussionsgrundlagen z. B. über subkulturelle Grenzen *hinweg* nahezulegen. Der Sinn eines solchen interkulturellen Gesprächs kann beispielsweise darin bestehen, einen Konflikt zu präsentieren; die Konflikt*lösung* bleibt dabei allein den GesprächspartnerInnen überlassen. Das gesamte Konzept hat in seinen praxisrelevanten Anteilen nur dann Sinn, wenn es der Anwesenheit und Tätigkeit der WissenschaftlerInnen in Zukunft nicht mehr bedarf. Die Aufgabe der Forschenden in den interkulturellen Gesprächen besteht in der Zusammenführung der GesprächsteilnehmerInnen und in der Motivierung zu »kooperativen Kontakten« (Schäfer/Six 1978) durch Anfragen und Nachfragen. Diese Form des Gesprächs ist insofern schon eine Form der (Re-)Animierung von Öffentlichkeit, da in ihm die GesprächspartnerInnen aus der Anonymität der Einzelgespräche heraustreten und gegebene sowie bereits versprachlichte Konflikte im direkten Austausch thematisieren können.

Spätestens die Idee der interkulturellen Gespräche legt nahe, eine politische von einer wissenschaftlichen Dimension der Handlungspausenforschung zu unterscheiden. Zweifelsohne kann die Methode politische – im Sinne von öffentliche – Effekte zeitigen. Diese Effekte können allerdings nicht als eigenständige ›Wahrheiten‹ angesehen werden, wenn sich die Wissenschaft als kritische Instanz innerhalb der öffentlichen Sphäre begreift. »Die öffentlich agierenden Sozial*kritiker* können für sich keine quasi-göttliche Überblicksposition ›von außen‹ reklamieren. Sie sind – ob sie wollen oder nicht – immer auch ›Zugehörige‹« (Ziehe 1992: 107). Reflexive Bildungs- und Sozialwissenschaft sollte daher als »public philosophy« ausgestaltet werden (vgl. Bellah u.a. 1986: 297ff.). Dazu müsste sie die metatheoretische Trennung von Theorie und Praxis überwinden. Die Handlungspausenforschung macht einen Vorschlag in diese Richtung: Ziel der Methode ist die Motivierung zu einer (z. B. kommunalen) Öffentlichkeit mittels diskursiver Interviews und deren argumentativer Validierung im Hinblick auf eine öffentliche Verwendung, d. h. der Prozess der Forschung bringt etwas hervor, was die Forschenden im gleichen Schritt feststellen, verbreiten und dadurch weiter anstoßen. Die Handlungspausenforschung macht sich somit das scheinbare Dilemma aller Methoden der Bildungs- und Sozialforschung zunutze, die Ereignisse nicht eindeutig oder abbildhaft erfassen zu können. Sie verläuft prozesshaft und zirkulär, statt fixierend und feststellend. Sie versucht damit, aus der ›Not‹ der Reflexivität jeder Humanwissenschaft eine ›Tugend‹ zu machen.

Literatur

Arlt-Niedecken, B., 1994: Pädagogische Sozialforschung als Handlungspausenforschung, Ms., Hamburg.

Baacke, D., 1993: Sozialökologische Ansätze in der Jugendforschung, in: Krüger, H.-H. (Hg.): Handbuch der Jugendforschung, Opladen, S.135-157.

Bellah, R. N. u.a., 1986: Habits of the Heart. Individualism and Commitment in American Life, New York.

Breyvogel, W. (Hrsg.), 1989: Pädagogische Jugendforschung. Erkenntnisse und Perspektiven, Opladen.

Bronfenbrennner, U., 1976: Ökologische Sozialisationsforschung (hrsg. v. Lüscher, K.), Stuttgart.

Coelen, T., 1996: Pädagogik als »Geständniswissenschaft«? Zum Ort der Erziehung bei Foucault, Frankfurt a. M.

Coelen, T., 2002: Kommunale Jugendbildung. Raumbezogene Identitätsbildung für Schule und Jugendarbeit, Frankfurt a. M.

Foucault, M., 1989: Der Wille zum Wissen. Sexualität und Wahrheit, Bd. 1, Frankfurt a. M.

Friedrichs, J., 1973: Methoden empirischer Sozialforschung, Reinbek bei Hamburg.

Fuchs, W., 1984: Biographische Forschung. Eine Einführung in Praxis und Methoden, Opladen.

Haag, F. u.a., 1972: Aktionsforschung. Forschungsstrategien, Forschungsfelder und Forschungspläne, München.

Habermas, J., 1995: Theorie des kommunikativen Handelns, 2 Bde., Frankfurt a. M.

Horster, D., 1994: Das Sokratische Gespräch in Theorie und Praxis, Opladen.

Kleining, G., 1982: Umriss zu einer Methodologie qualitativer Sozialforschung, in: KZfSS, Jg. 34/1982, S. 224-253.

Krohn, D. u.a., 1989: Das sokratische Gespräch – Ein Symposion, Hamburg.
Loney, M., 1983: Community against Government. The British Community Development Project, 1968-78 – a Study of Government Incompetence, London.
Lüders, Ch., 1998: Sozialpädagogische Forschung – was ist das? Eine Annäherung aus der Perspektive qualitativer Sozialforschung, in: Rauschenbach, T./ Thole, W. (Hg.): a.a.O., S. 113-131.
Merkens, H., 1989: Forschungsmethode, in: Lenzen, D. (Hrsg.): Pädagogische Grundbegriffe Bd. 1. Reinbek bei Hamburg, S. 614-632.
Mollenhauer, K., 1998: »Sozialpädagogische Forschung«. Eine thematisch-theoretische Skizze, in: Rauschenbach, R./ Thole, W. (Hg.): a.a.O., S. 29-46.
Müller, C. W., 1998: Sozialpädagogische Evaluationsforschung. Ansätze und Methoden praxisbezogener Untersuchungen, in: Rauschenbach, T./ Thole, W.: a.a.O., S. 157-177.
Oevermann, U., 1979: Die Methodologie der objektiven Hermeneutik und ihre allgemeine forschungslogische Bedeutung in den Sozialwissenschaften, in: Soeffner, H. G. (Hg.): Interpretative Verfahren in den Sozialwissenschaften, Stuttgart, S. 352ff.
Pallasch, W., 1993: Pädagogisches Gesprächstraining. Lern- und Trainingsprogramm zur Vermittlung therapeutischer Gesprächs- und Beratungskompetenz, Weinheim und München.
Pollock, F., 1955: Gruppenexperiment, Frankfurt a. M.
Rauschenbach, T./ Thole, W., 1998: Sozialpädagogik – ein Fach ohne Forschungskultur? Einleitende Beobachtungen, in: dies. (Hg.): a.a.O., S. 9-28.
Rauschenbach, T./ Thole, W., 1998: Sozialpädagogische Forschung. Gegenstand und Funktionen, Bereiche und Methoden, Weinheim und München.
Richter, H., 1991: Der pädagogische Diskurs. Versuch über den pädagogischen Grundgedankengang, in: Peukert, H/ Scheuerl, H. (Hrsg.): Wilhelm Flitner und die Frage nach einer allgemeinen Erziehungswissenschaft im 20. Jahrhundert (ZfPäd 26. Beih.), Weinheim und Basel, S. 141-153.
Richter, H., 1998: Sozialpädagogik – Pädagogik des Sozialen. Grundlegungen – Institutionen – Perspektiven der Jugendbildung, Frankfurt a. M.
Richter, H., 1999: Zur Rückgewinnung kommunikativer Macht gegenüber einer gesteuerten Nachfrage, in: Hamburger, F/ Otto, H.-U. (Hrsg.): Sozialpädagogik und Öffentlichkeit. Systematisierungen zwischen marktorientierter Publizität und sozialer Dienstleistung, Weinheim und München, S. 19-35.
Richter, H./ Coelen, T./ Mohr, E., 1994: Pädagogische Sozialforschung als Handlungspausenforschung, Ms., Hamburg.
Richter, H./ Mohr, E./ Peters, L., 1995: Praxis einer gemeinwesenbezogenen Bildungsarbeit im Forschungsprozess, Ms., Hamburg.
Schäfer, B./ Six, B. ,1978: Sozialpsychologie des Vorurteils, Stuttgart u.a.
Schulz von Thun, F., 1994: Miteinander reden, 2 Bde., Reinbek bei Hamburg.
Schütze, F., 1983: Biographieforschung und narratives Interview, in: Neue Praxis 3/1983, S. 283-293.
Terhart, E., 2000: Empirische Sozialforschung. Qualitative Verfahren, in: Stimmer, F. (Hg.): Lexikon der Sozialpädagogik und der Sozialarbeit, München und Wien, S. 161-169.
Witzel, A., 1982: Verfahren der qualitativen Sozialforschung. Überblick und Alternativen, Frankfurt a. M. und New York.
Ziehe, T., 1992: Unspektakuläre Zivilisationsgewinne, in: Zahlmann, Ch. (Hg.): Kommunitarismus in der Diskussion, o.O., S.102-108.

Kirsten Hanssen/ Heinz-Günter Micheel/
Sabine Wagenblass[1]

Stabile Unsicherheit im Transformationsprozess
Typisierung von Lebenslagen Jugendlicher im Zeitvergleich

1. Der Blick zurück

Mit Inkrafttreten des Einigungsvertrags ist am 3. Oktober 1990 in den neuen Bundesländern ein umfassender Transformationsprozess in Gang gesetzt worden, der historisch bisher einzigartig ist und einen »Sonderfall sozialen Wandels« (Offe, 1994; Wiesenthal, 1995) darstellt. Die DDR gab mit dem Vollzug des Beitritts zur Bundesrepublik ihre eigene staatliche Souveränität und ihre bisherige Institutionenordnung vollständig auf und wurde Bestandteil der alten Bundesrepublik.

Auf Seiten der alten Bundesrepublik und ihrer politischen und wirtschaftlichen Eliten war der Einigungsprozess mehrheitlich von der Absicht und Entschlossenheit getragen, an den Grundstrukturen der alten Republik nichts zu verändern und diese umfassend auf das – in der bezeichnenden Terminologie des Einigungsvertrages – Beitrittsgebiet auszudehnen (vgl. Wollmann u.a., 1997: 20). Die Grundrichtung des Transformationsprozesses war somit eindeutig durch westdeutsche Institutionen und ihrer Steuerungselemente vorgegeben. Die Etablierung eines einheitlichen Gesellschaftssystems nach dem Modell der alten Bundesrepublik, der Aufschwung Ost sowie die Angleichung der konkreten Lebensverhältnisse der Menschen in den neuen Bundesländern sollten innerhalb kurzer Zeit realisiert werden. Diese Erwartungen waren durch den Anspruch des staatsbürgerlichen Gleichheitsgrundsatzes der Verwirklichung »der Einheitlichkeit der Lebensverhältnisse im Bundesgebiet« (Art 106, Abs. 3, Zif. 2 GG) gesetzlich verankert. Der Verlauf der einzelnen Phasen des Transformationsprozesses wurde dementsprechend an dem Referenzmaßstab der Angleichung ostdeutscher an westdeutsche Lebensverhältnisse gemessen.

[1] Unter Mitarbeit von Dipl. Päd. Bernd Groot-Wilken, PädQUIS gGmbH – Kooperationsinstitut der FU-Berlin-, Takustr. 4, 14195 Berlin

Das Ende der ersten Dekade dieses historischen Sonderfalls sozialen Wandels bietet Anlass zu einer Bilanzierung dieses Transformationsprozesses und einer Analyse der neu entstandenen Institutionen sowie einer Betrachtung der Veränderungen und Kontinuitäten der individuellen Lebensläufe der ostdeutschen Jugendlichen. Am Beispiel des sektoralen Institutionentransfers der Jugendhilfe soll im Folgenden dieser Rückblick erfolgen.

1.1 Der sektorale Institutionentransfer der Jugendhilfe

Mit Inkrafttreten des Einigungsvertrages wurde auch die Jugendhilfe als Bestandteil des westdeutschen wohlfahrtsstaatlichen Sicherungssystems vollständig auf die neuen Bundesländer übertragen. Aufgabe der Jugendhilfe ist es, Kindern, Jugendlichen und ihren Familien ein Mindestmaß an gesellschaftlicher Sicherheit und Wohlfahrt zu gewähren. Dieser Anspruch auf soziale Leistungen ist im Kinder- und Jugendhilfegesetz (KJHG), dem Achten Sozialgesetzbuch (SGB VIII), gesetzlich geregelt. Im Laufe ihrer historischen Entwicklung hat sich die Jugendhilfe in den alten Bundesländern in den letzten Jahrzehnten in einem kontinuierlichen Prozess von einer kontrollierenden Eingriffsinstitution zu einem Grundbestandteil des wohlfahrtsstaatlichen Hilfe- und Unterstützungssystems herausgebildet. Im Kontext dieser Veränderungen hat sich die disziplinäre Debatte um Jugendhilfe als personenbezogene soziale Dienstleistung entwickelt, in deren Zentrum das reformulierte Verhältnis von Jugendhilfe und ihren AdressatInnen steht.[2]

Jugendhilfe als Dienstleistung

Die erste grundlegende theoretische Bestimmung von Jugendhilfe als Dienstleistung im sozialwissenschaftlichen Theoriekontext findet sich im neunten Jugendbericht (BMFSFJ, 1994). Dabei bilden die veränderten Problemlagen der AdressatInnen im Zuge gesellschaftlicher Modernisierungs- und Transformationsprozesse, die Betonung des Leistungscharakters des KJHG sowie die Diskussion um veränderte Organisationsformen der Jugendhilfe den Ausgangspunkt des theoretischen Diskurses über eine Dienstleistungsorientierung der Jugendhilfe. Gefordert werden grundsätzlich veränderte Organisationsformen der Jugendhilfe, die flexiblere, problemangemessenere und lebenslagenbezogene Präventions- und Interventionsformen ermöglichen. Im Zentrum dieses Ansatzes steht ein Perspektivenwechsel, der sich durch eine stärkere Durchsetzung der Nachfragedimension gegenüber der vorherrschenden Anbieterposition kennzeichnen lässt (vgl. ebd.: 584). Die »paradigmatische Umsteuerung der Jugendhilfe im Hinblick auf eine Dienstleistungsorien-

---

2 Vgl. hierzu: BMFSFJ 1994; Flösser/Otto 1996; Olk/Bertram 1994; Schaarschuch 1996, insbesondere aber Schaarschuch 1998, 1999, Olk/Otto 2001

tierung« (ebd.: 583) stellt insbesondere die Neustrukturierung des Verhältnisses von Organisation, Profession und AdressatInnen im Wohlfahrtsstaat in das Zentrum ihrer gewandelten Funktionsbestimmung. »Die dienstleistungstheoretische Reformulierung dieser Relation basiert auf einer reziproken Verhältnisbestimmung zwischen den Adressaten der Dienstleistung und den Organisationen, die die Leistungen bereitstellen« (Flösser/Otto, 1996: 183). Je höher hierbei der Grad an Organisations-, Kompetenz- und Angebotsentwicklung und je höher das Niveau der Entsprechung zwischen diesen einzelnen Bereichen, desto eher kann die Umorientierung von einer bürokratischen Fachbehörde zu einer modernen Dienstleistungsorganisation innerhalb eines wohlfahrtsstaatlichen Referenzrahmens gelingen. »Die zentrale Herausforderung liegt für die Jugendhilfe darin, ein eigenständiges fachliches Profil zu entwickeln, das dem Perspektivenwechsel von einem staatlichen bzw. parastaatlichen Eingriff hin zu einer sozialen Dienstleistung entspricht« (BMFSFJ, 1994: 584).

Die Forderung nach einer situationsnahen, nachfrageorientierten Ausrichtung der Jugendhilfe verweist auf die veränderte Bedeutung der AdressatInnen im Rahmen institutionalisierter Unterstützungsleistungen. Die AdressatInnen werden hierbei nicht länger als Objekte verstanden, sondern als nachfragende Subjekte und Akteure, deren spezifische Lebenslagen und Bedürfnisse idealtypisch den Bezugs- und Ausgangspunkt der Leistungserbringung bilden.

Mit dem Einigungsvertrag wurde dieses Konzept einer modernen Jugendhilfe auf die neuen Bundesländer übertragen. Da die Jugendhilfe in der ehemaligen DDR einen völlig anderen institutionellen Zuschnitt und inhaltlichen Zuständigkeitsbereich aufwies, stellte sich im Zuge des Institutionentransfers das Problem, dass die (neue) Institution kaum an bestehende Strukturen und Traditionen anknüpfen konnte, sondern sich auf der Grundlage der veränderten gesetzlichen Aufgaben und Rahmenbedingungen neu konstituieren musste.

Im *Forschungsprojekt ›Jugendhilfe im Umbruch‹* (Leitung H.-U. Otto, Universität Bielefeld/F. Prüß, Universität Greifswald) wurde dieser Konstituierungsprozess von 1992 bis 1999 untersucht.[3] Der Aufbau der Jugendhilfe in

---

[3] Bei Projektbeginn gab es keine Untersuchungen und Forschungsergebnisses zur Jugendhilfe im Transformationsprozess, an die angeknüpft werden konnte. Vor diesem Hintergrund standen in der *ersten Projektphase (1992-1994)* zunächst grundlegende Fragen nach den Differenzen der beiden Jugendhilfesysteme sowie eine erste Bilanzierung des Institutionalisierungsprozesses der Jugendhilfe in den neuen Bundesländern im Mittelpunkt des Forschungsinteresses (vgl. dazu Projektgruppe »Jugendhilfe im Umbruch« 1994: 3ff). In der *zweiten Projektphase (1995-1997)* richtete sich das Forschungsinteresse auf das Passungsverhältnis von Angebot der Jugendhilfe und dem Bedarf der AdressatInnen an sozialer Unterstützung (vgl. Otto/Prüß u.a. 1997). Da diese beiden Auswertungsphasen vornehmlich auf Querschnittsanalysen

den neuen Bundesländern war zu Anfang ein formaler Akt, der erst in fortlaufenden Institutionalisierungsprozessen schrittweise fortgeführt werden musste und perspektivisch darauf angewiesen war, die Anschlussfähigkeit des institutionalisierten Handelns an die Lebensbedingungen der Jugendlichen zu erreichen. Hierbei interessierte insbesondere, ob sich Jugendhilfe unter Bezugnahme auf die Lebenslagen ihrer AdressatInnen konstituiert, und inwieweit es ihr gelingt, solche Formen der Hilfeleistung bereitzustellen, die junge Menschen in ihrer alltäglichen Lebensbewältigung nachhaltig unterstützen (vgl. Otto/Prüß u.a., 1997: 285). Die Umsetzung eines dienstleistungsorientierten Jugendhilfekonzeptes in den neuen Bundesländern, das sich an den nachfragenden Subjekten orientiert, setzt umfassende Kenntnisse und eine permanente Vergegenwärtigung der Lebenslagen junger Menschen und ihrer Familien voraus.

Vor diesem Hintergrund sind bei einem Blick zurück auf die erste Dekade des sektoralen Institutionentransfers der Jugendhilfe sowohl die Veränderungsdynamiken in den konkreten Problem- und Bedürfnislagen der AdressatInnen im Zeitverlauf, als auch die sich daraus ergebenden Konsequenzen und Anpassungsprozesse für eine dienstleistungsorientierte Jugendhilfe relevant.

2. Lebenslagen Jugendlicher im Kontext des fortschreitenden Transformationsprozesses

Die Jugendlichen in den neuen Bundesländern haben seit dem Zusammenbruch des DDR-Systems deutliche Veränderungen in ihren Lebensbedingungen erfahren. Welcher Art diese Veränderungen im fortschreitenden Transformationsprozess sind und welche Auswirkungen sich in ihrem alltäglichen Leben zeigen, sind die zentralen Fragen der vorliegenden Analyse. Datenbasis hierfür bilden die drei Wellen einer repräsentativen Längsschnittuntersuchung des Forschungsprojektes ›Jugendhilfe im Umbruch‹ zu den Lebenslagen junger Menschen im Alter von 14 bis 26 Jahren in Mecklenburg-Vorpommern.[4]

Um die Lebensbedingungen der befragten jungen Menschen in ihrer Differenziertheit zugänglich zu machen, wird in Bezug auf das Konzept der Lebenslage (Zapf u.a., 1987) ein empirisches Modell verfolgt, das als zentralen Bezugspunkt neben den objektiven Lebensbedingungen die subjektiven Lebenschancen zugrunde legt, die mit den je unterschiedlichen biogra-

aufbauten, stand in *der Abschlussphase (1998/1999)* der Längsschnittvergleich im Mittelpunkt des Forschungsinteresses.

4 Die Befragung der ersten Welle 1993 umfasste n = 364 Jugendliche, die der zweiten Welle 1995 n = 367 und die der dritten Welle Ende 1996 n = 365.

phischen Entwicklungsabschnitten, den individuellen Wert- und Handlungsorientierungen sowie den Strategien der Lebensbewältigung verknüpft werden können (vgl. hierzu ausführlich: Brüggemann-Helmold u.a., 1996; Otto/Prüß u.a., 1997; Projektgruppe »Jugendhilfe im Umbruch«, 1994). Ziel dieses Zugangs ist es, empirisch zu überprüfen, inwieweit sich – ausgehend von den subjektiv wahrgenommenen Handlungsspielräumen und Gestaltungsmöglichkeiten – unterschiedliche Lebenslagen Jugendlicher identifizieren lassen, die spezifische Anforderungen an die Jugendhilfe begründen.

2.1 Das Lebenslagenkonzept

Das zugrunde gelegte subjektive Lebenslagenmodell findet seinen theoretischen Anknüpfungspunkt in Zapfs (1984: 24ff.) Modell zur Lebensqualität[5], das materielle Lebensbedingungen und subjektives Wohlbefinden verbindet. *Materielle Lebensbedingungen* umfassen nach Zapf u.a. (1987: 47) in bezug auf Allardt (1973; vgl. auch Zapf, 1984: 20f) einerseits »Having«, d.h. das Spektrum der Sicherheitsbedürfnisse im Sinne von Einkommen, Bildung, Arbeit etc., andererseits »Loving«, darunter sind Familienbeziehungen, Sozialkontakte sowie soziale und politische Beteiligung am gesellschaftlichen Wandel zu subsumieren. Wahrgenommene Disparitäten, Benachteiligungen im gesellschaftlichen wie persönlichen sozialen Raum, Kompetenzen, Hoffnungen und Ängste, insbesondere aber Zufriedenheit und Sorgen, hingegen sind Bestandteile des *subjektiven Wohlbefindens*. Unter der Prämisse der Dichotomisierung der materiellen Lebensbedingungen und des subjektiven Wohlbefindens in die Kategorien »gut« und »schlecht« lassen sich nach Zapf (1984: 24ff.; vgl. auch Habich/Zapf, 1994: 32) vier theoretische (Ideal-) Typen der Lebensqualität beschreiben:

1. Der »well-being«-Typ vereinigt sowohl gute materielle Lebensbedingungen wie auch ein ausgeprägt gutes subjektives Wohlbefinden. Dieser Typ wird in der aktuellen Situation weder von ökonomischen Mangellagen tangiert, noch ist die Befindlichkeit bezüglich der momentanen oder zukünftigen Situation negativ.
2. Schlechtes subjektives Wohlbefinden und gute materielle Lebensbedingungen charakterisieren den »Dissonanz«-Typ. In dieser Kombination beschreibt diese Kategorie ein »Unzufriedenheitsdilemma«, welches seinen Ausdruck in den dipolaren Bewertungen findet.
3. Ebenfalls durch eine dipolare Bewertung ist der ›Adaptions-Typ‹ gekennzeichnet. Jedoch weist dieser ein »Zufriedenheitsparadox« auf, d.h. ein positives subjektives Wohlbefinden und materielle Mangellagen.

[5] vgl. hierzu auch: Zapf u.a., 1984; Zapf u.a., 1987: 43ff.; Habich/Zapf, 1994; Schupp/Habich/Zapf, 1996)

4. Mit sowohl schlechten objektiven Lebensbedingungen wie auch negativen subjektiven Wohlbefinden stellt der letzte der vier Lebensqualitätstypen den »Deprivation«-Typ dar. Er ist nicht nur durch objektive Mangellagen gekennzeichnet, ebenso zeigt sich auch eine starke Unzufriedenheit mit der derzeitigen Situation.

Abbildung 1: Typen der Lebensqualität nach Zapf (vgl. 1984: 25)

objektive Lebensbedingungen	**subjektives Wohlbefinden**	
	GUT	**SCHLECHT**
GUT	WELL-BEING	DISSONANZ
SCHLECHT	ADAPTATION	DEPRIVATION

Das beschriebene Vierfeldermodell macht deutlich, dass objektive Lebensbedingungen allein nicht ausreichend sind, um einen umfassenden analytischen Einblick in Lebenslagen zu geben. Die Einbeziehung des subjektiven Wohlbefindens in ein Modell zur Konstruktion von Lebenslagen erhält insbesondere dann eine Relevanz, wenn Individuen- – wie im Falle der ehemaligen DDR – infolge eines Systemumbruchs relativ unvorbereitet mit Unsicherheiten und Ängsten infolge der Erosion bisheriger handlungsleitender Orientierungen konfrontiert werden. Erkenntnisse der Wohlfahrtsforschung zeigen, dass Lebensqualität nicht ausschließlich von materiellen Bedingungen beeinflusst wird, sondern der Zufriedenheit, den Ängsten und Hoffnungen sowie den Belastungen eine gestaltende Rolle zugeschrieben werden muss. In der Transformationsforschung werden diese Ergebnisse für Ostdeutschland bestätigt (vgl. Gensicke, 1998; Häder, 1998). Durch die Anpassung an bundesrepublikanische Standards und Systeme schien für die meisten Ostdeutschen in der Anfangsphase des Wandels von der sozialistischen zur demokratischen Gesellschaft eine vielversprechende Verbesserung der gesellschaftlichen, aber insbesondere auch der individuellen Situation einzutreten. Dieser Wandel wurde von den Menschen mit großen Hoffnungen begleitet. Transformation umfasst somit nicht nur den gesellschaftlich-politischen Prozess der Umgestaltung, sondern auch den Einfluss auf die psycho-sozialen und sozioökonomischen Zufriedenheits- und Belastungsstrukturen der Individuen. Dem subjektiven Wohlbefinden kommt hierbei eine nicht zu unterschätzende Bedeutung zu: Wurde der Transformationsprozess anfänglich von großer Euphorie sowie großer allgemeiner Lebenszufriedenheit begleitet, nahm diese 1991 ab, stabilisierte sich 1995 noch einmal und sank danach kontinuierlich (vgl. Gensicke, 1998: 43f).

Zufriedenheit und Belastungsempfinden sind wie gezeigt wurde konstituierende Größen von Lebensqualität. Wie eine Anzahl von Jugendstudien (vgl. z.B. Jugendwerk der Deutschen Shell, 1997) belegen, spielen für Jugendliche neben der aktuellen Lebenssituation auch die subjektive Einschätzung ihrer zukünftigen Lebenschancen eine bedeutende Rolle.

Im Zuge der gesellschaftlichen Entwicklung in den neuen Bundesländern haben sich die Lebensbedingungen für Jugendliche tiefgreifend verändert: Einerseits haben sich die Gestaltungsmöglichkeiten für eine Entwicklung unterschiedlicher Normalitätsentwürfe erweitert, andererseits haben sich aber gleichzeitig die Einbrüche in der Lebensführung radikalisiert (vgl. Projektgruppe »Jugendhilfe im Umbruch«, 1994). Diese Auswirkungen des gesellschaftlichen Umbruchs erfordern von den jungen Menschen eine umfassende Neuorientierung im Hinblick auf die Organisation und Muster der eigenen Lebensführung. Um die Lebenslagen der Jugendlichen im Hinblick auf ihren Unterstützungsbedarf durch die Jugendhilfe zu analysieren, ist ein empirischer Zugang erforderlich, der über die subjektiven Wahrnehmungsstrukturen die psycho-sozialen Belastungen und sozio-ökonomischen Zufriedenheiten erfasst. Zwar werden durch objektive Lebensbedingungen gesellschaftliche, politische und konsumtionale Partizipationsmöglichkeiten eröffnet bzw. eingeschränkt, gleichwohl bestimmen subjektiv wahrgenommene Disparitäten zwischen Lebenssituation und Lebenschancen die Lebenslagen Jugendlicher nachdrücklich.

Um die Lebensbedingungen Jugendlicher und junger Erwachsener zu differenzieren und Veränderungen in den Lebenslagen und den wahrgenommenen Lebenschancen im Sinne einer Subjektorientierung eines modernen Jugendhilfesystems zu analysieren, wird im folgenden eine empirische Umsetzung des subjektiven Lebenslagenmodells dargelegt. Die erkenntnisleitende Frage der empirischen Analyse richtet sich auf Veränderungseffekte und Stabilitäten von jugendlichen Lebenslagen im fortschreitenden Transformationsprozess. Im Mittelpunkt steht hierbei der Zeitvergleich der Lebenslagen (Längsschnitt) der Jugendlichen in Mecklenburg-Vorpommern. Basierend auf den Ergebnissen der einzelnen Projektphasen (Querschnittsanalysen)[6] stellt diese Analyse eine abschließende Gesamtschau der Entwicklung der Lebenslagen dar.

2.2 Empirischer Zugang

Zur empirischen Bestimmung des subjektiven Lebenslagenmodells wurden 8 Items aus der zugrunde liegenden Adressatenbefragung ausgewählt, die die subjektive Belastung und Zufriedenheit bezüglich der materiellen und immateriellen Lebenschancen ausdrücken. Die Spezifizierung dieses Lebenslagenmodells liegt in der Auswahl der Variablen, die einerseits die subjektive Zufriedenheit sowie andererseits die Belastungen der Jugendlichen hinsichtlich verschiedener Lebensbereiche messen. Allgemeine Zufriedenheit wird hierbei durch die Zufriedenheit mit der ökonomischen Situation, den finanziellen Ressourcen, der beruflichen Situation, der sozialen Sicherheit sowie

---

6 vgl. Brüggemann-Helmold u.a., 1996; Otto/Prüß u.a., 1997

der empfundenen Verteilungsgerechtigkeit erklärt. Die Belastungen sind durch Angst vor Arbeitslosigkeit, Leistungsdruck in Schule und Beruf sowie der Einschätzung der Zukunft gekennzeichnet.

Die Erweiterung der einbezogenen Variablen zur allgemeinen Zufriedenheit um die Analyse von aktuellen Belastungen hat den Vorteil, das subjektive Wohlbefinden in bezug auf die Lebenssituation Jugendlicher zu spezifizieren. Die Belastungen konkretisieren die Ängste und Hoffnungen der Jugendlichen in Anbetracht ihrer zukünftigen Lebenschancen und ihrer Positionierung im Wohlfahrtssystem.

Das Ziel der Analyse ist »ausgehend von den subjektiv wahrgenommenen Handlungsspielräumen und Gestaltungsmöglichkeiten« von Jugendlichen ihre »unterschiedlichen Lebenslagen [zu] identifizieren« (Brüggemann-Helmold u.a., 1996: 820). Eine so gefundene Typisierung von Lebenslagen Jugendlicher soll darüber hinaus auf Veränderungen im Transformationsprozess aufmerksam machen. Als statistische Methode zur Gruppen- bzw. Typenbildung wurde das objektbezogene Verfahren der Clusteranalyse herangezogen (vgl. Micheel in diesem Band). Hierbei wird die Grundgesamtheit der befragten Jugendlichen anhand der acht ausgewählten Items so differenziert, dass sich Jugendliche mit gleichen bzw. ähnlichen subjektiven Bewertungen ihrer Lebenssituation in möglichst homogenen Gruppen wiederfinden. Zuvor wurden die acht in die Clusteranalyse eingehenden Items mit einer explorativen Hauptkomponentenanalyse auf von einander unabhängige Dimensionen reduziert. Es zeigte sich, dass sich die subjektiven Einschätzungen der Lebenslagen auf zwei Dimensionen abbilden: die sozio-ökonomische Lage und die psycho-soziale Belastung.

Abbildung 2: Dimensionen des subjektiven Lebenslagenmodells

Dimension I **sozio-ökonomische Lage**	**Dimension II** **psycho-soziale Belastungen**
•Zufriedenheit mit der finanziellen Lage •materielle Situation •empfundene Verteilungsgerechtigkeit •Zufriedenheit mit der beruflichen Sicherheit •Zufriedenheit mit der sozialen Sicherheit	•Belastung durch Arbeitslosigkeit •Leistungsdruck in der Schule, im Beruf •Einschätzung der Zukunftsperspektiven

Mit den durch die Hauptkomponentenanalyse gebildeten Hauptkomponentenwerten der zwei unabhängigen Dimensionen wurden hierarchische Clusteranalysen nach der Ward-Methode gerechnet, die die Grundlage für weitere iterative Clusteranalysen nach dem Varianzkriterium darstellten. In *einem weiteren Schritt* wurde anhand der Mittelwertvergleiche der zwei Hauptkomponenten und in erster Linie der acht Ausgangsitems die Anzahl der Typen unterschiedlicher Lebenslagen festgelegt. Als ideale Lösung für die Differenzierung unterschiedlicher Lebenslagen wurde für alle drei Wellen jeweils eine Vierer-Lösung angesehen. Mit dem Mittelwertvergleich der acht Ausgangsitems lassen sich die jeweiligen vier Typen genau charakterisieren. In *einem nächsten Analyseschritt* wurden die Typen anhand von unterschiedlichen Ausprägungen objektiver sozio-ökonomischer, sozio-kultureller und sozio-demographischer Variablen beschrieben (vgl. Brüggemann-Helmold u.a., 1996: 821 ff.; Otto/Prüß u.a., 1997: 308ff.).

Abbildung 3: Modell des methodischen Verfahrens

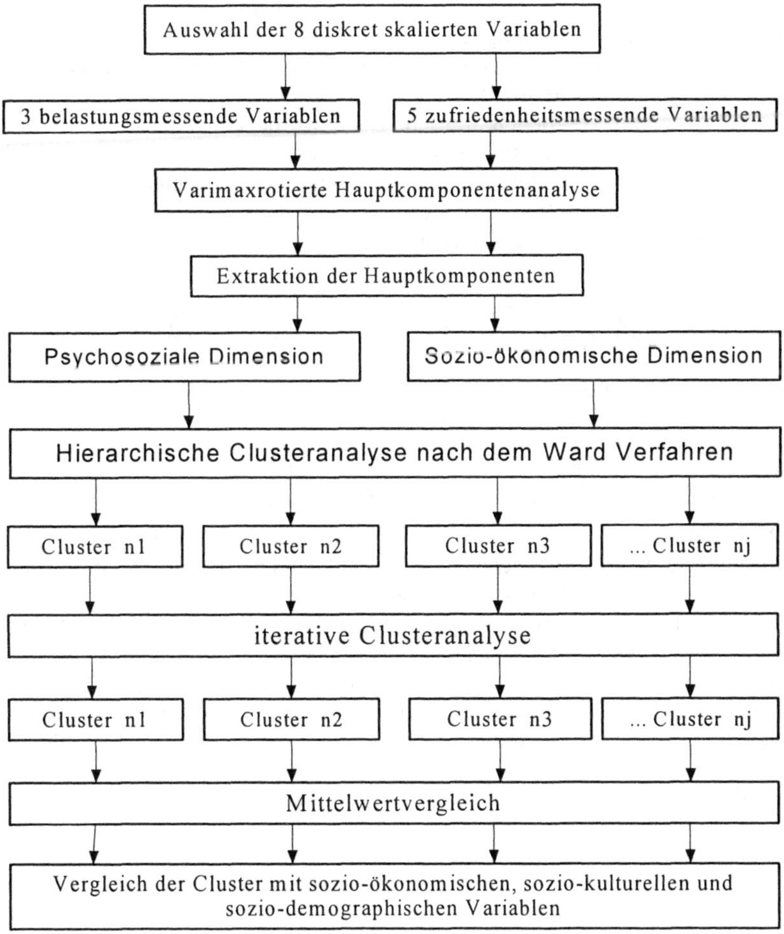

In den ersten Projektphasen wurden für die erste und zweite Welle jeweils vier Typen von Jugendlichen in ähnlichen Lebenslagen differenziert. Eine Gegenüberstellung dieser beiden ermittelten Typologien zeigt, dass es sich nicht um gleiche Typologien handelt. Für die dritte Welle wurden in der abschließenden Projektphase in der Querschnittsanalyse ebenfalls vier Typen von Jugendlichen in ähnlichen Lebensweisen identifiziert. Diese Typologie der dritten Welle gleicht der Typologie der zweiten Welle: es kann anhand der Mittelwertvergleiche die gleichen Typologie-Beschreibung wie in der zweiten Welle herangezogen werden[7]. Auch wenn diese Typologien deutliche Ähnlichkeiten aufweisen, ist ein Vergleich und eine Interpretation im Zeitverlauf nur bedingt möglich, da sich in allen drei Wellen zwar ähnliche Benachteiligungs- und Belastungsmuster, nicht aber identische Typen empirisch abbilden. Für die *abschließende Gesamtschau* sollten diese drei Wellen im Längsschnitt verglichen werden. Dazu wurde ein Verfahren zum Vergleich von Typologien aus verschiedenen Stichproben herangezogen, mit dem für alle drei Wellen die Clusterlösungen der Lebenslagentypologien reproduziert wurden (vgl. Supplement). Mit dem Reproduktionsverfahren entstehen anhand der drei Ausgangsmodelle drei mal drei Clusterlösungen:

Tabelle 1: Mögliche Lösungsmodelle des Reproduktionsverfahrens

	1. Welle	**2. Welle**	**3. Welle**
I.	Lebenslagenmodell I. Welle	Reproduktionsmodell I. Welle	Reproduktionsmodell I. Welle
II.	Reproduktionsmodell II. Welle	Lebenslagenmodell II. Welle	Reproduktionsmodell II. Welle
III.	Reproduktionsmodell III. Welle	Reproduktionsmodell III. Welle	Lebenslagenmodell III. Welle

Da es nun drei unterschiedliche Lösungen gibt, stellen sich folgende Fragen, ob eine dieser drei Lösungen die »beste« Lösung darstellt und in welchem Verhältnis die drei Lösungen zueinander stehen.

Vor dem Hintergrund dieser Fragestellung werden zunächst die verschiedenen Lösungen miteinander verglichen. Anhand des Mittelwertvergleichs der einzelnen Wellen für die Typologien konnte festgestellt werden, dass sich die Typologien der zweiten und dritten Welle sehr gleichen. Vergleicht man die reproduzierten Lösungen der zweiten und dritten Welle über alle Wellen miteinander, zeigt sich eine hohe Übereinstimmung (siehe Tabelle 1).

[7] Dass sich rein explorative Typologien aus verschiedenen Stichproben so ähnlich sind, ist ein seltenes Ereignis.

Tabelle 2: Vergleich der reproduzierten Lebenslagentypologie der zweiten Welle mit der reproduzierten Lebenslagentypologie der dritten Welle (über alle Wellen)

Reproduzierte Lebenslagentypologie						
2. Welle		**3. Welle**				
		Typ 1	**Typ 2**	**Typ 3**	**Typ 4**	**Gesamt**
Typ 1	N	187		25	32	244
	% 2. Welle	76,6		10,2	13,1	100
	% 3. Welle	89,5		9,8	9,3	22,3
Typ 2	N	1	46	19	306	372
	% 2. Welle	0,3	12,4	5,1	82,3	100
	% 3. Welle	0,5	15,9	7,5	89,2	33,9
Typ 3	N	21	1	186	2	210
	% 2. Welle	10,0	0,5	88,6	1,0	100
	% 3. Welle	10,0	0,3	73,2	0,6	19,2
Typ 4	N		243	24	3	270
	% 2. Welle		90,0	8,9	1,1	100
	% 3. Welle		83,8	9,4	0,9	24,6
Gesamt	N	209	290	254	343	1096
	% 2. Welle	19,1	26,5	23,2	31,3	100
	% 3. Welle	100	100	100	100	100

Jeder Typ der dritten Welle hat einen Äquivalent in der zweiten Welle: Typ 1 der reproduzierten Lebenslagentypologie der dritten und zweiten Welle sind zueinander äquivalent (77% bzw. 90% Übereinstimmung); das gleiche trifft zwischen Typ 2 der reproduzierten Lebenslagentypologie der dritten Welle und Typ 4 der reproduzierten Lebenslagentypologie der zweiten Welle (90% bzw. 84% Übereinstimmung) zu; die Typen 3 der reproduzierten Lebenslagentypologien der dritten und zweiten Welle sind identisch (89% bzw. 73% Übereinstimmung); Typ 4 der reproduzierten Lebenslagentypologie der dritten Welle ist wiederum äquivalent zu Typ 2 der reproduzierten Lebenslagentypologie der zweiten Welle (82% bzw. 89% Übereinstimmung). Die Übereinstimmung von gleichen Fällen zwischen den äquivalenten Typen liegt (über alle Wellen) zwischen 77 und 90%.

Vergleicht man die zweite und dritte Welle mit der ersten Welle, ist eine einheitliche Struktur zu erkennen: Der Typ einer Welle ist immer eine Kombination aus zwei Typen einer anderen Welle (siehe Tabelle 2). So ist der Typ 1 der reproduzierten Lebenslagentypologie der ersten Welle immer eine Kombination aus dem Typ 1 (49% Anteil) und den Typ 3 (51% Anteil) der reproduzierten Lebenslagentypologie der zweiten Welle, während der Typ 1 der reproduzierten Lebenslagentypologie der zweiten Welle immer eine Kombination des Typs 1 (46% Anteil) und des Typs 2 (54% Anteil) der reproduzierten Lebenslagentypologie der ersten Welle ist.

Tabelle 3: Vergleich der reproduzierten Lebenslagentypologie der ersten Welle mit der reproduzierten Lebenslagentypologie der zweiten Welle (über alle Wellen)

Reproduzierte Lebenslagentypologie						
1. Welle		**2. Welle**				
		Typ 1	**Typ 2**	**Typ 3**	**Typ 4**	**Gesamt**
Typ 1	N	112		118		230
	% 1. Welle	48,7		51,3		100
	% 2. Welle	45,9		56,2		21,0
Typ 2	N	132	211	10	3	356
	% 1. Welle	37,1	59,3	2,8	0,8	100
	% 2. Welle	54,1	56,7	4,8	1,1	32,5
Typ 3	N		158		134	292
	% 1. Welle		54,1		45,9	100
	% 2. Welle		42,5		49,6	26,6
Typ 4	N		3	82	133	218
	% 1. Welle		1,4	37,6	61,0	100
	% 2. Welle		0,8	39,0	49,3	19,9
Gesamt	N	244	372	210	270	1096
	% 1. Welle	22,3	33,9	19,2	24,6	100
	% 2. Welle	100	100	100	100	100

Der Typ 2 der reproduzierten Lebenslagentypologie der ersten Welle ist eine Kombination aus Typ 1 (37% Anteil) und Typ 2 (59% Anteil) der reproduzierten Lebenslagentypologie der zweiten Welle, der Typ 2 der reproduzierten Lebenslagentypologie der zweiten Welle ist eine Kombination von Typ 2 (57% Anteil) und Typ 3 (43% Anteil) der reproduzierten Lebenslagentypologie der ersten Welle. Der Typ 3 der reproduzierten Lebenslagentypologie der ersten Welle ergibt sich aus Typ 2 (54% Anteil) und Typ 4 (46% Anteil) der reproduzierten Lebenslagentypologie der zweiten Welle und Typ 3 der reproduzierten Lebenslagentypologie der zweiten Welle aus Typ 1 (56% Anteil) und Typ 4 (39% Anteil) der reproduzierten Lebenslagentypologie der ersten Welle. Der Typ 4 der reproduzierten Lebenslagentypologie der ersten Welle besteht aus Typ 3 (38% Anteil) und Typ 4 (61% Anteil) der reproduzierten Lebenslagentypologie der zweiten Welle, der Typ 4 der reproduzierten Lebenslagentypologie der zweiten Welle besteht aus Typ 3 (50% Anteil) und Typ 4 (49% Anteil) der reproduzierten Lebenslagentypologie der ersten Welle.

Im Vergleich zwischen der reproduzierten Lebenslagentypologie der ersten Welle mit der reproduzierten Lebenslagentypologie der dritten Welle wird die gleiche Struktur deutlich (siehe Tabelle 3). Dieses Ergebnis ist überraschend, da eine breitere Streuung zu erwarten war. Die anhand des Vergleichs erkennbare Struktur lässt damit deutlich eine Achter-Cluster-Struktur erkennen.

Tabelle 4: Vergleich der reproduzierten Lebenslagentypologie der ersten Welle mit der reproduzierten Lebenslagentypologie der dritten Welle (über alle Wellen)

Reproduzierte Lebenslagentypologie						
1. Welle		**3. Welle**				
		Typ 1	**Typ 2**	**Typ 3**	**Typ 4**	**Gesamt**
Typ 1	N	115		115		230
	% 1. Welle	50,0		50,0		100
	% 3. Welle	55,0		45,3		21,0
Typ 2	N	94	2	36	224	356
	% 1. Welle	26,4	0,6	10,1	62,9	100
	% 3. Welle	45,0	0,7	14,2	65,3	32,5
Typ 3	N		176		116	292
	% 1. Welle		60,3		39,7	100
	% 3. Welle		60,7		33,8	26,6
Typ 4	N		112	103	3	218
	% 1. Welle		51,4	47,2	1,4	100
	% 3. Welle		38,6	40,6	0,9	19,9
Gesamt	N	209	290	254	343	1096
	% 1. Welle	19,1	26,5	23,2	31,3	100
	% 3. Welle	100	100	100	100	100

Die hier aufgezeigte Struktur ist – anhand nachträglicher Analysen der hierarchischen Clusterlösungen – für keine der drei Querschnittsanalysen (1./2./3. Welle) zu identifizieren gewesen. Das Reproduktionsverfahren kann somit zu anderen – insbesondere differenzierteren – Typologien führen, die anhand einer reinen explorativen Vorgehensweise nicht erkennbar sind. Das Reproduktionsverfahren ist demzufolge nicht nur eine Methode, die in bezug auf die Vergleichbarkeit von Typologien statistisch gesichertere Aussagen zulässt, sie dient auch der Optimierung im Hinblick auf eine differenziertere Typenbildung.

Da eine entsprechende hierarchische Clusterstruktur mit den acht Clustern in keiner der drei Wellen ermittelt wurde und sich nicht alle Fälle (22% über alle Wellen) eindeutig anhand des Vergleichs der ersten mit der zweiten und dritten Welle einem der acht Clustern zuordnen ließen, musste eine Vorgehensweise entwickelt werden, die eine bestmögliche Ermittlung dieser acht Cluster über alle Wellen bedingte. Diese Analysen wurden für die drei Wellen getrennt durchgeführt, wobei sich die Ergebnisse nur marginal unterscheiden, so dass keine der drei Lösungen als die Bessere betrachtet werden kann. Es wurde die dritte Welle als die letztendlich zu reproduzierende Lösung herangezogen.

Im Vergleich der Daten der drei Wellen mit der reproduzierten Clusterlösung der ersten Welle und der Clusterlösung der dritten Welle entfielen 96,7% der Fälle auf die Achter-Lösung; im entsprechenden Vergleich zwischen den reproduzierten Lösungen der ersten und der zweiten Welle waren es 99,2% der Fälle. Um die bestmögliche Achter-Lösung zu erzielen, wurde folgendermaßen vorgegangen: Als Basislösung diente der Vergleich der reproduzierten Lösung zwischen der ersten Welle und der Lösung der dritten Welle, so dass 96,7% der Fälle einen der acht Typen zugeordnet wurden. Im nächsten Schritt wurden von den verbliebenen 3,3% der Fälle 1,1% anhand des Vergleichs zwischen der reproduzierten Lösung der ersten mit der zweiten Welle einem der acht Typen zugeordnet. In einem weiteren Schritt wurden die restlichen Fälle (2,2%) zufällig über die acht Typen verteilt. Abschließend wurde diese konstruierte Achter-Lösung mit einer iterativen Clusteranalyse nach dem Varianzkriterium optimiert. Diese Vorgehensweise ergab eine sehr trennscharfe Clusterlösung mit acht Typen. Diese Lösung mit den acht Typen wurde mit dem Reproduktionsverfahren[8] für die erste und zweite Welle reproduziert. Die Ergebnisse stellen eine sinnvollere Lösung als die Lösungen mit den Vierer-Typologien dar.

3. Typisierung von Lebenslagen Jugendlicher im Zeitvergleich

Auf Grundlage des Reproduktionsmodells liegt nun eine neue Qualität von Daten vor, die es ermöglicht, statistisch gesichertere Aussagen über Veränderungseffekte und Stabilitäten von jugendlichen Lebenslagen im fortschreitenden Transformationsprozess zu treffen. Anhand der Rekonstruktion einer identischen Typisierung subjektiv empfundener Lebenschancen können subjektives Wohlbefinden, Zufriedenheiten und Belastungspotentiale im Zeitverlauf analysiert werden. Auf der Basis der methodisch ermittelten trennscharfen Achter-Clusterlösung wird zunächst die rekonstruierte Typologie differenziert dargestellt.

---

[8] Dieses Vorgehen entspricht dem zweiten und dritten Schritt des im Supplement dargestellten Reproduktionsverfahrens. Der erste Schritt entfällt in diesem Falle, da die geschätzten Regressionskoeffizienten bereits vorliegen.

Typisierung subjektiv empfundener Lebenschancen junger Menschen in Mecklenburg-Vorpommern - Reproduktion der Lebenslagentypen der 1. Welle für alle drei Wellen

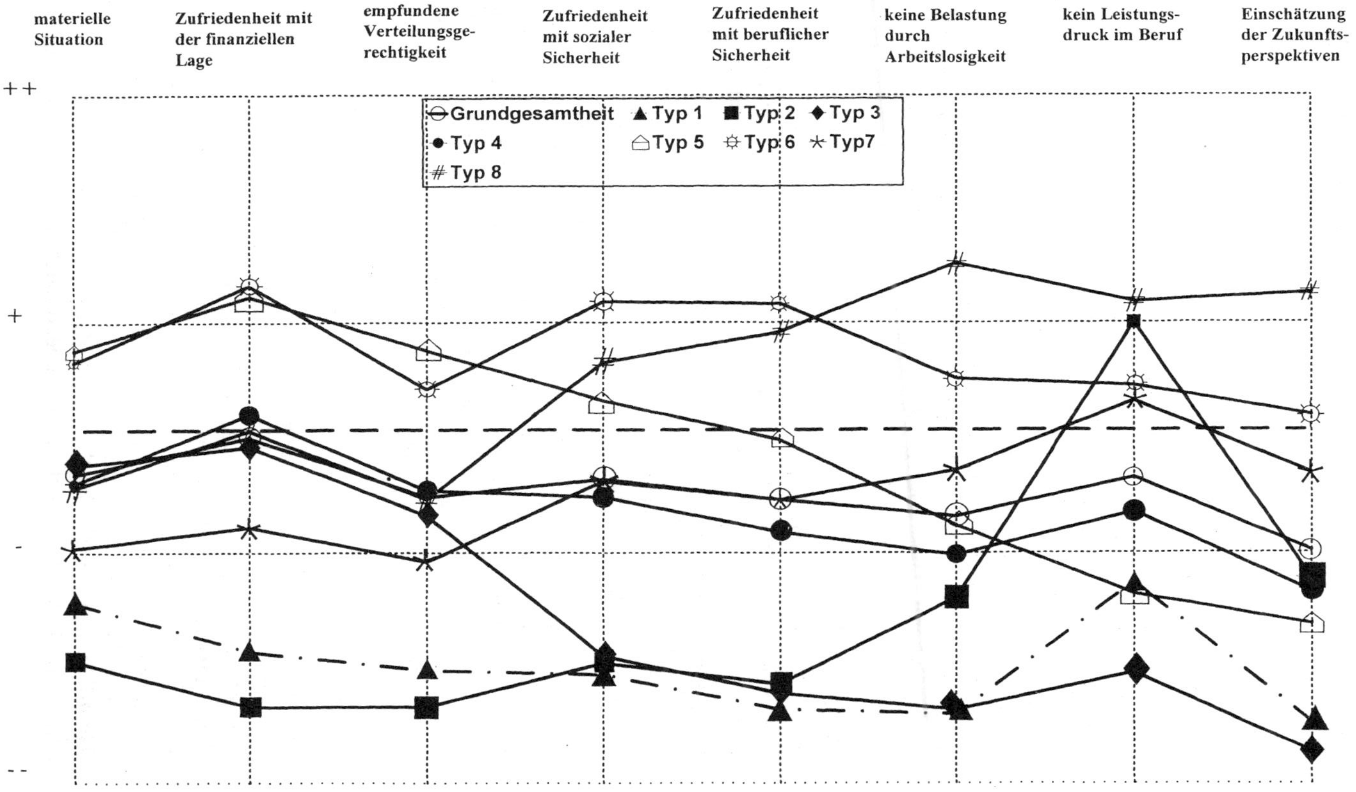

3.1 Beschreibung der rekonstruierten Typologie

Grundgesamtheit

Die Gesamtheit der von uns befragten Jugendlichen in Mecklenburg-Vorpommern bewerten ihre Lebenschancen subjektiv eher als unzulänglich. Während die Einschätzung der materiellen Lage lediglich tendenziell negativ ist, empfinden sie ihre Situation bezogen auf die Verteilungsgerechtigkeit als deutlich unzulänglich. Sie sind offenkundig unzufrieden mit den sozialen und beruflichen Sicherheiten. Die Belastung durch das gesellschaftliche Problem der Arbeitslosigkeit tritt deutlich zutage, auch empfinden sie den Leistungsdruck in Schule und Beruf als Belastungsmoment und blicken pessimistisch in die Zukunft. Diese Durchschnittswerte werden im weiteren anhand der entwickelten Typologie differenziert.

Typ 1 und Typ 2

Beide Typen zeichnen sich durch eine äußerst unzufriedene Einschätzung ihrer materiellen Situation und finanziellen Lage aus und fühlen sich hinsichtlich der Verteilungsgerechtigkeit in Deutschland benachteiligt. Gemeinsam ist ihnen, dass sie ihre soziale und berufliche Sicherheit außerordentlich schlecht bewerten. Auch wenn für beide Typen Arbeitslosigkeit ausgeprägte Belastungsfaktoren darstellen, nehmen die Jugendlichen des Typ 1 diese Belastung deutlich stärker wahr als die des Typ 2. Ebenso unterscheidet die Bewertung des Leistungsdrucks die Typen voneinander, während Typ 1 hierdurch eine starke Belastung erfährt, weist Typ 2 die niedrigste Belastung durch Leistungsdruck aus. Die Einschätzung der Zukunftsperspektive fällt durch Typ 1 sehr negativ aus, durch Typ 2 eher durchschnittlich. Die Jugendlichen beider Typen sind zudem am häufigsten tatsächlich von Arbeitslosigkeit betroffen; das bedeutet, ihre unzulängliche Einschätzung der subjektiven Lebenschancen wird durch die konkrete Einschränkung der Lebenschancen bestätigt.

Typ 7

Die Jugendlichen dieses Typs weisen eine unterdurchschnittliche Zufriedenheit mit der materiellen Situation und materiellen Lage auf. Entsprechend benachteiligt fühlen sie sich bezüglich ihrer Lebensbedingungen im Vergleich mit der Gesamtbevölkerung. Insgesamt ist die Einschätzung der ökonomischen Lage jedoch etwas positiver als die der Typen 1 und 2. Die Zufriedenheit mit der sozialen und beruflichen Sicherheit liegt auf dem Niveau der Gesamtstichprobe, wenngleich diese tendenziell unzufrieden ist. Durchschnittlich niedriger als die Bewertung der Gesamtstichprobe fällt die Beurteilung der Belastungssituation der Jugendlichen dieses Typs aus. Die Einschätzung der Zukunftsperspektive liegt über dem Durchschnitt der Befragten und wird nur von den Typen 6 und 8 optimistischer bewertet.

Typ 3 und Typ 4

Die Befragten der Typen 3 und 4 bewerten ihre ökonomische Lage durchschnittlich und sehen sich im Verhältnis zur Bevölkerung weder übervorteilt noch benachteiligt. Unterschiede weisen sie in der Einschätzung der beruflichen und sozialen Sicherheit auf. Während Typ 4 etwas unzufriedener ist als die Gesamtheit der Befragten, befindet sich Typ 3 mit seiner Einschätzung im unteren Niveau ähnlich den Typen 1 und 2. Auch bei der Bewertung der Belastung durch Arbeitslosigkeit und Leistungsdruck befindet sich Typ 4 eher im Durchschnitt der Grundgesamtheit, während Typ 3 die höchsten Belastungen aufweist, die sich in einer extrem negativen Einschätzung der Zukunftsperspektiven bündeln. Die Jugendlichen des Typ 4 empfinden ihre Perspektiven für die Zukunft auch eher unzulänglich jedoch nicht so dramatisch schlecht wie Typ 3.

Typ 8

Ausgehend von der Bewertung der ökonomischen Lage und der Verteilungsgerechtigkeit ähnlich der Typen 3 und 4 weist Typ 8 eine entgegengesetzte Bewertung der anderen Aspekte des Modells auf. Dieser Typ zeigt eine hohe Zufriedenheit mit der beruflichen und sozialen Sicherheit. Arbeitslosigkeit und Leistungsdruck erfahren die Jugendlichen nicht als belastend, sie weisen die geringste Belastung im Vergleich mit den anderen Typen auf. Dies führt zu Stabilisierungseffekten im Hinblick auf die Einschätzung der Zukunftsperspektive, auch hier weist dieser Typ die positivste Zukunftssicht der gesamten Typologie auf.

Typ 5 und Typ 6

Diese Typen zeichnen sich durch eine hohe materielle Zufriedenheit aus, sie fühlen sich hinsichtlich der Verteilungsgerechtigkeit in der Gesellschaft keineswegs benachteiligt, sie bewerten sie eher sehr positiv im Vergleich zur Grundgesamtheit. Beide liegen auch über dem Durchschnitt in ihrer Bewertung der sozialen und beruflichen Sicherheit, Typ 6 äußert sich dabei noch deutlich zufriedener als Typ 5. Die höhere Zufriedenheit von Typ 6 setzt sich in der Bewertung der Belastung und Zukunftsperspektive fort. Während Typ 6 eine geringe Belastung durch Arbeitslosigkeit und Leistungsdruck konstatiert und eine positive Zukunftssicht hat, zeichnet sich Typ 5 durch eine starke Belastung sowie eine deutlich negative Zukunftsperspektive aus. Anzumerken ist noch, dass die Jugendlichen der beiden Typen eher selten von Arbeitslosigkeit betroffen sind und tendenziell ein höheres Bildungsniveau aufweisen als die anderen Typen.

Ausgehend von der Bewertung der subjektiv empfundenen Lebenschancen der Gesamtstichprobe zeigt sich eine mittlere bis eher unzufriedene Einschätzung der Jugendlichen in Mecklenburg-Vorpommern. Das Ziel der Typologie war es, differenziertere Einblicke in die von den Jugendlichen geäußerten Beurteilungen zu erhalten und unterschiedliche Lebenslagen zu identifizieren. Die acht dargestellten Typen zeigen in ihrer oben beschriebenen Charakterisierung sowohl Unterschiede als auch Ähnlichkeiten im Spektrum von Zufriedenheit und Unzufriedenheit zu den Dimensionen von sozioökonomischer Lage und psycho-sozialer Belastung.

Die Jugendlichen des Typ 1 und 2 weisen eine *konsistente* Bewertung ihrer Lebenslage auf, ihre ungünstige sozio-ökonomische Lage spiegelt sich in der hohen Belastungssituation wider. Ihre nachteilige Lebenslage ist zudem bestimmt von konkreten Erfahrungen mit Arbeitslosigkeit; so sind sie nicht nur überdurchschnittlich häufig persönlich von Arbeitslosigkeit betroffen, sondern erfahren auch häufiger Arbeitslosigkeit in der Familie.

Die Jugendlichen der Typen 5 und 6 schätzen im Gegensatz zu Typ 1 und 2 ihre ökonomische Lage als gut ein. Trotz dieser Einschätzung weist Typ 5 deutliche Unzufriedenheiten und Belastungen auf. Es zeigt sich insgesamt eine dissonante Bewertung der subjektiven Lebenschancen, die nach Zapf (1984: 397) mit einem »Unzufriedenheitsdilemma« beschrieben werden können. Typ 6 dagegen zeigt die höchste Zufriedenheit bezogen auf die berufliche und soziale Sicherheit der gesamten Stichprobe und weist keine besondere Belastungssituation auf. Die Befragten sind in ihrer Beurteilung also deutlich konsistenter als die Jugendlichen des Typ 5.

Trotz der sehr ähnlichen subjektiven Bewertung der ökonomischen Basis entwickelt sich die weitere Charakteristik der Typen 3, 4 und 8 beachtlich auseinander. Die Jugendlichen des Typ 3 weisen in ihrer Einschätzung ein »Unzufriedenheitsdilemma« vergleichbar mit dem des Typ 5 auf, jedoch auf einem niedrigeren sozio-ökonomischen Niveau. Außerordentlich ist die pessimistische Zukunftssicht dieser Jugendlichen. Die sozio-demographischen Kriterien haben keine Hinweise zur näheren Charakterisierung der Typologie ergeben. Alleine Typ 3 weist eine leichte Tendenz zu einem höheren Anteil weiblicher Jugendlicher auf. Eine konträre Beurteilung ihrer Lebenslage kennzeichnet Typ 8 im Gegensatz zu Typ 3. Die Jugendlichen zeichnen sich durch eine mittlere Bewertung ihrer sozio-ökonomischen Lage aus, sind aber überaus zufrieden und fühlen sich von den psycho-sozialen Problemlagen unbelastet. Diese inkonsistente Beurteilungen lässt sich nach Zapf mit dem »Zufriedenheitsparadox« beschreiben. Typ 4 verfügt über eine Beurteilung seiner Lebenslage, die dem Durchschnitt der Befragten stark ähnelt. Von Interesse ist ein Vergleich dieser drei Typen, da sie ihre finanzielle Situation auf einem sehr ähnlichen mittleren Niveau verorten und sich in der Zufriedenheit und Belastung durch die anderen Dimensionen jedoch so deutlich unterscheiden.

Die Jugendlichen des Typ 7 dagegen bewerten ihre ökonomische Lebenssituation als unzureichend, trotzdem sind sie in den meisten Lebensbereichen zufrieden und weniger stark belastet als der Durchschnitt der Befragten. Auch diese Jugendlichen lassen ein »Zufriedenheitsparadox« vergleichbar mit Typ 8 erkennen, allerdings mit einer unterschiedlichen Bewertungsgrundlage der materiellen Situation.

In der Skizzierung der Typologie kommt deutlich die Heterogenität der Lebenslagen junger Menschen in Mecklenburg-Vorpommern zum Ausdruck. Noch deutlicher charakterisiert werden konnten die Lebenslagen der Jugendlichen durch die Weiterentwicklung des Lebenslagenmodells von einer Vierer-Clustertypologie zu einer Lösung mit acht Clustertypen. Die trennschärfere Achterlösung lässt eine differenzierte Beschreibung der einzelnen Typen zu, insbesondere aber lässt sich die Veränderungsdynamik der gesamten Typologie über die Wellen deutlicher abbilden, so dass insgesamt eine andere Qualität von Ergebnissen und Interpretationen erzielt werden kann. Abschließend soll der Frage nach den Veränderungen von Lebenslagen im Prozess der Transformation über den Erhebungszeitraum nachgegangen werden.

Tabelle 5: Verteilung der reproduzierten Lebenslagentypen im Längsschnittvergleich über alle drei Wellen

		Welle 1	**Welle 2**	**Welle 3**
Typ 1	n von Welle % von Welle	38 10,4	36 9,8	34 9,3
Typ 2	n von Welle % von Welle	27 7,4	28 7,6	29 7,9
Typ 3	n von Welle % von Welle	38 10,4	28 7,6	32 8,8
Typ 4	n von Welle % von Welle	64 17,6	62 16,9	77 21,1
Typ 5	n von Welle % von Welle	40 11,0	66 18,0	65 17,8
Typ 6	n von Welle % von Welle	64 17,6	67 18,3	61 16,7
Typ 7	n von Welle % von Welle	52 14,3	47 12,8	44 12,1
Typ 8	n von Welle % von Welle	41 11,3	33 9,0	23 6,3

Die Einschätzungen der subjektiven Lebenslagen im Zeitverlauf lassen sich im Spannungsfeld von Stabilität und Veränderung beschreiben: Einerseits ist eine *Stabilität* im Hinblick auf die Einschätzung subjektiv belastender Lebenslagen zu konstatieren. Typ 1 und 2, die beide eine durchgängig negative Bewertung ihrer Lebenssituation aufweisen, bleiben über den gesamten Erhebungszeitraum in ihrer Anzahl konstant. Gravierend ist hierbei, dass die subjektiven Einschätzungen mit objektiven Kriterien in Form realer Erfahrungen von Arbeitslosigkeit korrespondieren. Knapp ein Fünftel der Befragten lassen sich diesen beiden Belastungsmustern zuordnen. Typ 3 weist ähnliche Stabilität auf. Wenngleich die Befragten eine insgesamt durchschnittliche subjektive Bewertung ihrer sozio-ökonomischen Situation aufweisen, so sind die Belastungen insbesondere im Hinblick auf die Zukunftsperspektiven sowie die sozialen und beruflichen Unsicherheiten offensichtlich. Auf Grundlage dieser Stabilität kann als ein erstes Ergebnis konstatiert werden, dass sich in den neuen Bundesländern sechs Jahre nach dem Vereinigungsprozess eine deutliche Tendenz der Verfestigung in der subjektiven Wahrnehmung belastender Lebenslagen abzeichnet. Ausnahme bildet dagegen Typ 6, der zwar auch Stabilität aufweist, jedoch nicht im Hinblick auf Belastungen, vielmehr zeichnet sich bei ca. 17% der Gesamtstichprobe eine Konstanz subjektiver Zufriedenheit ab.

Im Gegensatz dazu, weisen die Typen 4, 5 und 8 eine signifikante *Veränderungsdynamik* auf. Während bei Typ 4 und 5 Zunahmen zu verzeichnen sind, reduziert sich die Anzahl der Personen, die dem Typ 8 zuzuordnen sind, drastisch. Im Zeitverlauf erhöht sich der Anteil der Jugendlichen, die ihre Lebenschancen in sozio-ökonomischer Hinsicht als durchschnittlich wahrnehmen und ihre psycho-soziale Lage als tendenziell belastend bewerten (Typ 4). Ebenso nimmt die Zahl der Jugendlichen des mit dem Unzufriedenheitsdilemma gekennzeichneten Typ 5 zu. Insgesamt ist somit ein Zuwachs an subjektiv wahrgenommenen Belastungen bei den Jugendlichen zu verzeichnen. Mit dieser Entwicklung korrespondierend zeigt sich bei Typ 8, der sich durch eine optimistische Einschätzung seiner Lebenschancen charakterisieren lässt, eine hoch signifikante Abnahme im Vergleich des Zeitverlaufs. 1996 sind nur noch 6,3% der Befragten diesem Typ zuzuordnen.

Vor dem Hintergrund des Vergleichs der reproduzierten Lebenslagentypologie im Zeitverlauf lassen sich abschließend folgende Ergebnisse zusammenfassen:

1. Insgesamt zeichnet sich in den Lebenslagen der Jugendlichen eine deutliche Zunahme psycho-sozialer Belastungen ab, d.h. prekäre Lebenslagen stabilisieren und verfestigen sich im Zeitverlauf auf einem relativ hohen Niveau.
2. Auf dieser Grundlage lässt sich die *These* formulieren, dass die subjektive Einschätzung der Lebenschancen in den neuen Bundesländern im Zuge des fortschreitenden Transformationsprozesses als eine Situation stabiler Unsicherheiten gekennzeichnet werden kann, die nicht nur potentielle Problemgruppen der Jugendhilfe betrifft. Unsicherheit und Unzufriedenheit stellen vielmehr ein gesamtgesellschaftliches Problem dar, das sich nicht auf Alterseffekte, geschlechtsspezifische Unterschiede o-

der den sozialen Status der Jugendlichen zurückführen lässt.[1]

3. Die rekonstruierten subjektiven Belastungs- und Benachteiligungsmuster liegen demnach quer zu den klassischen Indikatoren der sozialen Ungleichheitsforschung. Dennoch kann hieraus nicht der Umkehrschluss gezogen werden, dass objektive Kriterien keine Relevanz für subjektive Befindlichkeit beinhalten. Vielmehr weisen unsere Ergebnisse darauf hin, dass die Jugendhilfe als System sozialer Unterstützung darauf angewiesen ist, stärker als bisher subjektive Einschätzungen und Befindlichkeiten ihrer AdressatInnen bei der Planung adäquater Hilfe und Unterstützung zu berücksichtigen.
4. Im Zeitverlauf zeigt sich, dass die subjektiv wahrgenommenen Unsicherheiten und Belastungen keine Übergangsphänome darstellen, die auf den Zusammenbruch der alten Gesellschaftsordnung und dem damit verbundenen Verlust an Handlungssicherheiten zurückzuführen sind und sich dementsprechend im fortschreitenden Transformationsprozess von selbst regulieren bzw. auflösen. Statt dessen weisen unsere Ergebnisse auf die gegenläufige Entwicklung einer Verfestigung von Unsicherheiten und Belastungen hin, die immer mehr junge Menschen in den neuen Bundesländern betrifft.

Abschließend stellt sich die Frage nach den Konsequenzen, die sich für eine dienstleistungsorientierte Jugendhilfe als Teilsystem des Wohlfahrtsstaates aus diesen empirischen Ergebnissen ergeben.

4. Konsequenzen für die Jugendhilfe

Jugendhilfe als Institution zielt in wohlfahrtsstaatlich organisierten Gesellschaften auf eine ausreichende Absicherung von Lebensrisiken der jungen Generation ab. Wie die empirischen Ergebnisse zeigen, lassen sich die Probleme und Risiken keineswegs ausschließlich auf objektive Benachteiligungen zurückführen, vielmehr stellen subjektive Belastungen durch generelle Risikostrukturen und antizipierte Problemlagen eine nachhaltige Einschränkung der Lebenschancen junger Menschen in den neuen Bundesländern dar. Unabhängig von der persönlichen Betroffenheit sozialstruktureller Benachteiligungen, wie z.B. Arbeitslosigkeit, wirken sich allgemeine Risikopotentiale auf die subjektive Einschätzung der Lebenslagen und insbesondere auf die eigene Zukunftsperspektive aus. So zeigen die Ergebnisse, dass strukturelle Bedingungen in der subjektiven Verarbeitung zu unterschiedlichen Belastungs- und Benachteiligungsmustern führen.

---

[1] Die Überprüfung der sozio-demographischen Variablen (Alter, Geschlecht, Status) mit der Typologie ergab keine signifikanten Zusammenhänge.

Die AdressatInnen nicht länger als Objekte zu betrachten, sondern als nachfragende Subjekte und Akteure mit spezifischen Lebenslagen und Bedürfnissen zum Bezugs- und Ausgangspunkt der Leistungserbringung von Jugendhilfe zu machen, wird im sozialwissenschaftlichen Verständnis als Beitrag zur Entwicklung einer Dienstleistungsorientierung verstanden. Mit der Stärkung der Subjektperspektive geht eine entsprechende Durchsetzung der Nachfragedimension gegenüber der traditionellen Anbieterposition einher (vgl. z.B. Schaarschuch, 1996: 87). Die Verschiedenheit der Lebenslagen, die in der oben beschriebenen Typologie ihren Ausdruck findet, bestätigt die Notwendigkeit eines Umdenkens in der Jugendhilfe und damit die im 9. Jugendbericht geforderte paradigmatische Umsteuerung als Dienstleistung (BMFSFJ, 1994: 581ff.).

Für die Jugendhilfe stellen sich die hier dargestellten Forschungsergebnisse als Herausforderung zu einem Perspektivenwechsel von einer angebotsorientierten zu einer nachfrageorientierten Ausgestaltung von Hilfe und Unterstützung dar. Dabei gilt es, den bisherigen organisatorischen und professionellen Standard in der Jugendhilfe entwicklungstheoretisch mit den Kriterien der sozialen Dienstleistung zu verbinden, das heißt Einstellung und Orientierungen der jungen Menschen sowie deren individuelle Problemlösungskompetenz und Ressourcen bzw. deren Bedarf an sozialer Unterstützung mit der Angebotsseite der Jugendhilfe zu verknüpfen (vgl. ebd.: 584). Der wesentliche modernisierungstheoretische Gesichtspunkt liegt in der Herausforderung, die sich durch die aufgezeigten veränderten Problemlagen und AdressatInnenbedürfnisse ergibt. »Beachtet die Jugendhilfe diese Tendenzen nicht, läuft sie zunehmend Gefahr, an den Interesse Bedürfnissen und Problemlagen ihrer Adressatinnen und Adressaten vorbei zu agieren, wenn sie an einer rein organisationellen Rationalität festhält, die in erster Linie auf eine im besten Falle effiziente Problembearbeitung bedacht ist« (ebd.: 586).

In diesem Zusammenhang kann die entwickelte Typologie eines subjektiven Lebenslagenkonzepts zu einem geeigneten analytischen Instrument moderner, am Bedarf orientierter Jugendhilfeplanung werden, mit dessen Unterstützung sich die Jugendhilfe den Problemen ihrer Adressatinnen und Adressaten bewusst wird. Eine kontinuierliche Beobachtung und Analyse der Lebenslagen Jugendlicher sind Grundvoraussetzungen für eine Optimierung des Verhältnisses von Angebot und Nachfrage. Insbesondere die im Zeitverlauf nachgewiesene Veränderungsdynamik in den Lebenslagen einerseits und die Verfestigung prekärer Lebenslagen andererseits weist auf den Bedarf einer permanenten reflexiven Vergegenwärtigung der Lebenssituation der Jugendlichen, um formelle Unterstützungsressourcen problemorientiert gestalten zu können.

Die differenten Lebenslagen machen ein breites Spektrum an Angeboten der Jugendhilfe erforderlich, um Wohlfahrtsoptionen im Kontext subjektbezogener Nachfrage wirksam werden zu lassen. Nachfrageorientierung heißt demnach, den aus den Lebenslagen resultierenden Bedarf an Unterstützungsleistungen in jeweils geeignete und möglichst wirkungsvolle Maßnahmen umzusetzen. Die hier vorgelegten Untersuchungsergebnisse bilden sowohl jugendtheoretisch als auch jugendhilfepolitisch grundlegende Orientierungspunkte für die Jugendhilfe auf dem Weg zu einer modernen sozialen Dienstleistung.

Literatur

Allardt, E., 1973: Dimensions of Welfare in a Comparative Scandinavian Study. Research Group for Comparative Sociology, Research Report No.1. Helsinki: University of Helsinki

Brüggemann-Helmold, K./ Hanssen, K./ Micheel, H.-G./ Schmidt, M./ Wagenblass, S., 1996: Psychosoziale Belastungen und soziale Unterstützungssysteme – Eine empirische Rekonstruktion der Vielfältigkeit des Hilfe- und Unterstützungsbedarfs junger Menschen. Zeitschrift für Pädagogik 42.Jg., Heft 6: 811-830

BMFSFJ (Bundesministerium für Familie, Senioren, Frauen und Jugend), 1994: Neunter Jugendbericht. Bericht über die Situation der Kinder und Jugendlichen und die Entwicklung der Jugendhilfe in den neuen Bundesländern. Bonn

Flösser, G./ Otto, H.-U., 1996: Professionelle Perspektiven der Sozialen Arbeit. Zwischen Lebenswelt und Dienstleistungsorientierung. In: Grunwald, K. (Hrsg.): Alltag, Nicht-Alltägliches und die Lebenswelt. Weinheim/München: 179-189

Gensicke, T., 1998: Die neuen Bundesbürger – Eine Transformation ohne Integration. Opladen/ Wiesbaden

Jugendwerk der Deutschen Shell (Hrsg.), 1997: Jugend '97. Zukunftsperspektiven, Gesellschaftliches Engagement, Politische Orientierungen. Opladen

Habich, R./ Zapf, W., 1994: Gesellschaftliche Dauerbeobachtung – Wohlfahrtssurvey: Instrument der Sozialberichterstattung. In: Hauser, R. u.a. (Hrsg.), Mikroanalytische Grundlagen der Gesellschaftspolitik, Band 2. Berlin: 13-37

Häder, M., 1998: Wird die DDR im Rückblick immer attraktiver? Zur retrospektiven Bewertung der Zufriedenheit. In: Häder, M./ Häder, S. (Hrsg.): Sozialer Wandel in Ostdeutschland. Theoretische und methodische Beiträge zur Analyse der Situation seit 1990. Opladen/Wiesbaden: 7-37

Offe, C., 1994: Der Tunnel am Ende des Lichts. Erkundungen der politischen Transformation im Neuen Osten. Frankfurt/Main

Olk, Th./ Bertram, K., 1994: Jugendhilfe in Ostdeutschland vor und nach der Wende. In: Krüger, H.-H./ Marotzki, W. (Hrsg.): Pädagogik und Erziehungsalltag in der DDR. Zwischen System und Pluralität. Opladen

Otto, H.-U./ Prüß, F./ Bettmer, F./ Flösser, G./ Brüggemann-Helmold, K./ Hanssen, K./ Micheel, H.-G./ Schmidt, M./ Wagenblass, S., 1997: Jugendhilfe im Umbruch. Chancen für den Aufbau lebenslagenbezogener Hilfe- und Unterstützungsleistungen? Arbeits- und Ergebnisbericht des Teilprojektes B5. In: Sonderforschungsbereich »Prävention und Intervention im Kindes- und Jugendalter«. Arbeits- und Ergebnisbericht. MS. Universität Bielefeld

Olk, Th./ Otto, H.-U. (Hrsg.), 2002: Soziale Arbeit als Dienstleistung. Neuwied, im Erscheinen

Projektgruppe »Jugendhilfe im Umbruch«, 1994: Jugendhilfe im Umbruch. Chancen für den Aufbau lebenslagenbezogener Hilfe und Unterstützungsleistungen? Forschungsdesign und erste Ergebnisse. Universität Bielefeld, SFB 227, Preprint Nr. 88

Schaarschuch, A., 1996: Dienst-Leistung und Soziale Arbeit. Theoretische Überlegungen zur Rekonstruktion Sozialer Arbeit als Dienstleistung. Widersprüche 16. Jg., Heft 59: 87-97

Schaarschuch, A., 1998: Theoretische Grundelemente Sozialer Arbeit als Dienstleistung. Perspektiven eines sozialpädagogischen Handlungsmodus. Habilitationsschrift eingereicht an der Universität Bielefeld, Fakultät für Pädagogik

Schaarschuch, A., 1999: Theoretische Grundelemente Sozialer Arbeit als Dienstleistung. Ein analytischer Zugang zur Neuorientierung Sozialer Arbeit. In: neue praxis, 29. Jg., Heft 6: 543-560

Schupp, J./ Habich, R./ Zapf, W., 1996: Sozialberichterstattung im Längsschnitt – Auf dem Weg zu einer dynamischen Sicht der Wohlfahrtsproduktion. In Zapf, W./ Schupp, J./ Habich, R. (Hrsg.): Lebenslagen im Wandel: Sozialberichterstattung im Längsschnitt. Frankfurt/New York: 11-45

Wiesenthal, H., 1995: Die Transformation Ostdeutschlands: Ein (nicht ausschließlich) privilegierter Sonderfall der Bewältigung von Transformationsproblemen. In: Wollmann, H./ Wiesenthal, H./ Bönker, F. (Hrsg.): Transformation sozialistischer Gesellschaften: Am Ende des Anfangs. Leviathan Sonderheft 15, Opladen: 134-159

Wollmann, H./ Derlien, H.-U./ König, K./ Renzsch, W./ Seibel W. (Hrsg.), 1997: Transformation der politisch-administrativen Strukturen in Ostdeutschland. Opladen

Zapf, W., 1984: Individuelle Wohlfahrt: Lebensbedingungen und wahrgenommene Lebensqualität. In: Glatzer, W./ Zapf, W. (Hrsg.): Lebensqualität in der Bundesrepublik: objektive Lebensbedingungen und subjektives Wohlbefinden. Frankfurt a. M./ New York: 13-26

Zapf, W./ Berger, R./ Brachtl, W./ Diewald, M., 1984: Die Wohlfahrtssurveys 1978 und 1980. In: Glatzer, W./ Zapf, W. (Hrsg.): Lebensqualität in der Bundesrepublik: objektive Lebensbedingungen und subjektives Wohlbefinden. Frankfurt a. M./ New York: 27-42

Zapf, W./ Breuer, S./ Hampel, J./ Krause, P./ Mohr, H.-M./ Wiegand, E., (Hrsg.), 1987 Individualisierung und Sicherheit – Untersuchungen zur Lebensqualität in der Bundesrepublik Deutschland. Perspektiven und Orientierungen: Schriftenreihe des Bundeskanzleramtes, Band 4. München

HEINZ-GÜNTER MICHEEL

Supplement: Vergleich explorativer Typologien aus verschiedenen Stichproben

Die Vergleichbarkeit von explorativen Typologien aus verschiedenen Stichproben – zum einen der Vergleich von Typologien im Längsschnitt und zum anderen der Vergleich von Typologien aus voneinander unabhängigen Stichproben (z.B. Cross-National-Studies; Ost-West-Vergleiche) – stellt allgemein ein methodisches Problem in der empirischen Sozialforschung dar. Um eine Vergleichbarkeit von Typologien aus verschiedenen Stichproben zu erreichen, wird häufig methodisch so verfahren, daß Clustertypen aus verschiedenen Stichproben anhand von Ähnlichkeiten miteinander verglichen werden. Dieses in der empirischen Praxis angewandte Verfahren ist sehr problematisch, da in verschiedenen Stichproben anhand von Clusteranalysen zwar generell mehr oder weniger ähnliche, aber nicht identische Typologien identifiziert werden können. Veränderungseffekte von Typologien im Längsschnitt, d.h. der Vergleich einer Typologie zum Zeitpunkt x (t_x) mit einer Typologie zum Zeitpunkt y (t_y), lassen sich jedoch nicht anhand ähnlicher Typologien messen. Hierbei können weder die quantitative Ab- bzw. Zunahme der Objekte von Typen einer Typologie von t_x zu t_y, noch das Verschwinden, d.h. die totale Abnahme von Typen einer Typologie, noch das Entstehen neuer Typen einer Typologie von t_x zu t_y beurteilt werden.

Der hier vorgestellte methodischer Ansatz zeigt einen Lösungsansatz, der die Möglichkeit bietet, identische Typologien mit Hilfe eines Reproduktionsverfahrens zu bilden, so daß die geforderten Voraussetzungen der Vergleichbarkeit erfüllt sind. Eine sinnvolle Reproduktion einer Typologie bedingt, daß sie auf der Grundlage einer eindeutigen, sehr trennscharfen Clusterlösung stattfindet. Diese Bedingung wird durch die Kombination einer Hauptkomponentenanalyse mit hierarchischen sowie anschließenden iterativen Clusterverfahren nach dem Varianzkriterium erzielt (vgl. Micheel in diesem Band). Um Typologien, die anhand solcher Kriterien gebildet werden, reproduzieren zu können, d.h. vergleichbar zu machen, sind drei Schritte erforderlich.

Abbildung 1: Reproduktion der Hauptkomponentenwerte: Schätzgleichung für zwei Hauptkomponenten mit acht Variablen

$x_{i1} = z_{i1} * r_{11} + z_{i2} * r_{12} + z_{i3} * r_{13} + z_{i4} * r_{14} + z_{i5} * r_{15} + z_{i6} * r_{16} + z_{i7} * r_{17} + z_{i8} * r_{18}.$
$x_{i2} = z_{i1} * r_{21} + z_{i2} * r_{22} + z_{i3} * r_{23} + z_{i4} * r_{24} + z_{i5} * r_{25} + z_{i6} * r_{26} + z_{i7} * r_{27} + z_{i8} * r_{28}.$

x_{i1} = Wert eines Falls für die erste Hauptkomponente
x_{i2} = Wert eines Falls für die zweite Hauptkomponente
z_{i1} = Wert eines Falls für die erste z-transformierte Variable ...
z_{i8} = Wert eines Falls für die achte z-transformierte Variable
r_{11} = Regressionskoeffizient der ersten Hauptkomponente für die erste Variable ... r_{18} = Regressionskoeffizient der ersten Hauptkomponente für die achte Variable
r_{21} = Regressionskoeffizient der zweiten Hauptkomponente für die erste Variable ... r_{28} = Regressionskoeffizient der zweiten Hauptkomponente für die achte Variable

(1.) Erstens erfolgt die Schätzung der Hauptkomponentenwerte der Variablen, die in eine Clusteranalyse eingehen, durch eine multiple Regressionsrechnung. Mit den geschätzten Regressionskoeffizienten und den entsprechenden z-transformierten Variablen lassen sich für die anderen Stichproben Hauptkomponentenwerte nach dem ursprünglichen Hauptkomponenten-Modell ermitteln (siehe Abbildung 1).

(2.) Um in einem zweiten Schritt eine Clusterlösung zu reproduzieren, werden für die zu reproduzierende Clusterlösung Maximum-Likelihood-Schätzwerte der Hauptkomponentenwerte mit einer multinominalen logistischen Regression berechnet (vgl. ausführlich zu Logit-Modellen: Micheel 1994 S. 113 ff.).

(3.) Für eine hypothetische Stichprobe wird nun in einem dritten Schritt unter Anwendung der Schätzgleichung eines multinominalen Logit-Modells mit den reproduzierten Hauptkomponentenwerten und den Maximum-Likelihood-Schätzwerten eine Typologie reproduziert. Dazu wird für jeden Fall berechnet, mit welcher Wahrscheinlichkeit er zu jedem der sechs Typen gehört (siehe Abbildung 2).

Abbildung 2: Reproduktion der Clusterlösung für vier Typen: Schätzgleichung des multinominalen Logit-Modells

$$p_{i1} = 1/(1 + \exp((\beta_{02}-\beta_{01}) + x_{i1}(\beta_{12}-\beta_{11}) + x_{i2}(\beta_{22}-\beta_{21})) + \exp((\beta_{03}-\beta_{21}) + x_{i1}(\beta_{13}-\beta_{11}) + x_{i2}(\beta_{23}-\beta_{21})) + \exp((\beta_{04}-\beta_{01}) + x_{i1}(\beta_{14}-\beta_{11}) + x_{i2}(\beta_{24}-\beta_{21})))$$

$$p_{i2} = 1/(1 + \exp((\beta_{01}-\beta_{02}) + x_{i1}(\beta_{11}-\beta_{12}) + x_{i2}(\beta_{21}-\beta_{22})) + \exp((\beta_{03}-\beta_{02}) + x_{i1}(\beta_{13}-\beta_{12}) + x_{i2}(\beta_{23}-\beta_{22})) + \exp((\beta_{04}-\beta_{02}) + x_{i1}(\beta_{14}-\beta_{12}) + x_{i2}(\beta_{24}-\beta_{22})))$$

$$p_{i3} = 1/(1 + \exp((\beta_{01}-\beta_{03}) + x_{i1}(\beta_{11}-\beta_{13}) + x_{i2}(\beta_{21}-\beta_{23})) + \exp((\beta_{02}-\beta_{03}) + x_{i1}(\beta_{12}-\beta_{13}) + x_{i2}(\beta_{22}-\beta_{23})) + \exp((\beta_{04}-\beta_{03}) + x_{i1}(\beta_{14}-\beta_{13}) + x_{i2}(\beta_{24}-\beta_{23})))$$

$$p_{i4} = 1/(1 + \exp((\beta_{01}-\beta_{04}) + x_{i1}(\beta_{11}-\beta_{14}) + x_{i2}(\beta_{21}-\beta_{24})) + \exp((\beta_{02}-\beta_{04}) + x_{i1}(\beta_{12}-\beta_{14}) + x_{i2}(\beta_{22}-\beta_{24})) + \exp((\beta_{03}-\beta_{04}) + x_{i1}(\beta_{13}-\beta_{14}) + x_{i2}(\beta_{23}-\beta_{24}))$$

p_{i1} = Wahrscheinlichkeit eines Falls für Typ 1 ... p_{i4} = Wahrscheinlichkeit eines Falls für Typ 4

β_{0k} = Maximum-Likelihood-Schätzwert der Konstante für k; k = 1,...,4 Typen

β_{1k} = Maximum-Likelihood-Schätzwert der ersten Hauptkomponente für k; k = 1,...,4 Typen

β_{2k} = Maximum-Likelihood-Schätzwert der zweiten Hauptkomponente für k; k = 1,...,4 Typen

x_{i1} = Wert eines Falls für die erste Hauptkomponente

x_{i2} = Wert eines Falls für die zweite Hauptkomponente

In bezug auf die Maximum-Likelihood-Schätzmethode ist anzumerken, daß Maximum-Likelihood-Schätzer nicht nur viele positive Eigenschaften haben (vgl. Greene 1990: 118f; Micheel 1994: 139), sondern auch eine sehr ungünstige Eigenschaft besitzen. Das ist die Nicht-Existenz von Schätzwerten bei Redundanz (vgl. Albert/Anderson 1984). Eindeutige trennscharfe Clusterlösungen bedeuten auch immer, daß es aufgrund von Redundanz keine wahren Maximum-Likelihood-Schätzer gibt. Dies ist aber – wie die bisherigen Analysen mit verschiedenen Datensätzen zeigen – für die Reproduktion kein Problem. Es kann dennoch zu Schätzungen kommen, die exakte Wahrscheinlichkeiten wiedergeben. Die Schätzwerte sollten aber aus zwei Gründen nicht interpretiert werden: zum einen sind es keine »besten« Schätzwerte und zum anderen lassen sie sich nicht inferenzstatistisch überprüfen.

Literatur

Albert, A./ Anderson, J. A., 1984: On the Existence of Maximum Likelihood Estimates in Logistic Regression Models. Biometrika 71, 1 - 10.

Greene, W. H., 1990: Econometric Analysis. New York: Macmillan

Micheel, H.-G., 1994: Diversion als Ausweitung sozialer Kontrolle? Eine empirische Studie. Mit einer Einführung in diskrete Ergebnis-Modelle. Berlin: Köster

KARL-HEINZ REUBAND

Objektive Kriminalitätsbedrohung und subjektive Reaktion

Ergebnisse einer vergleichenden Lokalstudie in den neuen Bundesländern

1. Einleitung

In einer Situation, wie sie historisch einzigartig ist, hat sich mit der Wende in Ostdeutschland ein beschleunigter Wandel vollzogen. Er hat eine Gesellschaft, in der traditionelle Kollektivbindungen und soziale Sicherheiten das Leben des einzelnen bestimmten, durcheinandergewirbelt und zwangsweise einen Prozess der Individualisierung vorangetrieben. Was einst selbstverständlich war und nicht mehr hinterfragt wurde, ist es nicht mehr. Der einzelne ist neuen Herausforderungen und Problemen ausgesetzt, die ein breites Spektrum von Verunsicherungen mit sich bringen: von der Arbeitslosigkeit über veränderte Bedingungen der Arbeitsorganisation bis hin zu Notwendigkeiten der Eigenvorsorge.

Zu den neuen Bedrohungen, die im Gefolge der Wende eintraten und das Leben maßgeblich zu prägen vermögen, gehört auch die Kriminalität. Die DDR Gesellschaft war – wie jede andere Gesellschaft – nicht frei von ihr. Gleichwohl kann kein Zweifel daran bestehen, dass das Ausmaß an Kriminalität niedriger lag als im Westen (Herm und Lapp, 1991; Baier und Borning, 1991; Kerner, 1997). Wie immer man auch das geringere Kriminalitätsniveau erklären mag – als Folge stärkerer Überwachung, geschlossener Grenzen oder andersgearteter Gelegenheitsstrukturen –, der Zusammenbruch der DDR änderte die Situation. Die Kriminalität stieg an und ebenso deren Sichtbarkeit: war man staatlicherseits vor der Wende bemüht, die Kriminalität und deren Entwicklung möglichst zu verschweigen oder als unbedeutend darzustellen (vgl. auch Mertens, 1998), so legte man sie nun offen, und sie wurde zum Gegenstand der Medienberichterstattung (Reuband, 2000a).

Die Angleichung an die Verhältnisse des Westens erfolgte in der Kriminalität bemerkenswert schnell, schneller als in Bereichen, bei denen man sich eine Angleichung gewünscht hätte. Lag die Kriminalitätsbelastung, gemessen an der Zahl der Delikte pro 100.000 Einwohner, 1992 in Ostdeutschland noch unter der in Westdeutschland, so übertraf sie bereits ein Jahr später die entsprechenden Belastungsziffern Westdeutschlands: 1993 zunächst um 4%, 1994 dann aber bereits um 21% und 1995 um 30%. Seitdem liegt die Quote auf einem in etwa stabilen Niveau um 27% (vgl. Bundeskriminalamt 1996-2000). Der längerfristige Anstieg der Kriminalität, wie ihn die polizeiliche Kriminalitätsstatistik widerspiegelt, ist kein Produkt allein veränderter polizeilicher Registrierungspraxis oder gestiegener Anzeigebereitschaft (auch wenn beide Einflussfaktoren ebenfalls eine gewisse Wirkung ausüben). Es ist ein realer Anstieg, wie Bevölkerungsumfragen zur Viktimisierung belegen (vgl. Kury et al., 1992; Bilsky, 1996: 368).

Dass mit dem Anstieg der Kriminalität auch die Furcht vor ihr unter den Bürgern wuchs, mag auf den ersten Blick wenig verwundern. Doch paradoxerweise erreichte die Kriminalitätsfurcht in Ostdeutschland bereits 1990 ein höheres Niveau als in Westdeutschland, obwohl die Kriminalitätsbelastung noch niedriger lag (Reuband, 1992c; 1996). Drei Gründe dürften für diese »Überreaktion« verantwortlich sein: (1) die Tatsache, dass die Kriminalität sich außerordentlich schnell auszuweiten begann (vgl. auch Bilsky, 1996: 367) und dies auch in den Medien sichtbar wurde (vgl. Reuband 2000a). Dies mag der Kriminalitätsfurcht einen besonderen Akzent gegeben und womöglich auch das Gefühl vermittelt haben, dass die künftige Entwicklung einen ähnlich dramatischen Verlauf nimmt. (2) Die Vorstellung, dass Kapitalismus mit Kriminalität einhergeht, wie von offiziellen Stellen zu DDR-Zeiten immer wieder betont wurde, und dass steigende Arbeitslosigkeit – wie sie sich in Ostdeutschland zu entwickeln begann – Kriminalität begünstigt (vgl. Reuband, 1996), (3) eine allgemeine Verunsicherung infolge der Wende, welche die Kriminalität als fassbares, konkretes Sinnbild des Wandels erscheinen lässt. Die Kriminalität wird zur Metapher für einen Wandel, der als bedrohlich erlebt wird (Reuband, 1992c).

Die Tatsache, dass bereits um 1990 die Kriminalitätsfurcht in Ostdeutschland höher lag als in Westdeutschland, obwohl die objektive Bedrohung geringer war, widerlegt die von vielen Autoren postulierte zwangsläufige Parallelität von objektiver und subjektiver Bedrohung (z.B. Page et al., 1992: 338; Der Spiegel 42/1991: 28ff; Zachert; 1992: 22, Lutz, 1993). Und in der Tat: dass objektive und subjektive Bedrohung auf der Landesebene nicht in einem engen Verhältnis zueinander stehen, ja geradezu einander widersprechen können, dafür gibt es schon seit längerem eine Vielzahl empirischer Beispiele. Sie dokumentieren, dass Länder mit hoher Kriminalitätsbelastung nicht zugleich Länder mit hoher Kriminalitätsfurcht sein müssen und die Kriminalitätsfurcht sinken kann, selbst wenn die objektive Bedrohung steigt (Reuband, 1992a; b).

Nun muss das, was für den Ländervergleich gilt, nicht auch auf lokaler Ebene gelten. Auf der lokalen Ebene mögen die Verhältnisse etwas anders sein und sich die reale Bedrohung eher auf das Sicherheitsgefühl auswirken. Ein Grund könnte sein, dass die lokalen Verhältnisse besser überschaubar sind und der einzelne eher von Viktimisierungserfahrungen in seiner Umgebung über Nachbarn, Freunde und Bekannte etwas hört. Ein weiterer Grund könnte sein, dass die lokale Berichterstattung in den Medien die relevante Kriminalitätsbedrohung besser widerspiegelt als die nationale.

Die Frage des Zusammenhangs von objektiver Bedrohung und subjektiver Sicherheit ist auf kommunaler Ebene bislang, von Ausnahmen abgesehen, kaum untersucht worden. Für Ostdeutschland fehlten derartige Untersuchungen völlig. Dies war der Grund, warum wir Ende 1995 mit einem Projekt begannen, welches das Verhältnis von objektiver und subjektiver Kriminalitätsbedrohung am Beispiel eines Vergleichs ostdeutscher Städte, der Städte Chemnitz-Dresden-Leipzig, zum Thema machte.[1] Die Studie stützt sich auf repräsentative Umfragen in der Allgemeinbevölkerung. Über derartige Umfragen kann die Viktimisierung ermittelt werden, ungeachtet dessen, ob das Opfer das Delikt der Polizei meldete. Und es kann die subjektive Reaktion auf Kriminalität sowohl bei Opfern als auch Nicht-Opfern erfasst werden.

Im folgenden soll in einem ersten Schritt geklärt werden, wie sehr und in welchen sozialen Gruppen Viktimisierungserfahrungen verbreitet sind und wie groß die Wahrscheinlichkeit ist, wiederholt Opfer zu werden. In einem zweiten Schritt soll untersucht werden, wie sehr objektive Unterschiede in der Kriminalitätsbelastung auf lokaler Ebene zu analogen Unterschieden in der Furcht der Bürger führen. Dabei interessieren uns auch die verschiedenen Erscheinungsformen der Furcht und die Folgen der Furcht im Alltag.

2. Methodisches Vorgehen

Die Umfragen basieren auf Stichproben der wahlberechtigten Wohnbevölkerung (18 Jahre und älter) aus den lokalen Einwohnermelderegistern. Mit Hilfe eines Zufallsverfahrens wurde pro Stadt eine Stichprobe von 1800-2000 Personen gezogen. Diese wurden in Anlehnung an die Total Design Method von Don Dillman (1978, 2000) in eine postalische Erhebung einbezogen (Dauer der Erhebungsphase: November 1995 bis Februar 1996). Der Fragebogen war umfassend ausgelegt, er umfaßte 11 Seiten zu Fragen mit unterschiedlichen Themen: von der lokalen Identifikation, politischen Orientierungen bis hin zu Fragen der Kriminalitätserfahrung und -furcht. Der Schwerpunkt der Fragen lag gemäß der Zielsetzung des Projekts bei der Kriminalitätsthematik. Gleichwohl wurde versucht, diesen Schwerpunkt in der

---

[1] Inzwischen haben wir nicht nur für Ostdeutschland, sondern auch für Westdeutschland – am Beispiel der Stadt Düsseldorf – vergleichende Fragen zur Viktimisierung und zum Sicherheitsgefühl gestellt. Sowohl die ostdeutsche als auch die westdeutsche Studie sollen in der Zukunft fortgesetzt werden. Ansonsten liegen lediglich für Baden-Württemberg Vergleiche auf der Ebene von Kleinstädten vor, der Frage nach dem Verhältnis von objektiver und subjektiver Bedrohung wird jedoch nicht näher nachgegangen.

Befragung nicht zu sehr deutlich werden zu lassen. Sonst hätte die Gefahr bestanden, dass sich – weil thematische Nähe Beteiligung begünstigt – nur jene Personen an der Befragung beteiligt hätten, die sich durch Kriminalität betroffen fühlen. Entsprechend wurde die Untersuchung im Anschreiben als Studie zur Lebensqualität in Städten und zu aktuellen Fragen deklariert und im Fragebogen auch zunächst mit Fragen zur Bewertung der lokalen Infrastruktur begonnen.

Postalische Umfragen sind in der Methodenliteratur lange Zeit als zweitklassiges Befragungsverfahren eingestuft worden. Man unterstellte niedrige Ausschöpfungsquoten (nicht höher als 30 %) und glaubte an eine massive Unterrepräsentation von Alten und schlechter Gebildeten im Vergleich zu anderen Erhebungsverfahren. Diese Einschätzung kann nach neueren Erfahrungen nicht mehr aufrechterhalten werden. Folgt man den Empfehlungen von Don Dillman und führt mehrere Mahnaktionen durch, kann man Ausschöpfungsquoten erreichen, die denen der herkömmlichen face-to-face bzw. telefonischen Befragungen entsprechen oder sie gar überschreiten. Von einer Unterrepräsentation der Alten und schlechter Gebildeten im Vergleich zu den andere Verfahren kann nicht gesprochen werden (vgl. Reuband und Blasius, 1996). Postalische Befragungen erweisen sich damit den anderen Befragungsformen gegenüber als ebenbürtig, in mancherlei Hinsicht ihnen sogar überlegen: sie haben den Vorteil, besonders bei sensiblen Fragen ein offeneres Antwortverhalten zu begünstigen (vgl. De Leeuw, 1992; Reuband 2000). In unserer Studie konnte nach drei Mahnaktionen eine Ausschöpfungsquote je nach Stadt zwischen 68 und 70% erreicht werden. Im Vergleich zu anderen Studien in Großstädten auf der Basis von face-to-face Befragungen (vgl. Koch, 1998), sind diese Werte als überdurchschnittlich hoch anzusehen. Die Zahl der Befragten liegt pro Stadt bei rund 1200 Personen.

3. Unterschiede im Vorkommen der Viktimisierung

Die von uns gewählten drei Städte liegen in Sachsen, das – neben Thüringen – in der Kriminalitätsbelastung in den neuen Bundesländern einen unterdurchschnittlichen Wert einnimmt. Mecklenburg-Vorpommern, Brandenburg und Sachsen-Anhalt weisen im Vergleich dazu höhere Werte auf. Gleichwohl bedeutet dies nicht, dass nicht auch in Sachsen eine zeitlang Kriminalitätshochburgen bestanden, die im Gesamtkontext der Bundesrepublik herausragten. So hatte Leipzig – als größte Stadt Ostdeutschlands – Mitte der 90er Jahre nach Frankfurt am Main den Spitzenplatz in der Kriminalitätsbelastung inne. Aufgrund verstärkter Überwachung und Maßnahmen der Polizei sowie verstärkter Sicherungsmaßnahmen auf Seiten der Bürger ist die Rate – insbesondere im Bereich des Diebstahls und Autodiebstahls – inzwischen zwar gesunken. Im Kontext anderer Städte vergleichbarer Größenordnung liegt sie dennoch nach wie vor überproportional hoch.

Dresden als zweitgrößte Stadt in Ostdeutschland nimmt seit langem im Vergleich zu Leipzig eine niedrigere Rate ein und Chemnitz – mit halb so viel Einwohnern – eine noch geringere: 1995 hatte Leipzig eine Häufigkeitsziffer (gemessen an der Zahl der polizeilich registrierten Fälle pro 100.000 Einwohner) von 19.088, Dresden von 12.403 und Chemnitz von 8.686. Die neuesten verfügbaren Zahlen für 1999 ändern an diesen Relationen nichts grundlegendes – auch wenn die Differenzen geringer geworden sind: sie erbringen für Leipzig eine Häufigkeitsziffer von 16.284, Dresden von 10.746 und Chemnitz von 10.469 (Bundeskriminalamt 1996: 57, 2000d: 52).

Polizeistatistiken bilden das Hellfeld der registrierten Kriminalität ab – jene Kriminalität, die der Polizei bekannt wird und als solche registriert wird. Das Dunkelfeld der nicht gemeldeten und nicht erfaßten oder fälschlich registrierten Kriminalität wird dadurch nicht bestimmt. Umfragen in der Allgemeinbevölkerung, die das Vorkommen von Delikten ungeachtet dessen erfassen, ob das Delikt gemeldet wurde, eigenen sich im Fall der personenbezogenen Kriminalität besser dazu.[2] Zwar haben derartige Untersuchungen auch ihre methodischen Probleme – insbesondere wenn es um die Rückerinnerung an frühere Delikte geht – dennoch können sie näherungsweise zur Beschreibung eingesetzt werden (vgl. u.a. Biderman und Lynch, 1991). Im Fall unserer Untersuchung wurde – um die Erinnerungsverfälschungen minimal zu halten – ein relativ kurzer Zeitraum zugrunde gelegt. Es wurde gefragt, ob man selbst innerhalb der letzten 12 Monate Opfer eines Deliktes geworden sei. In der Mehrzahl der Fälle bedeutete dies, Opfer eines Deliktes am eigenen Wohnort zu werden, in wenigen Fällen nur geschah dies an anderen Orten, z.B. im Urlaub.

Die Antworten auf die Fragen erbringen, dass die per Umfrage ermittelte Viktimisierungsrate in den drei Städten annähernd parallel verläuft zur Rangordnung der offiziellen Belastung, wie sie die Polizeistatistiken ausweist. Leipzig nimmt den Spitzenplatz ein, gefolgt von Dresden und dann Chemnitz. Die Rate für Viktimisierung in den letzten 12 Monaten ist in Chemnitz (mit einem Wert von 20%) – ähnlich wie in der Polizeistatistik für das Jahr 1995 – ungefähr halb so groß wie in Leipzig (38%). Dresden hat eine Mittelstellung (27%). Dieses Verteilungsmuster könnte man als Zeichen dafür ansehen, dass die offiziellen Statistiken, so verfälscht sie z.T. auch sein mögen – im vorliegenden Fall zumindest auf der globalen Ebene – die Rangordnung der Kriminalitätsbelastung recht gut abbilden.[3]

---

[2] Im Fall der organisationsbezogenen Kriminalität (etwa bei Ladendiebstahl oder Wirtschaftsverbrechen, die gegen Unternehmen gerichtet sind) – die immerhin ebenfalls maßgeblich zu den Zahlen der Kriminalitätsstatistik beitragen – sind andere Quellen zu Rate zu ziehen.

[3] Diese Rangplazierung bleibt auch dann erhalten, wenn man sich auf Delikte bezieht, die sich am Wohnort ereignet haben (vgl. Reuband 1999a).

Dies muss freilich nicht immer zutreffen. So wies Chemnitz z.B. 1992 und 1993, als die polizeiliche Registrierungspraxis in Ostdeutschland aufgrund der Umstellungen im Gefolge der Wende die der westdeutschen noch nicht voll entsprach, höhere Häufigkeitsziffern auf als später und höhere gar als Dresden (was eher unwahrscheinlich scheint). Gleichwohl: das in der neueren, kritischen Kriminologie verbreitete Diktum, Polizeistatistiken würden per se nichts über die Kriminalitätsentwicklung aussagen, lässt sich in der generellen Form nicht aufrechterhalten. Dies belegen auch Dunkelfelduntersuchungen, die nicht Opfer, sondern Täter zum Thema haben. So zeigte sich z.B. im Fall der Stadt Hamburg, dass die Entwicklung des Drogengebrauchs unter Jugendlichen – im Beobachtungszeitraum von Mitte der 60er bis Ende der 80er Jahre – weitgehend parallel verlief zur Zahl der polizeilich wegen Drogenbesitzes registrierten Jugendlichen (vgl. Reuband, 1994: 64, 72).

Gliedert man die Viktimisierungsdaten für die drei Städte nach den grundlegenden soziodemographischen Subgruppen auf – nach Alter, Geschlecht und Bildung – variiert die Wahrscheinlichkeit der Viktimisierung erheblich je nach Merkmalskonstellation. Am größten ist die Wahrscheinlichkeit, innerhalb der letzten 12 Monate ein Opfer geworden zu sein, bei den jüngeren Befragten in Leipzig. Am niedrigsten ist sie bei den über 60jährigen in Chemnitz, (Tabelle 1). Doch welche Subgruppe man auch heranzieht: in allen gilt, dass Leipzig die höchste und Chemnitz die niedrigste Kriminalitätsbelastung aufweist. Die Unterschiede belaufen sich bis auf 20 Prozentpunkte und mehr.

Tabelle 1: Viktimisierung in den letzten 12 Monaten nach Ort (in %)

	Chemnitz	**Dresden**	**Leipzig**
Insgesamt	20 (1217)	26 (1227)	37 (1146)
Geschlecht			
Mann	25 (575)	32 (547)	41 (542)
Frau	15 (639)	22 (670)	34 (594)
Alter			
18 - 29	25 (209)	34 (273)	48 (185)
30 - 44	23 (327)	31 (317)	41 (327)
45 - 59	19 (362)	25 (332)	39 (327)
60 +	14 (314)	16 (288)	25 (295)
Bildung			
Hauptschule/POS 8. Klasse	11 (385)	19 (321)	26 (370)
Realschule/ POS 10. Klasse	22 (436)	25 (431)	39 (357)
Fachhochschulreife, Abitur, EOS	25 (345)	39 (416)	47 (357)

Frageformulierung: »Sind Sie selbst in den letzten 12 Monaten Opfer von Kriminalität geworden? Bitte geben Sie an, um was für ein Delikt es sich handelt, auch wenn kein nennenswerter Schaden entstand oder es sich nur um einen Versuch handelte.« *[Es folgt eine Liste mit Deliktbeschreibungen]*

Würde man den Erfassungszeitraum über die von uns erfragten 12 Monate ausdehnen, würde zwangsläufig die Zahl derer, die von Kriminalität betroffen wurden, steigen – in Leipzig angesichts der längeren Periode hoher Kriminalitätsbelastungszahlen wahrscheinlich am stärksten. In welchem Umfang die Ausweitung des Zeitraums die Prävalenz beeinflusst, können wir mit Hilfe einer Longitudinalstudie beantworten, mit der wir im Frühjahr 1995 in Dresden begannen und die wir bis 1997 fortführten (für die anderen beiden Städte verfügen wir über keine entsprechenden Daten). Die Dresdner Panelstudie umfasst einen Zeitraum von rund zweieinhalb Jahren (Reuband, 1998b). Von den Teilnehmern dieser Studie wurde in der ersten Erhebung (sie bezieht sich auf Viktimisierung im Jahr 1994) ein Viertel Opfer von Kriminalität, in der 1996 Erhebung ebenfalls ein Viertel und der von 1997 ein Fünftel. Wäre die Wahrscheinlichkeit, Opfer zu werden, von vorherigen Opfererfahrungen unabhängig, so wären nahezu drei Viertel der Befragten Opfer geworden. Tatsächlich aber ist es nur die Hälfte. Der Grund: Personen, die schon einmal Opfer waren, haben eine erhöhte Chance einer erneuten Viktimisierung. Was bedeutet: die Opfererfahrung konzentriert sich in bestimmten Personengruppen.

Anzunehmen ist, dass die Mehrfachviktimisierung weniger Folge bestimmter Persönlichkeitseigenschaften, als spezifischer Lebensstile ist. Wer sich z.B. häufig außer Haus aufhält, läuft eine besonders große Gefahr, Opfer von Diebstahl oder Überfällen zu werden. Lebensstile aber sind wiederum in starkem Maße von den sozialen Merkmalen abhängig. Aufgliederungen der Daten zur Viktimisierung belegen in der Tat, dass die Wahrscheinlichkeit, Opfer von Kriminalität zu werden, mit den sozialen Merkmalen korrelliert. So wächst der Männeranteil ebenso wie der Anteil Jüngerer unter den Opfern mit zunehmender Zahl an Viktimisierungserfahrungen.

4. Wandel in der Furcht seit der Wende und subjektive Gründe veränderter Furcht in der Nachbarschaft

Wie sehr spiegeln sich nun die je nach Stadt unterschiedlichen Wahrscheinlichkeiten der Viktimisierung auf der Bewusstseinsebene der Bürger wider? Wie sehr geht die objektive Bedrohung mit einer subjektiven einher? Um dies zu klären, ziehen wir eine Reihe von Indikatoren für Kriminalitätsfurcht heran. Sie wurden z.T. anderen Studien zur Kriminalitätsfurcht entnommen und z.T. von uns für die Studie eigens neu entwickelt. Sie messen die Furcht vor Kriminalität in affektiver, kognitiver und handlungsbezogener Sicht. [4]

---

[4] Diese Differenzierung in eine affektive, kognitive und handlungsbezogene Dimension entspricht einer geläufigen Unterscheidung, die in der sozialpsychologischen Einstellungsforschung entwickelt und inzwischen auch weitgehend in der kriminologischen Forschung rezi-

Zur Messung der affektiven, emotional geprägten Furcht ziehen wir als erstes den sog. »Standardindikator« heran, welcher die wahrgenommene Sicherheit in der eigenen Nachbarschaft erfasst (vgl. Reuband, 2000c) und weltweit das am häufigsten eingesetzte Instrument zur Messung der Kriminalitätsfurcht (genauer der Furcht vor Gewaltkriminalität) repräsentiert: »Wie sicher fühlen Sie sich, wenn Sie in der Nachbarschaft abends bei Dunkelheit allein unterwegs sind?« Weiterhin ziehen wir Fragen über das Vorkommen von Sorgen (abgestuft nach der Stärke der Beunruhigung) und differenziert nach Art des Bezugs heran: entweder in Relation zur eigenen Person oder der Gesellschaft. Nicht nur ist das Ausmaß der Beunruhigung bei der persönlichen und der gesellschaftlichen Bedrohung gewöhnlich unterschiedlich hoch (die gesellschaftliche Bedrohung wird in der Regel höher angesetzt), auch die Entwicklungen über die Zeit können unterschiedlich sein: die wahrgenommene allgemeine, gesellschaftliche Bedrohung unterliegt einer stärkeren Dynamik – mitbedingt durch die Tatsache, dass sich hier der Medieneinfluss besonders stark auswirkt (vgl. Reuband, 1995).

Der Standardindikator hat den Vorteil, dass er das Sicherheitsgefühl in der unmittelbaren Umgebung der Befragten ermittelt und damit einen zentralen Bereich im allgemeinen Lebensgefühl der Bürger. Wie man den Antworten zum Standardindikator entnehmen kann (Abbildung 1), variiert das Ausmaß an Sicherheit in der eigenen Nachbarschaft zwischen den Städten in einer Weise, die parallel zur allgemeinen Kriminalitätsbelastung verläuft. So bekundeten zum Zeitpunkt der Erhebung, zur Jahreswende 1995/96 (im folgenden auch als 1996er Erhebung bezeichnet), 59% der Chemnitzer, sie würden sich abends bei Dunkelheit in ihrer Wohngegend »sehr« oder »ziemlich unsicher« fühlen. In Dresden beläuft sich der Vergleichswert auf 57% und in Leipzig auf 47%. Im Vergleich zu der Zeit vor der Wende bedeuten diese Zahlen einen erheblichen Anstieg in der subjektiven Unsicherheit, besonders stark in Leipzig. Dies ist der Eindruck, den man gewinnt, wenn man die Befragten rückblickend zu ihrer Kriminalitätsfurcht befragt. Danach herrschte in allen drei Städten in identischer Weise ein Gefühl nahezu universaler Sicher-

---

piert worden ist. Dabei wird unter der affektiven Komponente die emotionale Reaktion verstanden, unter der kognitiven die Wahrnehmung von Risiken (ungeachtet der eigenen emotionalen Reaktion) und unter der handlungsbezogenen Komponente das Verhalten, das aus der affektiven Komponente erwächst. Die Indikatoren bestehen aus Einzelfragen, die sich zur Erfassung der Kriminalitätsfurcht als »hypothetisches Konstrukt«, also als eines der Beobachtung nicht unmittelbar zugänglichen Sachverhalts (vgl. Scheuch 1973), eignen. Ein derartiges Konstrukt ist am besten mit Hilfe mehrerer Indikatoren zu messen – ob man diese dann in der Analyse einzeln oder in Kombination miteinander – in Form einer Skala oder eines Index verwendet – hängt von der Forschungsgestaltung und der Analysestrategie ab. Wir ziehen es an dieser Stelle vor, die Indikatoren zunächst in ihrer ursprünglichen Form in die Diskussion einzubeziehen, später in Form einer Skala.

heit vor. Auch wenn rückblickend bei dem einen oder anderen Befragten eine Art von Verklärung der Vergangenheit stattgefunden haben mag – im großen und ganzen dürften doch diese frühen Einschätzungen der Sicherheit die Realität angemessen abbilden.

Abbildung 1: Sicherheitsgefühl in der Nachbarschaft nach Ort und Jahr in % (sehr sicher/ ziemlich sicher)

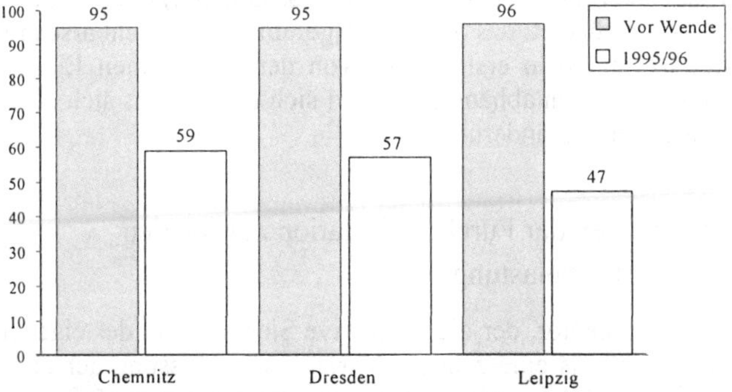

Frageformulierung: »Wie sicher fühlen Sie sich in Ihrer Wohngegend, wenn Sie abends bei Dunkelheit allein auf die Straße gehen?«, »Wie war das vor der Wende in der Wohngegend, in der Sie lebten? Wie sicher fühlten Sie sich damals, wenn Sie abends bei Dunkelheit allein auf die Straße gingen?« *Antwortkategorien*: »Sehr sicher, ziemlich sicher, ziemlich unsicher, sehr unsicher« sowie »Weiß nicht mehr« bei der Retrospektivfrage. [*Hier: »sehr sicher, ziemlich sicher«; »Weiß nicht« wird dabei als Wert aus der Berechnung ausgeklammert.*] Die Retrospektivangaben werden als Schätzzahlen für die Zeit vor der Wende herangezogen.

Der Einbruch im Sicherheitsgefühl setzte offenbar mit der Wende ein. Seitdem sind die Verhältnisse andere geworden, und der eingeschlagene Trend setzt sich fort. Selbst noch rückblickend auf die letzten zwei Jahre bezogen wird ein Steigen der Unsicherheit konstatiert, wie weitere Fragen belegen. Und an eine Besserung in der Zukunft glaubt kaum jemand: fast alle Befragten meinen, die Kriminalität würde weiter wachsen. Worauf sich diese Prognose über zukünftige Entwicklungen stützt – auf bloße Extrapolationen der bisherigen Entwicklung oder den Glauben, dass alles aufgrund der sozialen Veränderungen ohnehin schlimmer wird – muss offen bleiben.[5]

Ermittelt man, worauf sich das Urteil über den Wandel der Sicherheit in der Wohngegend innerhalb der letzten zwei Jahre gründet, werden eigene

---

5 Tatsächlich aber wird sich später zeigen, dass diese Erwartung durch die Folgeentwicklung widerlegt wird. Nicht nur die objektive, sondern auch die subjektive Bedrohung reduzieren sich in den späteren Jahren, wie Nachfolgeuntersuchungen für Dresden dokumentieren (Reuband 1999b). An dieser Stelle ist allein bedeutsam, dass sich die Situation im subjektiven Erleben zum Zeitpunkt unserer Befragung verschlechtert hat.

Viktimisierungserfahrungen im Rahmen einer offenen Frage spontan kaum genannt und ebenso wenig bedrohliche Veränderungen in der Nachbarschaft. So erwähnen weniger als 5% der Befragten Veränderungen der Kriminalität vor Ort, und von sozialen Gruppen, die bedrohlich wirken (aber nicht notwendigerweise auch so handeln, wie z. B. herumlungernde Jugendliche), berichten nur ein Fünftel. Weitaus häufiger werden die allgemeine Kriminalitätssituation, allgemeine Veränderungen in den Normen und Verhaltensweisen der Bevölkerung (wie weniger »Solidarität« etc.) oder zu geringe Strafen genannt. Was bedeutet: das Sicherheitsgefühl in der Nachbarschaft ist aus der Sicht der Befragten in erster Linie von der allgemeinen Einschätzung der Kriminalitätssituation abhängig. Ändert sich diese, muss sich auch das lokale Sicherheitsgefühl verändern.

5. Dimensionen der Furcht in Relation zur lokalen Kriminalitätsbelastung

Der Standardindikator, der die subjektive Sicherheit in der eigenen Nachbarschaft misst, gilt als eine zentrale Variable zur Messung der affektiven Kriminalitätsfurcht. Allein jedoch sollte man ihn nicht zum Maßstab des affektiven subjektiven Erlebens machen. Es ist ratsam, ihn in Kombination mit anderen Variablen, die sich auf die subjektive Bedrohung richten, zu verwenden.

Die Indikatoren, die wir zusätzlich zur Messung der affektiven Furcht heranziehen, erfassen das Ausmaß an Sorge über verschiedene Delikte. Bezogen auf die eigene Person beinhaltet sie die Delikte Einbruch, Überfall und Bedrohung auf der Straße und – bezogen auf die Gesellschaft – die Sorge, dass »die Kriminalität in Deutschland immer mehr zunimmt«. Darüber hinaus beziehen wir die Unzufriedenheit mit der Verbrechensbekämpfung und die Einschätzung der Verbrechensbekämpfung als »sehr wichtige« staatliche Aufgabe als Indikator für wahrgenommene gesellschaftsbezogene Bedrohung in die Betrachtung mit ein.

In einem weiteren Schritt greifen wir auf Indikatoren zurück, die man als *kognitive* Indikatoren der Kriminalitätsfurcht bezeichnet hat: es handelt sich um welche, die etwas über das Risiko der eigenen Viktimisierung aussagen, in der Regel bezogen auf die Zeit der nächsten 12 Monate. Manche Autoren beurteilen diese Risikoeinschätzung als die wichtigste Dimension der Kriminalitätsfurcht überhaupt. Gäbe es sie nicht, könnte auch keine Furcht bestehen (vgl. u.a. Wetzels et al., 1995: 205). Und manche verzichten angesichts dessen gar darauf, die affektive Furchtdimension zu ermitteln und begnügen sich mit der kognitiven Dimension (z.B. Noll und Schröder, 1995).

Dieses Vorgehen kann indes nicht befriedigen. So sehr es auch ratsam sein mag, die kognitiven Indikatoren der Risikoeinschätzung in die Betrachtung miteinzubeziehen, so wenig ist es überzeugend, sie zum alleinigen Maßstab für Furcht zu machen: Zum einen ist die Schlüsselstellung dieser Indikatoren für die Messung der Kriminalitätsfurcht nicht nachgewiesen. Empirisch gesehen gehen sie nicht zwangsläufig mit anderen Indikatoren, welche die affektive Furchtdimension messen, einher (Reuband, 2000c). Zum anderen ist auch theoretisch der Status dieses Maßes womöglich anders einzuordnen, als es unterstellt wird. Denn, ob sich jemand selbst als gefährdet ansieht oder nicht, dürfte von der *allgemeinen* kognitiven Risikowahrnehmung *und* den eigenen gewählten bzw. verfügbaren Vermeidungs- und Bewältigungsstrategien abhängen. Wer glaubt, ein Risiko bestehe, dies aber nicht eingeht, wird für sich die Wahrscheinlichkeit einer Viktimisierung niedrig ansetzen, auch wenn er meint, dass die Welt voller Kriminalitätsrisiken sei. Wer Vorsichtsmaßnahmen entwickelt und z.B. bestimmte Gebiete in der eigenen Wohngegend abends meidet oder abends nicht allein ausgeht, wird sich weniger bedroht sehen als jemand, der sich nicht zu wehren weiß und kann.

Es kommt mithin bei der Erfassung der subjektiven Kriminalitätsbedrohung nicht nur auf die persönliche Risikoeinschätzung, sondern auch auf die Einschätzung des *allgemeinen* Risikos – unabhängig von der eigenen Person – an. Um diese zu messen, haben wir eine Reihe von Indikatoren entwickelt, die sich auf allgemeine Risiken der Viktimisierung in ausgewählten Handlungssituationen beziehen: vor allem Situationen, die mit Gewaltdelikten, speziell Raubdelikten, assoziiert sind. Diese Spezifikation erfolgte, weil Raubdelikte in der Öffentlichkeit besonders gefürchtet sind und das Sicherheitsgefühl maßgeblich prägen.

Wie man den Tabellen 2 und 3 für die verschiedenen Dimensionen der affektiven und kognitiven Kriminalitätsfurcht – mit persönlichem und allgemeinem Bezug – entnehmen kann, ist die Sorge, Opfer eines Deliktes zu werden, je nach Stadt unterschiedlich groß. Die Befragten in Leipzig geben sich bei jeder Deliktart als stärker über die Kriminalität beunruhigt als die Chemnitzer und die Dresdner. So sorgen sich z.B. 49% der Leipziger darüber, dass in die eigene Wohnung eingebrochen wird, unter den Chemnitzern sind es 38% (Tabelle 2). Der verbleibende Anteil von 51% bzw. 62% (in der Tabelle aus Platzgründen nicht ausgewiesen) besteht aus Personen, die sich mittelmäßig oder gar nicht sorgen.

Unterschiedlich groß ist auch die Wahrnehmung der gesellschaftlichen Bedrohung, die Zufriedenheit mit der Kriminalitätsbekämpfung, die wahrgenommene Wahrscheinlichkeit einer Viktimisierung sowie das wahrgenommene allgemeine Risiko. So halten in Chemnitz z.B. 30% der Befragten die Wahrscheinlichkeit, beim Einkaufen bestohlen zu werden, für sehr hoch oder hoch. Unter den Leipzigern sind es mit 62% mehr als doppelt so viele. Die Ergebnisse sind von der Richtung der Beziehung her konsistent, auch wenn nicht bei jedem Delikt die Differenzen gleiche Größenordnungen erreichen: die Leipziger, die objektiv am stärksten betroffen sind, sind auch subjektiv am stärksten belastet. Sie fühlen sich am stärksten bedroht.

Tabelle 2: Beunruhigung durch Kriminalität nach Ort (in %)

	Chemnitz	**Dresden**	**Leipzig**
Sorge, dass... (1)			
In meine Wohnung eingebrochen wird	38	37	49
Ich mich abends nicht mehr alleine auf die Straße trauen kann	49	50	59
Ich überfallen werde	43	44	52
Die Kriminalität in Deutschland immer mehr zunimmt	73	73	78
Bewertung staatlicher Aufgabenerfüllung			
Unzufriedenheit mit Schutz vor Kriminalität in der eigenen Stadt (2)	9	8	4
Verbrechensbekämpfung »Sehr wichtig« als staatliche Aufgabe (3)	69	70	77
Wahrscheinlichkeit der Viktimisierung in den nächsten 12 Monaten (4)			
angepöbelt und bedroht zu werden	58	57	66
bestohlen zu werden	49	53	68
überfallen und beraubt zu werden	32	33	46
körperlich angegriffen zu werden	31	32	39
dass in meine Wohnung eingebrochen wird	28	28	41
zu sexuellen Handlungen gezwungen zu werden	9	9	10
dass mein Auto gestohlen wird*	50	53	63
dass mein Auto aufgebrochen wird*	63	65	76
dass mein Auto mutwillig beschädigt wird*	70	70	75

* nur Autobesitzer

Frageformulierungen: (1) »Was bereitet Ihnen zur Zeit persönlich Sorgen? Was bedrückt Sie, wenn Sie an sich und Ihre Zukunft denken? Geben Sie bitte anhand der Skala an, wie sehr die jeweilige Aussage auf Sie zutrifft. – Sehr stark, Stark, Mittel, Wenig, Überhaupt nicht.« *[Hier: sehr stark/ stark]*, (2) »Wie zufrieden sind Sie in Dresden *[bzw. Leipzig, Chemnitz]* mit dem Schutz der Bürger vor Kriminalität? – Sehr zufrieden, Zufrieden, Teils-teils, Unzufrieden, Überhaupt nicht zufrieden.« *[Hier: unzufrieden, überhaupt nicht zufrieden]*, (3) »Hier haben wir eine Reihe von Aufgaben und Zielen, über die in Deutschland gesprochen wird. Kreuzen Sie bitte für jede dieser Aufgaben an, ob Sie Ihnen persönlich sehr wichtig, wichtig, nicht so wichtig oder ganz unwichtig erscheint. – Für wirksame Verbrechensbekämpfung sorgen.«, (4) »Bitte sagen Sie mir für jede Situation aus der folgenden Liste, für wie wahrscheinlich Sie es halten, dass Ihnen in Dresden *[bzw. Leipzig, Chemnitz]*, in den nächsten 12 Monaten, so etwas passiert. – Sehr wahrscheinlich, Wahrscheinlich, Weniger wahrscheinlich, Unwahrscheinlich.« *[Hier: sehr wahrscheinlich, wahrscheinlich]*

6. Realitätsgrad der Furcht und Folgen für das Verhalten im Alltag

Mag auch die Kriminalitätsfurcht parallel zur objektiven Bedrohung verlaufen, so muss sie nicht zwangsläufig Prinzipien einer realistischen Wahrnehmung folgen, das Ausmaß verzerrter Wahrnehmung mag in allen drei Städten gleich hoch sein. Wie aber misst man eine verzerrte Wahrnehmung? Viele Autoren haben die Ansicht vertreten, man könne bereits aus der Tatsache, dass die Kriminalitätsfurcht die Zahl der Opfer übersteige, eine irrationale Reaktion der Bevölkerung ableiten. Andere haben die Irrationalität primär in der Tatsache gesehen, dass die Wahrscheinlichkeit der Viktimisierung auf der Ebene sozialer Merkmale oftmals in umgekehrt proportionalem Verhältnis zur Furcht steht – wie man dies im Fall der Merkmale Alter, Geschlecht oder Bildung belegen kann (vgl. dazu Boers, 1991).

Beide Deutungen sind vorschnell. So muss Furcht, sofern sie Gefahren realistisch antizipiert, stets größer sein als die reale Bedrohung. Sonst hätte sie keine präventive Funktion. Und dass Frauen und Alte – obwohl sie selten Opfer werden – überproportional viel Furcht haben, ist ebenso wenig als irrational zu verstehen: wenn man sich vergegenwärtigt, dass bei ihnen die Abwehrmöglichkeiten – besonders bei Gewaltdelikten – gering und die Konsequenzen schwerwiegender sind. In der neueren Literatur wird in diesem Zusammenhang von unterschiedlichen Graden der »Verletzbarkeit« bzw. »Vulnerabilität« gesprochen, welche die Furcht mitbeeinflussen und die spezifischen Zusammenhänge mit den sozialen Merkmalen erklären könnten (vgl. Stinchcombe et al., 1980).

Um den Realitätsgrad von Befürchtungen zu bestimmen, bedarf es anderer Maßstäbe als sie bisher üblich waren – Maßstäbe, die einen konkreten Bezug zur Verbreitung und den Erscheinungsformen von Kriminalität erlauben. In unserer Untersuchung haben wir zwei Maße, die derartige Aussagen ermöglichen. Der eine bezieht sich auf das Erscheinungsbild von Kriminalität: den geschätzten Anteil der Gewaltdelikte und die geschätzte absolute Zahl von Mord- und Totschlagsdelikten. Der andere bezieht sich auf das *Verhältnis* von persönlichem Viktimisierungsrisiko (ermittelt über die Frage, wie »wahrscheinlich« es sei, innerhalb der nächsten 12 Monate Opfer eines spezifischen Deliktes, wie Raub etc. zu werden, siehe Tabelle 3), *und* den realen Viktimisierungswahrscheinlichkeiten (vgl. auch Kräupl und Ludwig, 1993: 37ff.).[6]

---

6 Kräupl und Ludwig (1993), die ebenfalls auf die Diskrepanz rekurrieren, interpretieren die Zahlen aufgrund des unterschiedlichen Zeitbezugs als Zeichen für wahrgenommenen zukünftigen Anstieg. Wir halten es jedoch für sinnvoll, die Indikatoren auch als quasi-zeitgleiche Schätzungen zu verwenden.

Tabelle 3: Risikowahrnehmung nach Ort (in %)

	Chemnitz	**Dresden**	**Leipzig**
Gefahr des Überfalls, wenn man:			
am Tag von der Bank Geld abholt	19	26	33
am Tag am Geldautomaten Geld abhebt	20	27	36
bei Dunkelheit abends allein in der Innenstadt zu Fuß unterwegs ist	50	50	59
abends Bus oder Bahn benutzt	36	36	48
nach Anbruch der Dunkelheit durch Park- und Grünanlagen geht	67	75	84
in Ihrer Nachbarschaft abends bei Dunkelheit von der Bus-/ Bahnhaltestelle nach Hause unterwegs ist	25	28	37
Sonstige Gefahren...			
bestohlen zu werden, wenn man in der Innenstadt einkaufen geht	30	41	62
Opfer eines Einbruchs zu werden, wenn man auf Reisen ist und die Wohnung längere Zeit leer steht	21	30	46

Frageformulierung (jeweils mit Antwortkategorien): »Geben Sie bitte für die folgenden Situationen an, wie groß Ihrer Meinung nach heutzutage in Dresden [bzw. Leipzig, Chemnitz] im allgemeinen die Gefahr ist, überfallen zu werden, wenn man: – Sehr groß, Groß, Mittel, Gering, Überhaupt nicht.« *[Hier: sehr groß, groß]*

Die Befunde deuten auf eine erhebliche Überdramatisierung der Gefahren hin. Die absolute Zahl von Mord- und Totschlagsdelikten wird ebenso wie der Anteil der Gewaltdelikte von den Befragten überschätzt. Während in der Realität weniger als 10% der Delikte auf Gewaltdelikte entfallen – egal, ob man nun die polizeilich registrierte Kriminalität oder die in Umfragen berichtete Viktimisierung zum Maßstab nimmt – wird der entsprechende Anteil in allen drei Städten auf 30% und mehr angesetzt. Eine Fehlwahrnehmung wird weiterhin offenkundig, wenn man die wahrgenommene Wahrscheinlichkeit, selbst innerhalb der nächsten 12 Monate Opfer zu werden, mit der realen Viktimisierungschance vergleicht. Wenn man den Prozentsatz derer, die dies für »sehr wahrscheinlich« oder »wahrscheinlich« halten, mit dem Anteil der Opfer innerhalb der letzten 12 Monate in Relation setzt (unterstellt die Kategorie »sehr wahrscheinlich/wahrscheinlich« würde aus Sicht der Befragten eine Viktimisierungschance von mehr als 50% beinhalten[7]), so weicht die

[7] Es ist nicht ausgeschlossen, dass ein Teil der Befragten lediglich meinte, eine Viktimisierung innerhalb der nächsten 12 Monate sei möglich. Nimmt man aber an, die Begriffe »sehr wahrscheinlich/wahrscheinlich« würden eine mehr als 50%ige Wahrscheinlichkeit bezeichnen, so kann man die Zahlen durchaus aufeinander beziehen.

Wahrnehmung der Opferchance von der tatsächlich erlebten Chance massiv ab. So wurde z.B. die Chance innerhalb eines vergleichbaren Zeitraums Opfer eines Überfalls zu werden, von 33% der Dresdner als »sehr wahrscheinlich« oder »wahrscheinlich« beurteilt und die Gefahr eines Einbruchs von 28 %. Tatsächlich aber waren in Dresden nur 1% der Befragten innerhalb der letzten 12 Monate Opfer eines Raubüberfalls und 4% Opfer eines Einbruchs (siehe Reuband, 1999a).

Tabelle 4: Reaktion auf Kriminalitätsbedrohung nach Tageszeit und Ort (Mehrfachnennungen in %)

	Chemnitz		**Dresden**		**Leipzig**	
	T	***A***	**T**	***A***	**T**	***A***
Wechsle die Straßenseite	37	45	37	44	44	50
Meide bestimmte Gegenden	29	50	32	52	40	58
Gehe möglichst nicht zu Fuß	10	44	10	41	14	51
Meide öffentliche Verkehrsmittel	3	16	3	12	4	19
Gehe möglichst nur noch mit Anderen aus	11	26	11	26	16	30
Gehe möglichst überhaupt nicht aus	1	28	1	25	2	31
Ich trage eine Waffe/Spray bei mir	5	9	6	8	7	11
Sonstige Maßnahmen	3	4	3	6	4	4
Keine Vorsichtsmaßnahmen	65	19	65	21	50	14

Frageformulierungen tagsüber (T): »Wenn Sie am Tag unterwegs sind, ergreifen Sie dann irgendwelche Vorsichtsmaßnahmen aus Sorge vor Raub und Überfall? Oder ergreifen Sie keine? Bitte schauen Sie sich die folgende Liste an und kreuzen Sie an, was alles auf Sie zutrifft.«

Frageformulierungen abends (A): »Und wenn Sie abends bei Dunkelheit unterwegs sind, gibt es dann irgendwelche Vorsichtsmaßnahmen, die Sie aus Sorge vor Raub und Überfall ergreifen? Oder ergreifen Sie keine? Bitte schauen Sie sich die folgende Liste an und kreuzen Sie an, was alles auf Sie zutrifft.«

Die übergroße Kriminalitätsfurcht hat Konsequenzen auf der Verhaltensebene. Die Bürger entwickeln Vermeidungsstrategien aus Furcht vor Überfall und anderen Delikten. Diese variieren zwischen dem Ausweichen vor Personen, denen man misstraut, bis hin zum Verzicht, abends überhaupt noch allein auszugehen. Wie man Tabelle 4 entnehmen kann, werden am Tag gewöhnlich keine Vorsichtsmaßnahmen gegen Überfälle ergriffen. Wenn welche gewählt werden, dann bestehen sie am häufigsten darin, bestimmte Gegenden – die man für bedrohlich hält – zu meiden oder die Straßenseite zu wechseln, sobald verdächtige Personen entgegenkommen. Am Abend nehmen die Vorsichtsmaßnahmen dann zu. Es steigt vor allem der Anteil derer an, die aus Sorge vor Kriminalität nicht zu Fuß gehen und statt dessen ein Auto oder Taxi benutzen bzw. möglichst überhaupt nicht ausgehen. Oder – wenn dies nicht zu vermeiden ist – dies mit anderen Personen tun. Am stärksten neigen die Leipziger, die ja auch die höchsten Furchtwerte aufwiesen, zu

Vorsichtsmaßnahmen. Die Chemnitzer und Dresdner unterscheiden sich in dieser Hinsicht weniger stark voneinander. Die Folgen für den Alltag bedeuten einschneidende Beschränkungen in der urbanen Lebensqualität besonders am Abend.

7. Viktimisierung und Medienexposition als Determinanten des subjektiven Bedrohungsgefühls im lokalen Kontext

Unsere bisherigen Analysen haben erbracht, dass gemessen an den Unterschieden in der Verbreitung von Kriminalität in den drei ostdeutschen Großstädten Dresden, Leipzig und Chemnitz – egal, ob auf der Basis der Polizeistatistik oder der Daten zur Viktimisierung aus Umfragen – die Kriminalitätsfurcht mit der objektiven Bedrohung parallel geht. Dies ist ein durchaus bemerkenswerter Befund, hatten doch nationale Vergleiche in der Vergangenheit keine derartigen Beziehungen erbracht. Ein möglicher Grund dafür, dass die Ergebnisse in unserer Untersuchung anders ausfallen, ist der lokale Bezug. Er könnte das Erleben in der Stadt überschaubar machen und bewirken, dass eigene und interpersonell vermittelte Viktimisierungsverfahren das Bild der Bedrohung prägen. Er könnte zum anderen zur Folge haben, dass sich die Städte im Ausmaß der lokalen Medienberichterstattung über Kriminalität – entsprechend der realen Bedrohung – unterscheiden und daraus die unterschiedlichen Bedrohungsniveaus erwachsen.

Für beide Hypothesen gibt es auf den ersten Blick durchaus einige Indizien: die eigenen und vermittelten Viktimisierungserfahrungen sind in Leipzig am höchsten und in Chemnitz am niedrigsten. Und über das Thema Kriminalität wird im Alltag in Leipzig auch häufiger kommuniziert. Das Ausmaß der Berichterstattung über Kriminalität variiert überdies zwischen den Städten – wie eine von uns durchgeführte Inhaltsanalyse ergab –, im Einklang mit den Unterschieden in der Kriminalitätsbedrohung: über die jeweiligen lokalen Tageszeitungen gerechnet ergibt sich (bei gleicher Gewichtung für die einzelnen Zeitungen) für Leipzig ein höheres Volumen an lokaler Kriminalberichterstattung als für Dresden und hier wiederum stärker als für Chemnitz. Die Unterschiede zwischen den Städten auf der Ebene der Viktimisierung und der polizeilichen Kriminalstatistik werden zwar nicht exakt, wohl aber der Rangordnung nach reproduziert (zu den Ursprungszahlen siehe Reuband, 2000b: 102).[8]

---

[8] Die Zahl der Meldungen ist zwar nur berechnet auf der Basis des Befragungszeitraumes (vier Monate). Man kann jedoch vermuten, dass die Berichterstattung in dieser Periode in ungefähr die übliche Berichterstattung widerspiegelt. Weil das Ausmaß der Berichterstattung wenig über das Ausmaß an Exposition für die Bürger besagt, solange man nicht auch deren Mediennutzung in die Analyse einbezieht, haben wir zur Prüfung der Medienpräsenz zusätzlich einen

Ob die Unterschiede in der Furcht zwischen den Städten aufrechterhalten bleiben, sobald man die direkten und indirekten Erfahrungen mit Kriminalität und die Exposition gegenüber den lokalen Kriminalitätsmeldungen der Tageszeitungen (errechnet über die Häufigkeit der Nutzung multipliziert mit der Zahl der lokalen Kriminalitätsmeldungen in den gelesenen Zeitungen) kontrolliert, kann im Rahmen eines multivariaten Analysemodells geprüft werden. Wenn der unterschiedliche Grad an Kriminalitätsfurcht in den einzelnen Städten Folge der eigenen und indirekt vermittelten Viktimisierungserfahrung einschließlich der Medienberichterstattung ist, müßten die Unterschiede zwischen den Städten verschwinden, sobald man diese Merkmale in der Analyse kontrolliert.

Für die Analyse verwenden wir die Indikatoren für Kriminalitätsfurcht nicht einzeln, sondern in ihrer Gesamtheit: in Form von Skalen, die per Faktorenanalyse aus den einzelnen Statements gebildet wurden. Bei diesen Skalen gehen die einzelnen Statements mit ihrem Gewicht, das sie in der Faktorenanalyse erhielten (in Form von Factor-Scores), in den Gesamtwert ein:[9] Die genannten Skalen korrelieren zwar untereinander, sind aber nicht als identisch anzusehen. Als abhängige Variablen ziehen wir als erstes die Skala »persönliche Furcht vor Kriminalität« heran – gebildet aus dem »Standardindikator« sowie der Sorge um Einbruch, Überfall und potentielle Bedrohung auf der Straße. Als zweites verwenden wir die Skala »gesellschaftlich wahrgenommene Bedrohung« – gebildet aus der Sorge um die Zunahme der Kriminalität in Deutschland sowie die Unzufriedenheit mit dem Schutz vor Kriminalität in der eigenen Stadt und der Einschätzung der Kriminalitätsbekämpfung als »sehr wichtige« Aufgabe. Als drittes verwenden wir die Skala »vermutete Wahrscheinlichkeit, Opfer eines Deliktes innerhalb der nächsten 12 Monate zu werden« (ohne autobezogene Delikte und ohne Sexualdelikt), als viertes die Skala »allgemeine Risikoeinschätzung« (bezogen auf die Gesamtheit der in Tabelle 3 ausgewiesenen Deliktsituationen) und als fünftes

---

Index konstruiert, der sich aus der Häufigkeit der Nutzungen der Zeitungen pro Jahr (errechnet aus unserer Umfrage) und der Zahl der Meldungen über Kriminalität in den jeweiligen Zeitungen ergibt. Dann ergibt sich für das Ausmaß an Exposition gegenüber lokalen Kriminalitätsmeldungen für Chemnitz ein durchschnittlicher Indexwert von 2947, für Dresden von 4865 und für Leipzig von 5023.

9 Im Rahmen der Faktorenanalyse hatte sich zuvor gezeigt, dass mehrere Dimensionen von Furcht sich in den Daten widerspiegeln und die affektive Furcht getrennt von der kognitiven Furcht und ebenfalls getrennt von der Risikoeinschätzung zu sehen ist (vgl. auch Reuband 2000 c). Aus analytischen Gründen differenzieren wir bei den Variablen für affektive Furcht in eine personenbezogene und gesellschaftsbezogene Dimension von Furcht. Darüber hinaus führen wir als Variable für »Abwehrmaßnahmen« die Zahl der Maßnahmen ein, die zur Abwehr von Viktimisierung gewählt werden, wenn man abends unterwegs ist.

die Zahl der Maßnahmen, die gegen einen Überfall ergriffen werden, wenn man abends unterwegs ist.

Als unabhängige Variablen dienen die eigene Viktimisierungserfahrung in den letzten 12 Monaten, die Viktimisierungserfahrung von Freunden und Mitgliedern des Haushalts in den letzten 12 Monaten sowie die Exposition gegenüber lokalen Kriminalitätsmeldungen. Als Kontrollvariablen beziehen wir weiterhin die Merkmale Geschlecht, Alter und Bildung der Befragten mit ein. Als Mittel der multivariaten Analyse ziehen wir die multiple Klassifikationsanalyse heran (Andrews et al., 1975). Sie erlaubt den Einsatz kategorialer unabhängiger Variablen zusammen mit metrischen, abhängigen Variablen. Als Effektkoeffizient für die Stärke des Einflusses wird zum einen der Eta-Koeffizient ausgewiesen – er misst die Effekte ungeachtet der Kontrolle der übrigen Variablen – zum anderen der Beta-Koeffizient – er misst die Stärke des Effekts unter Kontrolle der übrigen Variablen (beide variieren – mit jeweils unterschiedlichen Vorzeichen – zwischen 0 und 1). Die subgruppenspezifischen Werte werden als Abweichung vom Gesamtmittelwert ausgedrückt – was besonders anschaulich ist, weil man die Unterschiede zwischen den Kategorien genauer bestimmen kann.

Wie man Tabelle 5 entnehmen kann (s. S. 110), bleibt in allen Analysen in statistisch signifikanter Weise der Effekt des Ortes erhalten. Dabei unterscheiden sich, wie man den Abweichungen vom Mittelwert entnehmen kann, Chemnitz und Dresden relativ schwach voneinander, Leipzig aber umso stärker. Dresden und Chemnitz variieren untereinander nicht nur gering, die subjektive Belastung variiert auch in ihrer Akzentuierung. So weist in drei von fünf Vergleichen nicht Chemnitz – wie es der objektiven Bedrohung gemäß her zu erwarten wäre – sondern Dresden den geringeren Wert für Kriminalitätsfurcht auf. Dies ist vor allem dort der Fall, wo es um Gewaltdelikte – wie Raub oder Körperverletzung auf der Straße – geht. Die Differenz ist freilich alles in allem derart minimal, dass es ratsam scheint, die beiden Städte als nahezu gleich in ihrem Furchtniveau zu beurteilen.

Weiterhin zeigt sich, dass in *allen* Analysen die eigene Viktimisierung das Furchtniveau bestimmt, die Viktimisierung von Haushaltsmitgliedern und Freunden jedoch nur in einigen Fällen. Gemessen an der Stärke des Koeffizienten ist der Effekt der eigenen Viktimisierung, auch wenn er überall nachweisbar und statistisch signifikant ist, mit einem Wert meist unter .10 in seiner praktischen Bedeutsamkeit nahezu vernachlässigenswert. Alter und Bildung üben überall bedeutsame Effekte aus – wobei gilt: je älter und je schlechter gebildet jemand ist, desto größer die Furcht. Besonders bei den über 60jährigen nimmt der Anteil derer, die sich durch die Kriminalität beeinträchtigt fühlen, zu.

Im Fall des Geschlechts sind die Ergebnisse weniger konsistent: wenn es um die persönliche Furcht geht, übt das Geschlecht einen Effekt aus. Dies gilt ebenfalls bei der Wahrscheinlichkeit der eigenen Viktimisierung und – mehr noch – für die Risikowahrnehmung und die Maßnahmen gegen Kriminalität. Bei der gesellschaftlichen Bedrohung gilt dies jedoch nicht mehr. Ein Grund könnte sein, dass bei den Frauen im Fall potentieller eigener Betroffenheit ihre »Vulnerabilität« zählt – die Tatsache, dass sie selbst sich schlechter wehren können und bei Gewaltdelikten stets auch der Gefahr sexueller Gewalt ausgesetzt sind. Bei der abstrakten gesellschaftlichen Gefahr sehen sie sich womöglich weniger tangiert (mit Ausnahme der Risikoeinschätzung, welche im vorliegenden Fall überproportional oft Gewaltdelikte thematisiert).

Als wichtigster Befund der Analyse ist die herausgehobene Stellung von Leipzig festzuhalten: die Furcht vor Kriminalität ist in Leipzig weiter verbreitet als in Chemnitz und Dresden, auch wenn man relevante Merkmale, welche die Unterschiede zu den anderen Städten erklären könnten, kontrolliert. Wie aber kann dies sein? Eine Erklärungsmöglichkeit wäre, dass bislang nicht gemessene Faktoren, wie das Ausmaß an Anomie und Beunruhigung, in Leipzig größer ist als in den anderen beiden Städten und die Kriminalitätsfurcht, wie einst vermutet, eine Metapher für dieses Gefühl von Beunruhigung auf Seiten der Bürger ist (Reuband, 1992c). Eine weitere Erklärungsmöglichkeit läge darin, dass die Medienberichterstattung anders wirkt als vermutet. Nicht die Zahl der Artikel, die wir hier in den Expositionsindex einbezogen haben, ist womöglich entscheidend, sondern die qualitativen Aussagen, die in einzelnen Artikeln – z.B. in der Zeit, in der die neuste Kriminalstatistik veröffentlicht wird – getroffen werden.

Von den beiden Hypothesen kann hier nur die erste geprüft werden. Und diese wird durch die Daten – wie vertiefende Analysen belegen – nicht bestätigt. Die Unterschiede zwischen den Städten in der Anomie verlaufen nicht in der Weise, wie dies aus Sicht der Hypothese notwendig wäre. Die Städteunterschiede bleiben zudem bestehen, wenn man diese Variablen in der Analyse kontrolliert. Sie bleiben auch erhalten, wenn man Symptome sozialer Desorganisation in der Nachbarschaft, die in neueren Theorien der Kriminalitätsfurcht eine bedeutsame Rolle einnehmen und als Erscheinungsform äußerlich sichtbarer Anomie gedeutet werden können – wie z.B. die Anwesenheit von Betrunkenen, jugendliche Gruppen, Graffiti – als Kontrollvariable berücksichtigt.

Tabelle 5: Determinanten des Sicherheitsgefühls – Ergebnisse der Multiplen Klassifikationsanalyse (MCA) unter Kontrolle der Kovariaten »Medienexposition«

	Persönliche Furcht (1)				Gesellschaftliche Bedrohung (2)				Wahrscheinlichkeit der Viktimisierung (3)				Allgemeine Risikoeinschätzung (4)				Abwehrmaßnahmen (5)			
	unad. Abw.	Eta	adj. Abw	Beta	unad. Abw.	Eta	adj. Abw.	Beta	unad. Abw.	Eta	adj. Abw.	Beta	unad. Abw.	Eta	adj. Abw.	Beta	unad. Abw.	Eta	adj. Abw.	Beta
Ort																				
Chemnitz	.07		.03		.12		.07		.09		.06		.19		.17		-.36		-.17	
Dresden	.10		.09		.06		.04		.10		.10		.09		.08		-.52		-.56	
Leipzig	-.18		-.13		-.19		-.12		-.21		-.17		.-30		-.27		.94		.79	
		.12		.09***		.13		.08***		.14		.12***		.22		.19***		.20		.17***
Opfer																				
Nein	.00		.04		.03		.05		.07		.06		.01		.03		-.09		-.14	
Ja	.01		-.10		-.08		-.14		-.18		-.16		-.02		-.09		.23		.37	
		.00		.06***		.05		.08***		.12		.10**		.01		.05***		.04		.07***
Opfer Bekannte																				
Nein	-.05		.60		.00		.05		.07		.06		-.03		-.01		-.02		-.09	
Ja	.07		-.01		-.07		-.07		-.11		-.09		.05		.01		.04		.13	
		.06		.01		.07		.06***		.09		.08***		.04		.01		.01		.03
Geschlecht																				
Mann	.22		.21		.02		.01		.05		.06		.21		.20		-.78		-.78	
Frau	-.20		-.19		-.02		-.01		-.05		-.05		-.19		-.18		.68		.69	
		.21		.20***		.02		.01		.05		.05***		.20		.20***		.22		.22***

Alter																				
18-29	.44		.31		.61		.54		.08		.08		.29		.17		-.68		-.37	
30-44	.22		.15		.13		.10		.04		.03		.13		.08		-.54		-.47	
45-59	-.11		-.05		-.18		-.15		-.13		-.12		-.07		-.02		.10		.00	
60 +	-.50		-.37		-.42		-.38		.04		.04		-.33		-.22		1.01		.81	
		.34		.24***		.35		.31***		.08		.08***		.23		.14***		.20		.15***
Bildung																				
8.Klasse	-.48		-.27		-.37		-.17		-.09		-.09		-.38		-.25		.83		.36	
10.Klasse	.12		.00		.07		-.08		-.03		-.05		.03		-.04		-.20		.07	
FHS-Reife, Abitur	.30		.24		.28		.25		.12		.14		.30		.27		-.57		-.42	
		.33		.20***		.26		.18***		.09		.10***		.28		.21***		.18		.10***
r^2	.214				.183				.053				.187				.143			
r	.463				.428				.230				.433				.378			

+ ohne Delikte im Zusammenhang mit Auto und ohne sexuelle Delikte * p<0,05 ** p<0,01 ***p<0,001

Unad. Abw. = Abweichung vom Gesamtmittelwert ohne Kontrolle der übrigen Variablen. **Adj. Abw.** = mit Kontrolle der übrigen Variablen. Die abhängigen Variablen (1-4) beruhen auf Skalen, die mittels Faktorenanalyse und Factor-Score Bildung entwickelt wurden. Die Variable (5) basiert auf der Summierung der Maßnahmen, die gegen Kriminalität unternommen werden. Je höher die Werte der abhängigen Variablen, desto größer das Sicherheitsgefühl. Die Indikatoren, die in die Skala eingehen, sind im Text aufgeführt und in den vorangegangenen Tabellen dokumentiert. Neben den kategorial unabhängigen Variablen wurde als metrische unabhänige Variablen die Exposition gegenüber lokalen Kriminalitätsmeldungen (Häufigkeit der Zeitungslektüre * Zahl der lokalen Kriminalitätsmeldungen) verwendet. Deren Effekt ist in der Tabelle nicht eigens ausgewiesen. **Abhängige Variablen:** (1) Persönliche Furcht; (2) gesellschaftsbezogenen Furcht; (3) Wahrscheinlichkeit, innerhalb der nächsten 12 Monate Opfer zu werden; (4) Risiko der Viktimisierung in bestimmten Handlungssituationen; (5) Zahl der Maßnahmen gegen Kriminalität, wenn man abends unterwegs ist.

8. Schlussbemerkungen

Objektive und subjektive Bedrohung müssen nicht, aber können auf der lokalen Ebene durchaus parallel gehen, wie der Vergleich der Städte Chemnitz, Dresden und Leipzig gezeigt hat. Die Parallelität ist freilich keine, die in einem exakten Relationsverhältnis – relativ zur objektiven Belastung – verläuft. Lediglich die Rangordnung ist die gleiche. Warum es im Fall unserer Untersuchung zu der Parallelität objektiver und subjektiver Belastung in der Rangfolge gekommen ist, ist im einzelnen eine offene Frage. Weder die unterschiedlich starke Viktimisierung, noch das unterschiedliche, rein quantitative Ausmaß der Berichterstattung können dies erklären. Es gibt (wenn es sich nicht um eine zufällige Konstellation handeln sollte) offenbar noch weitere Mechanismen der Vermittlung, wie z.B. Veröffentlichungen und Verlautbarungen, die qualitativ Zäsuren setzen und das Bild der Kriminalitätsbedrohung prägen können. Wenn dies der Fall wäre, bedeutet dies, dass in der Zukunft – im Rahmen einer Kombination von quantitativer und *qualitativer* Analyse – den einzelnen, in den Medien repräsentierten Bedrohungsszenarien stärkere Beachtung geschenkt werden müsste als bisher.

Offen bleiben musste, inwiefern die beobachteten Unterschiede zwischen den Städten spezifisch sind für Ostdeutschland. In Westdeutschland, wo Massenkriminalität und die Berichterstattung seit langem zum Alltag gehören, mögen die Verhältnisse anders sein. Gleichwohl: entscheidend an dieser Stelle ist, dass sowohl die Gleichsetzung von objektiver Bedrohung mit Furcht, als auch die Nichtgleichsetzung – zumindest auf der lokalen Ebene – eine zu einfache Sichtweise darstellt. Offenbar kann es unter bestimmten *Bedingungen* zu Übereinstimmungen kommen. Um diese genauer zu erfassen, ist eine Ausweitung der Forschung unter Einbeziehung eines größeren Kreises von Städten und Gemeinden in West- wie in Ostdeutschland ratsam.

Literatur

Andrews, F.M./ Morgan, J.N./ Sonquist, J.A./ Klem, L., 1975: Multiple classification analysis. A report on a computer program for multiple regression using categorical predictors. 2. ed, Ann Arbor, Michigan

Baier, U./ Borning, A., 1991: Mysterium DDR-Kriminalstatistik in: Kriminalistik, Heft 4, S. 273 – 278

Biderman, A. D./ Lynch, J. P., 1991: Understanding Crime Incidence Statistics, Berlin: Springer

Bilsky, W./ Wetzels, P./ Mecklenburg, E./ Pfeiffer, C., 1995: Subjektive Wahrnehmung von Kriminalität und Opferentwicklung, in: Kaiser, G./ Jehle, J.-M. , (Hrsg.): Kriminologische Opferforschung. Neue Perspektiven und Erkenntnisse, Teilband II, Verbrechensfurcht und Opferwerdung – Individualopfer und Verarbeitung von Opfererfahrungen, Heidelberg: Kriminalistik Verlag, S. 73 – 106

Bilsky, W., 1996: Die Bedeutung von Furcht vor Kriminalität in Ost und West, in: Monatsschrift für Kriminologie und Strafrechtsreform, 7, S. 357 – 372

Boers, K., 1991: Kriminalitätsfurcht. Hamburger Studien zur Kriminologie 12, Pfaffenweiler: Centaurus Verlagsgesellschaft

Bundeskriminalamt 1996-2000: Polizeiliche Kriminalstatistik 1995-1999. Wiesbaden: Bundeskriminalamt

Der Spiegel, 1991: Nr. 42

De Leeuw, E. D., 1992: Data quality in Mail, Telephone and Face-to-face Surveys, Amsterdam: TT-Publ.

Dillman, D.D., 1978: Mail and Telephone Surveys, New York: Wiley

Dillman, D.D., 2000: Mail and Internet Surveys, New York: Wiley

van Dijk, J. J./ Mayhew, M./ Killias, S. M., 1991: Experiences of Crime across the World, Key Findings from the 1989 International Crime Survey, Deventer, Boston: Kluwer Law and Taxation Publishers

Herm, P./ Lapp, M., 1991: Siegeszug der Kriminalität?, in: Kriminalistik, Heft 11, S. 741 – 743

Kerner, H.-J., 1997: Kriminologische Forschung im sozialen Umbruch. Ein Zwischenresümee nach sechs Jahren deutsch-deutscher Kooperation, in: Boers, K./ Gutsche, G./Sessar, K., (Hrsg.): Sozialer Umbruch und Kriminalität in Deutschland, Opladen: Westdeutscher Verlag, S. 331 - 367

Koch, A., 1998: Wenn »mehr« nicht gleichbedeutend mit »besser« ist: Ausschöpfungsquotenund Stichprobenverzerrungen in allgemeinen Bevölkerungsumfragen, in: ZUMA-Nachrichten, Heft 42, S. 66 – 90

Kräupl, G./ Ludwig, H., 1993: Wandel kommender Lebenslagen, Kriminalität und Sanktionserwartungen. Freiburg

Kury, H./ Dörmann, U./ Richter, H./ Würger, M., 1992: Opfererfahrungen und Meinungen zur Inneren Sicherheit in Deutschland. Ein empirischer Vergleich von Viktimisierungen, Anzeigeverhalten und Sicherheitseinschätzung in Ost und West vor der Vereinigung, BKA-Forschungsreihe, Bd. 25, Wiesbaden: Bundeskriminalamt

Lutz, H., 1993: Interview, in: FOCUS 18, S. 130 – 140

Mertens, L., 1998: Die geheime Kriminalitätsstatistik der DDR. Oder: Wie die Realität unter der Decke gehalten wurde, in: Kriminalistik, Heft , S. 103 – 106

Noll, H.- H./ Schröder, H., 1995: Öffentliche Sicherheit und subjektives Wohlbefinden in Ost- und Westdeutschland, in: Glatzer, W./ Noll, H.-H., (Hrsg.): Getrennt vereint, Frankfurt a. M., New York: Campus Verlag, S. 305 ff.

Page, B. I./ Shapiro, R. Y., 1992: The Rational Public, Fifty Years of Trends in American Policy Preferences, Chicago and London: The University of Chicago Press

Reuband, K.-H./ Blasius, J., 1996: Face-to-face, telefonische und postalische Befragungen. Ausschöpfungsquoten und Antwortmuster in einer Großstadt-Studie, in: Kölner Zeitschrift für Soziologie und Sozialpsychologie, 48, S. 296 – 318

Reuband, K.-H., 1992a: Objektive und subjektive Bedrohung durch Kriminalität. Ein Vergleich der Kriminalitätsfurcht in der Bundesrepublik Deutschland und den USA 1965-1990, in: Kölner Zeitschrift für Soziologie und Sozialpsychologie, 44, S. 341 – 353

Reuband, K.-H., 1992b: Über das Streben nach Sicherheit und die Anfälligkeit der Bundesbürger für »Law and Order«-Kampagnen. Umfragebefunde im Trendvergleich, in: Zeitschrift für Soziologie, 21, S. 139 – 147

Reuband, K.-H. 1992c: Kriminalitätsfurcht in Ost- und Westdeutschland. Zur Bedeutung psychosozialer Einflußfaktoren, in: Soziale Probleme, 3, S. 211 – 219

Reuband, K.-H., 1994: Soziale Determinanten des Drogengebrauchs. Eine empirische Untersuchung des Gebrauchs weicher Drogen in der Bundesrepublik Deutschland. Opladen: Westdeutscher Verlag

Reuband, K.-H., 1995: Veränderungen in der Kriminalitätsfurcht der Bundesbürger. Eine Bestandsaufnahme empirischer Erhebungen, in: Kaiser, G./ Jehle, M., (Hrsg.): Kriminologische

Opferforschung. Neue Perspektiven und Erkenntnisse. Bd. II,. Heidelberg: Kriminalistik Verlag, S. 37 – 54

Reuband, K.-H., 1996: Gesellschaftlicher Wandel, Kriminalität und Kriminalitätsfurcht, in: Neue Praxis, Heft 6, S. 494 – 504

Reuband, K.-H., 1998a: Kriminalität in den Medien: Erscheinungsformen, Nutzungsstruktur und Auswirkungen auf die Kriminalitätsfurcht, in: Soziale Probleme, S. 122 – 153

Reuband, K.-H., 1998b: Panelmortalität in postalischen Umfragen und soziale Zusammensetzung der Befragten. Ergebnisse einer allgemeinen Bevölkerungsumfrage, in: Planung und Analyse, Heft 3, S. 16 – 21

Reuband, K.-H., 1999a: Viktimisierung und Anzeigebereitschaft. Eine vergleichende Analyse in ostdeutschen Städten, in: Kriminalistik, S. 513 – 519

Reuband, K.-H., 1999b: Kriminalitätsfurcht – Stabilität und Wandel, in: Neue Kriminalpolitik, 11, Heft 2, S. 513 – 519

Reuband, K.-H., 2000a: Kriminalität als Thema ostdeutscher Massenmedien vor und nach der Wende. Eine Analyse Dresdner Tageszeitungen 1988-1994, in: Kriminologisches Journal, S. 43 – 55

Reuband, K.-H., 2000b: Kriminalitätsbelastung und Medienberichterstattung in Städten – Widerspiegelung sozialer Realitäten oder Folge journalistischer Selektivität?, in: Otto, H.-U./ Hamburger, F. (Hrsg.): Sozialpädagogik und Öffentlichkeit. Weinheim und München, S. 97 – 112

Reuband, K.-H., 2000c: Der Standardindikator zur Meinung der Kriminalitätsfurcht, in »skandalöser Weise« unspezifisch und in der Praxis dennoch brauchbar?, in: Monatsschrift für Kriminologie und Strafrechtsreform, 83, S. 185 – 195

Scheuch, E. K., 1973: Das Interview in der empirischen Sozialforschung, in: König, R. (Hrsg.): Handbuch der empirischen Sozialforschung, Bd. 2, 1. Teil, 3. Auflage, Stuttgart, S. 66 – 190

Schroeder, K., 2000: Der Preis der Einheit. Eine Bilanz. München: Hanser

Sessar, K., 1993: Öffentliche Straf- und Sicherheitsbedürfnisse. Ihre politische Manipulation am Beispiel des alten DDR und der neuen BRD, in: Monatsschrift für Kriminologie und Strafrechtsreform, S. 376 – 389

Stinchcombe, A.L./ Adams, R./ Heimer, C./ Schepple, A./ Smith, T.W./ Taylor, D.G. 1980: Crime and punishment. Changing attitudes in America. San Francisco: Jossey-Bass

Thomas, W.O., 1965: Person und Sozialverhalten, Neuwied/ Berlin: Luchterhand

Wetzels, P./ Greve, W./ Mecklenburg, E./ Bilsky, W./ Pfeiffer, Ch., 1995: Kriminalität im Leben alter Menschen. Eine altenvergleichende Untersuchung von Opfererfahrungen, persönlichem Sicherheitsgefühl und Kriminalitätsfurcht. Stuttgart: Enke

Zachert, H., 1992: Die Bereitschaft zur Gewalt hat in unserem Land zugenommen, in: P.M. Perspektive Nr. 27, S. 20 – 23

CORNELIA SCHWEPPE

Biographieforschung und Ethnographie

Zwei Welten oder sinnvolle Ergänzung?

In seinen Ausführungen über das Verhältnis von Biographieforschung und Ethnographie, stellt Lüders (1999) fest, dass damit »auf den ersten Blick doch sehr unterschiedliche methodologische Welten umrissen werden« (ders. 136). Der Blick in einschlägige Methodenbücher genüge, um dieses Nebeneinander, zumindest im deutschsprachigen Raum, feststellen zu können. Allerdings ließe sich eine Aufweichung bei konkreten Forschungsstudien feststellen, wobei dies im wesentlich ethnographisch angelegte Studien beträfe, die immer wieder biographische Aspekte und Materialien miteinbeziehen würden. Der umgekehrte Fall, nämlich die Erweiterung von biographisch angelegten Studien um ethnographische Zugänge und Materialien, sei dagegen nur selten zu finden.

Am Beispiel der im folgenden dargestellten biographisch angelegten Studie, die um ethnographische Zugänge ergänzt wurde, soll ein solch kombiniertes Vorgehen vorgestellt und sein Ertrag dargelegt werden.

1. Die Fragestellung der Studie

Die Studie fragt nach der Lebenssituation von alten Menschen auf dem Land. Die Fragestellung basiert auf zwei theoretischen Annäherungen. Zum einen wird die Altersphase als lebenslanger Prozess verstanden, der bei den heutigen Alten durch Prozesse der Biographisierung als Subjektseite des gesellschaftlichen Individualisierungsprozesses begleitet wird. Alter(n) geschieht inmitten von Freisetzungs-, Pluralisierungs- und Detraditionalisierungsprozessen, durch die Lebensentwürfe und Lebensformen dieses Lebensabschnitts nicht (mehr) von vornherein auf festgelegte und standardisierte Lebensentwürfe und Lebenswege fixiert und durch ein fixes Koordinatensystem antizipierbarer Lebensumstände vorhersehbar sind (vgl. Schweppe, 1999). Auch für das Alter gilt, »daß die Biographie (...) aus vorgegebenen Fixierungen herausgelöst, offen, entscheidungsabhängig und als Aufgabe in das Handeln jedes einzelnen gelegt wird. Die Anteile der prinzipiell entscheidungsverschlossenen Lebensmöglichkeiten nehmen ab, und die Anteile der entscheidungsoffenen, selbst herzustellenden Biographien nehmen zu. (...) Biographien werden ›selbstreflexiv‹ [Hervorhebung im Original, C.S.]; sozial vorgegebene werden in selbst hergestellte und herzustellende Biographien transformiert« (Beck, 1986, 216). Alter geschieht inmitten sozialer Räume und Möglichkeiten, die im Hinblick auf Tätigkeiten, Beziehungen, Wohnformen, Lebensstile, Lebenssinn, Freizeitgestaltung, Familienbeziehungen nicht durch verbindliche und kollektiv gültige Muster festgelegt und standardisiert sind. Die Biographie gewinnt zur Lebensgestaltung auch im Alter an Bedeutung. Die Altersphase ist gestaltbar und gestaltungsnotwendig geworden und muss durch eigenes Handeln, ohne den Rückgriff auf gemeinsam geteilte Lebensformen hergestellt werden. Die Altersphase wird zunehmend biographisiert, d.h. biographisch relevante Ereignisse und Situationen werden selbstreferenziell behandelt und thematisiert. Der Biographie kommt als regulativer Mechanismus zur Öffnung sozialer Räume und zum identitätsstiftenden Zusammenhalt eine wachsende Bedeutung zu (vgl. Brose/Hildenbrand, 1988, 12; Mader, 1994).

Die zweite theoretische Annäherung an diese Studie ergibt sich aus der Kategorie ›Land‹, die vor allem auch mit spezifischen Gesetzmäßigkeiten sozialen Handelns und der alltäglichen Lebensführung, spezifischen Deutungsmustern, Orientierungen und Mentalitäten verbunden ist, die nicht allein über die zur Erfassung des Landes bisher im Vordergrund stehenden sozialstrukturellen, d.h. wirtschaftlichen, geographischen bzw. siedlungsstrukturellen, quantitativ gefassten Kategorien zu verstehen sind. Land wird hier als spezifisches Sozialgeschehen und spezifische Sozialwelt verstanden, durch die Lebensverläufe und Lebenssituationen durch landspezifische sozialkulturelle Bedingungen, Deutungs- und Handlungsmuster sowie Sinnbezüge geprägt sind. Die Studie geht ebenso davon aus, dass die Kategorie ›Land‹ als dynamische Dimension gefasst werden muss, die durch zeitgeschichtliche Entwicklungsprozesse Veränderungen erfährt. Die zeitgeschichtlichen Entwicklungsprozesse des Landes seit der Nachkriegszeit können als Individualisierungsdynamik bezeichnet werden, die das Potential kollektiver Lebenszusammenhänge und die Einbeziehung des Subjekts in soziale Netzwerke verändert hat. Wichtige Grundlagen dörflicher Vergemeinschaftung (z.B. landwirtschaftliche Produktionsbasis, Mehrgenerationenfamilie, usw.), d.h. die ›Kollektivierungsmotoren‹ des ländlichen Raums (Sander, 1987, 119), haben sich verändert. Forschungsergebnisse zu Fragen des Alterns auf dem Land machen deutlich, dass diese Individualisierungsdynamik auch die Lebensführung von alten Menschen wesentlich tangiert hat. Sie weisen auf die Reduzierung gemeinschaftlicher und mehrgenerationenbezogener Familien- und Haushaltsformen im Alter hin, die zunehmende Entberuflichung des Alters auf dem Land, die Kommunikationsverdünnung und die Probleme von Langeweile und Isolation (vgl. vor allem Bröschen, 1983; Asam, 1990; Langen/Schlichtung, 1990; Deutsches Zentrum für Altersfragen (DZA), 1991; Tews, 1987, 1992; Dieck, 1991; Schubert/Sauermann, 1992; Garms-Homolová, 1993, zusammenfassend Schweppe 2000). Diese Ergebnisse können auch als Freisetzungsprozesse aus den traditionell ländlichen Vergemeinschaftungsformen gedeutet werden. Allerdings hat dies keineswegs eine automatische Angleichung an städtische Lebensverhältnisse und Lebensformen oder die Auflösung der Kategorie Land zur Folge. Erste Forschungsergebnisse weisen darauf hin, dass die Frage nach der Bedeutung der Veränderungen dieser Lebensbasis für das Leben im Alter nicht unabhängig von den mit der ländlichen Sozialwelt verbundenen Deutungs- und Handlungsmustern und die ihnen innewohnenden Regeln sozialen Handelns beantwortet werden kann (vgl. Langen/Schlichting, 1990). Die vorliegende Studie geht deshalb davon aus, dass auch Altern auf dem Land durch Individualisierungs- und Biographisierungsprozesse geprägt ist, denen jedoch aufgrund der mit dem ländlichen Raum verbundenen Sozial- und Lebenswelt landspezifische Prägungen zukommen. Die Studie fragt – kurz auf den Punkt gebracht – nach den Biographisierungsprozessen im Alter ländlicher Prägung.

2. Das Forschungsdesign

2.1 Biographische Zugänge

Da Alter einerseits nicht losgelöst von der bisherigen Lebensgeschichte verstanden werden kann, andererseits aber auch mit eigenen Anforderungen der Lebensgestaltung und -bewältigung verbunden ist, ist ein methodisches Vorgehen gefragt, das diese Lebensphase in ihrem lebensgeschichtlichen Gewordensein rekonstruiert wie auch die Lebensgestaltung und -bewältigung im Rahmen der aktuellen Lebenssituation und ihren gegenwärtigen Anforderungen erfassen kann. Da Altern (sowie lebensgeschichtliche Entwicklungen überhaupt) als sozialer Prozess verstanden werden muss, durch den die individuelle Gestaltung und die individuellen Optionen immer im Rahmen gesellschaftlich-institutioneller und sozialer Rahmenbedingungen stattfinden, muss die zu entwickelnde Methodik ebenso der Anforderung gerecht werden, sowohl die Strukturdimensionen als auch die Subjektdimensionen von Alternsprozessen zu berücksichtigen. Nur so wird es möglich sein, auch die Frage nach der Bedeutung der Kategorie ›Land‹ und seiner Entwicklungen für die Lebensgeschichte und Lebenssituation im Alter zu beantworten. Das methodische Vorgehen muss damit sowohl die Prozesshaftigkeit von Alter(n) und seine lebensgeschichtlichen Entwicklungen ebenso wie die mit Alternsprozessen verbundene Subjekt- und Strukturdimension erfassen können.

Eine solche Perspektive lässt sich in der sozialwissenschaftlichen Biographieforschung finden, die zur Erfassung von Lebensverläufen, biographischen bzw. sozialen Ereignissen, Erfahrungen und Prozessen durch die Erhebung und Auswertung lebensgeschichtlicher Dokumente entwickelt wurde. Die sozialwissenschaftliche Biographieforschung stellt einen Versuch dar, zwischen der klassischen Subjekt-Objekt-Dichotomie sozialwissenschaftlicher Theoriebildung zu vermitteln. Biographie wird als ein »alltagsweltliches Konstrukt (verstanden), das die lebensweltliche Ambiguität vorgegebener Regelhaftigkeit und Emergenz gleichermaßen beinhaltet« (Fischer/Kohli, 1987, zit. nach Krüger/v. Wensierski, 1995, 191). Ebenso stellt sie den eher statischen, vor allem quantitativ angelegten Modellen empirischer Sozialforschung Konzepte gegenüber, die in Abkehr von der punktuellen Erfassung auf die Prozesshaftigkeit sozialer Phänomene zielen (vgl. ebd.). Die Biographieforschung ermöglicht somit die Betrachtung der Prozesshaftigkeit von biographischen Verläufen zwischen autonomer Konstitution und heteronomer Produktion (vgl. Fischer, 1984).

Um das methodische Vorgehen weiter zu präzisieren, war der Rückgriff auf das von Fritz Schütze entwickelte Verfahren sinnvoll. Kernelement des Verfahrens von Schütze ist das narrative Interview (vgl. u.a. Schütze, 1977, 1978, 1983), das als prozessanalytisches Verfahren Einblicke in die Genese sozialer Abläufe vermittelt und auf die Herausarbeitung prozessbezogener biographischer Orientierungen und Handlungsmuster zielt.

2.2 Ethnographische Zugänge

Dieses biographieanalytisch orientierte Vorgehen wurde jedoch um ethnographische Zugänge ergänzt. Altern geschieht immer innerhalb einer konkreten Lebensumwelt, die den Handlungsrahmen und die Handlungsspielräume für das Altern bereitstellt. Hier sind Bedingungen zu finden, die die Anforderungen der Lebensgestaltung und -bewältigung fördern und unterstützen, sie aber auch einschränken und behindern können. Für das Altern auf dem Land ergibt sich daraus die Frage, auf welche Ressourcen alte Menschen in ihrer Lebensumwelt zur Lebensgestaltung und Lebensbewältigung zurückgreifen können. Wie sehen der durch die Strukturen und Bedingungen der Lebensumwelt bereitgestellte Handlungsrahmen und die Handlungsspielräume aus? Inwieweit erleichtern und fördern oder behindern und hemmen sie die Gestaltung und Bewältigung der Altersphase?

Ein ausschließlich biographieanalytisches Vorgehen kann die Strukturen und Bedingungen der Lebensumwelt nur begrenzt erfassen. Es kann zwar solche Strukturen, Bedingungen und Ressourcen festhalten, die in den einzelnen Lebensgeschichten von biographischer Relevanz sind, es wird aber kaum ein umfassendes Bild des Lebensumfeldes erstellen können, auf dessen Hintergrund sich Altern vollzieht. Denkbar wäre es zum Beispiel, dass bestimmte altenspezifische Ressourcen, die in der Lebensumwelt zur Verfügung stehen, in den Lebensgeschichten der alten Menschen gar nicht sichtbar werden, weil sie keine biographische Relevanz haben. Ein ausschließlich biographieanalytisches Vorgehen würde nicht nur von diesen Ressourcen keine Kenntnis nehmen, sondern könnte auch die mögliche Diskrepanz zwischen dem Vorhandensein von bestimmten Ressourcen und ihrer Inanspruchnahme, die ein Indiz für das Auseinanderklaffen zwischen der Lebenssituation im Alter und den vorhandenen Ressourcen und Strukturen der Lebensumwelt darstellen könnte, nicht erfassen. Ein ausschließlich biographieanalytisches Vorgehen würde Gefahr laufen, die Bedingungen und Strukturen des sozialen Nahraums unterzubelichten und diese bei der Frage nach der Lebensgestaltung und Lebensbewältigung im Alter zu vernachlässigen.

Während der biographieanalytische Hauptteil dieser Studie auf der lebensgeschichtlichen Rekonstruktion und die Erforschung der Sinnbezüge der aktuellen Lebenssituation alter Menschen zielte, sollten mit Hilfe der ethnographischen Feldforschung die Ressourcen und strukturellen Bedingungen der sozialen Umwelt erfasst werden, auf die alte Menschen zur Lebensgestaltung und -bewältigung zurückgreifen können.

Den Bedingungen, Strukturen und sozialen Ressourcen der Lebensumwelt von alten Menschen sollte unter Berücksichtigung insbesondere folgender Aspekte nachgegangen werden:

a) Die infrastrukturellen Gegebenheiten (Einkaufsmöglichkeiten, Verkehrsverbindungen, Versorgungsstruktur usw.)
b) Auf welche Ressourcen (z.B. soziale Dienste, Vereine, Initiativen, kommunale und kirchliche Angebote, Maßnahmen oder Aktivitäten) können alte Menschen bei der Gestaltung und Bewältigung der Anforderungen des Alterns zurückgreifen? Welche Inhalte, Konzepte und Strukturen weisen diese Angebote, Dienste, Institutionen oder Interessenverbände auf? Auf welche Interessen, Bedürfnisse und Problemlagen zielen diese Dienste, Maßnahmen und Angebote? Welche Lebensbereiche sprechen sie an, welche klammern sie aus? Welche Möglichkeiten der Beschäftigung, der Entwicklung sozialer Beziehungen und sozialer Netzwerke und der Sinnfindung im Alter stehen bereit?
c) Welche Altersbilder implizieren die vorhandenen Angebote und Maßnahmen?
d) Werden durch diese Angebote bzw. Maßnahmen bestimmte Lebensentwürfe für das Altern vermittelt? Welche?

Zur Beantwortung dieser Fragen waren vor allem folgende methodische Zugänge angemessen:

Leitfaden-Interviews mit VertreterInnen der sozialen Dienste, Institutionen oder Initiativen, deren Aktivitäten, Angebote oder Maßnahmen auf ältere Menschen des Untersuchungsdorfes zielen bzw. ältere Menschen mit als Zielgruppe umfassen. Die Interviews sollten vor allem die inhaltlichen Schwerpunkte und die Konzeption dieser Dienste, Institutionen bzw. Initiativen, ihre Personalstruktur, ihre Ziele, AdressatInnen und Probleme sowie ihre Sichtweise über das Älterwerden in ländlichen Regionen erfassen. Die Interviews sollten weitgehende Offenheit aufweisen, um so möglichst viele Informationen und Daten über die jeweilige Einrichtung zu erfassen.

Während die Leitfaden-Interviews Einblicke in die Entwicklungen und die aktuellen Geschehnisse des jeweiligen Dienstes oder Angebotes ermöglichen, so unterliegen jedoch gerade offene Interviews der Wirklichkeit der Interviewten (vgl. Lamnek, 1989, 61) und spiegeln Einstellungen, Meinungen, Gefühle, Vorstellungen und Verhaltensweisen des/r Interviewten wider (vgl. ebd., 237). Die *teilnehmende Beobachtung* dagegen ermöglicht, soziales *Verhalten* zu ermitteln (vgl. ebd., 239). Im Gegensatz zum Interview ist es durch die teilnehmende Beobachtung möglich, die jeweiligen Institutionen oder Angebote in ihren Handlungs- und Interaktionsabläufen und -strukturen zu erfassen und Einblicke in das Innenleben, in Beziehungsstrukturen und Abläufe zu erhalten.

Eine weitere und die beiden anderen ergänzende Quelle zur Erfassung der Lebensumwelt waren *Dokumente*, die von den jeweiligen Einrichtungen oder Initiativen produziert oder durch Dritte über sie hergestellt werden. Informationsbroschüren oder didaktisches Material konnten hierbei wichtige Einsichten liefern.

Dieses aufwendige und umfangreiche Forschungsdesign machte eine weitere methodische Entscheidung notwendig, nämlich die Studie innerhalb *eines* Dorfes durchzuführen. Nur so war es möglich, sowohl die im Mittelpunkt stehende biographieanalytische Dimension als auch die Lebensumwelt mit Mitteln der ethnographischen Feldforschung zu berücksichtigen.

3. Durchführung der Studie

Die Studie wurde im mittelhessischen Dorf Oberreitenau[1] durchgeführt, dessen Einwohnerzahl bei rund 800 EinwohnerInnen liegt. Oberreitenau ist Teil der Gemeinde Wallerau mit einer Einwohnerzahl von ca. 10.000 EinwohnerInnen; seine Kernstadt – Wallerau – befindet sich ca. neun Kilometer von Oberreitenau entfernt. Nach der letzten Volkszählung arbeiteten in Oberreitenau im Jahr 1987 7,6% in der Land- und Forstwirtschaft, 35,9% waren im

---

[1] Die Wahl wurde unter Berücksichtigung folgender Gesichtspunkte getroffen. Die Untersuchung sollte in einem Dorf durchgeführt werden, das sich weder (etwa durch die Nähe zu städtischen Ballungszentren) weitgehend städtischen Lebensformen angeglichen hat noch durch Resistenzen gegen Modernität stark in ländlichen und bäuerlichen Traditionen verhaftet geblieben ist. Es sollte sich durch eine möglichst heterogene Bevölkerung auszeichnen, deren Erwerbsstruktur mehrheitlich nicht mehr durch traditionelle ländliche Erwerbsverläufe (Landwirtschaft) gekennzeichnet ist. Es sollte vermieden werden, dass ein Dorf gewählt wird, das durch das Festhalten an der traditionellen ökonomischen Basis des Landes (Landwirtschaft) über eine Bevölkerung verfügt, deren Lebensentwürfe mehrheitlich in diesen traditionellen wirtschaftlichen Verhältnissen verankert sind, da die Pluralität ländlicher Lebensentwürfe hierdurch eingeschränkt wäre. Das Dorf sollte über eine Pluralität von Lebensentwürfen im Spannungsfeld von Tradition und Moderne verfügen.

produzierenden Gewerbe tätig, 21,8% im Handel, Verkehr und in der Nachrichtenübermittlung und 35,6% in den übrigen Wirtschaftsbereichen (vgl. Hessisches statistisches Landesamt 1990, 89). 1994 gab es in Oberreitenau noch fünf landwirtschaftliche Voll- und acht Nebenerwerbsbauern.
Infrastrukturell verfügt Oberreitenau über einen kleinen Lebensmittelladen, der Grundnahrungsmittel, aber keine Frischwaren anbietet, eine Post, eine Grundschule, einen städtischen Kindergarten, eine evangelische Kirchengemeinde und 11 Vereine. Weitere kommerzielle, kulturelle, medizinische, verkehrstechnische, sportliche, administrative und soziale Einrichtungen sind in der Kernstadt Wallerau zu finden. Busverbindungen gibt es von montags bis freitags dreimal täglich nach Wallerau. Von dort gibt es Zug- und Busverbindungen ins Umland von Wallerau.

3.1 Der biographische Teil

Insgesamt wurden 21 narrative Interviews mit 15 Frauen und sechs Männern der Jahrgänge 1910-1933 aus Oberreitenau erhoben.[2] Die Auswahl der InterviewpartnerInnen orientierte sich weitgehend am in der biographischen Forschung weitverbreiteten Verfahren des ›theoretical sampling‹, das von Glaser/Strauß (1967) folgendermaßen beschrieben wird: »Theoretical sampling is the process of data collection for generating theory whereby the analyst jointly collects, codes, and analyzes his data und decides what data to collect next and where to find them, in order to develop his theory as it emerges. This process of data collection is *controlled* [Hervorhebung im Original, C.S.] by the emerging theory, whether substantive or formal« (45).[3]

Die Interviewdurchführung und -auswertung orientierte sich an dem von Schütze entwickelten Verfahren (vgl. u.a. Schütze, 1978, 1983, 1987). Die

---

[2] Pflegebedürftige alte Menschen wurden an den Interviews nicht beteiligt. Das Augenmerk dieser Studie sollte auf jene Alte gerichtet werden, die nicht von körperlichen oder geistigen Einschränkungen betroffen sind. Pflegebedürftige alte Menschen bilden in der bisherigen Altenforschung einen der zentralen Forschungsgegenstände; die Lebensgestaltung und -bewältigung von alten Menschen ohne (gravierende) körperliche und geistige Einschränkungen stellen bisher eher eine marginale Zielgruppe dar. Dass gerade auch diese Gruppe durch den Wandel der Altersphase mit neuen Anforderungen der Lebensführung und Lebensbewältigung konfrontiert wird, ist in der bisherigen Altenforschung dadurch weitgehend vernachlässigt worden.

[3] Obwohl soweit wie möglich versucht wurde, sich an dem Verfahren des ›theoretical samplings‹ zu orientieren, konnte die fortlaufend kontrollierte Wechselwirkung zwischen Datenerhebung und -analyse nicht immer strikt eingehalten werden. Erhebung und Analyse fielen stärker auseinander, als wie dies von Glaser/Strauß (1967) entworfen wurde. Dies hing vor allem mit forschungspraktischen Gründen zusammen, durch die die Interviews nicht gleich nach der Erhebung ausgewertet werden konnten (z.B. durch die zeitaufwendigen Transkriptionen).

Auswertung endete mit der Entwicklung einer Typologie und zwar auch wiederum in Anlehnung an das von Schütze entwickelte Verfahren der minimalen und maximalen Kontrastierung. Die Bildung der Typen stellt einen Versuch dar, anhand der in den Einzelfällen erkennbaren allgemeinen Phänomene verallgemeinernde Aussagen über das Altwerden auf dem Land zu treffen.

3.2 Der ethnographische Teil

Parallel zum biographieanalytischen Vorgehen wurde der ethnographische Teil der Studie durchgeführt.

Der erste Schritt bestand in der Erfassung der infrastrukturellen Gegebenheiten von Oberreitenau (Verkehrsverbindungen, Einkaufsmöglichkeiten, Versorgungsstruktur) sowie der vorhandenen sozialen Dienste, Einrichtungen und Angebote, deren Maßnahmen auf die Population älterer Menschen in Oberreitenau zielen bzw. diese in ihren AdressatInnenkreis einschließen. Dies wurde vor allem durch Gespräche mit Funktionsträgern von Oberreitenau, teilweise im Anschluss an die ersten biographischen Interviews mit den älteren Menschen sowie durch Informationsmaterial der Gemeindeverwaltung und mit Hilfe des Telefonbuches ermittelt. Teilweise wurden diese auch in den biographischen Interviews genannt und sichtbar.

Der nächste Schritt bestand in der Durchführung von Leitfaden-Interviews mit VertreterInnen dieser Einrichtungen. Die Interviews wurden mit Toncassetten aufgenommen und wortgetreu, unter Berücksichtigung nonverbaler Aspekte des Gesprächs (Lachen, Pausen, Unterbrechungen, Räuspern usw.), transkribiert.

Ebenso wurde entschieden, teilnehmende Beobachtungen bei den von der VHS organisierten Altennachmittagen und den Seniorentanzkreisen sowie der vom Dezernat für Altenbetreuung der Gemeinde veranstalteten Weihnachtsfeier durchzuführen (s.u.). Vor allem die Altennachmittage und die Seniorentanzkreise der VHS stellen die zentralen öffentlichen Angebote für ältere Menschen in Oberreitenau dar. Die Beobachtungen verzichteten weitgehend auf vorher festgelegte Beobachtungskriterien. Die Beobachtungen wurden gleich im Anschluss an die Veranstaltungen in Beobachtungsprotokollen festgehalten.

Während des ethnographischen Forschungsprozesses wurden ebenfalls Dokumente, die in den sozialen Diensten und Institutionen als Öffentlichkeits- oder als didaktisches Material benutzt werden, gesammelt.

Anhand der Leitfaden-Interviews, der Beobachtungen und der gesammelten Dokumente wurde für jede der in Betracht genommenen Institution ein Profil erstellt. In diesen Profilen wurden soweit wie möglich folgende Aspekte berücksichtigt: Entstehung und Geschichte der Institution bzw. des Angebotes, Konzeption (einschließlich der Frage nach der Notwendigkeit einer landspezifischen Ausrichtung der jeweiligen Institution) und deren

Umsetzung, Ziele, AdressatInnen, Personal, Finanzierung sowie Einschätzungen über die Lebenssituation von alten Menschen auf dem Land. In den Profilen sollten auch die diesen Institutionen zugrunde liegenden Altersbilder und die darin implizierten Lebensentwürfe für das Altern erkennbar werden.

In einem zweiten Schritt erfolgte eine Queranalyse zwischen den untersuchten Institutionen, in der festgehalten werden sollte, welche Probleme, Bedürfnisse und Interessenlagen von alten Menschen in den Institutionen aufgegriffen werden und mit welchen Mitteln die Institutionen darauf reagieren. Zum zweiten sollten die in den Institutionen vorhandenen Altersbilder und Vorstellungen über das Alter(n) auf dem Land zusammenfassend gebündelt werden.

Ein letzter Analyseschritt bestand in der Spiegelung der Ergebnisse des biographieanalytischen Teils der Studie mit den Ergebnisse des ethnographischen Teils. Inwieweit korrespondieren die sozialräumlichen Ressourcen mit der Lebenssituation der alten Menschen? Inwieweit stehen sie im Widerspruch zueinander? Inwieweit finden sich alte Menschen in ihrer Lebensumwelt entsprechend ihren Bedürfnissen, Interessen, Problemen, Wünschen und Lebensvorstellungen wieder? Inwieweit können sie überhaupt auf Ressourcen in ihrer Lebensumwelt zur Gestaltung und Bewältigung der Lebenssituation im Alter zurückgreifen?

4. Die Ergebnisse der Studie

4.1 Der biographische Teil

Wie oben bereits erwähnt endete die Auswertung des biographischen Teils der Studie mit der Entwicklung einer Typologie, die insgesamt fünf Typen umfasste, in denen die in den Einzelfallanalysen deutlich gewordenen Differenzen in den Verlaufskurven sowie den unterschiedlichen Sinn- und Handlungsorientierungen in der gegenwärtigen Lebenssituation herausgearbeitet wurden. Diese Typen sind:

Typ 1: Alter(n) auf dem Land als biographische Diskontinuität

Zentrales Kennzeichen dieses biographischen Typs ist, dass er kaum als eigenständiges Subjekt auftritt, sondern sein Leben unter die von den ländlichen Gemeinschaften vorgegebenen Anforderungen, Orientierungen und Strukturen subsumiert und von Dritten getroffenen Entscheidungen und Weichenstellungen abhängig macht. Es ist ein von außen und durch andere gesteuertes Leben.

Bedingt durch die gesellschaftlichen Entwicklungsprozesse des Landes während der Nachkriegszeit, durch die die Grundfesten der ländlichen Gemeinschaften brüchig wurden, wird dieser Typ abrupt und radikal aus den dörflichen Vergemeinschaftungsformen freigesetzt. Die mit den Gemeinschaften verbundenen Tätigkeiten, sozialen Beziehungen und Einbindungen gehen vollends verloren.

Entsprechend seines Weltbildes, den Lebensverlauf als kaum veränderbar zu begreifen, werden angesichts dieser veränderten Umwelt kaum Umorientierungen der Sinnstrukturen und Orientierungsmuster vollzogen. Die dörflichen Lebensverhältnisse und die traditionellen dörflichen Gemeinschaften bleiben Orientierungspunkt. Durch das Beibehalten von alten, unveränderten Handlungsmustern, Sinnstrukturen sowie Wertmaßstäben gegenüber einer veränderten Umwelt, in der diese an Gültigkeit verloren haben, sieht sich dieser Typ einer Lebensumwelt gegenüber, die ihm fremd geworden ist und die er oft nicht mehr versteht. Die weggefallenen sozialen Einbindungen und Tätigkeiten werden nicht durch andere oder neue ersetzt. Bezüge zur aktuellen Lebensumwelt durch soziale Einbindungen oder Tätigkeiten sind stark reduziert. Entfremdungs- und Isolierungsprozesse im Alter sind damit zwei Konsequenzen dieser Lebensführung. Das Leben wird (fast) zu einer Insel inmitten einer fremd gewordenen Umwelt. Mit der Freisetzung aus den dörflichen Vergemeinschaftungsformen wird das Leben zur Diskontinuität, die auch das Leben im Alter kennzeichnet.

Typ 2: Bäuerliche Familien- und Arbeitsverhältnisse als riskante Lebenskontinuität im Alter

Dieser Typ wächst in bäuerlichen Familienverhältnissen auf. Das Eingebettetsein in landwirtschaftliche Arbeit und in die Mehrgenerationenfamilie markiert von Kindheit an das Leben dieses Typs und bleibt über die gesamte Lebensspanne die Orientierungsfolie.

Die ländlichen Entwicklungsprozesse der Nachkriegszeit und die dadurch bedingten Auflösungstendenzen der Landwirtschaft und die Entflechtung der Generationen aus mehrgenerationenbezogenen Familienverhältnissen stellen eine Bedrohung für die Weiterführung der Lebensorientierungen dar. Im Gegensatz zu Typ 1 gelingt es diesem Typ jedoch, alte Lebensverhältnisse, d.h. vor allem die Landwirtschaft und die Mehrgenerationenfamilie, in der Gegenwart aufrechtzuerhalten. Hierdurch schafft er zwar Möglichkeiten biographischer Kontinuität. Die Verlängerung von Altem in die Gegenwart führt jedoch zu riskanten Spannungen, Dissonanzen und Problemen in der Lebensführung. Sie entstehen durch die Ungleichzeitigkeiten zwischen den gleichbleibenden (traditionellen) Lebensorientierungen, denen der reale Boden entzogen wurde und den veränderten (modernisierten) Lebensverhältnissen.

Diese Dissonanzen und Ungleichzeitigkeiten werden im Generationenverhältnis besonders deutlich, die dadurch entstehen, dass dieser Typ zur Aufrechterhaltung seiner Lebensführung (Landwirtschaft, Mehrgenerationenfamilie) auf die jüngere Generation angewiesen ist, diese aber nicht mehr selbstverständlich den Orientierungen der älteren folgt. Die Unabhängigkeitsbestrebungen der jüngeren Generation werden von der älteren versucht zu unterbinden (z.B. Unterbinden einer außerlandwirtschaftlichen Berufskarriere der Söhne), was zu erheblichen Spannungen und Konflikten führt.

Indem das Leben dieses Typs im Dienst der landwirtschaftlichen Arbeit und Familie steht, werden darüber hinaus gehende Aktivitäten und soziale Beziehungen kaum verfolgt. Freie Zeit und Freizeit können auch im Alter nur durch den Rückgriff auf die mit (landwirtschaftlicher) Arbeit und Familie verbundenen Tätigkeiten und sozialen Beziehungen gefüllt werden. Die Familie wird zum Mikrokosmos, auf den sich dieser biographische Typ zurückzieht und auf den sich das Leben beschränkt.

Indem das Leben im Alter in früh festgelegten Orientierungen gefesselt ist und dadurch durchlebt wird, in dem das verlängert wird, was man schon immer gemacht hat, wird es in mehrfacher Hinsicht zu einer riskanten Lebensphase. Entfremdungsprozesse sind ein Problem dicses Lebensentwurfs. Dieser Lcbensentwurf ist aber auch schnell mit Enttäuschungen und Frustrationen verbunden, da seine Aufrechterhaltung rasch an Grenzen stößt (z.B. durch Unabhängigkeitsbestrebungen der jüngeren Generation) bzw. er schnell ganz zusammenbrechen kann (z.B. Aufgabe des landwirtschaftlichen Betriebes), ohne dass dieser Typ Fähigkeiten entwickelt hätte, die solche Brüche auffangen könnten. Die erlebte Kontinuität kann schnell zur Diskontinuität werden. Es ist ein Lebensentwurf, der gefährliche Diskontinuitäten heraufbeschwört, indem er Früheres einfach verlängert.

Typ 3: Zwischen den Stühlen: Alter(n) auf dem Land als Lebensphase biographischer Ambivalenz und Orientierungsdilemmata

Auch dieser Typ wächst in ländlichen Familienverhältnissen auf. Sein Lebensrahmen ist zunächst durch die Mehrgenerationenfamilie und die Ausführung traditioneller ländlicher Arbeiten in Forst- und/oder Landwirtschaft bestimmt. Eine vorgezeichnete Schulausbildung (Volksschule) und eine kaum zur Disposition stehende Berufsausbildung oder -karriere durch das Eingebundensein in die ländliche Erwerbsstruktur sind charakteristisch. Obwohl immer wieder Anzeichen von Unzufriedenheit, Gefühle der Einschränkung oder Benachteiligung der durch diesen Lebensrahmen bereitgestellten Lebenschancen in der Lebensgeschichte deutlich werden, führen sie wenig zu Handlungsinitiative und zum Eingreifen in die Lebenssituation. Der vorgezeichnete Lebensweg wird relativ unverändert beschritten und als wenig veränderbar erlebt.

Die durch die Nachkriegszeit bedingten Freisetzungsprozesse aus Landwirtschaft und Mehrgenerationenfamilie und die damit bedingte Herauslösung aus dem ursprünglichen Lebensrahmen werden von diesem Typ als tendenzielle Befreiung aus eingeschränkten Lebensverhältnissen erlebt. Charakteristisch für diesen Typ ist, dass er die Modernisierung von Lebensverhältnissen nicht abwehrt, sondern ihr gegenüber offen ist, sie akzeptiert und in seine Biographie aufnimmt. Allerdings geschieht dies weniger durch eigeninitiatives Handeln oder die Realisierung eigener Lebensentwürfe, sondern im Befolgen neu hergestellter Normalverhältnisse.

Die Freisetzung aus den alten Bindungen ist mit der Einbindung in neue Verhältnisse verbunden. So geht die Freisetzung aus der Mehrgenerationenfamilie mit der Einbindung in die Kleinfamilie einher. Heirat ist selbstverständlich; Kinder gehören ebenfalls zum Lebensentwurf. Das familiale Zusammenleben orientiert sich weitgehend am Modell der klassischen geschlechtsspezifischen Arbeitsteilung. Die Freisetzung aus der Landwirtschaft kann durch die Einbindung in den modernen, städtischen Arbeitssektor ersetzt werden, die allerdings weniger auf einer selbstgewählten Berufskarriere basiert, sondern durch die ehemalige Einbindung in die ländlichen Lebensverhältnisse sowie die begrenzte Schul- und Berufsausbildung deutliche Grenzen gesetzt und wieder eingeholt wird. Die Übernahme von Putztätigkeiten in städtischen Sektor bei Frauen ist ein Beispiel dafür.

Die Einbindung in diesen neuen Lebensrahmen geht mit Anforderungen und Orientierungen der Lebensführung einher, die der traditionell ländlichen Lebensführung wenig bekannt waren. So ist die Einbindung in die außerlandwirtschaftliche Arbeitswelt z.B. mit Mobilität, Flexibilität, neuen Beziehungsmustern und Entscheidungsoffenheit verbunden, was im Gegensatz zu den die Landwirtschaft prägenden Merkmalen wie Entscheidungsverschlossenheit, starren Arbeitsstrukturen und Ortsansässigkeit steht. Dieser Typ widersetzt sich diesen neuen Anforderungen, Beziehungsmustern, Orientierungen und Verhaltensweisen nicht, sondern versucht sie zu befolgen. Indem er ihnen aber nur folgt, kann jedoch eine Aneignung und innere Umorientierung durch einen Prozess der Auseinandersetzung nur schwer vollzogen werden. Dieser Typ stellt sich äußerlich auf die neuen Lebensverhältnisse ein und akzeptiert sie, allerdings geht dies nur ansatzweise mit einer inneren Modernisierung einher. Dadurch nimmt dieser Typ eine ›sandwich‹-Position ein, durch die er gleichzeitig neuen *und* alten Orientierungen folgt. Neu und alt hat sich kaum zu neuen biographischen Wissensbeständen und handlungsleitenden Orientierungen verdichtet. Da beide Orientierungslinien oft mit sehr unterschiedlichen, gar entgegengesetzten Verhaltensanforderungen und Anforderungen der Lebensführung verbunden sind, geraten sie in Verhaltens- und Orientierungsdilemmata. Anpassung statt Entwicklung hat im Alter zur Folge, dass auch diese Lebensphase im Befolgen neuer Normalitätsverhältnisse besteht, die aber nicht mehr jene Stabilitäten, Selbstverständlichkeiten und Entlastungen bieten, wie die (bäuerlichen) Lebenszusammenhänge, in denen dieser Typ groß geworden ist. Dies führt im Alter zu Verunsicherung, Ambivalenz und Orientierungsdilemmata. Über die subjektiven Fähigkeiten, die notwendig wären, um in diesen neuen Lebensverhältnissen Handlungs- und Orientierungssicherheit herzustellen, verfügt dieser Typ aufgrund der mangelnden subjektiven Umorientierungen höchstens ansatzweise.

Typ 4: Die dörfliche Sozialwelt als Konflikt – Auf der Suche nach einem eigenen biographischen Entwurf

Ein zentrales Merkmal dieses Typs ist das Spannungsverhältnis des Individuums zum dörflichen Herkunftsmilieu. Dieses Spannungsverhältnis ist dadurch bedingt, dass dem Individuum durch seine soziale Herkunft in der dörflichen Sozialwelt Vorgaben für seinen Lebensweg und seine soziale Positionierung gemacht werden, die von ihm als Lebensbeschränkung und Benachteiligung erlebt und/oder mit Leidenserfahrungen bis hin zu verlaufskurvenförmigen Erfahrungsprozessen verbunden sind. Das Individuum erlebt eine Diskrepanz zwischen den zugewiesenen Lebenschancen und den damit verbundenen Bewertungen seiner Person einerseits und seinen eigenen Lebensvorstellungen und/oder Selbsteinschätzungen andererseits. Dieser Konflikt wird zum Antrieb einer Suche nach Möglichkeiten zur Zurückweisung dieser Negativerfahrungen sowie zum Aufbau von Lebensformen, die den eigenen Vorstellungen eher entsprechen. Es ist eine Suche, die in einem wellenförmigen Prozess verläuft, in dem Erfahrungen, die das Individuum in seinem Bestreben nach Lebensveränderung und -verbesserung bestätigen, immer wieder neben solchen stehen, die ihn wieder in die mit seinem Herkunftsmilieu und der dörflichen Sozialwelt verbundenen Lebens- und Handlungsbeschränkungen zurückholen.

Die Biographieverläufe gehen zugunsten unterschiedlicher Erfahrungen aus. Ein Teil der untersuchten Biographien kann sich in anderen als den ihr von Kindheit bis zum frühen Erwachsenenalter zugewiesenen Fähigkeiten und Lebenswegen erleben und bestätigen und eine Art biographischen Gegenentwurf zu den ursprünglich zugewiesenen Lebenschancen entwickeln. Alter wird in diesem Fall zur Lebensphase der Weiterführung und Weiterentwicklung dieses biographischen Entwurfs.

Ein anderer Teil der BiographieträgerInnen gibt sich bei der Suche nach der Loslösung vorgezeichneter Lebenswege und Lebensverbesserung relativ früh in seinem Leben geschlagen. Er schafft es nicht, Lebensverhältnisse aufzubauen, die seinen Bestrebungen und Wünschen entsprechen. Die Lebensgeschichte ist hierdurch mit Enttäuschungen, Resignation und dem Gefühl, Chancen verpasst zu haben, belegt. Alter wird in diesem Fall zur Lebensphase einer fehlenden Realisierung eines eigenen biographischen Entwurfs und bleibt in den lebensgeschichtlich aufgeschichteten Leiderfahrungen, Unzufriedenheiten und Enttäuschungen gefangen.

Typ 5: Land als biographische Randkategorie für das Leben im Alter

Im Gegensatz zu den anderen Typen, deren biographische Verläufe in enger Verbindung zu den ländlichen Lebensverhältnissen und deren Vergemeinschaftungsformen geschrieben wurden, hat die ländliche Region bei diesem Typ eine eher marginale biographische Bedeutung. Für den biographischen Verlauf sind vom Land unabhängige Entwicklungen, Ereignisse und Erfahrungen entscheidend und prägend. Da das Land in der Lebensgeschichte eher von marginaler Relevanz ist, wird auch die Altersphase weitgehend unabhängig von den ländlichen Lebenszusammenhängen und -bezügen sowie deren Sinn- und Deutungsmustern gelebt.

Zusammenfassung

Die Ergebnisse der Biographienanalysen zusammenfassend lässt sich feststellen, dass die ursprünglich in den traditionellen Vergemeinschaftungsformen eingebundenen Biographien, die wenig Spielräume zur biographischen Gestaltung boten, durch Modernisierungsprozesse des ländlichen Raums im Laufe der Zeit freigesetzt und damit konfrontiert werden, Möglichkeiten biographischer Anschlußfähigkeit an die veränderte ländliche Sozialwelt zu entwickeln. Lebensgestaltung und Lebensbewältigung werden dabei zunehmend zur biographischen Leistung. Der je individuell entworfene Weg durch die veränderte Lebensumwelt bringt spezifische Problematiken für den Lebensentwurf im Alter mit sich. Diese drücken sich in Form von Ungleichzeitigkeiten zwischen subjektiven Orientierungen und den vorhandenen Lebensverhältnissen, biographischen Diskontinuitäten, Orientierungsdilemmata zwischen unvermittelten neuen und alten Orientierungen sowie der ungelösten Suche nach einem eigenen biographischen Entwurf aus.

4.2 Der ethnographische Teil

Im Rahmen des ethnographischen Teils wurden folgende Institutionen ermittelt und einer weiteren Analyse unterzogen:

Die Abteilung »Altenbetreuung« der Volkshochschule des Landkreises: Ihre Angebote umfassen die traditionelle Altenclubarbeit in Form von Diavorträgen verbunden mit gemeinsamen Kaffeetrinken sowie Seniorentanzgruppen.[4]

[4] Seniorentänze sind eine Mischung aus Gesellschaftstanz und Volkstanz. Sie werden meist in Gruppen getanzt. Die InitiatorInnen und VerfechterInnen des Seniorentanzes erklären, dass diese Tänze aufgrund nicht allzu schwerer Schrittfolgen und körperlicher Anstrengungen speziell für alte Menschen geeignet und auf deren besondere körperliche und geistige Verfasstheit zugeschnitten seien. Das Ziel der Seniorentänze sehen sie in der Aufrechterhaltung körperlicher und geistiger Kräfte im Alter. Die Aufrechterhaltung der geistigen Kräfte wird durch das Training des Gedächtnisses verfolgt, das wiederum durch das Behalten der Schrittfolge erzielt werden soll.

Die Diakoniestation der Gemeinde: Ihr Hauptaufgabengebiet beinhaltet die ambulante häusliche Pflege von kranken und pflegebedürftigen, im wesentlichen alten Menschen.

Die Leitstelle Älterwerden des Landkreises: In ihrem Mittelpunkt stand während des Untersuchungszeitraums ein Projekt zur mobilen ambulanten Rehabilitation und Beratung von älteren Menschen, »die mit akuten Krankheitsbildern wie z.B. Schlaganfall, Schenkelhalsbruch, Amputationen oder schweren Gelenkveränderungen aus den Kliniken entlassen werden oder bereits zur Klientel der Diakoniestation gehören.«[5] Sich der aktivierend-rehabilitativen Pflege verpflichtend, setzt sich dieses Projekt aus interdisziplinär arbeitenden Teams bestehend aus Fachkräften der Krankengymnastik, Ergotherapie, Logopädie, Psychiatrie, Sozialarbeit und Krankenpflege zusammen. Letztendliches Ziel des Projektes ist die Aufrechterhaltung von Selbständigkeit im Alter und die Vermeidung von Heimeinweisung.

Die evangelische Kirchengemeinde in Oberreitenau: Die Gemeinde macht kein spezielles Angebot für ihre älteren Mitglieder. Allerdings wird von der Kirchengemeinde ein Gesprächskreis zum Lesen und zur Reflexion biblischer Texte angeboten, der sich zwar nicht explizit an ältere Menschen richtet, aber de facto in der Mehrheit von Menschen im Alter von 55 bis 75 Jahren besucht wird.

Das Dezernat für Altenbetreuung der Gemeinde: Die Hauptaktivitäten liegen in der finanziellen Unterstützung der Altenclubarbeit der VHS sowie einer Altentagesstätte des evangelischen Altenheims in Wallerau, die sich zwar an die gesamte Gemeinde richtet, realiter aber fast ausschließlich von BewohnerInnen des ihr angegliederten Altenheims benutzt wird. Die Inhalte der Tagesstätte umfassen Unterhaltungs- und Betreuungsangebote der traditionellen Altenarbeit: Basteln, Spielen, Singen[6], Seniorentanz, Kaffeetrinken stehen im Mittelpunkt der Aktivitäten. Darüber hinaus wird jedes Jahr eine Weihnachtsfeier für die älteren Mitglieder der Gemeinde veranstaltet.

Vereine des Dorfes: Es wurden 11 Vereine in Oberreitenau ausfindig gemacht, die jedoch keiner weiteren Analyse unterzogen wurden. Alle Vereine umfassten lediglich Altersgruppen des Kinder-, Jugend- und mittleren Erwachsenenalters.

In der Analyse dieser Angebote und Einrichtungen wurden folgende Punkte herauskristallisiert:

---

5 Auf die Literaturangabe wird aus Gründen der Anonymhaltung des Untersuchungsgebietes verzichtet.

6 Lieder werden aus einem Liederbuch, »Lieder für fröhliche Stunden – Musik macht fröhlich« entnommen!

Verständnis von Alter

Die Altenhilfemaßnahmen setzen an den klassischen, mit Alter assoziierten Problemen an. Die Maßnahmen umfassen durch die Diakoniestation und die Leitstelle des Landkreises zum einen den Pflege- und Krankheitsbereich; die Altenclubarbeit der VHS orientiert sich zum anderen an den traditionellen Leitlinien der offenen Altenarbeit, so wie sie Ende der sechziger/Anfang der siebziger Jahre entwickelt (vgl. Schmidt/Schweppe, 1995) und spätestens seit Mitte/Ende der siebziger Jahre Reformbestrebungen unterzogen wurden, die die hier betreffende Altenarbeit jedoch nur wenig berührt haben. Das Leitbild der Altenclubarbeit ist das der Betreuung, deren Ziel die Vermittlung von Abwechslung und Lebensfreude im Alltag in Situationen liebevollen Umsorgtseins ist. Erreicht werden soll dies durch Angebote der Unterhaltung und Zerstreuung, die sich durch die weitgehende Abwesenheit von Anforderungen und problemorientierten Thematisierungen auszeichnen (vgl. ebd., 140). Die TeilnehmerInnen werden kaum an der Programmgestaltung und am Programmverlauf beteiligt. Sie werden in die Rolle der passiven KonsumentInnen gedrängt. Ebenso sind Infantilisierung und Entmündigung der TeilnehmerInnen Kennzeichen der Maßnahmen. Ein Zugang zur Lebenswelt und zum Alltag der Adressaten und Adressatinnen ist hier ebensowenig vorgesehen wie Fragen der Lebensbewältigung und Lebensgestaltung.

Indem die in Betracht genommenen Altenhilfemaßnahmen an Krankheit und Pflege auf der einen Seite und Unterhaltung und Betreuung auf der anderen Seite ansetzen, orientieren sie sich am Defizitmodell des Alters, nach dem diese Lebensphase durch einen Abbau geistiger, körperlicher und seelischer Kräfte gekennzeichnet ist. Alter wird demnach mit Krankheit, Schwäche, Verwirrtheit und Einsamkeit gleichgesetzt. Altersbedingte Abbauprozesse sind nach diesem Verständnis unvermeidbar; sie können höchstens durch Maßnahmen wie die des Seniorentanzes tendenziell aufgehalten werden. Lern- und Veränderungsprozesse werden alten Menschen in diesem Modell kaum zugetraut.

Verständnisse über das Altern auf dem Land

Die untersuchten Maßnahmen und Dienste enthalten Vorstellungen und Bilder von landspezifischen Lebenslagen und Lebensformen, die auch Interpretationen über das Altwerden auf dem Land verkörpern. Drei unterschiedliche Leitbilder wurden ermittelt:

1. Bei der Leitstelle »Älterwerden des Landkreises« lässt sich die Vernachlässigung des Regionalspezifischen erkennen. Es wird davon ausgegangen, dass sich Altern in Stadt und Land wenig unterscheiden. Die einzige Differenz, die gesehen wird, bezieht sich auf infrastrukturelle Bedingungen.

2. Demgegenüber steht ein Bild über Altern auf dem Land als »*heile, zumindest heilere Welt*«, das vor allem von der Diakoniestation vertreten wird. Der Leiter schreibt dem Land klischeehaft positive Eigenschaften zu,

durch die Altern, insbesondere im Vergleich zur Stadt, relativ problemlos, harmonisch und abgesichert ist. Probleme, die dieses Bild zerstören könnten, werden wenig zugelassen. So wird Einsamkeit von alten Menschen eher als städtisches, auf dem Land kaum existentes Problem qualifiziert. Sollte Altern mit Problemen verbunden sein, wird von einer gut funktionierenden Dorfgemeinschaft ausgegangen, die z.B. mittels einer gut funktionierenden Nachbarschaftshilfe diese Probleme aufgreifen und lösen kann. In diesem Bild über das problemlose Altern auf dem Land ist vor allem immer wieder das Bild über die gut funktionierende (Mehrgenerationen-)Familie verankert, in der alte Menschen selbstverständlich eingebunden sind, die selbstverständlich pflegebedürftige alte Familienmitglieder umsorgt und diese Funktion auch gut erfüllt. Die (Mehrgenerationen-)Familie wird als ideale, selbstverständliche und gut funktionierende Institution für das Leben im Alter bewertet, deren Versorgungsfunktionen und -kapazitäten auf keinen Fall durch die Dienste sozialer Einrichtungen beeinträchtigt werden dürfen. Die Anwesenheit einer Pflegekraft der Diakoniestation zu nutzen, um andere Dinge, wie Einkäufe zu erledigen oder sie als Zeit der Entspannung von Pflegeleistungen zu nutzen, wird ungern gesehen. Das Bild über die intakte (Mehrgenerationen-) Familie lässt familiale Probleme, z.B. bei der Pflege von alten Menschen, kaum zu. Weder die Be- bzw. Überlastung von pflegenden Angehörigen noch die mit familialen Pflegeleistungen verbundenen Spannungen oder Konfliktlagen treten in diesem Bild auf. Angehörigenarbeit wird als unnötig angesehen, da nicht von Belastungen oder Konflikten bei der Pflege ausgegangen wird.

3. Bei der Leiterin der VHS sind dagegen Vorstellungen über Land erkennbar, die Land mit Rückständigkeit verbinden. Die ländliche Altenbevölkerung gilt im Vergleich zur städtischen als weniger gebildet und ärmer. Die Leiterin der Altenabteilung der VHS sagt: »*Es gibt in den Städten sicherlich mehr Senioren auf höherem Niveau. Dass die natürlich 'was anderes kriegen müssen, das ist klar.*« Sie entwickelt eine Dichotomie zwischen den städtischen und ländlichen Alten. Paraphrasiert könnte ihre Aussage lauten: ›Die städtischen Alten sind gebildeter und reicher, die ländlichen Alten dümmer, ärmer, rückständiger. Dementsprechend ist das Anspruchsniveau der beiden Populationen unterschiedlich. Da die ländlichen Alten über ein niedriges Bildungsniveau verfügen, müssen sich Programminhalte auch auf einem Niveau befinden, das niedrigere intellektuelle Anforderungen stellt.‹ Indirekt gelingt es der Leiterin hierdurch, die Inhalte, Struktur und Organisation der Altennachmittage zu rechtfertigen. Die den alten Menschen zugeschriebene Rückständigkeit rechtfertigt den rein konsumtiven Charakter der dem Betreuungs- und Verwahrungsgestus verhafteten Veranstaltungen.

4. Ein viertes Bild über Altern auf dem Land wird durch eine Mitarbeiterin der VHS repräsentiert, die für die Moderation der Altenclubarbeit zuständig ist. In ihren Äußerungen sind Aussagen enthalten, die älteren Menschen

unterstellen, dass sich die Umwelt von ihnen entfremdet habe, alte Menschen diese veränderte, modern gewordene Welt nicht mehr verstehen und deshalb mit einem sehnsüchtigen Blick auf die ›gute alte Zeit‹ zurückblicken. Sie gibt vor, dieses Weltbild zu teilen, indem sie die frühere und vergangene Welt als die bessere darstellt. So liest sie während einer Veranstaltung eines Altenclubs ein Gedicht vor, das von der fehlenden Motorisierung früherer Zeiten und die dadurch bedingten langen Fußmärsche der Bevölkerung handelt. Sie kommentiert das Gedicht abschließend: »*Früher hat man viel gelaufen, die jungen Leute heute laufen ja nicht mehr. Selbst fürs Zigaretten-Holen, nehmen sie ein Auto. Also ich möchte meine Jugend heute nicht verbracht haben*«. Sie stellt die ›gute alte Zeit‹ der ›schlechten heutigen Zeit‹ gegenüber. Sie versucht, Empathie zu vermitteln und scheint zu unterstellen, dass die BesucherInnen ihren verklärten Blick auf die Vergangenheit teilen. Sie geht undifferenziert von einem Altenbild aus, in dem alte Menschen bestimmte Entwicklungen der Gegenwart nicht mitvollzogen haben, ihnen befremdet bzw. entfremdet gegenüberstehen und deshalb verklärt auf die Vergangenheit zurückblicken.

4.3 Spiegelung der Ergebnisse des biographischen und ethnographischen Teils

Ungleichzeitigkeiten

Vergleicht man die dörflichen Ressourcen und die Altenhilfemaßnahmen und die mit ihnen verbundenen Bilder, Maßnahmen und Altersverständnisse mit der Lebenssituation der untersuchten alten Menschen, lassen sich erhebliche Diskrepanzen feststellen. In den dörflichen Ressourcen und Angeboten werden Bilder und Vorstellungen über das Altern vermittelt und Dienste und Maßnahmen auf Lebensformen bzw. Problemlagen zugeschnitten, die in vielfältiger Hinsicht diametral zu der Lebenssituation der untersuchten alten Menschen stehen. Die Biographieanalysen haben deutlich gemacht, dass Altern wenig mit dem in den dörflichen Ressourcen auf Lebensentwürfe des Rückzugs, der Genügsamkeit und des Abbaus zugeschnittenen Angebote und Maßnahmen kompatibel ist – die Suche nach Möglichkeiten der Lebensgestaltung, die etwa in den Biographien des Typs 4 zum Ausdruck gebracht wird, die Offenheit für neue Einbindungen und Tätigkeiten in den Biographien des Typs 3 oder der Wunsch nach landwirtschaftlicher oder familialer Beschäftigung bei Typ 2 sind deutliche Anzeichen dafür. Darüber hinaus kann ein mit Rückzug verbundener Lebensentwurf im Alter mit nicht unerheblichen Konflikt- und Problemlagen verbunden sein, so wie dies in den Biographien von Typ 1 deutlich wird. Ebenso wenig entsprechen die ermittelten Vorstellungen über die Landspezifik des Alterns, die in den dörflichen Ressourcen sichtbar werden, den rekonstruierten Biographien. Dass Altern sehr wohl mit landspezifischen Besonderheiten verbunden ist, konnte deutlich herausgearbeitet werden und widerspricht dem Bild, das von der fehlenden Bedeutung von Regionalität für das Altern ausgeht (Bild 1). Ebenso wenig entsprechen die rekonstruierten Biographien Maßnahmen, die davon ausgehen, dass Altern auf dem Land durch spezifische altenfreundliche ländliche Ressourcen und Einbindungen abgesichert und problemlos ist (Bild 2). Sollte es diese Ressourcen jemals für das Alter(n) auf dem Land gegeben haben, sind sie nur noch rudimentär verfügbar bzw. führen, wenn auf sie zurückgegriffen wird, zu einem nicht unerheblichen Konfliktpotential in den Lebensentwürfen von alten Menschen. Weder die (Mehrgenerationen-)Familie noch die Einbindung in die Landwirtschaft oder dörfliche Gemeinschaftsstrukturen sind Ressourcen, die das Land selbstverständlich anbietet und auf welche im Alter automatisch zurückgegriffen werden kann. Wenn dies geschieht, kann dies sogar mit nicht unerheblichen Risiken in der Lebensführung verbunden sein. Man denke dabei an das konfliktträchtige Generationenverhältnis des Typs 2. Auch das Verständnis, dass alte Menschen durch den Rückgriff auf ein ausgeprägtes Vereinsleben vielfältige Möglichkeiten der Beschäftigung und sozialer Einbindung finden, konnte nicht bestätigt werden. Eher scheint das Gegenteil der Fall zu sein. Denn in den in Oberreitenau vorhandenen Vereinen waren alte Menschen nicht präsent. Das dritte Bild über das Altern auf dem Land als Rückständigkeit stellt ein vorurteilsbeladenes Klischee dar, das Abwertungen zur Folge hat, und durch die unterstellte Genügsamkeit und die unterstellten intellektuellen Beschränkungen der Alten diese kaum in ihren jeweiligen Lebenssituationen als eigenständige und ernstzunehmende Subjekte wahrnimmt, sondern mit dem Verwahrungsgestus verhafteten Betreuungsangeboten befriedet. Das vierte Bild über die Entfremdung von der Gegenwart entspricht zwar in Ansätzen den herausgearbeiteten Mustern der Lebensführung, vor allem des Typs 1 und teilweise auch des Typs 2, die Konsequenzen, die vor allem die Mitarbeiterin der VHS für die Altenarbeit daraus zieht, können jedoch fatale Folgewirkungen nach sich ziehen. Indem sie die ›gute alte Zeit‹ der ›schlechten heutigen Zeit‹ gegenüberstellt, will sie zwar Verständnis für mögliche Entfremdungsprozesse der Alten aufbringen, letztendlich birgt dies jedoch die Gefahr in sich, die erlebten Entfremdungen eher noch zu verstärken und weitere Desintegrationsprozesse voranzutreiben.

Es lässt sich somit eine Ungleichzeitigkeit zwischen den für alte Menschen zur Verfügung stehenden dörflichen Ressourcen, den mit ihnen verbundenen Bildern über das Altern und ihren Angeboten einerseits und der Lebenssituation der alten Menschen andererseits feststellen. In den dörflichen Ressourcen und ihren Angeboten sind weder die in den Biographien rekonstruierten Anforderungen der Lebensgestaltung noch die Konflikte der Lebensentwürfe im Alter enthalten. Die gespannten Generationenbeziehungen des Typs 2, die Isolations- und Entfremdungsprozesse in den Biographien von Typ 1, die unerfüllte Suche nach einem eigenen biographischen Entwurf des Typs 4 oder die ambivalenten und verunsicherten Orientierungen des Typs 3 kommen ebenso wenig vor wie Fragen nach den Anforderungen der Lebensgestaltung und Lebensbewältigung überhaupt. Die Erkenntnis, dass Altern auf dem Land zur biographischen Leistung geworden ist, und dass Tätigkeitsformen, soziale Beziehungen, Fragen der Pflege, letztendlich die Lebensführung im Alter hergestellt und immer wieder aufs Neue ausgehandelt und abgesichert werden müssen, hat Oberreitenau und seine Angebote und Ressourcen nicht erreicht.

Ungleichzeitigkeiten und die Gefahr der Verstärkung riskanter Lebensentwürfe

Was bedeuten nun diese Ungleichzeitigkeiten für das Altern in Oberreitenau? Eine erste Feststellung, die getroffen werden kann, ist, dass die Bewältigung der Probleme, die in den Biographien ermittelt wurden, und die Bewältigung der Anforderungen, die sich aus der biographisierten Lebensführung im Alter ergeben, kaum durch den Rekurs auf die bereitgestellten Ressourcen begegnet werden kann.

Darüber hinaus stellt sich die Frage, ob diese Diskrepanzen zwischen den Lebensformen der älteren Menschen und der dörflichen Umwelt lediglich dahingehend interpretiert werden können, dass alten Menschen nur wenig Rückgriffsmöglichkeiten auf Ressourcen in ihrer näheren Umwelt zur Lebensgestaltung und -bewältigung zur Verfügung stehen oder ob dadurch nicht sogar bestimmte Problem- oder Konfliktlagen verstärkt oder akzentuiert werden. Denn die Alten werden durch die Maßnahmen mit Leitbildern und Lebensentwürfen konfrontiert, die für das Altern auf dem Land eher kontraproduktiv sind. Mit welchen Problemen etwa ein Leben des Rückzugs verbunden ist, wird an der Biographie des Typs 1 deutlich. Ebenso kontraproduktiv und gefährlich ist das Verharren im Bild des sorgenlosen Eingebundenseins in der Mehrgenerationenfamilie, die gerne und selbstverständlich die Pflege ihrer alten Mitglieder übernimmt. In keinem der untersuchten Fälle war die Pflege der älteren Generation durch die jüngere sichergestellt, sondern das in den meisten Fällen eher gespannte Generationenverhältnis ließ die Frage der Pflege im Alter spannungsgeladen und unsicher werden. Und ist es für die heutigen alten Menschen notwendig, über subjektive Fähigkeiten des Entscheidens, der Eigeninitiative, der Gestaltungskompetenz etc. zu verfügen, so wird in den Altennachmittagen der VHS eher das Gegenteil verlangt. Anstelle von Partizipation und Selbstbestimmung stehen Bevormundung und Entmündigung. Die dörflichen Ressourcen enthalten in vielerlei Hinsicht Bilder und Lebensvorstellungen vom Alter, von denen sich alte Menschen, sollten sie selbst noch in solchen Vorstellungen verhaftet sein, eher trennen müssten, um die Anforderungen einer modernisierten Lebensführung im Dorf bewältigen zu können. Es ist also nicht nur, dass die dörfliche Lebensumwelt wenig Möglichkeiten der Lebensgestaltung und

-bewältigung im Alter anbietet, sondern darüber hinaus werden alte Menschen mit Leitbildern und Lebensentwürfen konfrontiert, von denen sie sich eigentlich lösen müssten, weil sie konflikt- und problembeladen sind. Inwieweit werden hierdurch Verunsicherungen und Desorientierungen nicht eher vorangetrieben? Inwieweit werden nötige Lebensveränderungen und lebensgeschichtliche Umorientierungen nicht eher gebremst? Wie wird es z.B. verarbeitet, immer wieder mit dem Bild der gut funktionierenden Mehrgenerationenfamilie konfrontiert zu werden, aber feststellen zu müssen, dass die Sorge um die Alten in der eigenen Familie nicht mehr selbstverständlich und erst recht nicht problemlos ist? Werden angesichts des dörflichen Normalitätsdrucks und der ausgeprägten sozialen Kontrolle u.U. hierdurch Gefühle von Scham, Verunsicherung, Unzulänglichkeit oder Abweichung gefördert und die Entwicklung von Alternativen gebremst?

Die Aufweichung traditioneller dörflicher Ressourcen und Alter(n)smuster ist in Oberreitenau kaum mit der Entwicklung neuer Orientierungsmuster und sozialer Räume für das Altern einhergegangen. Das Dorf hat sich kaum auf seine ›neuen‹ Alten eingestellt. Bisher wurden kaum neue soziale Räume für das Altern geschaffen, in denen sie sich lebensalterstypisch wiederfinden und auf die sie entsprechend ihrer Lebenssituation zurückgreifen können. Gemessen an den rekonstruierten Biographien ist die sozial verfasste Welt von Oberreitenau wenig anregend und leer. Dies betrifft sowohl Möglichkeiten der Lebensgestaltung als auch der Lebensbewältigung. Lösungen für die Anforderungen der Lebensgestaltung und -bewältigung im Alter werden auf die Subjekte und ins Private verlagert. Die Frage der Lebensgestaltung im Alter wird zur biographischen Leistung der Subjekte, die mit dieser Aufgabe relativ allein gelassen werden und vor allem nicht auf Mediationen oder intermediäre Institutionen zurückgreifen können.

Zum Umgang mit Ungleichzeitigkeiten oder wie sich das Dorf in seinen Bildern bestätigt

In den rekonstruierten Biographien lassen sich zwei allgemeine Muster des Umgangs mit bzw. des Rückgriffs auf die dörflichen Ressourcen zur Gestaltung der Lebenssituation im Alter erkennen. Die BiographieträgerInnen des Typs 1 und ein Teil des Typs 4 finden keine Ressourcen im Dorf, die ihren Lebensorientierungen im Alter entsprechen; die ländlichen Ressourcen sind nicht kompatibel mit ihren individuellen Lebensorientierungen, auch wenn dies Resultat vollkommen unterschiedlicher Lebensgeschichten ist. Beide ›lösen‹ diese Inkompatibilität durch den Rückzug ins Private. Typ 1 lebt völlig isoliert von ihrer Umwelt; ein Teil des Typs 4 kann bei seiner Suche nach einem Lebensentwurf, der unabhängig von den traditionellen Vorgaben der dörflichen Sozialwelt ist und nach Möglichkeiten des Nachholens versäumter Lebenschancen im Alter sucht, nicht auf entsprechende Ressourcen des Dorfes zurückgreifen und zieht sich ebenso »*ins stille Kämmerlein*« zurück. Die

Biographien des Typs 2 und 3 dagegen machen von den vorhandenen Ressourcen des Dorfes zur Gestaltung des Alters Gebrauch. Typ 2 greift auf die traditionellen Vergemeinschaftungsformen der Landwirtschaft und der Mehrgenerationenfamilie zurück; Typ 3 nimmt zum Teil an den Angeboten der VHS teil.

Beide Strategien bestätigen das Dorf in seinen Bildern. Der Rückzug ins Private kann als altersbedingter Rückzug interpretiert werden und bestätigt das Bild über das Alter als Rückzug. Der Rückgriff auf die traditionellen Ressourcen des Dorfes und die Altenhilfemaßnahmen bestätigt das Dorf ebenfalls darin, dass es genügend dörfliche Möglichkeiten der Beschäftigung und der sozialen Einbindung gibt und das Alter in Oberreitenau abgesichert ist. Dass der Rückzug des Typ 1 (auch) als Ausdruck einer mangelnden biographischen Anschlussfähigkeit an veränderte Lebensverhältnisse gedeutet werden kann, entgeht dem Dorf ebenso wie die Spannungen in den Lebenssituationen des Typs 2.

Fehlende Öffentlichkeiten für das Altern(n) auf dem Land

Indem das Dorf in seinem Bild des abgesicherten und relativ problemlosen Alterns immer wieder bestätigt wird, verhindert es gleichzeitig die Veröffentlichung von altersspezifischen Problemlagen. Solange Typ 2 landwirtschaftliche Arbeit als lebenslanges und lebensstrukturierendes Element aufrechterhält oder der Rückzug des Typs 1 als altersbedingt interpretiert werden kann, werden die mit den rekonstruierten Biographien verbundenen Konfliktlagen und Spannungsverhältnisse in der Lebenssituation übersehen und verdrängt. Es werden ihnen wenig Chancen gegeben, an die Öffentlichkeit zu gelangen. Für die in den Verlaufskurven offenkundig gewordenen Konfliktlagen wurden bisher kaum Öffentlichkeiten geschaffen, die Möglichkeiten der Thematisierung und Bearbeitung bieten könnten. Die Konfliktbewältigung wird wiederum auf die Subjekte und ins Private verlagert. Dadurch wird aber ein Teufelskreis in Gang gesetzt, durch den das Dorf wiederum im Bild vom sorgen- und problemlosen Alter bestätigt wird. Öffentlichkeiten für die rekonstruierten Konfliktlagen sind bisher kaum entstanden mit dem Ergebnis, dass die Thematisierung und Bearbeitung tatsächlich ins Private verlagert wurden und verlagert werden muss und letztendlich das Dorf in seinem Bild über das problemlose Altern bestätigt wird. Problemlagen und Problemlösestrategien bleiben im Privaten verborgen.

4.4 Resumé

Zusammenfassend lässt sich sagen, dass die Vermutung eines ›cultural lags‹, die Riley/Riley (1992) in ihrer theoretischen Annäherung über das heutige Altern geäußert haben, für Oberreitenau bestätigt werden kann. Die von den AutorInnen konstatierte strukturelle Diskrepanz zwischen den individuellen und in diesem Fall dörflichen Potentialen des Alters und dem Hinterherhinken dörflicher Strukturveränderungen kann bestätigt werden. Die Pluralität der Lebenslagen und -formen im Alter und das mit ihr verbundene individuelle Potential finden keine angemessene Entsprechung in dörflichen Strukturen und Optionen. Veränderungen in der dörflichen Struktur sind hinter den sich verändernden und veränderten Möglichkeiten und Bedürfnissen der Älteren zurückgeblieben. Angesichts der entwickelten Lebensentwürfe im Alter ist die sozial verfasste Welt des Dorfes relativ leer. Alte Menschen stehen einem Unterangebot an Opportunitätsstrukturen gegenüber (vgl. ebd., 55). Es besteht eine Diskrepanz zwischen den individuellen und dörflichen Möglichkeiten.

5. Der Ertrag des biographisch-ethnographischen Vorgehens

Der besondere Ertrag des biographisch-ethnographischen Vorgehens dieser Studie liegt in der Möglichkeit der Spiegelung der (individuellen) Biographieverläufe mit den durch die unmittelbare Umwelt zur Verfügung gestellten Ressourcen, Bildern, Angeboten und Maßnahmen. Nur so war es möglich, die Diskrepanzen zwischen den individuellen Lebensformen im Alter und den Strukturen der Umwelt zu ermitteln. Wäre die Studie bei einem ausschließlich biographieanalytischen Vorgehen stehen geblieben, hätten zwar die je individuellen Biographieverläufe und die je spezifischen Problematiken der jeweiligen Lebensformen im Alter rekonstruiert werden können. Es wäre aber im Verborgenen geblieben, dass sich die veränderten Lebensformen des Alters und die je spezifischen Formen und Anforderungen der Lebensgestaltung und -bewältigung in den Strukturen der Lebensumwelt bislang nur wenig niedergeschlagen haben. Diese bleiben weitgehend in überholten Lebensentwürfen für das Alter verhaftet. Durch diese Diskrepanz zwischen den Lebensformen der alten Menschen und der Umwelt konnte deutlich gemacht werden, dass Altern nicht nur mit den beschriebenen biographischen Schwierigkeiten und Problemlagen verbunden ist, sondern ebenso mit Ungleichzeitigkeiten zwischen ihren Lebensformen und der Lebensumwelt, die ihnen einerseits wenig Möglichkeiten der Lebensgestaltung und Lebensbewältigung bietet und sie andererseits mit überholten Lebensentwürfen konfrontiert und hierdurch Problemlagen akzentuieren kann.

Der besondere Ertrag eines biographisch-ethnographischen Vorgehens liegt somit in der Möglichkeit der Rekonstruktion der individuellen und je eigensinnigen Biographieverläufe und der gleichzeitigen Möglichkeit ihrer Verortung in der unmittelbaren Umwelt. Hierdurch wird es möglich, die Biographieverläufe in Bezug zur unmittelbaren Umwelt zu setzen und diese hinsichtlich ihrer Möglichkeiten und Potentiale sowie ihrer Grenzen und Behinderungen einer autonomen Lebenspraxis zu untersuchten.

6. Biographisch-ethnographische Zugänge und ihre Bedeutung für die sozialpädagogische (AdressatInnen)Forschung

Gerade in diesen Erkenntnismöglichkeiten scheint mir ein besonderer Gewinn für die sozialpädagogische Forschung und insbesondere eine sozialpädagogische AdressatInnenforschung zu liegen. Geht man davon aus, dass sich die in der Sozialpädagogik präsentierenden Fälle und Problemgegenstände als eine Entwicklungsgeschichte aufweisende und mit der Lebensgeschichte aufs engste verwobene, kontextabhängige soziale Einheiten in konkreten Lebensverhältnissen fassen lassen, zu denen sich Individuen verhalten und verhalten müssen und sich in einem komplexen Wechselspiel zwischen vorgegebenen Lebensverhältnissen und subjektiven Deutungen, zwischen vorgegebener Regelhaftigkeit und gleichzeitiger Emergenz ansiedeln, dann muss eine sozialpädagogische AdressatInnenforschung, der es um die Erfassung der Entfaltung und Bearbeitung sozialer Problemlagen geht, immer folgende Dimensionen beleuchten. Es geht zum einen um eine subjektiv-biographische Dimension, d.h. die Rekonstruktion der jeweiligen Problemlage und ihrer Entwicklung aus der Perspektive der handelnden und leidenden Subjekte, wie soziale Wirklichkeit von den Betroffenen erfahren wird und wie sie an ihrer Herstellung beteiligt sind. Der subjektiv-biographische Bezug sozialer Fälle erfordert die Erschließung des Falles aus der je subjektiven Sicht und ihrem lebensgeschichtlichen Gewordensein, um somit zur Wirklichkeit der je eigenen Erfahrungen, Entwicklungen und Anstrengungen vorzudringen und zu verstehen, wie die Welt aus der Sicht der Betroffenen gesehen und gestaltet wird. Es bedeutet die Erschließung der je eigensinnigen Lebensrealität und Lebensperspektiven, der Deutungsmuster, der Handlungspotentiale und Handlungspläne, der Sinnmuster, der Muster der Problementfaltung und -bearbeitung sowie der Grenzen der Gestaltungsmöglichkeiten durch lebensgeschichtliche Behinderungen, Benachteiligungen und Leidensprozesse.

Die in der Sozialpädagogik sich präsentierenden Fälle und Problemlagen sind aber immer sozial hergestellte und beziehen sich immer auf eine konkrete Lebensrealität, auf konkrete Lebensverhältnisse und eine Lebensumwelt, mit der sie auf vielfältige Weise verstrickt sind. Eine sozialpädagogische AdressatInnenforschung umfasst deshalb – zum zweiten – die Offenlegung dieser Lebensverhältnisse und die Erfassung der materiellen, sozialen, kulturellen, organisatorischen und politischen Dimensionen sowie die Inbeziehungsetzung der jeweiligen Problemlage zu den jeweiligen Lebensverhältnissen. Die Erfassung des sozialen Kontextes der jeweiligen Problemlage und -entwicklung zielt auf die Offenlegung der Grenzen der Gestaltungsmöglichkeiten durch heteronome soziale Strukturen innerhalb des Alltags, der Behinderungen und Beschädigungen selbstbestimmter Lebenspraxis, der Benachteiligungen und eventuellen Diskriminierungen, aber auch auf die Suche nach

Unterstützungspotentialen, möglichen Veränderungen, sozialen Netzwerken, die der Förderung einer autonomen Lebenspraxis dienlich sind. Die Einbettung der jeweiligen Problemlage in den sozialen Kontext schützt vor individualistisch verkürzten und dekontextualisierten Verständnissen sozialer Problemlagen, ein Phänomen, das der Sozialen Arbeit nur allzu oft inhärent ist.

Diesen Anforderungen kann, wie in der o.g. Studie verdeutlicht, durch eine Kombination von Methoden der Biographieforschung und der Ethnographie in hervorragender Weise begegnet werden, weil sie es ermöglichen, die jeweilige subjektive Weltsicht und Problementfaltung auf dem Hintergrund der jeweiligen Lebensgeschichte zu rekonstruieren und diese in Bezug zur Lebensumwelt zu setzen.

Literatur

Asam, W.H.; Altmann, U.; Vogt, W., 1990: Altsein im ländlichen Raum, München

Beck, U., 1986: Risikogesellschaft. Auf dem Weg in eine andere Moderne, Frankfurt a.M.

Bröschen, E., 1983 : Die Lebenslage älterer Menschen im ländlichen Raum, Schriftenreihe des Bundesministers für Jugend, Familie und Gesundheit, Bd. 137, Stuttgart u.a.

Brose, H.-G.; Hildenbrand, B., 1988: Biographisierung von Erleben und Handeln, in: Brose, H.-G.; Hildenbrand, B. (Hrsg.): Von Ende des Individuums zur Individualität ohne Ende, Opladen: 11-30

Deutsches Zentrum für Altersfragen (DZA) (Hrsg.), 1991: Alte Menschen in der Stadt und auf dem Lande, Berlin

Dieck, M., 1991: Einleitung: Lebensbedingungen alter Menschen in Stadt und Land in deutscher und europäischer Perspektive, in: Deutsches Zentrum für Altersfragen (Hrsg.): Alte Menschen in der Stadt und auf dem Lande, Berlin: IX-XXIV

Fischer, W., 1984: Biographische Methode, in: Haft, H.; Kordes, H. (Hrsg.): Methoden der Erziehungswissenschaft. Enzyklopädie Erziehungswissenschaft, Bd. 2, Stuttgart: 478-482

Glaser, B.G.; Strauss, A.L., 1967: The Discovery of Grounded Theory. Strategies for Qualitative Research, Chicago

Garms-Homolová, V.; Korte, W., 1993: Altern in der Stadt und auf dem Lande – Unterschiede oder Angleichung?, in: Naegele, G.; Tews, H.P. (Hrsg.): Lebenslagen im Strukturwandel des Alters, Opladen: 215-233

Langen, I.; Schlichting, R., 1990: Altenhilfe auf dem Lande, Marburg

Lüders, Chr., 1999: Pädagogische Ethnographie und Biographieforschung, in: Krüger, H.-H.; Marotzki, W. (Hrsg.): Handbuch erziehungswissenschaftliche Biographieforschung, Opladen: 135-146

Lamnek, S., 1989: Qualitative Sozialforschung, Bd. 2, Methoden und Techniken, München

Krüger, H.-H.; v. Wensierski, H.-J., 1995: Biographieforschung, in: König, E.; Zedler, P. (Hrsg.): Bilanz qualitativer Forschung, Bd. II, Methoden/Weinheim: 183-223

Mader, W., 1994: Emotionalität und Individualität im Alter – Biographische Aspekte des Alterns, in: Kade, S. (Hrsg.): Individualisierung und Älterwerden, Bad Heilbrunn: 95-114

Riley, W.R.; Riley, J.W. Jr., 1992: Individuelles und gesellschaftliches Potential des Alterns, in: Akademie der Wissenschaften zu Berlin (Hrsg.): Zukunft des Alterns und gesellschaftliche Entwicklung, Berlin: 437-459

Sander, U., 1987: Jugend und agrarständische Gemeinschaften – Wie entläßt die ›stille Revolution‹ ihre Kinder auf dem Lande?, in: Zeitschrift für internationale erziehungswissenschaftliche und sozialwissenschaftliche Forschung 4(1987)1: 103-142

Schmidt, R.; Schweppe, C., 1995: Zur Entwicklung und Profilierung Sozialer Altenarbeit im offenen Bereich, in: Hedtke-Becker, A.; Schmidt, R. (Hrsg.): Profile Sozialer Arbeit mit alten Menschen, Berlin: 135-157

Schubert, H.; Sauermann, E., 1992: Hilfenetze älterer Menschen. Ergebnisse einer egozentrierten Netzwerkanalyse im ländlichen Raum. Bericht des Instituts für Entwicklungsplanung und Strukturforschung GmbH, Nr. 205.92, Hannover

Schütze, F., 1977: Die Technik des narrativen Interviews in Interaktionsfeldstudien – dargestellt an einem Projekt zur Erforschung von kommunalen Machtstrukturen, Universität Bielefeld, Fakultät für Soziologie, Arbeitsberichte und Forschungsmaterialien Nr. 1, Bielefeld

Schütze, F., 1978: Zur Konstitution sprachlicher Bedeutungen in Interaktionszusammenhängen, in: Quasthoff, U. (Hrsg.): Sprachstruktur – Sozialstruktur. Zur linguistischen Theoriebildung, Königstein/Taunus: 98-113

Schütze, F., 1983: Biographieforschung und narratives Interview, in: neue praxis, 3, 1983, 283-293

Schütze, F., 1987: Das narrative Interview. Kurs der Fernuniversität Hagen, Hagen

Schweppe, C., 1999: Biographie und Alter – Ein Thema für die Sozialpädagogik?, in: neue praxis 6/99, 575-594

Schweppe, C., 2000: Biographie und Alter(n) auf dem Land. Lebenssituation und Lebensentwürfe, Opladen

Tews, H.P., 1987: Altern auf dem Lande, in: Der Landkreis. Zeitschrift für kommunale Selbstverwaltung, 57(1987)7, 446-452

Tews, H.P., 1992: Altern auf dem Lande: Strukturwandel des Alters – Veränderungen des Landes, in: Langen, I.; Schlichting, R. (Hrsg.): Altern und Altenhilfe auf dem Land, München: 29-55

CHRISTIAN LENHART

Wider den bloßen Verbleib

Zur umfassenden Bewertung arbeitsmarktpolitischer Maßnahmen am Beispiel des Europäischen Sozialfonds in Rheinland-Pfalz

Der Problemaufriß

Funktion, Aufgabenstellung und Legitimation arbeitsmarkt- und gleichzeitig sozialpolitischer Interventionen stehen – etwa aufgrund der sozialen Problematik Langzeitarbeitsloser und der schwierigen sozialen Lagen vieler arbeitsloser Jugendlicher – in einem diskursiven Zusammenhang mit modernisierungstheoretischen Perspektiven der Sozialen Arbeit. Ausgehend von der These, daß die Lebensführungen der Individuen zunehmend riskanter werden und traditionelle Sicherheiten wegbrechen[1], lassen sich für die Soziale Arbeit »neue« Aufgaben formulieren, die auch für eine erfolgreiche Arbeitsmarktpolitik von Bedeutung sind: Neben den klassischen Interventionsstrategien, die auf die Wiederherstellung von Normalität, also der Bearbeitung und Korrektur abweichenden Verhaltens sowie problematischer sozialer Lagen – in unserem Fall also Arbeitslosigkeit – abzielen, rückt ein umfassender Bedarf an beraterischen und strukturierenden Angeboten in den Vordergrund. Beratungs-, Begleitungs- und Strukturierungsleistungen werden zu Kernaufgaben sozialpädagogischer Praxis, die sich potentiell an alle Individuen der modernen Gesellschaft richten muß. Die Relevanz dieses Diskurses für Programmatik und Praxis arbeitsmarktpolitischer Interventionen drängt sich geradezu auf: (Strukturelle) Arbeitslosigkeit erfordert neben Qualifizierungsstrategien, die durch den Erwerb formaler beruflicher Qualifikation auf die (Wieder-) Eingliederung in das Erwerbsleben zielen, den Aufbau eines aktiven Bewältigungsstils, um schwierigen Lebenslagen samt Brüchen und unsicheren Übergangszeiten, insbesondere dem zunehmenden Verschwinden von durchgehenden Normalerwerbsbiographien (Schule, Ausbildung, abhängige Beschäftigung, Rente), im Sinne einer »Überlebenskompetenz« individuell wie gesellschaftlich gewachsen zu sein.

Die Entwicklung von *Überlebenskompetenz* – also die Fähigkeit, Lebensbewältigung, Lebensqualität und Existenzsicherung aktiv zu gestalten –

[1] Vgl. Beck, 1986 und Beck/Beck-Gernsheim, 1994.

so die Grundthese dieses Artikels, wird zu dem zentralen Bestandteil arbeitsmarktpolitischer Anstrengungen. Die im Titel formulierte Notwendigkeit einer umfassenden Bewertung arbeitsmarktpolitischer Interventionen ergibt sich aus der Überlegung, daß die Effekte solcher Maßnahmen über reine (beruflich verwertbare) Qualifikationssteigerungen hinausreichen *müssen*, wenn sie die o.a. Kompetenzen zur Bewältigung eines komplexen (Erwerbs-) Lebens entwickeln und fördern sollen.

Daher sollen im weiteren exemplarisch einige der bis dato gesammelten Erfahrungen mit der Evaluation der durch Mittel des Europäischen Sozialfonds (ESF) kofinanzierten arbeitsmarktpolitischen Interventionen des Landes Rheinland-Pfalz dargestellt, besondere Entwicklungen einer rheinland-pfälzischen »Evaluationskultur« aufgezeigt und diese den Anforderungen seitens der Europäischen Kommission (KOM) gegenübergestellt werden. Die Ausführungen konzentrieren sich dabei auf methodische Fragestellungen sowie auf eine Kritik weitgehend eindimensionaler Ziele, wie sie in den (arbeitsmarkt-) politischen Programmen überwiegen,[2] deren zugrundeliegender Interventionslogik ein »Paradigmenwechsel« entgegengesetzt wird, der sich an die bereits angesprochenen Diskurslinien der Sozialen Arbeit anlehnt.

Der programmatische Hintergrund

Der Europäische Sozialfonds (ESF), ein Finanzierungsinstrument der Europäischen Gemeinschaft zur Gewährung von Strukturhilfen, investiert vorrangig in die Förderung der Humanressourcen, also in Menschen. Wichtigstes Ziel dieser Förderung ist die Bekämpfung der Arbeitslosigkeit durch Entwicklung und Wiederherstellung der »Beschäftigungsfähigkeit« der Bürger, also die Vermittlung der erforderlichen beruflichen Qualifikationen.[3]

Für die Förderperiode 2000-2006 im Ziel 3 (Entwicklung des Arbeitsmarktes und der Humanressourcen) erhält Rheinland-Pfalz Mittel in Höhe von 108 Mio. EURO aus dem ESF, um arbeitsmarktpolitische Maßnahmen durchführen zu können. Dieser Betrag wird sich – eingerechnet der nationalen Kofinanzierung, denn im Rahmen der Zusätzlichkeit können ESF-Mittel nur in Kombination mit nationalen Mitteln verausgabt werden – auf mindestens 240 Mio. EURO erhöhen.[4] Angesichts dieser immensen öffentlichen Gelder ist es selbstverständlich, daß über die Verwendung, die erreichten Ziele, Effektivität und Effizienz des Programmes Rechenschaft gefordert wird.

---

[2] Vgl. dazu Lenhart, 1999.

[3] Vgl. z.B. Verordnung (EWG) Nr. 2081/93.

[4] Die maximale Interventionsrate durch den ESF beträgt 45%; in der Vergangenheit lag diese jedoch deutlich darunter und betrug in der Förderperiode 1994-1999 ca. 30%, d.h. durch die ESF-Mittel werden voraussichtlich auch in Zukunft erheblich größere nationale Finanzmittel akquiriert.

Das Einheitliche Programmplanungsdokument (EPPD) Ziel 3 für die Bundesrepublik Deutschland[5] sieht eine gegenüber den vergangenen Förderperioden erheblich ausgeweitete – sowohl was die Breite als auch die Tiefe der Untersuchungen betrifft – Struktur der Begleitung und Bewertung der Interventionen vor.

In der aktuellen wie den vergangenen Förderperioden der europäischen Strukturfonds gehört und gehörte die Begleitung und Bewertung der durch den ESF kofinanzierten arbeitsmarktpolitischen Maßnahmen zur Pflichtaufgabe der Mitgliedsstaaten der EU. Die Fondsverwaltung des ESF in Rheinland-Pfalz, das Ministerium für Arbeit, Soziales, Familie und Gesundheit Rheinland-Pfalz (MASFG), betraut seit 1995 das Institut für Sozialpädagogische Forschung Mainz (ism) mit der Evaluation der in den Zielen 3, 4 und 5b durchgeführten Qualifizierungs- und Beschäftigungsmaßnahmen.

Die in der allgemeinen Strukturfondsverordnung geregelten Mechanismen zur Begleitung und Bewertung der Interventionen zielen auf die Bemessung und Beurteilung der Gesamtauswirkungen der Fondsaktionen, insbesondere auf den Grad der Stärkung des wirtschaftlichen und sozialen Zusammenhaltes der europäischen Gemeinschaft.[6] Um die geneigte Leserschaft nicht mit schier unendlichen Auflistungen von Indikatoren, Variablen und Ausprägungen zu langweilen, die Effektivität und Effizienz der Aktionen bemessen und bewerten sollen, wird *die* zentrale Schlüsselfrage, nämlich der *Verbleib der TeilnehmerInnen nach Maßnahmeende* als Zielvorstellung der ESF-Interventionslogik: »Qualifizierung von arbeitslosen und benachteiligten Personen führt zur Integration in den Arbeitsmarkt« einer kritischen Betrachtung unterzogen[7] und weiteren, bislang nur rudimentär diskutierten Zieldimensionen gegenübergestellt.

Die Erfordernis, in Zukunft stärker zwischen Brutto- und Netto-Effekten[8] der ESF-kofinanzierten Aktionen zu unterscheiden sowie direkte und indirekte Folgen zu differenzieren[9], impliziert im Bereich »Entwicklung der Humanressourcen« insbesondere den Vergleich der Teilnahme z.B. an einer Qualifizierungsmaßnahme mit der Nicht-Teilnahme, also eine Gegenüberstellung

---

5 Bundesrepublik Deutschland: Strukturfondsperiode 2000-2006. »Einheitliches Programmplanungsdokument zur Entwicklung des Arbeitsmarktes und der Humanressourcen« für die Interventionen des Ziels 3 in Deutschland

6 Vgl. Verordnung (EG) 1260/1999, insbes. Art. 36-44.

7 Auch Deutschland verengt mit der SGB III-»Eingliederungsbilanz« Maßnahmeneffekte wesentlich auf die Frage: »Ist die Person in Arbeit oder nicht?«

8 Bislang wurden überwiegend sogenannte »Brutto-Effekte« ausgewiesen, die Mitnahme-, Verlagerungs- und Substitutionseffekte unberücksichtigt lassen.

9 Vgl. Leitlinien für die Begleit- und Bewertungssysteme der Interventionen des ESF für den Zeitraum 2000-2006 sowie Der neue Programmzeitraum 2000-2006: Methodisches Arbeitspapier Nr. 3: Indikatoren für die Begleitung und Bewertung: Eine indikative Methode.

eines Ereignisses mit der kontrafaktischen Situation eines Nicht-Ereignisses. Um also den – im nach obiger Interventionslogik besten Fall: »Verbleib im ersten Arbeitsmarkt« – erreichten Effekt einer Maßnahme auf die Teilnehmer beurteilen zu können, müssen grundsätzlich zwei Zustände miteinander verglichen werden: Der erste ist der, der durch die Maßnahme herbeigeführt wurde (z.B. ein Beschäftigungsverhältnis) und der zweite ist der, der sich zum selben Zeitpunkt ergeben hätte, wäre die Maßnahme nicht durchgeführt worden. Dieser von der europäischen Kommission im Zusammenhang mit der ESF-Programmatik geforderte Ansatz wird jedoch bislang in der ESF-Evaluation – zumindest in der Bundesrepublik Deutschland – kaum angewendet.

Konsequenterweise liefe dieser Anspruch auch auf die Verwendung ökonometrischer Verfahren hinaus, deren Logik und methodische Problematik sich wie folgt kurz umreißen lassen.[10]

Die Verbleibsmessung

Die zentrale Fragestellung lautet: Ist der positiv zu bewertende Verbleib des Teilnehmers (also z.B. Aufnahme einer Beschäftigung im sogenannten ersten Arbeitsmarkt) *kausal* auf die Teilnahme an einer Maßnahme zurückzuführen bzw. was wäre mit der Person geschehen, hätte sie nicht teilgenommen? Durch die Beantwortung dieser Fragen erhoffen sich die an der Programmumsetzung Beteiligten Rückschlüsse auf die Qualität und »Passgenauigkeit« der Maßnahmen, auf die adäquate Rekrutierung der Teilnehmer etc., um die Ergebnisse von Verbleibsuntersuchungen zur weiteren Programmsteuerung nutzen zu können.[11]

Der Effekt einer Maßnahmenteilnahme müßte sich in unserem Fall also aus der Differenz D zwischen dem Erwartungswert bei Teilnahme (dem »Stimulus«[12]) und dem Erwartungswert bei Nicht-Teilnahme in Hinblick auf das Erfolgskriterium X zum Zeitpunkt t ableiten lassen:

$$D_t = E(X_t \mid \text{Teilnahme}) - E(X_t \mid \text{Nicht-Teilnahme}).$$

Dieser Ansatz birgt jedoch ein erkenntnislogisches Dilemma in sich: $(X_t \mid \text{Teilnahme})$ und $(X_t \mid \text{Nicht-Teilnahme})$ sind zwei sich gegenseitig ausschließende Ereignisse. Nimmt eine Person an einer Maßnahme teil, zerstört dies automatisch die Beobachtbarkeit des Zustandes, der zum gleichen Zeitpunkt eingetreten wäre, hätte sie nicht teilgenommen. Nimmt eine Person

---

[10] Ein aktueller Überblick über entsprechende Arbeiten für Deutschland findet sich in Schneider u.a. 2000.

[11] Es soll an dieser Stelle nicht verschwiegen werden, daß der »Erfolg« arbeitsmarktpolitischer Maßnahmen in Form von (Re-) Integration in den Arbeitsmarkt hohen politischen Legitimationswert besitzt.

[12] Zu experimentellen und quasi-experimentellen Untersuchungsdesigns vgl. z.B. Diekman, 1997, S. 296ff.

nicht teil, läßt sich nicht in Erfahrung bringen, was eine Teilnahme zum gleichen Zeitpunkt bewirkt hätte. Pro Person läßt sich also immer nur entweder (X_t | Teilnahme) oder (X_t | Nicht-Teilnahme) beobachten.

Einen Ausweg aus diesem Dilemma bieten experimentelle Ansätze, bei denen aus einer gegebenen Grundgesamtheit eine rein zufällige Aufteilung in Teilnehmer und Nicht-Teilnehmer vorgenommen wird. Ein solcher Forschungsansatz scheidet in unserem Zusammenhang jedoch aus rechtlichen wie ethischen Gründen aus.[13]

Ist ein experimentelles Vorgehen nicht möglich, kann die Durchführung eines quasi-experimentellen Untersuchungsdesigns Abhilfe schaffen. Auf der Basis von Beobachtungsdaten wird eine ex-post-Zuordnung in Teilnehmer und Nicht-Teilnehmer vorgenommen. Dieses Vergleichsgruppen-Verfahren[14] beruht auf der Annahme der bedingten Unabhängigkeit der Maßnahmenwirkung. Trifft diese Annahme zu, folgt aus ihr, daß der Unterschied zwischen zwei ansonsten »gleichen« Personen im Hinblick auf das Erfolgskriterium den Maßnahmeneffekt widerspiegelt. Die besondere Schwierigkeit besteht jedoch darin, ex-post zu jedem Teilnehmer einen geeigneten Nichtteilnehmer ausfindig zu machen. Für dieses Matching wird in der Regel eine Stichprobe benötigt, in der die Zahl der Nichtteilnehmer um ein Vielfaches über der Zahl der Teilnehmer liegt, um möglichst »passende« Nichtteilnehmer zu identifizieren. Ansonsten besteht die Gefahr, daß das Matching zu grob ausfällt und die Ergebnisse entsprechend unzuverlässig werden.

Eine weitere Schwierigkeit besteht darin, daß sich das Matching-Verfahren ausschließlich auf den Einfluß beobachtbarer Merkmale bezieht. In der Praxis ist jedoch davon auszugehen, daß gerade auch unbeobachtete (evtl. sogar unbeobachtbare) Merkmale eine Rolle spielen, deren Einfluß sich verzerrend auf den geschätzten Maßnahmeneffekt auswirken kann. So ist beispielsweise davon auszugehen, daß Personen, die für die Teilnahme an einer Maßnahme der aktiven Arbeitsmarktpolitik ausgewählt werden (Rekrutierungspraxis), bereits im Vorfeld der Maßnahme ihre Arbeitsplatzsuche einschränken. Durch diesen Pre-Program-Effekt reduziert sich ihre Beschäftigungswahrscheinlichkeit im Vorfeld der Maßnahme; der Grad der Entsprechung zwischen einem Teilnehmer und einem diesem aus dem Matching-Verfahren zugeordneten Nichtteilnehmer kann dadurch abnehmen.

Der Versuch, den Wert arbeitsmarktpolitischer Interventionen durch Herstellung von Kausalbeziehungen zu erwünschten Effekten (z.B. Beschäftigungsaufnahme) ermitteln zu wollen, stößt also nicht nur auf erhebliche Schwierigkeiten (die Ermittlung längerfristiger Effekte, z.B. der Stabilität

---

[13] Es bedürfte schon erheblicher Anstrengungen, eine solche aus wissenschaftlichem Erkenntnisinteresse oder aus politischem Steuerungswillen heraus getroffene Entscheidung: Person x darf teilnehmen, Person y nicht (bei gleichen Zugangsvoraussetzungen) zu legitimieren.

[14] Vgl. dazu EPPD Ziel 3, Kapitel »Indikatoren für die Begleitung und Bewertung«.

eines Beschäftigungsverhältnisses, die durch Paneluntersuchungen sichtbar gemacht werden könnten, ist mit weiteren Problemen behaftet), sondern blendet entscheidende Bedingungs- und Wirkungsgefüge systematisch aus.

Der Exkurs in die Problematik der Verbleibsmessung unter Berücksichtigung von Netto/Brutto- bzw. direkten/indirekten Effekten soll zwar nicht als grundsätzliches Plädoyer wider den Anspruch einer validen Verbleibsmessung mißverstanden werden. Inhaltlich verkürzt und programmatisch nicht haltbar wäre es jedoch, den Blick auf die Wirkungsdimension »Erwerbsstatus der teilnehmenden Personen« im Zusammenhang von arbeitsmarktpolitischen Interventionen zu verengen, Maßnahmeneffekte auf den bloßen Verbleib zu reduzieren.

Daher werden im folgenden weitere Wirkungsdimensionen und Instrumente zu deren Dokumentation und Bewertung vorgestellt, die den Diskurs innerhalb der arbeitsmarktpolitischen »Szene« in Rheinland-Pfalz seit geraumer Zeit bestimmen.[15] Pointiert und gebündelt werden konnte dieser Diskurs insbesondere während der Workshop-Reihe »Bilanz ziehen«, die 1999 vom ism im Auftrag der ESF-Fondsverwaltung (MASG) durchgeführt wurde und in der auch Mitglieder der Europäischen Kommission vertreten waren. Die weiteren Ausführungen rekurrieren im Wesentlichen auf die Ergebnisse dieser Workshops.[16]

Die erweiterte Bewertung von Effekten

In die Diskussion um Fragestellungen, Untersuchungsinstrumente, Ergebnisse und Auswirkungen arbeitsmarktpolitischer Maßnahmen ist Bewegung gekommen: Der Aufwand für die Interventionen läßt sich nicht mehr nur eindimensional über den »Verbleib der Teilnehmer« – der, wie oben ausgeführt, nur durch aufwendige empirische Verfahren in eine Kausalitätsbeziehung zur Maßnahmenteilnahme zu bringen ist – legitimieren, vielmehr spielen auch andere Maßnahmeneffekte eine zunehmend wichtigere Rolle: Die Verbesserung der Schlüsselqualifikationen jedes einzelnen Teilnehmers als einer mittel- bis langfristigen Gewähr für Beschäftigungs*fähigkeit* steht im Zentrum des Diskurses zu den neuen Herausforderungen arbeitsmarktpolitischer Intervention.[17] Der Grad der Stabilisierung der Person ist im Hinblick auf die Erhöhung der Beschäftigungs*chancen* ein ernstzunehmendes Kriterium zur Bewertung von Maßnahmen. Auch die »Leitlinien für die Begleit-

[15] Diese »Szene« umfaßt die relevanten Landesbehörden, Einrichtungen der Technischen Hilfe, die Träger arbeitsmarktpolitischer Projekte, Gebietskörperschaften, Sozial- und Wirtschaftsverbände sowie die Evaluatoren.

[16] Vgl. ism: Bilanz ziehen. Verbleibs- und Erfolgsmessung in Beschäftigungs- und Qualifizierungsmaßnahmen in Rheinland-Pfalz. Dokumentation einer Workshop-Reihe. Mainz 1999.

[17] Kieselbach bezeichnet »nachhaltige Beschäftigungsfähigkeit (sustainable employability)« als Schlüsselkategorie zukünftiger Arbeitsmärkte; vgl. Kieselbach, 2000, S. 51

und Bewertungssysteme« der KOM nennen als Auswirkungsindikator ausdrücklich die *Zufriedenheitsquote* der Teilnehmer, die sich beispielsweise in Einstellungsänderungen hinsichtlich der Bereiche Weiterbildung, Vereinbarung von Berufs- und Privatleben sowie der Wahrnehmung der Ausgeschlossenheit (sic!) ausdrückt.[18] Diese Einstellungsänderungen als Zielgröße läßt sich nicht ausschließlich durch die Vermittlung berufsbezogener Qualifikationen erreichen (lediglich evtl. indirekt, wenn die betreffende Person tatsächlich eine reguläre Beschäftigung aufnehmen kann); vielmehr sind hier Ansätze gefragt, die die Teilnehmer von arbeitsmarktpolitischen Maßnahmen direkt und gezielt psychisch wie sozial unterstützen und persönlichkeitsbildend wirken.

Das Dilemma, in dem Soziale Arbeit im Bereich der Arbeitsmarktpolitik bisher steckt, läßt sich so formulieren:[19] Einerseits will sie die soziale Perspektive in der Arbeit mit benachteiligten Personen – deren Reintegration in den 1. Arbeitsmarkt als vorrangiges Maßnahmeziel zunächst als eher unrealistisch eingeschätzt werden muß – verteidigen und weiterentwickeln.[20] Andererseits steht sie in der Gefahr, sich durch eine zu einseitige Orientierung am rein arbeitsmarktbezogenen Vermittlungserfolg, die noch immer als starke Fixierung der Kostenträger – insbesondere der Arbeitsverwaltung – auf Vermittlungsquoten und Eingliederungsbilanzen[21] beobachtbar ist, instrumentalisieren zu lassen.

Die durch gesellschaftlichen Wandel hervorgerufene, folgerichtige Abkehr vom Paradigma des Normalarbeitsverhältnisses und durchgehender Erwerbsbiographien – diese gleichen mittlerweile eher Patchwork-Verläufen mit durchaus auch begrenzten Zeiten von Arbeitslosigkeit[22] – ließe dieses Dilemma obsolet werden:

Soziale Arbeit hätte *innerhalb* des arbeitsmarktpolitischen Engagements die Aufgabe, über fachqualifikatorische Aspekte hinaus die Bedeutung von Vermittlungs-, Beschäftigungs- und Arbeitsfähigkeit sowie der Stabilisierung der Sozialen Lage ebenso herauszuarbeiten wie die Relevanz der Überle-

---

[18] Vgl. Leitlinien für die Begleit- und Bewertungssysteme der Interventionen des ESF für den Zeitraum 2000-2006.

[19] In Rheinland-Pfalz versteht sich der Großteil der Träger von arbeitsmarktpolitischen Maßnahmen nicht als »Landschaft« zur bloßen Fachqualifizierung, sondern verfolgt in ihrer Arbeit mit benachteiligten Personengruppen insbesondere die psychosoziale Stabilisierung der Teilnehmer als Grundlage für Beschäftigungsfähigkeit.

[20] Dick/Wolter nennen eine Größenordnung von bis zu 50.000 Personen in Rheinland-Pfalz, bei denen Skepsis hinsichtlich der Interventionslogik »Qualifizierung führt zur Arbeitsmarktintegration« angebracht ist und die auf besondere Hilfen auch in Zukunft angewiesen sein werden. Vgl. Dick/Wolter, 2000

[21] Vgl. § 11 SGB III

[22] Vgl. Krafeld, 2000: 140

benskompetenz des Subjektes und diese als fundamentale Zielgrößen jeglicher Intervention zu etablieren. Angesichts politikwissenschaftlicher und soziologischer Diskussionen und Szenarien, die sich kurz mit den Begriffen »Zukunft der Arbeitsgesellschaft« und »Globalisierung« umreißen lassen und deren Prognosen in Richtung weiterer Fragmentierung und Flexibilisierung von Erwerbsbiographien weisen[23], wird schließlich die Integration dieser Dimensionen in einer Art »Überlebensfähigkeit« zu *der* zentralen Kompetenz, um in Zeiten erheblicher struktureller Arbeitslosigkeit Existenz zu sichern und gesellschaftliche Teilhabe zu organisieren.[24]

Konsequenterweise sind daher bildungstheoretische Aspekte im o.a. Sinne Bestandteil progressiver arbeitsmarktpolitischer Interventionen und dort, wo sie es noch nicht sind, müssen sie es werden. Demzufolge wird der Erfolg arbeitsmarktpolitischer Maßnahmen sich nicht im bloßen Verbleib der Teilnehmer ausdrücken lassen, vielmehr treten die Veränderung der Einstellungen, die individuellen Chancen, Befindlichkeiten und Motivationslagen sowohl in beruflicher wie personaler Hinsicht in den Fokus der Bewertung.

Die Erfassung von Lern- und Bildungseffekten

Trotz der jeweils nach Disziplin (z.B. Berufspädagogik, Sozialarbeit) unterscheidbaren Intention und einer ziemlichen Begriffsvielfalt – etwa zwischen nach affektiver oder kognitiver Entwicklung unterschiedlich akzentuierten Lernzielen, Schlüsselqualifikationen, Berufskompetenz oder dem »gebildeten Individuum« – findet sich in allen (Weiter-) Bildungstheorien als Grundmuster zur Abgrenzung unterschiedlicher Lern- bzw. Entwicklungslinien ein Dreiecksmodell der Entwicklung *sozialer*, *methodischer* und *fachlicher* Qualifikationen, die in ihrer Integration in der *Handlungskompetenz*[25] des Individuums münden.

Im *Bildungs-, Ausbildungs- und Wirtschaftssektor* ebenso wie in der *Arbeitsvermittlung* schlagen sich Qualifikationsfaktoren in von der Person relativ unabhängigen, scheinbar »objektiven« Merkmalen – z.B. erworbenen Zertifikaten, Alter u.ä. – nieder. Die Chancenstruktur des Einzelnen ergibt sich hierbei aus der Bilanz vorgeblich vermittlungsfördernder oder -hemmender Bedingungen. Der (Weiter-)Qualifizierungsauftrag liegt folglich in der Steigerung fördernder Merkmale, z.B. Zusatzzertifikaten, Anpassungs-

---

23 Vgl. Beck, 1999

24 Wie schwer diese *Bildungsaufgabe* wiegt, zeigt sich u.a. auch in den Ergebnissen des Sozialberichts 2000 des Bundesverbandes der Arbeiterwohlfahrt zur Armut der Kinder in Deutschland. Während in Rheinland-Pfalz von 1995 bis 1998 die Ausgaben für Sozialhilfe fielen, stieg der Anteil der Kinder an den Sozialhilfeempfängern auf 37 Prozent. Vgl. dazu auch Frühauf, 2000.

25 Dieser Begriff steht im Zentrum verschiedener Diskurse, sei es hinsichtlich professioneller Fähigkeiten, sei es in der Sozialisationsforschung oder in der Präventionsprogrammatik.

fortbildungen u.ä. Allerdings läßt sich diese einfache Logik ebenso einfach transzendieren, da Sozialkompetenz – übersetzt als die Fähigkeit, seine fachlichen Qualifikationen auch in Verbindung zur umgebenden Welt zu setzen – unverzichtbarer Bestandteil und Zielsetzung gelingender Kompetenzentwicklung auch aus berufspädagogischer Sicht bleibt.[26]

In der *praktischen Sozial- und Qualifizierungsarbeit* mit benachteiligtem – häufig als »schwierig« eingestuftem – Klientel wird diesen Fähigkeiten zur »Ankoppelung« an die umgebende (Arbeits-)Welt besondere Bedeutung zugemessen. Äußerliche (Anpassungs-) Faktoren wie Pünktlichkeit, Fehlzeiten, äußeres Erscheinungsbild, Sozialverhalten gehen hier einher mit »inneren« Integrationsleistungen der Person – Belastbarkeit, Motivation, Verantwortung und Selbsteinschätzung. Die Fülle dieser Merkmale, auch im Zusammenhang mit den zu ihrer Erfassung eingesetzten Indikatoren verweist allerdings wieder auf die Schwierigkeit, für alle Teilnehmergruppen und Maßnahmentypen ein einheitliches und einfach einzusetzendes Erfassungssystem zu entwerfen.

Eine breit angelegte empirische Untersuchung zur sozioökonomischen Bewertung lokaler Beschäftigungsförderung zeigt, daß für die Bewertung psychosozialer Effekte noch eine Reihe zusätzlicher Faktoren bzw. Indikatoren berücksichtigt werden müßten: Über die bisher dargestellten Ansätze hinaus werden insbesondere Veränderungen in der sozialen Lage (»materielle Be-/Entlastungsfaktoren«) und der psycho-sozialen Befindlichkeit der TeilnehmerInnen (»Stärkung des Selbstwertgefühls«, »Verdichtung der Sozialkontakte«, »Verbesserung psychosomatischer Befindlichkeiten«, »Abbau von Stigmatisierungsängsten«) als bewertungsrelevant eingeführt.[27]

Der für unseren Zusammenhang entscheidende Paradigmenwechsel ist aber darin zu sehen, daß die Perspektive der *Integration* hier nicht auf den Verbleib im Arbeitsmarkt reduziert, sondern auf mögliche Entwicklungen hinsichtlich der gesellschaftlichen Partizipation, also den *Verbleib im gesellschaftlichen Lebenszusammenhang* hinterfragt wird: Allen Ernstes untersucht Trube die Veränderung politischer Einstellungen, den Abbau von Vorurteilsmustern gegenüber Minderheiten und Fortschritte in der Teilnahme am öffentlichen Leben: Besuche außer Haus, Mitgliedschaften in Vereinen u.ä. Hier lassen sich direkte Parallelen zu dem weiter oben bereits angesprochenen Auswirkungsindikator »Zufriedenheitsquote« der Europäischen Kommission ziehen.

Die Erfassung von Lern- und Bildungseffekten über die Dokumentation des reinen Verbleibes hinaus müßte also auf Fragen der Steigerung von Sozialkompetenz (der Einzelne im Umgang mit anderen ...), der Methodenkompetenz (Fähigkeiten zum Einsatz von Instrumenten und

26 Vgl. Albrecht, 1997: 85-139.

27 Vgl. Trube, 1997: 307-420 sowie Trube, 2000: 85

petenz (Fähigkeiten zum Einsatz von Instrumenten und Strukturierung von Prozessen ...), der Verbesserung von Fachkompetenz (berufsbezogenes Inhalts- und Anwendungswissen ...), schließlich auf die Fähigkeiten des Einzelnen, diese unterschiedlichen Ebenen in autonome Arbeitsfähigkeit und gelingende Lebensbewältigung zu integrieren, nicht nur bessere Antworten geben können, als das bisher der Fall ist: Im Zusammenhang mit der europäischen Programmatik bzw. dem Anspruch nach rationaler Gestaltung von Arbeitsmarktpolitik in einem Bundesland ginge es vor allem auch darum, vergleichbare, in Hinblick auf zeitnahe Nutzung möglichst standardisierte Ergebnisse über psychosoziale und qualifikatorische Effekte in den unterschiedlichsten Maßnahmen zu dokumentieren. Vor solcher Standardisierung beginnen die Schwierigkeiten aber bereits dann, wenn der Versuch unternommen wird, den oben skizzierten Ansatz der »Überlebenskompetenz« zu operationalisieren, also in Meßgrößen zu übersetzen, und die einzelnen Dimensionen für eine Bewertung zu gewichten. Dies führt je nach Praxis, theoretischem Ansatz oder Erkenntnisinteresse zumindest zu sehr unterschiedlichen Schwerpunktsetzungen, vielleicht sogar wieder zu nicht vergleichbaren Dokumentationssystemen.

Unter Hinweis auf die Zielbegriffe des ESF – der Europäischer *Sozial-* und eben nicht *Arbeitsmarkt*fonds heißt, wird deutlich, daß die herkömmlichen Erfassungs- und Dokumentationsstandards zu den Effekten für die TeilnehmerInnen an arbeitsmarktpolitischen Maßnahmen wesentlich erweitert und die Bewertung des Wertes solcher Maßnahmen auf einer sozialpolitischen Bezugsdimension jenseits der technokratischen Verengung auf einen isoliert (in dieser Form gar nicht existenten) betrachteten Arbeitsmarkt verortet werden müssen.

Es besteht also die Aufgabe, ein handhabbares Konzept zu entwickeln, das einerseits den unterschiedlichen Aspekten im Gesamtspektrum der Maßnahmen gerecht wird, andererseits von allen Trägern arbeitsmarktpolitischer Projekte so bedient werden kann, daß daraus sowohl Ergebnisse für die Selbstevaluation der Effektivität einzelner Maßnahmen, wie für den landesweiten Vergleich und eine übergreifende Beurteilung abgeleitet werden können.

Mit dem angesprochenen Paradigmenwechsel von der scheinbar (durch ökonometrische Verfahren) objektivierenden Messung von Verbleibs-Effekten im Arbeitsmarkt hin zur Gesamtbeurteilung von Maßnahmen auf die Kompetenzentwicklung und Chancenstruktur der Individuen ergibt sich die Notwendigkeit, ein adäquates Bezugssystem für die Erfassung der unterschiedlichen Dimensionen zu etablieren, mit dem sich die »Situations-Verbesserungen für den Einzelnen« – und damit auch Effektivität und Erfolg arbeitsmarktpolitischer Maßnahmen – aus einer erweiterten sozial*pädagogischen* wie sozial*politischen* Perspektive beurteilen lassen.

Die Gesamteffekte, die bei TeilnehmerInnen oder Klienten von Beratungs-, Bildungs- oder Qualifizierungsmaßnahmen jeglicher Art entstehen, könnten und sollten für eine Erfolgsbeurteilung erfaßt und abgebildet werden:

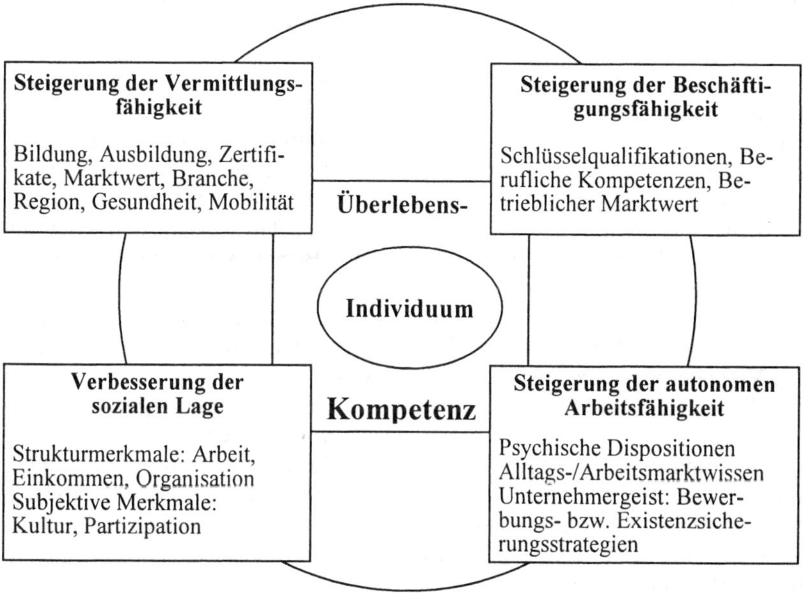

Für jede der Dimensionen »Vermittlungsfähigkeit«, »Beschäftigungsfähigkeit«, autonome Arbeitsfähigkeit« sowie »Soziale Lage«, die um die Kerndimension »Überlebenskompetenz« angesiedelt sind, wären relevante Indikatoren zu entschlüsseln und mit geeigneten Daten zu füllen.

Spätestens an dieser Stelle ist anzumerken, daß die »Betroffenen«, also Teilnehmerinnen und Teilnehmer der betreffenden Maßnahmen bislang kaum in den Diskurs eingeschaltet worden sind und lediglich als »Objekte« der Erfolgsmessung und -beurteilung Berücksichtigung fanden. Um das Ziel der subjektbezogenen Überlebenskompetenz überhaupt erreichen zu können, erscheint es dringend geboten, Formen der Einbeziehung derjenigen Personen zu entwickeln, um deren Integration i.w.S. es hier geht. Dies könnte – ganz pragmatisch – durch eine Öffnung und Transparenz der Rekrutierungsverfahren, durch Möglichkeiten der Mitarbeit bei Maßnahmekonzeptionen, aber auch durch die Teilhabe am Diskurs zur Erfolgsbeurteilung geschehen. Die neuere Qualitätsdiskussion hat zu einer Reihe von konzeptionellen Überlegungen geführt, durch partizipative Muster der Evaluation nicht nur die Auswertung kommunikativ zu validieren, sondern gleichzeitig ein Modell der Selbstevaluation von Klienten/Kunden/Co-Produzenten zu entwickeln. In

Selbstevaluation von Klienten/Kunden/Co-Produzenten zu entwickeln. In der Sozialen Arbeit sind dadurch immerhin einige Dinge in Bewegung gekommen.[28]

Da davon auszugehen ist, daß in berufsbegleitenden Weiterbildungsmaßnahmen Entwicklungen der Dimension »Vermittlungsfähigkeit« (in der Regel) entscheidende Bedeutung zukommt, während sich in Projekten des Typs »Arbeit statt Sozialhilfe« Ziele oder Erfolgsbewertungsmaßstäbe eher auf psychische Effekte und Verbesserungen der Sozialen Lage der TeilnehmerInnen beziehen dürften – gleichzeitig jedoch zu befürchten ist, daß die Kostenträger weiterhin auf den einfachen Vermittlungserfolg fixiert bleiben – müßte über die unterschiedliche Bedeutung bzw. Gewichtung dieser Dimensionen je nach Maßnahmentyp oder Teilnehmerzusammensetzung ein grundsätzlicher Diskussionsprozeß geführt werden, um für die adäquate Bewertung einzelner Maßnahmen ein jeweils relevantes Bezugssystem zu formulieren. Dies bedeutet auch einen dauerhaften Diskurs über stets nur vorläufige Einigungen auf ein Set von wichtigen, erfaßbaren und dokumentationsfähigen Indikatoren zur Abbildung von Teilnehmereffekten, welches permanent an die Veränderungen der Realität anzupassen ist.

Kategorial wären Evaluationsverfahren, die systembezogen »strategische« Indikatoren messen, zu unterscheiden von solchen, die lebensweltlich in den kommunikativen Prozeß einer Qualifizierungsmaßnahme selbst eingebunden sind. Während der erste Typ mit standardisierten Erhebungen Daten für eine Grobsteuerung bereit stellt – und mehr als eine solche Grobsteuerung ist angesichts der vielfältigen im Feld selbst relevanten Steuerungsparameter und politischer Entscheidungsabhängigkeiten und Gestaltungsspielräume auch gar nicht möglich – läuft der zweite Typ auf eine professionelle Steuerung auf der Mikroebene hinaus, die ohne ernsthaftes Auswertungsinteresse auf Seiten der »Klienten« und der Mitarbeiter sowie ohne intensive Partizipation an bzw. Gemeinsamkeit der Evaluation weder valide noch wirksam sein kann.

Am Ende entstünde so ein gewichtetes System zur diskursiven Dokumentation und Bewertung aller Ergebnisdimensionen arbeitsmarkt- respektive sozialpolitischer Maßnahmen, das

- bessere Grundlagen für eine rationale Gestaltung von Arbeitsmarkt- und Sozialpolitik seitens der politischen Entscheidungsträger (EU, Bund, Länder, Kommunen) liefern,
- umfassendere Erkenntnisse zu den Bedarfslagen und Bedürfnissen der »Betroffenen« aufzeigen,
- erweiterte Antworten auf häufig verkürzte Fragen an die Träger Sozialer Arbeit, »wofür denn da soviel öffentliches Geld ausgegeben wird« bieten

---

[28] Vgl. Heiner, 1998

- und den sozialpolitischen Diskurs insgesamt befördern könnte und zwar auf allen relevanten Ebenen: von der sozialpädagogischen Interaktionsebene bis hin zur europäischen Arbeitsmarktpolitik.

Zusammenfassung

Die aktuellen wie prognostizierbaren Entwicklungen der Erwerbsgesellschaft deuten auf eine weiter fortschreitende Fragmentierung der Normalerwerbsbiographie hin: Neben quantitativ und qualitativ unterschiedlich strukturierten Erwerbs- bzw. Tätigkeitsformen wird es zunehmend zu vorübergehenden – ausreichend abzusichernden – Zeiten der Erwerbslosigkeit und dem fortlaufenden Einschub von Zeitkontingenten zur Um- oder Weiterqualifizierung kommen. In diesem Zusammenhang entstehen neue Ansprüche an die Vermittlung von situativen und strategischen Handlungskompetenzen jenseits der über Ausbildung vermittelten »bloßen« Berufskompetenz. Diese kann zunehmend nur noch als unabdingbare Voraussetzung, kaum mehr aber als hinreichende Gewähr für gelingende Erwerbsbiographien angesehen werden.

Gleichzeitig erscheint eine in den letzten Jahren gewachsene Zahl langzeitarbeitsloser Erwachsener oder demotivierter Jugendlicher bereits so weit vom Normalarbeitsmarkt abgekoppelt, daß die rationalistische Interventionslogik »Qualifizierung sichert Eintritt in den Arbeitsmarkt« zumindest aus Sicht der Praktiker vor Ort zunehmend obsolet wird. Hier verdichten sich Merkmale sozialstruktureller Segregation zum Verlust physischer und psychosozialer Dispositionsfähigkeiten. Dabei entstehen materielle und organisatorische Ausschlußlagen, die den einfachen und schnellen (Wieder-) Eintritt in eine Art von »Normalarbeitsverhältnis« schlichtweg unmöglich erscheinen lassen. Damit diese Ausschlußlagen nicht zwangsläufig zur Passivität der Individuen führen, sondern deren Aktivität gestärkt wird, können Identitätskonzepte nicht mehr allein an den beruflichen Status[29] gekoppelt werden, sondern sind sozialpädagogisch im Sinne der aufgezeigten Bewältigungsstile zu vermitteln.

Diese neuen Ansprüche werden auf den verschiedenen Hierarchieebenen des Beschäftigungssystems selbst wahrscheinlich sehr unterschiedlich aufgegriffen: Während für das obere Segment systematisch hochbezahlte Dienstleistungen arrangiert werden, wird das mittlere Segment vor allem auf betriebliche und außerbetriebliche Selbstlernzentren und mediale Angebote verwiesen. Das untere Segment, in dem Motivationsprobleme, reduzierte Chancen und Lernungewohnheiten kumulieren, muß dagegen sozialpolitisch in einer »Minimaldynamik« gehalten werden.

Unter Bezug auf die von der EU hoch gehaltenen Zielsetzungen wie »Entwicklung der Humanressourcen« oder »Anpassung der Arbeitskräfte an

[29] Kritisch dazu: Ribolits, 2000: 118ff.

die zukünftigen Herausforderungen der Arbeitswelt« ergeben sich aus dieser Sicht Anforderungen an die Zielbestimmung arbeitsmarktpolitischer Förder- und Entwicklungsmaßnahmen, die die bisherigen – durch die Konzentration auf Eingliederungsbilanzen weiterhin auf statische (Re-)Integration reduzierten – Orientierungsmaßstäbe weitreichend transzendieren.

Die herkömmlichen Indikatoren des »Verbleibs« erscheinen solange als kaum alleine ausreichend zur Beurteilung von Effekten und Erfolg, als sie selbst bei gelungener Arbeitsaufnahme keine zufriedenstellenden Informationen über die »Chancenstruktur der Tätigkeit« oder die »Zukunftsfähigkeit des Individuums« liefern können.

Allerdings enthält die Begrifflichkeit des Europäischen *Sozial*fonds bereits den Verweis auf die Entwicklung sozialer Verhältnisse und damit die Zielsetzung, zur ganzheitlichen Verbesserung der Lebenslage von Individuen jenseits der Reduktion auf eine bloße Rolle des abhängig Beschäftigten beizutragen.

Mit diesem Anspruch sind nun sowohl arbeitsmarktpolitische Aufgaben als originär sozialpädagogische Herausforderungen beschrieben als auch gefordert, daß die Bewertung des Erfolgs nicht weiter auf rein rationalistische Meßgrößen beschränkt werden kann, sondern die Subjekte und ihre Lebenslagen in den Diskurs über gelingendes Leben einbeziehen muß.

Literatur

Albrecht, G., 1997: Neue Anforderungen an Ermittlung und Bewertung von beruflicher Kompetenz. In: Albrecht, G. (Hg.): Kompetenzentwicklung '97. Münster: 85-139

Beck, U., 1986: Risikogesellschaft. Auf dem Weg in eine andere Moderne. Frankfurt/Main

Beck, U./ Beck-Gernsheim, E. (Hrsg.), 1994: Riskante Freiheiten. Frankfurt/Main

Beck, U., 1999: Schöne neue Arbeitswelt, Frankfurt/Main

Bundesrepublik Deutschland: Strukturfondsperiode 2000-2006. »Einheitliches Programmplanungsdokument zur Entwicklung des Arbeitsmarktes und der Humanressourcen« für die Interventionen des Ziels 3 in Deutschland

Dick, O./ Wolter, O., 2000: Arbeitsmarktpolitik in Rheinland-Pfalz 1990-1999. Darstellung und Evaluation. Mainz

Diekman, A., 1997: Empirische Sozialforschung. Grundlagen, Methoden, Anwendungen. Reinbek bei Hamburg

Europäische Kommission: Verordnung (EWG) Nr. 2081/93 zur Änderung der Verordnung (EWG) Nr. 2052/88 über Aufgaben und Effizienz der Strukturfonds und über die Koordinierung ihrer Investitionen untereinander sowie mit denen der Europäischen Investitionsbank und der anderen vorhandenen Finanzinstrumente

Europäische Kommission: Der neue Programmzeitraum 2000-2006: Methodisches Arbeitspapier Nr. 3: Indikatoren für die Begleitung und Bewertung: Eine indikative Methode

Europäische Kommission: Leitlinien für die Begleit- und Bewertungssysteme der Interventionen des ESF für den Zeitraum 2000-2006

Europäische Kommission: Verordnung (EG) 1260/1999 des Rates vom 21.6.1999 mit allgemeinen Bestimmungen über die Strukturfonds

Frühauf, H.-P., 2000: Die Rede vom armen Kind. Ein sozialpädagogischer Zugang zur Armut von Kindern. In: Päd. Blick, 8.Jg., Heft 4: 235-244

Heiner, M. (Hrsg.), 1998: Experimentierende Evaluation. Ansätze zur Entwicklung lernender Organisationen. Weinheim

Institut für Sozialpädagogische Forschung Mainz 1999: Bilanz ziehen. Verbleibs- und Erfolgsmessung in Beschäftigungs- und Qualifizierungsmaßnahmen in Rheinland-Pfalz. Dokumentation einer Workshop-Reihe. Mainz

Kieselbach, T., 2000: Arbeitslosigkeit und Gesundheit: Perspektiven eines zukünftigen Umgangs mit beruflichen Traditionen. In: Trube, A./ Wittig-Koppe, H. (Hrsg.): Effekthascherei oder: Wie effektiv ist die Arbeitsmarktpolitik? Münster: 21-62

Krafeld, F.J., 2000: Leben mit Zeiten ohne Erwerbsarbeit – Von beruflichen zu ganzheitlicheren Lebensentwürfen. In: Trube, A./ Wittig-Koppe, H. (Hrsg.): Effekthascherei oder: Wie effektiv ist die Arbeitsmarktpolitik? Münster: 131-147

Lenhart, C., 1999: Signifikante Standardisierung!? Ergebnisse, Reichweite und Grenzen der Evaluation arbeitsmarktpolitischer Maßnahmen in Rheinland-Pfalz.: In: Institut für Sozialpädagogische Forschung Mainz (ism): Bilanz ziehen. Verbleibs- und Erfolgsmessung in Beschäftigungs- und Qualifizierungsmaßnahmen in Rheinland-Pfalz. Dokumentation einer Workshop-Reihe. Mainz: 13-26

Ribolits, E., 2000: Arbeit macht nicht frei! In: Trube, A./ Wittig-Koppe, H. (Hrsg.): Effekthascherei oder: Wie effektiv ist die Arbeitsmarktpolitik? Münster: 118-130

Schneider, H./ Bergemann, A./ Kolb, J. u.a., 2000: Die Effizienz der Arbeitsmarktpolitik in den neuen Ländern – Eine kritische Bilanz der Vergangenheit und Ansätze für künftige Reformen. IWH Sonderheft 3/2000, Halle (Saale)

Trube, A., 1997: Zur Theorie und Empirie des Zweiten Arbeitsmarktes. Münster

Trube, A., 2000: Sozioökonomische Analysen öffentlicher Beschäftigungsförderung – Grundlagen, Methoden und ausgewählte Ergebnisse. In: Trube, A./ Wittig-Koppe, H. (Hrsg.): Effekthascherei oder: Wie effektiv ist die Arbeitsmarktpolitik? Münster: 63-94

Forschungstheorie

HANSJÖRG SUTTER

Sozio-moralische Lern- und Entwicklungsprozesse

Perspektiven einer soziologisch-strukturtheoretischen Forschung und Kritik an Kohlbergs kognitionszentrierter Entwicklungspsychologie und ›Just Community‹-Forschung

Auf der Basis einer immanenten Kritik der sozialwissenschaftlichen Moralforschung seit Durkheim, Piaget und Kohlberg werden im Folgenden *Grundannahmen einer soziologisch-sozialisationstheoretischen Ergänzung der weithin entwicklungspsychologisch orientierten Moralforschung* entwickelt. Im Mittelpunkt des Interesses steht dabei die *Akzentuierung eines erziehungswissenschaftlichen Theorie- und Forschungsprogramms*, das die sozialisatorische Funktion pädagogischer Praxen unter dem Gesichtspunkt von deren potenziellen Entwicklungs- und Bildungsbedeutsamkeit zu bestimmen versucht.[1]

Die in diesem Zusammenhang zu diskutierenden theorie- und forschungsstrategischen sowie methodologischen Konsequenzen und Problemstellungen weisen über den eingeschränkten Bereich der sozialwissenschaftlichen Moralforschung hinaus. Grundlagentheoretisch geht es um die Konzeptualisierung einer strukturgenetischen Theorie pädagogischer Interaktionsverhältnisse, der forschungslogisch hermeneutisch-rekonstruktive Forschungsansätze korrespondieren. Methodologisch geht es um den Stellenwert einzelfallrekonstruktiver Untersuchungen, die Problematik der empirischen Generalisierung entsprechender Analysen und die Frage, wie sich kognitionspsychologisch orientierte Interviewanalysen in der Piaget/Kohlberg-Tradition und soziologisch-sozialisationstheoretisch orientierte Interaktionsanalysen in der Mead/Oevermann-Tradition aufeinander beziehen lassen.[2]

---

1 Ich stütze mich dabei auf Vorarbeiten, die im Zusammenhang der DFG-Forschungsprojekte ›Rekonstruktion und Vergleich von Gerechtigkeitsstrukturen an Schulen‹ (Garz 1989: 139-179; Garz/Aufenanger 1989) und ›Rekonstruktion sozial-kognitiver und sozio-moralischer Lernprozesse im Rahmen eines demokratisch geregelten Vollzugs‹ entstanden sind (Sutter 1991a.b.c; Brumlik/Sutter 1993; 1996; Sutter 1997b; 1998; Brumlik/Sutter/Weyers 2000).

2 Das Interesse an der Akzentuierung eines erziehungswissenschaftlichen Theorie- und Forschungsprogramms führt dazu, dass der aktuelle Forschungsstand zur Moralentwicklung und die im Folgenden zu thematisierenden Erklärungsansätze nicht in jener Detailliertheit darge-

1. Forschungskontext

Forschungspraktisch relevant sind diese Überlegungen im Rahmen einer erziehungswissenschaftlichen Begleituntersuchung zu einem pädagogischen Modellversuch im Jugendstrafvollzug, der sich konzeptionell an us-amerikanischen Experimenten der Kohlbergschule orientiert, die unter dem Stichwort ›Just Communities‹ diskutiert werden (vgl. Kuhmerker/Gielen/Hayes 1991; Oser/Althof 1992). Im Kern geht es um die Einführung demokratischer Verfahrensprinzipien, die im Kontext demokratischer Versammlungen und gewählter Komitees die Klärung strittiger Fragen des Zusammenlebens anleiten sollen. Klärungsbedürftig ist, inwieweit demokratische Mitbestimmungsmöglichkeiten im Kontext des Jugendstrafvollzugs nicht nur vorstellbar, sondern auch praktisch realisierbar sind, welche Praxis- und Kooperationsformen hieraus entstehen und welche sozialisatorischen und institutionellen Effekte diese zeitigen.[3]

Die pädagogische Praxis wie die Perspektiven der sozialwissenschaftlichen Analyse der sozialisatorischen Effekte dieses Modellversuchs unterscheiden sich von den us-amerikanischen Experimenten und deren in der Regel kognitionspsychologisch orientierten Begleitforschung.[4,5] Dies reflektiert den Fortgang der Theorieentwicklung in der sozialwissenschaftlichen Moralforschung ebenso wie das Interesse an einer wechselseitigen Integration entwicklungspsychologischer und sozialisationstheoretischer Erklärungsansätze.

Entsprechende Theorieprogramme werden – mit unterschiedlichen Akzentsetzungen – vor allem in der bundesrepublikanischen Diskussion seit den siebziger Jahren immer wieder eingefordert: in den Arbeiten von Jürgen Habermas, Rainer Döbert und Gertrud Nunner-Winkler zur Entwicklung des Ichs und basaler Strukturen der Interaktionskompetenz,[6] den Vorarbeiten zu einer kompetenztheoretisch fundierten Theorie der Bildungsprozesse des

---

stellt und diskutiert werden können, die von der Sache her wünschenswert wäre. Vgl. hierzu die aktuellen Überblicksdarstellungen in: Montada 1995; Eckensberger 1998 und Turiel 1998.

3 Projekt der Deutschen Forschungsgemeinschaft (br 792/5). Vgl. Brumlik/Sutter 1993.

4 Vgl. Brumlik 1998; Brumlik/Sutter 1996; Brumlik/Sutter/Weyers 2000; Sutter 1996; 2000; 2001 und Sutter/Baader/Weyers 1998. Zu den us-amerikanischen Modellversuchen und deren wissenschaftliche Begleitung vgl. Hickey/Scharf 1980; Jennings/Kohlberg 1983; Jennings/Kilkenny/Kohlberg 1983; Kohlberg/Higgins 1987; Power/Higgins/Kohlberg 1989 und Higgins 1991.

5 Zur bildungstheoretischen Konzeptualisierung einer sozialwissenschaftlich reflektierten ›Moralerziehung‹ vgl. Brumlik 2001, zum paradigmatischen Stellenwert der an G. H. Meads Werk anschließenden Forschungstraditionen für eine Erziehungs- und Bildungstheorie Brumlik 1989a: 128ff sowie sein – in dieser Denktradition stehendes – Essay ›Gerechtigkeit zwischen den Generationen‹ (Brumlik 1995).

6 Vgl. Habermas 1974a.b; 1983b; Döbert/Habermas/Nunner-Winkler 1977 und Döbert/Nunner-Winkler 1975; 1978; 1980; 1982.

Subjekts und der Begründung eines komplementären soziologisch-sozialisationstheoretischen Ansatzes von Ulrich Oevermann,[7] den Arbeiten von Wolfgang Edelstein und Monika Keller zur sozial-kognitiven Entwicklung, die auf eine Integration kompetenz- und performanztheoretischer Erklärungsansätze zielen,[8] Max Millers argumentationstheoretisch orientierten Studien zur Grundlegung einer soziologischen Lerntheorie[9] sowie in jenen neueren Ansätzen, die sich summarisch dem Theorieprogramm eines strukturgenetischen Konstruktivismus (Edelstein/Hoppe-Graff 1993) bzw. einer konstruktivistischen Sozialisationsforschung (Grundmann 1999b) zuordnen lassen.

Im folgenden Kapitel wird zunächst die sozialwissenschaftliche Grundlegung der Moralforschung durch die Arbeiten von Durkheim, Piaget und Kohlberg rekonstruiert (Kapitel 2), um dann, im Bezugsrahmen einer immanenten Kritik an Kohlbergs kognitionszentrierter Entwicklungspsychologie und deren Weiterentwicklung jene Gesichtspunkte herauszuarbeiten, die Ausdifferenzierung und Perspektivenwechsel innerhalb der jüngeren Moralforschung motivieren und eine Rekonzeptualisierung des moraltheoretischen Gegenstandsbereichs nahe legen: in subjekttheoretischer (Kapitel 3) und in soziologisch-strukturtheoretischer Perspektive (Kapitel 4). Die Rekonzeptualisierung sozio-moralischer Lern- und Entwicklungsprozesse zeitigt auch Konsequenzen für Konzeptualisierung und Analyse der sozialisatorischen Relevanz des Just Community-Settings (Kapitel 5). Dies erfordert jedoch den Bezugsrahmen eines erziehungswissenschaftlichen Theorie- und Forschungsprogramms, das mit dem Ansatz einer soziologischen Sozialisationstheorie deren Gegenstandskonzeptualisierung teilt, methodologisch strikt einzelfallrekonstruktiv verfährt und vorrangig an Prozessen der sozialen Strukturierung und Konstituierung des Erfahrungsangebotes in institutionellen Kontexten der Erziehung sowie deren Wechselwirkung mit individuellen Handlungs- und Erfahrungsmustern auf Seiten der sich bildenden Subjekte interessiert ist (Kapitel 6). In einem solchen Ansatz lassen sich systematische Verknüpfungspunkte zu Ansätzen erziehungswissenschaftlicher Biografieforschung (Krüger/Marotzki 1999) ebenso ausweisen, wie die notwendige professionalisierungstheoretische Reflexion (Oevermann 1996; Schütze 1992; 1996) der primär lebensweltlich und/oder moralphilosophisch begründeten Ansätze der Moral- und Demokratieerziehung. Vice versa liefert die theoriegeschichtliche Rekonstruktion der strukturgenetischen Moralforschung Grundbegriffe und Konzepte, auf die erziehungswissenschaftliche Rekonstruktionen pädagogischer Interaktionsverhältnisse – auch über den einge-

---

[7] Vgl. Oevermann 1973a; 1974; 1975; 1976; 1979; 1981 und 1991; Oevermann u.a. 1976a.

[8] Vgl. Edelstein/Keller 1982a; Edelstein 1986; Keller/Edelstein 1986; 1991; 1993.

[9] Vgl. Miller 1986.

schränkten Gegenstandsbereich einer erziehungswissenschaftlichen Moralforschung hinaus – angewiesen bleiben.[10]

2. Sozialwissenschaftliche Grundlegung der Moralforschung in den Arbeiten von Durkheim, Piaget und Kohlberg

In der Theorietradition der klassischen Ansätze von Emile Durkheim, George Herbert Mead und Jean Piaget hat sich in der sozialwissenschaftlichen Moralforschung seit den siebziger Jahren das Theorieparadigma eines interaktiven Konstruktivismus etabliert, innerhalb dessen sich universelle wie differenzielle Entwicklungsprozesse analysieren lassen. Die entsprechenden Forschungsbeiträge lassen sich dabei im Grenzbereich zwischen kognitiver Entwicklungspsychologie und soziologischer Sozialisationsforschung verorten. Dem Theorieparadigma des interaktiven Konstruktivismus zufolge »liegt die Quelle der kognitiven Veränderungen in der beständigen Interaktion zwischen Individuum und Umwelt. Die Entstehung und die Erweiterung der Erkenntnis ergibt sich als ›natürliche Konsequenz‹ (Piaget) aus der Interaktion; die Quelle der Entwicklung sind Ko-Konstruktionen von Organismus und Umwelt. Mit dem Konzept der Ko-Konstruktion soll zum Ausdruck gebracht werden, dass die Ursache oder das *Movens* der ontogenetischen Fortschritte weder *im* Individuum noch *in* der Umwelt liegt, sondern in deren Beziehung. ... Konstruktivität ist nicht durch die Objekte gegeben, da sie von den Handlungen des Individuums abhängt; sie ist aber auch nicht im Individuum gegeben, da es nur in der Interaktion mit Objekten Handlungskoordinationen erwirbt« (Hoppe-Graff/Edelstein 1993: 10f).
In Kapitel 2.1 werde ich zunächst die sozialwissenschaftliche Grundlegung der Moralforschung in den Theorien Durkheims und Piagets behandeln. Beiden Theorieansätzen können zentrale Fragestellungen und konstitutionstheoretische Grundannahmen einer entwicklungspsychologische und soziologische Erklärungsansätze integrierenden Moralwissenschaft entnommen werden. In Kapitel 2.2 wird die Psychogenese der Moral dann in der kognitions-

[10] In der Diskussion um die methodologische Grundlegung ›Rekonstruktiver Sozialwissenschaften‹ wurde Kohlbergs Theorie- und Forschungsprogramm in den achtziger Jahren eine paradigmatische Bedeutung zugeschrieben (Habermas 1983a; Garz 1984) – auch in Bezug auf die Grundlegung der Erziehungswissenschaft als eigenständiger sozialwissenschaftlicher Disziplin (Brumlik 1989b). Kritik und Weiterentwicklung dieses Theorie- und Forschungsprogramms, die sich in den neunziger Jahre vollzogen haben, kommen somit auch in erziehungswissenschaftlicher Perspektive ein besonderes Interesse zu und führen – wie ich zu zeigen suche – zu einer Ausdifferenzierung der strukturgenetischen Moralforschung. Die folgende Rekonstruktion des Forschungsstandes geht dabei von der Annahme aus, dass ein strukturtheoretisch angemessenes Fallverstehen pädagogischer Praxis sich erst im Anschluss an die im Folgenden skizzierten Theorieentwicklungen konzeptualisieren lässt.

psychologischen Perspektive der Theorie Kohlbergs rekonstruiert. In Abgrenzung zu behavioristischen Erklärungsansätzen ist deren besonderer Verdienst in dem empirischen Nachweis des kognitiven Gehalts der Moral zu sehen. Neben der kognitionspsychologischen Ausdifferenzierung universeller und differenzieller Entwicklungsdimensionen der Moral kann auch Kohlbergs Bemühen, die Theorieentwicklung konsequent an Standards empirischer Sozialforschung zu orientieren, als wegweisend für die weitere Forschung angesehen werden. Theorieimmanente Erklärungsprobleme legen jedoch, wie zu zeigen sein wird, eine Ergänzung und Weiterentwicklung des Kohlbergschen Forschungsprogramms nahe.[11]

2.1 Sozio- und Psychogenese der Moral in den Theorien Durkheims und Piagets

Durkheim (1930; 1934) untersucht als erster den systematischen Zusammenhang zwischen Soziogenese und Individualgenese der Moral. In seinem gesellschaftstheoretischen Differenzierungsmodell geht er von der Grundannahme aus, dass den idealtypisch unterscheidbaren Gesellschaftsformationen der traditionalen und der modernen Gesellschaft zwei unterscheidbare Typen der Sozialbeziehung korrespondieren: die mechanische Solidarität in traditionalen Gesellschaften und die organische Solidarität in modernen Gesellschaften. Diesen beiden Typen der Sozialbeziehung entsprechen Durkheim zufolge zwei idealtypische Sozialisationsverläufe, die zur Ausbildung zweier individueller Moralen führen. In traditionalen Gesellschaften indizieren die sozialstrukturellen Voraussetzungen, dass die nachfolgende Generation eher zur Konformität mit vorgegebenen Verhaltensstandards sozialisiert wird. In modernen Gesellschaften führt der gesellschaftliche Differenzierungsprozess über das Entstehen unterschiedlicher Lebensbereiche und die Pluralisierung der Lebensformen, die dem Einzelnen sukzessive größere Verhaltensspielräume eröffnen, zur Ausbildung eines Beziehungstyps organischer Solidarität, dem auf Seiten des Subjekts die Möglichkeit zur Ausbildung einer moralischen Autonomie korrespondiert. Denn die ausdifferenzierten Erfahrungsbereiche der Familie, Peers, Schule und Arbeit sind in unterschiedlichen und zuteilen widersprüchlichen Regel- und Rollensystemen fundiert, deren jeweiligen Erfordernissen das Individuum nur zum Preis einer Infragestellung seiner eigenen Identität durch Anpassung entsprechen kann (vgl. Bertram 1980; Krappmann 1969).

Durkheims Beschreibung von drei Momenten der Moralität – Disziplin, Bindung an die soziale Gruppe und Autonomie –, die der Typus organischer

[11] Bei den bibliographischen Angaben orientiere ich mich im Folgenden in der Regel am Erscheinungsjahr der Originalbeiträge, um die theoriegeschichtliche Verortung zu erleichtern.

Solidarität voraussetzt, zeigt einerseits, dass es insbesondere Leistungen des Subjekts sind, die das Funktionieren sozialer Kooperation im Kontext differenzierter Gesellschaften gewährleisten. Andererseits verdeutlicht sie, dass die genannten Momente der Moralität einen komplexen Erziehungs- und Bildungsprozess voraussetzen, soll die ›organische Einheit‹ der Gesellschaft und die von Durkheim geforderte Bildung einer am Kollektiv orientierten, individualistischen Moral befördert werden.

Mit Müller (1986) lassen sich somit drei Argumente in Durkheims Moraltheorie unterscheiden, mit denen er das *Verhältnis zwischen sozialer Ordnung und individueller Autonomie* zu bestimmen versucht. Durkheim zeigt zunächst, »dass eine funktional differenzierte, pluralistische Gesellschaft strukturell gezwungen ist, ihren Mitgliedern individuelle Handlungs- und Dispositionsspielräume zu eröffnen (strukturtheoretisches Argument); sodann verdeutlicht er, dass individuelle Freiheit selbst nur das sozialisatorische Produkt eines komplexen Erziehungs- und Bildungsprozesses ist, der auf die vielfältigen Rechte und Pflichten vorbereitet und zu individueller Lebensführung in der modernen Gesellschaft erst befähigt (sozialisationstheoretisches Argument); schließlich demonstriert er, dass die moralische Einheit in der Heterogenität sozialer Regeln durch das neue gemeinschaftliche Ideal, den religiösen Kult des Individuums zustande kommt, das den Anspruch auf persönliche Autonomie mit der Forderung nach mehr sozialer Gerechtigkeit verbindet (religionssoziologisches Argument)« (Müller 1986: 73).

Mit diesen drei Argumenten entfaltet Durkheim den Bezugsrahmen eines soziologischen Erklärungsansatzes. Die aktuelle Moralforschung in der Piaget/Kohlberg Tradition führt insbesondere zu einer Ausdifferenzierung der entwicklungspsychologischen und sozialisationstheoretischen Grundannahmen. So kritisiert Piaget (1932) den latenten Konventionalismus in Durkheims Moraltheorie, der ihr trotz der Betonung der Autonomie des Subjekts zueigen sei, aus entwicklungspsychologischer Perspektive. In Durkheims Modell werde die individuelle Moralentwicklung letztlich – so Piaget – auf die Internalisierung jener Moral reduziert, die dem jeweiligen gesellschaftlichen Entwicklungsstand entspreche. Moralische Autonomie scheine so darauf beschränkt zu sein, dass das Individuum sein Handeln nicht mehr an externen Zwängen und Verhaltenserwartungen, sondern an internalisierten Normen orientiere. Dem stellt Piaget seine entwicklungspsychologischen Einsichten in die *Konstruktionstätigkeit des sich bildenden Subjekts* und die stufenweise *Entwicklung der Fähigkeit zur Differenzierung und Koordination von Perspektiven* entgegen – Einsichten, die bis heute an Aktualität nichts eingebüßt haben (Edelstein/Hoppe-Graff 1993).

Ohne Durkheims grundlegende Einsicht in die konstitutive Bedeutung gesellschaftlicher Beziehungen für die Ontogenese der Moral preiszugeben, zeigt Piaget (1932), wie sich die individuelle Moral in zwei Stadien entwickelt: von der heteronomen Moral, die auf dem einseitigen Respekt vor der

Autorität der Erwachsenen beruht, zu einer Moral der gegenseitigen Achtung, der ein zunehmend rationales Verständnis von Regeln und Gerechtigkeit bis hin zur Ausbildung einer Idee der Gleichheit der Rechte und der Sanktionen unter Berücksichtigung der Situation und individueller Umstände zueigen ist (vgl. Montada 1995; Kesselring 1999).

In der Perspektive einer soziologisch-sozialisationstheoretischen Theorie der Moralentwicklung ist Piagets kontrastierende Gegenüberstellung der innerfamilialen Interaktion im Kleinkindalter und der sozialen Kooperation unter gleichaltrigen Kindern und Jugendlichen zentral (vgl. Oevermann 1974; 2000a; Krappmann 1991; 2001). Unter Bezugnahme auf diese kann sozialisationstheoretisch eine Theorie der sozialen Konstitution der Moralentwicklung angenommen werden, ohne Piagets Einsicht in die aktive Konstruktionstätigkeit des sich bildenden Subjekts preisgeben zu müssen. Die idealtypische Kontrastierung zweier Interaktionsformen interessiert dabei nicht nur unter dem Gesichtspunkt, dass diesen unterschiedliche Reziprozitätsformen korrespondieren (Youniss 1994). In lebensgeschichtlicher Perspektive entsprechen ihnen auch unterschiedliche Sozialwelten (Familie, Freundschaften, Peers), deren jeweilige lebensweltliche Ausprägung nicht nur die Abfolge ontogenetischer Entwicklungsschritte konstituiert, sondern auch maßgeblich darüber entscheidet, welche individuellen Entwicklungspfade dem sich bildenden Subjekt biografisch offen stehen.

Die Forschungen zur Moralentwicklung entstammen weitgehend dem frühen Werk Piagets. In der Folgezeit wandte er sich vornehmlich Fragen einer genetischen Erkenntnistheorie und der Entwicklung logisch-mathematischen Denkens zu. Die Moralentwicklung wird für Piaget (1954) wieder Thema im Zusammenhang einer Vorlesung über die Zusammenhänge zwischen Intelligenz und Affektivität in der kindlichen Entwicklung. Piaget nimmt damit eine Problemstellung vorweg, die inzwischen verstärkt diskutiert wird, in der Folgezeit aber – ironischerweise unter Berufung auf Piagets Werk – ausgeklammert blieb.

Mit der kognitiven Wende in der Entwicklungspsychologie Anfang der sechziger Jahre wird Piagets Genetischer Strukturalismus auch für die empirisch orientierte sozialwissenschaftliche Moralforschung wegweisend. Das Forschungsinteresse konzentriert sich nun jedoch auf die *Konzeptualisierung eines angemessenen Begriffs moralischer Kognition.* Die sozialen und gesellschaftlichen Voraussetzungen individueller Moral wie auch der Zusammenhang zwischen sozial-kognitiver und affektiv-motivationaler Entwicklung rücken in den Hintergrund. Maßgeblich befördert wird diese Entwicklung durch die empirischen und theoretischen Arbeiten von Lawrence Kohlberg, dessen kognitionspsychologischer Ansatz die Moralforschung in den siebziger und achtziger Jahren dominiert und bis heute maßgeblich beeinflusst.

2.2 Die Psychogenese der Moral in der kognitionspsychologischen Perspektive Kohlbergs

Die Überwindung bzw. Relativierung lerntheoretischer und psychoanalytisch orientierter Erklärungsansätze ist in erster Linie auf die frühen Arbeiten von Lawrence Kohlberg in den sechziger und siebziger Jahren zurückzuführen (Kohlberg 1968; 1969; 1976). In umfangreichen Sekundärauswertungen und eigenen empirischen Analysen, die neben einer Längsschnittstudie auch interkulturelle Vergleichsstudien umfassen,[12] entwickelt Kohlberg eine Theorie der stufenweisen Entwicklung moralischer Urteilsfähigkeit, die das Piagetsche (1968; 1970) Paradigma des Genetischen Strukturalismus auf den Gegenstandsbereich der Moralentwicklung anwendet.[13] Gegenstand der Kohlbergschen Theorie ist die *kognitive Strukturierung moralisch relevanter Entscheidungssituationen unter besonderer Berücksichtigung der Rechtfertigung von Handlungsentscheidungen.* Seine Theorie bezieht sich damit auf den Kernbereich moralischen Denkens und Urteilens: Wie lassen sich Handlungsentscheidungen angesichts entgegenstehender Interessen, Werte und Normen rechtfertigen?

In empirischen Untersuchungen gehen Kohlberg und seine MitarbeiterInnen dabei der Frage nach, welche kognitiv-strukturellen Veränderungen sich entwicklungspsychologisch unterscheiden lassen und welchen universellen Gesetzmäßigkeiten die individuelle Moralentwicklung unterliege. Die von Kohlberg (1981/1984; 1995) rekonstruierten kognitiven Strukturen moralischer Urteilsfähigkeit und deren stufenweise Entwicklung erfüllen – so Kohlberg – die *Kriterien einer strukturgenetischen Theorie im Sinne Piagets* (1968; 1970): 1. Die Stufen unterscheiden sich qualitativ voneinander hinsichtlich der Denkformen bzw. Lösungsansätze des gleichen Problems; 2. die qualitativ unterscheidbaren Stufen bilden eine invariante Entwicklungssequenz, die durch kulturelle Faktoren nur hinsichtlich der zeitlichen Abfolge, nicht hinsichtlich ihrer Reihenfolge determiniert wird; 3. die qualitativ verschiedenen Denkformen bilden eine strukturierte Ganzheit, die für konkrete Problemlösungen konstitutiv ist; 4. das Kriterium der hierarchischen Integration ist erfüllt, demzufolge die kognitiven Strukturen vorangegangener Stadien auf einem neuen Organisationsniveau des Denkens reintegriert werden, sodass das sich bildende Subjekt über zunehmend differenziertere und integriertere Stufen verfügen kann.

In Abgrenzung zu Piagets Moralpsychologie entwickelt Kohlbergs Stufenmodell ein empirisch differenzierteres Bild der Moralentwicklung im Jugend- und Erwachsenenalter. Gegenüber der Moraltheorie Durkheims differenziert Kohlberg dessen sozialisationstheoretischen Erklärungsansatz, indem

[12] Vgl. Colby u.a. 1983; Colby/Kohlberg 1987

[13] Vgl. Habermas 1983b; Garz 1984; 1996; Kuhmerker/Gielen/Hayes 1991; Oser/Althof 1992.

er den Bildungsprozess der Moralentwicklung in Begriffen der kognitiven Entwicklungspsychologie unter Berücksichtigung von G.H. Meads Modell der Rollenübernahme rekonstruiert. Zwei Einschränkungen sind damit jedoch verbunden: Durkheims soziologisch-strukturtheoretischer und Piagets sozialisationstheoretischer Erklärungsansatz werden letztlich reduziert auf einen ›kognitionszentrierten entwicklungspsychologischen Ansatz‹ (Colby/Kohlberg 1978): Zentral thematisch ist nicht die Entstehung der praktischen Handlungsfähigkeit sozialisierter Subjekte, sondern die Ontogenese epistemischer Strukturen einer rationalen Handlungspraxis. Soziale Faktoren erscheinen dabei faktisch als Randbedingungen, nicht aber als konstitutive Voraussetzung. Gleichwohl ist zu konstatieren, dass der von Durkheim postulierte ›komplexe Erziehungs- und Bildungsprozess‹ in Kohlbergs Theorie hinsichtlich seiner universellen und differenziellen Aspekte differenzierter rekonstruiert wird und soziologisch-reduktionistische Entwicklungsmodelle überwunden werden.

Für den Bereich moralischen Urteilens impliziert der strukturgenetische Erklärungsansatz Kohlbergs die analytische Unterscheidung zwischen kognitiver Struktur und normativen Werthaltungen und Orientierungen, die inhaltlich variieren. Erst die damit einhergehende Abstraktion von der Lebensgeschichte des Einzelnen und dessen biografisch vermittelten, kulturspezifischen Werthaltungen und Orientierungen ermögliche es, eine kulturübergreifende, universale Entwicklungsfolge auszuweisen (Colby u.a. 1983; Colby/Kohlberg 1987; Colby u.a. 1987)[14]

Aus moralphilosophischen wie kognitionspsychologischen Gründen werden das Konzept der Gerechtigkeit und dessen stufenweise Entwicklung als das strukturelle Kernstück der Moralentwicklung ausgewiesen und moralische Urteile auf präskriptive Wertsetzungen von Pflichten und Rechten bezogen. Ihrem Anspruch nach sind damit ausschließlich Denkstrukturen, die durch Gerechtigkeitsoperationen und die Lösung moralischer Konflikte definiert sind, Gegenstand von Kohlbergs Stufentheorie. Entsprechend präzisieren Kohlberg/Levine/Hewer (1983) den Erklärungsanspruch ihrer Stufentheorie dahingehend, dass sie als eine »Theorie des moralischen Urteilens als rationale Rekonstruktion der Ontogenese des Gerechtigkeitsdenkens« aufzufassen sei (Kohlberg 1995: 226).

Damit sollen andere Dimensionen der Moral, wie Fürsorge, Anteilnahme und Verantwortlichkeit, auf deren notwendige Berücksichtigung in den Arbeiten von Gilligan (1982; 1983), Haan (1978) und Hoffman (1984; 1991) hingewiesen wird, nicht in ihrer Bedeutsamkeit bestritten werden.

Kohlberg unterstellt jedoch zum einen, dass die Lösung von zwischenmenschlichen und sozialen Konflikten, also von Konflikten, die zwischen

---

[14] Zum Forschungsstand in kulturvergleichender Perspektive vgl. Eckensberger 1993.

verschiedenen Ansprüchen oder Rechten bestehen, als eigentliche Funktion von moralischen Urteilen und Prinzipien anzusehen sei. Zum anderen wird argumentiert, dass sich das Piagetsche Strukturkonzept nur auf die Ontogenese des logischen Denkens im Sinne der Theorie Piagets (1970), (mit Vorbehalt) auf die Ontogenese von Stufen der Perspektivenübernahme im Sinne der Theorie Selmans (1980) und auf die Ontogenese des Gerechtigkeitsdenkens im Sinne der modifizierten Theorie Kohlbergs (Kohlberg/Levine/Hewer 1983) anwenden lasse.[15] Die Genese von Fürsorge, Anteilnahme und Verantwortlichkeit wird somit nicht der Ontogenese operatorischer Urteilsstrukturen subsumiert, die Kohlberg als ›hard structures‹ konzeptualisiert, sondern ›weichen‹ Entwicklungsniveaus sozialen und moralischen Denkens und damit der Persönlichkeitsentwicklung in einem umfassenderen Sinne zugeordnet.[16]

Trotz der Widerlegung ihrer starken These von der geschlechtsspezifischen Ausbildung zweier Moralen (vgl. Nunner-Winkler 1991a; 1998b) kann Gilligans Kritik als ein Anlass dafür gesehen werden, dass auch Kohlberg die Funktion der Verantwortungsurteile neben der deontischer Urteile theoretisch neu zu bestimmen suchte. Kohlberg konstatiert in diesem Zusammenhang, dass die Wahl der Forschungsdilemmata in der Längsschnittstudie sowie das entsprechende Auswertungssystem zu einer Ausgrenzung von Problemstellungen enger sozialer Beziehungen und Verpflichtungen führt und die stufenweise Ausprägung von Verantwortungsurteilen nach dem ›Standard Issue Scoring‹-Manual (Colby u.a. 1987) nicht adäquat erfasst werden kann.[17]

Da die Längsschnittstudie der Ontogenese moralischer Urteilsfähigkeit ebenso wie die kulturvergleichenden Studien auf der Grundlage des Moral Judgment Interview nach allgemeinem Verständnis erhebliche Erklärungslasten zu tragen haben, stellt sich damit die Frage, welche Konsequenzen dies für die Bestimmung des *entwicklungstheoretischen* Erklärungsbeitrags von Kohlbergs Theorie zeitigt. Denn die Konzeptualisierung des Zusammenspiels von Gerechtigkeits- und Verantwortungsurteilen interessiert in Bezug auf Fragen der Entwicklungsdynamik und der Urteil-Handelns-Problematik. Und

---

[15] Neben der Differenzierung von drei Weisen der Perspektivenübernahme – die räumliche, soziale und moralische Perspektivenübernahme –, für die eine je eigenständige, wenn auch nicht voneinander unabhängige Entwicklung postuliert wird, führt Kohlberg in diesem Zusammenhang als zentrales Theorem ein, dass Stufen des logischen Denkens sowie der sozialen Perspektivenübernahme jeweils notwendige, wenn auch nicht hinreichende Bedingungen der Entwicklung komplementärer Stufen moralischer Urteilsfähigkeit sind.

[16] Vgl. Kohlberg 1977; Kohlberg/Levine/Hewer 1983; Kohlberg 1987. Zu Gilligans Theoriebeitrag und der von ihr ausgelösten Kontroverse vgl. Kohlberg/Levine/Hewer 1983; Nunner-Winkler 1991b; Walker 1991 und Horster 1998 (mit jeweils weiteren Literaturangaben).

[17] Vgl. Kohlberg/Levine/Hewer 1983: 20ff; Keller/Edelstein 1992: 5. Zur Kategorisierung von Verantwortlichkeitsurteilen und deren stufenweise Entwicklung in der Kohlbergschule vgl. Higgins/Power/Kohlberg 1984: 80.

die Bedeutsamkeit enger sozialer Beziehungen und korrespondierender Verpflichtungen gilt seit Durkheim und Piaget als Ansatzpunkt einer sozialisationstheoretischen wie auch einer affektiv-motivationale Entwicklungsdimensionen umfassenden, entwicklungspsychologischen Erklärung.

Damit rücken zwei Schlüsselprobleme strukturgenetischer Moralforschung in den Blick, deren Bearbeitung eine Rekonzeptualisierung des moraltheoretischen Gegenstandsbereichs erfordert: das subjekttheoretisch interessierende Zusammenspiel von Urteilsfähigkeit, Motivation und Handeln bzw. Verhalten (Kapitel 3) und die soziologisch-strukturtheoretisch interessierende bewusstseinskonstituierende Funktion von Interaktionsformen (Kapitel 4).

3. Ergänzung, Weiterentwicklung und Rekonzeptualisierung des Kohlbergschen Forschungsprogramms

Der theoretische und empirische Nachweis des kognitiven Gehalts von Moral gilt auch in der Perspektive jüngerer Kritiken als besonderer Verdienst der Arbeiten Kohlbergs (vgl. Nunner-Winkler/Edelstein 1993: 27f). Neuere Forschungen legen jedoch eine Rekonzeptualisierung des Zusammenspiels der analytisch zu trennenden Aspekte individueller Moral – Urteilsfähigkeit, Motivation und Handeln – nahe. Dies führt gegenüber Kohlbergs Moraltheorie sowohl zu einer Reformulierung des moralischen Lernprozesses als auch zu einer Rekonstruktion insbesondere der präkonventionellen Phase moralischer Urteilsfähigkeit.[18]

Piaget und (zeitweise) Kohlberg grenzen den Geltungsanspruch ihrer Theorien auf die empirische Rekonstruktion moralischer Urteilsfähigkeit ein, wobei Kohlberg insbesondere deren kognitiv-strukturelle Entwicklungsdimension interessiert. Zumindest Kohlberg unterstellt in seiner Theorie, dass die motivationale Bereitschaft, das als ›richtig‹ Erkannte auch praktisch umzusetzen, sich der entwicklungsstandspezifischen Urteilsfähigkeit analog ausbilde. Die kognitivistische Annahme einer Einheit von Urteilen und Handeln konnte auch in empirischen Untersuchungen bestätigt werden (vgl. hierzu Blasi 1980). Gleichwohl gilt für die im Folgenden behandelten Studien als unstrittig, dass der moraltheoretisch interessierende Zusammenhang zwischen Kognition und Handlung einer theoretischen Rekonstruktion der Umsetzung moralischer Urteile in praktische Handlungsvollzüge bedarf, der em-

[18] Dies zeitigt auch Konsequenzen für die Konzeptualiserung einer Theorie moralischer Bildung. Vgl. hierzu Brumliks (1992: 8f) frühe Einsicht in die Notwendigkeit einer Theorie moralischer Gefühle im menschlichen Entwicklungsprozess und deren Stellenwert für die Konzeptualisierung einer demokratischen Werteerziehung (Brumlik 1995: 54-87) bzw. moralischen Erziehung (Brumlik 2001).

pirische Nachweis von Korrelationen zwischen moralischem Urteil und Handlung also nicht für eine Erklärung moralischen Handelns hinreicht. Entsprechende Konzeptualisierungsversuche zielen insbesondere auf eine differenzierte Rekonstruktion jenes komplexen Zusammenspiels vermittelnder Kognitionen, die moralischen Urteilen in konkreten Entscheidungssituationen erst ihre persönlich bindende Kraft zukommen lassen. Entsprechende *Phasenmodelle einer genuin moralischen Entscheidungsfindung und Handlungsmotivierung* werden von Rest, Kohlberg/Candee und Blasi vertreten.[19]

3.1 Moralisches Urteilen und Handeln

Im Anschluss an eine umfassende Sekundärauswertung der moraltheoretisch interessierenden Forschung unterscheidet Rest (1983; 1984; 1986; 1999) vier prozessuale Hauptkomponenten der Moralität. Jede dieser Komponenten lässt sich hinsichtlich der jeweiligen Hauptfunktion des Prozesses und der zugrunde liegenden Interaktion von Kognition und Affekt kennzeichnen (auszugsweise zitiert nach Rest 1986: 25f; vgl. Rest 1999: 89-110):

1. *Hauptfunktionen des Prozesses:* Interpretation der Situation in Hinsicht darauf, wie die eigenen Handlungen das Wohlergehen anderer beeinflussen; *Interaktion von Kognition und Affekt:* Schlüsse darüber ziehen, wie der andere affiziert werden wird; gegenüber dem anderen Empathie, Widerwillen usw. empfinden.
2. *Hauptfunktionen des Prozesses:* Formulieren, was eine moralische Handlungsweise sein würde; das moralische Ideal in einer spezifischen Situation identifizieren; *Interaktion von Kognition und Affekt:* An der Konstruktion von moralischen Sinnsystemen sind sowohl abstrakt-logische als auch Aspekte der Wertung mit Hilfe von Einstellungen beteiligt; moralische Ideale bestehen sowohl aus kognitiven als auch aus affektiven Elementen.
3. *Hauptfunktionen des Prozesses:* Unter den konkurrierenden Idealen – die in verschiedenen Werten resultieren – dasjenige auswählen, nach dem man sich richtet; entscheiden, ob man versuchen soll, sein moralisches Ideal zu erfüllen oder nicht; *Interaktion von Kognition und Affekt:* Kalkulation des relativen Nutzens der verschiedenen Ziele; stimmungsbeeinflussender Augenblick; defensive Wahrnehmungsstörung; Entscheidungen, die Empathie erzwingen; soziales Verstehen, das die Wahl von Zielen motiviert.
4. *Hauptfunktionen des Prozesses:* Durchführen und Vollenden dessen, was man zu tun beabsichtigt; *Interaktion von Kognition und Affekt:*

[19] Zu diesen Erklärungsansätzen siehe auch Oser/Althof 1992: Kapitel 7 und Garz/Oser/Althof 1999.

Ausdauer bei Aufgaben, beeinflusst durch die kognitive Transformation des Ziels.

In Anlehnung an Rests Komponentenmodell präzisieren Kohlberg/Candee (1984) im Rahmen einer Kritik verhaltenstheoretisch orientierter Erklärungsansätze das Konzept genuin moralischen Handelns dahingehend, dass erst die Erfassung sowohl der kognitiven als auch (mit Einschränkung) der moralisch-emotionalen Komponente individueller Handlungsentscheidungen es ermögliche, ›moralisches Verhalten‹ zu erklären. Von ›moralischem Handeln‹ sprechen die Autoren nur dann, wenn das Verhalten in einem moralischen Urteil des Aktors motiviert ist.

Die für einen Aktor entwicklungsstandspezifischen Formen des Denkens über moralische Konflikte und angemessene Konfliktlösungen gelten dabei als wesentliche Determinante individueller Handlungsentscheidungen. Kohlberg/Candee weisen in diesem Zusammenhang jedoch explizit darauf hin, dass neben dem moralischen Urteil auch andere Wissens- und Motivationsfaktoren, die nicht spezifisch moralisch sind, notwendig sein können, um eine Konsistenz zwischen moralischem Urteil und Handeln herzustellen.

Es werden vier Phasen im Prozess der Umsetzung eines moralischen Urteils in moralisches Handeln unterschieden (vgl. Kohlberg/Candee 1984/dt. 1999: 42ff): (1.) Interpretation der moralischen Situation und Definition des Problems mittels der Aktualisierung der entwicklungsstandspezifischen Form sozialer Perspektivenübernahme; (2.) Entscheidung mittels der deontischen Wahl, was angesichts des moralischen Konflikts getan werden soll (Was ist richtig?); (3.) Handlungsausführung im Sinne des Verantwortlichkeits- oder Verpflichtungsurteils (Bin ich in dieser Situation dafür verantwortlich, mich im Handeln danach zu richten, was richtig ist?); (4.) Handlungspraktische Realisierung des Verantwortlichkeits- oder Verpflichtungsurteil unter Inanspruchnahme nichtmoralischer Fähigkeiten, insbesondere der Intelligenz und Ich-Kontrollen.

Anders als Rests Vier-Komponenten-Modell akzentuieren Kohlberg/Candee insbesondere die Funktionsweise der entwicklungsstandspezifischen Stufe moralischer Urteilsfähigkeit für den Prozess moralischen Handelns. In Bezug auf das im Mittelpunkt stehende Verhältnis von deontischem Urteil und Verantwortlichkeitsurteil begründen Kohlberg/Candee drei zentrale Annahmen: (a.) Die entwicklungsstandspezifische Moralstufe und deren Unterstufen im Sinne von Piagets Typen heteronomer und autonomer Moral bestimmen das deontische Urteil und das Verantwortlichkeitsurteil. Als spezifischere Urteile stehen diese in direktem Zusammenhang mit moralischem Handeln. Im Unterschied zu deontischen Urteilen werden Verantwortlichkeitsurteile jedoch auch durch situationsspezifische Merkmale bestimmt. Besonders verwiesen wird hierbei auf kollektive Situationsdeutungen, Gruppennormen und Entscheidungsprozesse in der Gruppe. (b.) Deontische Urteile über die Richtigkeit einer Handlung gehen gewöhnlich Verantwortlichkeitsurteilen voraus. Als mögliche Ausnahmesituationen werden jedoch jene Akte sozialer Verantwortlichkeit genannt, die das Maß dessen übersteigen, was im Sinne von Rechten, Pflichten oder moralischen Pflichten erwartet werden kann: Situationen, in denen es um besondere Verpflichtungen z.B. gegenüber Familienangehörigen oder Freunden geht; supererogatorische, altruistische Handlungen gegenüber Fremden und moralische Handlungen, die einer konkreten Gruppe, Gemeinschaft oder Institution zugute kommen. (c.) Die Konsistenz zwischen deontischem Urteil und Verantwortlichkeitsurteil sowie zwischen deontischem Urteil und vollzogener Handlung nimmt monoton mit steigender Stufe moralischen Urteilens zu.

Die Einsicht kognitionszentrierter Entwicklungspsychologie, dass die Moralität einer Handlung unhintergehbar eine kognitive Komponente hat, liegt schließlich auch Blasis (1980; 1983) theoretischer Rekonstruktion der Beziehungen zwischen moralischem Denken und moralischem Handeln zugrunde. Anders als Kohlberg/Candee, die gleichwohl seinem Modell eines moralischen Selbst zustimmen, akzentuiert Blasi weniger die kognitiven Entscheidungsprozeduren als jene Ich-Faktoren, die auf eine umfassendere Theorie der Identitätsentwicklung verweisen: »a) Moralisches Denken wird dann zuverlässiger in moralisches Handeln umgesetzt, wenn es in ein Urteil persönlicher Verantwortlichkeit überführt wird; b) moralische Verantwortlichkeit ergibt sich aus der Integration von Moral in die eigene Identität oder das eigene Selbst-Empfinden; c) aus moralischer Identität rührt die psychologische Notwendigkeit her, in Übereinstimmung mit den eigenen Idealen zu handeln. Diesem Modell zufolge spielt moralische Identität also eine zentrale Rolle und gilt Stimmigkeit mit dem Selbst als grundlegende Motivationsquelle moralischen Handelns« (Blasi 1993: 119).[20]

Die systematische Klärung performanzbestimmender Faktoren moralischer Entscheidungsprozesse und praktischer Handlungsvollzüge impliziert auf der Grundlage der bisher vorgestellten Erklärungsmodelle zum Zusammenhang von moralischen Urteilen und Handeln somit viererlei: Zum einen zeigt sich, dass dem *Zusammenspiel deskriptiver und präskriptiver sozialer Konzepte*, die in den Entwicklungstheorien Selmans (1980) und Kohlbergs (1976) zunächst voneinander getrennt untersucht wurden, eine zentrale Funktion für den konkreten Verlauf praktischer Entscheidungs- und Handlungsprozesse zukommt. Als zweites richtet sich das Augenmerk auf das *Zusammenspiel zwischen sozial-kognitiven und affektiv-motivationalen Faktoren individuellen Handelns*. Mit dem Interesse an Problemlösungsprozessen, deren Komponenten und Phasen analytisch nach formalen und funktionalen Gesichtspunkten differenziert werden, rückt drittens die *individuelle Handlungsstrukturierung* als eigenständiger Forschungsgegenstand in den Vorder-

[20] Vgl. hierzu Colby/Damon 1993 und Nunner-Winkler 1999a.

grund. Dabei wird einerseits deutlich, wie voraussetzungsreich die Zuschreibung eines moralischen Handelns ist. Andererseits dokumentieren die angeführten Modelle aber auch, wie sehr die diskutierten Erklärungsansätze von der idealisierenden Vorstellung eines ›reflexiven Subjekts‹ geprägt sind: Eine Idealisierung, die in soziologischer Perspektive ebenso wenig wie in entwicklungspsychologischer Perspektive überzeugen kann. Ersteres, weil der Eindruck entsteht, Habitusformationen rationaler Lebenspraxis (wie die eines philosophisch gebildeten Intellektuellen) werden in der Modellbildung empirisch generalisiert, zweiteres, weil das ›reflexive Subjekt‹, wie Seiler (1991: 111f) zu Recht anführt, nicht am Anfang stehe, sondern allenfalls ein End- oder Zielzustand darstelle und auch hierbei zu bedenken sei, »dass die Annahme einer bewussten, ziel- oder normorientierten Handlungssteuerung eine Idealisierung darstellt, die auch das Handeln und Sich-Entwickeln der erwachsenen Persönlichkeit nur mit großen Abstrichen beschreibt« (ebd.: 110). Entwicklungstheoretisch wird schließlich viertens deutlich, dass die Rekonstruktion moralischer Lernprozesse letztlich auf die Frage nach der *Verankerung der Moral in der Person* verweist.

Entsprechend lassen sich für die interessierenden Theorietraditionen zwei Schwerpunktverlagerungen konstatieren: Das Interesse an der Rekonstruktion von Problemlösungsprozessen bedingt die theoretische Integration der zuvor getrennt verfolgten kognitiv-strukturtheoretischen und funktionalistischen Erklärungsansätze. Dabei wird der Erklärungsanspruch sukzessive auf den Bereich des individuellen Handelns bzw. Verhaltens ausgeweitet. Deutlicher als bei den referierten Positionen von Blasi, Kohlberg/Candee und Rest wird dieser Schritt in Arbeiten der Forschungsgruppe um Selman vollzogen. Im Rahmen kognitionszentrierter Entwicklungstheorie steht Selmans Theorieprogramm für eine Forschungsstrategie, die den Zusammenhang sozial-kognitiver und psychodynamischer Voraussetzungen interpersonalen Verstehens und Verhandelns auf Seiten des sich bildenden Subjekts ebenso einer empirischen Analyse zuführen will wie die Funktion der Erfordernisse der sozialen Situation und Beziehungen. Dies begründet den wachsenden Stellenwert einzelfallbezogener Analysen, in deren Zentrum ›natürliche‹ (und nicht nur durch klinische bzw. Tiefen-Interviews vorstrukturierte) Interaktionen stehen.[21] Diesem Perspektivenwechsel korrespondiert, dass es innerhalb der Kohlbergschule insbesondere klinisch tätige Entwicklungspsychologen sind, die paradigmatisch bedeutsame Weiterentwicklungen einleiten.[22]

---

[21] Vgl. Selman 1980: Kapitel 5-6; 1984; Selman/Lavin/Brion-Meisels 1982; Selman u.a. 1986; Brion-Meisels/Selman 1986; Selman/Yeates 1987; Nakkula/Selman 1991.

[22] Neben Selmans Beiträgen sind in diesem Zusammenhang die Arbeiten von Kegan und Noam u.a. von besonderem Interesse. Vgl. Kegan 1982; Noam 1986; 1993; 1999; Oerter/Noam 1999; Noam/Röper 1999; Röper/Noam 1999.

Im Mittelpunkt der moraltheoretischen Diskussion – so die zweite Schwerpunktverlagerung – steht nicht mehr die kognitiv-strukturtheoretische Rekonstruktion der Moralität von Urteilen und Handlungen, sondern die Konzeptualisierung einer allgemeinen Theorie des (moralischen) Selbst (vgl. Edelstein/Nunner-Winkler/Noam 1993).[23] Unstrittig ist dabei, dass eine angemessene Theorie des (moralischen) Selbst nicht allein auf dem Piagetschen Paradigma gegründet werden kann. Kontrovers bleibt beim gegenwärtigen Stand der Theoriebildung zu einer konstruktivistischen Selbsttheorie jedoch, ob Moral, Perspektivenübernahme und Selbst als getrennte sozial-kognitive Bereiche zu konzeptualisieren sind, denen entsprechende, voneinander abgrenzbare kognitive Strukturen und Operationen zuschreibbar sind; oder ob die moralische Entwicklung als ein Aspekt des Selbst neben anderen zu begreifen ist und die strukturellen Prinzipien auf ein ›Selbst‹ im Sinne einer übergreifenden ›Mega‹-Struktur der Persönlichkeit bzw. des Ichs zu beziehen sind (vgl. Noam 1993).

Auf Seiten empirischer Untersuchungen korrespondiert den konstatierten Schwerpunktverlagerungen des Forschungsinteresses eine striktere analytische Differenzierung der drei Momente individueller Moral (Urteilsfähigkeit, Motivation und Handeln bzw. Verhalten). Deren Zusammenhang wird – anders als in Kohlbergs (frühen) Arbeiten – nunmehr selbst als empirische Frage behandelt. Die systematischen Gründe hierfür haben bereits die frühen Arbeiten von Keller (1976; 1980a.b) und Döbert/Nunner-Winkler (1975; 1978; 1980) ausgewiesen. Aber erst umfangreiche Längsschnittuntersuchungen an den Max-Planck-Instituten für Bildungsforschung (Kapitel 3.2) und psychologische Forschung (Kapitel 3.3) stellen die Kritik an Kohlbergs Theorie der individuellen Moralentwicklung und deren Weiterentwicklung auch auf eine gesicherte empirische Basis.

3.2 Sozio-moralische Wissenssysteme und Selbst

In den Arbeiten von Keller/Edelstein nimmt das Zusammenspiel zwischen sozialer Kognition, moralischem Urteil und Ich-Prozessen einen zentralen Stellenwert ein. Die von ihnen durchgeführte Teilstudie des MPI-Projekts ›Kindliche Entwicklung und soziale Struktur‹ wurde zunächst als Längsschnittuntersuchung zur kognitiven, sozial-kognitiven und Persönlichkeitsentwicklung isländischer Kinder und Jugendlicher im Alter von 7, 9, 12, 15 und 19 Jahren konzipiert und inzwischen zu einer interkulturellen Vergleichsstudie[24] ausgeweitet. Im Zentrum des Interesses stehen Mikroprozesse

[23] Entsprechende Theorieansätze werden mit unterschiedlichen Akzentuierungen vertreten von Kegan (1982), Noam/Kohlberg/Snarey (1983; Snarey/Kohlberg/Noam 1983, Kohlberg 1987), Davidson/Youniss (1991), Noam (1993; 1999), Blasi (1993) und Keller/Edelstein (1993).

[24] Vgl. Keller/Edelstein 1992; Keller/Schuster/Edelstein 1993; Keller u.a. 2000.

der sozial-kognitiven und sozio-moralischen Entwicklung. Ziel ist es, die interindividuelle Variabilität von Entwicklungsverläufen in Abhängigkeit sowohl von unterschiedlichen Inhalten der sozialen und moralischen Kognition als auch von lebensweltlichen Kontexten zu erklären (vgl. zusammenfassend Edelstein/Keller/Schröder 1990; Keller 1992; 1996; 2001).

Im Rahmen der Längsschnittstudie konnte die für den kognitiv-strukturtheoretischen Ansatz entscheidende Annahme der Sequenzialität und Kumulativität der kognitiven Entwicklung bestätigt werden (vgl. Keller/Edelstein 1986). Die Annahme einer strukturierten Ganzheit der stufenweisen Organisationsformen des Denkens erfuhr eine – im Blick auf weitere Untersuchungen bedeutsame – Einschränkung. Denn es ließen sich – so Keller – bedeutsame Kontexteffekte (›décalages‹) nachweisen, auch wenn sich das Denken innerhalb einzelner Bereiche und über verschiedene Bereiche hinweg als relativ homogen erwies. Bezüglich festgestellter interindividueller Differenzen wurde die universalistische Geltung kognitiver Strukturtheorien der sozialen Kognition und des moralischen Verstehens bestätigt. Es zeigten sich gleichwohl, darauf weisen auch einzelne Untersuchungen der Kohlbergschule hin, dass lebensweltliche Bedingungen nicht nur die Geschwindigkeit des Entwicklungsverlaufs, sondern auch das lebensgeschichtlich erreichte Entwicklungsniveau beeinflussen (vgl. Edelstein/Keller/Schröder 1990).[25]

Die Konzeptualisierung des Gegenstandsbereiches sozialer Kognition durch Keller/Edelstein lässt sich in vier Punkten charakterisieren:

(a.) Hinsichtlich der Ontogenese sozialer Denkstrukturen wird zwischen *zwei Typen sozial-kognitiver Dezentrierungsleistungen* unterschieden: Der eine Typ umfasst die kognitive Strukturierung konkreter Sachverhalte der sozialen Welt nach unterschiedlichen, den Sachverhalten inhärenten Dimensionen (z.B. naive Alltagstheorien über das Selbst, andere Personen, soziale Regeln oder Konventionen). Der zweite Typ von Dezentrierungsleistungen bezieht sich auf Strukturierungen von sozialen Sachverhalten aus unterschiedlichen Perspektiven, sofern diese auch unterschiedliche Arten der Erkenntnis eines Sachverhaltes implizieren (im Sinne der Differenzierung räumlich-visueller Perspektiven oder der Perspektivendifferenzierung und -koordination im Falle der Problemlösung interindividueller Konflikte).

(b.) Auf der Grundlage der Unterscheidung von kognitiven Formalstrukturen der Perspektivendifferenzierung und -koordination einerseits und Inhaltsbereichen sozialer Kognition andererseits richtet sich das Augenmerk auf die unterschiedlichen konzeptuellen *Bereiche sozialen Verstehens und deren bereichsspezifischen Entwicklungsdynamiken*. Die These

---

[25] Vgl. zum Folgenden Edelstein/Keller 1982a; Edelstein/Keller/Wahlen 1982; Edelstein u.a. 1986; Keller 1980a.b; 1984a.b; 1986; 1990; 1996; Keller/Edelstein 1986; 1991; 1993; Keller/Eckensberger/von Rosen 1989 und Keller/Reuss 1984.

der bereichsübergreifenden Generalität kognitiver Strukturen wird dabei mit Verweis auf entgegenlaufende empirische Forschungsergebnisse infrage gestellt. In Übereinstimmung mit den Arbeiten Kohlbergs (1976), Selmans (1980) und Turiels (1982; 1983; Turiel/Smetana 1986) werden drei Bereiche sozialer Kognition unterschieden: Zu den Bereichen deskriptiver sozialer Kognition zählen einerseits psychologische Alltagstheorien über Personen als psychische Systeme und andererseits soziologische Alltagstheorien im Sinne von Wissenssystemen über soziale Beziehungen, gesellschaftliche Institutionen und soziale Regeln. Normen und präskriptive Urteile bilden schließlich den dritten Bereich sozialer Kognition.

(c.) Gegenüber kognitivistischen Engführungen in der Anfangsphase der Erforschung sozialer Kognition wird des Weiteren ausgewiesen, wie ein situationsspezifisch-flexibles Verständnis der Bedeutung von Situationen, Erwartungen, Handlungszielen und Konfliktlösungen ebenso wie die Bewertung von Handlungen und Konfliktlösungsstrategien auch auf anspruchsvolle *affektiv-motivationale Orientierungen* verweisen: Als Bedingungen des Ich-Systems einer Person können diese auf Seiten des Aktors sowohl selektive Wahrnehmungen oder Umdeutungen konkret möglicher Situationsdeutungen determinieren als auch die Wertung und Wahl aus möglichen Handlungsalternativen bestimmen. Neben entwicklungsstandspezifischen Einschränkungen der kognitiven Sinninterpretationskapazität rücken damit auch inhaltliche Valenzen von Situationsdeutungen in den Blick, die ihrerseits sozio-kulturell oder persönlichkeitsspezifisch variieren können. In dieser Perspektive lässt sich die interindividuelle Variabilität moralischer Urteile und Handlungen auf differenzielle Modalitäten der Erfahrungsverarbeitung rückführen, die auf die Entwicklungsgeschichte des Ichs verweisen.

(d.) Die Entwicklung sozio-moralischer Wissenssysteme und die Entwicklung eines moralischen Selbst werden schließlich – im Sinne von G.H. Meads Theorie – als komplementäre Aspekte moralischer Entwicklung ausgewiesen.

Ausgehend von dieser Rekonstruktion des Gegenstandsbereichs sozialer Kognition entwickeln Keller/Edelstein ihren integrativen Ansatz. Hinsichtlich der *Entwicklung sozio-moralischer Wissenssysteme* wird ausgewiesen, wie deskriptive und präskriptive Aspekte sozialen Denkens in dem entwickelten Verstehen von Beziehungen und moralischen Regeln miteinander verbunden werden. Die Entwicklung des Beziehungsverständnisses und der moralischen Reflexionsfähigkeit basiert in dieser Perspektive auf Prozessen der Perspektivendifferenzierung und -koordination, durch die Personen sowohl zu einem Verständnis deskriptiver Aspekte (was der Fall ist) als auch präskriptiver Aspekte der sozialen Realität bzw. sozialer Beziehungen (was der Fall – im Sinne von richtig und verantwortlich – sein soll) gelangen (vgl.

hierzu Keller 1986; Keller/Edelstein 1986; 1991). Wie sich in diesem Bezugsrahmen die *Entwicklung eines moralischen Selbst* konzeptualisieren lässt, zeigen Keller/Edelstein anhand der Genese von Konzepten der interpersonalen und moralischen Verantwortlichkeit und der Rekonstruktion von Prozessen der Herstellung moralischer Konsistenz (vgl. hierzu Edelstein u.a. 1986; Keller/Edelstein 1993).

Die Differenz zu anderen Erklärungsansätzen kognitionszentrierter Entwicklungspsychologie ist *erstens* darin zu sehen, dass Keller/Edelstein nicht – wie Kohlberg in seiner Unterscheidung zwischen sozialer und sozio-moralischer Perspektivenübernahme – davon ausgehen, dass sich für die Bereiche der deskriptiven und der präskriptiven sozialen Kognition unterschiedliche Formen der Perspektivenübernahme ausweisen lassen. Das sich bildende Subjekt (re-)konstruiert – vermittelt durch seine Teilhabe an sozialen Interaktionen und korrespondierende subjektive Erfahrungen – naive Handlungstheorien, deren Komponenten bzw. Kategorien die Inhalte darstellen, in Bezug auf die die formalen Prozeduren der Perspektivendifferenzierung und -koordination operieren. Als relevante Komponenten umfassen diese naiven Handlungstheorien sowohl typisierte allgemeine als auch situationsspezifische Wissensbestände über Handlungen, Personen und Situationen (vgl. hierzu Keller/Edelstein 1991: 95f; 1993: 308f).

Die Differenzierung von Struktur- und Inhaltsaspekten moralischer Argumentation wird damit *zweitens* gegenüber Kohlbergs Theorie restriktiver gefasst. Der Strukturaspekt moralischer Urteile wird ausschließlich über den kognitiven Aspekt der Differenzierung und Koordination von Perspektiven definiert. Die Inhalte moralischer Urteile werden empirisch anhand der Kategorien des Handlungs- und Situationsverständnisses rekonstruiert. Entwicklungsstufen und Inhalte sozialer und moralischer Kognition werden insofern unabhängig voneinander konzeptualisiert, als jede Kategorie der naiven Handlungstheorie auf jeder Entwicklungsstufe definiert wird.

Der Prozess der Perspektivenübernahme wird *drittens* handlungstheoretisch reformuliert. Die Unterscheidung von fünf Phasen bzw. Komponenten der Problemlösung ermöglicht es, neben der – Kohlberg interessierenden – Fähigkeit zur moralischen Rechtfertigung von Handlungsentscheidungen auch moralische Gefühle (wie Schuld- und Schamgefühle) sowie Wiedergutmachungshandlungen als Indikatoren moralischer Entwicklung zu berücksichtigen. Zu beachten ist hierbei, dass Motivzuschreibungen, Emotionen und moralische Gefühle als Bewertungen von Sachverhalten, Ereignissen und Handlungen angesehen werden, die ihrerseits Muster von Kognitionen voraussetzen (vgl. hierzu auch Montada 1993).

Im Zentrum der Kritik an Kohlbergs Moraltheorie steht die Qualifizierung der Differenz zwischen präkonventionellen und konventionellen Urteilsstrukturen, derzufolge Sanktionsvermeidung und Orientierung an den eigenen Interessen für die beiden ersten Entwicklungsstufen und die Orientierung an den Belangen einer sozialen Beziehung erst für die dritte Entwicklungsstufe charakteristisch sind. Die Unvereinbarkeit der entsprechenden Stufenkriterien mit neueren empirischen Untersuchungen führt Keller (1992) darauf zurück, dass Kohlberg kognitions- und motivationstheoretische Definitionskriterien in seinen Stufenbeschreibungen vermischt.[26]

Im Einklang mit entsprechenden Ergebnissen in Untersuchungen von Eisenberg, Nunner-Winkler und Turiel belegen Keller/Edelstein, dass bereits im frühen moralischen Denken genuin moralische und interpersonale Orientierungen zum Ausdruck kommen können. Bereits kleine Kinder verstehen sich als Teil sozialer Beziehungen und orientieren sich in ihren Begründungen und Rechtfertigungen moralisch relevanter Handlungsentscheidungen auch an dem Wohlergehen anderer Personen und der Aufrechterhaltung von Beziehungen.

Zu beachten ist hierbei, dass die empirisch begründete Revision von Kohlbergs Beschreibung präkonventioneller Urteilsstufen nicht auch den kognitiv-strukturtheoretischen Erklärungsansatz infrage stellt. Für die Theoriebildung resultiert aus der empirischen Widerlegung von Kohlbergs Beschreibung der ersten beiden Entwicklungsstadien dreierlei: die oben vorgestellte striktere Unterscheidung von Struktur- und Inhaltsaspekten moralischer Argumentationen, die stärkere Berücksichtigung der Bedeutung situa-

---

[26] »Einerseits ist Kohlberg der kognitiv-strukturtheoretischen Tradition verpflichtet, in der es primär um die Explikation kognitiver Relationen im Sinne logischer Notwendigkeiten geht. Andererseits bedient er sich eines begrifflichen Repertoires, das teilweise der sozialen Lerntheorie und der Psychoanalyse entlehnt ist. So sieht er die drei Niveaus des moralischen Urteils als drei unterschiedliche Typen der Beziehung zwischen dem Selbst und den gesellschaftlichen Regeln und Erwartungen ... Moralische Entwicklung wird also nicht nur im Hinblick auf eine Logik der kognitiven Entwicklung definiert, sondern auch unter dem Gesichtspunkt eines Wandels von externaler zu internaler moralischer Motivation. Als Folge dieser Dichotomie von präkonventionell (external) und konventionell (internal) ist Kohlberg gezwungen, alle Argumente, die als Indikatoren genuin normativer und sozialer Motive und Gefühle gelten können, auch unabhängig vom Grad ihrer kognitiven Differenzierung und Integration der Stufe des konventionellen moralischen Urteils zuzuordnen. Dazu gehören empathische und altruistische Motive ebenso wie Schamgefühle. Diese Konfundierung führt zu Schwierigkeiten bei der Zuordnung von Aussagen zu Stufen, wenn Konzepte zwar nach dem Grad der kognitiven Organisation der Stufe 1 oder 2 zuzuordnen wären, aber in ihrem Motivgehalt diesen Stufen nicht entsprechen. Da nach den empirischen Daten das konventionelle moralische Denken erst mit Beginn der Adoleszenz einsetzt (Colby u.a. 1983), führt Kohlbergs Theorie zu der Folgerung, dass sich Personen bis ins Jugendalter nicht als Teil sozialer Beziehungen verstehen und die Geltung moralischer Normen ausschließlich unter egoistischen und instrumentellen Kriterien beurteilen« (Keller 1990: 27f; vgl. Keller/Eckensberger/von Rosen 1989). Zur Kritik an Kohlbergs empirischer Rekonstruktion der Moralstufen vgl. auch Reuss/Becker 1996.

tiv-kontextueller Rahmenbedingungen moralischer Problemlösungen[27] und die Berücksichtigung des Schwierigkeitsgrades des (moralischen) Entscheidungsproblems.

Als eigenständiges Erklärungsproblem einer Theorie der sozio-moralischen Entwicklung rückt des Weiteren die Entwicklung moralischer Motivation in den Mittelpunkt des Forschungsinteresses. Für die frühkindliche Entwicklung hat Nunner-Winkler in Zusammenarbeit mit Sodian und Asendorpf entsprechende empirische Untersuchungen durchgeführt, die sie – neben der Kritik an Kohlbergs Verständnis der präkonventionellen Phase – auch zu einer Reformulierung des moralischen Lernprozesses veranlassen.

3.3 Moralisches Wissen und moralische Motivation

Nunner-Winklers Arbeiten zur frühkindlichen Moralentwicklung stellen Kohlbergs Konzeption einer Einheit von kognitiven, affektiven und handlungsdispositionellen Momenten prinzipiell infrage (vgl. Nunner-Winkler 1996; 1998a).[28] Die Grundannahme einer kognitiv-affektiven Parallelität liegt Kohlbergs Stadienbeschreibungen zugrunde, in denen er für jedes Entwicklungsstadium strukturgleiche Deutungen für die Geltungsgründe von Normen (›what is right‹) und die Motive für normenkonformes Handeln (›the reasons for doing that‹) anführt (vgl. Kohlberg 1976/dt. 1995: 128-132).

Wie Döbert und Keller/Edelstein in ihren Rekonzeptualisierungen des sozio-moralischen Entwicklungsprozesses geht auch Nunner-Winkler von jenen empirischen Befunden aus, die Kohlbergs Beschreibung ›präkonventioneller‹ Moral infrage stellen: (a) Turiels Nachweis, dass bereits kleine Kinder

---

[27] Die miteinander konkurrierenden Beschreibungen von Entwicklungsverläufen lassen sich u.a. im Rekurs auf unterschiedliche Erhebungssituationen und Problemstellungen erklären, die bei der empirischen Generalisierung der Befunde zu berücksichtigen sind. Döbert (1987), Keller (1990) und Nunner-Winkler (1989; 1992a) haben dies im einzelnen ausgewiesen. So beziehen sich beispielsweise die Interviewverfahren von Keller/Edelstein vorrangig auf informelle Freundschaftsbeziehungen und daraus resultierende Verpflichtungen. Der thematische moralische Konflikt resultiert aus dem Konflikt zwischen der Verpflichtung gegenüber dem Freund und eigenen hedonistischen Neigungen bzw. aus dem Konflikt zwischen der Verpflichtung gegenüber dem Freund und der Verpflichtung gegenüber einem dritten Kind. Kohlbergs Dilemmata thematisieren Handlungsempfehlungen angesichts konfligierender Interessen und gesellschaftlich institutionalisierter Normensysteme. Die moralischen Konfliktsituationen sind in familialen und institutionalisierten Beziehungsverhältnissen kontextuiert. Thematisch sind u.a. das Recht auf Leben und Selbstbestimmung im Konflikt mit der Verpflichtung, Gesetze zu befolgen und Gesetzesverstöße zu ahnden.

[28] Die im Folgenden thematischen Untersuchungen entstammen der ›Longitudinalstudie zur Genese individueller Kompetenzen‹ am Max-Planck-Institut für psychologische Forschung. Zur Gesamtstudie vgl. einführend Weinert 1998; zur hier interessierenden Teilstudie ferner Nunner-Winkler 1989; 1992a.b; 1993; 1999a.b und Nunner-Winkler/Sodian 1988.

über ein Konzept von der intrinsischen Geltung moralischer Regeln verfügen, (b) die Belege der Altruismus-Forschung für spontan altruistische Verhaltensweisen von Kleinkindern und (c) die oben behandelten Untersuchungen von Keller/Edelstein, die Belege dafür anführen, dass Kinder auch in moralischen Konfliktsituationen auf beziehungsorientierte Normen zur Begründung ihrer Handlungsempfehlungen rekurrieren können und der zunehmenden Differenzierung des Freundschaftskonzepts auch eine Präferenz für die moralische Handlungsoption korrespondiert.

Nunner-Winkler verweist jedoch (in Abgrenzung zu Döbert und Keller/Edelstein) darauf, dass das Kind trotz seines Wissens um die intrinsische Geltung moralischer Normen, auch bei Problemlösungen im zwischenmenschlichen Nahbereich nicht umstandslos als moralisch kompetenter Aktor gelten könne: Insofern dem Wissen um die intrinsische moralische Regelgeltung empirisch nicht zwingend korrespondierende Emotionen als Indikatoren einer intrinsischen moralischen Motivation entsprechen, gilt die kognitiv-affektive Parallelitätsthese als empirisch widerlegt.

Auf der Grundlage ihrer Untersuchungen von Kindern im Alter zwischen vier und elf Jahren begründet Nunner-Winkler stattdessen die Notwendigkeit, den Erwerb moralischen Wissens von dem Aufbau moralischer Motivation zu unterscheiden. *Moralisches Lernen* wird als zweistufiger Lernprozess konzeptualisiert: Dem universellen Erwerb moralischen Wissens – als ersten Schritt – korrespondiert bereits frühzeitig ein angemessenes Verständnis ihrer intrinsischen Geltung. Mit Döbert (1987) wird moralisches Lernen dann als sozial-kognitive Entwicklung der Fähigkeit verstanden, bekannte Normen auf zunehmend komplexere soziale Situationen anzuwenden und im Falle von Normenkonflikten zunehmend angemessener, legitimierbare Ausnahmen zu begründen. In einem zweiten Schritt und analytisch unabhängig vom Erwerb moralischen Wissens folgt der *Aufbau moralischer Motivation.*[29]

Beide Lernprozesse – so Nunner-Winkler – können mit Abschluss der mittleren Kindheit vollzogen sein. Differenzielle Entwicklungsverläufe lassen sich jedoch sowohl hinsichtlich der Entwicklungsgeschwindigkeit als auch hinsichtlich der Intensität und des Inhalts der ausgebildeten moralischen Motivation unterscheiden. Der Umstand, dass kognitives und motivationales

[29] Während der Erwerb moralischen Wissens als universeller Lernprozess begriffen wird, gilt die Entwicklung moralischer Motivation als differenzieller Lernprozess. Die Ausbildung moralischer Motivation wird von Nunner-Winkler an die Selbst-Entwicklung rückgebunden und als second-order desire konzeptualisiert: als Selbstbindung an die Erfüllung moralischer Normen im Sinne der Ausbildung von Wertorientierungen, die Lebensentscheidungen anleiten und persönliche Projekte bestimmen und somit die Bereitschaft begründen, das Rechte auch dann zu tun, wenn dies den Verzicht auf die Befriedigung spontaner Bedürfnisse erfordert. Als second order desire ist moralische Motivation nicht mit spontanen altruistischen Neigungen gleichzusetzen.

Lernen als getrennte Lernprozesse zu verstehen sind, legt nach Nunner-Winkler des Weiteren nahe, dass *unterschiedliche Lernmechanismen und unterschiedliche Pfade moralischen Lernens* anzunehmen sind (vgl. Nunner-Winkler 1996; 1999a.b).[30]

Als empirischer Indikator moralischer Motivation gelten Emotionen. Nunner-Winklers Emotionsverständnis folgt dabei Solomons Emotionstheorie[31] und korrespondiert mit Montadas (1993) Nachweis, dass moralische Gefühle als adäquater Indikator für die wirksame psychische Existenz moralischer Normen anzusehen seien. In den empirischen Forschungen zur frühkindlichen Moralentwicklung werden jedoch nicht moralische Emotionen der Probanden, sondern deren Emotionszuschreibungen gegenüber einem Protagonisten, der moralische Normen im Dienste eigener Interessen übertritt, analysiert. Die Ergebnisse – so Nunner-Winkler – legen dabei folgendes Emotionsverständnis jüngerer Kinder nahe: »Jüngere Kinder erwarten mehrheitlich, dass ein Protagonist sich gut fühlt, wenn er erfolgreich das tut, was er tun will, auch wenn dies die Übertretung einer moralischen Regel impliziert ... und sich schlecht fühlt, wenn er nicht tut, was er tun will ..., oder tut, was er nicht will ... Es zeigt sich also bei jüngeren Kindern eine Diskrepanz zwischen ihrem durchaus angemessenen Verständnis der Geltungsgründe moralischer Regeln und ihren unangemessenen Emotionszuschreibungen zu einem hypothetischen Übeltäter bzw. – da jüngere Kinder einem Protagonisten die gleichen Emotionen zuschreiben, die sie selbst in der gegebenen Situation zu empfinden erwarten (vgl. Barden u.a. 1980) – zu ihren eigenen, erwarteten emotionalen Reaktionen« (Nunner-Winkler 1993: 286f).[32]

Somit verweisen sowohl die Untersuchungen von Nunner-Winkler zur frühkindlichen Moralentwicklung als auch jene von Keller/Edelstein zur Frage, wie sich ein Verständnis von moralischer Verpflichtung und Verantwortung im Kontext primärer Sozialbeziehungen und kulturell variierenden Bedeutungssystemen ausbildet, auf Folgeuntersuchungen zur Sozio- und Psychogenese differenzieller Entwicklungsverläufe und zur sozial vermittel-

---

[30] Zu Sozialisationsbedingungen moralischer Motivation vgl. Nunner-Winkler 1999c.

[31] »1. Emotionen gelten als – wenngleich globale und vorschnelle – kognitive Urteile. 2. Diese Urteile beziehen sich auf die Aspekte einer Situation, die eine besonders hohe subjektive Bedeutsamkeit besitzen« (Nunner-Winkler 1993: 281; 1989: 583).

[32] Asendorpf/Nunner-Winkler (1992) überprüften die auf Kinder bezogene forschungsanleitende Grundannahme, dass Emotionszuschreibungen als Indikator für moralische Motivation gelten können, anhand realer moralischer Konfliktsituationen. Dabei konnte die Hypothese über erwartbare Verhaltensunterschiede zwischen Kindern mit überwiegend moralischen und solchen mit amoralischen Emotionszuschreibungen bestätigt werden. Für jugendliche und erwachsene Probanden ist meines Erachtens jedoch zu vermuten, dass mit der zunehmenden Fähigkeit zur Differenzierung und Koordination von Perspektiven Emotionszuschreibungen nicht mehr als verlässlicher Indikator der eigenen moralischen Motivation gelten können.

ten, individuellen Handlungsstrukturierung in variierenden Kontexten und Ökologien der Sozialisation. Unstrittig sind hierbei die von Piaget und Kohlberg begründeten Einsichten in die Konstruktionstätigkeit des sich bildenden Subjekts und in den intrinsisch kognitiven Gehalt von Moral. Unstrittig ist auch, dass die situationsangemessene Aktualisierung moralischer Motivation an die allgemeine Entwicklung moralischer Urteilsfähigkeit gebunden ist.

Empirisch klärungsbedürftig bleibt die Frage, in welchen Hinsichten das lebensgeschichtlich erreichte Entwicklungsniveau moralischer Urteilsfähigkeit als Indikator für handlungspraktisch verfügbare Reflexions- und Konfliktbewältigungsstrategien angesehen werden kann und Handlungsvollzüge einer konkreten Person (in variierenden Situationen) retrospektiv erklären kann. Diesbezüglich deutet sich beim gegenwärtigen Stand der Forschung an, dass spontan geäußerten Wertpräferenzen, inhaltlichen Moralorientierungen und moralischen Gefühlen eine Schlüsselstellung bei der Aufklärung der individuellen Bedingungen praktischer Handlungsfähigkeit zukommen könnte und erste Rückschlüsse auch auf Habitusformationen zulassen.

Des Weiteren bleibt insbesondere für institutionelle Kontexte der Erziehung klärungsbedürftig, welche situativ-kontextuellen Rahmenbedingungen die Moralentwicklung in unterschiedlichen Stadien der Lebensgeschichte fördern. Unstrittig ist hierbei, dass die krisenhafte Erfahrung von Aushandlungsprozessen bei konkreten Interessenskonflikten und die hierbei realisierten Problemlösungs- und Konfliktbewältigungsstrategien den Verlauf soziomoralischer Lern- und Entwicklungsprozesse beeinflussen: hinsichtlich der affektiv-motivationalen wie der sozial-kognitiven Voraussetzungen. Von der Analyse der Mikroprozesse entsprechender Aushandlungsprozesse (in variierenden Kontexten und Ökologien der Sozialisation) können somit weitere Einsichten zu beiden Fragestellungen erwartet werden: dem Zusammenspiel affektiv-motivationaler und sozial-kognitiver und dem Zusammenspiel individueller und sozialer Bedingungen moralischer Urteils- und Handlungsfähigkeit. Gegenüber Kohlbergs entwicklungspsychologischen und sozialisationstheoretischen Erklärungsansätzen erfordert dies jedoch auch einen Perspektivenwechsel in der Konzeptualisierung der sozialisatorisch relevanten Faktoren.

4. Zur soziologisch-strukturtheoretischen Konzeptualisierung der bewusstseinskonstituierenden Funktion von Interaktionsformen

Die bewusstseinskonstituierende Funktion von Interaktionsformen gilt für die Ontogenese der moralischen Urteilsfähigkeit weithin als unstrittig. Sowohl Durkheim (1930; 1934) als auch Piaget (1932; 1947) gehen in ihren theoretischen Rekonstruktionen von systematischen Entsprechungen zwischen moralischen Anschauungen auf Seiten des Subjekts und Formen gesellschaftlicher Kooperation, in die dieses eingebunden ist, aus. Auch in der Kohlbergschule (Colby/Kohlberg 1978; Kohlberg 1995) wird dieser Zusammenhang unterstellt, wenn neben der kognitiven Stimulierung die ›Möglichkeiten zur Rollenübernahme‹ als entscheidender Faktor der Beeinflussung individueller Moralentwicklung eingeführt werden. Nach Colby/Kohlberg variieren diese in Abhängigkeit von der Beziehung zur Familie, zur Gruppe der Gleichaltrigen, zu Schule und Betrieb sowie in Abhängigkeit vom jeweiligen sozialen Status innerhalb der ökonomischen und politischen Struktur einer Gesellschaft.

Das ›Konzept der moralischen Atmosphäre‹ (einer Gruppe oder Institution), mit dem variierende Möglichkeiten zur Rollenübernahme operationalisiert werden sollen, steht entsprechend auch im Mittelpunkt der theoretischen Begründung von Kohlbergs Erziehungsprogrammatik des Just Community Ansatzes und der empirischen Validierung entsprechender Modellversuche in Schulen und Strafvollzugsanstalten.[33] Eine Analyse der in der Kohlbergschule entwickelten Erhebungs- und Auswertungsverfahren zur Rekonstruktion einer gruppen- oder institutionenspezifischen ›moralischen Atmosphäre‹ (bzw. in späteren Schriften: ›moralischen Kultur‹) zeigt jedoch, dass die korrespondierende Forschungsstrategie letztlich dem kognitionszentrierten Paradigma verhaftet bleibt:[34] Denn zum Einsatz kommen klinische Interviews zu institutionentypischen Konfliktsituationen und so genannte ›ethnografische Interviews‹. Bei Letzteren geht es um Themenbereiche, wie Probleme und Konflikte in der konkreten Gruppe oder Institution gelöst werden, wie Regeln festgelegt und ob diese dann auch eingehalten werden usw.. Primärer Untersuchungsgegenstand entsprechender Interviewanalysen sind damit – wie auch in den von Kohlberg entwickelten Interviews zu hypothetischen moralischen Dilemmata – kognitiv realisierbare Argumentationsmuster, reflexiv verfügbare Normen und Gruppenwerte sowie die subjektive Einschätzung von deren Verbindlichkeit und nicht jene Interaktionsverhältnisse selbst, die diese konstituieren bzw. deren Ausbildung und materialen Gehalt beeinflussen.

Im Bezugsrahmen des Genetischen Strukturalismus finden sich soziologisch anspruchsvollere Konzeptualisierungen in den Arbeiten von Edelstein (1984; 1993; 1999), Grundmann (1994; 1997; 1998; 1999a) Habermas (1974b; 1976; 1981; 1983b), Miller (1986) und Oevermann (1976; 1979; 1981; 1991; 1993). Während Habermas‹ und Millers Studien sich theoriestrategisch an einem formal-logischen Entwicklungsmodell orientieren und

---

[33] Zu Bedeutung und Entwicklungsgeschichte des Konzepts ›moralischer Atmosphäre‹ vgl. Kohlberg 1970; Kohlberg/Scharf/Hickey 1972; Kohlberg 1986; Power/Higgins/Kohlberg 1989; zu dessen Kritik und Weiterentwicklung im Bezugsrahmen einer Rekonstruktiven Sozialisationsforschung Garz 1989: 174-179; Aufenanger 1992; Aufenanger/Garz/Kraimer 1994; Aufenanger/Garz 1996 und Sutter 1991a.b.c.

[34] Vgl. hierzu Power/Reimer 1978; Jennings/Kohlberg 1983; Higgins/Power/Kohlberg 1984; Higgins/Gordon 1986; Power 1986 und Power/Higgins/Kohlberg 1989.

eine universalpragmatische bzw. argumentationstheoretische Grundlegung der Analyse individueller und kollektiver Lernprozesse entwickeln,[35] zielen Edelsteins, Grundmanns und Oevermanns Arbeiten mit unterschiedlichen Schwerpunktsetzungen auf eine Re-Konzeptualisierung der sozialstrukturellen Sozialisationsforschung. Ich beschränke mich im Folgenden auf jenen Teilaspekt, der erziehungswissenschaftlich m.E. von besonderem Interesse ist: die theoretische und empirische Rekonstruktion der Wechselwirkung zwischen sozialer Strukturierung des Erfahrungsangebots und individueller Handlungs- und Erfahrungsstrukturierung.

4.1 Konstitutionstheoretische Erklärungsprobleme

Auch 30 Jahre nach der von Habermas und Oevermann unter Bezugnahme auf die Erklärungsansätze von Noam Chomsky, George Herbert Mead, Jean Piaget und Sigmund Freud vollzogenen kompetenztheoretischen Wende in der Sozialisationsforschung sowie der korrespondierenden sprachtheoretischen Grundlegung der Soziologie müssen zwei zentrale Probleme einer Theorie individueller Bildungsprozesse als kontrovers gelten: die Bestimmung des konstitutionstheoretischen Zusammenhangs von sprachlicher und kognitiver Entwicklung bzw. von Strukturen sozialer Interaktion/Kooperation und Logik (a); und die Frage, wie die entwicklungspsychologisch strittigen Zusammenhänge zwischen affektiv-motivationaler und sozial-kognitiver Entwicklung ihrerseits mit typisierbaren Systemen sozialisatorischer Interaktion bzw. mit sozialstrukturell vermittelten Bedingungen sozialer Situationen in Beziehung zu setzen sind (b). Beide Problemstellungen zeitigen Folgen in Bezug auf die erziehungswissenschaftliche Gegenstandskonzeptualisierung.

(a.) Die grundlagentheoretische Problemstellung der Bestimmung des konstitutionstheoretischen Zusammenhangs von sprachlicher und kognitiver Entwicklung bzw. von Strukturen sozialer Interaktion/Kooperation und Logik wird insbesondere in Arbeiten von Piaget (1966; 1970; Piaget/Inhelder 1966), Oevermann (1974; 1976; 1979), Miller (1980; 1986; Miller/Weissenborn 1991), Seiler (1980; 1991; 1994; Seiler/Wannenmacher 1987) und Döbert (1986; 1987; 1992a.b) diskutiert. Unabhängig von einer künftigen Klärung dieser grundlagentheoretischen Kontroverse sind für eine *erziehungswissenschaftliche Gegenstandskonzeptualisierung* meines Erachtens drei Gesichtspunkte entscheidend (vgl. ausführlicher Sutter 1997a: Kapitel 3): »(1) Nicht nur kommunikatives, sondern auch an materiellen Objekten orientiertes Handeln ist immer in soziale Interaktionen eingebunden. Die im Sinne der Theorie Piagets interessierende Konstruktionstätigkeit des Subjekts muss daher

[35] Vgl. hierzu kritisch: Döbert 1992a.

von Anfang an als im Prozess interindividueller Ko-Konstruktion fundierte konzeptualisiert werden. Für die Rekonstruktion entwicklungsbedeutsamer Interaktionsprozesse folgt hieraus, dass die Bestimmung von deren entwicklungsstimulierender Funktion an der Struktur der interindividuellen Ko-Konstruktion von Welt anzusetzen hat. (2) Prozesse der interindividuellen Ko-Konstruktion sind stets sprachlich bzw. symbolisch vermittelt. Bezüglich der Verhältnisbestimmung von Sprach- und Denkentwicklung ist dabei unstrittig, dass mit dem Erwerb der Grundqualifikationen des Sprechhandelns auch die Potenzen des kindlichen Denkens vervielfacht werden: Mit dem Erwerb eines Sprachsystems steht dem Kind eine kategoriale und hierarchisch gegliederte kognitive Struktur zur Verfügung, die ihrerseits jedoch die handlungspraktisch verfügbare Erfahrungsstrukturierung des Kindes noch bei weitem übersteigt. Dabei gilt es zweierlei zu beachten: Zum einen ›(verschiebt sich) mit dem Aufbau begrifflicher Systeme und ihrer Versprachlichung in gewisser Weise der Gegenstand der Strukturkonstruktion. Es sind nun nicht mehr im selben Maße die Gegenstände, Personen und Ereignisse sowie ihre Eigenschaften als solche, die rekonstruiert werden. Vielmehr wird in zunehmendem Maße die kollektive Rekonstruktion der Wirklichkeit durch die soziokulturelle Umwelt zum ersten und wichtigsten Gegenstand‹ (Seiler 1991: 115). Zum anderen erklärt die entwicklungsstandspezifische Differenz zwischen ›latenten‹ Bedeutungsgehalten eigener (Sprech-)Handlungen und der bezogen darauf nur ausschnittsweise realisierten mentalen Repräsentanz auf Seiten des Aktors den Umstand, weshalb die sprachliche Koordination interindividueller Handlungsbeiträge immer auch als ›stellvertretende Deutung‹ der latenten Sinngehalte sozialer Abläufe zu konzeptualisieren ist. Die qua (fiktiver) Bedeutungsinterpretation und -zuschreibungen operierende ›stellvertretende Deutung‹ begründet dabei ihrerseits empirisch-konkrete Handlungsverläufe (und damit korrespondierende Erfahrungsmöglichkeiten), die die Sinninterpretationskapazität des Kindes noch übersteigen und so zum (entwicklungsstimulierenden) Gegenstand von dessen (Re-)Konstruktionstätigkeit werden können (vgl. Oevermann 1979; 1981). Die entwicklungsstimulierende Funktion der stellvertretenden Deutung kann dabei konstitutionstheoretisch nicht auf die universalpragmatische Dimension des Sprechhandelns reduziert werden.[36] (3) Unabhängig von der grundlagentheoretischen Kontroverse um die Verhältnissetzung von sprachlicher und kognitiver Entwicklung bzw. von Strukturen sozialer Interaktion/Kooperation und Logik legt dies eine Untersuchungsstrategie nahe, derzufolge die empirische Rekonstruktion der entwicklungsstimulierenden Funktion sozialer Interaktionsprozesse an den semantischen und pragmatischen Gehalten der interessieren-

[36] Hierin konvergieren meines Erachtens Oevermanns und Döberts Argumentationen zur konstitutionstheoretischen Grundlegung soziologischer Theoriebildung; vgl. Sutter 1997a: Kapitel 3.3.

den Handlungsbeiträge bzw. Interaktionsabläufe anzusetzen hat. Die bedeutungskonstituierenden Regeln des Sprechhandelns, über die ein Subjekt mit dem Spracherwerb auch handlungspraktisch verfügt, konstituieren in dieser Perspektive den Spielraum sozio-historisch möglicher Handlungsverläufe, auf dessen Hintergrund sich der empirisch-konkrete Prozess der interindividuellen Ko-Konstruktion handlungsleitender kognitiver Konzepte rekonstruktiv abbilden und auf seine Entstehungsbedingungen hin analysieren lässt« (Sutter 1997a: 85f).

(b.) Vor dem Hintergrund der unterschiedlichen Auszeichnung der ausdifferenzierten Interaktionssysteme Familie (Bertram, Döbert/Nunner-Winkler), Gleichaltrigengruppe (Piaget, Youniss, Krappmann) und Schule (Durkheim, Kohlberg) hinsichtlich ihrer grundlegenden Bedeutung für die (spätere) Ausbildung einer autonomen Moral bzw. Identitätsformation, erweist sich die empirische Analyse historisch und sozialstrukturell möglicher Praxis- und Kooperationsformen und der ihnen korrespondierenden Interaktionsumwelten als ein vorrangiges Desiderat künftiger Forschung. Die von Krappmann/Oswald (1995) zur Sozialwelt gleichaltriger Kinder vorgelegten Analysen können hierfür als wegweisend gelten (vgl. Krappmann 1991; 1993; 1996; 2001).

Die Erklärung von Individuierungsprozessen im Allgemeinen wie die differenzieller Entwicklungsverläufe erfordert dabei notwendig, nicht nur die allgemeinen Strukturen sozialisatorischer Interaktion in Bezug auf die jeweiligen Interaktionssysteme, sondern auch die sozio-historische Spezifik der jeweiligen lebensweltlichen Realisierung material auszuweisen. Die potenzielle Entwicklungsbedeutsamkeit und sozialisatorische Relevanz sozialer Abläufe lässt sich dann unter Bezugnahme auf sozial vermittelte Mechanismen der Ko-Konstruktion und Anwendung von Objekt- und Interaktionsschemata unter kompetenz- wie performanztheoretischen Gesichtspunkten bestimmen (vgl. Edelstein/Keller 1982a; Oevermann 1976; Edelstein 1993; 1999; Krappmann 1996; Grundmann 1999a).

Dieser Überlegung korrespondiert, dass sich die Analyse sozialisatorischer Interaktion nicht auf die Rekonstruktion von deren rationalitäts- bzw. argumentationstheoretisch beschreibbaren Gehalt beschränken kann.[37] In Ergänzung zu Piagets Grundannahme, dass die Strukturierung ko-koordinierten Handelns als potenzieller Bildungsgegenstand von Prozessen der reflektierenden Abstraktion anzusehen sei, interessieren dann auch die konkret realisierten, ggf. institutionell vermittelten Anerkennungsverhältnisse zwischen den Akteuren, die für lebensweltliche und institutionelle Kontexte funktionalen Strategien der Problemlösung und Konfliktbewältigung sowie die kor-

[37] Zu dieser Forschungsstrategie vgl. Miller 1986. Vgl. hierzu auch Edelstein 1986 und Habermas' Diskussionsbeiträge zu Kohlberg 1986 (ebd.: 52f).

respondierenden Definitionen der konkret thematischen Sach- und Handlungsprobleme. Erst bei Berücksichtigung dieser drei sozial vermittelten Dimensionen sozialer Abläufe lässt sich deren materiale Bildungsbedeutsamkeit und sozialisatorische Relevanz rekonstruktiv erschließen.

4.2 Soziologisch-sozialisationstheoretische Erklärungsansätze

In jenen Ansätzen der sozial-kognitiven Forschungstradition, die sich um eine handlungstheoretische Reformulierung und Integration kognitionszentrierter Erklärungsansätze bemühen, wie in den sprachsoziologisch begründeten, soziologisch-strukturtheoretischen Forschungstraditionen ist unstrittig, dass die Analyse der entwicklungsstimulierenden Funktion sozialer Umwelten an der Struktur der sprachlich vermittelten Interaktionsprozesse anzusetzen habe. Auf dieser Analyseebene ist das, wie Habermas (1983b) es formuliert, noch zusammengefügt, was die Psychologie unter Gesichtspunkten der Perspektivenübernahme, des moralischen Urteils und des Handelns analytisch trennt. Aber wie lässt sich die bewusstseinskonstituierende Funktion sozialer Interaktion erklären, ohne Piagets Einsicht in die aktive Konstruktionstätigkeit preiszugeben?

Nach wie vor instruktive Einsichten in den Zusammenhang zwischen intellektueller, sozialer und affektiver Persönlichkeitsentwicklung, Formen sozialer Beziehung und komplementären sozio-kulturellen Lebenswelten, der sich über die Ausbildung funktionaler Kommunikationsformen reproduziert, liefert Bernsteins (1972) soziolinguistischer Ansatz. Dieser überwindet reduktionistische Modellvorstellungen der so genannten schichtenspezifischen Sozialisationsforschung und bietet – insbesondere in Oevermanns (1972a; Oevermann/Krappmann/Kreppner 1973) Weiterentwicklung zu einer pragmatischen Kommunikationstheorie – ein *soziologisches Erklärungsmodell für die differenzielle Ausbildung von Strategien des Sprachgebrauchs und deren Implikationen für die Selbst- und Welterfahrung*. Bernsteins Unterscheidung personenorientierter und positionsorientierter Interaktionssysteme und der diesen komplementären Strategien sozialer Kontrolle liefert erste Hinweise dafür, wie sich Partizipationschancen und Spielräume zur konsensuellen Situationsdefinition und Problemlösung im Prozess symbolvermittelter Interaktion objektivieren (vgl. Habermas 1968; Keller 1982; Grundmann/Keller 1999).

Oevermann hat diesen soziologischen Erklärungsansatz zu einer *Theorie der sozialen Konstitution des Subjekts in der Struktur sozialisatorischer Interaktion* weiterentwickelt und sowohl in metatheoretisch orientierten Vorarbeiten (Oevermann 1973; 1973/2001; 1974; 1975; 1976; 1979) wie strukturalhermeneutischen Analysen innerfamilialer Interaktionsprozesse (Oevermann u.a. 1976a; 1979) ausgewiesen (vgl. Sutter 1997a; Allert 1998; Hildenbrand 1999). Mit der interaktionstheoretischen Einsicht in die objektive

Sinnstrukturiertheit sozialisatorischer Interaktion sowie in die für die humane Ontogenese konstitutive Bedeutung von deren sprachlich vermittelten Repräsentanz gelingt Oevermann nicht nur die Konzeptualisierung des sozial konstituierten Gegenstandes von Prozessen der reflektierenden Abstraktion im Sinne der Theorie Piagets, sondern auch die Konzeptualisierung der soziohistorisch vermittelten Sinnkonstitution individueller Verhaltensweisen und deren je konkret zugrunde liegenden ›Antriebe‹ bzw. ›Motivationen‹ im Sinne der Theorien von G.H. Mead und S. Freud: Die Handlungen des sich bildenden Subjekts erhalten aufgrund von deren Einbettung in die sequenzialisierte Struktur sozialer Interaktion objektiv eine Bedeutungsfunktion, die durch deren stellvertretende Deutung von Seiten Anderer vermittelt wird. In dieser Perspektive erweisen sich die latenten Sinnstrukturen sozialer Abläufe, die sequenziell emergieren und durch bedeutungsgenerierende Regeln unterschiedlichen Typs und unterschiedlicher Reichweite der Geltung konstituiert sind,[38] als materialer Gegenstand der selbsttätigen Konstruktionsprozesse auf Seiten des sich bildenden Subjekts und damit auch als materialer Gegenstand von struktural-hermeneutischen Analysen der sozialisatorischen Relevanz sozialer Abläufe.

Der sozialisationstheoretischen Grundannahme zufolge objektivieren sich in der sprachlich vermittelten Strukturierung sozialer Interaktionen die gesellschaftlich spezifischen Formen der Naturbearbeitung und der sozialen Kooperation sowie die subkulturellen Ausformungen intelligenten Verhaltens und moralischen Handelns als fallweise Realisierungen von Regel-, Normen- und Wissenssystemen unterschiedlicher Geltungsreichweite. Die lebensgeschichtlich vermittelten Möglichkeiten zur handlungspraktischen Realisierung von Kompetenzen[39] werden in dieser Perspektive im Rekurs auf sozial eingespielte Kommunikationsformen und die darin zum Ausdruck kommenden Problemlösungs- und Konfliktbewältigungsstrategien erklärt. Der spezifischen Rolle, die ein Kind in innerfamilialen Beziehungssystem zu übernehmen gezwungen war, wird dabei eine besondere Bedeutung für die Verinnerlichung entsprechender Handlungsstrategien und Deutungsmuster zugewiesen (vgl. Oevermann 1973/2001; 1976; 2001a.b; Oevermann u.a. 1976a).

---

[38] In dieser konstitutionstheoretischen Annahme unterscheidet sich die sprachsoziologische Grundlegung Oevermanns von der der Sozialphänomenologie durch Alfred Schütz, auf die Edelstein, Grundmann und Keller rekurrieren. Vgl. Edelstein/Keller 1982a; Grundmann 1997; 1999a und Grundmann/Keller 1999.

[39] Oevermann (1976) unterscheidet diesbezüglich zwischen Strategien des Symbolgebrauchs, kognitiven Stilen und psychodynamisch bedingten Abwehr- und Bewältigungsstrategien als positiv die Performanz bestimmende Faktoren.

4.3 Soziologisch-strukturtheoretisches Paradigma

Im Bezugsrahmen von Oevermanns Ansatz einer soziologischen Sozialisationstheorie und der komplementären Methodologie einer ›objektiven Hermeneutik‹ lassen sich auch moraltheoretisch im engeren Sinne interessierende und den Bezugsrahmen innerfamilialer Interaktion überschreitende Fragestellungen anschließen. Theoretischer Bezugspunkt entsprechender struktural-hermeneutischer Analysen sind nicht die ausgebildeten Strukturen des epistemischen Subjekts im Sinne Piagets, sondern die situativ-kontextuell vermittelten, praktischen Handlungsmöglichkeiten eines für den gesellschaftlichen Entwicklungsstand theoretisch idealisierbaren ›autonom handlungsfähigen, mit sich identischen Subjekts‹ (Oevermann 1976): Als *individuiertes* Subjekt ist dieses in eine historisch-gesellschaftliche Praxis *sozialisiert* und verfügt über entsprechende Deutungsmuster und Handlungsstrategien.[40]

Die struktural-hermeneutische Analyse sozialer Abläufe eröffnet in dieser Perspektive die Möglichkeit, die handlungspraktische Realisierung sozialkognitiver Fähigkeiten auf affektiv-motivationale Bedingungen des Persönlichkeitssystems eines Aktors ebenso zu beziehen wie auf Bedingungen der sozialen Situation. Sozial-kognitive und affektiv-motivationale Voraussetzungen einer interessierenden Handlungspraxis objektivieren sich sequenziell, vermittelt über die bewusste, vor- oder unbewusste Wahl aus – in der konkreten Handlungssituation – regelgeleitet möglichen Handlungsoptionen; die soziale Strukturierung der Situation objektiviert sich in der Gegenüberstellung von situativ-kontextuell regelgeleitet möglichen Praxis- und Kooperationsformen und der retrospektiv erschließbaren, im sozialen Handeln emergierenden konkreten Verlaufsform.

Argumente für eine korrespondierende Konzeptualisierung des ›sozialen Aktes‹ finden sich in den Arbeiten von Edelstein/Keller (1982a; Keller 1980a.b; 1982), Döbert/Nunner-Winkler (1975; 1978; 1980) und Oevermann (1976; 1979; 1991; Oevermann u.a. 1976a). Ihnen können entsprechend auch die methodologischen Kriterien einer kompetenztheoretisch fundierten Analyse von Performanzbedingungen der inneren und äußeren Natur entnommen werden, wobei nur Oevermann die materiale Rekonstruktion von Interaktionsabläufen zum Gegenstand einer sprachtheoretischen Begründung struktural-hermeneutischer Einzelfallanalysen macht (Oevermann u.a. 1979; Oevermann 1983; 1986; 1991; 1993).[41]

---

[40] Zur Architektonik einer Theorie individueller Bildungsprozesse und der notwendigen Differenzierung dreier Analyseebenen vgl. Sutter 1997a: Kapitel 2.

[41] Die folgende Systematisierung der konstitutionstheoretischen Grundannahmen Oevermanns orientiert sich an Sutter 1997a: Kapitel 1 (S. 23-26). Eine detaillierte Rekonstruktion des so-

Oevermann expliziert den sozialisationstheoretisch geforderten Begriff objektiver sozialer Strukturen im Anschluss an G.H. Meads Bedeutungsbegriff. Dieser wird mittels Chomskys und Searles sprachtheoretischen Konstruktionen des Regelbegriffs und der regelerzeugten sozialen Gebilde präzisiert. Von hieraus eröffnet sich nun die Möglichkeit, Meads (1973) Kritik des konventionellen Behaviorismus auf der Grundlage einer sprachtheoretisch fundierten Soziologie auch methodologisch einzulösen.[42] Oevermanns soziologisch-strukturtheoretisches Paradigma basiert dabei auf zwei Grundannahmen: der Sinnstrukturiertheit sozialer Wirklichkeit und der Regelgeleitetheit sozialen Handelns. Für seine strukturtheoretische Konzeptualisierung ist charakteristisch: (a) dass er die Regelgeleitetheit sozialen Handelns in einem hierarchischen Modell von Fundierungsschichten fasst, innerhalb dessen sich Regeln und Normen sozialen Handelns analytisch nach der Kritisierbarkeit ihres materialen Gehalts und der Reichweite ihrer sozialen Geltung unterscheiden lassen (Oevermann 1979; 1986); und (b), dass er die Sinnstrukturiertheit sozialer Abläufe als interaktiv emergente Struktur konzeptualisiert (Oevermann 1991; 1993).

Ein interaktiv emergierender sozialer Ablauf wird in dieser Perspektive durch zwei Parameter strukturiert: zum einen die Menge aller Regeln, die bei Gegebenheit einer beliebigen Sequenzstelle eines sozialen Ablaufs darüber bestimmen, welche Handlungen oder Äußerungen regelgeleitet vorausgehen konnten und welche regelgeleitet folgen können; zum anderen die Determinanten der Selektionsentscheidungen der jeweils handelnden Instanz als Ausdruck von deren Individuierungs- und Bildungsgeschichte sowie der sozialen Zwänge in der konkreten Handlungssituation. Während die allgemein geltenden Regeln, die regelgerechte Handlungsmöglichkeiten generieren, auf den Bezugsrahmen einer allgemeinen Theorie des Handelns verweisen, stehen die Determinanten der Selektionsentscheidungen im Mittelpunkt der empirischen Rekonstruktion sozio-historischer Handlungspraxen bzw. gesellschaftlich vermittelter Individuierungsprozesse.

Sozialisationstheoretisch korrespondieren diesen konstitutionstheoretischen Überlegungen drei zentrale Annahmen: (a) Materialer Gegenstand der Konstruktionstätigkeit des sich bildenden Subjekts sind jene sinnstrukturierten Abläufe, an denen es als Aktor partizipiert. Die potenziell entwicklungsbedeutsamen Sinnstrukturen sozialer Abläufe werden als ›latente‹ konzeptualisiert. Die Begriffswahl ›latent‹ rekurriert dabei auf den Umstand, dass der – nach Maßgabe sprachtheoretisch rekonstruierbarer Regeln nachweisbaren – ›objektiven‹ Sinnstrukturiertheit sozialer Abläufe auf Seiten der beteiligten Akteure nicht auch zwingend entsprechende mentale Repräsentationen kor-

ziologisch-strukturtheoretischen Paradigmas sowie der Begründung der korrespondierenden struktural-hermeneutischen Methodologie findet sich in Sutter 1994 und 1997a: Kapitel 4-5.

[42] Zu Oevermanns Rekonstruktion der Meadschen Theorie vgl. auch: Wagner 1993.

respondieren müssen. (b) Die Sinnstrukturiertheit sozialer Abläufe lässt sich konstitutionstheoretisch weder auf das sich bildende Subjekt zurückführen noch auf entsprechende Handlungsintentionen konkret beteiligter Bezugspersonen. Sie emergiert in der von Mead beschriebenen triadischen Struktur des sozialen Aktes und wird konstituiert durch bedeutungsgenerierende Regeln unterschiedlicher Geltungsreichweite. (c) Die in der hermeneutisch-rekonstruktiven Analyse sozialer Abläufe im Mittelpunkt stehenden ›latenten Sinnstrukturen‹ fallen schließlich auch nicht in eins mit deren situativen und potenziell sozialisatorischen Wirkungen auf die beteiligten Akteure (Oevermann u.a. 1979; Oevermann 1981).

Das Konzept der objektiven Bedeutungsstrukturen eines (Sprech-)Aktes bzw. der latenten Sinnstrukturen einer sequenzierten Handlungsfolge wird im Bezugsrahmen der Methodologie der objektiven Hermeneutik sprachtheoretisch ebenso begründet wie die Verfahren der objektiv-hermeneutischen Sinnrekonstruktion, deren primärer Gegenstand die latenten Sinnstrukturen sozialer Abläufe sind. In diesem Sinne erweist sich die Begründung einer struktural-hermeneutischen, rekonstruktionslogischen Analyse von Interaktionsprotokollen als notwendiges methodologisches Komplement zu dem sozialisationstheoretisch geforderten strukturtheoretischen Paradigma (Oevermann 1986; 1991; 1993).[43]

Die Ausführungen in diesem Kapitel hatten zum Ziel, den strukturgenetischen Ansatz einer soziologischen Sozialisationstheorie zu skizzieren, der als Komplement zu entwicklungspsychologischen Erklärungsansätzen nicht nur die theoretische, sondern auch die empirische Rekonstruktion der sozialen Konstitution sozio-moralischer Lern- und Entwicklungsprozesse anleiten kann.[44] Stellenwert und Funktion des soziokulturellen Angebots sind dabei nicht darin zu sehen, dass die Konstruktionstätigkeit des Subjekts im Ergebnis als sozial determinierte zu interpretieren ist. In strukturgenetischer Perspektive ist von einer sozialen Strukturierung und Konstituierung des Erfahrungsangebots auszugehen, deren rekonstruktive Aneignung durch das sich bildende Subjekt interindividuell variieren kann – in kompetenztheoretischer wie in performanztheoretischer Hinsicht (Krappmann 2000). Wie die Subjektseite – dessen ›Strukturgeschichte‹ bzw. ›Erfahrungsbiografie‹ – in strukturgenetischer Perspektive zu konzeptualisieren ist, habe ich mit Bezug-

---

[43] Zu den subjekttheoretischen Implikationen und dem korrespondierenden Strukturmodell der Autonomie der Lebenspraxis vgl. Oevermann 1991: 297-330 ; 1993: 177-189. Zu Grundlegung und Rekonstruktion der sozialen Konstitution ontogenetischer Entwicklungsprozesse im Bezugsrahmen der Sozialphänomenologie von Alfred Schütz vgl. Grundmann 1997; 1999a und Grundmann/Keller 1999.

[44] Zur damit einhergehenden Neubestimmung des Verhältnisses von Entwicklung und Lernen in der sozialkonstruktivistischen Variante des genetischen Strukturalismus vgl. Hoppe-Graff 1993b.

nahme auf die aktuelle entwicklungspsychologische Moralforschung nach Kohlberg ausgewiesen. Ich komme damit zu ersten Schlussfolgerungen für die Konzeptualisierung und Analyse der sozialisatorischen Relevanz des ›Just Community‹-Settings.

5. Konzeptualisierung und Analyse der sozialisatorischen Relevanz des Just Community-Settings

Die entwicklungspsychologisch wie sozialisationstheoretisch geforderte Integration von kompetenz- und performanztheoretischen Erklärungsansätzen steht nicht im Gegensatz zu zentralen Anliegen in Kohlbergs entwicklungspsychologischen und erziehungswissenschaftlichen Arbeiten (vgl. Kohlberg 1987). Bereits Kohlberg/Mayer (1972) weisen in ihrer programmatischen Schrift ›Development as the aim of education‹ darauf hin, dass sich ein entsprechendes Erziehungskonzept nicht nur an der allgemeinen kognitiven Entwicklung und Moralentwicklung zu orientieren habe, sondern auch an dem allgemeineren Konzept der Ich-Entwicklung. Dieses kann nach allgemeiner Lesart nicht der Erklärungsebene des epistemischen Subjekts zugewiesen werden. Des Weiteren zeigt die im Anschluss an die Theorien von Durkheim, Piaget und Lewin vorgenommene theoretische Begründung des Just Community Ansatzes (Kohlberg/Wassermann/Richardson 1975; Kohlberg/Higgins 1987), dass auch Kohlberg die entwicklungsstimulierende Funktion demokratisch strukturierter Gruppenprozesse nicht auf die kognitive Stimulierung durch widerstreitende Argumente reduziert, sondern in seiner demokratietheoretischen Reformulierung von Durkheims Prinzipien organischer Solidarität, die Momente der Achtung gegenüber demokratisch beschlossenen Regeln und der sozialen Bindung gegenüber der Gruppe und ihren Mitgliedern besonders gewichtet. Eine der Moral- und Ich-Entwicklung förderliche institutionelle Kultur zeichnet sich demzufolge dadurch aus, dass sie Lernprozesse durch die Partizipation an Entscheidungsprozessen und die darin motivierte Verantwortungsübernahme gegenüber den Belangen der Gruppe und den Einzelnen ermögliche. Auch dieses Theorem weist über die Erklärungsebene der Ontogenese epistemischer Strukturen hinaus und impliziert eine umfassendere Theorie der Selbstentwicklung, die sozial-kognitive und affektiv-motivationale Aspekte praktischer Handlungs- und Kooperationsfähigkeit erklären kann (vgl. Kohlberg 1987; 2000).

5.1 Moralpädagogische Varianten des Just Community-Ansatzes

In der Perspektive einer soziologisch-strukturtheoretischen Kritik an Kohlbergs Entwicklungstheorie bleibt vor diesem Hintergrund in erster Linie zu kritisieren, dass Kohlbergs Theorie nicht die grundbegrifflichen Voraussetzungen dafür zur Verfügung stellt, entsprechende Konstitutionsprozesse zu explizieren: Die strukturgenetische Modellbildung (Kohlberg 1986; Power/Higgins/Kohlberg 1989) verbleibt letztlich im Bezugsrahmen kognitiver Entwicklungspsychologie. Hieraus resultieren auch Engführungen in der Konzeptualisierung und Analyse pädagogischer Ansätze der Moral- und Demokratieerziehung, die es als sinnvoll erscheinen lassen, idealtypisch zwei Varianten (im Sinne von: ›Lesarten‹) des Kohlbergschen ›Just Community‹-Ansatzes zu unterscheiden (Sutter 1998; 2000). Insofern pädagogische Programmatiken als kognitive Konstrukte ihrerseits einen Möglichkeitsspielraum praktischer Handlungsvollzüge (in diesem Fall von PädagogInnen) konstituieren, motivieren diese Lesarten in erziehungswissenschaftlicher Hinsicht die Konstruktion von pädagogischen Reflexionsprozessen, Weiterbildungsmaßnahmen und natürlich auch erziehungswissenschaftlichen Begleituntersuchungen zu Modellversuchen der Moral- und Demokratieerziehung. Abbildung 1 illustriert den Zusammenhang der hierbei zu unterscheidenden ›Re-/Konstruktionen‹: Zentrale entwicklungspsychologisch und sozialisationstheoretisch motivierte Grundannahmen beeinflussen (implizit oder explizit) intendierte (bzw. theoretisch konstruierbare) Strategien pädagogischer Handlungspraxis. Diese stehen in einem Wechselwirkungszusammenhang mit den Foki pädagogischer Reflexion und erziehungswissenschaftlicher Rekonstruktion der tatsächlich vorfindbaren Praxis- und Kooperationsformen. Deren soziale Strukturierung emergiert im Prozess der interindividuellen Koordination des Handelns und ist nur retrospektiv erschließbar.

Abbildung 1: Moralpädagogische Varianten des Kohlbergschen ›Just Community‹-Ansatzes

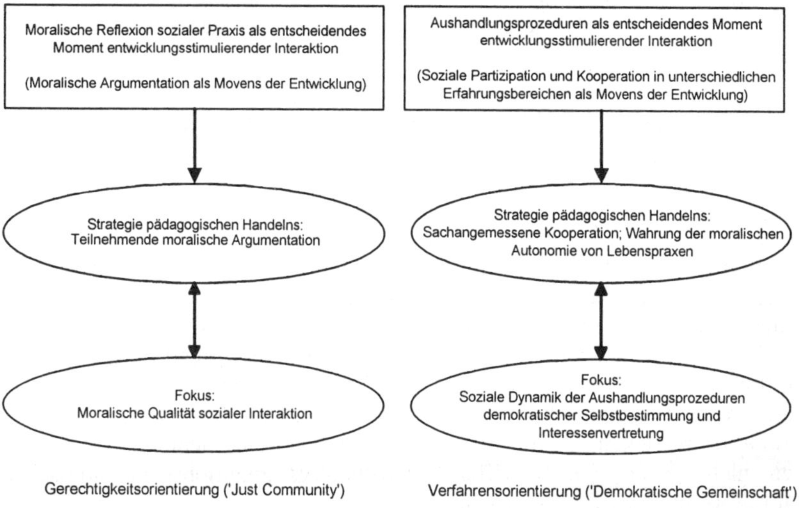

Die Grundannahme, dass die moralische Reflexion sozialer Praxis als entscheidendes Moment entwicklungsstimulierender Interaktion anzusehen sei, wird insbesondere in Kohlbergs Erklärung der Moralentwicklung sowie der hieran anschließenden us-amerikanischen Just Community-Forschung herausgearbeitet. Entsprechend fokussieren zahlreiche Beiträge zur pädagogischen Beeinflussung der Moralentwicklung *moralische Argumentationen.* Dass Aushandlungsprozeduren allgemein als entscheidendes Moment entwicklungsstimulierender Interaktion anzusehen sind, worunter ja auch diskursive Auseinandersetzungen zu sozialen und moralischen Konflikten subsumierbar sind, wird insbesondere in soziologisch orientierten Ansätzen expliziert (Bertram 1980; Krappmann 1969): Movens der sozio-moralischen Entwicklung (im Jugend- und Erwachsenenalter) ist in dieser Perspektive die *soziale Partizipation und Kooperation in unterschiedlichen Erfahrungsbereichen*, deren rekonstruktive Aneignung (gerade auch in ihren sozial induzierten Widersprüchen) zu einer Ausdifferenzierung der Selbst- und Weltbezüge sowie zur Ausbildung einer autonomen Identitätsformation führen (Krappmann 1997; Krewer/Eckensberger 1991).

Ich möchte im Folgenden die beiden Lesarten des Just Community-Ansatzes nicht kontrastiv voneinander abgrenzen, sondern im Anschluss an einzelfallrekonstruktive Analysen zur sozialisatorischen Relevanz des Just Community-Settings (im Jugendstrafvollzug) jene Gesichtspunkte veranschaulichen, die dafür sprechen, primär die *soziale Dynamik der Aushandlungsprozeduren demokratischer Selbstbestimmung und Interessenvertretung* zu fokussieren. Die beiden ›Lesarten‹ des Just Community-Ansatzes könnten sich dann als ›empirische Realisierungsmöglichkeiten‹ des Just Community-Settings in Institutionen der Erziehung und des Jugendstrafvollzugs erweisen, die beide sozio-moralische Entwicklungs- und Lernprozesse befördern können.

5.2 Zur sozialisatorischen Relevanz des Just Community-Settings (im Jugendstrafvollzug)

Der über einen Zeitraum von mehr als fünf Jahren wissenschaftlich begleitete Modellversuch lässt sich mit den Analyse- und Erklärungsmodellen der us-amerikanischen Just Community Forschung nicht adäquat in seiner sozialisatorischen und auch kognitiv-strukturelle Entwicklungen stimulierenden Funktion beschreiben. Die realisierte ›demokratische Praxis‹ erwies sich gegenüber entsprechenden Codierungsstrategien als sperrig und wenig theoriekonform. Das diskreditiert weder die beobachtete Praxis noch die us-amerikanische Just Community-Forschung. Es verweist nur auf das Desiderat von Erklärungsmodellen, die die sozialisatorische Relevanz ›demokratischer Praxen‹ nicht vorrangig in Begriffen von Kohlbergs kognitionspsychologischer Moralforschung zu erklären suchen.

Denn das entwicklungsstimulierende Moment der beobachteten, mit Videokamera aufgezeichneten, in kurzen Ausschnitten sequenzanalytisch, ansonsten themenorientiert ausgewerteten ›Demokratischen Gemeinschaftsversammlungen‹[45] ist nicht – wie die Kohlbergschule nahe legen würde – in der Argumentationslogik jener Debattenbeiträge zu sehen, die sich explizit auf moralische Wertvorstellungen beziehen und die Geltung kollektiver Normen und Gruppenwerte reflektieren. Potenziell entwicklungsstimulierend wirkt die soziale Dynamik der Aushandlungsprozeduren demokratischer Selbstbestimmung und Interessenvertretung – eine Dynamik, die im Vollzugsalltag von den Beteiligten – kognitiv wie emotional – eine fortlaufende Ausbalancierung und Koordinierung widerstreitender Interessen, Normensysteme und Loyalitätsverpflichtungen erfordert.

Dies gilt es im Folgenden zu präzisieren. Die über einen Zeitraum von dreieinhalb Jahren wöchentlich und anschließend zwei Jahre periodisch beobachtete Gesprächskultur entwickelte sich auch im außeralltäglichen Rahmen der ›Demokratischen Gemeinschaftsversammlungen‹ nicht in dem Sinne, dass moralische Argumentationen in einem empirisch relevanten Sinne beobachtbar und von den jugendlichen Probanden selbst realisiert worden wären. Dies widerspräche offenkundig den lebensweltlichen Orientierungen der beteiligten Insassen und Bediensteten sowie deren habitualisierten Konfliktlösungsmodi. Innerhalb des Strafvollzugs würde dies vermutlich zudem paradoxale Effekte zeitigen. Denn die Möglichkeiten diskursiver Konfliktaustragung können auch unter den Bedingungen des Modellversuchs nicht losgelöst von den sozialen Zwängen der Welt des Strafvollzugs betrachtet werden. Eine ›Moralisierung‹ des Vollzugsalltags hätte vor diesem Hintergrund vermutlich zur Konsequenz, dass stetig wiederkehrende Bagatellverstöße (Verspätungen beim gemeinsamen Frühstück, ungespültes Geschirr) einer sachlich mehr oder weniger unangemessen Moralisierung unterzogen würden, moralisch relevante Konfliktkonstellationen wie die Unterdrückung von Mitgefangenen bis hin zu traumatisierenden Übergriffen jedoch – zumindest öffentlich – tabuisiert würden: und sei es, um Betroffene oder Zeugen zu schützen.

Das heißt nun aber nicht, dass die Beteiligten ›unmoralisch‹ oder ›strategisch‹ agieren. Daraus kann auch nicht geschlossen werden, dass sie nicht über entsprechende kognitive Fähigkeiten (und korrespondierende Handlungsorientierungen) verfügten. Denn im handlungsentlasteten Rahmen der klinischen Moral Judgment Interviews (Colby/Kohlberg 1987) werden diese von zahlreichen Probanden eigenständig realisiert, in spontanen Reaktionen ebenso wie im Rahmen der Reflexionsprozesse stimulierenden Sondierung

[45] Zu Untersuchungssetting und Modellversuch vgl. Brumlik 1998; Sutter/Baader/Weyers 1998; Sutter 2001.

von zunächst implizit bleibenden Motivierungen einer Handlungsempfehlung (vgl. Brumlik/Sutter 1996; Sutter i.V.). Aus der geschilderten Beobachtung kann des Weiteren nicht gefolgert werden, dass im Kontext der ›Demokratischen Gemeinschaftsversammlung‹ moralisch relevante Problemstellungen des Vollzugsalltags ausgeblendet werden. Ein Vergleich der halbjährigen Erhebungsphase vor Einführung der ›Demokratischen Gemeinschaft‹ mit den daran anschließenden Phasen zeigt nicht nur eine größere Themenvielfalt der Besprechungen, sondern auch, dass tabuisierte Konfliktkonstellationen mittelfristig Thema werden – bei aller Vorläufigkeit des tatsächlich Besprechbaren. Aus dieser Beobachtung kann schließlich drittens auch nicht gefolgert werden, dass die Unterdrückung von Mitgefangenen und andere Übergriffe nicht sanktioniert werden. Das ist selbstverständlich der Fall sobald entsprechende Verstöße den Vollzugsbediensteten zur Kenntnis kommen. In Bezug auf den Kohlbergschen Just Community-Ansatz stellt sich jedoch die Frage, inwieweit gerade die moralisch relevanten Konfliktkonstellationen im Kontext der vorgesehenen ›Institutionen‹ (Demokratische Gemeinschaftsversammlung, Fairnesskomitee, Leitungskomitee) nicht nur Thema, sondern auch kooperativ bewältigt werden können. In diesem Zusammenhang zeigt sich, dass es nicht (nur) eine Frage der moralischen Urteilsfähigkeit der konkret Beteiligten (der Insassen wie auch der Bediensteten) ist, welche Handlungsoptionen überhaupt in den Blick kommen, und dass es auch nicht die in der Satzung repräsentierte ›ideale Konstruktion‹ der Demokratischen Gemeinschaft ist, die die Typik der Versammlungsverläufe ebenso wie die des alltäglichen vollzuglichen Handelns in anderen Zusammenhängen konstituiert.

Die erweiterten Handlungsspielräume gegenüber Anstaltsleitung und Vollzugsordnung in der Gestalt, dass problematisch scheinende Regelungen entweder (in engen Grenzen) im Rahmen demokratischer Verfahren modifiziert oder aber auf dem Antragswege einer möglichen Änderung zugeführt werden können, entfalten zwar ebenso wie die Thematisierungsmöglichkeiten und -zwänge der Versammlungen und Komiteesitzungen eine eigene Dynamik: Diese führt dazu, das *mehr* Themen *öfter* und vor allem auch *ausführlicher* besprochen werden, ein auch sozialisationstheoretisch nicht zu unterschätzendes Potenzial des sozialen Settings eines demokratisierten Vollzugs (vgl. Sutter/Baader/Weyers 1998: 393-398). Gleichwohl bleiben die hierbei beobachtbaren Grenzen des Kommunizierbaren ebenso erklärungsbedürftig wie der Umstand, dass es Bagatellverstöße gegen selbst gesatzte Regeln sind, die immer wiederkehrend und vergleichsweise ausführlich diskutiert werden, während die moralisch relevanten, latenten wie manifesten Konfliktkonstellationen vergleichsweise selten öffentlich behandelt werden, dabei oft der mediatorischen Unterstützung durch die beteiligten wissenschaftlichen Mitarbeiter bedürfen und Maßnahmen des Vollzugspersonals, die der Idee der Demokratischen Gemeinschaft zuwiderlaufen und daher zumindest problematisiert werden könnten, kaum oder gar nicht zum Gegenstand der öffentlichen Debatte werden.

Gleichwohl reproduzieren sich die Funktionsimperative der Institution des Strafvollzugs[46], die eher moralische Heteronomie als Autonomie erzeugen, im sozialen Setting eines (im Sinne des Just Community-Ansatzes) demokratisierten Jugendstrafvollzugs nicht umstandslos. Das ist bei dem von uns untersuchten Modellversuch zuteilen in dem seit Jahren institutionalisierten Wohngruppenprinzip, dem korrespondierenden Selbstverständnis der Bediensteten bezüglich der Umgangsformen gegenüber Insassen sowie in der sport- und erlebnispädagogischen Ausrichtung des pädagogischen Konzepts begründet. Ihre *kognitiv-strukturelle* Entwicklungsprozesse stimulierende sozialisatorische Wirkung entfalten diese Ansätze jedoch erst im Zusammenspiel mit institutionalisierten Prozeduren demokratischer Selbstbestimmung und Interessenvertretung – zumindest dann, wenn diese Prozeduren handlungspraktisch von den Jugendlichen selbst organisiert werden.[47]

In dem Maße, wie Letzteres der Fall ist, wird die mit dem Konzept ›Demokratischer Gemeinschaften‹ intendierte Demokratisierung des Anstaltslebens nicht unwiderruflich im Sinne der im Alltag leitenden Orientierungssysteme (der vollzuglichen Ordnung wie der Insassen-Subkultur) instrumentalisiert. Auch wenn dies innerhalb des Vollzugs eine beständige strukturelle Möglichkeit und Gefährdung demokratischer Praxis bleibt. So wie die Funktionsimperative der Vollzugsanstalt im Sinne einer tendenziell ›totalen‹ sozialen Kontrolle die sport- und erlebnispädagogischen Ansätze und auch den moralpädagogischen Ansatz einer Demokratisierung des Anstaltslebens konterkarieren, konterkarieren die entsprechenden Praxen die Tendenzen einer ›totalen‹ sozialen Kontrolle des Einzelnen. Insofern gilt es erstens, die Widersprüchlichkeit des konkreten Interaktionssystems und die hieraus resultierende (bzw. hierin begründete) Interaktionsdynamik nicht vorschnell zu vereinseitigen im Sinne einer vermeintlich eindeutigen Typisierung (›totale‹ Institution vs. ›demokratische‹ Mitbestimmung auf der Basis von Prinzipien partizipatorischer Demokratie), sondern selbst zum Gegenstand der empirischen und theoretischen Rekonstruktion des konkreten Interaktionssystems

---

[46] Nach wie vor instruktiv ist in diesem Zusammenhang Goffmans Essay ›Über die Merkmale totaler Institutionen‹ in: Goffman 1961/dt. 1973: 13-125.

[47] Der Überprüfung dieser sozialisationstheoretischen These dienen sowohl sequenzanalytische Rekonstruktionen so genannter ›Hausversammlungen‹ vor Einführung des Modellversuchs und eine von Stefan Weyers durchgeführte explorative Teiluntersuchung zu einer repräsentativen Stichprobe in der selben Justizvollzugsanstalt. Anhand dieser Stichprobe konnte nachgewiesen werden, dass herkömmliche Bedingungen im Vollzug die Entwicklung moralischer Urteilsfähigkeit nicht in vergleichbarem Maße fördern (Brumlik/Sutter 1996; Brumlik/Sutter/Weyers 2000). Zu den weitergehenden Fragestellungen und Ergebnissen dieser Teilstudie vgl. Weyers 2001.

zu machen. Und es gilt zweitens, *die potenzielle sozialisatorische Wirkung der ›Widersprüchlichkeit‹ des Interaktionssystems* ins Zentrum des sozialisationstheoretischen wie entwicklungspsychologischen Interesses zu rücken.[48]

Dies setzt jedoch notwendigerweise eine struktural-hermeneutische, einzelfallrekonstruktive Vorgehensweise voraus (Sutter 2001). In dieser Perspektive zeigt sich, dass die beteiligten Akteure beständig im Schnittfeld bzw. in Auseinandersetzung mit mindestens drei theoretisch idealisierbaren ›Sozialwelten‹ agieren: der idealisierbaren ›Sozialwelt‹ der Justizvollzugsanstalt im Sinne der formell wie informell geltenden Vollzugsordnung, der idealisierbaren ›Sozialwelt‹ der informell geltenden Insassen-Subkultur sowie der idealisierbaren ›Sozialwelt‹ einer demokratischen Gemeinschaft bzw. einer durch Kameraaufzeichnungen repräsentierten ›Öffentlichkeit‹. Der hieraus resultierenden Dynamik der Aushandlungsprozeduren demokratischer Selbstbestimmung und Interessenvertretung korrespondiert auf Seiten der beteiligten Akteure eine fortlaufende Ausbalancierung und Koordinierung widerstreitender Interessen, Normensysteme und Loyalitätsverpflichtungen.

Diese kognitiven Koordinierungsleistungen muss jeder vollbringen, der sich innerhalb des Settings einer ›Demokratischen Gemeinschaft‹ im Vollzug engagiert bzw. behaupten will (Sutter/Baader/Weyers 1998; Sutter 2001). Unter entwicklungstheoretischen Gesichtspunkten ist entscheidend, dass dabei immer auch die basalen Grundstrukturen demokratischer Entscheidungsfindungsprozesse im eigenen Handeln zu beachten sind und die Realisierung wie Habitualisierung kommunikativer Strategien der Problemlösung und Konfliktbewältigung sozial begünstigt werden. Denn in Kontexten demokratischer Partizipation erweisen sich diese nicht nur als pragmatisch angemessener. Ihnen korrespondiert auch eine soziale Anerkennung durch die beteiligten Insassen wie durch die Bediensteten. Vollzugsordnung und Insassen-Subkultur, die als Orientierungssysteme in ihrer Eigenlogik eher moralische Heteronomie als moralische Autonomie zu befördern scheinen, entfalten damit ihre sozialisatorische Wirkung nicht mehr unbemerkt in eingespielten (und darin unhinterfragten) Handlungsroutinen und Kommunikationspraxen. Gleichwohl werden diese ihrer sozialisatorischen Wirkung auch in einer

---

[48] Die Frage nach der sozialisatorischen Relevanz bzw. Entwicklungsbedeutsamkeit eines konkreten Interaktionssystems ist dann nicht mehr auf dessen theoretisch idealisierbare, in der Praxis vermeintlich beständig sich reproduzierende Reziprozitätsform zu beschränken, deren soziale Strukturierungsprinzipien in der sozial-kognitiven Entwicklung rekonstruktiv angeeignet werden. Hieraus resultiert die Skepsis gegenüber einer Interpretation der jeweiligen Stufenkonzepte von Kohlberg/Scharf/Hickey 1972 und Habermas 1983b, sofern sich diese (1.) auf die theoretische Rekonstruktion konkreter Praxen sozialer Interaktion/Kooperation bezieht (und nicht auf deren kognitionstheoretisch interessierende theoretische Abstrahierung im Sinne widerspruchsfreier Idealtypen) und (2.) implizit eine Entwicklungslogik analog der kognitiven Entwicklung unterstellen.

›Demokratischen Gemeinschaft‹ im Vollzug nicht gänzlich enthoben. Aber ihre vermeintliche Einzigartigkeit und Alternativenlosigkeit stehen für die Beteiligten ebenso infrage wie die – wie auch immer motivierte – Unterstellung, dass demokratische Partizipation im Strafvollzug nicht vorstellbar sei.

6. Akzentuierung einer einzelfallrekonstruktiven, erziehungswissenschaftlichen Forschungsstrategie

Die bisherigen Ausführungen zusammenfassend komme ich nun zu einer abschließenden Systematisierung der strukturgenetischen Moralforschung und der Akzentuierung einer erziehungswissenschaftlich meines Erachtens besonders interessierenden Forschungsstrategie. In deren Mittelpunkt steht die struktural-hermeneutische Rekonstruktion[49] der soziokulturellen Qualität sozialer Interaktionen und deren Wechselwirkung mit individuellen Handlungs- und Erfahrungsmustern.

Piagets wie Kohlbergs Theoriebeiträge zielen in erster Linie auf die Rekonstruktion der Strukturgenese epistemischer Strukturen. Gleichwohl finden sich in beiden Werken auch Ansatzpunkte für eine Hinwendung zu funktionalen Fragestellungen und Erklärungsansätzen, die die gegenwärtige Theoriediskussion dominieren und zu einer Weiterentwicklung des von Piaget maßgeblich begründeten Genetischen Strukturalismus führen. Im Mittelpunkt des Forschungsinteresses stehen nicht mehr Operationen logisch-mathematischer Erkenntnis (wie in Piagets genetischer Erkenntnistheorie) bzw. der moralischen Urteilsfähigkeit (wie in Kohlbergs Theorie der rationalen Rekonstruktion der Ontogenese des Gerechtigkeitsdenkens), sondern individuelle wie interindividuelle (Handlungs-)Strategien und Konstruktionsprozesse (vgl. Edelstein/Hoppe-Graff 1993). Damit gilt nicht mehr das theoretisch abstrahierbare ›epistemische Subjekt‹, sondern das ›psychologische Subjekt‹ (Inhelder 1993) bzw. das sozialisierte, ›autonom handlungsfähige, mit sich identische Subjekt‹ (Oevermann 1976) als Bezugspunkt der Analyse von Entwicklungs- und Sozialisationsprozessen.

Für die kognitive Entwicklungspsychologie in der Theorietradition von Jean Piaget resultieren hieraus zwei weit reichende Schwerpunktverlagerungen des Forschungsinteresses:

erstens die Schwerpunktverlagerung von Strukturanalysen im Sinne der sachlogischen Ableitung von Entwicklungsstufen und ihrer empirischen Ve-

[49] Zum Erklärungsanspruch hermeneutisch-rekonstruktiver Analysen vgl. Habermas 1983a; Oevermann 1986; Sutter 1994 und Garz 2000. Zum Ansatz einer fallrekonstruktiven Sozialforschung des Weiteren Hildenbrand 1995; 1999 und Oevermann 2000b; zu Fragen des theoretischen Sampling und der Bedingungsmatrix sozialer Interaktion Strauss 1991 und Strauss/Corbin 1996.

rifikation hin zur Rekonstruktion jener dynamischen Prozesse, die Entwicklungsschritte ermöglichen und erklären;

zweitens die Integration der Sozialisationsperspektive in das strukturtheoretische Paradigma und damit die Weiterentwicklung des psychologischen Konstruktivismus hin zu einem sozialen Konstruktivismus, der universelle und differenzielle Erklärungsansätze zu integrieren vermag.

Für die sozialwissenschaftliche Moralforschung im engeren Sinne impliziert dies die Re-Konzeptualisierung des Zusammenspiels der analytisch zu trennenden Aspekte individueller Moral (moralische Urteilsfähigkeit, Motivation und Handeln bzw. Verhalten) und damit die Kritik, Weiterentwicklung und Integration von Kohlbergs Theorie der moralischen Urteilsentwicklung in eine umfassendere Selbsttheorie; als Forschungsdesiderat erweist sich zweitens die soziologisch-strukturtheoretische Analyse jener sozial vermittelten Mechanismen der Ko-Konstruktion und Anwendung von Objekt- und Interaktionsschemata, die die soziale Kooperation in den unterschiedlichen Erfahrungsbereichen – insbesondere auch anlässlich sozial bzw. moralisch relevanter Konfliktsituationen – bestimmen.

Mit Edelstein (1986) ist dabei davon auszugehen, dass eine erziehungswissenschaftliche Theorie der pädagogischen Beeinflussung der moralischen Entwicklung der Integration kompetenz- und performanztheoretischer Erklärungsansätze bedarf und die Erklärung sozio-moralischer Lern- und Entwicklungsprozesse zu ergänzen ist durch eine Theorie der sozialen Konstitution ontogenetischer Entwicklungsprozesse. Soziale Faktoren interessieren in dieser Perspektive nicht als kontingente Randbedingungen für die Wirkungsweise psychischer Mechanismen und deren Entwicklung, sondern als konstitutive Faktoren (vgl. Oevermann u.a. 1976a; Edelstein 1993; 1999; Krappmann/Oswald 1995). Der Grundbegriff eines entsprechenden – die Ansätze der kognitiven Entwicklungspsychologie und der soziologischen Sozialisationstheorie integrierenden – Theorieprogramms ist Interaktion im Sinne der von G.H. Mead (1980) beschriebenen Grundstruktur des sozialen Aktes (vgl. Oevermann 1991; Wagner 1993): Den sozio-historischen Verlaufsformen sozialer Interaktionen korrespondieren auf Seiten des sich bildenden Subjekts unterschiedliche Handlungsmöglichkeiten und Erfahrungsmuster, die die Ausbildung epistemischer Strukturen ebenso wie die intra- und interindividueller Entwicklungsunterschiede erklären.

Aufgabe der kognitiven Entwicklungspsychologie ist es in dieser Perspektive, intra- wie interindividuelle Entwicklungsprozesse hinsichtlich ihrer Verlaufsformen zu rekonstruieren und den komplexen Zusammenhang zwischen Kognition und Handlung sowie zwischen Kognition und Affekt bzw. Motivation aufzuklären. Die in diesem Zusammenhang besonders interessierenden Längsschnittuntersuchungen an den Max-Planck-Instituten für Bildungsforschung (Edelstein/Keller/Schröder 1990; Keller 1996) und psychologische Forschung (Nunner-Winkler 1996; Weinert 1998) zeigen dabei, dass zumindest die Erklärung der sozial-kognitiven und sozio-moralischen Entwicklung es erfordert, die Grenzen der psychologischen Disziplin zu überschreiten und einen Theorieansatz zu wählen, innerhalb dessen kognitive Entwicklungspsychologie und soziologische Sozialisationsforschung als komplementäre Erklärungsansätze erscheinen. In strukturgenetischer Perspektive werden Entwicklung und Sozialisation somit nicht länger als gegensätzliche und unvereinbare Erklärungsweisen verstanden (Seiler 1980; 1991; Krappmann 2000).

Aufgabe der soziologischen Sozialisationstheorie ist es in dieser Perspektive, die allgemeinen Strukturen sozialisatorischer Interaktion auszuweisen und die lebensweltspezifische Typik ihrer fallweisen Geschichte zu rekonstruieren (Oevermann 1979; 1981; Oevermann u.a. 1976a). Dies interessiert unter dem Gesichtspunkt der sozialen Konstitution universeller Entwicklungsprozesse ebenso wie unter dem Gesichtspunkt der Erklärung differenzieller Entwicklungsverläufe, die sich auf Variationen im sozialen System und in den sozialpsychologischen Kontexten der Kindheit und Jugend rückführen lassen (Edelstein 1993; 1999; Grundmann 1998).

Dabei bleibt die Sozialisationstheorie auf *gesellschaftstheoretische Erklärungsansätze* verwiesen, die (a) die Transformation objektiver gesellschaftlicher Bedingungen in für den Bildungsprozess relevante kulturelle Bedeutungssysteme, und (b) die Transformation der gesellschafts-historisch ausgebildeten Struktur von Sozialbeziehungen in die Rollen- bzw. Beziehungsstrukturen sozialisatorisch relevanter Interaktionssysteme erklären. Oevermann (1972a.b; 1976) wie Edelstein (1993) verweisen in diesem Zusammenhang auf die bekannten Mehr-Ebenen-Ansätze, die der Verortung des Gegenstandsbereichs der Sozialisationsforschung aus soziologischer Perspektive dienen und die Interdependenz zwischen sozialisations- und gesellschaftstheoretischen Erklärungsansätzen ausweisen (Grundmann u.a. 2000).

In erziehungswissenschaftlicher Perspektive interessieren vorrangig (a) Prozesse der sozialen Strukturierung und Konstituierung des Erfahrungsangebotes, die für institutionelle und sozio-kulturelle Kontexte und Ökologien typisch sind und die sozio-kulturelle Qualität von Interaktionen erklären, und (b) Prozesse der individuellen Handlungs- und Erfahrungsstrukturierung auf Seiten der beteiligten Akteure. Als Ausdrucksgestalten einer Lebenspraxis verweisen letztere psycho- wie soziogenetisch auf die Erfahrungsbiografie des Aktors ebenso wie auf dessen institutionell bzw. sozialstrukturell vermittelten Handlungs- und Partizipationschancen in der konkreten Situation. Theorie- wie forschungsstrategisch unterstellt diese Position die Notwendigkeit einer einzelfallorientierten, sequenzanalytisch vorgehenden Analyse konkreter Interaktionsverhältnisse.

Am Beispiel institutioneller Kontexte der Erziehung illustriert Abbildung 2 die sozialwissenschaftlichen Erkenntnisobjekte und Analyseebenen, die – unter Bezugnahme auf die Forschungsergebnisse der Entwicklungspsychologie und der soziologischen Sozialisationstheorie – systematisch zu unterscheiden sind. Für die erziehungswissenschaftliche Rekonstruktion der sozialisatorischen Funktion pädagogischer Interaktionsverhältnisse resultieren hieraus die Unterscheidung von vier Analyseebenen:

Abbildung 2: Rekonstruktion sozio-moralischer Lern- und Entwicklungsprozesse in institutionellen Kontexten (Erkenntnisobjekte und Analyseebenen)

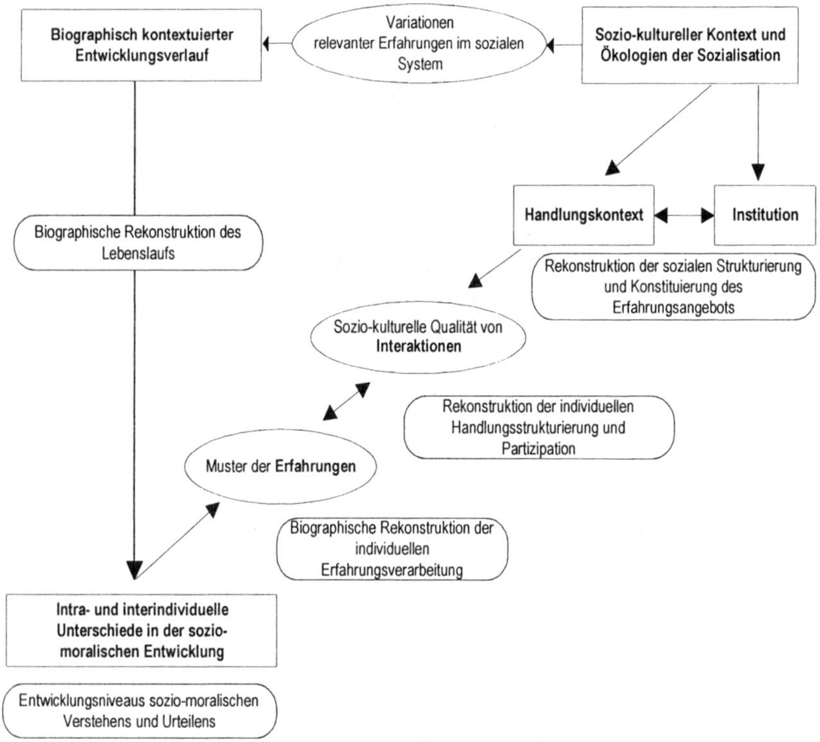

(1.) die soziale Strukturierung und Konstituierung des Erfahrungsangebotes, die ihrerseits auf Kontexte und Ökologien der Sozialisation verweisen;
(2.) die individuelle Handlungsstrukturierung ausgewählter Akteure auf der Folie von deren sozial vermittelten Partizipationschancen;
(3.) deren (retrospektiv erhebbare) individuelle Erfahrungsverarbeitung und kognitive Strukturierung des Handlungsfeldes;
(4.) handlungspraktisch realisierbare, kognitive Strukturen sozio-moralischen Verstehens und Urteilens auf Seiten der beteiligten Akteure.

Dabei ist zu vergegenwärtigen, dass sich die allgemeinsten Mechanismen der fortschreitenden Konstruktion der Erkenntnis, die Piaget in seinem mehrfach reformulierten Äquilibrationsmodell zu erklären versucht, einer unmittelbaren empirischen Untersuchung entziehen (vgl. Hoppe-Graff 1993a). Sie können nur im Rahmen komplexer Forschungsdesigns, die objekttheoretisch Forschungszugänge der sozial-kognitiven Forschungstradition, der Biografieforschung und der soziologisch-strukturtheoretischen Sozialisationsforschung verknüpfen, erschlossen werden.

Die erziehungswissenschaftliche Rekonstruktion der Entwicklungs- und Bildungsbedeutsamkeit pädagogischer Praxen bleibt somit unhintergehbar auf deren empirische Rekonstruktion und damit eine wechselseitige Integration entwicklungspsychologischer wie soziologischer Forschungszugänge angewiesen. Denn erst die Berücksichtigung beider Perspektiven eröffnet in professionalisierungstheoretischer Sicht ein strukturtheoretisch angemessenes Fallverstehen pädagogischer Praxis. Denn dieses hat nicht nur die Fallstrukturiertheit der Praxis konkreter Personen in ihrer jeweiligen Individualität und Potenzialität zu vergegenwärtigen, sondern auch die Besonderungsform der kooperativen (pädagogischen) Praxis unter dem Gesichtspunkt von deren allgemeinen sozialisatorischen Relevanz und potenziellen Bildungsbedeutsamkeit für Einzelne zu reflektieren. Die pädagogisch-programmatische Konstruktion pädagogischer Praxen (wie auch die sozialphilosophisch aufgeklärte Konstruktion demokratischer Lebensformen) ist hierbei nur eine Variable neben anderen – auch wenn sie sich im erziehungswissenschaftlichen (wie sozialphilosophischen) Diskurs als Ausdrucksform einer rationalen Lebenspraxis bewährt haben mag.

Literatur

Allert, T., 1998: Die Familie. Fallstudien zur Unverwüstlichkeit einer Lebensform. Berlin/New York 1998

Asendorpf, J.B./ Nunner-Winkler, G., 1992: Children's moral motive strength and temperamental inhibition reduce their egoistic tendencies in real moral conflicts. In: Child Development 63. S. 1223-1235

Aufenanger, S., 1992: Entwicklungspädagogik. Die soziogenetische Perspektive. Weinheim

Aufenanger, S./ Garz, D./ Kraimer, K., 1994: Pädagogisches Handeln und moralische Atmosphäre. Eine objektiv-hermeneutische Dokumentenanalyse im Kontext schulischer Interaktion. In: Garz/Kraimer 1994. S. 226-246

Aufenanger, S./ Garz, D., 1996: Moralische Atmosphäre – Qualitative Forschung im Klassenzimmer. In: Bildungsforschung und Bildungspraxis 18. S. 109-118

Auwärter, M./ Kirsch, E./ Schröter, K. (Hg.), 1976: Seminar: Kommunikation, Interaktion, Identität. Frankfurt a.M.

Barden, R.C./ Zelko, F.A./ Duncan, S.W./ Master, J.C., 1980: Children's consensual knowledge about the experiential determinants of emotion. In: Journal of Personality and Social Psychology 39. S. 968-976

Bernstein, B., 1972: Studien zur sprachlichen Sozialisation. Düsseldorf

Bertram, H., 1980: Moralische Sozialisation. In: Hurrelmann/Ulich 1980. S. 717-744
Bertram, H., (Hg.) 1986: Gesellschaftlicher Zwang und moralische Autonomie. Frankfurt a.M.
Blasi, A., 1980: Bridging moral cognition and moral action: A critical review of the literatur. In: Psychological Bulletin 88. S. 1-45
Blasi, A., 1983: Moralische Kognition und moralisches Handeln. Eine theoretische Perspektive. In: Garz/Oser/Althof 1999. S. 47-81
Blasi, A., 1993: Die Entwicklung der Identität und ihre Folgen für moralisches Handeln. In: Edelstein/Nunner-Winkler/Noam 1993. S. 119-147
Brion-Meisels, S./ Selman, R.L., 1986: Interpersonale Verhandlungen in der Adoleszenz: Drei Porträts sozialer Entwicklung. In: Oser/ Althof/ Garz 1986. S. 136-156
Brumlik, M., 1989a: Kritische Theorie und symbolischer Interaktionismus – Pädagogik als Kritische Sozialwissenschaft. In: Röhrs, H./Scheuerl, H. (Hg.): Richtungsstreit in der Erziehungswissenschaft und pädagogische Verständigung. Frankfurt a.M. S. 113-130
Brumlik, M., 1989b: Kohlbergs ›Just Community‹-Ansatz als Grundlage einer Theorie der Sozialpädagogik. In: Brumlik 1992. S. 256-273
Brumlik, M., 1992: Advokatorische Ethik. Zur Legitimation pädagogischer Eingriffe. Bielefeld
Brumlik, M., 1995: Gerechtigkeit zwischen den Generationen. Berlin
Brumlik, M., 1998: ›Just Community‹ – a social cognitive research project in the penal system. In: European Journal of Social Work. Vol. 1. No. 3. S. 339-346
Brumlik, M., 2001: Moralerziehung. In: Otto, H.-U./ Thiersch, H. (Hg.): Handbuch Sozialarbeit Sozialpädagogik. 2. vollständig überarbeitete Auflage. Neuwied. S. 1236-1244
Brumlik, M./ Sutter, H., 1993: Rekonstruktion sozial-kognitiver und sozio-moralischer Lernprozesse im Rahmen eines demokratisch geregelten Vollzugs als ›Just Community‹. DFG-Projektantrag. Heidelberg
Brumlik, M./ Sutter, H. (in Zusammenarbeit mit Baader, M./Weyers, S.) 1996: Rekonstruktion sozial-kognitiver und sozio-moralischer Lernprozesse im Rahmen eines demokratisch geregelten Vollzugs als ›Just Community‹. DFG-Projektbericht und Verlängerungsantrag. Heidelberg
Brumlik, M./ Sutter, H./ Weyers, S. (2000): Rekonstruktion sozial-kognitiver und sozio-moralischer Lernprozesse im Rahmen eines demokratisch geregelten Vollzugs als ›Just Community‹. DFG-Projektbericht. Frankfurt/M.
Colby, A./ Damon, W. (1993): Die Integration des Selbst und der Moral in der Entwicklung moralischen Engagements. In: Edelstein/ Nunner-Winkler/ Noam 1993. S. 203-231
Colby, A./ Kohlberg, L. (1978): Das moralische Urteil: Der kognitionszentrierte entwicklungspsychologische Ansatz. In: Bertram 1986. S. 130-162
Colby, A./ Kohlberg, L. (1987): The measurement of moral judgment. Vol. 1: Theoretical foundations and research validation. Cambridge
Colby, A./ Kohlberg, L./ Gibbs, J./ Liebermann, M. (1983): A longitudinal study of moral judgment. Monograph of the Society for Research in Child Development. No. 200. Vol. 48
Colby, A./ Kohlberg, L./ Speicher, B./ Hewer, A./ Candee, D/ Power, C (1987): The measurement of moral judgment. Vol. 2: Standard Issue Scoring Manual. Cambridge
Combe, A./ Helsper, W. (Hg.) 1996: Pädagogische Professionalität. Untersuchungen zum Typus pädagogischen Handelns. Frankfurt a.M.
Davidson, Ph./ Youniss, J., 1991: Which comes first, morality or identity? In: Kurtines/Gewirtz 1991. Vol. 1. S. 105-121
Döbert, R., 1986: Wider die Vernachlässigung des Inhalts in den Moraltheorien von Kohlberg und Habermas. Implikationen für die Relativismus/Universalismus-Kontroverse. In: Edelstein/Nunner-Winkler 1986. S. 86-125
Döbert, R., 1987: Horizonte der an Kohlberg orientierten Moralforschung. In: ZfP 33. S. 491-511
Döbert, R., 1992a: Die Entwicklung und Überwindung von ›Universalpragmatik‹ bei Piaget. In: ZfS 21. S. 96-109

Döbert, R., 1992b: Konsensustheorie als deutsche Ideologie. In: Giegel, H.-J. (Hg.): Kommunikation und Konsens in modernen Gesellschaften. Frankfurt a.M. S. 276-309
Döbert, R., 1992c: Kosten der Entfunktionalisierung der Theorie des moralischen Bewusstseins – einige empirische Beobachtungen zur Struktur-Inhalt-Problematik. In: Oser/ Althof 1992. S. 208-213
Döbert, R./ Habermas, J./ Nunner-Winkler, G. (Hg.) 1977: Entwicklung des Ichs. Köln. Hanstein 1980[2]
Döbert, R./ Nunner-Winkler, G., 1975: Adoleszenzkrise und Identitätsbildung. Psychische und soziale Aspekte des Jugendalters in modernen Gesellschaften. Frankfurt a.M.
Döbert, R./ Nunner-Winkler, G., 1978: Performanzbestimmende Aspekte des moralischen Bewusstseins. In: Portele 1978. S. 101-21
Döbert, R./ Nunner-Winkler, G., 1980: Jugendliche ›schlagen über die Stränge‹. Abwehr- und Bewältigungsstrategien in moralisierbaren Handlungssituationen. In: Eckensberger/ Silbereisen 1980. S. 267-98
Döbert, R./ Nunner-Winkler, G., 1982: Formale und materiale Rollenübernahme: Das Verstehen von Selbstmordmotiven im Jugendalter. In: Edelstein/ Keller 1982b. S. 320-372
Durkheim, E., 1930: Über soziale Arbeitsteilung. Frankfurt a.M. 1988[2]
Durkheim, E., 1934: Erziehung, Moral und Gesellschaft. Frankfurt a.M. 1984
Eckensberger, L.H., 1993: Moralische Urteile als handlungsleitende normative Regelsysteme im Spiegel der kulturvergleichenden Psychologie. In: Thomas, A. (Hg.): Einführung in die kulturvergleichende Psychologie. Göttingen. S. 259-295
Eckensberger, L.H., 1998: Die Entwicklung des moralischen Urteils. In: Keller, H. (Hg.): Lehrbuch Entwicklungspsychologie, Bern/Göttingen/Toronto/Seattle. S. 475-516
Eckensberger, L.H./ Silbereisen, R. (Hg.) 1980: Entwicklung sozialer Kognitionen. Modelle, Theorien, Methoden, Anwendung. Stuttgart
Edelstein, W. (1984): Entwicklung, kulturelle Zwänge und die Problematik des Fortschritts. In: Schöfthaler/Goldschmidt 1984. S. 403-439
Edelstein, W., 1986: Moralische Intervention in der Schule. Skeptische Überlegungen. In: Oser/ Fatke/ Höffe 1986. S. 327-349
Edelstein, W., 1993: Soziale Konstruktion und die Äquilibration kognitiver Strukturen: Zur Entstehung individueller Unterschiede in der Entwicklung. In: Edelstein/Hoppe-Graff 1993. S. 9-23
Edelstein, W., 1999: Soziale Selektion, Sozialisation und individuelle Entwicklung. Zehn Thesen zur sozialkonstruktivistischen Rekonstruktion der Sozialisationsforschung. In: Grundmann 1999b. S. 35-52
Edelstein, W./ Keller, M., 1982a: Perspektivität und Interpretation. Zur Entwicklung des sozialen Verstehens. In: Edelstein/Keller 1982b. S. 9-43
Edelstein, W./ Keller, M./ Essen, C. von/ Mönnig, M., 1986: Moralische Sensibilität, Handlungsentscheidung und moralische Konsistenz. In: Oser/ Althof/ Garz 1986. S. 44-66
Edelstein, W./ Keller, M./ Schröder, E., 1990: Child development and social structure: Individual differences in development. In: Baltes, P.B./ Featherman. D.L./ Lerner, R.M. (Hg.): Life-span development and behavior. Vol 10. Hillsdale NJ. S. 151-185
Edelstein, W./ Keller, M./ Wahlen, K., 1982: Entwicklung sozial-kognitiver Prozesse: Eine theoretische und empirische Rekonstruktion. In: Geulen 1982. S. 181-204
Edelstein, W./ Habermas, J. (Hg.) 1984: Soziale Interaktion und soziales Verstehen. Frankfurt a.M.
Edelstein, W./ Hoppe-Graff, S. (Hg.) 1993: Die Konstruktion kognitiver Strukturen. Perspektiven einer konstruktivistischen Entwicklungspsychologie. Bern/ Göttingen/ Toronto/ Seattle
Edelstein, W./ Keller, M. (Hg.) 1982b: Perspektivität und Interpretation. Frankfurt a.M.
Edelstein, W./ Nunner-Winkler, G. (Hg.) 1986: Zur Bestimmung der Moral. Philosophische und sozialwissenschaftliche Beiträge zur Moralforschung. Frankfurt a.M.
Edelstein, W./ Nunner-Winkler, G./Noam, G. (Hg.) 1993: Moral und Person. Frankfurt a.M.
Edelstein, W./ Nunner-Winkler, G. (Hg.) 2000: Moral im sozialen Kontext. Frankfurt a.M.

Edelstein, W./ Oser, F./ Schuster (Hg.) 2001: Moralische Erziehung in der Schule. Entwicklungspsychologie und pädagogische Praxis. Weinheim
Flick, U./ Kardorff, E. von/ Keupp, H./ Wolff, S. (Hg.) 1995²: Handbuch Qualitative Sozialforschung. Weinheim
Garz, D., 1984: Strukturgenese und Moral. Rekonstruktive Sozialisationsforschung in den Sozial- und Erziehungswissenschaften, Opladen
Garz, D., 1989: Theorie der Moral und gerechte Praxis, Wiesbaden
Garz, D., 1996: Lawrence Kohlberg zur Einführung. Hamburg
Garz, D., 2000: Kritik. Hermeneutik. Rekonstruktion. Über den Stellenwert der Methode bei Jürgen Habermas. In: Müller-Doohm, S. (Hg.): Das Interesse der Vernunft. Rückblicke auf das Werk von Jürgen Habermas seit ›Erkenntnis und Interesse‹. Frankfurt/M. S. 201-217
Garz, D./ Aufenanger, S., 1989: Rekonstruktion von Gerechtigkeitsstrukturen an Schulen. DFG-Projektantrag. Osnabrück
Garz, D./ Kraimer, K. (Hg.) 1994: Die Welt als Text. Theorie, Kritik und Praxis der objektiven Hermeneutik. Frankfurt a.M.
Garz, D./ Oser, F./ Althof, W. (Hg.) 1999: Moralisches Urteil und Handeln. Frankfurt a.M.
Geulen, D. (Hg.) 1982: Perspektivenübernahme und soziales Handeln. Frankfurt a.M.
Gilligan, C., 1982 (dt. 1984): Die andere Stimme. München
Gilligan, C., 1983: Verantwortung für die anderen und für sich selbst – das moralische Bewusstsein von Frauen. In: Schreiner, G. (Hg.): Moralische Entwicklung und Erziehung. Braunschweig. S. 133-174
Goffman, E., 1961 (dt. 1973): Asyle. Über die soziale Situation psychiatrischer Patienten und anderer Insassen. Frankfurt/M.
Grundmann, M., 1994: Das ›Scheitern‹ der sozialstrukturellen Sozialisationsforschung oder frühzeitiger Abbruch einer fruchtbaren Diskussion? In: ZSE 14. S. 163-186
Grundmann, M., 1997: Individuation und Vergesellschaftung: Sozialisationstheoretische Überlegungen im Anschluss an Jean Piaget und Alfred Schütz. Schweizerische Zeitschrift für Soziologie 23. S. 83-115
Grundmann, M., 1998: Norm und Konstruktion. Zur Dialektik von Bildungsvererbung und Bildungsaneignung. Opladen
Grundmann, M., 1999a: Dimensionen einer konstruktivistischen Sozialisationsforschung. In: Grundmann 1999b. S. 20-34
Grundmann, M./ Fuss, D./ Suckow, J., 2000: Sozialökologische Sozialisationsforschung: Entwicklung, Gegenstand und Anwendungsbereiche. In: Grundmann/ Lüscher 2000. S. 17-76
Grundmann, M./ Keller, M., 1999a: Familiale Beziehungen und soziomoralische Entwicklung. In: Leu/ Krappmann 1999. S. 330-356
Grundmann, M./ Keller, M., 1999b: Perspektivität, soziale Kognition und die (Re-)Konstruktion sozialisationsrelevanter Handlungsstrukturen. In: Grundmann 1999b. S. 118-148
Grundmann, M. (Hg.) 1999b: Konstruktivistische Sozialisationsforschung. Frankfurt a.M.
Grundmann, M./ Lüscher, K. (Hg.) 2000: Sozialökologische Sozialisationsforschung. Konstanz
Haan, N., 1978: Two moralities in action contexts: relationships to thought, ego relation, and development. In: Journal of Personality and Social Psychology 36. S. 286-305
Habermas, J., 1968: Stichworte zu einer Theorie der Sozialisation. In: Ders.: Kultur und Kritik. Frankfurt a.M. 1973. S. 118-194
Habermas, J., 1974a: Moralentwicklung und Ich-Identität. In: Habermas 1976. S. 63-91
Habermas, J., 1974b: Notizen zur Entwicklung der Interaktionskompetenz. In: Ders.: Vorstudien und Ergänzungen zur Theorie des kommunikativen Handelns. Frankfurt a.M. 1984. S. 226-270
Habermas, J., 1976: Zur Rekonstruktion des Historischen Materialismus. Frankfurt a.M.
Habermas, J., 1981: Theorie des kommunikativen Handelns. 2 Bde. Frankfurt a.M.
Habermas, J., 1983a: Rekonstruktive vs. verstehende Sozialwissenschaften. In: Habermas 1983c. S. 29-52

Habermas, J., 1983b: Moralbewusstsein und kommunikatives Handeln. In: Habermas 1983c. S. 127- 206

Habermas, J., 1983c: Moralbewusstsein und kommunikatives Handeln. Frankfurt a.M.

Hickey, J.E./ Scharf, P.L., 1980: Toward a just correctional system. San Francisco, Washington, London

Higgins, A., 1991: The Just Community approach to moral education: Evolution of the idea and recent findings. In: Kurtines/ Gewirtz 1991. Vol 3. S. 111-141

Higgins, A./ Gordon, F.M., 1986: Arbeitsklima und sozio-moralische Entwicklung in zwei arbeitereigenen und selbstverwalteten Betrieben. In: Oser/ Fatke/ Höffe 1986. S. 252-296

Higgins, A./ Power, C./ Kohlberg, L., 1984: The relationship of moral atmosphere to judgments of responsibility. In: Kurtines/ Gewirtz 1984. S. 74-106

Hildenbrand, B., 1995: Fallrekonstruktive Forschung. In: Flick/ Kardorff/ Keupp/ Wolff 1995. S. 256-260

Hildenbrand, B., 1999: Fallrekonstruktive Familienforschung. Opladen

Hoffman, M.L., 1984: Empathy, its limitations, and its role in a comprehensive moral theory. In: Kurtines/ Gewirtz 1984. S. 283-302

Hoffman, M.L., 199: Empathy, social cognition, and moral action. In: Kurtines/Gewirtz 1991. Vol. 1. S. 275-301

Honig, M.S./ Leu, H.R./ Nissen, U. (Hg.) 1996: Kinder und Kindheit. Soziokulturelle Muster – sozialisationstheoretische Perspektiven. Weinheim

Hoppe-Graff, S., 1993a: Sind Konstruktionsprozesse beobachtbar? In: Edelstein/ Hoppe-Graff 1993. S. 260-275

Hoppe-Graff, S., 1993b: Perspektiven des strukturgenetischen Konstruktivismus. In: Edelstein/ Hoppe-Graff 1993. S. 297-317

Hoppe-Graff, S./ Edelstein, W., 1993: Kognitive Entwicklung als Konstruktion. In: Edelstein/ Hoppe-Graff 1993. S. 9-23

Horster, D. (Hg.) 1998: Weibliche Moral – ein Mythos? Frankfurt a.M.

Hurrelmann, K./ Ulich, D. (Hg.) 1980: Handbuch der Sozialisationsforschung. Weinheim/Basel

Hurrelmann, K./ Ulich, D. (Hg.) 1991: Neues Handbuch der Sozialisationsforschung. Weinheim/ Basel

Inhelder, B., 1993: Vom epistemischen zum psychologischen Subjekt. In: Edelstein/ Hoppe-Graff 1993. S. 24-27

Jennings, W.S./ Kilkenny, R./ Kohlberg, L., 1983: Moral development. Theory and practice of youthful and adult offenders. In: Laufer, W.S./ Day, J.M. (Hg.): Personality theory, moral development, and criminal behavior, Lexington. S. 281-355

Jennings, W.S./ Kohlberg, L., 1983: Effects of a Just Community programme on the moral development of youthful offenders. In: Journal of Moral Development 12. S. 33-50

Kegan, R., 1982 (dt. 1986) Die Entwicklungsstufen des Selbst. München

Keller, M., 1976: Kognitive Entwicklung und soziale Kompetenz. Stuttgart

Keller, M., 1980a: Soziale Kognition, Moralisches Urteil und Ich-Prozesse. In: Eckensberger/ Silbereisen 1980. S. 163-183

Keller, M., 1980b: Entwicklungspsychologie sozial-kognitiver Prozesse. In: Waller, M. (Hg.): Jahrbuch für Entwicklungspsychologie 2/1980. Stuttgart. S. 89-126

Keller, M., 1982: Die soziale Konstitution sozialen Verstehens: Universelle und differenzielle Aspekte. In: Edelstein/ Keller 1982. S. 266-285

Keller, M., 1984a: Rechtfertigungen. Zur Entwicklung praktischer Erklärungen. In: Edelstein/ Habermas 1984. S. 253-299

Keller, M., 1984b: Resolving conflicts in friendship: The development of moral understanding in everyday life. In: Kurtines/ Gewirtz 1984. S. 140-158.

Keller, M., 1986: Freundschaft und Moral: Zur Entwicklung der moralischen Sensibilität in Beziehungen. In: Bertram 1986. S. 195-223

Keller, M., 1990: Zur Entwicklung moralischer Reflexion: Eine Kritik und Rekonzeptualisierung der Stufen präkonventionellen moralischen Urteils in der Theorie von L. Kohlberg. In:

Knopf, M./ Schneider, W. (Hg.): Entwicklung. Allgemeine Verläufe – Individuelle Unterschiede – Pädagogische Konsequenzen. FS F.E. Weinert. Göttingen u.a.. S. 19-44

Keller, M., 1992: Soziales Verstehen und moralisches Urteilen im Kindesalter. In: Oser/ Althof 1992. S. 196-198

Keller, M., 1996: Moralische Sensibilität: Entwicklung in Freundschaft und Familie. Weinheim

Keller, M., 2001: Moral in Beziehungen: Die Entwicklung des frühen moralischen Denkens in Kindheit und Jugend. In: Edelstein/ Oser/ Schuster 2001. S. 111-140

Keller, M./ Eckensberger, L./ Rosen, K. von, 1989: A critical note of the conception of preconventional morality: The case of stage 2 in Kohlberg's theory. In: International Journal of Behavioral Development 12. S. 57-69

Keller, M./ Edelstein, W., 1986: Beziehungsverständnis und moralische Reflexion. Eine entwicklungspsychologische Untersuchung. In: Edelstein/ Nunner-Winkler 1986. S. 321-347

Keller, M./ Edelstein, W., 1991: The development of socio-moral meaning making: domains, categories, and perspective-taking. In: Kurtines/ Gewirtz 1991. Vol. 2. S. 89-114

Keller, M./ Edelstein, W. (in Zusammenarbeit mit: Brink, J./ Rosenfeld, H.) 1992: Zur Universalität des frühen moralischen Denkens: Eine kulturvergleichende Untersuchung zum präkonventionellen moralischen Urteil. In: Zeitschrift für Entwicklungspsychologie und Pädagogische Psychologie XXIV. S. 3-21

Keller, M./ Edelstein, W., 1993: Die Entwicklung eines moralischen Selbst von der Kindheit bis zur Adoleszenz. In: Edelstein/ Nunner-Winkler/ Noam 1993. S. 307-334

Keller, M./ Reuss, S., 1984: An action-theoretical reconstruction of the development of social-cognitive competence. In: Hum. Dev. 27. S. 211-220

Keller, M./ Schuster, P./ Edelstein, W., 1993: Universelle und differenzielle Aspekte in der Entwicklung sozio-moralischen Denkens: Ergebnisse einer Untersuchung mit isländischen und chinesischen Kindern. In: ZSE 13. S. 149-160

Keller, M./ Edelstein, W./ Krettenauer, T./ Fang, Fu-xi/ Fang, Ge, 2000: Denken über moralische Verpflichtung und interpersonale Verantwortung im Zusammenhang unterschiedlicher Kulturen. In: Edelstein/ Nunner-Winkler 2000. S. 375-406

Kesselring, Th., 1999: Jean Piaget. München (2. aktualisierte Auflage)

Kohlberg, L., 1968 (dt. 1995): Moralische Entwicklung. In: Kohlberg 1995. S. 7-40

Kohlberg, L., 1969 (dt. 1974): Stufe und Sequenz: Sozialisation unter dem Aspekt der kognitiven Entwicklung. In: Kohlberg, L.: Zur kognitiven Entwicklung des Kindes. Frankfurt a.M. 1974. S. 7-255

Kohlberg, L., 1970: The Moral Atmosphere of the School. In: Overly, N.V. (Ed.): The Unstudied Curriculum. Washington. S. 104-127

Kohlberg, L., 1976 (dt. 1995): Moralstufen und Moralerwerb: Der kognitiv-entwicklungstheoretische Ansatz. In: Kohlberg 1995. S. 123-174

Kohlberg, L., 1977: Eine Neuinterpretation der Zusammenhänge zwischen der Moralentwicklung in der Kindheit und im Jugendalter. In: Döbert/ Habermas/ Nunner-Winkler 1977. S. 225-252

Kohlberg, L., 1981 (1984): Essays on moral development. San Francisco 1981 (Vol. 1) und 1984 (Vol. 2)

Kohlberg, L., 1986: Der ›Just Community‹-Ansatz der Moralerziehung in Theorie und Praxis. In: Oser/ Fatke/ Höffe 1986. S. 21-55

Kohlberg, L., 1987: Child psychology and childhood education. A cognitive-developmental view. New York/London

Kohlberg, L., 1995: Die Psychologie der Moralentwicklung. Frankfurt a.M.

Kohlberg, L., 2000: Die Psychologie der Lebensspanne. Frankfurt/M.

Kohlberg, L./ Candee, D., 1984 (dt. 1999): Die Beziehung zwischen moralischem Urteilen und moralischem Handeln. In: Garz/ Oser/ Althof 1999. S. 13-46

Kohlberg, L./ Higgins, A., 1987: School democracy and social interaction. In: Kurtines/ Gewirtz 1987. S. 102-128

Kohlberg, L./ Levine, Ch./ Hewer, A., 1983: Moral stages: a current formulation and a response to critics. Basel/ München/ Paris u.a.

Kohlberg, L./ Mayer, R., 1972: Development as the aim of education. In: Kohlberg 1987. S. 45-85

Kohlberg, L./ Scharf, P./ Hickey, J., 1972: Die Gerechtigkeitsstruktur im Gefängnis. Eine Theorie und Intervention. In: Portele 1978. S. 202-214

Kohlberg, L./ Wassermann, E./ Richardson, N., 1975: Die Gerechte Schul-Kooperative. Ihre Theorie und das Experiment der Cambridge Cluster School. In: Portele 1978. S. 215-259

Krappmann, L., 1969: Soziologische Dimensionen der Identität. Strukturelle Bedingungen für die Teilnahme an Interaktionsprozessen. Stuttgart 2000[9]

Krappmann, L, 1991: Sozialisation in der Gruppe der Gleichaltrigen. In: Hurrelmann/Ulich 1991. S. 355-375

Krappmann, L, 1993: Bedrohung des kindlichen Selbst in der Sozialwelt der Gleichaltrigen. Beobachtungen zwölfjähriger Kinder in natürlicher Umgebung. In: Edelstein/ Nunner-Winkler/ Noam 1993. S. 335-362

Krappmann, L, 1996: Streit, Aushandlungen und Freundschaften unter Kindern. Überlegungen zum Verhältnis von universellen und soziokulturellen Bedingungen des Aufwachsens in der Kinderwelt. In: Honig/ Leu/ Nissen 1996. S. 99-116

Krappmann, L, 1997: Die Identitätsproblematik nach Erikson aus einer interaktionistischen Sicht. In: Keupp, H./ Höfer, R. (Hg.): Identitätsarbeit heute. Klassische und aktuelle Perspektiven der Identitätsforschung. Frankfurt a.M. S. 66-92

Krappmann, L, 2000: Über die wechselseitige Anregung von Sozialisationsforschung und Entwicklungspsychologie. In: Grundmann/Lüscher 2000. S. 121-135

Krappmann, L, 2001: Die Sozialwelt der Kinder und ihre Moralentwicklung. In: Edelstein/ Oser/ Schuster 2001. S. 155-174

Krappmann, L, Oswald, H., 1995: Alltag der Schulkinder. Beobachtungen und Analysen von Interaktionen und Sozialbeziehungen. Weinheim

Krewer, B./ Eckensberger, L., 1991: Selbstentwicklung und kulturelle Identität. In: Hurrelmann/ Ulich 1991. S. 573-594

Krüger, H.-H./ Marotzki, W. (Hg.) 1999: Handbuch erziehungswissenschaftliche Biografieforschung. Opladen 1999

Kuhmerker, L./ Gielen, U./ Hayes, R. L., 1991 (dt. 1996): Lawrence Kohlberg. Seine Bedeutung für die pädagogische und psychologische Praxis. München

Kurtines, W.M./ Gewirtz, J.L. (Eds.) 1984: Morality, moral behavior, and moral development. New York

Kurtines, W.M./ Gewirtz, J.L. (Eds.) 1987: Moral development through social interaction. New York

Kurtines, W.M./ Gewirtz, J.L. (Eds.) 1991: Handbook of moral behavior and development. Vol. 1: Theory. Vol. 2: Research. Vol. 3: Application. Hillsdale N.J.

Leu, H.R./ Krappmann, L. (Hg.) 1999: Zwischen Autonomie und Verbundenheit. Bedingungen und Formen der Behauptung von Subjektivität, Frankfurt a.M.

Mead, G.H., 1973: Geist, Identität und Gesellschaft. Frankfurt a.M.

Mead, G.H., 1980: Gesammelte Aufsätze. Bd. 1., Frankfurt a.M.

Miller, M., 1980: Sprachliche Sozialisation. In: Hurrelmann/Ulich 1980. S. 649-668

Miller, M., 1986: Kollektive Lernprozesse. Studien zur Grundlegung einer soziologischen Lerntheorie. Frankfurt a.M.

Miller, M./ Weissenborn, J., 1991: Sprachliche Sozialisation. In: Hurrelmann/ Ulich 1991. S. 531-549

Montada, L., 1993: Moralische Gefühle. In: Edelstein/ Nunner-Winkler/ Noam 1993. S. 259-277

Montada, L., 1995: Moralische Entwicklung und moralische Sozialisation. In: Oerter, R./ Montada, L. (Hg.): Entwicklungspsychologie. München/Weinheim. 3. Auflage. S. 862-894

Müller, H.-P., 1986: Gesellschaft, Moral und Individualismus. Émile Durkheims Moraltheorie. In: Bertram 1986. S. 71-105

Nakkula, M./ Selman, R., 1991: How people ›treat‹ each other: pair therapy as a context for the development of interpersonal ethics. In: Kurtines/ Gewirtz 1991. Vol. 3. S. 179-211
Noam, G., 1986: Stufe, Phase und Stil: Die Entwicklungsdynamik des Selbst. In: Oser/ Fatke/ Höffe 1986. S. 151-191
Noam, G., 1993: Selbst, Moral und Lebensgeschichte. In: Edelstein/ Nunner-Winkler 1993. S. 171-199
Noam, G., 1999: Moralisches Verhalten: Brauchen wir ein Selbst? In: Garz/ Oser/ Althof 1999. S. 340-376
Noam, G./ Kohlberg, L./ Snarey, J., 1983: Steps toward a model of the self. In: Lee, B./ Noam, G. (Eds.): Developmental approaches to the self. New York. S. 59-141
Noam, G./ Röper, G., 1999: Auf dem Weg zu entwicklungspsychologisch differenziellen Interventionen. In: Oerter u.a. 1999. S. 478-511
Nunner-Winkler, G., 1989: Wissen und Wollen. Ein Beitrag zur frühkindlichen Moralentwicklung. In: Honneth, A. u.a. (Hg.): Zwischenbetrachtungen. Im Prozess der Aufklärung. FS Jürgen Habermas. Frankfurt a.M. S. 574-600
Nunner-Winkler, G., 1991a: Gibt es eine weibliche Moral? In: Nunner-Winkler 1991b. S. 147-161
Nunner-Winkler, G., 1992a: Zur moralischen Sozialisation. In: KZSS 44. S. 252-272
Nunner-Winkler, G., 1992b: Zur frühkindlichen Moralentwicklung. In: Oser/Althof 1992. S. 193-196
Nunner-Winkler, G., 1993: Die Entwicklung moralischer Motivation. In: Edelstein/Nunner-Winkler/Noam 1993. S. 278-303
Nunner-Winkler, G., 1996: Moralisches Wissen – moralische Motivation – moralisches Handeln. Entwicklungen in der Kindheit. In: Honig/Leu/Nissen. S. 129-157
Nunner-Winkler, G., 1998a: Zum Verständnis von Moral – Entwicklungen in der Kindheit. In: Weinert 1998. S. 133-152
Nunner-Winkler, G., 1998b: Der Mythos von den zwei Moralen. In: Horster 1998. S. 73-98
Nunner-Winkler, G., 1999a: Moralische Motivation und moralische Identität. In: Garz/ Oser/ Althof 1999. S. 314-339
Nunner-Winkler, G., 1999b: Empathie, Scham und Schuld. Zur moralischen Bedeutung von Emotionen. In: Grundmann 1999b. S. 149-179
Nunner-Winkler, G., 1999c: Sozialisationsbedingungen moralischer Motivation. In: Leu/ Krappmann 1999. S. 299-329
Nunner-Winkler, G./ Edelstein, W., 1993: Einleitung. In: Edelstein/ Nunner-Winkler/ Noam 1993. S. 7-30
Nunner-Winkler, G./ Sodian, 1988: Children's understanding of moral emotions. In: Child Development 59. S. 1323-1338
Nunner-Winkler, G. (Hg.) 1991b: Weibliche Moral. Die Kontroverse um eine geschlechtsspezifische Ethik. Frankfurt a.M./New York
Oerter, R./ Noam, G. (1999): Der konstruktivistische Ansatz. In: Oerter u.a. 1999. S. 45-78
Oerter, R./ von Hagen, C./ Röper, G./ Noam, G. (Hg.) (1999): Klinische Entwicklungspsychologie. Weinheim
Oevermann, U., 1972a: Sprache und soziale Herkunft. Frankfurt a.M. (2. Auflage)
Oevermann, U., 1972b: Rollenstruktur der Familie und ihre Implikationen für die kognitive Entwicklung von Kindern. In: Szell, G. (Hg.): Privilegierung und Nichtprivilegierung im Bildungssystem. München 1972. S. 64-89
Oevermann, U., 1973: Die Architektonik von Kompetenztheorien und ihre Bedeutung für eine Theorie der Bildungsprozesse. MS Berlin
Oevermann, U., 1973/2001: Zur Analyse der Struktur von sozialen Deutungsmustern. In: Sozialer Sinn. Zeitschrift für hermeneutische Sozialforschung 2 (2001). S. 3-33
Oevermann, U., 1974: Zur Programmatik einer Theorie der Bildungsprozesse. MS Berlin
Oevermann, U., 1975: Zur Integration der Freudschen Psychoanalyse in die Programmatik einer Theorie der Bildungsprozesse. MS Frankfurt a.M.

Oevermann, U., 1976: Programmatische Überlegungen zu einer Theorie der Bildungsprozesse und zur Strategie der Sozialisationsforschung. In: Hurrelmann, K. (Hg.): Sozialisation und Lebenslauf. Reinbek. S. 34-52

Oevermann, U., 1979: Ansätze zu einer soziologischen Sozialisationstheorie und ihre Konsequenzen für die allgemeine soziologische Analyse. In: Lüschen, G. (Hg.): Deutsche Soziologie seit 1945. KZSS Sonderheft 21. Opladen. S. 143-168

Oevermann, U., 1981: Fallrekonstruktion und Strukturgeneralisierung als Beitrag der objektiven Hermeneutik zur soziologisch-strukturtheoretischen Analyse. MS Frankfurt a.M.

Oevermann, U., 1983: Zur Sache. Die Bedeutung von Adornos methodologischem Selbstverständnis für die Begründung einer materialen soziologischen Strukturanalyse. In: von Friedeburg, L./ Habermas, J. (Hg.): Adorno-Konferenz 1983. Frankfurt a.M. S. 234-289

Oevermann, U., 1986: Kontroversen um sinnverstehende Soziologie. Einige wiederkehrende Probleme und Missverständnisse in der Rezeption der ›objektiven Hermeneutik‹. In: Aufenanger, S./ Lenssen, M. (Hg.): Handlung & Sinnstruktur. Bedeutung und Anwendung der objektiven Hermeneutik, München. S. 19-83

Oevermann, U., 1991: Genetischer Strukturalismus und das sozialwissenschaftliche Problem der Erklärung der Entstehung des Neuen. In: Müller-Doohm, S. (Hg.): Jenseits der Utopie. Theoriekritik der Gegenwart. Frankfurt a.M. S. 267-336

Oevermann, U., 1993: Die objektive Hermeneutik als unverzichtbare methodologische Grundlage für die Analyse von Subjektivität. Zugleich eine Kritik der Tiefenhermeneutik. In: Jung, Th./Müller-Doohm, S. (Hg.): ›Wirklichkeit‹ im Deutungsprozess. Verstehen und Methoden in den Kultur- und Sozialwissenschaften. Frankfurt a.M. S. 106-189

Oevermann, U., 1996: Theoretische Skizze einer revidierten Theorie professionalisierten Handelns. In: Combe/Helsper 1996. S. 70-182

Oevermann, U., 2000a: Der Stellenwert der ›peer-group‹ in Piagets Entwicklungstheorie. Ein Modell der Theorie der sozialen Konstitution der Ontogenese. In: Katzenbach, D./Steenbuck, O. (Hg..): Piaget und die Erziehungswissenschaft heute. Frankfurt a.M. S. 25-46

Oevermann, U., 2000b: Die Methode der Fallrekonstruktion in der Grundlagenforschung sowie der klinischen und pädagogischen Praxis. In: Kraimer, K. (Hg.): Die Fallrekonstruktion. Sinnverstehen in der sozialwissenschaftlichen Forschung. Frankfurt a.M. 2000. S. 58-156

Oevermann, U., 2001a: Die Struktur sozialer Deutungsmuster – Versuch einer Aktualisierung. In: Sozialer Sinn. Zeitschrift für hermeneutische Sozialforschung 2. S. 35-81

Oevermann, U., 2001b: Kommentar zu Christine Plaß und Michael Schetsche: ›Grundzüge einer wissenssoziologischen Theorie sozialer Deutungsmuster‹. In: Sozialer Sinn. Zeitschrift für hermeneutische Sozialforschung 2. S. 537-546

Oevermann, U./ Allert, T./ Gripp, H./ Konau, E./ Krambeck, J./ Schütze, Y., 1976a: Beobachtungen zur Struktur der sozialisatorischen Interaktion. Theoretische und methodologische Fragen der Sozialisationsforschung. In: Auwärter, M./Kirsch, E./Schröter, K. (Hg.): Seminar: Kommunikation, Interaktion, Identität. Frankfurt a.M. S. 371-403

Oevermann, U./ Allert, T./ Konau, E./ Krambeck, J., 1979: Die Methodologie einer ›objektiven Hermeneutik‹ und ihre allgemeine forschungslogische Bedeutung in den Sozialwissenschaften. In: Soeffner, H.G. (Hg.): Interpretative Verfahren in den Sozial- und Textwissenschaften. Stuttgart. S. 352-434

Oevermann, U./ Kieper, M./ Rothe-Bosse, S./ Schmidt, M./ Wienskowski, P., 1976b: Die sozialstrukturelle Einbettung von Sozialisationsprozessen: Empirische Ergebnisse zur Ausdifferenzierung des globalen Zusammenhangs von Schichtzugehörigkeit und gemessener Intelligenz sowie Schulerfolg. In: ZfS 5. S. 167-199

Oevermann, U./ Krappmann, L./ Kreppner, K., 1973: Bemerkungen zur Diskussion der so genannten ›Kode‹-Theorie. In: Linguistische Berichte 23. S. 59-69

Oser, F./ Althof, W., 1992: Moralische Selbstbestimmung. Modelle der Entwicklung und Erziehung im Wertebereich. Stuttgart

Oser, F./ Althof, W./ Garz, D. (Hg.) 1986: Moralische Zugänge zum Menschen – Zugänge zum moralischen Menschen. München

Oser, F./ Fatke, R./ Höffe, O. (Hg.) 1986: Transformation und Entwicklung. Grundlagen der Moralerziehung. Frankfurt a.M.
Piaget, J., 1932: Das moralische Urteil beim Kinde. München 1986
Piaget, J., 1947: Die moralische Entwicklung von Jugendlichen in primitiven und ›modernen‹ Gesellschaften. In: Bertram 1986. S. 118-124
Piaget, J., 1954 (dt. 1995): Intelligenz und Affektivität in der Entwicklung des Kindes. Frankfurt a.M.
Piaget, J., 1966: Notwendigkeit und Bedeutung der vergleichenden Forschung in der Entwicklungspsychologie. In: Schöfthaler/Goldschmidt 1984. S. 61-74
Piaget, J., 1968: Der Strukturalismus. Olten 1973
Piaget, J., 1970: Meine Theorie der geistigen Entwicklung. Frankfurt a.M. 1983
Piaget, J./ Inhelder, B., 1966: Die Psychologie des Kindes. München 1986
Portele, G. (Hg.) 1978: Sozialisation und Moral. Weinheim/Basel
Power, C., 1986: Demokratische und moralische Erziehung in einer großen öffentlichen High School. In: Oser/ Fatke/ Höffe 1986. S. 297-324
Power, C./ Higgins, A./ Kohlberg, L. (1989): Lawrence Kohlberg's approach to moral education. New York
Power, C./ Reimer, J., 1978 (dt. 1999): Die moralische Atmosphäre: Eine pädagogische Brücke zwischen moralischem Urteil und Handeln. In: Garz/ Oser/ Althof 1999. S. 293-313
Rest, J.R., 1983: Morality. In: Flavell, J.H./Markman, E.M. (Eds.): Cognitive Development (=Mussen, P.H. (Ed.): Manual of Child Psychology. Vol. 3). New York. S. 556-629
Rest, J.R., 1984: The major components of morality. In: Kurtines/Gewirtz 1984. S. 24-38
Rest, J.R., 1986: Ein interdisziplinärer Ansatz zur Moralerziehung und ein Vierkomponenten-Modell der Entstehung moralischer Handlungen. In: Oser/Althof/Garz 1986. S. 20-41
Rest, J.R., 1999: Die Rolle des moralischen Urteilens im moralischen Handeln. In: Garz/ Oser/ Althof 1999. S. 82-116
Reuss, S./ Becker, G., 1996: Evaluation des Ansatzes von Lawrence Kohlberg zur Entwicklung und Messung moralischen Urteilens. Immanente Kritik und Weiterentwicklung. Max-Planck-Institut für Bildungsforschung. Berlin
Röper, G./ Noam, G., 1999: Entwicklungsdiagnostik in klinisch-psychologischer Therapie und Forschung. In: Oerter u.a. 1999. S. 240-269
Schöfthaler, T./ Goldschmidt, D. (Hg.) 1984: Soziale Struktur und Vernunft. Jean Piagets Modell entwickelten Denkens in der Diskussion kulturvergleichender Forschung. Frankfurt a.M.
Schütze, F., 1992: Sozialarbeit als ›bescheidene‹ Profession. In: Dewe, B./ Ferchhoff, W./ Radtke, F.-O.: Erziehen als Profession. Zur Logik professionellen Handelns in pädagogischen Feldern. Opladen. S. 132-170
Schütze, F., 1996: Organisationszwänge und hoheitsstaatliche Rahmenbedingungen im Sozialwesen: Ihre Auswirkung auf die Paradoxien des professionellen Handelns. In: Combe/ Helsper 1996. S. 183-275
Seiler, Th.B., 1980: Entwicklungstheorien in der Sozialisationsforschung. In: Hurrelmann/ Ulich 1980. S. 101-121
Seiler, Th.B., 1991: Entwicklung und Sozialisation: Eine strukturgenetische Sichtweise. In: Hurrelmann/ Ulich 1991. S. 99-119
Seiler, Th.B., 1994: Ist Jean Piagets strukturgenetische Erklärung des Denkens eine konstruktivistische Theorie? In: Rusch, G./ Schmidt, S.J. (Hg.): Piaget und der Radikale Konstruktivismus. DELFIN 1994. Frankfurt/M. S. 43-102
Seiler, Th.B./ Wannemacher, W., 1987: Begriffs- und Bedeutungsentwicklung. In: Oerter, R./ Montada, L. (Hg.): Entwicklungspsychologie. Weinheim. 2. Auflage. S. 463-505
Selman, R., 1976 (dt. 1982): Sozial-kognitives Verständnis: Ein Weg zu pädagogischer und klinischer Praxis. In: Geulen 1982. S. 223-256
Selman, R., 1979: Assessing interpersonal understanding: An interview and scoring manual in five parts constructed by Harvard-Judge-Baker Social Reasoning Project. Harvard
Selman, R., 1980 (dt. 1984): Die Entwicklung des sozialen Verstehens. Frankfurt a.M.

Selman, R., 1984: Interpersonale Verhandlungen. Eine entwicklungstheoretische Studie. In: Edelstein/Habermas 1984. S. 113-166

Selman, R./ Beardslee, W./ Hickey-Schultz, L./ Krupa, M./ Podorefsky, D., 1986: Assessing adolescent interpersonal negotiation strategies: Toward the integration of structural and functional models. In: Developmental Psychology 22. S. 450-459

Selman, R./ Lavin, D.R./ Brion-Meisels, S., 1982: Entwicklung der Fähigkeit zur Selbstreflexion bei Kindern: Forschungen zum reflexiven Verstehen und die Untersuchung praktischer Verständnisleistungen verhaltensgestörter Kinder. In: Edelstein/ Keller 1982. S. 375-421

Selman, R./ Yeates, K.O., 1987: Childhood social regulation of intimacy and autonomy: a developmental-constructionist perspective. In: Kurtines/Gewirtz 1987. S. 43-101

Snarey, J./ Kohlberg, L./ Noam, G., 1983: Ego development. In: Developmental Review 3. S. 303-338

Stark, W./ Fitzner, Th./ Giebeler, K./ Schubert, Ch. (Hg.) 1996: Moralisches Lernen in Schule, Betrieb und Gesellschaft. Bad Boll

Strauss, A., 1991: Grundlagen qualitativer Sozialforschung. Datenanalyse und Theoriebildung in der empirischen soziologischen Forschung. München

Strauss, A./ Corbin, J. (1996): Grounded Theory: Grundlagen qualitativer Sozialforschung. Weinheim

Sutter, H., 1991a: Thesen zur objektiv- hermeneutischen Rekonstruktion sozio-historischer Konstitutionsbedingungen von Prozessen der Moralentwicklung des Subjekts. MS Heidelberg. 2. überarbeitete Fassung 1993. 21 S.

Sutter, H., 1991b: Zur Rekonstruktion von Besonderungsformen sozialer Kooperation und deren Konstitutionsbedingungen am Beispiel einer Klassengesprächssequenz. Ein Analysemodell. MS Heidelberg. 2. überarbeitete Fassung 1993. 92 S.

Sutter, H., 1991c: Die Strategie der minimalen Verbalisierung des Sach- und Handlungsbezuges als Typus sozialer Kooperation und deren potenzielle Bildungswirksamkeit am Beispiel einer Mathematikstunde. MS Heidelberg. 2. überarbeitete Fassung 1993. 105 S.

Sutter, H., 1994: Oevermanns methodologische Grundlegung rekonstruktiver Sozialwissenschaften. Das zentrale Erklärungsproblem und dessen Lösung in den forschungspraktischen Verfahren einer strukturalen Hermeneutik. In: Garz/ Kraimer 1994. S. 23-72

Sutter, H., 1996: Demokratieerziehung und Moralentwicklung. Kohlbergs Just-Community-Modell unter den Bedingungen des Jugendstrafvollzugs. In: Stark u.a. 1996. S. 168-183

Sutter, H., 1997a: Bildungsprozesse des Subjekts. Eine Rekonstruktion von Oevermanns Theorie und Forschungsprogramm. Diss. Heidelberg 1995. Opladen

Sutter, H., 1997b: Moralentwicklung im Spannungsfeld von Demokratie und sozialer Kontrolle. Zur Rekonstruktion sozial-kognitiver und sozio-moralischer Lernprozesse im Rahmen eines demokratisch geregelten Vollzugs. Vortrag: Empirie-AG der DGfE-Sektion Sozialpädagogik. Bielefeld

Sutter, H., 1998: Soziale Konstruktion und Konstitution sozio-moralischer Lern- und Entwicklungsprozesse. Perspektiven einer soziologisch-strukturtheoretischen Kritik an Kohlbergs kognitionszentrierter Entwicklungspsychologie. Vortrag: Empirie-AG der DGfE-Sektion Sozialpädagogik. Bielefeld

Sutter, H., 2000: Demokratische Partizipation im Strafvollzug. Erscheint in: Dünkel, F./Walter, J. (Hg.): Jugendstrafvollzug am Ende des 20. und zu Beginn des 21. Jahrhunderts. In: Schriften zu Strafvollzug, Jugendstrafrecht und zur Kriminologie. Herausgegeben von Frieder Dünkel. Bonn

Sutter, H., 2001: Die sozialisatorische Relevanz des Alltäglichen in einem demokratisierten Vollzug. In: Schweppe, C. (Hg.): Qualitative Forschung in der Sozialpädagogik. Opladen (im Druck)

Sutter, H., (i.V.): Demokratische Partizipation als Entwicklungschance. Sozio-moralische Lern- und Entwicklungsprozesse in einem demokratisierten Jugendstrafvollzug

Sutter, H./ Baader, M./ Weyers, S., 1998: Die ›Demokratische Gemeinschaft‹ als Ort sozialen und moralischen Lernens. In: neue praxis 28. S. 383-400

Turiel, E., 1982: Die Entwicklung sozial-konventionaler und moralischer Konzepte. In: Edelstein/ Keller 1982. S. 146-187
Turiel, E., 1983: The development of social knowledge. Morality and convention. Cambridge
Turiel, E., 1998: The development of morality. In: W. Damon (Hg.): Handbook of child psychology: Vol. 3. New York. S. 863-932
Turiel, E./ Smetana, J.G., 1986: Soziales Wissen und Handeln: Die Koordination von Bereichen. In: Oser/ Althof/ Garz 1986. S. 108-135
Wagner, H.J., 1993: Strukturen des Subjekts. Eine Studie im Anschluss an George Herbert Mead. Opladen
Walker, L.J., 1991: Sex differences in moral reasoning. In: Kurtines/ Gewirtz 1991. Vol. 2. S. 333-364
Weinert, F.E. (Hg.) 1998: Entwicklung im Kindesalter. Weinheim
Weyers, S., 2001: Delinquenz, soziale Herkunft, Bildung und Moral. Eine Studie zur moralischen Entwicklung straffälliger Jugendlicher. MS Heidelberg. Erscheint in: neue praxis
Youniss, J., 1994: Soziale Konstruktion und psychische Entwicklung. Frankfurt a.M.

Forschungsessay

ALBERT SCHERR

Methodologische Perspektiven einer strukturtheoretisch fundierten sinnverstehenden Jugendforschung

Mit der gut begründeten, durch zahlreiche empirische Daten, etwa der repräsentativen Jugendforschung, der Bildungsforschung, der Arbeitsmarktforschung und der amtlichen Kriminalstatistik belegbaren Annahme, dass es die Jugend als eine homogene soziale Gruppe nicht gibt, sondern sozial ungleiche Jugend*en*, deren Verlauf durch ihre Position im Raum sozialer Klassen erheblich beeinflusst ist (s. etwa Silbereisen u. a., 1996: 57ff. und 331ff. sowie Gille/Krüger, 2000; Vester, 2000; Weidacher, 2000; vgl. Bourdieu, 1993), ist für eine qualitativ verfahrende Jugendforschung die Frage aufgeworfen, ob und wie sich die Strukturen sozialer Ungleichheit in den subjektiv-sinnhaften Lebenskonstruktionen Jugendlicher aufspüren lassen. Denn es ist, wie im folgenden zu zeigen sein wird, nicht hinreichend, Strukturen sozialer Ungleichheit nur als äußere Bedingungen zu fassen, die dem individuellen Erleben und Handeln als unhintergehbare soziale Tatsachen zugrunde liegen. Vielmehr ist eine Forschungsmethodologie erforderlich, die es erlaubt empirisch zu untersuchen, wie sich Strukturen sozialer Ungleichheit durch das subjektiv-sinnhafte Handeln hindurch reproduzieren.

Auf der Grundlage einer seit längerem abgeschlossenen empirischen Untersuchung, in der politische und berufsbiographische Orientierungen Jugendlicher als Bestandteil ihrer sozialen Identität als Auszubildende bzw. Studenten rekonstruiert wurden (s. Scherr, 1995), und inspiriert durch einige herausragende neuere Studien (s. Bohnsack, u.a. 1995; Dannenbeck, u.a. 1999; Eckert, u.a., 2000) wird im folgenden deshalb eine Forschungsmethodologie dargestellt, die es erlauben soll, die Erforschung des subjektiven Sinns von Handlungen und Äußerungen systematisch auf die Analyse sozialstruktureller Lebensbedingungen zu beziehen.

Dazu ist es erforderlich, auf methodologischer Ebene den Forschungsgegenstand einer qualitativen sozialwissenschaftlichen Jugendforschung zu bestimmen. Denn die sozialwissenschaftliche Grundannahme, dass soziale Wirklichkeit als ein »sinnhaft durch Kommunikation und Interaktion der Menschen konstituiertes Gebilde« (von Kardorff, 1991: 7) zu betrachten ist, reicht keineswegs aus, um die Forschungsperspektive *hinreichend* auszuweisen. Klärungsbedürftig ist vielmehr, wie eine sinnverstehende sozialwissenschaftliche Hermeneutik von einer Philosophie der Interpretation (s. dazu

Lenk 1991; 1993 und 1995) sowie von Methodologien des psychologischen und im engeren Sinne kulturwissenschaftlichen Sinnverstehens unterschieden werden kann[1].

1. Die Problemstellung einer strukturtheoretisch fundierten Hermeneutik

Gegenstand sinnverstehender Sozialforschung sind subjektive sinnhafte Handlungen, Interaktionen und Kommunikationen, die in sozialen Kontexten situiert sind (vgl. Esser, 1991 u. 1996). Sozialwissenschaftliche Forschung steht nun nicht nur vor der Aufgabe, den subjektiv gemeinten Sinn von Handlungen bzw. Mitteilungen zu verstehen, d. h. die intentionale Bedeutung von sprachlichen Äußerungen, Symbolen, Körperhaltungen etc. zu erschließen. Von einer genuin sozialwissenschaftlichen, im Unterschied zu einer im weiteren Sinn kulturwissenschaftlichen Hermeneutik, kann vielmehr erst dann gesprochen werden, wenn der subjektive Sinn in Relation zu den sozialen Kontexten gesetzt wird, in denen er situiert ist, wenn also ausgewiesen wird, wie das subjektiv sinnhafte Handeln durch gesellschaftliche Bedingungen strukturiert, d. h. beeinflusst, ermöglicht und begrenzt wird (vgl. Soeffner, 1989: 66ff. und 185ff.). Deutungen und Erklärungen können sich also nicht darauf beschränken, Äußerungen Jugendlicher, etwa jugendkulturelle Symbolwelten, bloß in ihrem inneren Sinnzusammenhang darzustellen und, wie Geertz (1987) fordert, möglichst »dichte Beschreibungen« hervorzubringen. Vielmehr steht eine sinnverstehende Jugendforschung vor der Aufgabe, solche Deutungen und Erklärungen hervorzubringen, die es erlauben zu erkennen, dass und wie das sinnhafte soziale Handeln auf den Handelnden selbst nicht vollständig bewusste gesellschaftliche Bedingungen, Voraussetzungen und Folgen ihres Handelns verweist (vgl. Giddens, 1988: 342ff.).[2]

Jeder Versuch, diesem Anspruch gerecht zu werden, wirft ersichtlich grundsätzliche theoretische und methodologische Probleme auf. Denn seit Webers grundlegender definitorischer Formulierung, dass Soziologie eine Wissenschaft sei, die soziales Handeln »deutend verstehen und dadurch in seinem Ablauf und seinen Wirkungen ursächlich erklären will« (Weber, 1972: 1), ist ein Anspruch an sozialwissenschaftliche Erklärungen etabliert, der zu anhaltenden und bislang unabgeschlossenen Auseinandersetzungen

---

[1] Darauf hat insbesondere Oevermann (s. etwa Oevermann, 1993) immer wieder hingewiesen.

[2] Die Annahme, dass »die Subjekte nicht über die ganze Bedeutung ihres Verhaltens als unmittelbares Datum ihres Bewußtseins verfügen« (Bourdieu, 1981: 12) bzw. dass die subjektive Definition der Situation objektiviert fundiert ist (Esser, 1996: 3), begründet überhaupt erst die Möglichkeit einer sinnverstehenden Soziologie, die mehr ist als eine bloße »Nachvollzugshermeneutik« subjektiven Sinns.

geführt hat: Soziales Handeln kann demnach weder als ein bloßer Effekt äußerer, etwa ökonomischer, kultureller oder politischer Handlungsbedingungen noch als Ausdruck innerpsychischer Dispositionen hinreichend verstanden und erklärt werden. Als subjektiv-sinnhaftes Handeln, in seinem Verlauf nicht determiniertes und notwendig kreatives Handeln (s. Joas, 1992) ist es nur dann verstehbar, wenn die Intentionen, Motive und Gründe der Handelnden selbst als Faktoren in Rechnung gestellt werden, die dem Handeln zugrunde liegen. Eine an Weber anschließende sinnverstehende Sozialforschung steht so betrachtet in einem Gegensatz zu allen Varianten strukturalistischer und funktionalistischer Erklärungen, die den subjektiven Handlungssinn als kontingentes Element sozialer Prozesse betrachten (s. Giddens, 1988). Angenommen wird vielmehr, dass die »subjektive Definition der Situation ein Vorgang (ist), den jede erklärende Handlungstheorie berücksichtigen muss« (Esser, 1996: 31). *Soziologie als eigenständige sinnverstehende Wissenschaft wäre nun jedoch überflüssig, wenn subjektive Handlungsmotive und Gründe, wie sie als Begründungen und Rechtfertigungen von den Handelnden formuliert bzw. ihnen begründet zugeschrieben werden können, eine hinreichende Grundlage für das Verstehen und Erklärungen böten*[3]. Alle Varianten sinnverstehender Soziologie gehen vielmehr davon aus, dass die komplexen Handlungsursachen und Handlungsfolgen den Handelnden selbst weder vollständig bewusst sind, noch sich in der Reichweite ihrer Gestaltungsmöglichkeiten befinden. Soziales Handeln setzt demnach eine »vorgängige, auf individuelle Handlungen nicht reduzierbare Sozialität« (Joas, 1992: 278) voraus, die dieses Handeln Giddens (1988) zufolge im doppelten Sinne des Begriffs »strukturiert«: Sozialität stellt Bedingungen, Regeln und Ressourcen zur Verfügung, die es erst ermöglichen, die aber zugleich den Spielraum möglichen Handelns begrenzen.

In Giddens (1988) Theorie der Strukturierung werden soziale Handlungen vor diesem Hintergrund als rekursive Praktiken (ebd.: 52ff.) betrachtet, die soziale Strukturen, Regeln und Ressourcen voraussetzen, die ihrerseits durch diese Praktiken reproduziert und transformiert sowie letztlich durch Handlungen hervorgebracht werden. Damit bietet die Theorie der Strukturierung den entscheidenden Vorteil, zur Überwindung dichotomischer Sozialtheorien beizutragen, die auf die »traditionelle Zwickmühle der Soziologie: hier Individuum – dort Gesellschaft« (Elias, 1995: 77) hinauslaufen. Elias (ebd.) geht dagegen von einem Verständnis sozialen Handelns als in umfassende »Figurationen« eingebetteter Praxis aus. Dies zwingt dazu – wie insbesondere Luhmann (1995) gezeigt hat – die Wahrnehmung von sozialen Er-

---

[3] Scott und Lyman (1976) haben darauf aufmerksam gemacht, dass »praktische Erklärungen«, mit denen Individuen ihr Handeln begründen und rechtfertigen, sozialwissenschaftlich von den Motiven unterschieden werden müssen, die dem Handeln zugrunde lagen.

eignissen als Handlungen von Individuen selbst soziologisch als eine bestimmte soziale Praxis zu analysieren[4].

Eine sinnverstehende Sozialforschung ist vor diesem Hintergrund aufgefordert, soziale Strukturen gerade nicht nur als »äußere« Bedingungen des sinnhaften Handelns zu untersuchen, sondern die situative Hervorbringung des subjektiven Handlungssinns selbst als eine genuin soziale Praxis zu betrachten. Der subjektive Handlungssinn ist demnach dem Handeln selbst weder logisch noch zeitlich vorausgesetzt, sondern resultiert aus der Auseinandersetzung mit situativen Handlungsaufforderungen und Handlungszwängen (s. Joas, 1992). Giesen (1991: 129ff.) hat nachdrücklich darauf hingewiesen, dass diese, insbesondere im Kontext der Phänomenologie, der Ethnomethodologie und der Konversationsanalyse weiter ausgearbeiteten Überlegungen zu einer Revision tradierter soziologischer Denkkonventionen zwingen. Weder das intentional handelnde Subjekt noch eine stabile soziale Ordnung können als Bezugspunkte soziologischen Sinnverstehens vorausgesetzt werden. An ihre Stelle tritt die Vorstellung einer prozesshaften, durch das Handeln in Situationen hervorgebrachten sinnhaften sozialen Realität: »In diesem Prozess kann ... das intentional handelnde Subjekt nicht mehr als ein fester Ausgangspunkt betrachtet werden.« Der subjektive Handlungssinn und die Einheit der Situation werden selbst »durch den Prozess ihrer handlungspraktischen Bewältigung, durch die fragile Synthese ihrer sozialen Konstruktionen, durch den gemeinsamen Bezug auf sie hergestellt« (ebd.: 137f.).

Sozialwissenschaftliches Sinnverstehen besteht so betrachtet darin, aufzuzeigen, wie der subjektive Handlungssinn in Situationen hervorgebracht wird, also einen Prozess verstehend nachzuvollziehen, in dem soziale Akteure durch Definitions- und Aushandlungsprozesse eine für sie bedeutungsvolle und sinnhafte soziale Wirklichkeit erzeugen, innerhalb der sie als Individuen handeln. Dies heißt nun aber gerade nicht, dass von der Annahme auszugehen sei, dass solche Prozesse quasi beliebig gestaltbar wären. Sie finden vielmehr unter jeweils spezifischen Voraussetzungen statt. Marx paraphrasierend schreibt Esser (1996: 32): »Die Menschen definieren ihre Situation selbst, aber sie tun dies ... nicht unter selbstgewählten, sondern unter vorgefundenen ... Umständen«. Bestandteil dieser vorgefundenen Umstände ist die begrenzte und sozial ungleich verteilte Verfügbarkeit materieller, sozialer und kultureller Ressourcen, sind solche Regeln, deren Geltung durch Macht und Herrschaft durchgesetzt wird sowie kulturelle Regeln und Bedeutungs-

4 Luhmann bearbeitet das Problem der Verbindung strukturtheoretischer mit handlungstheoretischen Aussagen auf der Grundlage eines erweiterten und umfassenden Sinnbegriffs; dieser Sinnbegriff soll es ermöglichen, »makrosoziale« und »mikrosoziale« Prozesse, also Funktionssysteme, Organisationen und Interaktionen, als sinnstrukturierte zu betrachten. Darauf kann hier nicht weiter eingegangen werden (s. Scherr, 1994).

systeme, innerhalb derer die Individuen agieren, ohne notwendig über ein Bewusstsein dieser Regeln zu verfügen.

Damit wird deutlich, dass der Anspruch einer sinnverstehenden sozialwissenschaftlichen Forschung zwar dazu zwingt, Varianten deterministischer und funktionalistischer Erklärungen aufzugeben, die nicht ausweisen, wie sich soziale Prozesse durch das sinnhafte Handeln von Individuen hindurch realisieren. *Der Anspruch sinnverstehender Forschung führt jedoch nicht notwendig dazu, dass an die Stelle einer strukturtheoretisch fundierten Soziologie und Erziehungswissenschaft, die um die Wirkungen ökonomischer, politischer, sozialer und kultureller Strukturen auf das Handeln und Erleben von Individuen und sozialen Gruppen weiß, ein quasi strukturblindes Verstehen subjektiven Sinns tritt, das von der zweifellos unplausiblen Vorstellung ausgeht, die Individuen seien freie Konstrukteure ihrer Wirklichkeit.* Forschungsgegenstand einer sinnverstehenden Sozialforschung ist vielmehr die soziale Hervorbringung subjektiv-sinnhaften Handelns durch Akteure in Situationen, wobei sowohl die objektiven Rahmenbedingungen der jeweiligen Situation als auch die Regeln und Bedeutungen,[5] mit deren Hilfe Individuen sinnhaft handeln, als konstitutive soziale Bedingungen des Handelns betrachtet werden müssen.

2. Konsequenzen für die Methodologie sinnverstehender Jugendforschung

Diese – hier nur knapp skizzierten – grundlagentheoretischen Überlegungen sind für die Fragen nach dem Gegenstand und nach den angemessenen Erklärungsstrategien einer sinnverstehenden Jugendforschung außerordentlich folgenreich. Denn Jugendforschung beschränkt sich bekanntlich nicht darauf, objektive gesellschaftliche Rahmenbedingungen des Heranwachsens informiert zu beschreiben oder die in die Struktur moderner Gesellschaften eingelassenen widersprüchlichen Formen der Vergesellschaftung Heranwachsender zu analysieren (so etwa bei Hornstein, 1990). Vielmehr wird durchaus der Anspruch erhoben, ungewöhnliche und irritierende, d. h. im Rahmen des Alltagswissens nicht hinreichend verständliche Handlungsweisen Jugendlicher verständlich und erklärbar zu machen. Als anwendungsorientierte Forschung (s. Bommes/ Klingemann/ Köhler/ Scherr, 1991) formuliert Jugendforschung

---

[5] Während Sozialphänomenologie und Symbolischer Interaktionismus vom Bedeutungsbegriff ausgehen, plädiert Oevermann für den Regelbegriff als Grundbegriff für eine Bestimmung des dem individuellen Handeln vorausgesetzten objektiven Sinns. Matthiesen (1994) schlägt, woran hier angeschlossen werden soll, eine forschungspragmatische Kombination beider Perspektiven vor. Soziale Systeme können als spezifische Bedeutungskomplexe gefasst werden, als »hochgradig generalisierte soziale Deutungsstrukturen« (Schimank 2001: 2).

darüber hinaus folgenreiche Empfehlungen, wie in den Kontexten von Politik und Pädagogik auf problematische Verhaltensweisen Jugendlicher zu reagieren sei.

2.1 Kritik der Konfundierung gesellschaftstheoretischer und mikrosoziologischer Erklärungen in der Jugendforschung

In gängigen quantitativen Jugendstudien (s. etwa Jugendwerk der deutschen Shell, 1992 und 1997; Silbereisen u. a., 1996) werden Daten über Aspekte der objektiven Lebensbedingungen Jugendlicher sowie Daten über individuelle Meinungen, Einstellungen, Verhaltensstile, ästhetische Vorlieben etc. mit dem Ziel der Erzeugung statistisch verallgemeinerbarer, repräsentativer Tatsachenfeststellungen erhoben. Problematisch ist es nun durchaus *nicht*, wenn auf dieser Grundlage Aussagen über die statistische Wahrscheinlichkeit des Auftretens von Meinungen, Einstellungen usw., die mit den Verfahren quantitativer Sozialforschung als sozialwissenschaftliche Tatbestände festgestellt wurden, bei nach sozialwissenschaftlichen Kriterien klassifizierten Teilpopulationen Jugendlicher (Alters- und Sozialgruppen) formuliert werden. So kann durchaus etwa begründet behauptet werden, dass die Wahrscheinlichkeit der Äußerung fremdenfeindlicher Aussagen in Interviews negativ mit dem formalen Bildungsniveau der Befragten korreliert (s. Scherr, 1996). Überaus problematisch, nämlich methodologisch illegitim ist es jedoch nicht nur, wenn statistische Korrelationen entgegen den gültigen Regeln empirischer Sozialforschung kausal interpretiert werden, sondern auch, wenn versucht wird, die damit etablierte Grenze der Möglichkeit sozialwissenschaftlicher Erklärungen zu überschreiten, indem statistische Korrelationen nicht direkt kausal interpretiert, sondern durch theoretische Brückenkonstrukte plausibilisiert werden. Gerade dies geschieht im Kontext der Jugendforschung aber immer dann, wenn makrosoziologisch diagnostizierte Strukturen und Prozesse direkt als Ursache des sinnhaften Handelns Jugendlicher beansprucht werden.

Ein prototypischer Fall solcher Ableitungen ist die Verwendung des Individualisierungstheorems im Kontext der neueren Jugendforschung, insbesondere im Kontext von Forschungsarbeiten über Jugend und Rechtsextremismus (s. Scherr, 1996). Wie Eckert u. a. (1996) gezeigt haben, wird damit ein »offenbar gegen Falsifikation immune(s) Theorem« (ebd.: 155) etabliert, das nicht nur vorliegenden Daten offenkundig widerspricht. Darüber hinaus wird der subjektive Sinn von sprachlichen und nichtsprachlichen Mitteilungen nicht anhand der diesbezüglichen Daten rekonstruiert, sondern aus makrosoziologischen Annahmen über Probleme, die aus Prozessen der Individualisierung tatsächlich oder vermeintlich für Jugendliche resultieren, deduziert. Damit aber werden makrosoziologische und mikrosoziologische Erklärungsebenen systematisch konfundiert (s. Winkler, 1996), nämlich makrosoziologische Phänomene als Motiv und Grund des individuellen Handelns behauptet. Analoge Erklärungsstrategien hat Bommes (1993) auch für Untersuchungen im Kontext der Forschung über jugendliche Migranten nachgewiesen, Messerschmidt (1993) für Studien über die Ursachen von Jugendkriminalität. Obwohl es nun methodologisch zweifellos unzulässig ist, aus sozialwissenschaftlichen Feststellungen über makrosoziale Phänomene Annahmen über die Motive und Gründe des Handelns Jugendlicher zu deduzieren, sind solche Argumentationen also verbreitet. Dies mag damit zusammenhängen, dass sie eine öffentliche Nachfrage nach repräsentativen und in quantifzierbaren Daten begründeten Aussagen über »die Jugend« befriedigen können, die immer dann auftritt, wenn so genannte Jugendprobleme öffentlich diskutiert werden. Gleichwohl legitimiert ein solcher öffentlicher Erfolg entsprechende Studien nicht als wissenschaftlich, d. h. den Kriterien wissenschaftlicher Erkenntnisgewinnung entsprechend.

2.2 Kritik der Ersetzung strukturtheoretischer Erklärungen durch psychologische Annahmen

Ebensowenig wie makrosoziologische Deduktionen kann ein Rekurs auf psychologische oder biologistische Annahmen ein soziologisches Verstehen des subjektiven Handlungssinns ersetzen. Denn es ist davon auszugehen, dass sinnhaftes soziales Handeln weder durch strukturierte soziale Bedingungen noch durch die psychischen Dispositionen der beteiligten Individuen determiniert ist. Insbesondere die neuere sozialpsychologische Forschung hat gezeigt, dass die kausale Rückführung situativen Handelns auf persönlichkeitsinterne Faktoren als ein fundamentaler Attributionsfehler des Alltagsbewusstseins gelten muss, in dem die Bedeutung der Situation systematisch unterschätzt wird (s. Hewstone & Augostinos, 1996). Die systemtheoretische, von Sinn als Grundbegriff ausgehende Soziologie Luhmann'scher Provenienz hat darüber hinaus überzeugend argumentiert, dass im Rahmen einer als Fachwissenschaft ausdifferenzierten sinnverstehenden Soziologie die Deutung sozialer Ereignisse als Handlungen von Individuen selbst als ein soziales Phänomen, als eine Zurechnung von Handlungsursachen analysiert werden muss (s. Fuchs, 1992: 16ff.; Luhmann, 1995). Ein genuin soziologisches Erklären und Verstehen von Handlungen ist deshalb darauf angewiesen, auf psychologische Erklärungen von Handlungsursachen und -gründen zu verzichten. Sofern diese argumentativ unverzichtbar sind, ist damit eine disziplinäre Grenze soziologischer Erklärungen markiert. Kritikbedürftig ist so betrachtet nicht generell die Verwendung psychologischer Theoreme im Kontext einer interdisziplinären Jugendforschung, sondern spezifisch eine Ersetzung soziologischer Untersuchungen sinnhaften Handelns durch psychologisches Wissen, die dazu führt, dass die Möglichkeiten soziologischen Sinnverstehens nicht ausgeschöpft werden.

Verdeutlichen lässt sich diese Problematik am Umgang der Jugendforschung mit der nicht ignorierbaren Tatsache, dass das Handeln und Erleben Jugendlicher in vielfältigen Dimensionen, insbesondere in Bereichen Aggressivität, Gewalt und Kriminalität, geschlechtsspezifisch ausgeprägt ist. Die – auch im internationalen Vergleich evidente – Tatsache, dass die Wahrscheinlichkeit gewaltförmigen und kriminalisierbaren Verhaltens weit überproportional in der Gruppe der »15 – 23 years old unmarried urban males« (Kersten, 1996: 381) auftritt, provoziert einen Bedarf nach Erklärungen, die dieser Geschlechtsspezifik Rechnung tragen. Diesbezüglich liegt es nun nahe, auf Annahmen über die vermeintlich organisch angelegte und/oder aber in Sozialisationsprozessen verinnerlichte sowie den konventionell gültigen Rollenerwartungen entsprechende Neigung männlicher Jugendlicher zu aggressiven und gewaltförmigen Verhaltensweisen zu rekurrieren (s. Böhnisch & Winter, 1993; Schäfers, 1994: 103ff.). »Männlichkeit« wird dann als eine in den Individuen angelegte Disposition (im Sinne von Triebstrukturen, verinnerlichten Rollenerwartungen etc.) verstanden, die Formen des sinnhaften sozialen Handelns ursächlich als Persönlichkeitseigenschaft zugrunde liegt.

Dagegen argumentieren Autoren, die dem Anspruch einer sinnverstehenden reflexiven Soziologie auch im Kontext der Erforschung geschlechtsspezifischer Phänomene gerecht zu werden versuchen (s. Carrigan & Connell & Lee, 1987; Connell, 1984 und, 1987; Messerschmidt, 1993), dass Formen des »typisch männlichen« Verhaltens Jugendlicher in sozialen Situationen gerade nicht dadurch verstanden werden können, dass sie auf situationsunabhängige Faktoren zurückgeführt werden. Vielmehr sei auszuweisen, wie die Anforderung, sich männlich zu verhalten, als soziale Erwartung in jeweiligen Situationen hervorgebracht wird, welche konkreten, situations- und milieuspezifischen Konzepte von Männlichkeit dabei zugrunde liegen und wie konkrete Jugendliche mit den situativen Anforderungen, Männlichkeit zu bewerkstelligen, d. h. sich für sich selbst und für andere als Mann darzustellen, umgehen. Gewaltförmiges Verhalten lässt sich so, wie Messerschmidt (1993) und Kersten (1993 u. 1996) gezeigt haben, als ein subjektiv sinnhafter Umgang mit situativen Verhaltenserwartungen verstehen, als »doing gender« vor dem Hintergrund einer gesellschafts- und milieuspezifischen Kultur legitimer Männlichkeit. Gewalt stellt sich so betrachtet nicht als quasi-natürlicher Ausdruck persönlichkeitsinterner männlicher Aggressivität, sondern als eine Ressource dar, mit der unter bestimmten Bedingung die Aufgabe, sich als Mann darzustellen, gelöst werden kann.

Damit wird exemplarisch deutlich, dass eine sozialwissenschaftliche Deutung sinnhaften Handelns, die auf psychologische Hilfsannahmen verzichtet, sondern die soziale Hervorbringung des subjektiven Handlungssinns durch Akteure in Situationen untersucht, keineswegs notwendig mit einer Begrenzung der Reichweite soziologischer Erklärungen einhergeht. Vielmehr können so noch Phänomene, die sich dem Alltagsbewusstsein als Ausdruck psychischer Faktoren darstellen, soziologisch produktiv als soziale Phänomene thematisiert werden. Der Anspruch einer »Entdinglichung des Sozialen« (Giesen, 1991), das heißt einer analytischen Rückführung sozialer Tatsachen auf die sozialen Prozesse, durch die sie hervorgebracht werden, lässt sich so vielmehr konsequent einlösen.

Über den hier gewählten Fall des Sinnverstehens geschlechtsspezifischen Verhaltens hinaus ist vor diesem Hintergrund die Beanspruchung psychologischen Wissens als Erklärungsgrundlage durch die Jugendforschung grundsätzlich zu problematisieren. Es ist erforderlich, genuin soziologische Interpretationen des Handelns Jugendlicher zu unterscheiden von dem Versuch, den Wissensbestand einer interdisziplinären Jugendforschung darzustellen, die mehr oder weniger systematisch und konsistent bzw. additiv soziologische und psychologische Aussagen akkumuliert (s. etwa Hurrelmann, 1994). Eine sinnverstehende soziologische Jugendforschung kann solche Integrationsbemühungen nicht ersetzen. Sie kann jedoch dazu beitragen, den Stellenwert psychologischer Theoreme, etwa der durchaus gängigen, aber innerhalb der Psychologie hoch umstrittenen psychoanalytischen Adoleszenztheorie dadurch zu vermindern, dass versucht wird, die Möglichkeiten soziologischer Erklärungen auszuschöpfen.

3. Sozialstruktur, objektivierter Sinn und subjektiver Handlungssinn

Die Schütz'sche Sozialphänomenologie versteht sich als kritische Fortführung des Weber zugeschriebenen Programms, dass alle sozialen Beziehungen und Gebilde auf das sinnhafte Handeln Einzelner zurückzuführen seien, da nur dieses sinnhaft verstehbar ist (Schütz & Luckmann, 1984a, 13). Während Weber in seinen Studien zur Religionssoziologie empirisch untersucht, welche Antriebe und Motive individuellen Handelns aus den religiösen Kulturwertideen hervorgehen (vgl. Hennis, 1996), richtet sich das Interesse der Sozialphänomenologie auf eine grundlagentheoretische Klärung des Sinnbegriffs mit dem Ziel, der sinnverstehenden Soziologie durch die Analyse subjektiver Konstitutionsleistungen erkenntnistheoretisch zu fundieren (vgl. Hitzler, 1988: 11ff.). In der Folge entwickelt Schütz die Sozialphänomenologie als eine »Protosoziologie« (Luckmann, 1993), die den Zusammenhang von Gesellschaftsstruktur, objektivierten Sinngebilden und subjektiven Konstitutionsleistungen zunächst ausklammert.

Gleichwohl stellt das individuelle Handeln in sozialphänomenologischer Perspektive ein Handeln von »immer schon« »vergesellschafteten Menschen« (Schütz & Luckmann, 1984, II, 96) dar, das lebensweltliches Hintergrundwissen, einen strukturierten gesellschaftlichen Wissensvorrat, sozial geteilte und sprachlich sedimentierte Typisierungen und Relevanzen voraussetzt. Das Ziel sozialphänomenologischer Forschung kann entsprechend darin gesehen werden, die Wissensbestände zu rekonstruieren, mit denen Individuen die Welt hervorbringen, in der sie auf der Grundlage von Deutungen und Bedeutungen handeln. Demnach besteht das »Ziel der soziologischen Interpretation darin, diese Bedeutungen klarer herauszuarbeiten und sie (kausal oder sonstwie) mit anderen Bedeutungen und Bedeutungssystemen in Beziehung zu setzen« (Berger & Kellner, 1984: 41). Eine sozialphänomenologische Forschung ist so darauf angewiesen, den subjektiven Handlungssinn zu rekonstruieren und herauszuarbeiten, welche kulturell objektivierten Bedeutungen ihm zugrunde liegen.

Die sozialphänomenologische Forderung, dass die vergesellschafteten Individuen als sinnhafte Konstrukteure ihrer Wirklichkeit zu betrachten seien, hat in der sozialwissenschaftlichen Diskussion zu weitreichenden Kontroversen geführt (s. etwa Ritsert, 1988: 93ff.). Hack (1977: 93) formuliert im Interesse der Entwicklung einer materialistisch fundierten Subjekttheorie den zentralen Einwand, dass die gesellschaftliche Wirklichkeit durch die »konkrete sinnlich-menschliche Tätigkeit« und »nicht erst durch Sprache« hervorgebracht wird. Soziale Wirklichkeit läßt sich demnach nicht auf sinnhafte Kommunikation reduzieren, sondern schließt die materielle Produktion und die sinnliche Lebenstätigkeit leiblicher Individuen ein[6]. Aber noch eine solche materialistische Kritik der Sozialphänomenologie gesteht zu: »Unerlässlich ist aber auch die konsequente Beibehaltung der phänomenologischen Perspektive: Nur eine Theorie, für die die Fragestellung konstitutiv ist, wie die gesellschaftliche Wirklichkeit auf die Menschen einwirkt, d. h. wie sie sich ihnen darstellt, hat einen wirklichen Schutz eingebaut/installiert, der sie davor bewahren kann ... , die (ohnehin) übermächtigen Prozesse der Vernachlässigung von Subjektivität mystifizierend zu verdoppeln ...« (Hack, 1977: 97).

Diese Kritik markiert eine im Rahmen eines sozialphänomenologischen Forschungsprogrammes nicht überschreitbare Grenze. Beobachtungsobjekte sind innerhalb dieses Rahmens Prozesse der sinnhaften Konstruktion sozialer Wirklichkeit (s. Berger & Luckmann, 1970). Schütz' Programm einer *Sozial*phänomenologie eröffnet gleichwohl eine genuin soziologische Forschungsperspektive, für die der Bezug auf Strukturen sozialer Ungleichheiten grundlegend ist. Denn Schütz nimmt nun durchaus nicht nur zur Kenntnis, dass der individuellen Weltkonstruktion kulturelle Objektivationen zugrunde liegen, die sozialisatorisch erworben werden. Explizit weist er auch darauf hin, dass »der Zugang sozial vortypisierter Mitglieder der Gesellschaft zum gesellschaftlichen Bestandteil an Kommunikationsmitteln« und die »Zugangschancen zur Sprache« sozial ungleich verteilt sind (Schütz & Luckmann, 1984: II, 210). Deutlich wird formuliert: »Die Sozialstruktur, sowohl als Wirkzusam-

[6] Darauf, dass Leiblichkeit ein zentrale Kategorie der Sozialphänomenologie darstellt, hat Matthiesen (1986) in seiner Kritik des Habermas'schen Lebensweltbegriffs hingewiesen.

menhang von Institutionen als auch als System gesellschaftlicher Ungleichheit von Lebenschancen und Lebensführung, bestimmt die Grundstruktur kommunikativer Situationen wie die Zugangschancen zum gesellschaftlichen Vorrat an Wissen und kommunikativen Mitteln« (ebd.: 211).

Damit sind zentrale Dimensionen einer möglichen Relationierung sinnverstehender und strukturtheoretischer Sozialforschung benannt: Sinnverstehende Soziologie hat erstens zu berücksichtigen, dass sinnhaftes Handeln ein Handeln von Individuen vor dem Hintergrund von Strukturen sozialer Ungleichheit ist, in denen den Einzelnen spezifische Lebenschancen und Formen der Lebensführung auferlegt sind. Solches Handeln findet zweitens innerhalb kommunikativer Situationen statt, die selbst durch Strukturen sozialer Ungleichheit strukturiert sind. Drittens sind das Hintergrundwissen und die kommunikativen Mittel, mit denen Individuen sinnhaft handeln, selbst deshalb sozial ungleich verteilt, weil ihre Zugangschancen zum gesellschaftlichen Wissensvorrat von ihren Positionen im Gefüge sozialer Ungleichheit abhängen.

Sozialphänomenologisches Sinnverstehen und soziologische Strukturtheorie lassen sich also innerhalb eines Forschungsprogrammes verbinden, das untersucht, wie das sinnhafte Handeln von Individuen durch die Position dieser Individuen innerhalb der Struktur sozialer Ungleichheit insofern bedingt und beeinflusst ist, wie das verfügbare Wissen der Individuen, ihre Relevanzen und Typisierungen auf eingenommene Positionen innerhalb der Struktur sozialer Ungleichheit verweist.

Damit ist die Forschungsperspektive einer strukturtheoretisch fundierten Hermeneutik jedoch noch nicht hinreichend bestimmt. Denn es geht hier nicht nur darum, das subjektiv-sinnhafte Handeln in seiner Bedeutung dadurch zu verstehen, dass »Methodologien einer handlungstheoretischen Soziologie ... in einem ... Typ der Rekonstruktion von objektivem Sinn« fundiert werden. Darüber hinaus ist, worauf v. a. Giddens (1988) und Bourdieu (1987) nachdrücklich hingewiesen haben, subjektiv-sinnhaftes Handeln als Praxis der Auseinandersetzung mit Strukturen sozialer Ungleichheit sowie mit Macht- und Herrschaftsverhältnissen zu untersuchen, die durch dieses Handeln reproduziert bzw. transformiert werden.

4. Subjektiver Sinn und begrenzte Bewusstheit

Die damit aufgeworfene Problemstellung kann exemplarisch anhand der von Willis (1977) vorgelegten Jugendstudie »Spaß am Widerstand« verdeutlicht werden. Diese Studie steht im Kontext des Forschungsprogrammes der »Cultural Studies« (s. Becker & Mc Call, 1990; vgl. Willis, 1990: 12ff.). Ausgangspunkt ist hier ein Kulturbegriff, der unter Kultur die »Landkarte« der innerhalb einer sozialen Gruppe geteilten Bedeutungen versteht, »welche die Dinge für ihre Mitglieder verstehbar machen« (Clarke u. a., 1981: 41). Kultur wird hier als eine eigenständige Ebene sozialer Wirklichkeit verstanden, wobei Kultur als eine »Praxis« gefasst wird, »welche das Gruppenleben in sinnvoller Form realisiert oder objektiviert« (ebd.). Gegenstand der Kulturanalyse ist so die lokale situierte Praxis sozialer Gruppen vor dem Hintergrund ihrer objektiven Lebensbedingungen und der in diese eingelassenen Widersprüche[7].

Willis geht es im Rahmen der erwähnten Untersuchung darum darzustellen, wie Arbeiterjugendliche in der Schule durch ein Handeln, das sich für sie selbst wesentlich als Auseinandersetzung mit den Zwängen des Schulalltags darstellt, dazu beitragen, dass sie auf berufliche Positionen verwiesen werden, die ihrer sozialen Herkunft entsprechen. Willis beobachtet im Rahmen seiner ethnographischen Studie, dass eine Gruppe von Arbeiterkindern durch ihr rebellisches Verhalten gegenüber den Anforderungen der Schule ihr Scheitern an den Leistungsmaßstäben der Schule erzeugt und ihre Mitglieder somit zu relativen Schulversagern werden, denen nach Beendigung der Schule aufgrund ihrer schlechten Zeugnisse nur Arbeitsplätze als manuelle Arbeitskräfte offen stehen. Dass sich dieses – objektiv betrachtet dysfunktionale und auch dieses Ergebnis nicht intentional anstrebende Verhalten – für die Handelnden selbst als subjektiv sinnhaft darstellt, ist Willis Analyse zufolge darin begründet, dass die Schüler die schulische Wirklichkeit vor dem Hintergrund eines spezifischen Systems kultureller Bedeutungen wahrnehmen, das ihr Handeln und Erleben »durchdringt« (ebd.: 184ff.). Ein zentrales Konstruktionselement ist hierbei die Bewertung körperlicher Arbeit als eigentliche, zur positiven Bestimmung der eigenen sozialen Identität als Mann geeignete Form menschlicher Tätigkeit: »Manuelle Arbeit wird mit der sozialen Überlegenheit des Männlichen assoziiert und geistige Arbeit mit der sozialen Unterlegenheit des Weiblichen.« (ebd.: 221, 218ff.). Dies schließt die Abwertung und Verachtung der in der Schule primär geforderten Leistungen ein. Indem diese Jugendlichen nun ihre Identität als männlicher Arbeiter gegen die Schule behaupten, verweigern sie in ihrer eigenen Sicht nichts anderes als die Preisgabe eines Kernbestandteils ihrer sozialen Identität. Gerade dadurch aber machen sie sich selbst zu Versagern innerhalb der Schule und reproduzieren ihrer soziale Stellung innerhalb der Struktur sozialer Ungleichheit. Ihre Widerständigkeit gegen die Anforderungen der Schule läßt sich so als eine Praxis der sozialen Selbstbehauptung interpretieren, deren paradoxes Resultat ihre Unterwerfung unter die Strukturen sozialer Ungleichheit des Arbeitsmarktes ist.

---

[7] Dass die gesellschaftlich-objektiven Lebensbedingungen von den Autoren des CCCS klassentheoretisch bestimmt werden, ist Grundlage einer in der bundesdeutschen Jugendforschung gängigen Kritik. Darauf, dass die Tragfähigkeit der Kulturanalysen jedoch nicht von einer klassentheoretischen Fundierung der Sozialstrukturanalyse abhängig ist, weist Bommes (1993: 61ff.) hin.

Der zentrale theoretische, von der Übertragbarkeit der empirischen Aussagen seiner Feldstudie weitgehend unabhängige Ertrag dieser Analyse liegt in dem Nachweis, dass der subjektive Handlungssinn selbst nur vor dem Hintergrund des Systems von Bedeutungen verständlich ist, die innerhalb einer sozialen Gruppe als Auseinandersetzung mit gruppentypischen Lebensbedingungen und Erfahrungen hervorgebracht und tradiert wurden (vgl. Giddens, 1988: 345ff.). Die Jugendlichen selbst nehmen konkrete Ereignisse auf der Grundlage von ihnen nur partiell bewussten Deutungsschemata wahr, aus den Regeln des situativ für sie angemessenen Handelns resultieren. Der subjektive Sinn ihres Handelns ist ein sozial artikulierter Sinn, d. h. er resultiert aus den innerhalb ihres Herkunftsmilieus gültigen Deutungen typischer Erfahrungen. Indem sie innerhalb dieses Bedeutungsrahmens sinnhaft handeln, tragen sie innerhalb des organisatorischen Kontextes der Schule dazu bei, die ihnen selbst nur begrenzt bewussten Strukturen sozialer Ungleichheit zu reproduzieren.

Willis Studie eröffnet also exemplarisch eine erweiterte Perspektive sinnverstehender Jugendforschung: Sinnverstehende Forschung ist nicht darauf beschränkt, den subjektiven Handlungssinn verstehend nachzuvollziehen. Vielmehr ist darüber hinaus zu untersuchen, welche unbeabsichtigten Konsequenzen daraus resultieren, dass das intentionale Handeln unter »Bedingungen begrenzter Bewusstheit« (Giddens, 1988: 349) erfolgt. Damit kann analysiert werden, wie dieses Handeln zur Reproduktion und Transformationen gesellschaftlicher Strukturen beiträgt, ohne dass – im Sinne eines funktionalistischen Fehlschlusses – die unbeabsichtigten Folgen des Handelns als Ursachen bzw. Motive betrachtet werden. Vielmehr wird die Diskrepanz zwischen dem subjektiven Handlungssinn und seiner faktischen Bedeutung dadurch verständlich, dass das intentionale Handeln als ein Handeln betrachtet wird, das sich innerhalb eines Bedeutungssystems vollzieht, dem innerhalb sozialer Gruppen tradierte Erfahrungen und Problemlösungsroutinen, aber eben keine umfassende wissenschaftliche Analyse optimaler Handlungsstrategien zugrunde liegt.

5. Gesellschaftliches Unbewusstes und sozialer Sinn

Konsequenter noch als Willis und Giddens thematisiert Bourdieu (1984 u. 1986) das begrenzte Bewusstsein sozialer Akteure als Element der Reproduktion von Strukturen sozialer Ungleichheit. Die Wahrnehmungs- und Bewertungsschemata, auf deren Grundlage Individuen und soziale Gruppen handeln, werden hier als Element eines Prozesses betrachtet, der auf »der unmittelbaren Abstimmung der subjektiven auf die objektiven Strukturen« (Bourdieu & Wacquant, 1996: 105) beruht. Ungleichheitsstrukturen und Machtbeziehungen werden demnach dadurch reproduziert, dass Individuen innerhalb dieser Strukturen und vor dem Hintergrund von Wahrnehmungsschemata agieren, auf deren Grundlage sich das objektiv erzwungene Verhalten als subjektiv intendiertes, der eigenen Person angemessenes darstellt. Bourdieu verdeutlicht diese Überlegung u. a. am Fall des Ausschlusses von Frauen aus der öffentlichen Sphäre: »Ich denke vor allem an jene Art gesellschaftlich erzeugter Agoraphobie, die dazu führt, dass sich die Frauen selber von der öffentlichen Wirksamkeit und aus den Abläufen ausschließen, aus denen sie ... auch real ausgeschlossen sind, vor allem im Bereich der offiziellen Politik.« (Bourdieu & Wacquant, 1996: 105). Angesprochen ist damit ein von Bourdieu (1984: 724ff.) auch als »Vorwegnahme der eigenen Grenzen« bezeichnetes Phänomen: Die subjektive Antizipation von Grenzen des eigenen Handelns, die in Konzipierungen der eigenen sozialen Identität und subjektiver Handlungskompetenzen begründet sind. Grundlage einer solchen Vorwegnahme ist Bourdieu zufolge ein »gesellschaftliches Unbewusstsein« (s. Wacquant, 1996: 79ff.), dem ein Sinn für die eigene Stellung im sozialen Raum zugrunde liegt (s. Bourdieu, 1985: 16ff.). Soziales Handeln beruht demnach auf einem mit Giddens (a. a. O.) als begrenztes Bewusstsein charakterisierbarem Wissen um die eigene soziale Position innerhalb der Strukturen sozialer Ungleichheit, dem als Habitus verinnerlichte Regeln über der eigenen Position angemessenes Handeln entsprechen. Im Fall der Entsprechung von objektiven und subjektiven Strukturen führt dies dazu, dass sich gerade diejenigen Handlungen subjektiv als möglich, legitim und angemessen darstellen, die zur Reproduktion der eigenen Stellung im sozialen Raum beitragen.

Im vorliegenden Kontext ist es nun nicht erforderlich, eine detaillierte Diskussion von Bourdieus Sozialtheorie vorzulegen. Relevant ist hier nur seine Kritik einer solchen phänomenologischen Soziologie, die auf eine strukturtheoretisch begründete Untersuchung der gesellschaftsgeschichtlichen Entstehung der Wahrnehmungsschemata sozialer Gruppen und ihrer Funktion für die Reproduktion sozialer Strukturen verzichtet. Bourdieu weist darauf hin, dass solche Wahrnehmungsschemata selbst Resultat sozialer Auseinandersetzungen und Sedimentierungen sozial typischer Erfahrungen sind: Die »zu einem gegebenen Moment umsetzbaren Wahrnehmungs- und Bewertungsschemata, insbesondere die in die Sprache eingelagerten, (stellen) das Produkt vergangener symbolischer Auseinandersetzungen dar ... und (bringen) in mehr oder minder umgewandelter Form den Stand der symbolischen Kräfteverhältnisse zum Ausdruck« (Bourdieu, 1985: 16). *Damit ist für eine sinnverstehende Soziologie eine erweiterte analytische Perspektive eröffnet: Die Formen des objektivierten Sinns, die dem subjektiv-sinnhaften Handeln zugrunde liegen, sind damit selbst nicht mehr nur als soziale Tatsachen zu rekonstruieren, sondern ihrerseits analytisch zu beziehen auf soziale Prozesse, in denen sie zum selbstverständlichen Hintergrundwissen sozialer Gruppen geworden sind.*

Der Forschungsgegenstand einer strukturtheoretisch fundierten Hermeneutik lässt sich vor diesem Hintergrund wie folgt fassen: Zu untersuchen ist, wie Individuen in durch gesellschaftliche Strukturen (Sinnstrukturen sozialer Systeme, Strukturen sozialer Ungleichheit, Macht- und Herrschaftsverhältnisse) strukturierten Situationen und vor dem Hintergrund der kulturell objektivierten Sinngebilde einer Gesellschaft subjektiv-sinnhaft in Situationen handeln. Die Handlungssituation kann dabei nicht als für die Handelnden selbst objektiv und fraglos gegebene Tatsachenwelt vorausgesetzt werden. Vielmehr wird die für die Handelnden jeweils gegebene und relevante Realität durch »situationsangemessene Deutungen« (Giesen, 1991: 121) erst hervorgebracht. Die vorgefundene Realität ist für die Handelnden selbst gleichwohl nicht beliebig interpretierbar. Situationsdefinitionen und Deutungen können an durch die Handelnden selbst nicht gestaltbaren Handlungsbedingungen scheitern. Materielle Bedingungen (z. B. verfügbare Ressourcen) und durch Macht- und Herrschaftsverhältnisse verbindlich gemachte Regeln begrenzen den Definitions- und Interpretationsspielraum (vgl. Esser, 1996). Diese legen jedoch nicht deterministisch fest, welche Bedeutung eine Situation für die Handelnden jeweils hat. Ein verbindlicher Handlungskontext wird in einem Prozess der handlungspraktischen Bewältigung durch die »fragile Synthese« der »sozialen Konstruktionen« von Akteuren erst hergestellt (Giesen, 1991: 138). Handeln stellt sich so betrachtet als situative Realitätserzeugung im Prozess handlungspraktischer Realitätsbewältigung dar, dessen soziologische Analyse vom jeweiligen Situationskontext nicht abstrahieren kann.

6. Forschungsmethodologische Folgerungen

Diese Überlegungen sind auch forschungsmethodisch folgenreich. Sie legen eine konsequente »Entdinglichung des Sozialen« (Giesen, 1991) nahe, das heißt eine Situations- und Prozessorientierung soziologischer Forschung. Weder die Meinungen, Einstellungen und Äußerungen von Individuen, noch objektivierte soziale Tatsachen können in der Folge als situationsunabhängig gegebene Realitäten vorausgesetzt und der soziologischen Deutung soziales Handelns als Handlungsursachen zugrundegelegt werden. Vielmehr ist davon auszugehen, dass soziale Wirklichkeit situativ erzeugt wird. Soziologischer Forschung kommt dann die Aufgaben zu, Prozesse der situativen Realitätserzeugung zu rekonstruieren. Auch die im Rahmen der Forschung erzeugten textförmigen Dokumente sozialer Realität, also etwa Interviewprotokolle, sind dann als Produkte situierten Handelns, als Interaktionsprodukte und eben etwa nicht als Ausdruck individuellen Bewusstseins zu interpretieren (vgl. Soeffner, 1989: 67).

Dies zwingt nun nicht nur dazu, den Erzeugungsprozess sozialwissenschaftlicher Daten in die Interpretation einzubeziehen (vgl. Hoffmann-

Riem, 1980). Darüber hinaus lässt sich hieraus eine für Erklärungsstrategien einer sozialstrukturell interessierten sozialwissenschaftlichen Hermeneutik zentrale Konsequenz ableiten: Grundlage empirischer soziologischer Forschung sind theoretisch begründete Unterscheidungen sozialer Gruppen, also etwa Jugendlicher von Kindern und Erwachsenen oder männlicher von weiblichen Jugendlichen, mit denen jeweils ein Forschungsgegenstand identifiziert wird. Mit solchen Annahmen wird nicht nur der Geltungsbereich empirischer Aussagen festgelegt und empirische Forschung in einen theoretischen Rahmen eingeordnet (also etwa: der Jugendforschung oder der Geschlechterforschung); darüber hinaus erlaubt eine solche Einordnung den Rückgriff auf das bezüglich dieses Forschungsgegenstandes verfügbare sozialwissenschaftliche Wissen. Eine empirische jugendsoziologische Forschung kann also bei der Deutung im Forschungsprozess erzeugten Datenmaterials auf verfügbares wissenschaftliches Wissen über Jugendliche, d. h. über typische Handlungsweisen Jugendlicher und ihre jugendspezifischen Ursachen zurückgreifen. Damit entsteht nun die Gefahr eines »subsumptionslogischen« (Oevermann, 1983: 113ff.) Vorgehens, d. h. von Deutungsstrategien, die empirische Daten in vorab feststehende Aussagesysteme über die typischen Formen und Gründe des Handels der jeweiligen sozialen Gruppe einordnen. Je nach gewählter Forschungsperspektive werden dann etwa Phänomene der Gewaltbereitschaft Jugendlicher durch Annahmen über Individualisierungsprozesse im Jugendalter oder aber die geschlechtsspezifische Gewaltbereitschaft junger Männer oder über Transformationen sozialer Milieus erklärt. Eine solche Verwendung qualitativer Daten als Belegmaterial für vorab als gültig betrachtete Annahmen kann nun nur dadurch vermieden werden, dass qualitative sinnverstehende Forschung prinzipiell als ein theoriegenerierendes Verfahren (s. Strauss, 1994) praktiziert wird, für das gilt, dass die Berechtigung von Klassifikationen und Erklärungen detailliert am Text auszuweisen ist. Der Rückgriff auf wissenschaftliches Wissen über soziologisch unterscheidbare Gruppen ist also begründungsbedürftig und nur dann berechtigt, wenn sich im Datenmaterial Hinweise dafür ergeben, dass jugendtypische, geschlechtstypische, sozialstrukturelle oder ethnische Lebensbedingungen für die Erzeugung des subjektiven Sinns in der jeweiligen Situation durch die Handelnden auch tatsächlich relevant sind.

Dabei gilt es – insbesondere im Rahmen der Jugendforschung – reifizierende Erklärungen zu vermeiden. Falk & Steinert (1973: 20f.) haben darauf hingewiesen, dass soziologische Begriffssprachen, die gegenüber dem sinnhaften Handeln von Individuen verselbständigte soziale Tatsachen beschreiben, nahelegen »daß Abstraktionen im Begriffshimmel ... zu sozialen Entitäten werden«, die dann zu Ursachen der sozialen Prozesse erklärt werden, aus deren Analyse sie gewonnen wurden. Dies ist nun immer dann der Fall wenn sozialwissenschaftlichem Wissen über die Lebensphase Jugend der Status von Aussagen über typische Eigenschaften von Jugendlichen zugesprochen wird und das konkrete Handeln eines als Jugendlichen identifizierten Individuums soziologisch dann dadurch erklärt wird, dass dieses Verhalten eben jugendtypisch sei.

Eine sinnverstehende Jugendforschung, die solche zirkulären und letztlich tautologischen Deutungen vermeiden will, ist nicht nur auf eine kritische Reflexion des Jugendbegriffs angewiesen, der vielfach nicht als sozialwissenschaftlicher Begriff ausgewiesen, sondern als quasi selbstverständliche alltagssprachliche Klassifikation verwendet wird, deren Status als Beschreibungs- und/oder Erklärungskategorie unklar bleibt (s. Scherr, 1997). Darüber hinaus ist es erforderlich, die Position Jugendlicher in deren funktionaler Differenzierung und Struktur sozialer Ungleichheiten nicht nur anhand objektiver Merkmale ihrer Lebenslage zu bestimmen und ihre Äußerungen bzw. Handlungen als Ausdruck dieser sozialen Lage zu interpretieren. Vielmehr ist von den Selbstverortungen Jugendlicher innerhalb der gesellschaftlichen Strukturen auszugehen, vor deren Hintergrund diese Strukturen sich als subjektiv erfahrungs- und handlungsrelevante Wirklichkeit darstellen.

Literatur

Becker, H. S./ Call, M. M., 1990: Introduction. In: Dies. (Hrsg.): Symbolic Interaction and Cultural Studies, Chicago: 1 – 15.

Berger, P. L./ Kellner, H., 1984: Für eine neue Soziologie. Ein Essay über Methode und Profession. Frankfurt

Bohnsack, R. u.a., 1995: Die Suche nach Gemeinsamkeit und die Gewalt in der Gruppe. Opladen

Bommes, M./ Klingemann, C./ Köhler, G./ Scherr, A. 1991: Bereiche anwendungsorientierter soziologischer Forschung. In: Kerber, H./ Schmieder, A., (Hrsg.): Soziologie. Ein Grundkurs, Reinbek: 62 – 104

Bommes, M., 1993: Migration und Sprachverhalten. Opladen

Bourdieu, P./ Wacquant, L. J. D., 1996: Die Ziele der reflexiven Soziologie. In: Dies.: Reflexive Anthropologie. Frankfurt: 95 – 250

Bourdieu, P., 1984: Die feinen Unterschiede. Frankfurt

Bourdieu, P., 1987: Sozialer Sinn. Frankfurt

Bourdieu, P., 1993: Jugend ist nur ein Wort. In: Ders.: Soziologische Fragen. Frankfurt: 136 – 146

Bourdieu, P., 1995: Narzistische Reflexivität und wissenschaftliche Reflexivität. In: Berg, E. / Fuchs, M. (Hrsg.): Kultur, soziale Praxis, Text. Frankfurt: 365 – 374

Breyvogel, W. (Hrsg.), 1989: Pädagogische Jugendforschung. Opladen

Carrigan, T./ Connel, R. W. / Lee, J., 1987: Towards a New Sociology of Maculinity. In: Brod, H. (Hrsg.): The Making of Maculinities. Boston: 63 – 100

Clarke, J. u. a., 1981: Subkulturen, Kulturen und Klasse. In: Ders. u. a. (Hrsg.): Jugendkultur als Widerstand. Frankfurt: 39-132.

Combe, A./ Helsper, W., (Hrsg.), 1991: Hermeneutische Jugendforschung. Opladen

Connell, B., 1984: Masculinities. Cambridge

Connell, B., 1987: Gender and Power. Sydney

Daniel, C., 1981: Theorien der Subjektivität. Frankfurt/ New York

Dannenbeck, C./ Eßer, F./ Lösch, H., 1999: Herkunft erzählt. Befunde über Zugehörigkeiten Jugendlicher. Münster

Eckert, R./ Willems, H./ Würtz, S., 1996: Erklärungsmuster fremdenfeindlicher Gewalt im empirischen Text. In: Winkler, J. R./ Jascke, H.-G./ Falter, J. W., (Hrsg.): Rechtsextremismus. Opladen: 151 – 167
Eckert, R./ Reis, C./ Wetzstein, T., 2000: »Ich will halt anders sein als die anderen«. Abgrenzung, Gewalt und Kreativität bei Gruppen von Jugendlichen. Opladen
Elias, N., 1995: Figuration. In: Schäfers, B., (Hrsg.): Grundbegriffe der Soziologie. Opladen: 88 – 91
Erdheim, M., 1988: Psychoanalytische Ansätze in der Jugendforschung. In: Krüger, H.-H. (Hrsg.): Handbuch der Jugendforschung, Opladen: 29 – 46
Esser, J., 1991: Alltagshandeln und Verstehen. Tübingen
Esser, J., 1996: Die Definition der Situation. In: KZfSS, 48. Jg., H. 1, S. 1 – 34
Falk, G./ Steinert, H., 1973: Über den Soziologen als Konstrukteur von Wirklichkeit und das Wesen der sozialen Realität. In: Steinert, H., (Hrsg.): Symbolische Interaktion. Stuttgart: 13 – 46
Fuchs, P., 1992: Die Erreichbarkeit der Gesellschaft. Frankfurt
Garz, D. (Hrsg.), 1994: Die Welt als Text. Frankfurt
Geertz, C., 1987: Dichte Beschreibungen. Beiträge zum Verstehen kultureller Systeme. Frankfurt
Giddens, A., 1988: Die Konstitution der Gesellschaft, Frankfurt/New York.
Giesen, B., 1991: Die Entdinglichung des Sozialen. Frankfurt
Gille, M./ Krüger, W. (Hrsg.), 1999: Unzufriedene Demokraten. Politische Orientierungen der 16- bis 29jährigen im vereinigten Deutschland.
Hack, L., 1977: Subjektivität im Alltagsleben. Frankfurt/ New York
Hennis, W., 1996: Max Webers Wissenschaft vom Menschen. Tübingen
Hewstone, M./ Augoustinos, M., 1996: Soziale Attribution und soziale Repräsentation. In: Flick, U., (Hrsg.): Psychologie des Sozialen. Reinbek: 78 – 99
Hitzler, R., 1988: Sinnwelten. Ein Beitrag zum Verstehen von Kultur. Opladen
Hoffmann-Riem, C., 1980: Die Sozialforschung einer interpretativen Soziologie. In: KZfSS, 32. Jg., S. 339 – 372
Hornstein, W., 1990: Aufwachsen mit Widersprüchen – Jugendsituation und Schule heute. Stuttgart
Hurrelmann, K., 1994: Lebensphase Jugend. Weinheim u. München.
Joas, H., 1992: Die Kreativität des Handelns, Frankfurt.
Jugendwerk der Deutschen Shell (Hrsg.), 1992: Jugend '92. Opladen
Jugendwerk der Deutschen Shell (Hrsg.), 1997: Jugend '97. Opladen
Jung, T./ Müller-Doohm, S: (Hrsg.), 1993: »Wirklichkeit« im Deutungsprozeß. Frankfurt
Kardoff, E. v., 1991: Qualitative Sozialforschung – Versuch einer Standortbestimmung. In: Flick, U. u. a. (Hrsg.) a. a. O.:3 – 10
Kersten, J., 1993: Männlichkeitsdarstellungen in Jugendgangs. In: Otto, H.-U./ Merten, R. (Hrsg.): Rechtsradikale Gewalt im vereinten Deutschland. Bonn: 227 – 236
Kersten, J., 1996: Culture, Masculinities and Violence against Women. In: British Journal for Criminology. Vol. 36, No. 3: 381 – 396
Lenk, H., 1991: Zu einem methodologischen Interpretationskonstruktionismus. In: Journal for General Philosophy of Science, 22 Jg.,: 283 – 301
Lenk, H., 1993: Philosophie und Interpretation. Frankfurt
Lenk, H., 1995: Interpretation und Realität. Frankfurt
Luckmann, T., 1993: Schützsche Protosoziologie? In: Bäumer, A. / Benedikt, M. (Hrsg.): Gelehrtenrepublik – Lebenswelt. Wien: 321 – 326
Luhmann, N., 1995: Die Form Person. In: Ders.: Soziologische Aufklärung 6. Opladen: 142 – 154
Matthiesen, U., 1986: Im Dickicht der Lebenswelt. Stuttgart
Matthiesen, U., 1994: Standbein – Spielbein. Deutungsmusteranalysen im Spannungsfeld von objektiver Hermeneutik und Sozialphänomenologie. In: Garz, D. (Hrsg.): Die Welt als Text. Frankfurt: 73 – 113

Messerschmidt, J. D., 1993: Masculinities and Crime. Maryland.
Oevermann, U. u. a., 1976: Beobachtungen zur Struktur der sozialisatorischen Interaktion. In: M. Auwärter u. a (Hrsg.): Seminar: Kommunikation, Interaktion, Identität. Frankfurt 371 – 403
Oevermann, U., 1983: Hermeneutische Sinnrekonstruktion. In: Garz, D./ Kraimer, K. (Hrsg.): Brauchen wir andere Forschungsmethoden? Frankfurt: 86 – 112
Oevermann, U., 1993: Die objektive Hermeneutik als unverzichtbare methodologische Grundlage für die Analyse von Subjektivität. In: T. Jung / S. Müller-Doohm (Hrsg.): Wirklichkeit im Deutungsprozeß. Frankfurt 106 – 189
Ritsert, J., 1988: Gesellschaft. Einführung in die Grundbegriffe der Soziologie, Frankfurt/New York.
Scherr, A., 1994: Niklas Luhmann – an Outline of the Theory of Autopoietic Social Systems. In: Schäfers, B. (Hrsg.): Sociology in Germany. Opladen: 149 – 164
Scherr, A., 1995: Soziale Identitäten Jugendlicher. Opladen
Scherr, A., 1996: Zum Stand der Debatte über Jugend und Rechtsextremismus. In: Falter, J. W./ Jaschke, H.-G./ Winkler, J. R. (Hrsg.): Rechtsextremismus. Ergebnisse und Perspektiven der Forschung. Opladen: 97 – 120
Scherr, A., 1997: Jugend. In: Handbuch kritische Erziehungswissenschaft. Weinheim und Basel (im Erscheinen)
Schimank, U., 2001: Funktionale Differenzierung und die Durchorganisation der modernen Gesellschaft. In: Tacke, V. (Hrsg.) Organisation und funktionale Differenzierung.
Schütz, A./ Luckmann, T., 1979: Strukturen der Lebenswelt. Bd. 1. Frankfurt
Schütz, A./ Luckmann, T., 1984: Strukturen der Lebenswelt. Band 2. Frankfurt
Scott, M. B./ Lyman, S. M., 1976: Praktische Erklärungen. In: Auwärter, M. u. a. (Hrsg.): Seminar: Kommunikation, Interaktion, Identität. Frankfurt: 73 – 114
Silbereisen, R. K./ Vaskovics, L. A./ Zinnecker, J. (Hrsg.), 1996: Jugendsein in Deutschland. Opladen
Soeffner, H.-G., 1989. Auslegung des Alltags – Der Alltag der Auslegung. Frankfurt.
Strauss, A. L., 1994: Grundlagen qualitativer Sozialforschung. München
Vester, M., 2000: Von der Integration zur sozialen Destabilisierung. In: Journal für Gewalt- und Konfliktforschung, H. 1: 4-27
Wacquant, L. J. D., 1996: Auf dem Weg in eine Sozialpraxeologie. In: Bourdieu, P./ Wacquant, L. D. J.: Reflexive Anthropologie. Frankfurt: 17 – 94
Weber, M., 1972: Wirtschaft und Gesellschaft (WuG). Tübingen
Weidacher. A. (Hrsg.), 2000: In Deutschland zu Hause. Opladen
Willis, P., 1977: Spaß am Widerstand. Gegenkultur in der Arbeiterschule. Frankfurt
Willis, P., 1990: Erziehung zwischen Reproduktion und kultureller Produktion. In: Das Argument, H. 179, 32. Jg., S. 9 – 28
Winkler, W. R., 1996: Bausteine einer allgemeinen Theorie des Rechtsextremismus. In: Winkler, J. R./ Jaschke, H.-G./ Falter, J. W. (Hrsg.): Rechtsextremismus. Opladen: 25 – 48
Zinnecker, J., 1986: Jugend im Raum gesellschaftlicher Klassen. In: Heitmeyer, W. (Hrsg.): Interdisziplinäre Jugendforschung. Weinheim und München: 99-132

Methodische Beiträge

Udo Kelle/ Janine Marx/ Sandra Pengel/ Kai Uhlhorn/
Ingmar Witt

Die Rolle theoretischer Heuristiken im qualitativen Forschungsprozeß – Ein Werkstattbericht

1. Einleitung

Einem Vorschlag des Wissenschaftsphilosophen Hans Reichenbach zufolge sollte bei der Analyse von Forschungsprozessen zwischen dem *context of discovery* und dem *context of justification* unterschieden werden (Reichenbach, 1983), womit Reichenbach jedoch nicht, wie es in sozialwissenschaftlichen Methodenlehrbüchern manchmal dargestellt wird (etwa bei Friedrichs, 1980), zeitlich aufeinanderfolgende Phasen der Hypothesenformulierung und Hypothesenprüfung voneinander abgrenzen wollte. Mit dieser Unterscheidung sollte vielmehr differenziert werden zwischen dem realen Prozeß der Produktion empirischer Forschungsergebnisse einerseits und der Darstellung dieser Ergebnisse in Form von Aufsätzen in wissenschaftlichen Fachzeitschriften, Vorträgen auf Kongressen usw. andererseits (vgl. hierzu auch Kelle, 1998: 133 ff. oder Curd, 1980). Forscher neigen aus Gründen der Zeitökonomie, aber auch oft aus professionspolitischen oder karrierestrategischen Gründen dazu, im *context of justification* oftmals nur eine geglättete Version des eigentlichen Forschungsprozesses zu präsentieren. Für eine rationale Rekonstruktion und methodologische Reflektion empirischer Forschung wäre eine Darstellung des eigentlichen Forschungsprozesses mit seinen Schwierigkeiten und Irrwegen jedoch in vielen Fällen hilfreicher als eine zu Präsentationszwecken aufbereitete und auch zumindest teilweise konstruierte Version. Im folgenden soll ein Versuch unternommen werden, methodologische Probleme qualitativer Sozialforschung, die in der Methodenliteratur u. E. bislang kaum befriedigend behandelt werden, anhand eines Werkstattberichts aus einem laufenden qualitativen Forschungsprojekt zu verdeutlichen und potentielle Lösungsstrategien zu diskutieren.

Im Mittelpunkt steht dabei eine Frage sowohl von weitreichender methodologischer Bedeutung als auch von hoher forschungspraktischer Relevanz: *Wie ist es möglich, anhand empirischer Daten zu brauchbaren theoretischen Konzepten zu gelangen, die den untersuchten Gegenstandsbereich beschreiben und erklären können?* Qualitative Forschung wird oftmals als ein Prozeß verstanden, bei dem theoretische Konzepte sukzessive aus dem

Datenmaterial entwickelt werden sollen. In der Literatur existieren eine Reihe von methodologischen Vorschlägen, wie dieser Prozeß konkret gestaltet werden kann, Vorschläge allerdings, welche die Forschungspraxis oft nur bis zu einem gewissen Grad explizieren können. Empirische Forscher wiederum bedienen sich nicht nur solcher Praktiken, die sie in Methodenbüchern vorfinden, sondern greifen auf eine große Menge von Handwerkstechniken zurück, die als Folklore der Forschung bzw. als mündliche Institutstraditionen weitergereicht werden. Zudem lassen die in Methodenlehrbüchern beschriebenen Vorgehensweisen stets Interpretationsspielräume – Lehrbücher verhalten sich zur Forschungspraxis oft wie die graphische Bauanleitung für ein Möbelstück zu dem Vorgang des Zusammenbaus selber, welcher eine ganze Reihe von Vorgängen und Handgriffen erfordert, die kaum explizierbar sind, welche einer Person, die mit dem Zusammenbau von Möbelstücken vertraut ist, aber oft selbstverständlich bekannt sind. Ein Ungeübter ist jedoch darauf angewiesen, sich diese Vorgänge in der Praxis zu verdeutlichen und sich die Handgriffe durch Ausprobieren selber anzueignen. Einige der Autoren des vorliegenden Beitrags (Janine Marx, Sandra Pengel, Kai Uhlhorn und Ingmar Witt, die zusammen die Forschungsgruppe »JIXX« am Institut für Erziehungswissenschaften der Universität in Vechta bilden) standen vor einer vergleichbaren Situation, als sie, nur auf methodologische Literatur gestützt, den Prozeß qualitativer Datenanalyse durchlaufen wollten. In Diskussionen mit Udo Kelle, der sich der Forschungsgruppe als methodischer Berater zur Verfügung gestellt hatte, konnten dann typische Schwierigkeiten und Hürden, die im qualitativen Forschungsprozess auftreten, explizit gemacht und diskutiert werden und es konnten potentielle Lösungen gesucht werden. Mit dem vorliegenden Beitrag sollen Resultate dieses Diskussionsprozesses vorgestellt werden, die der Auffassung der Autoren nach von genereller methodologischer Bedeutung sind. Hierzu sollen im folgenden – nach einer kurzen Vorstellung des empirischen Forschungsprojekts – einige der Schwierigkeiten dargestellt werden, mit denen sich die Forschungsgruppe konfrontiert sah, Schwierigkeiten, welche typische Fallen markieren, in denen Sozialforscher bei der Analyse qualitativen Datenmaterials geraten können. Diese Fallen lassen sich kennzeichnen als:

- Ertrinken im Datenmaterial
- vorschnelle Generalisierung aufgrund erster Fallanalysen
- »deskriptiver Anankasmus«, d.h. die Tendenz, sich mit großer Pedanterie irrelevanten Details zuzuwenden, von deren detailgenauer Deskription sich der Forscher bzw. die Forscherin nicht zugunsten theoretischer Verallgemeinerungen lösen können.

Hieran anschließend sollen im zweiten Teil des Beitrags einige klassische Konzepte aus der methodologischen Literatur diskutiert und gezeigt werden, wie diese Konzepte zu einem *induktivistischen Selbstmißverständnis* in der qualitativen Methodenlehre beitragen, welches potentielle Lösungen für die dargestellten Probleme in der Forschungspraxis erschwert. Den kritisierten induktivistischen Konzepten wird im dritten Teil des Aufsatzes ein alternatives Verständnis des qualitativen Forschungsprozesses entgegengestellt, welches der Bedeutung von *heuristischen Theorien* bei der Analyse qualitativer Daten Rechnung tragen soll: Soll der qualitative Forschungsprozeß gelingen, d.h. soll er tatsächlich zur Entwicklung neuen theoretischen Wissens über die soziale Realität führen, so müssen heuristische Theorien als Werkzeuge genutzt werden, um einen anderen Typus von Theorien empirisch begründet zu konstruieren, welche »informative Theorien mit beschränktem Geltungsbereich« genannt werden können. Im abschließenden, vierten Teil des Beitrags soll dieser – in dem als Beispiel verwendeten Projekt noch unabgeschlossene – Prozeß der empirisch begründeten Theoriebildung anhand empirischen Materials illustriert werden.

2. Der Prozeß der qualitativen Kategorienbildung und seine methodischen Tücken

In dem von der Forschungsgruppe »JIXX« an der Universität in Vechta durchgeführten Projekt »*Heimerziehung – subjektive Interpretationen der betroffenen Jugendlichen*« soll untersucht werden, wie Kinder und Jugendliche in stationärer Heimunterbringung ihre Lebenssituation im Heim interpretieren und wahrnehmen. Hierzu wurden u.a. leitfadengestützte qualitative Interviews erhoben, wobei der Leitfaden nahezu alle Lebensbereiche der Kinder und Jugendlichen abdeckte und im Forschungsprozess ständig modifiziert wurde.

In das qualitative Sample wurden bislang 26 Kinder über 12 Jahre und Jugendliche in stationärer Heimerziehung aufgenommen, die freiwillig an der Untersuchung teilnehmen wollten. Die Auswertung der Interviews wurde mit Hilfe verschiedener Verfahren der Kodierung durchgeführt (vgl. u.a. Glaser/ Strauss, 1967/1998: 101ff.; Glaser, 1978: 55ff., Strauss/ Corbin, 1990/ 1996: 57ff.; Kelle/ Kluge, 1999: 54ff.). Hierbei werden einzelnen Textstellen der Interviews Kodierkategorien zugeordnet, die sukzessive zu einem integrierten Kategorienschema fortentwickelt wurden. Die Textsegmente wurden dabei EDV-gestützt aufbereitet, gespeichert und mit Hilfe der Kodierkategorien von den Forschern indiziert bzw. kodiert, wodurch eine qualitative Textdatenbank aufgebaut wurde, die es erlaubte, die zu verschiedenen Kodierkategorien gehörenden Textsegmente problemlos aus dem Textkorpus herauszusuchen (zu computergestützten Verfahren qualitativer Datenanalyse vgl. Kelle, 1997, 2000 a,b).

2.1 »Ertrinken in den Daten«

Die Analyse des qualitativen Datenmaterials begann dabei in Anlehnung an die von Glaser und Strauss entwickelte Methodologie der *Grounded Theory* mit der *offenen Kodierung* der Texte (vgl. Strauss, 1998: 95), d.h. es wurde versucht, nach einem ersten Durchgang durch das Material konzeptionelle Überschriften für einzelne Textsegmente zu finden. Dabei fühlte sich die Forschungsgruppe von Anfang an verpflichtet, »das Material« sprechen zu lassen und »theoretische Konzepte aus dem Datenmaterial emergieren zu lassen«. Bei dem Versuch, diesen Anspruch forschungspraktisch einzulösen, tauchten jedoch die ersten Schwierigkeiten auf. Die Idee, zuerst die Interviews zu lesen und danach nur die interessantesten Stellen zu kodieren, wurde rasch aufgegeben, weil hierbei eine Überbetonung der Forscherperspektive, eine Überblendung der Relevanzsetzungen der Befragten befürchtet wurde. Die Umsetzung der von Glaser und Strauss empfohlenen Strategie des offenen Kodierens – der Text wird dabei Zeile für Zeile gelesen und *ad hoc* kodiert – erwies sich jedoch als unerwartet aufwendig und umständlich. Dies hing damit zusammen, daß die Forschungsgruppe bei dem Bemühen, die Perspektive der untersuchten Jugendlichen zur Geltung zu bringen, zu Beginn der Auswertung geradezu skrupulös darauf bedacht war, auch vordergründig Unwesentliches nicht zu vernachlässigen. Beherrscht von der Vorstellung, »*tabula rasa*« an den Text heranzugehen, dessen Inhalt und Struktur dabei unverfälscht aufzunehmen und aus Furcht, den Forschungsgegenstand durch zu viel eigenes Wissen zu stark zu strukturieren, schrieben die Forscher jedem einzelnen Wort ein hohes Gewicht zu. Diese Unsicherheiten ließen sich auch nicht durch Hinweise zum offenen Kodieren aus der entsprechenden Methodenliteratur abschwächen, wonach es sich bei der Entwicklung von Kodes nur darum handelt, »vorläufig« zu kodieren, wobei die entstehenden Konzepte im Verlauf des Forschungsprozesses »ihre Brauchbarkeit« erweisen müssen. Vielmehr herrschte zu Beginn des Auswertungsprozesses die Auffassung vor: »Alles ist wichtig!« – jeder auch intuitiv noch so unwichtige Zusammenhang wurde kodiert, in unzähligen Memos festgehalten und diskutiert. Dies führte zu einer kaum noch zu bewältigenden Datenmasse, in der die Forscher bald zu ertrinken drohten.

2.2 Die vorschnelle Generalisierung anhand von Einzelfallanalysen

Dennoch ließ es sich trotz dieser Vorsicht bei der Suche nach passenden *ad-hoc*-Kodierkategorien nicht vermeiden, daß – bei dem Versuch, theoretische Konzepte induktiv aus dem Fallmaterial zu entwickeln – ausgehend von Einzelfällen theoretische Generalisierungen vorschnell vorgenommen wurden. Das Verfahren einer schrittweisen Verdichtung des Textmaterials, wobei durch einen Vergleich von Textstellen zunehmend allgemeinere Kategorien gefunden werden sollen, wie es in den frühen Schriften von Glaser und

Strauss (Glaser/ Strauss, 1967/1998: 101 ff.) beschrieben wurde, ist zwar in manchen Fällen ohne Schwierigkeiten auf qualitatives Datenmaterial anwendbar und führt dann rasch zu allgemeinen Schlußfolgerungen über den Gegenstandsbereich. Diese theoretischen Generalisierungen können sich allerdings bei Hinzunahme weiterer empirischer Daten als vorschnell erweisen und die Analyse in Sackgassen lenken. Dieser Umstand läßt sich leicht demonstrieren anhand des vorliegenden Fallmaterials. So wurde bspw. eine (vorläufige) Kodierkategorie »Versorgungssystem Heim«, ausgehend von einem Interviewausschnitt wie dem folgenden, formuliert:

> Interviewer: Äha. [...] [...] [...] Ähm, gibt es etwas, was dir hier ganz besonders gefällt?
> B: Die Küche. [...] Die Küche [...], die kocht gut. Bin ich mit zufrieden.
> Interviewer: Obwohl du jetzt so schnell essen mußtest, oder (lacht)?
> B: Ja, die schmeckt wohl gut.

Leicht ließen sich weitere Textbeispiele finden, die den Aspekt der Versorgung betonen – die Jugendlichen beziehen sich dabei auf jeweils verschiedene Subinstitutionen, die im Heim bestimmte Aufgaben im Sinne der Jugendlichen erfüllen:

> B: Ja, also was die Erzieher ist, die sind eigentlich immer ganz gut drauf und so.
> Interviewer: Und was machen die hier beispielsweise?
> B: Ja, die besorgen einem Termine, wenn man zum Arzt muß und so und helfen einem bei den Hausaufgaben, zu Essen und so machen die einem immer und mußt nur sagen, du mußt mal zum Friseur, das machen die dann und dann.

Um den Sachverhalt zu charakterisieren, daß hier – zumindest in der Darstellung des interviewten Jugendlichen – die Erzieher geradezu mechanisch Aufgaben erfüllen, indem sie auf die Bedürfnisse der Jugendlichen reagieren, die »nur sagen« müssen, was sie wollen, wurde als allgemeinere Kategorie der Begriff »Input-Output« gewählt. Im weiteren Verlauf des Kodierens wurden diese und ähnliche Textstellen schließlich einer neu gebildeten Kategorie »*Funktionalität*« zugeordnet.

Bezogen auf den hier kodierten Einzelfall begann sich dabei ein »roter Faden« abzuzeichnen, der auf unterschiedliche Aspekte der Persönlichkeitsstruktur des Interviewten verwies und seine jeweils spezifische Art, mit seiner Umgebung in Interaktion zu treten, deutlich machte. Das als nächstes bearbeitete Interview konnte dann in ähnlicher Weise durch eine vergleichende Analyse von Textsegmenten unter eine Kategorie subsumiert werden, die mit dem Begriff »*Beziehung*« bezeichnet wurde. Die Interviewpartnerin schilderte ihre Lage im Heim vor allem in der Perspektive von Beziehungen – Beziehungen zu Gleichaltrigen, Erziehern und Eltern schienen für sie eine zentrale

Relevanz zu besitzen. Diese Umgangsweise mit der Institution Heim konnte nun mit einer Umgangsweise kontrastiert werden, wie sie im zuerst kodierten Interview deutlich wurde, in welchem die funktionalen Aspekte des Heims als Ersatzfunktion für das Elternhaus angesprochen worden waren und das die Formulierung der vorläufigen Kategorie »Funktionalität« angeregt hatte. Der Versuch, die Analyse weiterer Interviews auf der Grundlage dieses Gegensatzes aufzubauen und die Kategorien »Beziehung« und »Funktionalität« als Raster für folgende Textinterpretationen zu nutzen, scheiterte jedoch – in den folgenden Interviews standen eindeutig andere Relevanzen im Vordergrund, so daß die eingangs entwickelten Kategorien wohl jeweils den Einzelfall auf einen Begriff bringen, fallübergreifend jedoch nicht zu verwenden waren.

Die Forschungsgruppe versuchte dieses Problem nun dadurch zu lösen, daß sie die weitere Kodierung auf Konzepte mit einem geringen theoretischen Gehalt beschränkte. Das waren einerseits Themenfelder, die bereits in dem Interviewleitfaden verwendet wurden (bspw. Kategorien wie »Bild von Heim« oder »Heimeintritt«), und andererseits »*in vivo*« Kodes, d.h. von den Befragten selber häufig verwendete Konzepte (Glaser, 1978: 70), die in den beiden ersten Interviews enthalten waren: So wurde etwa die Kategorie »Hilfeplangespräch« in das Kategorienschema eingefügt, nachdem das Hilfeplangespräch in einer Reihe von Interviews in auffälliger Weise immer wieder von den Jugendlichen thematisiert wurde. Im folgenden konnten dann weitere Textstellen, die sich inhaltlich auf das Hilfeplangespräch bezogen, in diese Kategorie eingeordnet werden. So wurde ein Kategorienschema entwickelt, mit dessen Hilfe das gesamte Textmaterial kodiert wurde und welches aufgrund der folgenden Kodierungen weiter modifiziert wurde.

2.3 Deskriptiver Anankasmus

Weiterhin wurde dabei Zeile für Zeile kodiert. Wegen der Sorge, Daten »verlieren zu können«, wurde diese Kodierung allerdings immer noch nicht auf zentrale thematische Aspekte fokussiert. Dabei wurden die zwei bereits kodierten Interviews ein weiteres mal mit Hilfe des neuen Kategorienschemas kodiert in der Hoffnung, daß unterschiedliche Perspektiven und Sichtweisen (eben wie »beziehungsorientiert« oder »funktional«) sich zu einem späteren Zeitpunkt aus einer Synopse, d.h. aus einer vergleichenden Analyse von kodierten Textstellen, entwickeln würden. Die Suche nach Unterschieden und Ähnlichkeiten durch einen synoptischen Vergleich von Textstellen soll es der methodologischen Theorie zufolge erlauben, Subkategorien zu den bislang verwendeten Kodierkategorien zu finden (vgl. Glaser/ Strauss, 1967, 1998, Kapitel 5), wie in dem folgenden Beispiel aus einem der Interviews (vgl. Tabelle 1): Bei einem synoptischen Vergleich dreier Passagen, die mit dem Kode »Heim« kodiert wurden, lassen sich unterschiedliche thematische Ausprägungen erkennen. In der ersten Textstelle beschreibt der Jugendliche das Heim, in dem er lebt. Die zweite Passage stellt eine generelle Beschreibung des Heims dar. In der letzten Sequenz wird eine Fremdsicht auf das eigene Heim beschrieben.

Tabelle 1: Ergebnis eines Textretrievals

TEXT: Interviews.Int01.txt (57/65); CODEWORT: 1 Heim (G:100)
N.: Was ein Heim ist, hmm, [...] das ist ähm[...] eine Einrichtung[...] für Jugendliche, die entweder nicht Zuhause leben können oder wollen, oder die Eltern verstorben sind und die Jugendlichen nicht in Pflegefamilien aufgenommen werden oder so[...]
I.: hm[...] Die ähm, die nicht mehr Zuhause leben können oder wollen.
N.: Ja.
I.: Hm (bejahend) [...] Gibt's da ne Unterscheidung-
N.: Ja, auf jeden Fall! [...] Ja, also, wenn nicht mehr Zuhause leben will – so ist das bei mir – dann, weiß nicht, ich komm mit meiner Mutter nicht klar-

TEXT: Interviews.Int01.txt (521/529); CODEWORT: 1 Heim (G:100)
N.: Ja, auf jeden Fall. Ähm, die meisten Leute stellen sich Heim so vor, daß irgendwie alle Leute in einem riesengroßen Saal essen und, das′ alles was schlimmes und: O Gott, die armen Heimkinder, aber ich finde manchmal im Heim die Kinder haben viel mehr Vorteile als wenn man zu Hause ist[...] Also, ist meine Meinung, weil – hier im Heim: man kriegt regelmäßig sein Taschengeld, man hat immer jemanden zum Reden – die Betreuer sind zwar auch gestreßt, aber [...] das′ normal – und, weiß nicht, das ist nicht mehr so wie früher so ′die armen, armen Heimkinder′ – so, ich hab das letztmal mitgekriegt wie wir irgendwelche Spenden vom Erntedankfest gekriegt haben, irgendwelche Äpfel, da hab ich Lachkrämpfe gekriegt, weil sowas brauchen wir eigentlich gar nicht-

TEXT: Interviews.Int03.txt (22/32); CODEWORT: 1 Heim (G:100)
K.: (...,...) Und ähm,was würdest du sagen, was ein Heim ist?...
JA.: Mmmh
K.: ...und was dort gemacht wird?
JA.: Ja, das is mehr n' Großfamilie, so direkt als Heim kann man das auch nicht bezeichnen, es sind zwar verschiedene Betreuers hier, aber eigentlich (..) genauso wie inner Familie, ja, wird hier viel gemacht (...) unterhalten sie mit uns, wir, ja, wir können dahingehen und mit denen reden, oder die kommen zu uns, wenn die merken, hey, komm' mit dir is was los, komm' wir setzen uns zusammen, unterhalten uns, ja, dann is es noch so, manchmal unternehmen die Erzieher auch mit demjenigen einzeln noch was, ansonsten, ja, gemeinsam mal n' Gruppenabend, Freizeitunternehmung (...)ja.

Als Ergebnis dieser Synopse konnten die Subkategorien »Konkretes Heim«, »Bild von Heim« und »Bild von Heim – Fremdsicht« entwickelt werden und dabei das Kategorienschema zu einem »Kategorienbaum«, d.h. zu einem hierarchisch gegliedertem System aus Kategorien und ihren Subkategorien (vgl. Tabelle 2) erweitert werden.

Tabelle 2: Auszug aus einem Kategorienbaum

1	**Heim**
1.1	Konkretes Heim
1.2	Bild von Heim
1.2.1	*Fremdsicht*
1.2.2	»*Traumheim*«
2	**Eintritt in das Heim**
3	**Warum bin ich im Heim?**
4	**Erzieher/Betreuer**
4.1	konkrete Erzieher/Betreuer
4.2	Bild von Erziehern/Betreuern
5	**Gruppe im Heim**
6	**Jugendamt**
7	**Hilfeplan**
8	**Applikativ**
	(...)

Hierdurch konnte nun zwar eine Systematisierung der Daten durch deren Kategorisierung bzw. Kodierung erreicht werden, nicht jedoch die Entwicklung eines integrierten theoretischen Schemas, auf das sich die Daten beziehen ließen. Es konnten zwar zu jeder *Kategorie* eigene Subkategorien entwickelt werden – die *Fälle* ließen sich aber immer noch nicht auf einen gemeinsamen Nenner jenseits dieser vielen Kategorien und Subkategorien bringen. In einem nächsten Schritt wurde deshalb versucht, ein typologisches Raster zu entwickeln, mit dem die vielfältigen Sichtweisen der Jugendlichen durch wenige theoretische Begriffe zusammengefaßt und »auf den Begriff« gebracht werden konnten. Die leitende Fragestellung hierfür lautete: Gibt es unterschiedliche *Typen von Interpretationen für die Situation der Jugendlichen im Heim*? Wenn ja, wie und auf welchem Wege könnte man sie fassen und formulieren? Diesem Ziel sollte nun eine Paraphrasierung von kodierten Textstellen dienen, bei der sich die Forschungsgruppe bemühte, zu bereits entwickelten Kategorien und Subkategorien »dichte Beschreibungen« (Geertz, 1983) anzufertigen. Unter der Fragestellung »*Was bedeutet Heim für Heimjugendliche?*« (»*Versorgung, Räumlichkeit, Gemeinschaft ...*«) sollten Dimensionen identifiziert werden, anhand derer sich dann Typen entwickeln lassen. Auch diese Strategie zeigte schnell ihre Grenzen: zwar ließ sich auf diese Weise ein differenzierter Überblick erhalten über das, was Heim für Heimjugendliche bedeutet, die deskriptive Ebene wurde jedoch nicht verlassen. Der Weg, eine Typisierung von Fällen aufgrund einer möglichst detaillierten Deskription bestimmter Aspekte des Fallmaterials vorzunehmen, und dabei die bereits entwickelten Kernkategorien »Beziehung« und »Funktionalität« einzubeziehen, erwies sich als nicht gangbar.

3. Das induktivistische Selbstmißverständnis in der qualitativen Methodenliteratur

Daß die qualitative Analyse bei der Deskription der zahlreichen Details, die das Fallmaterial bereithält, stehen bleibt, markiert eine der häufigeren Krisen im Forschungsprozess. Die Sozialforscher scheitern dann an der Aufgabe, das Fallmaterial zu theoretischen Konzepten zu verdichten. Für solche Schwierigkeiten aber finden sich in der qualitativen Methodenliteratur nur wenige Lösungen. Folgt man schließlich jener naturalistischen Rhetorik der Vertrautheit mit der empirischen Welt, die sich besonders in solchen klassischen Arbeiten zur qualitativen Methodenlehre finden läßt, in denen ihr theoretisches Programm in kritischer Abgrenzung zur klassischen quantitativen Umfrageforschung entwickelt wurde, so verschärft sich das Problem noch. Diese Rhetorik fordert etwa, daß der Forscher, um – so etwa Filstead (1970/1979) – »*Soziale Welten aus erster Hand*« zu erforschen, »*nah rangeh(t).. an die Daten*« (ebd.: 35) und »*die Rolle der handelnden Einheit (...) übern(immt)*« (ebd.: 36f.). Bei dem Versuch, solche Metaphern in Handlungsanweisungen für Forscher, in Methoden also, umzusetzen, haben sich häufig genutzte Vorstellungen und Metaphern hinsichtlich der Natur des qualitativen Forschungsprozesses entwickelt, welche interessanterweise sehr weitgehend den erkenntnistheoretischen Ideen des ansonsten streng gescholtenen Positivismus entsprachen.

Das ist etwa die Vorstellung, daß Theorien durch *Induktion* aus empirischem Datenmaterial entwickelt werden können, wie sie besonders in der einflußreichen Monographie »*The Discovery of Grounded Theory*« vertreten wird, in der Glaser und Strauss 1967 versucht haben, den Prozeß qualitativer Theoriebildung methodologisch zu beschreiben. Theoretische Konzepte sollen, so der hier häufig wiederholte Ratschlag, den Daten vom Untersucher nicht aufgezwängt werden, sondern aus ihnen »*emergieren*«. Der Forscher müsse sich vor allem hüten, diesen Vorgang durch sein eigenes theoretisches Vorwissen zu behindern und damit die entstehende Theorie zu verfälschen. Daraus folgt für Glaser und Strauss:

> »Es ist eine wirksame und sinnvolle Strategie, die Literatur über Theorie und Tatbestände des untersuchten Feldes zunächst buchstäblich zu ignorieren, um sicherzustellen, daß das Hervortreten von Kategorien nicht durch eher anderen Fragen angemessene Konzepte kontaminiert wird« (Glaser/ Strauss, 1967/1998: 47).

Solche Überlegungen liegen relativ nahe bei einem *induktivistischen* Modell des Forschungsprozesses, welches vorzugsweise von den empiristischen Philosophen des 17. und beginnenden 18. Jahrhunderts wie John Locke oder Francis Bacon vertreten wurde. Diesem Konzept zufolge soll der Forscher »unvoreingenommen« von theoretischen Vorüberlegungen an die Untersuchung empirischer Phänomene herangehen, um sicherzustellen, daß er die Realität wahrnimmt, so wie sie »tatsächlich« ist – ein *tabula rasa* Konzept menschlicher Erkenntnis, das in der modernen Erkenntnistheorie allenfalls ironische Kommentare provoziert, wie jener des Wissenschaftsphilosophen Imre Lakatos, ein solches Konzept verlange eine »*besondere Psychotherapie (...) mit deren Hilfe (...) (der) Geist auf den Empfang der Gnade bewiesener Wahrheit durch mystische Kommunion*« vorbereitet werden solle (Lakatos, 1982: 14). Schließlich stimmen fast alle modernen wissenschaftsphilosophischen Schulen darin überein, daß »*es keine Wahrnehmung geben (kann), die nicht von Erwartungen durchsetzt ist, und deshalb (...) es auch keine natürliche (d.h. psychologische) Abgrenzung zwischen Beobachtungssätzen und theoretischen Sätze.*« (ebd.) gibt. Aber auch die (z.B. in der klassischen Ethnographie kulturanthropologischer Ausrichtung manchmal angestellte) Überlegung, wonach die eigentliche Aufgabe qualitativer Feldforschung nicht in der Formulierung von Theorien, sondern in der *Beschreibung kultureller Phänomene* bestehe (vgl. etwa Geertz, 1983: 10; Tesch, 1990: 114; Lecompte/ Preissle, 1993: 39; Denzin, 1989[1]), lebt von der Fiktion einer theoriefreien Beobachtungssprache, die einen direkten Zugang zu den Tatsachen selber ermöglichen soll. Ein solcher methodischer Ansatz läßt sich nicht nur mit erkenntnistheoretischen Argumenten bestreiten, wie das hier dargestellte Beispiel deutlich machen soll: der Versuch, sich den Daten möglichst ohne theoretische Vorannahmen zu nähern, hat im Zweifelsfall zur Folge, daß man als Forscher über längere Zeit in den Daten regelrecht ertrinkt.

In ihrer eigenen Forschungspraxis sind allerdings auch Glaser und Strauss ihren eigenen Empfehlungen nicht gefolgt, vielmehr berichten sie an anderer Stelle, daß sie empirisches Datenmaterial aufgrund von *vor der Datenerhebung* entwickelten Konzepten analysiert haben. Weil sie sich der Probleme, die sich mit einer induktivistischen Sichtweise verbinden, bewußt waren, betonten sie, daß der Forscher über eine (von ihnen als »*theoretische*

---

1 Denzin bringt diesen naiven Realismus mit folgenden Worten gut auf den Punkt: »*Interpretive Interactionism attempts to make the world of lived experience directly accessible to the reader. It endeavors to capture the voices, emotions, and actions of those studied*« (Denzin 1989: 10), um nur eine Seite später eine konstruktivistische Sichtweise zu vertreten: »*In social life, there is only interpretation*«. Der inhärente Widerspruch ist schwer zu übersehen: wie kann, wenn alles soziale Leben auf Interpretationen beruht (und empirische Sozialforschung natürlich selber ein Teil des sozialen Lebens darstellt), der Sozialforscher einen »direkten« (das heißt eben nicht interpretierten) Zugang zu den Erfahrungen der Beforschten erhalten?

Sensibilität« bezeichnete) Perspektive verfügen müßte, die ihm hilft, »relevante Daten« und »signifikante Theorien« zu »sehen«. *Theoretische Sensibilität* stellt gewissermaßen die Fähigkeit des Forschers dar, über empirisch gegebenes Material *in theoretischen Begriffen* zu reflektieren; sie »*erlaubt es dem Soziologen, sich allmählich ein Instrumentarium von Kategorien und (materialen und formalen) Hypothesen zurechtzulegen*« (Glaser/ Strauss, 1967/1998: 4). Doch wie gelangt der Forscher zu jener Ausrüstung an Kategorien und Hypothesen?

Die Entwicklung der Methodologie der *Grounded Theory* während der letzten 30 Jahre läßt sich als ein Versuch verstehen, diese Frage zu beantworten und dabei den Widerspruch aufzulösen zwischen dem Anspruch, Theorien aus dem Datenmaterial zu entwickeln einerseits und der Unverzichtbarkeit theoretischen Vorwissens andererseits. Glaser und Strauss sind dabei jeweils unterschiedliche Wege gegangen (vgl. Kelle, 1998: 313 ff.; Kelle, 1996). In seinem 1978 erschienenen Buch »*Theoretical Sensitivity*« entwickelt Glaser das Konzept der *theoretischen Kodierung*, eine Zuordnung empirischen Datenmaterials zu theoretischen Begriffen. Glaser stellt dabei eine große Menge von *theoretischen Kodierfamilien* vor, auf die der Forscher zurückgreifen kann, letztendlich eine kaum geordnete Sammlung aller möglichen inhaltlich-soziologischen Begriffe (»*Status*«, »*Rolle*«, »*soziale Werte*«, »*Konformität*« u.v.a.m.) und formalen Konzepte (»*Intensität*«, »*Grad*«, »*Kontinuum*«, »*Interdcpendenz*«, »*Reziprozitat*«, »*Kovarianz*« u.v.a.m.). Statt der Emergenz theoretischer Konzepte aus dem Datenmaterial wird damit die Subsumtion empirischer Beobachtungen unter theoretische Begriffe zur zentralen Strategie der *Grounded Theory*. Dennoch hält Glaser an der induktivistischen Rhetorik fest, und kritisiert Strauss, der 1990 zusammen mit Corbin ein ähnliches Vorgehen vorgeschlagen hatte, sich dabei aber auf einen einzelnen theoretischen Ansatz beschränkt (Strauss/ Corbin, 1990/1996). Gegenüber Strauss und Corbin verteidigte Glaser mit Verve die induktivistische Rhetorik aus »*The Discovery of Grounded Theory*«. So legt er bspw. einen besonderen Wert darauf, daß der Forscher sich seinem Feld *ohne Forschungsproblem oder Fragestellung* nähert. Stattdessen: »*He moves in with the abstract wonderment of what is going on that is an issue and how it is handled*« (ebd.: 22). Während Strauss und Corbin die Verwendung von Literatur vor der empirischen Erhebung zulassen, beharrt Glaser darauf, daß »*there is a need not to review any of the literature in the substantive area under study*« (ebd.: 31). Jedes Hintergrundwissen ist, so Glaser, schädlich für die Anwendung der Methodologie der *Grounded Theory*: »*This dictum is brought about by the concern to not contaminate, be constrained by, inhibit, stifle or otherwise impede the researcher's effort to generate categories, their properties, and theoretical codes*« (ebd.).

Das Festhalten an der Emergenzmetapher führt Glaser schließlich hin zu grandiosen Wahrheitsansprüchen: »*Grounded theory looks for what is, not what might be, and therefore needs no test«* (ebd.: 67). Glasers Vorstellung zufolge werden hierbei nicht etwa Hypothesen, d.h. vorläufige Annahmen formuliert und weiter erhärtet, sondern Tatsachen beschrieben, weshalb sich jeder Versuch der weiteren Überprüfung erübrigt: einem solchen Verständnis des Forschungsprozesses zufolge ist es offenkundig unmöglich, daß ein Forscher bei der Sammlung und Analyse qualitativen Datenmaterials Fehler begeht.

4. Theorien als Werkzeuge und Resultate qualitativer Forschung

Demgegenüber muß ein angemessenes Modell für das Theorie-Empirie Verhältnis in der qualitativen Sozialforschung zwischen zwei grundlegenden Erfordernissen vermitteln:

1. Es muß einerseits der Unhintergehbarkeit theoretischen Vorwissens Rechnung tragen und darf nicht in den »Grundirrtum des Empirismus« (Quine, 1979) verfallen, daß dem Forscher oder der Forscherin eine vollständig theorielose Sprache zur Beschreibung empirischer Sachverhalte zur Verfügung stünde.
2. Das Modell muß andererseits dem zentralen methodologischen Anspruch qualitativer Ansätze genügen, solche Deutungsmuster und Sichtweisen der Akteure im untersuchten Feld zur Geltung zu bringen, zu denen der Forscher vor der Sammlung der empirischen Daten keinen Zugang hat. Das Modell muß es deshalb ermöglichen, nicht nur *ex ante* entwickelte Hypothesen zu prüfen, sondern auch bislang unbekannte soziale Phänomene im empirischen Gegenstandsbereich aufzudecken; es muß m.a.W. eine *Methodologie der Entdeckung* zur Verfügung stellen, mit deren Hilfe zentrale theoretische Konzepte anhand des empirischen Datenmaterials entwickelt werden können.

Dieser Widerspruch ist prinzipiell nur dann auflösbar, wenn die Unterschiede, die zwischen verschiedenen *Typen theoretischen Wissens* bestehen und die in der methodologischen Literatur oft vernachlässigt werden, in die Betrachtung einbezogen werden. Unter dem Einfluß methodologischer Konzepte der quantitativen und experimentellen Methodologie wird nun allerdings oft ein bestimmter Typus theoretischer Aussagen mit soziologischer Theorie generell identifiziert: *universell gültige, empirisch gehaltvolle, präzise operationalisierbare Aussagen über Zusammenhänge zwischen bestimmten allgemeinen Kategorien bzw. Variablen* (etwa in der Form »*Je niedriger das Qualifikationsniveau des Bildungsabschlusses, desto mehr aversive Einstellungen gegenüber Angehörigen fremder Ethnien werden geäußert*«). Nun existieren in der sozialwissenschaftlichen Theoriediskussion zahlreiche Konzepte (oft mit sehr hohem theoretischen Allgemeinheitsgrad), die etliche dieser Eigenschaften nicht aufweisen – so können viele abstrakte soziologische Konzepte und allgemeine Aussagen über soziale Phänomene oft nur schwer mit der Realität in Konflikt geraten, d.h. potentiell falsifiziert werden. Hierzu gehören viele jener theoretischen Aussagen, die im Rahmen von soziologischen »Großtheorien«, etwa strukturfunktionalistischen Systemtheorien, entscheidungstheoretischen Ansätzen und anderen Theorien auf hohem Abstraktionsniveau formuliert werden. Der Mangel an empirischem Gehalt wird dabei in der Regel um so größer, je universeller der Erklärungsanspruch der jeweiligen Theorie ist. Theorien mit dem Anspruch auf Erklärung von universellen sozialen Sachverhalten, die sog. »*Grand theories*« (Merton, 1968) der Soziologie, enthalten in der Regel eine große Anzahl von Kategorien und Annahmen, die nur sehr bedingt oder überhaupt nicht empirisch überprüfbar sind. Oft handelt es sich hierbei um definitorische (»tautologische«) Sätze ohne empirischen Gehalt:

> *Soziale Rollen sind Bündel von Erwartungen, die sich in einer gegebenen Gesellschaft an das Verhalten der Träger von Positionen knüpfen* (Dahrendorff, 1964: 25 f.).

Aus dieser Aussage lassen sich nicht ohne weitere Zusatzinformationen empirisch überprüfbare Hypothesen über konkretes soziales Verhalten ableiten. Hierzu müßten Annahmen darüber getroffen werden, *welche* Erwartungen in *welcher* Gesellschaft an *welche* Position geknüpft wird. Aber auch Aussagen aus verschiedenen anderen Großtheorien, die nicht ohne weiteres als Begriffsdefinitionen erkennbar sind, sind oft weitgehend empirisch gehaltlos, d.h. empirisch nicht oder nur eingeschränkt überprüfbar bzw. falsifizierbar (zu einer Diskussion dieses Problems im Kontext des *symbolischen Interaktionismus* vgl. Kelle/ Kluge, 1999: 33, und im Kontext von *Rational Choice* Ansätzen vgl. Kelle/ Lüdemann, 1995). Das bedeutet aber keinesfalls, daß solche Theorien für die Zwecke empirischer Forschung überflüssig oder unbrauchbar sind; obwohl sich aus ihnen nicht direkt empirisch prüfbare Hypothesen deduzieren lassen, liefern sie zentrale Konzepte und Relevanzgesichtspunkte, ohne deren Hilfe empirisches Material gar nicht zu ordnen und zu systematisieren wäre im qualitativen Forschungsprozeß.

Jene allgemeinen, abstrakten und empirisch gehaltlosen theoretischen Aussagen, die oftmals das Grundgerüst von *Grand theories* in der Soziologie bilden, lassen sich zwar nur schwer im Rahmen einer quantitativen, hypothetiko-deduktiven Forschungsstrategie direkt operationalisieren; im Kontext einer theoriegenerierenden, qualitativen Methodologie lassen sie sich jedoch als *Heuristiken* zur empirisch begründeten Konstruktion von gehaltvollen theoretischen Konzepten verwenden, denn

- *erstens* stellen sie dem Forscher oder der Forscherin jene theoretischen Perspektiven zur Verfügung, durch die sich soziologisch relevante Phänomene überhaupt erst wahrnehmen und beschreiben lassen, und
- *zweitens* sind diese Konzepte gleichzeitig hinreichend »offen«, so daß die Gefahr verringert wird, daß die Relevanzsetzungen der Befragten durch vorgängige Forscherhypothesen überblendet werden.

Mangel an empirischem Gehalt ist im Rahmen einer theoriegenerierenden Forschungsstrategie gerade ein Vorzug heuristisch-analytischer Konzepte. Denn hierdurch wird es möglich, auch solche empirischen Phänomene zu erfassen, die für den Forscher oder die Forscherin nicht antizipierbar sind. Ein heuristisch-analytisches Rahmenkonzept kann somit als ein theoretisches Gerüst für die Formulierung einer Theorie mittlerer Reichweite dienen. Aus Großtheorien abgeleitete Konzepte fungieren dann zu Beginn der Untersuchung als ein theoretisches Raster, welches durch empirische Beobachtungen zunehmend aufgefüllt werden kann. Für diesen Prozeß hat das *soziale Alltagswissen* der Akteure, welches bspw. durch qualitative Interviews erhoben und anhand dieser Daten rekonstruiert wird, eine zentrale Bedeutung, denn es liefert jenes empirische Material, mit dessen Hilfe das theoretische Raster zur Beschreibung konkreter sozialer Phänomene ergänzt werden kann.

Empirisch begründete Theoriekonstruktion beginnt also mit empirisch nur wenig gehaltvollen, allgemeinen und abstrakten Konzepten, die im Laufe der Auswertung *empirisch aufgefüllt* werden. Hierzu dient jenes Akteurswissen, zu dem sich der Forscher im qualitativen Forschungsprozeß einen Zugang verschafft. Das Ziel besteht dann in der Formulierung empirisch gehaltvoller Theorien über den untersuchten Gegenstandsbereich; in der Regel sind dies wiederum nicht universelle Theorien mit hohem Verallgemeinerungsanspruch, sondern Theorien über soziokulturell kontingente Strukturen in einem begrenzten Handlungsfeld.

5. Was ist der Fall und was ist der Typus? Lösungsskizzen für das dargestellte Theorie-Empirie-Problem

Der erste Schritt, um in dem dargestellten Forschungsprojekt *»der Fliege den Ausweg aus dem Fliegenglas zu zeigen«*, bestand nun darin, zu verdeutlichen, welche Theorieheuristik bislang implizit verwendet worden war. Intensivere Diskussionen brachten den Umstand zu Tage, daß die Auswertung der ersten Interviews durch eine Heuristik angeleitet worden war, die sich an psychologischen Merkmalen und generalisierten Einstellungen orientierte: es wurde nach individuellen *traits* bei den Befragten gesucht, um etwa *beziehungsorientierte* von *instrumentell orientierten Jugendlichen* zu unterscheiden. Die Analyse des Datenmaterials hatte aber immer wieder aufs Neue gezeigt, daß das Handeln der Interviewten sich keineswegs auf einen solchen einfachen Nenner bringen ließ. Bei jeder der tentativ entwickelten Typologien fanden sich zahlreiche Mischformen, stets gab es Zuordnungsschwierigkeiten zwischen Typus und Fall. Bei jedem Schritt der Auswertung – der offenen Kodierung, der ethnographischen Paraphrasierung und Beschreibung und auch bei den Versuchen zur Typenbildung – hatte stets der einzelne Fall als Bezugspunkt gedient. Diese implizite individuumsbezogene Heuristik erwies sich nicht nur als wenig hilfreich bei der Auswertung, sie trug auch eine unbeabsichtigte Tendenz zu pädagogischem Nihilismus in sich – anstatt Handlungsmöglichkeiten für die Erzieher und die Jugendlichen aufzuzeigen, hatte das Projekt daran gearbeitet, Jugendliche bestimmten Persönlichkeitstypen zuzuordnen.

Die entscheidende Wende in der Analyse des Datenmaterials trat in dem Moment ein, als diese implizite Theorieheuristik ersetzt wurde durch einen *handlungstheoretischen* Ansatz in der Tradition der pragmatistischen Sozialphilosophie und des Symbolischen Interaktionismus: Als zentrale Kategorien der sich hierbei entwickelnden theoretischen Achse erwiesen sich

1. das *Handlungsproblem* bzw. die *Handlungsprobleme*, mit denen sich die Jugendlichen auseinandersetzen mußten,
2. die *Definition* und *Interpretation dieses Handlungsproblems* durch die Jugendlichen,
3. sowie die zur Lösung dieses Problems entwickelten *Handlungsstrategien.*

Mit Hilfe dieses Rasters wurden nun nicht mehr die Jugendlichen selber, sondern deren Handlungsstrategien und Handlungsorientierungen zu Typen geordnet, wobei der Umstand berücksichtigt werden konnte, daß sich die verschiedenen Jugendlichen in unterschiedlichen situativen Kontexten auch verschiedener Handlungsmuster bedienten.

Der Blick auf die heuristisch-analytische Kategorie »Handlungsproblem« offenbarte schließlich eine erste *empirisch gehaltvolle* Schlüsselkategorie, die im übrigen bereits zuvor in Diskussionen latent vorhanden gewesen war: Jugendliche im Heim erfahren sich selbst stets in irgendeiner Art und Weise im Konflikt mit einem konventionellen Konzept von »Familie«, denn eine stationäre Heimunterbringung erzeugt ein schwerwiegendes Problem: Die eigene Abweichung von einer als normal unterstellten familialen Lebensweise, erzeugt durch Leben und Wohnen im Heim, muß in die eigene Identität integriert, ein »inneres Gleichgewicht« (vgl. Lambers, 1996) wiederhergestellt werden. Die Interviewten werden dabei nicht erst durch den Interviewer, sondern nahezu täglich mit der Frage konfrontiert, wer sie sind und wie sie die eigene Abweichung vom »normalen« Familienkonzept anderen und sich selbst gegenüber verständlich machen können. Die Typisierung von Handlungsorientierungen und -mustern, die es ermöglichen, entweder das eigene Bild von Familie aufrecht zu erhalten oder aber andere Lösungen zu finden, d.h. dieses Bild zu verändern und sich selbst in Bezug auf das Konzept Familie in eine neue Balance zu bringen, bildete nun das Endziel der Forschungsbemühungen.

Auf der Grundlage dieser Überlegungen wurde eine modifizierte, empirisch gehaltvollere theoretische Achse entwickelt, die für die Erstellung von *Arbeitsdiagrammen* (vgl. Abb. 1) genutzt wurde, mit deren Hilfe die einzelnen Fälle auf wenige Kategorien reduziert und ein Überblick der Fallstruktur entwickelt wurde.

Der mit Hilfe des Datenmaterials analysierte soziale Prozeß beginnt also mit einer langdauernden oder aktuellen *Konfliktsituation*, die zu einer *Heimeinweisung* führt. Entscheidend für den weiteren Verlauf ist nun die *Interpretation der familiären Problem- und Konfliktlage* durch die Jugendlichen.

Abbildung 1: Arbeitsdiagramm

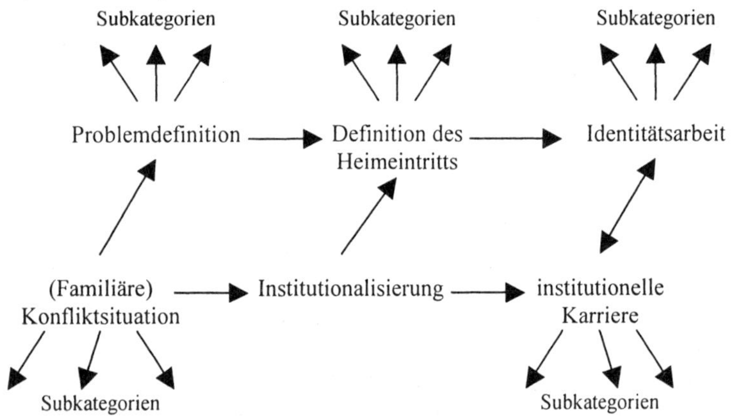

Wird die Ursache der Heimeinweisung bei den Eltern, im Umfeld der Familie oder bei dem Jugendlichen selbst gesehen? In einem nächsten Schritt stellt sich die Frage: Wie reflektieren die Jugendlichen das zeitlich zurückliegende Ereignis des *Heimeintritts*? Aus der Interpretation der familialen Konflikt- und Problemlage ergeben sich Strategien zur Bearbeitung des Familienkonfliktes durch eine Veränderung oder Beibehaltung von Familienkonzept und eigener Identität. Die leitende Fragestellung, deren Beantwortung nun die Auswertung der Daten dient, lautet dabei: Welche spezifischen, also auf die konkrete Infragestellung des Familienkonzepts bezogenen *Identitätsentwürfe* lassen sich (im Kontrast zu »normalen« und »unbelasteten«) herauslesen?

In einem ersten Schritt der Typenbildung lassen sich beispielsweise verschiedene Typen von *Problemdefinitionen* der Jugendlichen (vgl. auch das »Arbeitsdiagramm«, oben links) aus dem Datenmaterial herausarbeiten:

4. Der Jugendliche kann bspw. sein eigenes Verhalten bzw. seine eigene Person als den wesentlichen Auslöser für den Konflikt betrachten: »*Häte ich keinen Scheiß' gebaut, dann wäre ich nicht hier.*«
5. Der Jugendliche kann allerdings auch seine Familie bzw. einzelne Mitglieder als wesentliche Problemauslöser definieren. »*Ich bin hier, weil meine Mutter Alkoholikerin ist.*«

6. Weiterhin besteht die Möglichkeit, daß der Jugendliche solche eher klassischen Problemdefinitionen zurückweist und sich als Opfer institutioneller Praktiken von Problemdefinition erlebt, wie sie durch Instanzen formaler sozialer Kontrolle wie Polizei und Jugendamt ausgeübt werden. »*Ich bin hier vom Jugendamt reingebracht worden.*«

In weiteren Schritten lassen sich dann solche Typen von Problemdefinitionen in Zusammenhang bringen mit verschiedenen Typen von Bewältigungsstrategien: Sieht etwa der Jugendliche seine eigene Person als den wesentlichen Auslöser für den Konflikt, dann liegt es nahe, daß er oder sie ihr Familienkonzept ohne große Veränderung aufrechterhält, und dabei das Heim als eine Art Reparaturbetrieb interpretiert: »*Ich lerne hier, in feste Bahnen zu kommen*«, »*Ich verändere mich, damit ich wieder nach Hause kann*«.[2]

6. Zusammenfassung

Der hier vorgelegte Werkstattbericht aus einem bislang unabgeschlossenen Projekt der Jugendhilfeforschung sollte den *context of discovery* qualitativer Sozialforschung beleuchten und dabei typische Probleme des Forschungsprozesses illustrieren, mit denen Novizen und erfahrene qualitative Forscher gleichermaßen oft konfrontiert sind: erste Analyseversuche führen oft rasch dazu, daß Forscher in ihren Daten geradezu ertrinken, sich von detailgetreuen Darstellungen einzelner, wenig zusammenhängender empirischer Fakten nicht lösen können, und zu der eigentlichen Aufgabe, der theoretischen Verdichtung und Systematisierung des Materials, nicht vordringen. Durch einen Rückgriff auf mittlerweile klassische methodologische Schriften der qualitativen Forschung wurde versucht, die »dogmengeschichtlichen« Wurzeln dieser Probleme freizulegen. Als einer der zentralen methodologischen Ursachen für die Entstehung der skizzierten forschungspraktischen Probleme erweist sich dabei ein in der ethnographischen Methodenliteratur gehegtes »induktivistisches Selbstmißverständnis«, dem zufolge im qualitativen Forschungsprozess theoretische Konzepte durch einen induktiven Prozeß, d.h. durch eine sukzessive Generalisierung einfacher Beschreibungen zu theoretischen Begriffen, ohne die Verwendung theoretischen Vorwissens auf Seiten des Untersuchers, entwickelt werden können. Dieser wissenschaftstheoretisch naiven Vorstellung gegenüber muß die grundsätzliche Bedeutung theoretischen Vorwissens auch im qualitativen Forschungsprozess betont werden. Im

---

[2] Diese Schritte betreffen allerdings unabgeschlossene bzw. noch nicht begonnene Anteile des Arbeitsplans des Forschungsprojektes, deren Ergebnisse zu einem späteren Zeitpunkt publiziert werden.

Unterschied zu quantitativer, hypothetiko-deduktiv angelegter Forschung wird dieses Vorwissen jedoch nicht in Form empirisch gehaltvoller Hypothesen und meßbarer Variablen operationalisiert, sondern dient in der Form »heuristisch-analytischer Konzepte« zur Sichtbarmachung bislang nicht entdeckter sozialer Phänomene. Aus allgemeinen Großtheorien abgeleitete Konzepte, die ohne empirische Zusatzinformationen oft nur geringen Informationsgehalt besitzen, dienen hierbei als theoretisches »Skelett«, welches mit dem »Fleisch« von im Feld gewonnenen empirischen Informationen ergänzt wird.

Die Auswahl heuristisch-analytischer Konzepte darf jedoch keinesfalls zufällig oder willkürlich erfolgen, denn die angewandte Theorieheuristik entscheidet darüber, welche Arten von empirischen Phänomenen jeweils in den Blick geraten. Eingedenk eines Diktums Max Webers, daß sozialwissenschaftliche Forschung angesichts der unendlichen Mannigfaltigkeit der Erscheinungen stets eine interessen- und wertgeleitete Bestimmung des Forschungsgegenstands unternehmen muß (vgl. Weber, 1904/1968: 28 ff.), sollte die Auswahl einer (oder mehrerer) Theorieheuristiken mit großer Sorgfalt und im Hinblick auf die wissenschaftlichen Erkenntnisziele erfolgen. Dies gilt insbesondere deswegen, weil, wie das hier dargestellte Beispiel deutlich macht, implizite und undiskutierte Hintergrundannahmen, die als Heuristiken fungieren, sogar manche explizit formulierten Erkenntnisinteressen unterlaufen oder konterkarieren können.

Literatur

Curd, M. V., 1980: The logic of discovery: an analysis of three approaches. In: Nickles, T. (Hrsg.): Scientific Discovery, Logic and Rationality (Boston Studies in the Philosophy of Science, Vol. LVI). Reidel: Dordrecht: 201-219.

Dahrendorf, R., 1964: Homo sociologicus. Ein Versuch zur Geschichte, Bedeutung und Kritik der Kategorie der sozialen Rolle. Opladen: Westdeutscher Verlag.

Denzin, N., 1989: Interpretive Interactionism (Applied Social Research Methods Series, Vol. 16). Newbury Park: Sage.

Filstead, W. J., 1970/1979: Soziale Welten aus erster Hand. In: Gerdes, K. (Hrsg.): Explorative Sozialforschung. Stuttgart, Enke: 29-40. (erstmals 1970 erschienen als Teil der Monografie: »Qualitative Methodology: Firsthand Involvement with the Social World« (Chicago: Rand McNally)).

Friedrichs, J., 1980: Methoden empirischer Sozialforschung. Opladen: Westdeutscher Verlag (erstmals erschienen 1973).

Geertz, C., 1983: Dichte Beschreibung. Beiträge zum Verstehen kultureller Systeme. Frankfurt/M.: stw.

Glaser, B., 1978: Theoretical Sensitivity. Advances in the Methodology of Grounded Theory. Mill Valley: The Sociology Press.

Glaser, B., 1992: Emergence vs. Forcing: Bssics of Grounded Theory Analysis. Mill Valley, CA.: Sociology Press.

Glaser, B./ Strauss, A., 1998: Grounded Theory. Strategien qualitativer Forschung. Bern: Huber (erstmals erschienen 1967 unter dem Titel »The Discovery of Grounded Theory: Strategies of Qualitative Research bei Aldine de Gruyter, New York).

Hammersley, M./ Atkinson, P., 1983: Ethnography. Principles in Practice. London: Tavistock.

Kelle, U., 1996: Die Bedeutung theoretischen Vorwissens in der Methodologie der Grounded Theory. In: Böttger, A./ Strobl, R. (Hrsg.): Wahre Geschichten? Zu Theorie und Praxis qualitativer Interviews. Nomos Verlag: 23-48.

Kelle, U., 1997: Theory Building in Qualitative Research and Computer Programs for the Management of Textual Data. In: Sociological Research Online, 2, www.socresonline.org.uk

Kelle, U., 1998: Empirisch begründete Theoriebildung. Zur Logik und Methodologie interpretativer Sozialforschung. Weinheim: Deutscher Studienverlag, (1. Auflage 1984).

Kelle, U., 2000a: Computer-assisted Analysis. In: Bauer, M./ Gaskell, G. (Hrsg.): Procedures of Qualitative Research. London: Sage: 282 – 298.

Kelle, U., 2000b: Computergestützte Analyse qualitativer Daten. In: Flick, U./ Kardorff, E./ Steinke, I. (Hrsg.): Handbuch qualitativer Sozialforschung. Reinbek bei Hamburg: Rowohlt: 294 – 308.

Kelle, U./ Kluge, S., 1999: Vom Einzelfall zum Typus. Fallvergleich und Fallkontrastierung in der qualitativen Sozialforschung (Reihe Qualitative Sozialforschung, Bd. 4). Opladen: Leske + Budrich.

Kelle, U./ Lüdemann, C., 1995: »Grau, teurer Freund ist alle Theorie...« Rational Choice und das Problem der Brückenannahmen. In: Kölner Zeitschrift für Soziologie und Sozialpsychologie, 47: 249 – 267.

Lakatos, I., 1982: Die Methodologie der wissenschaftlichen Forschungsprogramme. Philosophische Schriften, Bd.1 Wiesbaden: Vieweg.

Lambers, L., 1996: Heimerziehung als kritisches Lebensereignis. Münster: Votum Verlag.

Lecompte, M. D./ Preissle, J., 1993: Ethnography and Qualitative Design in Educational Research. San Diego: Academic Press.

Merton, R. K., 1968: Social Theory and Social Structure. New York: The Free Press.

Quine, W. O. von, 1979: Von einem logischen Standpunkt. Neun logisch-philosophische Essays. Frankfurt/M., Berlin, Wien: Ullstein.

Reichenbach, H., 1983: Erfahrung und Prognose (Gesammelte Werke, Bd. 4). Herausgegeben von Andreas Kamlah und Maria Reichenbach. Braunschweig: Vieweg (erstmals erschienen 1938 unter dem Titel: Experience and Prediction).

Strauss, A./ Corbin, J., 1990/1996: Grounded Theory. Grundlagen qualitativer Sozialforschung. Weinheim: Beltz (erstmals erschienen 1990 unter dem Titel »Basics of Qualitative Research. Grounded Theory Procedures and Techniques« bei Sage Publishers, Newbury Park).

Strauss, A., 1994/1998: Grundlagen qualitativer Sozialforschung: Datenanalyse und Theoriebildung in der empirischen und soziologischen Forschung. München.

Tesch, R., 1990: Qualitative Analysis. Analysis Types and Software Tools. London: Falmer Press.

Weber, M., 1904/1968: Die »Objektivität« sozialwissenschaftlicher und sozialpolitischer Erkenntnis. In: ders.: Methodologische Schriften (herausgegeben von Johannes Winckelmann). Frankfurt/M.: Fischer.

ANDREAS HANSES

Angewandte Biographieforschung in der Sozialen Arbeit

Erörterungen zu »Abkürzungsverfahren« biographischer Analysen in praxisorientierter Forschung

Zur Bedeutung biographischer Forschung für anwendungsbezogene Untersuchungen und Praxisforschung in der Sozialen Arbeit

Im Zuge der Professionalisierungsdebatte in der Sozialen Arbeit und angesichts der Diskurse zur Konturierung eigenständiger Disziplinen wie »Sozialpädagogik« und »Sozialarbeitswissenschaft« sind Auseinandersetzungen über Konzepte um eine Forschung im Bereich der Sozialen Arbeit zunehmend notwendig geworden (vgl. Rauschenbach/ Thole, 1998). Ohne an dieser Stelle die Diskussion um die (Un-)Möglichkeit der Bestimmung einer eigenständigen sozialpädagogischen Forschung aufzugreifen (vgl. Lüders, 1998), sollen doch vier bedeutende Dimensionen professioneller Praxis genannt werden. Das Spannungsfeld zwischen (1) den *NutzerInnen* mit ihren biographischen und lebensweltlichen Erfahrungen und Selbstsichten, (2) den ihnen »begegnenden« *Institutionen* mit ihren Organisationsstrukturen und gesellschaftlichen Aufträgen, (3) den in der Institution arbeitenden *Professionellen* mit ihren professionellen Wissenskontexten, spezifischen Formen des Selbstverständnisses, biographischen Hintergründen und schließlich (4) den *Interaktionsordnungen*, welche die »Strukturierung« der konkreten Begegnung zwischen SozialarbeiterInnen/SozialpädagogInnen und den AdressatInnen bedingen, können als zentrale Kategorien einer professionellen Praxis Sozialer Arbeit beschrieben werden. Es sind diese wechselseitigen Erfahrungs- und Erwartungshorizonte, die Prozedierungen und Strukturierungen zwischen den *NutzerInnen* und *Professionellen* der Sozialen Arbeit, die sie umgebenden *Institutionen* und die rahmenden *Interaktionsordnungen*, die die Komplexität sozialer Praxis kennzeichnen. Der »sozialpädagogische Blick« muss somit seinen Horizont zwischen Subjekt- und Strukturperspektive und zwischen institutionellen und personellen Aspekten entwickeln (vgl. Rauschenbach/ Thole, 1998: 20). Forschungspragmatisch resultiert aus dieser skizzierten Komplexität professioneller Praxis Sozialer Arbeit die Notwendigkeit unterschiedlicher methodischer Zugänge zum »Feld« und zum »Subjekt«. Mit dem Verweis auf eine notwendige Methodenvielfalt wird aber keineswegs eine Beliebigkeit der methodischen Ansätze postuliert. Vielmehr genießen jene methodische Verfahren große Priorität, die einen Zugang zu den Selbstkonstruktionen der Beteiligten, zu Verlaufs- und Interaktionsprozessen sowie zu den strukturierten wie strukturierenden Aspekten professioneller Praxis eröffnen können. Insbesondere für Forschungskonzepte, die sich auf Handlungs- und Veränderungsperspektiven und die Analyse professioneller Praxis konzentrieren, sind Methoden der qualitativen Sozialforschung zu favorisieren.

Die Biographieforschung ist ein methodisches wie methodologisches Konzept, das Einsichten zu den Komplexitäten sozialer Welten und den Selbstthematisierungen ihrer ProtagonistInnen ermöglicht. Die Aktualität biographischer Ansätze in der Sozialen Arbeit zeigt sehr deutlich, dass mit dieser Methode für wissenschaftliche Analysen wie für eine Fallorientierung in der Praxis ein bedeutender Zugang zu den AdressatInnen der Sozialen Arbeit eröffnet werden kann (vgl. Schütze, 1983, 1993; Jakob/ Wensierski, 1997; Wensierski 1999; Hanses, 2000). Die Relevanz biographischer Forschung für die Soziale Arbeit kann auf mehreren Ebenen beschrieben werden.

(a) *Selbstthematisierung:* Mit der Erhebungsmethode des »narrativen Interviews« (vgl. Schütze, 1983, 1984), wird eine Interviewsituation geschaffen, in der die Interviewten durch die Zurückhaltung der Interviewenden die Möglichkeit erhalten, ihr eigenes Leben oder Ausschnitte aus ihrer Lebensgeschichte erzählerisch, ohne Störungen und vorgegebene Kategorien des Gegenübers entwerfen zu können. Der »erkenntnistheoretische Charme« dieser offenen Form der Selbstthematisierungen liegt nicht allein in einem quantitativen Zuwachs an erhobenem Datenreichtum, sondern ist vielmehr in der Struktur der sprachlichen Selbstpräsentation zu sehen. Aus biographischen Erzählungen erfahren wir nicht nur etwas über die Selbstsichten und die Eigentheorien eines Menschen, sondern mit der Ratifizierung der Erzählaufforderung und der Darstellung des Gewordenseins des eigenen Lebens reformulieren die Befragten aus der Gegenwartsperspektive den Ablauf von erinnerten (Lebens-)Ereignissen und ihren Verkettungen. Mit den Narrationen wird dann auch deutlich, vor welchen lebensgeschichtlichen Kontexten die Selbstsichten und Eigentheorien der Erzählenden zu verstehen sind. Die Erzählungen vermitteln einen Einblick in die *Handlungsorientierung*, die *Erleidensprozesse*, die Veränderungen von *Prozessstrukturen*, die *Evaluierungen* und die *Sinnhorizonte* der Erzählenden. Aufgrund der »biographischen Gesamtformung« der Erzählung ist weiterhin die Position und Aktualität der Gegenwartsperspektive und damit auch die Antizipation einer Zukunft der Erzählenden rekonstruierbar (vgl. Fischer-Rosenthal/ Rosenthal, 1997, 1997a).

(b) *Soziopoiese:* Gleichzeitig wäre die Potentialität biographischer Analysen weit verfehlt, wenn sie auf die Erfassung einer Subjektperspektive verkürzt würden. Wenn wir mit Herbert Mead (1998) die eigene Identität i aus den Prozessen der Vergesellschaftung und der Inkorporation der gesellschaftlichen Haltungen begreifen können, so ist auch die Biographie des Einzelnen immer nur aus der Tatsache zu verstehen, dass wir unser »eigenes Leben« nur vor dem Hintergrund thematisieren können, dass wir als Mann oder Frau sozialisiert werden, dass wir einer bestimmten Generation angehören und in einem bestimmten sozialen Raum und kulturellen Kontext aufgewachsen sind. Eine biographische Perspektive einzunehmen, bedeutet der Ambiguität von Biographie Rechnung zu tragen und festzuhalten, dass wir es bei biographischen Erzählungen immer mit sozialstrukturierten »Texten« zu tun haben, die gleichzeitig durch eine subjektive Perspektive eigensinnig gebrochen werden (vgl. Alheit, 1997). Für die Soziale Arbeit bedeutsam ist, dass mit biographischen Selbstthematisierungen die dem persönlichen »Schicksal« und den Widersprüchen zugrunde liegenden Strukturen der sozialen Welten sichtbar werden (vgl. Bourdieu, 1997).

(c) *Institutionalisierung:* Für Peter Berger und Thomas Luckmann (1999) stellt der Prozess der Institutionalisierung den Anfang jeder gesellschaftlichen Situation dar. Institutionen sind dabei als Objektivationen sozialer Praxis zu begreifen, die ihrerseits das soziale Handeln der Subjekte maßgeblich bestimmen. Durch die Institutionen werden in unserer Gesellschaft Lebensläufe und damit die Thematisierbarkeit von Biographie hervorgebracht. Erst vor dem Hintergrund, dass wir in unserer Gesellschaft ähnliche Prozesse der Institutionalisierung durchlaufen, wie z. B. Schule, Beruf, Familie, wird es uns möglich, uns dem anderen gegenüber biographisch zu präsentieren, werden wir vor dem Hintergrund geteilter Lebenserfahrungen und sozialer Sinnhorizonte in unserer biographischen »Einmaligkeit« wahrnehm- und verstehbar. Ein weiteres Kennzeichnen von Institutionen ist es, dass sie ihre Strukturiertheit »naturalisieren« (vgl. Douglas, 1991) und damit die Gewordenheit und die zugrundeliegenden historischen Prozesse verdecken. Institutionen ermöglichen den sozial Handelnden, sich Entscheidungsrahmen, Sinnkategorien und Wissenskontexte anzueignen. Dabei werden diese Wissens- und Handlungsressourcen oftmals durch die Akteure »einverleibt«, so dass ihr Handeln hintergründig durch die institutionellen Strukturen beeinflusst wird. Biographische Erzählungen enthalten somit wichtige Verweise darauf, welche institutionellen Erfahrungen biographisch explizit wie implizit handlungsrelevant verankert werden, welche Sinnhorizonte gegenüber professionellen Systemen entwickelt wurden und wie Hilfeplanungen möglicherweise kontraproduktiv an Sinnressourcen der AdressatInnen der Sozialen Arbeit vorbeioperieren (vgl. Hanses, 1996, 2000a; Hanses/Börgartz 2001). Darüber hinaus beinhalten biographische Erzählungen wichtige Verweise auf erfahrene wie aktuelle Interaktionsordnungen. Die Rahmungen institutioneller Prozesse sind über die biographischen Selbstpräsentationen zu analysieren (vgl. Sander, 2000).

Biographieforschung besitzt für angewandte Forschungskonzepte bzw. für die Praxisforschung in der Sozialen Arbeit die Bedeutung, dass mit dieser

Methode wichtige fallbezogene Kategorien, wie *Handlungsorientierungen, Sinnhorizonte, Prozessstrukturen* der NutzerInnen und darüber hinaus soziale und gesellschaftliche *Prozedierungen, institutionelle Erfahrungsaufschichtungen* und aktuelle *interaktionsbezogene Rahmungen* analysierbar werden können. Damit werden wichtige Erkenntnisse für eine Neuorientierung professioneller Praxis und Theoriebildung zu zentralen Fragestellungen der Sozialen Arbeit möglich (vgl. Hanses, 2001).

Der Notwendigkeit und Sinnhaftigkeit biographischer Forschung im Kontext der Sozialen Arbeit steht oftmals ihr Ruf wissenschaftlicher Exklusivität und Ansprüchlichkeit gegenüber. Ausführliche Fallpräsentation von 100 oder 200 Seiten Umfang (vgl. u.a. Alheit/ Glaß, 1986; Riemann, 1987; Dausien, 1996; Hanses, 1996) zeigen sehr deutlich das Potential biographischer Analysen. Der Interpretationsprozess wird für die Lesenden nachvollziehbar, die unterschiedlichen Prozessstrukturen und Umbrüche biographischer Verläufe werden beobachtbar. Darüber hinaus stellt die ausführliche Dokumentation der Fälle die Möglichkeit dar, die biographischen Erzählungen unter anderen Fragestellungen neu zu analysieren und so eine Art »kanonischer Fallpräsentationen« einer biographieorientierten Sozialen Arbeit herzustellen. Gleichzeitig sind diese ausführlichen Präsentationen aber auch Zeugnis dafür, dass »große« biographische Interviews bei der Erhebung einige Stunden und in der Auswertung mehrere Monate Auswertungszeit umfassen können. Ein Zeitrahmen, der in Forschungs- und Dissertationsprojekten zur Verfügung stehen mag, aber im Kontext begrenzter Zeitressourcen einer praxisorientierten Forschung selten vorhanden ist. Dies führt häufig zu der Wahl anderer Erhebungsmethoden, und damit geht oftmals ein Verzicht und Verlust auf die aussagekräftige Analyse narrativer Selbstthematisierungen einher. Der Druck eines Zeitmanagements führt möglicherweise zur Einbuße wichtiger Erkenntnisse.

An diesem Problem möchte der vorliegende Beitrag ansetzen. Die zentrale Frage ist, wie im Kontext anwendungsbezogener und praxisorientierter Forschung das Potential biographischer Verfahren bei gleichzeitiger Berücksichtigung begrenzter (Zeit-)Ressourcen genutzt werden kann. Gibt es »Abkürzungsverfahren« biographischer Analysen, ohne zu einer Vereinfachung wissenschaftlicher Erkenntnis zu tendieren? Der notwendigerweise in Anführungszeichen gesetzte Begriff »Abkürzungsverfahren« mag die Existenz »unbekannter« Schleichpfade suggerieren. Aber die Hoffnung auf ein rezepthaftes »quick and easy« biographischer Analysen muss hier vereitelt werden. In den folgenden Ausführungen gilt es, vor dem Hintergrund eigener Forschungserfahrungen[1] Überlegungen zur Verdichtung und Verkürzung von

---

[1] Ein laufendes Forschungsvorhaben zur professionellen Praxis der Sozialdienste in Krankenhäusern und Verbesserung der NutzerInnenorientierung (vgl. Hanses/ Börgartz 2000), das Anliegen eine »biographische Diagnostik« in die berufliche Rehabilitation zu implementieren

Analyseprozessen vorzustellen. Eine Verkürzung biographischer Analysen ist allerdings voraussetzungsreich. Es bedarf eines Wissens und einer Erfahrung im Umgang mit biographischen Verfahren, eben ein analytisches »Gespür«, um zu entscheiden an welcher Stelle »verdichtet« werden kann und wo eine »Verkürzung« von Arbeitsschritten ohne Vereinfachungstendenzen möglich ist. Die hier vorgestellten methodischen Überlegungen erheben keinen Anspruch auf »Gültigkeit« für jeden Forschungsbereich, sondern konzentrieren sich auf Untersuchungen, bei denen die biographischen Erzählungen im Kontext professioneller Praxis und institutioneller Rahmungen analysiert worden sind.

Da das narrative Interview als Erhebungsinstrument und Auswertungsstrategie in der Fachliteratur bereits häufig und detailliert beschrieben worden ist (vgl. Schütze, 1983, 1984; Fischer-Rosenthal/ Rosenthal, 1997, 1997a; Glinka, 1998), werde ich im Folgenden nicht auf den gesamten biographischen Auswertungsprozess eingehen, sondern meine Ausführungen auf drei Bereiche beschränken:

- auf die Möglichkeit, biographische Interviews auf bestimmte Lebensbereiche und -phasen zu begrenzen,
- auf die Notwendigkeit eines konturierten sensibilisierenden Konzeptes, um abduktive Prozesse zu ermöglichen und Auswertungen (forschungsökonomisch) zu verdichten,
- auf die Konzentration und Schwerpunktsetzung einzelner Analyseschritte im Gesamtverlauf der biographischen Auswertung.[2]

Von der »biographischen« zur » fokussiert-narrativen« Erzählgenerierung

Wesentliches Kennzeichen biographischer Forschungsansätze ist es, durch eine offene Fragestellung Erzählungen über die Gesamtperspektive der ganzen Lebensgeschichte »hervorzulocken«. Wird die Erzählaufforderung durch den Interviewten ratifiziert, so kann eine ausführliche lebensgeschichtliche

(vgl. Hanses, 2000; Dern/Hanses, 2001), eine Schulbegleitforschung über das Abbrechen und »Durchhalten« der Schulausbildung der SchülerInnen einer Abendschule, aber auch viele Formen studentischer Arbeiten (Diplomarbeiten, Forschungspraktika) und die Diskussionen in der Forschungswerkstatt des Instituts für angewandte Biographie- und Lebensweltforschung (IBL) der Universität Bremen bilden den Fundus an Erfahrungen, die den hier thematisierten Erörterungen zu möglichen »Abkürzungsstrategien« biographischer Analysen zugrunde liegen.

2 Dabei beziehen sich die folgenden Ausführungen nicht auf eine besondere Form praxisorientierter Forschung, sondern visieren den gesamten Bereich anwendungsbezogener Untersuchungen. Dies umschließt sowohl Bereiche wissenschaftlicher Forschung mit deutlicher Praxisorientierung, als auch Begleit- und Evaluationsstudien (vgl. Müller, 1998; Schmidt-Grunert, 1999) sowie von Professionellen selbst durchgeführte Formen einer Praxisforschung (vgl. Prengel, 1997; Schaub, 1999) und fallorientierte Analysen in der Praxis (Schütze, 1993, 1994; Uhlendorff, 1997; Hanses, 2000; Dern/Hanses, 2001).

Selbstpräsentation folgen. Somit liegt der Analyse die Gesamtgestalt eines biographischen Entwurfs vor. Mit solchen ausführlichen, die gesamte Lebensgeschichte umspannenden Erzählgestalten ist es möglich, eine genaue Beziehungsanalyse zwischen dem erzählten und erlebten Leben zu entwickeln. Die Offenheit dieser Erhebungsform bietet die Möglichkeit, dass die Erzählenden viele Lebensbereiche – wie beispielsweise Kindheit, Schule, Familie, Berufswelt und (Liebes-)Beziehungen – thematisieren können. Darüber hinaus lassen sich an ausführlichen biographischen Rekapitulationen mögliche Umbrüche, Veränderungen und Prozessstrukturen nachzeichnen. Insofern kann das »große« biographische Interview sicherlich als ein Königsweg beschrieben werden, wenn es darum geht, eine Analyse von Prozessverläufen und dem »Gewordensein« der Selbstthematisierungen der Befragten vorzunehmen.

Allerdings kann angesichts des Aufwandes der Interviewerhebung, der Transkription und vor allem der Auswertung ausführlicher biographischer Interviews gefragt werden, ob für bestimmte Forschungszuschnitte Begrenzungen des Interviewumfangs zu erreichen sind, ohne dass diese zu einer wesentlichen Verflachung der Erhebung und unzulässigen Reduktion des Textmaterials führen. »Von der biographischen zur narrativen Erhebung«, so könnte hier das Anliegen, die biographische Methode mit Forschungsökonomie und Forschungsdichte in der Erhebungsphase sinnbringend zusammenzubringen, skizziert werden. Damit ist kein Widerspruch, sondern nur eine Fokussierung oder Pointierung der Aufmerksamkeitsführung in der Interviewsituation angesprochen.

Insbesondere in Untersuchungskonzepten, in denen weniger der gesamte biographische Verlauf in der Selbstthematisierung, sondern Fragen nach den Handlungsorientierungen, den aktuellen Sinnhorizonten, dem Umgang mit Lebenskrisen (Krankheit, Sucht u.a.), den Erfahrungen mit Institutionen und professioneller Praxis der Sozialen Arbeit interessieren – also der Zusammenhang von *Biographie, Institution* und *professioneller Praxis* im Vordergrund steht –, kann eine Fokussierung der Fragestellungen sinnvoll sein. Einstiegsfragen nach dem Beginn, der Zuspitzung und dem Verlauf kritischer Lebenssituationen, nach dem Zeitpunkt und den Folgen einer medizinischen oder psychosozialen Diagnosenstellung, Fragen nach dem Zugang zu spezifischen Institutionen (z. B. Psychiatrie, Heim, Knast) oder professionellen Hilfestellungen sind mögliche sinnvolle Eröffnungen für narrative Selbstthematisierungen, in denen die kognitiven Figuren des Erzählens ebenfalls zum tragen kommen (vgl. Schütze, 1984; Glinka, 1998). Bedeutsam ist dabei, dass die Eröffnungsfragen, bei aller Fokussierung auf einen lebensgeschichtlichen Bereich oder auf eine spezifische Lebenssituation, ausdrücklich so vorgestellt werden, dass sie eine erzählgenerierende Wirkung haben. Dieser Sachverhalt besitzt bei der Fokussierung der Eingangsfrage insofern eine besondere Bedeutung, da das Herausgreifen von oftmals institutionell stark vorstrukturierten Lebensbereichen – wie z. B. Krankheit, Psychiatrie, Diagnose – zu einer Selbstpräsentation führt, die extrem durch Argumentationen, Beschreibungen, allenfalls durch Erzählmodi des Berichtens gekennzeichnet ist. Bei aller Eingrenzung der Eröffnungsfrage ist das Hervorlocken von Erzählungen eine wichtige, erkenntnisbereichernde Maxime. In vielen Auswertungen zeigt sich, dass es die narrativen Passagen eines Interviews sind, die eine hohe Aussagekraft für den Auswertungsprozess besitzen. Wenn bestimmte Lebensphasen oder -bereiche in dem ersten Erzählbogen nur kurz oder überhaupt nicht angesprochen worden sind, so können diese dann in der Nachfragephase gezielt angesprochen werden. Wichtig ist auch hier, dass erzählstimuliert gefragt wird. Erst am Ende des Interviews, sollte dann themenbezogen nachgefragt werden.

Mit dieser erzählorientierten Fokussierung ist ein sinnvoller forschungsökonomischer Weg zur Erhebung von narrativem Datenmaterial für eine praxisorientierte Forschung gegeben. Sicherlich besteht immer die Gefahr, dass durch die thematischen Fokussierungen Vorgaben in der Aufmerksamkeitsführung gesetzt werden und die Interviewten bei einer offeneren Fragestellung ganz andere biographische Selbstkonstruktionen geliefert hätten. Diese Schwierigkeit lässt sich nicht ganz vermeiden, dennoch ermöglicht die Auswertung fokussiert narrativ erhobener Interviews wichtige Einsichten in die *Eigenlogik der Erzählung, Handlungsorientierungen, Ressourcen* und in die *Muster des Umgangs mit professionellen Hilfesystemen.* Sowohl der subjektive Eigensinn als auch die Strukturierungen durch die Sozialwelt sind gleichermaßen auszumachen (vgl. Hanses, 2000).

An dieser Stelle ist zu ergänzen, dass auch Interviews, die eigentlich biographisch angelegt sind, keineswegs in einer »offen« biographischen Selbstpräsentation münden müssen, und dies nicht nur, weil die Interaktion zwischen InterviewerInnen und Interviewten nicht gelingt. Anhand unterschiedlich gelagerter Forschungs-, Praxis- und Kooperationsprojekte zeigte sich, dass die Nähe der Interviewsituation zu einer institutionellen Rahmung oder/und zur Virulenz einer akuten Lebenskrise narrative Selbstthematisierung über die Gesamtbiographie stark erschweren oder sogar unmöglich machen. So ist es nicht verwunderlich, wenn z. B. die gerade mit einer dramatischen Krebsdiagnose konfrontierte Patientin sich für eine Studie zu einem Interview zur Verfügung stellt, in der es um die Verbesserung der Patientenorientierung der Sozialdienste im Krankenhaus geht und der Kontakt auch über diese professionelle Gruppe hergestellt wurde, dass hier nach einer offenen Erzählinitiierung die Interviewte ihre »biographische« Selbstpräsentation mit der Inszenierung ihrer Krankengeschichte beginnt. Erst danach werden andere Bereiche ihres Lebens erzählbar. Sowohl die Brisanz ihrer gegenwärtigen Situation als auch die institutionelle Rahmung durch die Fragestellung der Studie und die Nähe zur Klinik prägen in einem entscheidenden Maße, *was* und in *welcher Form* über das eigene Leben erzählt werden kann. Praxisforschung in der sozialen Arbeit wird es häufig mit der Situation zu tun haben, dass die institutionellen Rahmungen der Untersuchung und die Brisanz der aktuellen Lebenssituation die narrativen Selbstthematisierungen stark vorstrukturieren. In diesem Kontext kann allerdings nicht von einem »Scheitern« narrativer Interviewführung oder einer Nicht-Eignung der (biographischen) Methode gesprochen werden. Vielmehr ist der Tatsache Rechnung zu tragen, dass Erzählungen stärker fokussiert und somit zentrale Aspekte biographischer Selbstpräsentationen mehr in Formen »symbolischer Verdichtungen« präsentiert werden. Damit eröffnen sich allerdings bedeutsame Verweise auf institutionelle Rahmungen, Interaktionsordnungen und Sinnhorizonte (vgl. Hanses, 2000, 2001a). So ist diese Struktur der Interviewverläufe – ebenso wie das Verfahren des fokussiert-narrativen Interviews – nicht einfach als ein »kleines«, weniger elaboriertes und damit weniger aussagekräftiges biographisches Interview bzw. als Erhebungsform zweiter Wahl zu begreifen, sondern kann bei der Berücksichtigung dieser strukturellen Dimensionen wichtige Erkenntnisse über den Zusammenhang biographischer Selbstkonzepte und professioneller Praxis im Auswertungsprozess ermöglichen.

Das sensibilisierende Konzept als notwendige Verdichtung eines stringenten Analyseprozesses

Durch die Eingrenzung der Einstiegsfrage ist eine mögliche Begrenzung des Interviewumfanges gegeben, ohne dabei auf wichtige Konstruktionsprinzipien der Selbstthematisierung zu verzichten. Da allerdings die Erhebung oftmals nur einen kleinen Teil der für die Forschung zur Verfügung stehenden Zeit in Anspruch nimmt, stellt sich die Frage, wie auch im weiteren analytischen Vorgehen sinnvolle Verdichtungen im Forschungsprozess zu ermöglichen sind. Grundlegend stellt sich hier erst einmal die Frage, wie wir überhaupt Erkenntnisse aus den narrativen Interviews gewinnen können. Regine Gildemeister und Günther Robert (1997) betonen im Kontext einer Fallorientierung in der Sozialen Arbeit, dass es für eine Fallanalyse wichtig ist, sie aus der »Sprache des Falls« selbst zu ermitteln, welches aber nicht mit dem Sprechen der Akteure zu verwechseln ist. Hier wird also der erkenntnisbezogene qualitative Sprung deutlich: Was unterscheidet das *Sprechen der Akteure* von der Fallanalyse in der *Sprache des Falles*? Sicherlich können die biographischen Interviews im Rahmen einer Erhebung deskriptiv genutzt werden, um so Einsichten in die Problemlagen, biographischen Kontexte und lebensweltlichen Bedingungen der Befragten zu bekommen. Auf dieser Ebene würde die Untersuchung allenfalls explorativen Charakter besitzen. Im Zusammenhang mit diesen Ausführungen wird der Nutzen einer angewandten Biographieforschung für die Felder Sozialer Arbeit in der Generierung neuer theoretischer Ideen verortet. Dabei soll an dieser Stelle offen bleiben, ob die Ziele der Begriffsbildung auf der Ebene der Problemlösungen, professionellen Handlungsstrategien oder einer Theoriebildung mittlerer Reichweite angesiedelt sind. Ziel ist es also nicht, durch Inhaltsangaben und Paraphrasierungen das Sprechen der Befragten zu verdoppeln, sondern ein Forschungsergebnis zu entwickeln, das so nah an der Konkretheit des Falles und dennoch so »theoretisch« und begriffsbildend ist, dass es – um hier auf den Begriff von Regine Gildemeister und Günther Robert zurückzugreifen – das »Prädikat« einer Analyse in der »Sprache des Falles« verdient. Barney Glaser und Anselm Strauss (1967) haben für diesen Sachverhalt den Begriff der »grounded theory«, der gegenstandsbezogenen Theoriebildung verwandt. Damit sind zwei wesentliche Neuerungen angesprochen worden:

- Soziale Daten dienen nicht mehr allein der Verifikation oder Falsifikation schon bestehender Theorien. Das Material soll selbst Gegenstand einer Theorieentwicklung sein.
- Theorien benötigen, wenn sie eine gewisse Nähe zu dem untersuchten Gegenstandsbereich aufweisen sollen, eine Sättigung durch die Empirie selbst (vgl. u.a. auch Kelle, 1994; Kelle/ Kluge, 1999).

Um zu einer Theoriegenerierung zu gelangen, schließen sich deskriptive oder deduktive Forschungsverfahren aus. Mit ihnen kann nur eine Beschreibung ermöglicht oder Theorien bestätigt oder falsifiziert werden. Aber wie ist eine Theorieentwicklung in der »Sprache des Falls« zu entwickeln? Ein induktives Vorgehen, also die konkrete Betrachtung der biographischen bzw. narrativen Texte, emergiert keine Theorie von allein. Zur neuen Begriffsbildung benötigen wir ein theoriegeleitetes Konzept, mit dem wir Theorie mit der Konkretheit des Falles brechen und so neue und innovative Erkenntnisse entstehen können. Es bedarf eines (theoriegeleiteten) sensibilisierenden Konzeptes, also Formen der »Aufmerksamkeitsführung« mit heuristischen Qualitäten, mit denen wir die Analyse des Datenmaterials bewerkstelligen können. *Das »sensibilisierende Konzept« besitzt dabei aber nicht nur die Qualität für eine Theorieentwicklung, sondern mit einem für den Gegenstandsbereich sinnvoll ausdifferenzierten heuristischen Konzept kann der Analyseprozess forschungsökonomisch verdichtet werden.*

Im Folgenden werden mögliche Grundelemente eines sensibilisierenden Konzeptes vorgestellt, wie sie sich im Feld der Untersuchungen zur professionellen Praxis Sozialer Arbeit und biographischen Fallanalyse im institutionellen Kontext als sinnvoll erwiesen haben.

Erzählgestalt: Jedes heuristische Konzept, das für eine Analyse biographisch-narrativer Texte genutzt werden soll, bedarf eines Wissens um die besondere Struktur des Datenmaterials: Gemeint ist damit die Tatsache, dass wir es mit Erzählungen zu tun haben. Narrationen unterliegen bestimmten Erzählzwängen, werden mit Hilfe »kognitiver Figuren« produziert, unterliegen – bei allem vordergründigen und scheinbaren Chaos – gestalthaften Inszenierungen, und der Ablauf der Lebensereignisse unterliegt einer Sequenzierung in der Darstellung (vgl. Schütze, 1984; Rosenthal, 1995; Glinka, 1998). Mit der Sensibilisierung für diese Besonderheit von Narrationen können wichtige Analyseergebnisse im Hinblick auf die Basisstrategien der Erzählenden, die sozialen Rahmungen von Ereignissen und Ereignisverkettungen wie Prozessstrukturen gewonnen werden. Vor allem ist hiermit die zentrale analytische Aufmerksamkeit auf die Tatsache gerichtet, dass nicht nur das *Was* des Erzählten, sondern auch die *Sequenzialität* des Vorgestellten und das *Wie* der Ereignisdarstellung von Bedeutung sind. Die Analyse der Erzählgestalt narrativer Texte sollte auch bei allen forschungspragmatischen Überlegungen Kernbestandteil eines sinnvollen biographieorientierten Analyseprozesses in der Praxisforschung bleiben und steht deshalb in der obigen Grafik im Zentrum der unterschiedlichen Kategorien des vorgestellten sensibilisierenden Konzeptes.

Sensibilisierendes Konzept

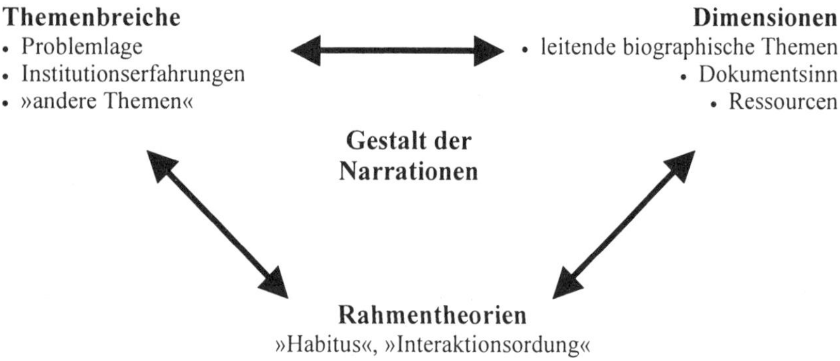

Themenzentrierung: Über die Sensibilisierung für die Struktur von narrativen Selbstpräsentationen hinaus ist die »Kontrastierung« der Erzählanalysen durch thematische Schwerpunkte für eine Verdichtung des Forschungsprozesses bedeutsam. Dabei sollen mit einer thematischen Fokussierung die biographischen Analysen nicht zurückgestellt oder »überformt« werden. Vielmehr liegt der Sinn thematischer Fokussierungen in der Erzeugung einer produktiven Spannung zwischen der Sequenzialität von Narrationen und der Thematisierung bestimmter Lebenserfahrungen und Lebenswelten. Zudem ist das Elaborieren von Themenbereichen für die Verdichtung des Forschungsprozesses von großer Wichtigkeit. Aus ihnen können bedeutende Kategorien für eine analytische Fallverdichtung und einen Fallvergleich entwickelt werden. Natürlich sind für jede Untersuchung und Fragestellung unterschiedliche Themenbereiche von Relevanz. Für viele Studien im Sektor der angewandten Forschung in der Sozialen Arbeit dürfte der Bereich der Problemsituation (Krankheit, Sucht, Dissozialität u.a.), ihre Entstehung, Weiterentwicklung,

Chronifizierung und der Zugang zu professionellen Hilfesystemen von großer Bedeutung sein. Insbesondere für Untersuchungen in Praxisfeldern mit tradierten institutionellen Rahmungen – wie z. B. Klinik, Heim, Schule – ist eine Aufmerksamkeitsführung auf den Aspekt biographischer Institutionserfahrung und die Art und Weise ihrer Darstellung in den narrativen Selbstthematisierungen von bedeutender Qualität für die Analyse des Zusammenwirkens professioneller Strategien mit den Selbstkonstruktionen und Erfahrungen der NutzerInnen der Sozialen Arbeit.

Dimensionen: Über die Sensibilisierung für die Gestalt von Narrationen und themenbezogene Fokussierungen hinaus, lassen sich diese Betrachtungsebenen weiter spezifizieren. Im Kontext der »biographischen Diagnostik« (Hanses, 2000) sowie angewandter Biographieforschung im Bereich klinischer Sozialarbeit haben sich drei Dimensionen der Aufmerksamkeitsrichtungen und ihre gegenseitige Inbezugnahme als sehr produktiv erwiesen: die *leitenden biographischen Themen*, der *Dokumentsinn/Sinnüberschuss* von Erzählung und die *Ressourcen* der ProtagonistInnen.

Mit den *leitenden biographischen Themen* wird auf einen Sachverhalt verwiesen, den Fritz Schütze (1981, 1984) mit der kognitiven Figur der biographischen Gesamtformung autobiographischer Stegreiferzählungen gekennzeichnet hat. Die biographischen Selbstpräsentationen unterliegen einer spezifischen, aus der Gegenwartsperspektive erzeugten und für die Erzählenden sinnhaften Figuration. Diese kann (bei »großen« biographischen Erzählungen) aus einer oder mehreren Erzähllinien, Haupt- und Seitengeschichten, Umbrüchen und Modifikationen bestehen. Narrative Interviews mit einer fokussierten Erzähleröffnung oder Interviews, die im engen Kontext einer akuten dramatischen Lebenszuspitzung oder institutionellen Nähe erhoben worden sind, erhalten eine starke Stringenz in der Gestaltführung (vgl. Hanses, 2000, 2000b). Die Dramatik der Gegenwartsperspektive oder die durch Interaktionsordnungen (Goffman, 1994) aktivierte Präsentation eines »bestimmten« Selbst, veranlasst die Erzählenden, ihre Erzählung mit einer sehr klaren, mehr expliziten oder impliziten »Moral« zu versehen. Bei der relativen Begrenzung der Erzählung werden die Ereignisabläufe unter diesem Erzähltopos präsentiert. Das Leben wird so z. B. als Schicksal, als Leidensweg und als Fremdbestimmung vorstellig. Hinsichtlich des sensibilisierenden Konzeptes bedeutet dies, die analytische Wahrnehmung auf die zentralen leitenden Themen zu fokussieren, die zu dieser besonderen Erzählgestalt führen. Was ist die Botschaft der Erzählung, oder mit Karl Mannheim (1964) gefragt, was ist der »Ausdruckssinn« der Erzählung? Welche Intention legen die Erzählenden in ihre Selbstpräsentation hinein? Welche Selbstthematisierung oder »Selbstmystifikation« (Stark, 1996) wird dem Gegenüber offeriert?

Die Stringenz der Erzählgestalt fokussierter narrativer Interviews führt allerdings dazu, dass bestimmte Teile des Lebens nicht erzählt werden können und dies nicht aus Gründen fehlender Zeit. Vielmehr würden sie die Moral der Erzählung oder die Präsentation eines bestimmten Selbst stören, vielleicht sogar konterkarieren. So können z. B. in der Stringenz einer durch Krankheit bedingten Leidensinszenierung »Erfolgsgeschichten« des eigenen Lebens nicht integriert werden. Das Erzählte, so bedeutsam es für das Selbstverständnis der ErzählerInnen ist, verweist immer auf einen großen Bereich des Nichtthematisierten. Damit ist ein wesentlicher Aspekt des Erzählens angesprochen: Die Narrationen besitzen mehr »Sinn« als den Erzählenden im Prozess der Selbstpräsentation reflexiv zugänglich ist. Wir können im Erzählen nicht alle sozialen Rahmungen, alltagsweltlichen Erfahrungen und Handlungen mitexplizieren. Wie in einer Gestalt-Grundkonfiguration hebt sich die Erzählgestalt von dem nicht thematisierten und thematisierbaren Grund, dem »Sinnüberschuss« der Erzählung ab. Der Begriff des »praktischen Bewusstseins« (Giddens, 1988) skizziert diesen Sachverhalt sehr treffend. Es handelt sich hier um ein praktisches, in Alltagssituationen und -handlungen erworbenes Wissen, über das wir nicht immer reflexiv verfügen, das allerdings unser Handeln und biographische Entwürfe weitreichend beeinflusst. Für die Analyse narrativer Texte gilt es über die Erfassung des Ausdruckssinns, den *Dokumentsinn* (Mannheim, 1964) zu erfassen, also über die Intention der Erzählungen hinaus, die nicht thematisierten Verweise auf kulturelle Muster, latente Handlungspraxis und Sinnhorizonte zu erfassen. Insbesondere bei den oben beschriebenen Narrationen ist die Analyse der oft sehr deutlich zutage tretenden Spannung zwischen *Ausdrucks-* und *Dokumentsinn,* also zwischen *(expliziter) Erzählgestalt* und *latenten generativen Mustern* von großer Bedeutung.

Verweist die Analyse des Dokumentsinns einer Erzählung auf die soziale und kulturelle Strukturiertheit von Biographie – und damit auf die habituell erworbene Begrenzung des »praktischen Sinns« (Bourdieu, 1997a) der Akteure – so kann als (vordergründiger) »Kontrapunkt« dieser Aufmerksamkeitsführung die Frage nach den *Ressourcen* der ErzählerInnen ergänzt werden. Wird mit dem Sachverhalt der Latenz des Sinnüberschusses die mögliche Problematik des für die Erzählenden nicht reflexiv zur Verfügung stehenden biographischen Wissens angesprochen, so beinhaltet die Frage nach den Ressourcen die Suche nach den Stärken und Kompetenzen der Menschen, eine Frage, die für eine handlungs- und lösungsorientierte Praxisforschung von großer Relevanz ist. Sicher lassen sich in elaborierten biographischen Interviews »Geschichten« ausfindig machen, die von den Erzählenden als Erfolgsgeschichten oder als bedeutende biographische Gegenerfahrungen präsentiert werden. In lebensgeschichtlichen Stegreiferzählungen, die gerade durch die Dramatik der Lebenssituation geprägt sind – der häufigere Typus von Erzählung, der im Kontext professioneller Praxis Sozialer Arbeit zu finden sein wird – lassen sich solche auf Ressourcen verweisende Geschichten seltener beobachten. Vielmehr haben die Analysen biographischer Erzählungen sehr deutlich zeigen können, dass die fehlende reflexive Verfügbarkeit und die habituelle Begrenzung des »praktischen Bewusstseins« nicht nur als Negativposten in die erzählte »Lebensbilanz« einfließen, sondern gerade als Ressource zu begreifen sind, mit denen die AkteurInnen ihre Alltagswelten bewältigen können. Das Problematische einer Biographie und ihre Potentialität liegen nahe beieinander. Methodisch formuliert meint dies, dass wir in einer Doppelperspektive bei der »Problemanalyse« gleichzeitig den ressourcenorientierten Blick »mitlaufen« lassen können. Mit solch einer Haltung zum erzählten Text verliert sich die mögliche Dominanz einer defizitorientierten Analyse, wie sie insbesondere im Kontext sozialpädagogischer »Fälle« schnell entstehen kann.

Rahmentheorien: Die bisher thematisierten Kategorien für ein sensibilisierendes Konzept beziehen sich sehr stark auf die Wahrnehmungsführung hinsichtlich der narrativen Erzählgestalten. Darüber hinaus gilt es, heuristisch-analytische Konzepte mit einer theoretischen Sensibilität zu versehen, also theoretisches Wissen in den Analyseprozess einzubeziehen (vgl. Kelle, 1994; Dausien, 1996; Kelle & Kluge, 1999). Forschungen, die sich auf Felder professioneller Praxis und NutzerInnen der Sozialen Arbeit beziehen, könnten anhand der Integration theoretischer Konzepte, wie sie z. B. von Erving Goffman (1994, 1996) mit den »Interaktionsordnungen« und der »Rahmenanalyse« oder von Pierre Bourdieu (1994, 1997) mit dem »Habitus«, »Feld« und »sozialen Raum« formuliert wurden, sinnvolle Verdichtungen für den Erkenntnisprozess vornehmen. Allerdings ist dic Wahl theoretischer Konzepte für jede Studie vor dem Hintergrund ihrer Fragestellung und Forschungsdesigns neu auszuloten. Die Einbeziehung von theoretischen Konzepten in ein sensibilisierendes Konzept sollte dabei zwei Funktionen erfüllen. Zum einen können die Bedeutungen der empirischen Befunde in ihrer Relevanz nur dann erfasst werden, wenn sie in den Kontext und gleichzeitig in die produktive »Spannung« zu theoretischem Vorwissen gesetzt werden. Die Analysen des empirischen Materials gewinnen erst dann eine Aussagekraft für eine Theoriebildung, wenn der Zusammenhang zu theoretischen Diskursen deutlich wird. Zum anderen können theoretische Sensibilisierungen sehr dazu beitragen, die Konkretheit des empirischen Materials zu »brechen«, indem sie über die Dramatik des Einzelschicksals hinaus, die sozialen und strukturellen Dimensionen des »Leidens«, der »Handlungsoptionen« und »Sinnhorizonte« deutlich machen können. Insbesondere im Zusammenhang mit dem Bereich der Sozialen Arbeit wird es wichtig sein, das konkret »Persönliche« des Einzelfalls oder der professionellen Hilfe durch eine Perspektive auf die Strukturiertheit und sozialen Rahmungen zu transzendieren, um so die Komplexität sozialen Handelns zu erfassen und um im Rahmen von Praxisforschung in der Suche nach Problemlösungen nicht voreilig auf verkürzte, individualisierende Strategien zurückzugreifen.

Die entscheidende Bedeutung eines wie oben skizzierten elaborierten sensibilisierenden Konzeptes für eine angewandte Forschung/Praxisforschung in der Sozialen Arbeit liegt darin, dass hier einerseits eine erkenntnisleitende Perspektive auf das Datenmaterial möglich ist, die die Qualität für eine neue *»Theoriegewinnung«* eröffnet und andererseits, durch eine verdichtende Aufmerksamkeitsführung, ein *forschungsökonomischer Umgang* mit der Analyse biographischer Erzählungen möglich wird. Dabei ist allerdings zu bedenken, dass der »Zugriff« des heuristischen Konzeptes auf das »Material« nicht mit einer zu großen Stringenz ausgeführt wird. Wenn der beobachtete Fall nur als Exemplar einer bekannten Ordnung betrachtet wird, dann ist keine neue Erkenntnis gewonnen. Es liegt dann ein Schlussverfahren der »qualitativen Induktion« vor. Soll wirklich etwas Neues »entdeckt« werden, müssen beide Dimension, die Empirie und die Kategorien des sensibilisierenden Konzeptes zur Disposition stehen. Nach Charles Sander Peirce muss man sich überraschen lassen. Erst aus dieser Situation lässt sich Neues entdecken, ist ein abduktiver Schluss möglich (vgl. Reichertz, 1988, 1999). Diese Fähigkeit in einen offenen Analyseprozess zu gehen, in dem das Datenmaterial nicht voreilig unter die Kategorien des heuristischen Konzeptes subsumiert wird, sondern der Möglichkeitsraum gewahrt wird, dass neue Kategorien zur Erklärung generativer Muster des Falls gefunden werden, sollte auch bei allem forschungsökonomischen Druck in einer angewandten und praxisorientierten Biographieforschung aufrecht erhalten werden.

»Abkürzungsverfahren« im Auswertungsprozess narrativer Interviews

Der Einsatz *fokussierter narrativer Interviews* und eines *expliziten sensibilisierenden Konzeptes* sind wichtige Bedingungen für einen forschungsökonomischen Umgang mit biographischen Interviews. Es lassen sich durch Fokussierung einzelner Analyseschritte dann auch im Auswertungsprozess einige, zeitlich aufwendige Verfahren biographischer Analyse ohne Qualitätseinbußen optimieren. Uwe Flick (1991) beschreibt den Prozess qualitativer Forschung sehr treffend als eine Abfolge von Entscheidungen. Dieser Entscheidungsprozess ist für die Frage, wie Auswertungsprozesse verkürzt werden können, ohne Vereinfachungen zu produzieren, von besonderer Relevanz. Ein sinnvolles Verfahren wäre ein »pars pro toto«, also die Fokussierung auf bestimmte Analyseschritte, um von hier auf die Gesamtheit des Datenmaterials zurückzuschließen. Dies hat den entscheidenden Vorteil, bestimmte Auswertungsprozesse so »intensiv« ausführen zu können, dass Formen abduktiver Forschungsprozesse möglich sind und gleichzeitig, durch die Auswahl einzelner Analyseschritte, dennoch eine Eingrenzung des Gesamtaufwandes ermöglicht wird. Das in der qualitativen Sozialforschung bekannte Verfahren des »theoretical sampling« (vgl. Strauss, 1991; Strauss & Corbin, 1996), wäre für eine theoretisch begründete und empirisch abgesicherte Entscheidungsfindung von Auswahlprozessen zu nutzen. An zwei Stellen im qualitativen Auswertungsprozess biographischer Texte möchte ich dies verdeutlichen: *der Auswahl des besonderen Falls* und *der Konzentration interpretativer Arbeit auf zentrale Textstellen.* Für beide Bereiche ist eine, z. B. durch das Erstellen von Verlaufsprotokollen erworbene, gute Kenntnis des Fallmaterials notwendige Bedingung.

(a) *Der besondere Fall:* Für ein forschungsökonomisches Arbeiten ist die Auswahl des besonderen Falls sehr bedeutsam. Nicht jedes biographische Interview bietet die gleichen Chancen, wichtige Kategorien für die Auswertung der Forschungsvorhaben zu eröffnen. So ist es forschungsökonomisch sinnvoll, mit denjenigen Interviews zu beginnen, die vor dem Hintergrund bestimmter Gesichtspunkte als »besonderer Fall« eingeschätzt werden können. Kriterien für eine Entscheidungsfindung lassen sich aus einer *themenbezogenen Perspektive* auf den Fall, aus der *besonderen Position eines Interviews im Sample* (handelt es sich um einen besonderen Ausnahmefall oder einen »Durchschnittsfall«?), oder der *»formalen« Qualität* der einzelnen Interviews (weisen einzelne Texte einen hohen Grad an Narrationen auf?), ableiten. Auch aus einer gezielten Interpretation der Eigenthematisierungen in den Interviews können die für eine Untersuchung bedeutsamen »besonderen Fälle« bestimmt werden. Diesbezüglich hat Birgit Griese (2000), unter Berücksichtigung diskurstheoretischer und sprachanalytischer Perspektiven, eine Form der Aussagenanalyse für einen forschungsökonomischen Umgang mit biographischen Texten entwickelt. Kern ihres Verfahrens ist die Interpretation derjenigen Aussagen im narrativen Interview, die sich in der Gestalt von selbstreflexiven, in direkter wörtlicher Rede gehaltenen Ich-Aussagen präsentieren. Aus der Interpretation solcher Aussagen lassen sich aus der Perspektive der Erzählenden zentrale Dimensionen für das gesamte Interview ableiten, die dann als bedeutender Entscheidungshorizont für die Auswahl möglicher Ankerfälle fungieren können.

(b) *Kernstellenanalyse:* Der nun folgende zentrale Auswertungsschritt biographischer Interviews liegt im Bereich der interpretativen Arbeit am konkreten Text. Die zentrale und produktive Quelle der Analysetätigkeit ist hier die sequentielle line-by-line-Interpretation. Erst das Einlassen auf das konkret Gesagte und das gemeinsame, im Gruppenprozess organisierte Interpretieren narrativer Selbstthematisierungen führt zur Möglichkeit neuer Erkenntnisbildung. Der für die Konzeption von Forschungswerkstätten mit Studierenden beschriebene »Enttypisierungsschock« im interpretativen Prozess (vgl. Nittel, 1994) kann hier als notwendige Erfahrung beschrieben werden, die es ermöglicht, eigene Kategorien fallen zu lassen, Einblick in die Konstruktionslogik des Falles zu bekommen und letztlich einen abduktiven Forschungsprozess zu initiieren. Aufgrund dieser zentralen Wichtigkeit der line-by-line-Interpretation sollte auf diese im Rahmen einer angewandten Biographieanalyse keinesfalls verzichtet werden. Da dieser Arbeitsprozess sehr zeitaufwendig ist, wird es um so dringlicher eine sehr klare Auswahl der zu interpretierenden Textstellen zu treffen (vgl. Ricker, 1999). Vor dem Hintergrund, dass die Texte auf der Grundlage fokussierter narrativer Interviews basieren, kann forschungsökonomisch sehr sinnvoll mit dem Verfahren einer Kernstelleninterpretation gearbeitet werden. Als Kernstelle können die Interviewanfänge betrachtet werden. Diese Textpassagen haben insofern eine zentrale Bedeutung, da in ihnen die Konstruktionslogik der biographischen Erzählung, zentrale Probleme des »Biographieträgers« und ggf. bedeutsame soziale Rahmungen angelegt sind (vgl. Schütze, 1984). Über die Anfangssegmente hinaus, sind dann weitere Kernstellen zu bestimmen. Die Auswahl kann entlang *thematischer Kriterien* – z. B. Textstellen, in denen biographisch bedeutsame Umbrüche und Übergänge thematisiert werden – nach der *Position der Textstelle* im gesamten Interview – also der Auswahl von Textpassagen, in denen biographische »Gegenerfahrungen« deutlich werden – oder entlang der *Struktur des Falles* – Passagen, in denen die Eigenlogik des Falls sehr deutlich wird – getroffen werden. Unterstützen kann dabei auch die *Struktur der Erzählung.* Wenn der Erzähltext sehr narrativ, also die Indexikalisierung sehr hoch ist, ist dies häufig ein Hinweis darauf, dass es sich um die Darstellung einer für die Erzählenden wichtigen biographischen Passage handelt. Bei Entscheidungen über die Anzahl von zu analysierenden Kernstellen gilt es, einen sinnvollen Mittelweg zwischen zeitlicher Begrenzung der Einzelfallanalyse und Komplexitätserfassung der biographischen Erzählung zu finden. Beides, die Auswahl der »besonderen Fälle« zur Erstinterpretation als auch die Kernstellenanalyse erlauben einen wesentlichen forschungsökonomischen Gewinn in der biographischen Analyse, ohne die Auswertung voreilig zu vereinfachen.

Ausblick

Anhand der hier vorgestellten »Abkürzungsverfahren« biographischer Analysen wird deutlich geworden sein, dass bei dem Anspruch einer qualitativ angemessenen Auswertung ein »quick and easy« nicht möglich sein wird. Dennoch kann die konsequente Handhabung der drei beschriebenen Bereiche, die *Nutzung eines fokussierten narrativen Interviews,* die *Entwicklung eines elaborierten sensiblen Konzeptes* und die *begründete Auswahl der zu interpretierenden Texte und Textausschnitte,* zu einer wesentlichen Ökonomisierung der Forschungspraxis beitragen. Aus dieser Perspektive wäre es den Ansätzen biographischer Forschung zu wünschen, dass sie verstärkt Einzug in Bereiche einer angewandten Forschung sowie in Praxis- und Evaluationsforschungen in der Sozialen Arbeit erhalten. Die erkenntnistheoretischen Ressourcen narrativer Analyse könnten somit verstärkt und über einzelfallbezogene Subjektbeschreibungen hinaus insbesondere für das für wesentliche Forschungs- und Praxisbereiche Sozialer Arbeit wichtige Spannungsfeld von *Biographie, Institution* und *professioneller Praxis* nutzbar gemacht werden. Folgenden Alltagserfahrungen professioneller Praxis könnte somit wissenschaftlich Rechnung getragen und in neue, nutzerInnenorientierte Praxiskonzepte umgesetzt werden: Gemeint ist die Erfahrung, dass professionelle Hilfestellungen in der

Sozialen Arbeit (mehr als gemeinhin vermutet) an den Sinnhorizonten ihrer AdressatInnen vorbeioperieren und unbemerkt die biographischen Strukturen ihrer NutzerInnen professionell überformen kann, aber auch, dass hinter aller Strukturiertheit der Lebens- und Problemlagen, die ProtagonistInnen oftmals eigensinnige Überlebensweisen in ihren Lebenswelten entwickelt haben, die in dieser Qualität in der professionellen Praxis wenig verstanden, geschweige denn konstruktiv genutzt werden.

Literatur

Alheit, P., 1997: Founded Applied Biographical Research: The Conceptual Strategy of the Institute for Applied Biographical and Lifeworld Research. Bremen: Universität Bremen

Alheit, P./ Glaß, Chr., 1986: Beschädigtes Leben – Soziale Biographien arbeitsloser Jugendlicher. Frankfurt a. M.: Campus

Berger, P. L./ Luckmann, Th,. 1999: Die gesellschaftliche Konstruktion der Wirklichkeit. Eine Theorie der Wissenssoziologie. Frankfurt a. M.: Fischer

Bourdieu, P., 1997: Widersprüche des Erbes. In: Bourdieu, P. et al. (Hrsg.): Das Elend der Welt. Zeugnisse und Diagnosen alltäglichen Leidens an der Gesellschaft. Konstanz: UVK: 651-658

Bourdieu, P., 1994: Die feinen Unterschiede. Kritik der gesellschaftlichen Urteilskraft. Frankfurt a. M.: Suhrkamp

Bourdieu, P., 1997a: Sozialer Sinn. Kritik der theoretischen Vernunft. Frankfurt a. M.: Suhrkamp

Dausien, B., 1996: Biographie und Geschlecht. Zur biographischen Konstruktion sozialer Wirklichkeit in Frauenlebensgeschichten. Bremen: Donat Verlag

Dern, W./ Hanses, A., 2001: Berufsfindung und Biographie. Biographische Diagnostik als Zugang zu den Sinnhorizonten und Ressourcen der Menschen in der beruflichen Rehabilitation. Die Rehabilitation. 40: 289-303

Douglas, M., 1991: Wie Institutionen denken. Frankfurt a. M.: Suhrkamp

Fischer-Rosenthal, W./ Rosenthal, G., 1997: Warum Biographieanalyse und wie man sie macht. Zeitschrift für Sozialisationsforschung und Erziehungssoziologie. 17: 405-427

Fischer-Rosenthal, W./ Rosenthal, G., 1997a: Narrationsanalyse biographischer Selbstpräsentationen. In: Hitzler, R./ Honer, A. (Hrsg.): Sozialwissenschaftliche Hermeneutik. Opladen: Leske + Budrich: 133-164

Flick, U., 1991: Stationen des qualitativen Forschungsprozess. In: Flick, U. et al. (Hrsg.): Handbuch Qualitative Sozialforschung. München: Psychologie Verlags Union: 147-173

Giddens, A., 1988: Die Konstitution der Gesellschaft. Grundzüge einer Theorie der Strukturierung. Frankfurt a. M.: Campus

Gildemeister, R./ Robert, G., 1997: »Ich geh da von einem Fall aus...« – Professionalisierung und Fallbezug in der Sozialen Arbeit. In: Jacob, G./ Wensierski, H.-J. v. (Hrsg.): Rekonstruktive Sozialpädagogik. Konzepte und Methoden sozialpädagogischen Verstehens in Forschung und Praxis. Weinheim, München: Juventa: 23-38

Glaser, B.G./ Strauss, A.L., 1967: The discovery of grounded theory. Strategies for qualitativ research. New York: Aldine

Glinka, H.-J,. 1998: Das narrative Interview. Eine Einführung für Sozialpädagogen. Weinheim, München: Juventa

Goffman, E., 1994: Die Interaktionsordnung. In: ders.: Interaktion und Geschlecht. Frankfurt a. M.: Campus: 50-104

Goffman, E., 1996: Rahmen-Analyse. Ein Versuch über die Organisation von Alltagserfahrungen. Frankfurt a. M.: Suhrkamp

Griese, B., 2000: Redenormen – Interpellation – Aussagenanalyse. Entwurf einer forschungsökonomischen Methode zur Analyse biographisch-narrativer Interviews. Bremen: Universität Bremen

Hanses, A., 1996: Epilepsie als biographische Konstruktion. Eine Analyse von Erkrankungsprozessen anfallserkrankter Menschen anhand erzählter Lebensgeschichten. Bremen: Donat Verlag

Hanses, A., 1999: Biographik als Wissenschaft. In: Janz, D. (Hrsg.): Die Krankengeschichte. Biographie, Geschichte, Dokumentation. Würzburg: Königshausen und Neumann: 105-126

Hanses, A., 2000: Biographische Diagnostik in der Sozialen Arbeit. Über die Notwendigkeit und Möglichkeit eines hermeneutischen Fallverstehens im institutionellen Kontext. neue praxis. 30: (im Druck)

Hanses, A., 2000a: Die Bedeutung der Biographie für eine Soziale Arbeit mit epilepsieerkrankten Menschen. In: Schüler, G.; Thorbecke, R. (Hrsg.): Sozialarbeit bei Epilepsie 5 Berlin: Verlag einfälle: 19-48.

Hanses, A., 2001: Biographie und Sozialpädagogische Forschung. In: Schweppe, C. (Hrsg.): Sozialpädagogik und qualitative Sozialforschung. Opladen: (im Druck)

Hanses, A., 2001: Biographische Diagnostik als Veränderung professioneller »Interaktionsordnung«. In: Dörr, M. (Hrsg.): Klinische Soziale Arbeit, Baltmannsweiler: (im Druck)

Hanses, A./ Börgartz, H., 2001: Soziale Arbeit im Krankenhaus zwischen institutionellen Handlungszwängen und notwendiger PatientInnenorientierung. Eine biographische PatientInnenstudie zur Praxis klinischer Sozialarbeit. neue praxis. 31: (im Druck)

Jakob, G./ Wensierski, H.-J. v. (Hrsg.), 1997: Rekonstruktive Sozialpädagogik. Konzepte und Methoden sozialpädagogischen Verstehens in Forschung und Praxis. Weinheim, München: Juventa

Kelle, U., 1994: Empirisch begründete Theoriebildung. Ein Beitrag zur Logik und Methodologie interpretativer Sozialforschung. Weinheim: Deutscher Studien Verlag

Kelle, U./ Kluge, S., 1999: Vom Typus zum Einzelfall. Fallvergleich und Fallkontrastierung in der qualitativen Sozialforschung. Opladen: Leske + Budrich

Lüders, Chr., 1998: Sozialpädagogische Forschung – was ist das? Eine Annäherung aus der Perspektive qualitativer Sozialforschung. In: Rauschenbach, Th./ Thole, W. (Hrsg.): Sozialpädagogische Forschung. Gegenstand und Funktionen, Bereiche und Methoden. Weinheim, München: Juventa: 113-132

Mannheim, K., 1964: Beiträge zu einer Theorie der Weltanschauungsinterpretation. In: Mannheim, K. (Hrsg.): Wissenssoziologie. Neuwied, Berlin: Luchterhand: 91-154

Mead, G. H., 1998: Geist, Identität, Gesellschaft. Frankfurt a. M.: Suhrkamp

Müller, C. W., 1998: Sozialpädagogische Evaluationsforschung. Ansätze und Methoden praxisbezogener Untersuchungen. In: Rauschenbach, Th./ Thole W. (Hrsg.): Sozialpädagogische Forschung. Gegenstand und Funktionen, Bereiche und Methoden. Weinheim, München: Juventa: 157-178

Nittel, D., 1994: Biographische Forschung – ihre historische Entwicklung und praktische Relevanz in der Sozialen Arbeit. In: Groddeck, N./ Schumann, M. (Hrsg.): Modernisierung Sozialer Arbeit durch Methodenentwicklung und -reflexion. Freiburg i. Br.: Lambertus Verlag: 147-188

Prengel, A., 1997: Perspektivität anerkennen. Zur Bedeutung von Praxisforschung in Erziehung und Erziehungswissenschaft. In: Friebertshäuser, B./ Prengel, A. (Hrsg.): Handbuch Qualitative Forschungsmethoden in der Erziehungswissenschaft. Weinheim, München: Juventa: 599-627

Rauschenbach, Th./ Thole, W. (Hrsg.), 1998: Sozialpädagogische Forschung. Gegenstand und Funktionen, Bereiche und Methoden. Weinheim, München: Juventa

Rauschenbach, Th./ Thole, W., 1998: Sozialpädagogik – ein Fach ohne Forschungskultur? Einleitende Beobachtungen. In: Rauschenbach, T./ Thole W. (Hrsg.): Sozialpädagogische Forschung. Gegenstand und Funktionen, Bereiche und Methoden. Weinheim, München: Juventa: 2-28

Reichertz, J., 1988: »... Als hätte jemand den Deckel vom Leben abgehoben.« Abduktives Schließen bei Ch. S. Peirce und D. Hammett. Kodikas/Code Ars Semeiotica. 11: 347-361

Reichertz, J., 1999: Gültige Entdeckung des Neuen? Zur Bedeutung der Abduktion in der qualitativen Sozialforschung. Österreichische Zeitschrift für Soziologie. 24: 47-64

Ricker, K., 1999: Biographie, Sprache und Identität. Eine biographieanalytische Studie zu Migrationsprozessen von Französinnen in Deutschland. Bremen: Donat

Riemann, G., 1987: Das Fremdwerden der eigenen Biographie. Narrative Interviews mit psychiatrischen Patienten. München: Wilhelm Fink Verlag

Rosenthal, G., 1995: Erlebte und erzählte Lebensgeschichte. Gestalt und Struktur biographischer Selbstbeschreibungen. Frankfurt a. M.: Campus

Sander, K., 2000: Biographie und Interaktion in der Pflege. Lebensgeschichten im institutionellen Rahmen eines Altenheims. Diplomarbeit an der Universität Bremen. Bremen

Schaub, H.-A., 1999: Praxistheorie und Praxisforschung in der klientenbezogenen Sozialen Arbeit – dargestellt am Beispiel der sozialpädagogischen Familienhilfe. System Familie. 12: 80-88

Schmidt-Grunert, M. (Hrsg.), 1999: Sozialarbeitsforschung konkret. Problemzentrierte Interviews als qualitative Erhebungsmethode. Freiburg i. B.: Lambertus

Schütze, F., 1981: Prozessstrukturen des Lebenslaufes. In: Matthes, J./ Pfeifenberger, A./ Stosberg, M. (Hrsg.): Biographie in handlungswissenschaftlicher Perspektive. Nürnberg: Verlag der Nürnberger Forschungsvereinigung: 67-156

Schütze, F., 1983: Biographieforschung und narratives Interview. neue praxis. 13: 283-293

Schütze, F., 1984: Kognitive Figuren des autobiographischen Stegreiferzählens. In: Kohli, M./ Robert, G. (Hrsg.): Biographie und soziale Wirklichkeit. Stuttgart: Metzler: 78-117

Schütze, F., 1994: Ethnographie und sozialwissenschaftliche Methoden der Feldforschung. Eine mögliche methodische Orientierung in der Ausbildung und Praxis der sozialen Arbeit. In: Groddeck, N./ Schumann; M. (Hrsg.): Modernisierung Sozialer Arbeit durch Methodenentwicklung und -reflexion. Freiburg i B.: Lambertus: 189-297

Schütze, F., 1993: Die Fallanalyse. Zur wissenschaftlichen Fundierung einer klassischen Methode der Sozialen Arbeit. In: Rauschenbach, Th./ Ortmann, F. / Karsten, M.-E. (Hrsg.): Der sozialpädagogische Blick. Lebensweltorientierte Methoden in der Sozialen Arbeit. Weinheim, München: Juventa: 191-222

Stark, W., 1996: Empowerment. Neue Handlungskompetenzen in der psychosozialen Praxis. Freiburg i. Br.: Lambertus

Strauss, A. L./ Corbin, J. 1996: Grounded Theory: Grundlagen Qualitativer Sozialforschung. Weinheim: Beltz, Psychologie Verlags Union

Strauss, A. L., 1991: Grundlagen der qualitativen Sozialforschung. Datenanalyse und Theoriebildung in der empirischen soziologischen Forschung. München: Fink

Uhlendorff, U., 1997: Sozialpädagogische Diagnosen III. Ein sozialpädagogisch-hermeneutisches Diagnoseverfahren für die Hilfeplanung. Weinheim, München: Juventa

Wensierski von, H.J., 1999: Biographische Forschung in der Sozialpädagogik. In: Krüger, H.-H./ Marotzki, W. (Hrsg.): Handbuch erziehungswissenschaftlicher Biographieforschung. Opladen: Leske + Budrich: 433-454

VOLKER GEDRATH

Archivforschung als historisch-empirische Methode
Eröffnung neuer Perspektiven sozialpädagogischer Historiographie

1. Zum Zweck und Anlass qualitativ-historischer Forschung in der Sozialpädagogik

Von der Geschichte der Disziplin zu sprechen, kann methodisch auf zweierlei Arten geschehen: Man kann, wie für jede Zunfthistoriographie, prinzipiell bekannte Daten der Geschichte nach je eigenen Schwerpunktsetzungen neu strukturieren und den Blick des Betrachters auf Aspekte lenken, die bisher nicht hervorgehoben wurden und damit partiell Neues erzählen. Letztlich bleibt man jedoch Altem verhaftet und wird nacherzählen, was andere schon vorgelegt haben. Die zweite Variante der Geschichtsschreibung ist immer Neuland. Der Geschichtserzähler kann versuchen, die Perspektiven der jeweiligen Zeitgenossen anhand von Zeitdokumenten originär zu rekonstruieren. Indem in der Disziplin bislang unberücksichtigt gebliebene Quellen gesucht und ausgewertet werden, können qualitativ neue Einsichten in die Vergangenheit gewonnen werden. Erkenntnisgewinn dieser Art kann sich vor allem dann einstellen, wenn man auf von ihrem Ursprung her zeitlich früher liegende, aber von der gesellschaftlichen Situation ihres Entstehens vergleichbare Zeitdokumente zurückgreift als bisher zu einem jeweiligen Thema ausgewertet wurden.

Der erweiterte Zweck sozialpädagogischer Historiographie liegt neben der Darstellung bislang unbekannter pädagogischer Praxen auch darin: Die Bedingungen ihrer Theoriegenese zu untersuchen, das heißt die metatheoretische Theoriebildung der Sozialpädagogik einer Analyse zu unterziehen und bestehende Paradigmen auf ihren Ursprung und ihre Valididät zu befragen.

Eine prinzipiell mit den gesellschaftlichen Verhältnissen ab 1870 vergleichbare Situation ist erstmalig im Kontext des Beginns der gesellschaftlichen Modernisierung auszumachen. Mit der Französischen Revolution in Frankreich, der Rheinbundzeit in Deutschland oder der Industriellen Revolution in England erfolgte bekanntermaßen ein tiefgreifender gesellschaftlicher Wandel. Insbesondere nach 1814 beschleunigte sich dieser Prozess, so dass der Zeitraum bis 1848 von den Zeitgenossen als *Übergangsgesellschaft* und Durchgangszeitraum erlebt wurde. Diese Zeit war geprägt durch das täglich erfahrbare Gefühl allgemeiner Beschleunigung (Koselleck,1962: 109). Die Kurzlebigkeit der sozialen Neuerungen bewirkte den Wandel der sozialen Deutungsmuster. Diese sind bekanntlich ein wesentlicher Faktor für die Art und Weise, in der soziale Hilfen organisiert werden (Luhmann, 1975: 24).

Die Epoche des Vormärz stellt wie die Rheinbundzeit einen Übergangszeitraum für Deutschland dar, der für das Folgende bestimmend wurde.[1] Denn in dieser Zeit wurden sowohl die gesellschaftlichen Grundlagen unserer Moderne als auch die Voraussetzungen für die gegenwärtige *Sozialpädagogik* geschaffen. Es lassen sich unter den Bedingungen der Rationalität und der Industriemoderne sozialpädagogisch relevante Problemfelder in der Geschichte ausmachen, die zumindest Fragen hervorrufen, die mit Pestalozzi nicht befriedigend beantwortet werden können und eine Quellenuntersuchung für diesen Zeitraum interessant machen: Als besonderes soziales Problem, dass gesellschaftliches Gefährdungspotential enthielt, wurde von Zeitgenossen die gewerbliche Kinderarbeit ausgemacht. Die Hardenberg-Umfrage von 1817 zeugt davon; ebenso verschiedene pädagogische Reflexionen zu dieser Frage, beispielsweise von Diesterweg oder August Herrmann Niemeyer. Nicht nur zeitgenössische Beobachter, auch etliche historische Darstellungen verweisen auf diese Thematik. Diejenigen Kinder, die in frühesten Lebensjahren ihre Arbeitskraft einsetzen mussten, blieben ohne jede Schule; sie lernten weder Lesen, Schreiben, Rechnen noch den zum selbstständigen staatsbürgerlichen Leben notwendigen Gebrauch des eigenen Verstandes. Die Zahl der gewerblich beschäftigten und in bestimmter Hinsicht pädagogisch nicht erfassten Jugend, die keinen sozialen und sittlichen Rückhalt hatte, stieg unaufhörlich und war zunehmend gesellschaftlichen Gefährdungen ausgesetzt. Sozial auffällig durch Kleinkriminalität, Trunkenheit und Prügeleien wurden vor allem ältere männliche Jugendliche. Diese Verhältnisse sowie umherziehende Bettler, stellungslose Arbeitsuchende und Kriegsinvalide bedrohten die Ruhe des nicht von wirtschaftlicher oder sittlicher Not betroffe-

[1] Nipperdey beginnt seine Darstellung zur deutschen Geschichte mit den Worten: »Am Anfang war Napoléon. Die Geschichte der Deutschen, ihr Leben und ihre Erfahrungen in den ersten eineinhalb Jahrzehnten des 19. Jahrhunderts, in denen die ersten Grundlagen eines modernen Deutschland gelegt worden sind, standen unter seinem überwältigenden Einfluß« (1994: 11). Entscheidende Impulse für die neuzeitliche Moderne setzte die Französische Revolution. Die Invasion Napoléons über Europa bedeutete die Ausbreitung der Errungenschaften der Revolution, d.h. dessen, was von diesen im Kaiserreich noch übrig war. Neben den, durch Napoléon angeschobenen Reformen in Preußen waren die rheinbündischen Reformmaßnahmen ein entscheidender Schritt zur Durchsetzung moderner Staatlichkeit in Deutschland. Im Rheinbund wurden wesentliche Fundamente für die Neugestaltung von Staat und Gesellschaft gelegt. Trotz des nach 1814 einsetzenden restaurativen Umschwungs war das Ergebnis der Rheinbundreformen die Entstehung eines einflussgewinnenden, emanzipierten bürgerlichen Standes. Es ist daher kein Zufall, dass die liberale Bewegung des Vormärz in den von Frankreich annektierten bzw. in den ehemaligen Rheinbundstaaten entstand.

nen Bürgertums, belasteten die Armenkassen und ließen zudem einen allgemeinen Systemzerfall befürchten.

Die Sozialreformbestrebungen des zumeist nicht adeligen Beamten- und Bürgertums standen häufig im Kontext freimaurerischer Ethik oder frühsozialistischer Theorien. Sie entstanden zunächst nicht primär aus pädagogischen, sondern aus sozialpolitischen Beweggründen, waren auf eine Neuordnung der politischen, ökonomischen und sozialen Verhältnisse auf der Grundlage von (Chancen-)Gleichheit und Teilhabe ausgerichtet und zielten auf die Verbesserung individueller Lebens- und Entwicklungschancen sozial Benachteiligter. Augrund der primär sozialpolitischen Motivation entstanden verschiedene Einrichtungen der Daseinsnachsorge. Dem geltenden Vernunftrecht nach zwangen die beschriebenen Probleme unter anderem auch zum (sozial)-pädagogischen Handeln: Denn hinsichtlich des genannten Jugendproblems entstand der Bedarf einer sozusagen *metaphylaktischen pädagogischen Einrichtung*, in der es vor allem darum ging, erziehungs- und bildungslos gebliebenen jungen Erwachsenen, die aufgrund der mangelnden allgemeinen Menschenbildung außerhalb des gesellschaftlichen Werte*konsens* standen, einen Raum zu schaffen, der ihnen Orientierung in der sich schnell wandelnden Gesellschaft ermöglichte.[2] In der Divergenz zwischen staatlichem Bildungsmoratorium und bürgerlicher Sozialarbeit kam es zu einer Unterscheidung zwischen *Schulpädagogik* und *Volksbildung*, wobei letztere überwiegend als pädagogische Einflussnahme auf Schulentlassene über 14 Jahre, das heißt im modernen Sprachgebrauch: auf den sogenannten *sozialpädagogischen Jugendlichen* begriffen wurde. Mit Blick auf dieses Klientel entstanden Ansätze sozialer Reformen, die den zweiten Sektor pädagogischer Arbeit betrafen.

Auf diesem Gedanken beruhende Projekte sind eindeutig von vormodernen Formen der Armenpflege wie auch von dem Konzept Pestalozzis abzugrenzen.[3]

2 Dabei ist es nicht etwa so, dass dieser Bedarf aus der Sicht einer späteren Zeit konstruiert wurde, sondern die bürgerlichen Reformer stellten diesen Bedarf in der Vormärzzeit ausdrücklich fest (beispielsweise Preusker 1842 (Bd. 5), S. 1).

3 Der Ertrag einer archivalischen Untersuchung der Vormärzzeit in Hinsicht auf unter sozialpädagogischer Perspektive interessante Einrichtungen soll an dieser Stelle nicht weiter vorgestellt werden. Die von ihrem Ansatz, ihren Methoden und Zielen als sozialpädagogisch zu bezeichnende und von Zeitgenossen wie Diesterweg auch so genannte Einrichtungen werden vom Autor in einem späteren Artikel an anderer Stelle vorgestellt werden.

2. Zu den Bedingungen der Archivarbeit und kurze Beschreibung der Archivkörper

Eine umfassende nationale Archivorganisation existiert in Deutschland seit 1815. Das Archivwesen ist seither Angelegenheit der Einzelstaaten. In Preußen wie in Bayern wuchsen Netze aus Provinzialarchiven, die einem Zentralarchiv in der jeweiligen Hauptstadt nachgeordnet wurden. Daneben existieren ältere Behördenarchive, zumeist Stadtarchive.

Zudem gibt es große Kirchen- und Wirtschaftsarchive, Parlaments-, Partei- und Verbandsarchive sowie etliche Spezial- und Privatarchive. Die letzte Ausgabe des Minerva-Handbuches *Archive* nennt allein für den deutschsprachigen Raum rund 800 staatliche, kirchliche und Privatarchive (vgl. Minerva, 1972). Das Archivgut wird in der Regel nach dem Provenienzprinzip systematisiert. Das heißt, dass das bei einer bestimmten Behörde, Einrichtung oder Einzelperson erwachsene Quellengut zusammengefasst wird. Die Archivalien werden üblicherweise in drei unterschiedliche Quellen gegliedert: in Urkunden, Akten und Amtsbücher.

Unter den Quellengruppen haben die Urkunden und die Akten eine herausgehobene Bedeutung: die Urkunden als die häufigsten und wichtigsten Quellen zur mittelalterlichen Geschichte, die Akten als die wesentliche Quellengruppe der neueren Geschichte. Mittelalter und Neuzeit werden daher vom Quellengut auch als Urkunden- und Aktenzeitalter unterschieden. Beide Gruppen sind jedoch auch in jeweils gegenüber gestellten Zeitalter von Bedeutung. Urkunden und Akten stellen gemeinsam den schriftlichen Niederschlag des gesellschaftlichen Lebens ihrer Zeit in rechtlicher, politischer und wirtschaftlicher Hinsicht dar. Eine starke Ausweitung in der Behördenstruktur des 19. Jahrhundert führte dazu, dass die Akten seit dem einen großen Teil des Archivsgutes ausmachen. Neben der Nutzung schriftlicher Quellen für sozialgeschichtliche Fragestellungen bietet die Nutzung von Karten und Plänen topographische Basisinformationen, die den Informationsgehalt schriftlich überlieferter Daten erhellen. Für den Zeitraum seit dem Beginn des 19. Jahrhunderts sind auch Bild- und später Tondokumente Quellen historischer Sozialforschung. Neben den behördlichen Archiven haben die privaten Nachlässe oder private Vereinsarchive eine große Bedeutung. Nachlässe von Personen, die in der Geschichte eine besondere Rolle – als Gründerpersönlichkeiten, als Wissenschaftler oder sonst in der Öffentlichkeit stehende Personen – hatten, bieten nähere Informationen zur strukturellen oder intentionalen Entwicklung, beispielsweise von Bildungs- und Erziehungseinrichtungen. Die zahlreichen Vereinsgründungen des 19. Jahrhunderts schufen ebenfalls eine Vielzahl von Akten und Protokollen. Neben privaten Aufzeichnungen, wie Tagebüchern et cetera, spielen die in diesen Institutionen erwachsenen Akten eine große Rolle als Quelle historischer Forschung.

Ist man der Geschichte von Institutionen auf der Spur, findet man bisweilen relativ vollständige Bestände in einem systematisch gebildeten Bestand (Schulen, Armeneinrichtungen et cetera). Andererseits verteilen sich Dokumente zu einer einzigen Einrichtung auch auf mehrere systematisch gebildete Archivbestände. Während Bestände in öffentlichen Archiven in der Regel systematisiert und vollständig erschlossen sind, sind Dokumente in vielen Privatarchiven ungeordnet und kaum bearbeitet. Der Zustand dieser Materialien ist zuweilen schlecht. Einige Dokumente weisen zum Teil großflächige Beschädigungen auf, die ihre Lesbarkeit erschweren.

Für die Sozialgeschichte sind auch die verschiedensten Sammlungen, besonders die Zeitungssammlungen, die zum Teil seit dem frühesten 18. Jahrhundert angelegt wurden, interessant.

Die Qualität der Quellen ist sehr unterschiedlich. Verschiedene Kriegshandlungen oder die Änderung politischer Machtverhältnisse haben große Teile der Archivalien beschädigt oder zerstört. Vor allem für die sozialpädagogische Forschung interessante Privatarchive verschiedener gesellschaftlicher Gruppen (Freimaurer, Juden oder sonst politisch und religiös anders Denkender) wurden im 19. und 20. Jahrhundert (Demagogenverfolgen, Kulturkampf, nationalsozialistische *Machtergreifung*) zum Teil vollständig zerstört. Da jedoch vor allem Korrespondenzen und Statuten teils auch in städtischen oder staatlichen Behörden im Rahmen der Genehmigungsverfahren verwaltet wurden oder aber beispielsweise Zeugnisse sogenannter entarteter Kultur in speziellen Ausstellungsgebäuden von den Nationalsozialisten zusammengetragen wurden, ist durch die Verknüpfung archivalischer Bestände verschiedenster Archive eine zum großen Teil vollständige Rekonstruktion historischer Ereignisse möglich.

Die Archivbestände sind in Matrikeln oder Archivkörpern systematisiert und zusammengefasst. So bilden Akten von Körperschaften und bürgerlichen Einrichtungen, Akten eines Magistrats, der staatlichen Behörden, der Fakultäten und ähnliches einen Archivkörper. Auch besondere Personengruppen sind zu einzelnen Beständen oder Bestandsgruppen zusammengefasst, wie beispielsweise solche Akten die Juden, Freimaurer und so weiter – so wie sie meist auch in der Zeit ihrer Anlage und verwaltungsmäßigen Nutzung bestanden haben – betreffen oder es sind Schenkungs- und Stiftungsakten zu jeweils einem Archivkörper vereinigt.

3. Zu den Methoden historisch-sozialwissenschaftlicher Quellenforschung in der sozialpädagogischen Disziplin und zum geschichtstheoretischen Ansatz

Die Suche nach spezifischen Daten ist in der Regel mit einem hohen Zeitaufwand und viel Geduld verbunden. Findbücher in den Archiven geben nur den Aktentitel wider, der häufig wenig Rückschlüsse auf den Inhalt zulässt. Hat man eine ergiebige Quellensubstanz entdeckt, müssen die aufgefundenen Quellen nach ihrer Glaubwürdigkeit und Zuverlässigkeit ihrer Aussagen überprüft werden.

Ergiebig wird die Bearbeitung von Archivalien dann, wenn man gebildete Systematisierungen aufbricht und zur systematischen Beschreibung und Analyse historischer Wirklichkeit gleich oder ähnlich auftretende Quelleninformationen unter spezifischer Fragestellung zu Archivgut eines und mehrerer Archive zusammenfasst, d.h. gegeneinander stellt (Kocka, 1977).

Zur Quellenanalyse wird das Konzept einer Sozialgeschichte edukativer Prozesse operationalisiert (Zymek, 1983 (Bd. 1): S. 56). Zugleich werden die von Fach- wie von Bildungshistorikern vorbereiteten Erkenntnisse für die Sozialpädagogik fruchtbar gemacht; d.h. es werden einschlägige Analysen zur historischen Bildungsforschung, zur Geschichte der bürgerlichen Wohlfahrt, der Sozialen Arbeit und Sozialpädagogik ebenso herangezogen, wie vorliegende Ergebnisse der Verfassungsgeschichte, der Geschichte zur Bürgergesellschaft, sozialhistorischer Arbeiten zur Industrialisierungsgeschichte oder anderer historischer Sozialforschungen.

Methodisch wird der Weg einer regionaler Detailstudie gewählt. Wichtigster Bezugsrahmen ist – neben der makrohistorischen Sicht auf die (unter sozialpädagogischer Perspektive interessante) preußische Volksbildungsgeschichte – die Betrachtung bürgerlicher Initiativen im mikrohistorisch-lokalen Rahmen während des Vormärz. Das Projekt knüpft an die seit den 1960er Jahren etablierte – thematisch und methodisch sehr differenzierte – Regionalforschung moderner sozial-, alltags- und mentalitätsgeschichtlicher Provenienz an (vgl. Dietz/Lange/Wahle, 1996: 11). Diese geschichtstheoretischen Konzeptionen ermöglichen die Darstellung der sozialen Lebenswelten der behandelten Subjekte (vgl. Borscheid, 1987: 78-100; Sellin, 1987: 101-121). Es werden subjektive Momente der Geschichte behandelt und die Art und Weise dargestellt, »wie die Menschen die politischen, wirtschaftlichen und gesellschaftlichen Veränderungen erlebten, wie sie sie bewerteten und mit welchen Überlegungen und Zielvorstellungen sie darauf reagierten« (Borscheid, 1987: 89). Solche Lebenswelten, wie sie im Wohnen oder in der Berufsausübung, in der Kultur im weitesten Sinne deutlich werden, rücken subjektive Erfahrungen und Erlebnisse, alltägliche Strukturen und Prozesse, wie zum Beispiel *drückende Lebensumstände* oder die soziale Lage im Zusammenhang mit regionalen Eigenheiten in den Vordergrund. Neben staatlicher Ordnung, Recht und Politik öffnet eine solche Perspektive interessante Beobachtungsfelder, in denen auch das Bewusstsein der Akteure Bedeutung gewinnt. Angelegt als eine *Sozialgeschichte der Bildung und Erziehung*, kann durch eine qualitativ-historische Quellenforschung ein Beitrag zur Überwindung der bestehenden Kluft zwischen der traditionellen *Geschichte der Pädagogik*, die gegenwärtig häufig eine bloße Geschichte der pädagogischen

Ideen ist, und einer *alltagsgeschichtlichen Variante* einer *Sozial*geschichte der Pädagogik geleistet werden (vgl. Lenzen, 1993: 8). Die sozialgeschichtliche, sozialräumliche und alltagshistorische Analyse stellt die Brücke zwischen ideengeschichtlicher Pädagogik und historischer Erziehungswirklichkeit dar.

Das ermittelte Gesamtbild entsteht durch Tatsachenfeststellungen, wie sie aus Berichten, Protokollen und Korrespondenzen et cetera zu entnehmen sind. Ohne die Debatte um die Methodologie pädagogischer Historiographie in allen Einzelheiten aufzunehmen: Bei der Beantwortung der Frage *wie historische Erkenntnis zustande kommt*, müssen bestehende Lücken in den verfügbaren Quellen genannt und Rechenschaft über die Art und Weise der Sinnherstellung zwischen historischen Einzeldokumenten gegeben werden. Diese Quellenkritik schützt vor falschen, vorschnellen und nicht zuletzt auch vor fragwürdigen historischen Urteilen. Lenzen spitzt das angesprochene Problem des historisch arbeitenden Forschers zur Feststellung zu, dass das einfache Abbilden historischer Fakten, also »eine positivistische Historiographie« (Lenzen, 1992: 175) gar nicht möglich sei. Deshalb fordert er dazu auf, eine solche Geschichtsschreibung erst »gar nicht zu versuchen, sondern Geschichte ex post gezielt zu fingieren« (ebd.). Diese Position ist zunächst höchst irritierend. Ohne seinen Standpunkt zu diskutieren oder den Kontroversen nachzugehen, die mit Begriffen wie *Fiktionalität*, *Narrativität* oder *Konstruktivität* angedeutet werden sollen, lassen sich Defizite der Historischen Pädagogik erkennen: Es besteht ein Desiderat wissenschaftstheoretischen Nachdenkens über die Grundlagen der historisch-pädagogischen Arbeit. Die historisch-erziehungswissenschaftliche Forschung, im besonderen die historisch arbeitende Sozialpädagogik hat eine bedeutende Kontroverse der Geschichtswissenschaft lange ignoriert und wohlmöglich, abgesehen von vereinzelten Stimmen, bis heute nicht aufgegriffen (vgl. Prondczynski, 1999: 485ff.). Eine ernsthaft betriebene Historiographie in der Erziehungswissenschaft mit systematischem Anspruch muss sich Rechenschaft über ihre Methoden geben, wenn sie über eine scheinobjektive Geschichte der pädagogischen Idee hinauskommen will. Eine methodisch strukturierte Darstellung, die hypothetische Geltung beansprucht und Erkenntnisfortschritte bringen will, muss berücksichtigen, dass eine unmittelbare Widerspiegelung der Vergangenheit unmöglich und insofern auf die interpretierende Konstruktion von Sinnzusammenhängen verwiesen ist. Insofern muss sie theorie- und hermeneutikgeleitet Lücken zeitlicher und inhaltlicher Art füllen, die durch fehlende Dokumente in einer Sozialgeschichte der Erziehung und Bildung entstehen. Kurz: Die nicht immer vollständige Quellenlage zwingt zuweilen zu *hermeneutischen Operationen*. *Arbeit an der Geschichte* ist immer an eine gewisse Konstruktivität gebunden. Das Resultat solcher Operationen kann kein unmittelbares Abbild der in schriftlichen Quellen vorgefundenen Wirklichkeit sein; es handelt sich vielmehr um eine Rekonstruktion zeitgenössischer Deutungsmuster. Die vorgefundenen Materialien (Memoranden, Protokolle, Festreden oder Tagebucheinträge) enthalten zudem immer schon die Deutung ihrer Verfasser und geben nur einen besonderen Teil der Wirklichkeit wieder, der von jemandem anderen vermutlich anders dargestellt worden wäre. Auch diese Eigenart der charakteristischen Verschränkung von Bericht und Deutung, aber auch von charakteristischen Auslassungen, verbietet eine naive Wiedergabe der Quellen (vgl. Hering/Münchmeier, 2000: 14). Der Vergleich verschiedener, voneinander unabhängiger Dokumente ist ein notwendiges Korrektiv und die zeitgenössische, rezeptionsgeschichtliche Analyse aufschlussreich. Zusammen mit den sich im Verlauf der Entwicklung ergebenden Umstrukturierungen und Verschiebungen in den Intentionen der beschriebenen Einrichtungen können die jeweiligen zeitgenössischen Fachdiskussionen ein eindeutigeres Zeugnis für die Realgeschichte und den Verständigungsprozess geben. Die Berücksichtigung dieser verschiedenen Ebenen des historischen Prozesses ermöglichen erst, »die Entwicklung der Sozialen Arbeit in ihrer inneren Logik und Bedeutung zu erfassen« (ebd.). Insgesamt ist dieser Ansatz an das Prinzip der Interpretation und Konstruktion gebunden und auf die Bildung und Überprüfung von Hypothesen angewiesen. Doch die dabei herausgearbeiteten Ergebnisse sind keine bloße Fiktion. Rekonstruktive Geschichtserzählung beginnt immer von hinten, an einem bekannten Punkt. Von da arbeitete sich der historische Forscher gewisse Strecken in der Zeit zurück, überprüft die Plausibilität des hypothetischen Resultats anhand bekannter Fakten und deutet die vorgefundenen Quellen.

In diesem Sinne liefert die Quellenanalyse in Verbindung mit historischer Forschungsliteratur einen Beitrag zur Ideen-, Theorie-, Rechts- und Praxisgeschichte der institutionalisierten Sozialpädagogik im frühen 19. Jahrhundert. Insgesamt nutzt ein Forschungsbeitrag, wie er angesprochen wurde, den bewährten Ansatz einer historischen Sozialwissenschaft, wie er beispielsweise von Wehler vertreten wird und der in der Erziehungswissenschaft methodisch vor allem von Tenorth fruchtbar gemacht wird.

4. Zur Leistungsfähigkeit der Archivforschung

Die systematische Bearbeitung historischer Quellen ermöglicht in der Regel einen neuen, ungefilterten Blick auf geschichtliche Verläufe. Obwohl die Bearbeitung einzelner Quellenbestände wie oben dargestellt, kein realgeschichtliches Abbild liefern kann, ist die Bearbeitung archivalischer Quellen äußerst effektiv und erkenntnisbringend. Denn unter Berücksichtigung der genannten, den Quellen eigenen Charakteristika ermöglicht die Quellenforschung gegenüber der Literaturauswertung Erkenntnis aus erster Hand. Dies gilt besonders für bislang unbeachtet gebliebene Quellen. Durch die systematische Kreuzung unterschiedlichen Archivguts und die Untersuchung längerer Zeiträume ist ein relativ eindeutiges Zeugnis für die Realgeschichte und die jeweiligen Verständigungsprozesse zu ermitteln. Dabei werden sich ergebende Umstrukturierungen und Verschiebungen in den als sozialpädagogisch zu bezeichnenden Einrichtungen oder ihren zugrundeliegenden Theorien deutlich. Ergänzt werden muss die Quellenanalyse durch die Beachtung zeitgenössischer Rezeption und Fachdiskussion, die, wenn erfolgt, immer auch in Zeitschriften- oder Buchartikeln zu ermitteln ist. Auf die Bedeutung dieser Mühe für eine ernsthaft betriebene Historiographie der Sozialpädagogik mit systematischem Anspruch machte Winkler (1988) aufmerksam: Neben der institutionellen Betrachtung, also der Darstellung historisch überlieferter sozialpädagogischer Handlungsfelder in konkreten gesellschaftlichen und mikrohistorisch-lokalen Kontexten, müssten zugleich »in einem gleichsam archäologischen Zugriff die historischen Stadien des sozialpädagogischen Diskurses« (Winkler, 1988: 339) aufgedeckt und mit Blick auf die abstrakte phänomenologische und definitorische Festlegung des Begriffs je systematisch rekonstruiert werden. Zudem müsste die sozialpädagogische Geschichtsschreibung die zeitgenössische »öffentliche Auseinandersetzung verfolgen und prüfen, wie weit durch diese Themen in der fachlichen Diskussion induziert wurden« (ebd.). Das heißt: eine rezeptionsgeschichtliche Analyse der jeweiligen, als sozialpädagogisch zu bezeichnenden Theorie und ihres Zustandekommens gehören ebenso untrennbar zur systematischen Darstellung wie die Betrachtung des geschichtlichen Handlungsfeldes. Dabei ist nicht nur zu fragen, *wann* und *warum* eine neue sozialpädagogische Theorie und Praxis in der Geschichte wirksam wurde, sondern auch wie lange sie Geltung beanspruchen konnten und wenn, *wann* und *warum* ihre Bedeutung vergessen wurde. Langewand spricht in diesem Zusammenhang von der »Kontextanalyse als Methode der pädagogischen Geschichtsschreibung« (vgl. Langewand, 1999: 505-519; hier S. 505), deren vier Dimensionen er mit den Begriffen *historische Vorgeschichte*, *Entstehungsgeschichte*, *historische Gegenwart* und *Wirkungsgeschichte* umschreibt.

5. Zu einem historischen Fehlurteil der Disziplin sowie zur möglichen Revision dieses Paradigmas

Eine in der beschriebenen Form betriebene Quellenanalyse ermöglicht nicht nur eine Rekonstruktion tatsächlicher historischer Entwicklungen, die dem Anspruch erkenntniserhellend zu sein genügt, sondern sie verhilft mitunter tradierte Missverständnisse aufzudecken, die aufgrund interessengeleiteter Darstellungen entstanden sind:

Im Vorwort des Buches »Die pädagogische Bewegung in Deutschland und ihre Theorie« kommt Nohl zur Feststellung, dass es zwei Wege gäbe, »ein Volk zu gestalten« (Nohl, 1957, o.S.): den politischen und den pädagogischen. Im Rahmen der kulturkritischen Emanzipationsbewegungen habe die Pädagogik *erstmals* ihre Verantwortung und ihr Potential zur Beantwortung sozialer Fragen erkannt und mit den neugewonnenen Arbeitsfeldern eben das Gebiet der Sozialpädagogik entwickelt. Damit ist ein auch gegenwärtig noch bestehender Aphorismus der sozialpädagogischen Geschichtsschreibung beschrieben: die Anfänge moderner Sozialpädagogik und ihrer Institutionen liegen in der zweiten Hälfte des 19. Jahrhunderts. Dem genannten Diktum hat bislang niemand widersprochen, so dass es noch immer als Standard der Forschung gelten kann.

Nach der Analyse historischer Materialien aus der Vormärzzeit kann man jedoch festhalten, dass ergiebige Quellen[4] existieren, die dafür sprechen, dass aufgrund interessegeleiteter Motivation historische Fehlurteile in der sozialpädagogischen Disziplin erzeugt und tradiert wurden. Und *ein* solches Fehlurteil betrifft eben den Ausgangspunkt der modernen Sozialpädagogik, der von Nohl in der genannten Weise fixiert wurde.

Literatur

Borscheid, P., 1987: Alltagsgeschichte – Modetorheit oder neues Tor zur Vergangenheit? In: Schieder, W./ Sellin, V. (Hrsg.): Sozialgeschichte in Deutschland. Entwicklung und Perspektiven im internationalen Zusammenhang. Bd. III. Soziales Verhalten und soziale Aktionsformen in der Geschichte, Göttingen, S. 78-100

Dietz, B./ Lange, U./ Wahle, M. (Hrsg.), 1996: Jugend zwischen Selbst- und Fremdbestimmung. Historische Jugendforschung zum rechtsrheinischen Industriegebiet im 19. und 20. Jahrhundert. Bochum

Hering, S./ Münchmeier, R., 2000: Geschichte der Sozialen Arbeit. Eine Einführung. Weinheim/München

Kocka, J., 1977: Quantifizierung in der Geschichtswissenschaft. In: Best, H./ Mann, R. (Hrsg.): Quantitative Methoden in der historisch-sozialwissenschaftlichen Forschung. Heilbronn

Koselleck, R., 1962: Staat und Gesellschaft in Preußen 1815-1848. In: Staat und Gesellschaft im Vormärz, hrsg. von Werner Conze. Stuttgart

Langewand, A., 1999: Kontextanalyse als Methode der pädagogischen Geschichtsschreibung. In: ZfPäd H.4, S. 505-519

Lenzen, D., 1992: Warum pädagogische Histotiographietheorie? In: Zeitschrift für Pädagogik. 29. Beiheft

Lenzen, D., 1993: Zum Stand der Historiographiediskussion in der Geschichtswissenschaft und Pädagogik. In: Ders. (Hrsg.): Pädagogik und Geschichte. Pädagogische Historiographie zwischen Wirklichkeit, Fiktion und Konstruktion. Weinheim, S. 7-24

Luhmann, N., 1975: Formen des Helfens im Wandel gesellschaftlicher Bedingungen. In: Otto, H.-U./ Schneider, S. (Hrsg.): Gesellschaftliche Perspektiven und Sozialarbeit (Bd. 1). Darmstadt

---

4 Amtliche Quellen wie verschiedene Selbstdarstellung untersuchter Einrichtungen (pädagogische Entwicklungsberichte, Jahresberichte etc.) aus den ehemaligen Rheinbundstaaten Großherzogtum Berg, Königreich Westfalen und Königreich Sachsen). Neben einem herausgehobenen Regionalbeispiel aus der Zeit des Vormärz wurden für diese Studie ca. 50 Kommunen in den genannten Territorien untersucht.

Minerva, 1972: Internationales Verzeichnis wissenschaftlicher Institutionen. Berlin
Nipperdey, T., 1994: Deutsche Geschichte 1800 – 1866. Bürgerwelt und starker Staat. München
Nohl, H., 1957: Die Pädagogische Bewegung in Deutschland und ihre Theorie. Frankfurt
Preusker, K. B., 1842: Ueber Jugendbildung, zumal häusliche Erziehung, Unterrichtsanstalten, Berufswahl, Nacherziehung und Nachschulen, Bde. 1-5. Leipzig 1837-1842. Bd. 5: Ueber Nacherziehung und Nachschulen in Bezug auf die bereits aus der Schule entlassene, gereiftere Jugend. Leipzig
Prondczynski, A. von, 1999: Die Pädagogik und ihre Historiographie. Umrisse eines Forschungsfeldes. In: ZfPäd 4: 485-504
Sellin, V., 1987: Mentalitäten in der Sozialgeschichte. In: Schieder, W./ Sellin, V. (Hrsg.): Sozialgeschichte in Deutschland. Entwicklung und Perspektiven im internationalen Zusammenhang. Bd. III. Soziales Verhalten und soziale Aktionsformen in der Geschichte, Göttingen.
Winkler, M., 1988: Eine Theorie der Sozialpädagogik. Stuttgart.
Zymek, B., 1983: Evolutionistische und strukturalistische Ansätze einer Geschichte der Erziehung. In: Lenzen, D. (Hrsg.): Enzyklopädie Erziehungswissenschaft (Bd. 1). Theorien und Grundbegriffe der Erziehung und Bildung. Hrsg. von Dieter Lenzen und Klaus Mollenhauer. Stuttgart, S. 56

Jens Pothmann

Interkommunale Vergleiche – Eine Fundgrube für empirische Jugendhilfeforschung

Die Diskussionen der letzten Jahre in der Sozialen Arbeit wurden u.a. geprägt durch die Diagnose von der Ökonomisierung des Sozialen sowie von Ansätzen eines New Public Managements bzw. einer Neuen Steuerung als deren deutsche Variante. Diese Schlagworte stehen dafür, dass zweckrationales, betriebswirtschaftliches Denken als Denk- und Handlungsmodus in der Sozialen Arbeit zunehmend an Bedeutung gewinnt (vgl. Ortmann, 1997). Eine Folge der Ökonomisierung ist die Herausbildung von Verfahren zu interkommunalen Vergleichen, d.h. der Gegenüberstellung von kommunalen Leistungsbilanzen auf der Basis von Kennzahlen. Ein Beispiel hierfür sind die interkommunalen Vergleichsringe des Iko-Netzes der Kommunalen Gemeinschaftsstelle für Verwaltungsvereinfachung (KGSt). Diese werden zum Teil in der Rolle des Fachexperten moderiert durch Einrichtungen und Institution, die der Jugendhilfeforschung zuzurechnen sind (vgl. Schilling, 2000: 154 ff.).
Sucht man nach Einschätzungen seitens der Wissenschaft zum Stand der empirischen Forschung in der Kinder- und Jugendhilfe, so sind diese eher ernüchternd und verdeutlichen einen in diesem Bereich vorhandenen Forschungsbedarf (vgl. Flösser u.a., 1998: 229 ff.). Möglicherweise überspitzt formuliert, könnte man sagen: »Empirische Forschung im Rahmen der Kinder- und Jugendhilfe ist nach wie vor ein Stiefkind der Wissenschaft (...)« (Rauschenbach/Schilling, 1997: 13). Mit anderen Worten: Die Kinder- und Jugendhilfe bzw. die Kinder- und Jugendhilfeforschung leidet unter einem Defizit an empirischen Erkenntnissen. Politik und Praxis der Kinder- und Jugendhilfe verfügen über zu viel normative Gewissheit jedoch über zu wenig empirisch gesichertes Eigenwissen (vgl. Flösser u.a., 1998; Lüders, 1997). Hinzu kommt, dass Jugendhilfeforschung kein einheitlich in sich geschlossenes Feld ist, »das sich in seiner Gesamtheit, seinen Grenzen und Binnendifferenzierungen, seinen methodischen Zugängen und seinen thematischen Schwerpunkten unmittelbar abbilden läßt« (Flösser u.a., 1998: 229).

Ausgehend von diesen beiden Beobachtungen zur Kinder- und Jugendhilfe werden die nachfolgenden Ausführungen das Verfahren von interkommunalen Vergleichen aus der Perspektive der Kinder- und Jugendhilfeforschung diskutieren. Möglicherweise – und dies gilt es in diesem Zusammenhang zu prüfen – zeichnet sich im Rahmen eines New Puplic Managements mit den interkommunalen Vergleichen, die wie viele andere Schwerpunkte der Neuen Steuerungsmodelle dem betriebswirtschaftlichen Management entlehnt sind, ein Verfahren ab, dass

- einen neuen Zugang für die Forschung zum Praxisfeld der Kinder- und Jugendhilfe darstellt, um neue, empirisch gesicherte Erkenntnisse zu generieren sowie
- ein noch nicht ausreichend erforschtes Segment der Kinder- und Jugendhilfepraxis darstellt.

Um diese Hypothesen zu verwerfen bzw. zu erhärten, wird nachfolgend in einem ersten Teil zunächst die Idee sowie das Konzept interkommunaler Vergleiche skizziert. In einem zweiten Teil werden speziell für den Bereich der Kinder- und Jugendhilfe das bzw. die Verfahren von interkommunalen Vergleichen dargestellt und analysiert. Der dritte Teil des Beitrages beinhaltet einen Exkurs zu den Grenzen und Möglichkeiten der Generierung empirischen Wissens im Rahmen von interkommunaler Vergleichsarbeit. Ein vierter und letzter Teil schließlich bilanziert zum einen Chancen und Risiken von interkommunalen Vergleichen als Zugang für empirische Jugendhilfeforschung als einem »neuen« Verfahren von Praxisforschung sowie zum anderen die möglicherweise vorhandene Notwendigkeit der Betrachtung von interkommunalen Vergleichsringen als Gegenstand einer Kinder- und Jugendhilfeforschung.

1. Die Idee und das Konzept interkommunaler Vergleiche

Ein wesentlicher Motor der in den 90er-Jahren die Kinder- und Jugendhilfedebatte mitbestimmenden Diskussion um neue Steuerungsmodelle im Jugendamt ist die Kommunale Gemeinschaftsstelle für Verwaltungsvereinfachung (KGSt) (vgl. Schilling, 2000). In Form von Gutachten hat die KGSt ein Konzept für eine outputorientierte, auf Produktbildung basierende Verwaltungssteuerung u.a. für den Bereich der Kinder- und Jugendhilfe formuliert (vgl. KGSt, 1994; 1995; 1996). Im Rahmen der KGSt-Gutachten zum Thema neue Verwaltungssteuerung für den Bereich der Kinder- und Jugendhilfe wurde bereits 1994 die Idee eines interkommunalen Leistungsvergleichs auf der Grundlage von Kennzahlen in der Kinder- und Jugendhilfe thematisiert (vgl. KGSt, 1994: 36). Die Idee, die im Rahmen dieses Gutachtens formuliert wurde, zielte darauf ab, die in den Kommunen gebildeten Kennzahlen zu einzelnen Produkten der Jugendamtsverwaltung gegenüberzustellen. Der Zweck derartiger Vergleiche wurde allerdings weniger darin gesehen, empirische Erkenntnisse zur Kinder- und Jugendhilfe zu gewinnen, sondern vielmehr sollte auf der Basis von interkommunalen Unterschieden die Möglichkeit zum gemeinsamen Gespräch eröffnet werden (vgl. KGSt, 1996: 31).

Parallel zur Entwicklung einer Idee von interkommunalen Vergleichen für die Kinder- und Jugendhilfe innerhalb der KGSt-Gutachten haben sich in den 90er-Jahren unter dem Dach der Bertelsmann-Stiftung und später unter Regie der KGSt interkommunale Vergleichsringe gebildet, um Leistungsdaten zu den verschiedenen kommunalen Aufgaben, wie z.B. das Einwohnermeldewesen, den kulturellen Bereich oder auch den sozialen Bereich, untereinander zu vergleichen. Dies gilt auch für Leistungen der Kinder- und Jugendhilfe.[1] In diesem Zusammenhang hat die KGSt am 16.10.1996 das Iko-Netz gegründet, nachdem vorher die Bertelsmann-Stiftung seit 1991 diese interkommunalen Vergleiche unterstützt hat. Die Zielsetzung des Iko-Netzes ist bis zum Jahre 2001, die wesentlichen Leistungsbereiche der Kommunalverwaltung interkommunal vergleichbar zu machen. Das heißt, es sollen überörtliche Kennzahlen und Kennzahlensysteme entwickelt werden, die sich in ein örtliches Ziel- und Controllingsystem integrieren lassen (vgl. Schmithals, 1997). Diese Zielsetzung basiert auf einem Konzept von KGSt und Iko-Netz, das durch interkommunale Vergleiche, als eine aus der Ökonomie entlehnten Strategie kommunalen Managements, die Voraussetzung schafft, neue Steuerung in den Rathäusern weiterzuentwickeln (vgl. Heinz, 2000: 114). Interkommunale Vergleichsringe haben in diesem Zusammenhang die Funktion von Marktsurrogaten. Die Simulierung eines marktähnlichen Wettbewerbs soll bewirken, dass die Kommunen Anregungen zur Verbesserung ihrer Leistungsfähigkeit in Bezug auf Qualität und Wirtschaftlichkeit ihrer Leistungen und Produkte erhalten (vgl. Adamscheck, 1997: 25 ff.; sowie für die Kinder- und Jugendhilfe Schilling, 2000: 154 f.). Dabei orientiert man sich im Sinne der Balanced Score Card an den vier Ziel- und Berichtsfeldern (a) Ressourcen(verantwortung), (b) Strukturen und Prozesse, (c) Bürger und Gemeinwohl, (d) Zukunftsfähigkeit. Die interkommunalen Vergleiche werden auf der Basis von Kennzahlen und Kennzahlensystemen durchgeführt, »mit denen Kommunen ihre Arbeit bezogen auf Wirkungen, Ergebnisse und Geschäftsprozesse sowohl im Leistungs- als auch im Kostenbereich vergleichen können« (Schmithals, 1997: 15). Diese Strategie unterstützt die jeweiligen Kommunen bei der Analyse von Stärken und Schwächen. Das heißt konkret, durch interkommunale Vergleiche werden Anregungen gegeben, das eigene Verwaltungshandeln zu bewerten und zu hinterfragen.

Der Bereich des Iko-Netzes im Rahmen der KGSt umfasst derzeit ca. 65 abgeschlossene oder aber andauernde Vergleichsringe, an denen sich bislang

[1] Exemplarisch geht es bei den folgenden Ausführungen ausschließlich um interkommunale Vergleiche im Rahmen des Iko-Netzes als Geschäftsbereich der KGSt. Gleichwohl haben sich auch unter Federführung beispielsweise von Unternehmensberatungen Kommunen für den Bereich der Sozialverwaltungen zusammengeschlossen, um sich interkommunal zu vergleichen. Mit zu den bekanntesten Beispielen zählen in diesem Zusammenhang die durch die Unternehmensberatung Kienbaum betreuten interkommunalen Vergleichsringe zur Sozialhilfe (vgl. dazu kritisch Spindler, 1999).

rund 400 Kommunen beteiligt haben. Aus den verschiedenen kommunalen Leistungsbereichen sind die Bereiche Jugend und Soziales mit diejenigen, die in der interkommunalen Vergleichsarbeit auf ein besonderes Interesse bei den Kommunen stoßen (vgl. dazu KGSt, 1999: 14 f.). Speziell für den Bereich der Kinder- und Jugendhilfe existieren Mitte des Jahres 2000 zum Bereich der Hilfen zur Erziehung sechs Vergleichsringe für Kommunen unterschiedlicher Größenklassen. Im Einzelnen sind dies (a) ein Vergleichsring der großen Großstädte mit 10 teilnehmenden Kommunen (vgl. Heuchel/Schrapper, 1999), (b) ein Vergleichsring der norddeutschen Landkreise mit 10 teilnehmenden Kommunen (vgl. Iko-Netz, 1998), (c) zwei Vergleichsringe der Landkreise in Baden-Württemberg, (d) ein Vergleichsring der mittleren Großstädte mit 10 teilnehmenden Kommunen (vgl. Iko-Netz, 1999) sowie (e) ein Vergleichsring von Städten in Nordrhein-Westfalen.[2]

Vor dem Hintergrund der Ausgangsfrage, ob interkommunale Vergleiche in der Kinder- und Jugendhilfe einen neuen Zugang für Forschung in die Praxis und/oder ein noch nicht ausreichend erforschtes Segment der Kinder- und Jugendhilfepraxis darstellt, lässt sich festhalten: Aus Sicht von Praxis, Politik und Wissenschaft stellt die in den 90er-Jahren sich abzeichnende interkommunale Vergleichsarbeit in der Kinder- und Jugendhilfe eine neue konzeptionelle Entwicklung vor dem Hintergrund einer marktorientierten Ökonomisierung des Sozialen dar. Diese ist bislang z.B. in Bezug auf Voraussetzungen, Umsetzung und Folgen des Konzeptes für die Jugendhilfepraxis noch weitgehend unerforscht. Aus der Entstehungsgeschichte der interkommunalen Vergleichsringe wird bereits deutlich, dass es sich hierbei keineswegs um eine neue wissenschaftliche Methode handelt, sondern um ein Praxisinstrument zur Optimierung von Verwaltungshandeln in der Kinder- und Jugendhilfe.

2. Die interkommunale Vergleichsarbeit – Prozesse, Strukturen und Probleme

Interkommunale Vergleiche sind auf ein hohes Maß an Eigendynamik angewiesen. Das heißt, es gibt vorab keinen klaren Fahrplan, nach dem Daten zu einem bestimmten thematischen Schwerpunkt zusammengetragen, ausgewertet und analysiert werden. Auch läuft es in einer Gesamtabrechnung nicht darauf hinaus, welche Kommune im Vergleichsring am besten abgeschnitten hat. Vielmehr sind interkommunale Vergleiche – zumindest momentan noch im Bereich der Kinder- und Jugendhilfe – Experementierwerkstätten für eine

[2] Darüber hinaus bezieht sich interkommunale Vergleichsarbeit auch auf andere Bereiche der Kinder- und Jugendhilfe, wie z.B. die Kindertagesbetreuung (vgl. KGSt, 1998).

Gegenüberstellung von kommunalen Struktur- und Leistungsdaten. Im Rahmen dieser Prozesse können folgende Arbeitsphasen unterschieden werden:

- Konzeptionsphase: Die teilnehmenden Kommunen einigen sich zusammen mit dem Moderator über den Vergleichsgegenstand sowie das Daten- und Vergleichskonzept und versuchen darüber hinaus, Steuerungsziele zum Vergleichsgegenstand zu formulieren. Zu diesen Zielsetzungen werden Kennzahlen bzw. Kennzahlensysteme generiert, die im Rahmen der Datenzusammenstellung und –auswertung berücksichtigt werden.
- Phase der Datenerhebung und Materialsammlung seitens der teilnehmenden Kommunen sowie Zusammenstellung der Informationen seitens der Moderatoren.
- Phase der Auswertung, Bewertung und Analyse der Daten und Materialien.
- Phase des Abschlusses der Vergleichsphase bzw. Übergang zur nächsten Vergleichsphase durch eine Berichterstattung zu der Vergleichsphase bzw. die Generierung der für diese Vergleichsphase relevanten Steuerungskennzahlen.

Innerhalb dieser verschiedenen Arbeitsphasen hat sich in interkommunalen Vergleichen die Konzeptionsphase als besonders schwierig herausgestellt. So hat sich beispielsweise sowohl in einem Vergleichsring von mittleren Großstädten als auch von Landkreisen gezeigt, dass die Einigung auf einen Vergleichsgegenstand sowie die Festlegung eines Konzeptes für die Datenerhebung noch unproblematisch ist im Vergleich zu der Bestimmung von zentralen Steuerungskennziffern beispielsweise für den gesamten Bereich der Hilfen zur Erziehung (vgl. Iko-Netz, 1998; 1999). Darüber hinaus trat bei der Auswertung der Kennzahlenergebnisse das Problem auf, dass man sich kaum auf ein einheitliches Bewertungsschema der gebildeten Kennzahlen einigen konnte. Diese Schwierigkeiten sind wohl mit ein Grund dafür, dass zumindest zu Beginn der Vergleichsringarbeit der Aspekt der Steuerung über Kennzahlen als Zielsetzung in den Hintergrund getreten ist. Das heißt, im Rahmen der interkommunalen Vergleichsarbeit bieten sich zwar einerseits augenscheinlich noch nicht die konzeptionell angedachten Möglichkeiten der Bildung von allgemeingültigen, handlungsanleitenden Steuerungskennzahlen, aber nichts desto trotz stellen die gebildeten Vergleichskennzahlen andererseits eine wichtige Grundlage für einen interkommunalen Erfahrungs- und Konzeptaustausch dar. Oder, in den Worten von Hamburger/Müller/Porr (1998: 45): »(Interkommunale Vergleiche) liefern (...) Ansatzpunkte zur kritischen Reflexion der örtlichen Entwicklungen und zu ihrer Verortung in übergreifenden Zusammenhängen. Erklärungsbedürftige Phänomene, die sich aus vergleichenden Perspektiven ergeben, regen zu Fragestellungen an, die vertiefend im Rahmen der örtlichen Jugendhilfeplanung und –politik bearbeitet werden können«.

Damit übernehmen Kennzahlen in den interkommunalen Vergleichen derzeit die Funktion einer gemeinsamen Gesprächsgrundlage und eines gemeinsamen Ausgangspunktes zur Klärung von kommunalen Unterschieden.[3] Geht man davon aus, dass Kennzahlen sowohl eine Informations- als auch eine Steuerungsfunktion haben (vgl. Küpper, 1995: 321 ff.), könnte man bilanzieren, dass die im Rahmen von interkommunalen Vergleichen gebildeten Kennzahlen bislang weniger eine Steuerungsfunktion haben, sondern vielmehr eine Informationsfunktion zur fachlichen Weiterentwicklung der bestehenden Jugendhilfepraxis. Mit anderen Worten: Die im Vergleichsring vereinbarten Messziffern verkörpern durch ihre Funktionsweise eine Benchmarkingphilosophie des Lernens durch Vergleich (vgl. Lehnerer, 1998) auf der Basis von Ungleichheiten (vgl. dazu auch Schilling, 2000: 157).

Die Beobachtung der Praxis von interkommunalen Vergleichen macht deutlich, dass Schwierigkeiten darin bestehen, die Vergleichsarbeit auf den Aspekt der Steuerung einer Kinder- und Jugendhilfe auszurichten. Dabei sind Störungen im Vergleichsprozess zum einen bei den Übergängen von der Erhebung der Daten und Materialien zur Bewertung und Analyse derselben sowie von Bewertung und Analyse zu der Ableitung von Steuerungskonsequenzen zu beobachten (vgl. Abbildung 1). Es liegt die Annahme nahe, dass dies darauf zurückzuführen ist, dass zur Durchführung der Vergleichsringe noch die notwendigen wissenschaftlichen Erkenntnisse über das Bedingungsgefüge kommunaler Kinder- und Jugendhilfe fehlen (vgl. Pluto u.a., 1999: 59). Zugespitzt formuliert, ist die Frage danach, wie Kinder- und Jugendhilfe funktioniert, noch nicht ausreichend beantwortet, um beispielsweise die 10 wichtigsten Faktoren im Bedingungsgefüge kommunaler Jugendhilfe im Rahmen einer Steuerungsanleitung für Jugendamtsleiter zu identifizieren. Dies hat mit zur Konsequenz, dass die Vergleichsringe in der Kinder- und Jugendhilfe derzeit noch auf zwei verschiedenen Ebenen aktiv sind. Zum einen geht es um das vergleichende Gegenüberstellen von kommunalen Leistungsdaten zur Kinder- und Jugendhilfe verschiedener Städte. Zum anderen zielt die Arbeit der Vergleichsringe, ausgehend von deutlichen Unterschieden und Differenzen in den Leistungsstrukturen, auf die Entschlüsselung des kommunalen Bedingungsgefüges der Kinder- und Jugendhilfe ab (vgl. Heuchel/Schrapper, 1999: 113). Letzteres ist allerdings in zweierlei Hinsicht eine genuine Aufgabe der Jugendhilfeforschung. Denn es geht dabei nicht nur um eine Entschlüsselung von Zusammenhangsstrukturen kommunaler Jugendhil-

[3] Damit entspricht die jetzige Praxis der interkommunalen Vergleiche einer konzeptionellen Idee von Benchmarkingprozessen, die zurückgeht auf Überlegungen aus der Mitte der 90er-Jahre (vgl. KGSt, 1996: 31). In der zweiten Hälfte der 90er-Jahre hat der Aspekt der Steuerung auf der Grundlage der Ergebnisse der interkommunalen Vergleiche in der Konzeptentwicklung der KGSt bzw. des Iko-Netzes eine größere Bedeutung erlangt und ist zur zentralen begrifflichen Kategorie geworden.

fe, sondern auch um den Nachweis derartiger Wechselwirkungen für diesen Bereich der Sozialen Arbeit.

Eine Entschlüsselung der Bedingungsgefüge ist dabei Voraussetzung für die Umsetzung der Philosophie der Vergleichsringe, die von einem Marktsurrogat bzw. einem simulierten Wettbewerb zwischen den Kommunen ausgeht, in denen die Kommunen ihre Organisation auf der Grundlage von Kennzahlen und Kennzahlensystemen steuern können. Steuerung ist allerdings nur dann möglich, wenn zuverlässige, verbindliche Informationen vorhanden sind sowie vor allem Informationen vorliegen müssen, die Auskunft über potentielle Steuerungshandlungen geben können (vgl. Heuchel/Schrapper, 1999: 101).

Abbildung 1: Ablauf und Störungen interkommunaler Vergleichsarbeit in der Kinder- und Jugendhilfe

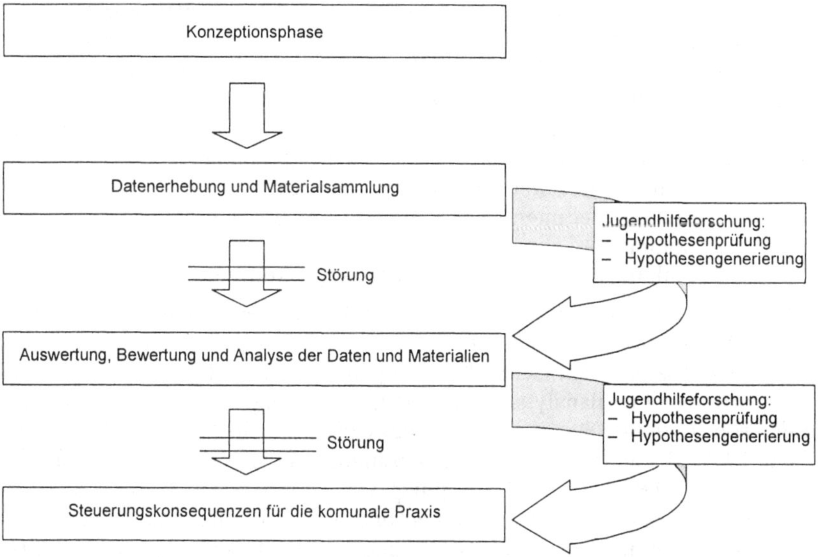

Somit stellen aus der Sicht der Jugendhilfeforschung interkommunale Vergleiche nicht nur ein bislang weitgehend unerforschtes Phänomen von Jugendhilfepraxis dar (siehe Teil 1), sondern darüber hinaus eröffnen sie Zugangsmöglichkeiten, um Erkenntnisse über die kommunale Jugendhilfepraxis zu generieren. Diese Zugänge werden seitens der kommunalen Praxis als notwendig angesehen, da das eigentliche Ziel interkommunaler Vergleichsarbeit, die Eröffnung von Steuerungsmöglichkeiten und –anweisungen, zur Zeit auf Grund von bestehenden Ekenntnisdefiziten noch nicht verwirklicht werden kann. Dabei ist das Ergebnis dieser sich neu eröffnenden Forschungsmöglichkeiten noch gänzlich offen. Möglicherweise wird Jugendhilfeforschung die Kritiker der Neuen Steuerung insofern bestätigen, als dass ergebnisorientierte Steuerung speziell in der Kinder- und Jugendhilfe grundsätzlich nicht möglich ist, da keine klaren Ursache-Wirkung-Beziehungen bestehen (vgl. Olk, 1995: 28).

3. Möglichkeiten und Grenzen zur Generierung empirischen Wissens aus interkommunalen Vergleichen

Es ist im Teil 2 deutlich geworden, dass die Schwierigkeit der interkommunalen Vergleiche, ihre Arbeit auf den Aspekt der Steuerung einer Kinder- und Jugendhilfe auszurichten, in einem Zusammenhang mit einem offensichtlichen Bedarf an Erkenntnissen über Bedingungsgefüge kommunaler Kinder- und Jugendhilfe stehen. Dies soll nachfolgend verdeutlicht werden anhand der interkommunalen Vergleichsarbeit zum Bereich der Hilfen zur Erziehung. Ausgehend von den Unterschieden bei der Inanspruchnahme der Hilfen zur Erziehung zielt der Erkenntnisgewinn der interkommunalen Vergleichsarbeit darauf ab, diese Unterschiede zu plausibilisieren bzw. zu erklären. In diesem Zusammenhang können drei Ebenen voneinander unterschieden werden (vgl. Heuchel/Schrapper, 1999: 112):

1. die Belastung sozioökonomischer Lebenslagen,
2. die Gestaltung der internen Organisationsprozesse und Personal-Qualifikationen,
3. die Gestaltung des Angebotes und der Arbeitskonzepte

Zur Generierung von Erkenntnissen in Bezug auf den Zusammenhang zwischen der Inanspruchnahme von Hilfen zur Erziehung und der allgemeinen Belastung sozioökonomischer Lebenslagen werden statistische Verfahren, wie z.B. die kausalanalytische Untersuchung komplexer Zusammenhänge oder aber Gruppierungsverfahren, angewendet (vgl. Institut für Soziale Arbeit, 1999). In diesen und anderen Zusammenhängen erlangen generell die statistischen Verfahren zur Berechnung von Korrelationen für eine statistische Plausibilisierung von Zusammenhängen in den interkommunalen Vergleichsringen eine zunehmende Bedeutung (vgl. auch Iko-Netz, 1998; 1999). So konnte mit diesem Instrument im Rahmen von Vergleichsringarbeit gezeigt werden,

- dass in Sozialräumen ein statistischer Zusammenhang zwischen Arbeitslosigkeit, Anteil von Nichtdeutschen, der Sozialhilfedichte und den Fallzahlen der Jugendgerichtshilfe besteht (vgl. auch Heuchel/Schrapper, 1999: 124),
- dass zwischen Stadtbezirken ein positiver Zusammenhang zwischen Sozialhilfeempfängerquote und der Inanspruchnahme von stationären Erziehungshilfen festzustellen ist (vgl. ebd.) oder aber

– dass zwischen einzelnen kommunalen Räumen eine positive Korrelation zwischen der Anzahl der Scheidungskinder und der Inanspruchnahme von Hilfen zur Erziehung nachweisbar ist (vgl. Iko-Netz, 1999).

Es wäre jedoch ein Fehlschluss, diese aus den Vergleichsringen gewonnenen Erkenntnisse als allgemeingültige Gesetzmäßigkeiten im Verhältnis von Leistungen der Kinder- und Jugendhilfe zu sozialstrukturellen Faktoren anzusehen. Dazu ist zum einen die Anzahl der jeweiligen Merkmalsausprägungen bzw. der Wertepaare unter methodischen Aspekten zu gering[4], um aus den Ergebnissen der statistischen Verfahren tatsächlich verallgemeinerbare Kausalzusammenhänge zu formulieren. Zum anderen sind die Ergebnisse der Prüfung von möglichen statistischen Zusammenhängen in den interkommunalen Vergleichsringen keineswegs einheitlich. So zeigt sich beispielsweise im Rahmen des Vergleichsrings der großen Großstädte ein positiver Zusammenhang zwischen der Arbeitsbelastung der Jugendgerichtshilfe und der Erziehungshilfefälle (vgl. Heuchel/Schrapper, 1999: 124), der sich aber im Vergleichsring der Landkreise in Norddeutschland nicht bestätigen konnte (vgl. Iko-Netz, 1998). Ähnlich widersprüchliche Ergebnisse zum statistischen Zusammenhang von Erziehungshilfequoten und sozialstrukturellen Belastungsfaktoren zeigen sich auch unabhängig von interkommunaler Vergleichsarbeit. So weisen Berechnungen für die Landkreise und kreisfreien Städte in den Bundesländern sehr unterschiedliche Befunde in Bezug auf einen statistischen Zusammenhang zwischen der Inanspruchnahme der Hilfen zur Erziehung und sozialstrukturellen Belastungsfaktoren wie Arbeitslosenquote, Sozialhilfebezug oder aber zur Verfügung stehender Wohnraum nach (vgl. Pluto u.a., 1999).

Diese Ebene des Erkenntnisgewinns zum Zusammenhang von sozialstrukturellen Belastungsfaktoren und einer Inanspruchnahme von Hilfen zur Erziehung ist jedoch aus der Steuerungsperspektive eines Jugendamtes nur bedingt von Interesse, da diese Faktoren allenfalls langfristig zu steuern sind (vgl. Heuchel/Schrapper, 1999: 113), wenngleich die Verschlechterung sozioökonomischer Lebenslagen unbestritten einen Einfluss auf den Bedarf an Jugendhilfeleistungen hat und somit in der Auseinandersetzung um den Kostenaufwand für diesen Bereich nicht unberücksichtigt bleiben darf (vgl. Bürger, 1998). Eine andere unter Steuerungsgesichtspunkten relevantere Ebene des Erkenntnisgewinns im Rahmen der interkommunalen Vergleichsarbeit bezieht sich auf die internen Definitionsprozesse von MitarbeiterInnen der Kinder- und Jugendhilfe. Diese sind bislang im Rahmen der interkommunalen Vergleichsarbeit zu den Hilfen zur Erziehung eher nur am Rande themati-

---

[4] Die hier dargestellten Ergebnisse sind den Analysen der Vergleichsringe der großen und mittleren Großstädte sowie dem Vergleichsring norddeutscher Landkreise entnommen, die sich jeweils aus 10 teilnehmenden Kommunen zusammensetzen.

siert worden (vgl. z.B. Iko-Netz, 1998). So deutet sich im Rahmen interkommunaler Vergleichsarbeit an, dass beispielsweise die Bedeutung des Hilfeplanverfahrens für eine Inanspruchnahme von Hilfen zur Erziehung im Allgemeinen und Maßnahmen der Fremdunterbringung im Speziellen von besonderer Bedeutung ist. Der Zusammenhang zwischen Hilfeplan und der Inanspruchnahme der Hilfen zur Erziehung ist dabei auf zwei Ebenen zu vermuten. Zum einen könnten die formalen Strukturen des Hilfeplanverfahrens (z.B. Formen der Beteiligung von wirtschaftlicher Jugendhilfe und/oder Amtsleitung) sowie zum anderen die Wahrnehmungs- und Definitionsprozesse der MitarbeiterInnen bei der Fallbearbeitung die Unterschiede bei der Inanspruchnahme von Erziehungshilfen zumindest z.T. erklären.

Eine dritte Ebene des Erkenntnisgewinns im Rahmen einer Decodierung von kommunalen Bedingungsgefügen in der Kinder- und Jugendhilfe bezieht sich auf die Gestaltung des Angebots und der Arbeitskonzepte. In diesem Zusammenhang hat sich im Erfahrungsaustausch der Kommunen die Vermutung erhärtet, ohne sie jedoch empirisch zu belegen, dass auf ein zur Verfügung stehendes Angebot beispielsweise für Leistungen der Eingliederungshilfen für seelisch behinderte Kinder und Jugendliche ein entsprechender Bedarf postuliert wird (vgl. Iko-Netz, 1998).

Es ist deutlich geworden, dass die Erklärung von Unterschieden für den Bereich der Hilfen zur Erziehung anhand dieses einfachen vorgegebenen Modells in der interkommunalen Vergleichsarbeit (noch) nicht gelungen ist. Vielmehr sind auf einer beschreibenden Ebene von kommunalen Unterschieden und möglichen Ursachen hierfür in den verschiedenen Vergleichsringen von Institutionen der Jugendhilfeforschung unterstützte Suchbewegungen zur Erklärung der Differenzen zu erkennen.

4. Interkommunale Vergleiche und Jugendhilfeforschung: Zwischen unerforschtem Phänomen und Feldzugang zur Generierung von Erkenntnissen

Die vorangegangenen Ausführungen haben deutlich gemacht, dass die ursprüngliche Intention der interkommunalen Vergleiche nicht aus einem forschungsleitenden Erkenntnisinteresse der Praxis stammt, sondern vielmehr auf die Idee zurückgeht, dass Jugendamtsverwaltungen sich im Rahmen eines simulierten Wettbewerbs auf der Grundlage von Kennzahlen und Kennzahlensystemen in Konkurrenz zueinander stellen, um auf diese Weise die Stärken und Schwächen ihres eigenen Verwaltungshandelns besser zu erkennen sowie um die Steuerung der Organisation optimieren zu können. Die Praxis der interkommunalen Vergleichsarbeit, speziell für die Kinder- und Jugendhilfe, weist jedoch an vielen Stellen darauf hin, dass die Umsetzung dieser Vergleichsphilosophie (zur Zeit noch) an einem Defizit empirischer Erkenntnisse zu Bedingungsgefügen kommunaler Jugendhilfe scheitert. Dies hat zur Konsequenz, dass interkommunale Vergleichsarbeit derzeit weniger auf eine direkte Steuerung von kommunaler Jugendhilfe ausgerichtet ist, sondern vielmehr auf einen Erfahrungsaustausch hinsichtlich der Erklärung von interkommunalen Unterschieden. Dieser derzeitige Stand der interkommunalen Vergleichsarbeit hat möglicherweise dazu geführt, dass Forschungseinrichtungen einen Zugang zum »closed shop« interkommunaler Vergleichsarbeit erhalten haben, um den Prozess der Analyse und Bewertung der Daten und Materialien sowie das Ableiten der Steuerungskonsequenzen zu unterstützen (vgl. Abbildung 1). Somit stellen interkommunale Vergleichsringe eine Zugangsmöglichkeit für Jugendhilfeforschung dar, um neue empirische Erkenntnisse zu generieren. Doch wie lässt sich dieser Zugang der Jugendhilfeforschung in ein Feld der kommunalen Jugendhilfepraxis, das durch die interkommunalen Vergleichsringe mit Hilfe einer aus der Betriebswirtschaft entlehnten Managementstrategie gesteuert werden soll, einordnen?

Differenziert man Jugendhilfeforschung in eine organisationsbezogene, professions- und personalbezogene, adressatenbezogene, angebots- und arbeitsfeldbezogene sowie eine disziplinäre Jugendhilfeforschung (vgl. Flösser u.a., 1998), könnte man interkommunale Vergleiche einer organisationsbezogenen Jugendhilfeforschung zuordnen, insbesondere wenn es (a) in der interkommunalen Vergleichsarbeit allgemein um die Frage der Steuerung von Organisationen in einem simulierten marktähnlichen Wettbewerb der Jugendämter geht oder aber wenn es (b) um den Versuch einer Rekonstruktion der Wahrnehmungs- und Definitionsprozesse der MitarbeiterInnen im Jugendamt zur Erklärung der unterschiedlichen Inanspruchnahme von Leistungen der Kinder- und Jugendhilfe geht.

Jugendhilfeforschung im Rahmen interkommunaler Vergleichsarbeit ist auf einer anderen Differenzierungsebene, legt man die sozialpädagogischen Forschungstypen von Thole (1999) zugrunde: weniger Professionsforschung oder Disziplinforschung, sondern vielmehr Praxisforschung. Interkommunale Vergleiche erfüllen zwei Merkmale von Praxisforschung, die für Heiner (1988: 7) charakteristisch für diesen Typ von Forschung sind. Zum einen behandeln interkommunale Vergleichsringe in der Jugendhilfe in der jetzigen Form die Praxis des beruflichen Handelns in der Sozialen Arbeit in enger Kooperation mit Fachleuten aus den Kommunen. Zum anderen ist der Prozess des interkommunalen Vergleichs und deren Ergebnisse in hohem Maße anwendungs- und umsetzungsorientiert sowie darauf ausgerichtet, Praxis zu verändern. Vor diesem Hintergrund hat der interkommunale Vergleich als Verfahren einer Praxisforschung die Aufgabe, »die Nahtstelle zwischen sozialpädagogischer Theoriebildung, Ausbildung und Handlungspraxis über erkundbare Beobachtungen der letzteren zu schließen« (Thole, 1999: 234).

Innerhalb der Praxisforschung wiederum könnte interkommunale Vergleichsarbeit einem Typ von Praxisforschung zugeordnet werden, der von

Schone (1995: 56) als »Kooperationsprojekt zwischen Wissenschaft und Praxis« bezeichnet wird.[5] Dieser Typ von Praxisforschung ist durch Merkmale gekennzeichnet, die sich allesamt in der interkommunalen Vergleichsarbeit mit »Forschern« als Moderatoren wiederfinden lassen. Im Einzelnen sind dies (vgl. dazu Schone, 1995; Heiner, 1988):

- Es wird unmittelbar an berufliche Handlungsvollzüge angeknüpft.
- Es werden die Rahmenbedingungen beruflichen Handelns und deren Auswirkungen auf das berufliche Handeln untersucht.
- Es beinhaltet eine große Nähe des Forschers zum Praxisfeld.
- Es hat eine unmittelbare Anwendbarkeit der Forschungsergebnisse für die Praxis zum Ziel.

Geht man davon aus, dass interkommunale Vergleiche in der Kinder- und Jugendhilfe einen neuen Zugang für praxisorientierte Jugendhilfeforschung darstellen, bleiben mindestens zwei Fragen offen: Erstens muss die Frage erlaubt sein, inwiefern Forschung in den genannten Zusammenhängen in Gefahr steht, durch ein betriebswirtschaftlich bestimmtes New Public Management öffentlicher Verwaltungen instrumentalisiert zu werden? Besteht die Gefahr, dass mit der Beteiligung der Jugendhilfeforschung an interkommunalen Vergleichsringen sie selbst ein Verfahren unterstützt, das nach Merchel (1996: 155 f.) mitunter im Verdacht steht, ein technologisches bzw. technokratisches Verfahren unter dem Deckmantel »Neue Steuerung« zu fördern, möglicherweise verbunden mit dem Risiko einer Rückkehr zu den bereits verabschiedeten und gescheiterten Planungsansätzen der 70er-Jahre.

Zweitens muss auf der anderen Seite auch gefragt werden, inwiefern es praxisorientierter Jugendhilfeforschung im Rahmen der Beteiligung an den interkommunalen Vergleichsringen gelingt, ein betriebswirtschaftliches Managementverfahren sowie die Simulation eines marktähnlichen Wettbewerbs durch fachliche Leitlinien einer lebensweltorientierten Kinder- und Jugendhilfe zu prägen? Sind interkommunale Vergleiche somit eine Chance für Praxisforschung, konzeptionelle Grundsätze der Kinder- und Jugendhilfe in Jugendhilfepraxis und Verwaltungshandeln zu implementieren?

Legt man eine Analyse von Schilling (2000) zum Verhältnis von der Kinder- und Jugendhilfe auf der einen und der Kommunalen Gemeinschaftsstelle für Verwaltungsvereinfachung auf der anderen Seite zur Konzeptentwicklung und zu deren Umsetzung im Rahmen der interkommunalen Vergleiche zugrunde, so hat es die Kinder- und Jugendhilfe in den 90er-Jahren vor allem auch im Rahmen der interkommunalen Vergleichsringe geschafft,

---

[5] In Abgrenzung dazu kategorisiert Schone (1995: 55 f.) in Anlehnung an Heiner (1988) einen Typ von »Praxisforschung als externe Wirkungskontrolle« seitens der forschenden SozialwissenschaftlerInnen sowie einen Typ der »Praxisforschung als Forschung durch Praxis«, bei dem Vertreter von Institutionen selbst und für den Eigenbedarf forschen.

die Leitlinien eines modernen kommunalen Managements aus einer fachlichen Perspektive der Kinder- und Jugendhilfe auszugestalten, ohne sich auf das Ziel der reinen Kosteneinsparungen zu reduzieren (vgl. ebd.: 157 f.). Vor diesem Hintergrund ist es für Praxisforschung in der Kinder- und Jugendhilfe weiter notwendig, das Verfahren der interkommunalen Vergleiche als eine Managementstrategie kritisch zu beobachten sowie die empirischen Ergebnisse im Horizont einer sozialpädagogisch-fachlich informierten Expertenrolle zu analysieren.

Literatur

Adamascheck, B., 1997: Interkommunaler Leistungsvergleich. Leistung durch Innovation und Wettbewerb, 2. Aufl., Gütersloh.

Bürger, U., 1998: Die Bedeutung sozialstruktureller Bedingungen für den Bedarf an Jugendhilfeleistungen. Forschungsergebnisse und fachpolitische Konsequenzen, in: Forum Erziehungshilfen, 4. Jg., Heft 4: 203-213.

Flösser, G. u.a., 1998: Jugendhilfeforschung. Beobachtungen zu einer wenig beachteten Forschungslandschaft, in: Th. Rauschenbach / W. Thole (Hrsg.), Sozialpädagogische Forschung. Gegenstand und Funktionen, Bereiche und Methoden, Weinheim und München: 224-261.

Hamburger, F./ Müller, H./ Porr, C., 1998: Innovation und Steuerung aus der Praxis. Bericht über ein Modellprojekt zur Weiterentwicklung der Hilfen zur Erziehung in Rheinland-Pfalz, Mainz.

Heiner, M. (Hrsg.), 1988: Praxisforschung in der sozialen Arbeit, Freiburg im Breisgau.

Heinz, R., 2000: Kommunales Management. Überlegungen zu einem KGSt-Ansatz, Stuttgart.

Heuchel, I./ Schrapper, C., 1999: Planung und Steuerung der Jugendhilfe auf der Grundlage systematischer Beobachtung. Instrumente und Verfahren für die sozialräumliche Gestaltung kommunaler Jugendhilfe durch interkommunale Vergleiche, in: Institut für Soziale Arbeit e.V. (Hrsg.), Soziale Indikatoren und Sozialraumbudgets in der Kinder- und Jugendhilfe, Münster: 95-130.

Iko-Netz, 1998: Interkommunaler Leistungsvergleich. Vergleichsring Jugendhilfe in Landkreisen August 1997 - Oktober 1998. Abschlußbericht, Köln.

Iko-Netz, 1999: Interkommunaler Vergleich mittlerer Großstädte zum Bereich Hilfen zur Erziehung, Eingliederungshilfe für seelisch Behinderte und Schutzmaßnahmen. Abschlußbericht, Köln.

Institut für Soziale Arbeit, 1999: Abschlußbericht für den Vergleichsring Jugendhilfe in Großstädten - Hilfen zur Erziehung -, Münster.

Kommunale Gemeinschaftsstelle (KGSt), 1994: Outputorientierte Steuerung der Jugendhilfe. Bericht Nr. 9/1994, Köln.

Kommunale Gemeinschaftsstelle (KGSt), 1995: Aufbauorganisation in der Jugendhilfe. Bericht Nr. 3/1995, Köln.

Kommunale Gemeinschaftsstelle (KGSt), 1996: Integrierte Fach- und Ressourcenplanung in der Jugendhilfe. Bericht Nr. 3/1996, Köln.

Kommunale Gemeinschaftsstelle (KGSt), 1998: Kennzahlensystem Kindertagesstätten. Entwicklung von Kennzahlen für den interkommunalen Vergleich. Stand 6/1998, Köln.

Kommunale Gemeinschaftsstelle (KGSt), 1999: Tätigkeitsbericht 1997-1999, Köln.

Küpper, H.-U., 1995: Controlling. Konzeption, Aufgaben und Instrumente, Stuttgart.

Lehnerer, C., 1998: Lernen durch Vergleich, in: SOCIALmanagement, 8. Jg., Heft 3: 7-11.

Lüders, C., 1997: Neue Steuerung in der Jugendhilfe. Versuch einer Standortbestimmung nach der ersten Aufregung, in: Diskurs, 7. Jg., Heft 1: 76-81.

Merchel, J., 1996: Fachliche Anforderungen an die Jugendhilfe versus Ökonomisierung der Verwaltung? Neue Steuerung im Kontext des Kinder- und Jugendhilfegesetzes, in: J. Merchel, C. Schrapper (Hrsg.), Neue Steuerung, Münster: 145-167.

Olk, T., 1995: Jugendhilfe als Dienstleistung. Fachlichkeit contra Marktorientierung, in: Arbeitsgemeinschaft für Jugendhilfe (Hrsg.): Das Jugendamt als Dienstleistungsunternehmen, Bonn: 17-39.

Ortmann, F., 1997: Der Sozialstaat in der Globalisierungsfalle, in: Zeitschrift für Sozialreform, 43. Jg., Heft 8: 585-596.

Pluto, L./ Pothmann, J./ van Santen, E./ Seckinger, M., 1999: Zauber der Zahlen und Zahlenzauber - Sozialindikatoren und Fremdunterbringung, in: Institut für Soziale Arbeit e.V. (Hrsg.), Soziale Indikatoren und Sozialraumbudgets in der Kinder- und Jugendhilfe, Münster: 35-61.

Rauschenbach, Th./ Schilling, M., 1997: Die Kinder- und Jugendhilfe und ihre Statistik. Band 1: Einführung und Grundlagen, Neuwied u.a..

Schilling, M., 2000: Die Kinder- und Jugendhilfe und die KGSt. Eine wechselseitige Anregung mit zeitweisen Irritationen, in: Recht der Jugend und des Bildungswesens, 48. Jg., Heft 2: 143-158.

Schmithals, E., 1997: Arbeiten im Iko-Netz. Kennzahlenorientierte Steuerung und interkommunale Vergleiche, in: Der Landkreis, Heft 1: 15-17.

Schone, R., 1995: Theorie-Praxis-Transfer in der Jugendhilfe. Sozialpädagogische Praxisforschung zwischen Analyse und Veränderung, Münster.

Spindler, H., 1999: Benchmarking - Wettbewerb unter den Kommunen. »Neue Steuerung« in der kommunalen Sozialhilfeverwaltung und Folgen für die Hilfeempfänger, in: Sozialer Fortschritt, 48. Jg., Heft 12: 303-312.

Thole, W., 1999: Die Sozialpädagogik und ihre Forschung. Sinn und Kontur einer empirisch informierten Theorie der Sozialpädagogik, in: Neue Praxis, 29. Jg., Heft 3: 224- 243.

Berichte aus der Forschung

JASMIN MAMIER/ LIANE PLUTO/ ERIC VAN SANTEN/
MIKE SECKINGER

Institutionenbefragungen am Beispiel von Jugendamtserhebungen – Ein Feldbericht

In diesem Beitrag werden unterschiedliche und zum Teil auch widersprüchliche Erfahrungen, die von uns im Zusammenhang mit standardisierten postalischen Fragebogenerhebungen bei Jugendämtern in Deutschland (1992, 1993, 1995, 2000) gemacht wurden, unter dem Blickwinkel der dabei auftretenden methodischen und methodologischen Fragen einer Institutionenerhebung allgemein sowie speziell für den Bereich der Kinder- und Jugendhilfe beschrieben. Vor dem Hintergrund dieser Erfahrungen wird auch die aktuelle Kennzahleneuphorie in der Kinder- und Jugendhilfe kommentiert.

Im Rahmen des Projekts »Jugendhilfe und sozialer Wandel – Leistungen und Strukturen«[1] wurden im Frühjahr und Sommer 2000 alle 616 Jugendämter in Deutschland zur organisatorischen Einbettung von Kinder- und Jugendhilfeaufgaben in der Kommunalverwaltung sowie zu den Folgen und der Umsetzung von Konzepten der Verwaltungsmodernisierung mit einem postalisch versandten Erhebungsbogen befragt.[2] Im Mittelpunkt dieser Erhebung stehen Fragen nach der Einheit der Jugendhilfeverwaltung, der Zuordnung des ASD, den Formen und Gründen einer Verwaltungsmodernisierung, der Aufgabenverteilung innerhalb der Kommunalverwaltung, den Formen der Dezentralisierung, Finanzen, Eigenbetrieben sowie Einschätzungen zur Verwaltungsmodernisierung. Bereits bei einer ersten Auswertung im Sommer 2000 ist anhand des Rücklaufs (80 %) erkennbar, dass diese Untersuchung im Bereich der Kinder- und Jugendhilfe die bisher umfangreichste empirische Erhebung zu Veränderungen in der kommunalen Verwaltungspraxis ist. Der Fragebogen der Vollerhebung wurde mehreren Pretests unterzogen, mit Vertretern der kommunalen Spitzenverbände abgestimmt und in der Kommission zum 11. Jugendbericht beraten.

Darüber hinaus werden bei ca. einem Sechstel aller Jugendämter ausführlich Daten zu unterschiedlichen Strukturmerkmalen (Personal, Fortbildung, Kooperation, Angebotsstruktur, Trägerstruktur, Hilfeplanverfahren, Jugendhilfeplanung, Jugendhilfeausschuss, Finanzen etc.) erhoben. Bei dem

1 Gefördert durch das BMFSFJ und durchgeführt am Deutschen Jugendinstitut e.V.

2 Im folgenden Text wird diese Erhebung auch »Vollerhebung« genannt.

Erhebungsinstrument für die ausführliche Befragung handelt es sich um eine Weiterentwicklung und Aktualisierung eines in früheren Wellen bereits eingesetzten Fragebogens (vgl. Seckinger/ Weigel/ van Santen/ Markert, 1998; Gawlik/ Krafft/ Seckinger, 1995). Die im Vergleich zu den damaligen Fassungen durchgeführten Veränderungen wurden ebenfalls getestet und mit den entsprechenden Gremien abgestimmt.

Die Erfahrungen bei den von uns hier in aller Kürze skizzierten Erhebungen sowie die Erfahrungen anderer Autoren mit Datenerhebungen über Jugendämter werden im nächsten Abschnitt kritisch reflektiert und anschließend auf die Konsequenzen für die Reichweite und den Verwendungskontext der generierten Daten hin überprüft.

1. Methodische und methodologische Aspekte der Erfassung von organisationsbezogenen Daten

Der Fokus der folgenden Darstellung liegt auf methodischen und methodologischen Spezifika bei standardisierten, postalischen Befragungen von Institutionen. Da die Darstellung entlang der Erfahrungen und des Erkenntnisinteresses von Erhebungen bei Jugendämtern erfolgt, werden Schwierigkeiten sichtbar gemacht, die nicht nur auf den Typus »Institutionenbefragung« zurückzuführen sondern auch jugendhilfespezifisch sind.

Vielfalt der Aufbauorganisationen

Die föderale Struktur der Bundesrepublik Deutschland und das Recht zur kommunalen Selbstorganisation führt zu einer großen Vielfalt von Organisationsformen zur Erledigung der unterschiedlichen Aufgaben. Selbst für Aufgaben, für die es bundesgesetzliche Organisationsvorgaben wie im KJHG (§69, 70) gibt, trifft dies zu. Die große Zahl unterschiedlicher Organisationsformen – in unserem Fall bei Jugendämtern[3] – tangiert auch Fragen des Feldzugangs. Die Organisationsvielfalt bei Jugendämtern reicht von der Ausgliederung einzelner Aufgabenbereiche, wie beispielsweise in Form eines eigenständigen Allgemeinen Sozialen Dienstes (ASD) oder der Zuständigkeit für Kindertagesstätten beim Kultusministerium bzw. bei dem örtlichen Schulaufwandsträger bis hin zu einer völligen Auflösung einer Organisationseinheit, die die Aufgaben des KJHG integriert und zusammenfassend wahrnimmt.

[3] Die »Untersuchung zur organisatorischen Einbettung von Jugendhilfeaufgaben in der Kommunalverwaltung« dient zwar dazu, festzustellen, ob es das Jugendamt noch gibt bzw. wie weit verbreitet andere Organisationsformen inzwischen sind und daher müsste man richtigerweise eigentlich von »Organisationseinheit, in der überwiegend Aufgaben nach dem KJHG wahrgenommen werden« sprechen, doch der Lesbarkeit halber wird im folgenden dafür der Begriff Jugendamt verwendet.

Andererseits gibt es in einigen Kommunen die Tendenz, verschiedene Aufgabenbereiche mit den Aufgaben des KJHG in einer Organisationseinheit zusammenzufassen. Ein typisches Beispiel ist hier die Zusammenlegung von Sozialamt und Jugendamt.

Weitere Unterschiede der Aufbauorganisation ergeben sich aus historisch gewachsenen bzw. länderspezifischen Besonderheiten. Zu erwähnen sind hier beispielsweise Jugendämter bei kreisangehörigen Gemeinden (vgl. Seckinger/ van Santen/ Pluto, 2000). Bundesweit gibt es 150 solcher Jugendämter, davon alleine in Nordrhein-Westfalen 119.

In den östlichen Bundesländern befinden sich die kommunalen Verwaltungsstrukturen zusätzlich in einem permanenten Auf- und Umbauprozess: Zuerst der Aufbau neuer Verwaltungsstrukturen – notwendig durch die Vereinigung der beiden Teile Deutschlands –, dann ein Umbau – bedingt durch die Kreisgebietsreform – und jetzt Veränderungen durch die Umsetzung von Konzepten der Verwaltungsmodernisierung.

Die Palette der Jugendämter, die zu befragen sind, reicht von solchen, die seit Jahrzehnten ähnlich organisiert sind, bis hin zu solchen, die große strukturelle Veränderungen hinter sich haben oder mitten in einer Umorganisation stecken. Die Kunst besteht also darin, ein Erhebungsinstrument zu entwickeln, das sowohl den Besonderheiten der einzelnen Jugendämter gerecht wird als auch abstrakt genug ist, vergleichbare Daten zu generieren. Zudem stellt sich bei der vorhandenen Vielfalt von Organisationsformen der Kinder- und Jugendhilfeaufgaben die grundsätzliche Frage, wer eigentlich Adressat derartiger Erhebungen ist. Unter Umständen muss man also für eine Erhebung zur Situation der Kinder- und Jugendhilfe in einem Jugendamtsbezirk (die Analyseeinheit) auf mehrere Auskunftsstellen zurückgreifen (mehrere Erhebungseinheiten mit jeweils eigenem Fragebogen), weil die Aufgaben auf mehrere Organisationseinheiten mit klar voneinander abgegrenzten Zuständigkeiten verteilt sind und es keine Stelle gibt, von der erwartet werden kann, dass sie im Sinne einer Gesamtverantwortung für diesen Bereich die Koordination der Aufgaben übernimmt.[4]

Ablauforganisationen

Bei gleicher Aufbauorganisation kann es darüber hinaus erhebliche Unterschiede in der Ablauforganisation geben, die die Komplexität der Ermittlung strukturbezogener Daten einer Institution zusätzlich erhöhen. So zeigt sich beispielsweise, dass nicht alle Jugendämter ohne weiteres ermitteln können, wie viel Geld sie für Fort- und Weiterbildung ausgeben. Bei einigen Jugend-

---

[4] In jeder Kommunalverwaltung gibt es natürlich mit dem/der Bürgermeister/-in oder Landrat/-rätin eine Stelle, die die Gesamtverantwortung trägt, aber es dürfte auch klar sein, dass diese Person die hier gewünschte Funktion nicht übernehmen kann.

ämtern existiert hierfür eine eigene Haushaltsstelle innerhalb des Etats für Jugendhilfe, so dass die Ausgabenhöhe einfach und schnell festgestellt werden kann. In anderen Jugendämtern dagegen obliegt die Verwaltung der Mittel für Fort- und Weiterbildung einer zentralen Stelle der Kommunalverwaltung, z.B. dem Personalamt. Es kann in solch einem Fall nicht ohne erheblichen Aufwand nachvollzogen werden, wie hoch der Anteil ist, der für Fort- und Weiterbildung von MitarbeiterInnen des Jugendamtes ausgegeben wird.[5]

Die Relevanz der Ablauforganisation bei der Erhebung von Strukturmerkmalen von Organisationen wurde bei unseren Untersuchungen auch bei der Erfassung der Qualifikation der MitarbeiterInnen im Jugendamt deutlich. Auch hier war es für einige Jugendämter nur unter erheblichen Mühen möglich, das Qualifikationsprofil ihrer MitarbeiterInnen zu rekonstruieren, weil die Erfassung dieser Informationen im Personalamt erfolgt und keine nach Organisationseinheiten differenzierten Profile vorhanden sind. Statt dessen müssen diese extra auf Anfrage erstellt werden.

Institutionenübergreifende Strukturen

Als ein Spezialfall der Organisationsvielfalt, der besondere Beachtung im Rahmen einer Institutionenbefragung erfordert, sind institutionenübergreifende Strukturen zu nennen: Das heißt, inhaltlich zusammengehörende Aufgaben werden von verschiedenen Institutionen wahrgenommen. Insbesondere wenn Daten zu für eine bestimmte Aufgabe zur Verfügung stehende Ressourcen generiert werden sollen, kommt man nicht umhin, alle an der Erledigung einer Aufgabe beteiligten Institutionen zu berücksichtigen. So gibt es in der Kinder- und Jugendhilfe Einrichtungen, wie zum Beispiel Beratungsstellen oder Stadtteilzentren, die in gemeinsamer Verantwortung mehrerer Ämter (also nicht nur von einem Amt) *innerhalb einer* Kommune geführt werden. Ähnlich gelagerte Fälle mit Konsequenzen für die Generierung von Strukturdaten in Institutionenbefragungen stellen *überregional* geteilte Zuständigkeiten *mehrerer* (gleicher) Institutionen dar. So schließen sich vor allem kleinere Jugendämter zusammen, um z.B. eine gemeinsame Adoptionsvermittlungsstelle oder Inobhutnahmestelle zu betreiben. In einem Erhebungsbogen muss also die Möglichkeit bestehen, diese Sonderfälle zu benennen und sie bei einer Auswertung angemessen zu berücksichtigen. Ansonsten ist die Gefahr groß, dass das Wirkungsfeld der befragten Institution falsch eingeschätzt wird.

---

[5] Aus fachpolitischen Erwägungen heraus stellt sich die Frage, ob es nicht generell für jede Organisationseinheit vor dem Hintergrund einer aktiv betriebenen Personal- und Fachlichkeitsentwicklung sinnvoll wäre, sich ein Bild des Volumens und der Struktur der Fort- und Weiterbildung innerhalb einer Organisationseinheit machen zu können, auch wenn die Verwaltung dieser Gelder in der Verantwortung einer anderen Stelle der Verwaltung liegt.

In beiden genannten Fällen institutionenübergreifender Strukturen ist z.B. die Zurechnung der Ressourcen einer Institution zu den einzelnen Erhebungseinheiten nicht immer ohne weiteres möglich. Um dies zu verdeutlichen, greifen wir auf das bereits genannte Beispiel einer Adoptionsvermittlungsstelle zurück, die von drei Jugendämtern betrieben wird und eine Person beschäftigt. Jedes der befragten Jugendämter könnte die Stellenausstattung unkommentiert mit 1 angeben, so dass es bei der Auswertung zu einer Verdreifachung der Personalkapazitäten in dieser Region für dieses Arbeitsfeld kommen könnte.

Auskunftsperson

Wenn man Daten zu Institutionen erheben will, stellt sich die grundsätzliche Frage, welche Stelle bzw. welche Person innerhalb dieser Institution in der Lage ist, über und für die gesamte Institution Auskunft zu geben, d.h. die Analyseeinheit (hier Institution) kann nicht von vornherein eindeutig einer Auskunftsperson zugeordnet werden. Zur Veranschaulichung dieser Situation greifen wir wieder auf die Erhebung von Strukturdaten bei Jugendämtern zurück. In den mit Kinder- und Jugendhilfe befassten Organisationseinheiten in der Bundesrepublik arbeiten bis zu 2500 MitarbeiterInnen, die jeweils potentiell über für die Erhebung relevantes Wissen verfügen. Wer aber soll über die gesamte Institution Auskunft geben? Man möge sich quasi als Gedankenexperiment einmal vorstellen, an welcher Stelle in einer Organisation mit bis zu 2500 MitarbeiterInnen eine Person zu finden ist, die Auskunft über alle Arbeitskreise und Kooperationsbezüge, in denen die Organisation bzw. das Jugendamt präsent ist, geben kann und die Qualität der Zusammenarbeit beurteilen kann.

Allerdings hat nicht nur die Größe (Mitarbeiterzahl) sondern auch die interne Organisation eines Jugendamts einen bedeutenden Einfluss auf die objektiven Möglichkeiten, eine Auskunftsperson identifizieren zu können. In unseren Erhebungen bei Jugendämtern haben wir uns für die Jugendamtsleitung als Auskunftsperson entschieden, wohl wissend, dass Teile der Befragung zur Beantwortung an MitarbeiterInnen weitergereicht werden. Da man davon ausgehen kann, dass es in eher seltenen Fällen nur eine Auskunftsperson gibt und in der Regel mehrere Personen direkt oder indirekt an der Beantwortung beteiligt sind, empfiehlt es sich, von einer Ansprechperson oder Ansprechinstanz zu sprechen. Die Erfahrung lehrt, dass häufig die Planungsabteilung (sofern vorhanden) mit der Koordination der Antworten aus den unterschiedlichen Abteilungen betraut wird. Durch verschiedene Verfahren wird innerhalb des Jugendamtes dann die Informationsbeschaffung organisiert. Aus Reliabilitäts- und Validitätsgesichtspunkten sind die Weitergabe von einzelnen Fragebogenteilen an Fachabteilungen, interne Befragungen oder gemeinsame Diskussion in Dienstberatungen ebenfalls zu begrüßen. Denn welche Jugendamtsleitung eines größeren Jugendamtes könnte für sich den Anspruch erheben, einen vollständigen, aktuellen und detaillierten Überblick über alle Angelegenheiten des Jugendamtes zu haben? Durch die Vervielfältigung der Perspektiven kann es jedoch auch zu unauflösbaren Widersprüchen kommen. So kann beispielsweise die Fachabteilung »offene und verbandliche Jugendarbeit« auf eine entsprechende Frage im Erhebungsinstrument hin die bisherigen Fortbildungen durchweg positiv beurteilen, wohingegen die KollegInnen aus dem ASD zu einer negativen Einschätzung der bisherigen Fortbildungen kommen können oder umgekehrt. Der Jugendamtsleitung bzw. der Ansprechperson obliegt es dann, eine die gesamten Erfahrungen widerspiegelnde Einschätzung abzugeben. Würde man versuchen, diese innerhalb einer Institution vorhandenen Beurteilungen durch weitere Spezifikationen des Erhebungsinstrumentes einzufangen, würde das zu einer im Kontext einer Institutionenerhebung nicht mehr bearbeitbaren Differenzierung und damit Ausweitung des Erhebungsinstrumentes führen.[6] Im Übrigen würde ein solches Vorgehen die Erfordernis, aus den unterschiedlichen Einschätzungen ein Gesamtbild für die jeweilige Institution zu erstellen, nicht von den Institutionen selbst einlösen, sondern nur auf die Forschenden verlagern. Diese müssten dann ohne unmittelbare Erfahrung und ohne Kenntnis der individuellen Beurteilungsmaßstäbe der Ausfüllenden zu einer generalisierten Einschätzung kommen. Ein genereller Verzicht auf Bewertungen von Ereignissen und Prozessen, wie z.B. Fortbildungen, was die andere Konsequenz auf diese Problematik darstellen würde, erscheint uns jedoch trotz der vorhandenen Einschränkungen nicht notwendig. Ungeachtet aller Differenzierungen im einzelnen, kann angenommen werden, dass es innerhalb einer Institution eine Grundstimmung bezüglich dieser Sachverhalte gibt, die für die Steuerungspolitik in den betreffenden Bereichen handlungsrelevant ist und auch in Erfahrung gebracht werden kann. Vielmehr erscheint es deshalb wichtig, die Fragen und Ausfüllanweisungen so zu formulieren, dass die entsprechende Ebene (in diesem Beispiel die Grundstimmung) auch tatsächlich angesprochen wird. Das Wissen über die beschriebenen möglichen Widersprüche innerhalb einer Institution muss in der Auswertung und Interpretation der Ergebnisse natürlich nichtsdestotrotz entsprechend berücksichtigt werden.

Eine forschungspraktische Folge der Mitwirkung verschiedener Auskunftsstellen einer Institution besteht in insgesamt wesentlich längeren Bearbeitungszeiten. In diesen Fällen muss nicht eine Stelle sondern es müssen eine Vielzahl von Stellen innerhalb der jeweiligen Institution zur Mitarbeit bereit sein. Die Erfahrung lehrt, dass es auch innerhalb von Institutionen durchaus zu divergierenden Einschätzungen des Nutzens einer Beteiligung an For-

---

6 In diesem Kontext ist auch auf das Phänomen der Antwortverweigerung bzw. der Zumutbarkeit von sehr langen Fragebögen hinzuweisen.

schungsvorhaben kommen kann. Die Gefahr, dass das Erhebungsinstrument versehentlich oder auch nicht versehentlich irgendwo »liegen bleibt«, steigt mit der Anzahl der beteiligten Auskunftsstellen deutlich an. Bei der aktuell durchgeführten Untersuchung kam z.B. eine nicht unerhebliche Anzahl von Jugendämtern nach (wiederholten) Erinnerungsschreiben mit der Bitte um Zusendung eines weiteren Fragebogenexemplars auf uns zu, da das ursprünglich zugesandte Exemplar nicht mehr auffindbar sei. Für die Planung von Untersuchungen der Institutionenforschung bedeutet dies, lange Feldphasen von Beginn an einzukalkulieren und Methoden zur Erinnerung, z.B. in Form von Erinnerungsschreiben oder telefonischen Nachfragen, einzuplanen. Letztere bringen quasi nebenbei den Vorteil, dass auf diese Weise (unsystematisch) zusätzliche Informationen über bestimmte Rahmenbedingungen in den jeweiligen Jugendämtern bekannt werden können und zudem mancher Zusatzhinweis und manche Anregung für die Auswertung gegeben werden. Mit anderen Worten: telefonische Nachfragen erhöhen das Kontextwissen und ermöglichen so eine sachgerechtere Interpretation der Daten.

Begriffliche Unschärfen und differierende Begriffskulturen

Bei standardisierten Befragungen von Institutionen muss bedacht werden, dass es innerhalb der Grundgesamtheit und nicht selten sogar innerhalb der verschiedenen Organisationseinheiten einer Institution in erheblichem Umfang begriffliche Unschärfen und differierende Begriffskulturen geben kann, die es sowohl bei der Konstruktion des Erhebungsinstruments als auch bei der Auswertung zu berücksichtigen gilt. Gerade im Jugendhilfebereich herrscht eine fast schon babylonisch zu nennende Begriffsverwirrung. Einerseits können dieselben Wörter grundsätzlich unterschiedliche Sachverhalte kennzeichnen und andererseits werden identische Sachverhalte mit unterschiedlichen Begriffen belegt. So werden zum Beispiel in einigen Regionen qualitative Unterschiede zwischen Jugendtreffs (ohne hauptamtliche pädagogische MitarbeiterInnen) und Jugendzentren (mit Hauptamtlichen) gemacht, wohingegen in anderen alle Räumlichkeiten, die der offenen Jugendarbeit zur Verfügung stehen, als Jugendhaus bezeichnet werden. Auch bei anderen Erhebungen wurden solche Erfahrungen gemacht (vgl. z.B. IKO-Netz, 1999a).

Besonders deutlich wird die Begriffsvielfalt bei den formalen wie inhaltlichen Bezeichnungen der Organisationseinheiten. Die Bezeichnungen Abteilung, Fachabteilung, Dezernat, Betrieb, Amt, Fachbereich, Fachdienst, Dienst, Ressort, Sachgebiet, Geschäftsbereich, Bezirksamt, Direktorium usw. verweisen alle auf eine bestimmte Struktur der Aufbauorganisation, doch sie werden unterschiedlich genutzt. Hinter der Vielfalt verbirgt sich oft – aber eben nicht immer – das Gleiche. Organisationen werden letztendlich durch ihre Aufgaben definiert und nicht durch ihre Bezeichnungen. Im Rahmen der Vollerhebung wurden auch die Organigramme der Jugendämter und Kommunalverwaltungen von uns analysiert. Diese helfen jedoch nur in einigen

Fällen, organisatorische Gemeinsamkeiten in unterschiedlich bezeichneten Organisationseinheiten aufzuklären. Dasselbe gilt für Informationen bezüglich der inhaltlichen Zuschnitte von Organisationseinheiten: Die Organigramme geben auch diesbezüglich nur eingeschränkt Auskunft.

Unterschiedliche Begriffskulturen zeigen sich auch im Aufgabengebiet des Allgemeinen Sozialdienstes (ASD). Die einheitliche Bezeichnung in der Fachliteratur und in Fachdiskussionen täuscht darüber hinweg, dass vielerorts die Aufgaben des ASD mit einem anderen Etikett versehen werden. Dies kann bei einer Erhebung zur organisatorischen Einbettung des ASD dazu führen, dass eine einfache Frage, ob ein ASD existiert mit nein beantwortet wird, weil die mit den entsprechenden Aufgaben versehene Organisationseinheit nicht ASD, sondern z.B. Bezirkssozialdienst genannt wird.

Auch aus den Rückfragen, die sich auf Einzelaspekte einer Umsetzung von Konzepten der Verwaltungsmodernisierung beziehen, lässt sich erkennen, dass die gleichen Etiketten für sehr unterschiedliche Sachverhalte benutzt werden. Budgetierung wird in dem einen Jugendamt verwendet, um eine tatsächliche Verlagerung von Ressourcenverantwortung auf einen Fachbereich bzw. eine Untereinheit zu beschreiben. In einem anderen wird mit Budgetierung lediglich eine formale, rein gliederungsbezogene Zusammenfassung von einzelnen Haushaltsstellen benannt, ohne dass dies zu irgendwelchen Veränderungen bzgl. der Flexibilität im Umgang mit Finanzmitteln führt. Bei einem dritten Jugendamt ist Budget nichts anderes als ein Fremdwort für Haushalt. Diese Rückfragen seitens der Jugendämter sind ein deutlicher Hinweis darauf, dass in der aktuellen Situation, in der unterschiedliche Modelle getestet werden, für einen Vergleich von Effekten verschiedener Organisationsformen nicht auf die vor Ort gewählte Sprachregelung aufgebaut werden kann. Vielmehr muss anhand detaillierter Nachfragen die Vergleichbarkeit erst hergestellt werden.

Die Gespräche zur Vorbereitung der Feldphase mit mehreren Jugendamtsleitungen zeigten auch, dass in der Praxis manchmal verschiedene »Wirklichkeitsebenen« existieren. So werden organisationsintern von den MitarbeiterInnen zum Teil andere Bezeichnungen für die Organisationseinheit verwendet als auf dem Papier vorhanden. Insbesondere nach Umorganisationen orientieren sich die MitarbeiterInnen noch eine geraume Zeit an der für sie gewohnten Struktur- und Begriffskultur. Je nachdem wie sehr eine Umorganisation einer Verwaltung tatsächlich das Verwaltungshandeln ändert, wird es schnell oder erst langsam zu einer Angleichung der verschiedenen Wirklichkeitsebenen kommen.

Fehlende Kompatibilität der Informationen

Die in Institutionenerhebungen erfragten Informationen sind nicht immer kompatibel mit den Formen des Wissensmanagements und der Speicherung von Wissen innerhalb der befragten Institutionen. Die Rückmeldungen der von uns befragten Jugendämter machen deutlich, dass in den Jugendämtern verschiedene Informationsaufbewahrungssysteme und Informationskategorisierungen genutzt werden. Oft stehen zwar prinzipiell Informationen zu einzelnen Strukturdimensionen zur Verfügung, doch diese sind nicht unmittelbar mit der abgefragten Kategorisierung kompatibel. So können Haushaltstitel nach unterschiedlichen Kriterien zusammengefasst sein und Bestandsdaten zu verschiedenen Stichtagen erhoben und dokumentiert werden. Beispielsweise kann nach dem Etat für Hilfen zur Erziehung gefragt werden, doch die angegebene Summe enthält auch die Ausgaben für gemeinsame Wohnformen für Mütter/Väter und ihre Kinder gemäß §19 KJHG. Dies müsste eigentlich dazu führen, dass in Institutionenbefragungen prinzipiell eine detaillierte Beschreibung der Datengrundlage beigefügt wird, wenn die den Antworten zugrunde gelegten Kategorien von der im Erhebungsinstrument beschriebenen Systematik auch nur geringfügig abweichen. Im IKO-Vergleichsring für mittlere Großstädte wurde dieser Weg gewählt, ohne allerdings diese Informationen bei der Auswertung systematisch mit verarbeitet zu haben (IKO-Netz, 1999a). Dies weist auf ein grundsätzliches Problem hin, denn in den wenigsten Fällen gelingt es, die vorliegenden Daten bei der Auswertung so zu aggregieren, dass eine Vergleichbarkeit nachträglich herstellbar ist.

Neuentwicklungen in Institutionen

Eine besondere Herausforderung für Institutionenbefragungen stellt die Erfassung von Neuentwicklungen dar, z.B. die Herausbildung neuer Konzeptionen, zu denen es bisher keine gemeinsam geteilten Auffassungen über deren Gestaltung sowie keinen einheitlichen Sprachgebrauch gibt.

Eine solche Herausforderung mit Bezug zu Jugendamtsbefragungen ist beispielsweise die Erhebung neuer Angebotsformen wie z.B. flexible Hilfen. Mit flexiblen Hilfen sind in der Regel Hilfen gemeint, die individuell auf den Hilfebedarf eines Klienten reagieren und nicht von vornherein in das Hilfeschema nach dem KJHG einzupassen sind (vgl. z.B. Klatetzki, 1995). Beispielsweise werden im Rahmen einer flexiblen Hilfe einem Jugendlichen innerhalb eines kurzen Zeitraumes nacheinander drei verschiedene Formen der Hilfe gewährt, die sich an §27ff. anlehnen. Die Erhebung dieser flexiblen Hilfe kann zu Schwierigkeiten führen, da die Erfassung von Hilfen in der Regel nach Kategorien erfolgt, die sich in erster Linie an die im KJHG aufgezählten Hilfekategorien anlehnt. Dieser spezielle Fall taucht im Erhebungsbogen dann entweder drei Mal unter den einzelnen Hilfeformen nach dem KJHG auf oder er ist für die Jugendämter nicht einzuordnen. Für viele andere Jugendämter stellt sich dieses Problem hingegen nicht, da die Hilfen ausschließlich entlang der Paragraphen 27 bis 35 KJHG gewährt werden. Die hier beschriebene Unsicherheit gilt auch für die amtliche Jugendhilfestatistik. Dort besteht ebenfalls die Schwierigkeit, dass die Kategorien dem Raster des KJHG angepasst sind und Neuentwicklungen nicht einordenbar sind.

Postalische Jugendamtsbefragungen können immer nur in bestimmten Grenzen auf neue Entwicklungen in der Jugendhilfe, die zudem oft noch von Bundesland zu Bundesland und darüber hinaus regional differieren, reagieren. Von ihrer Ausfülllogik her fördern sie zumindest neuere Entwicklungen nicht, solange noch kein weitgehend geteiltes Verständnis einer bestimmten Hilfeform existiert.[7] Allerdings bedeutet dies nicht, dass es generell unmöglich ist, solche Neuentwicklungen wie »flexible Hilfen« oder auch verschiedene Formen der Bereitschaftspflege in den Blick zu bekommen. Dies setzt jedoch voraus, die in der Praxis existierende Vorstellung und den Umgang mit diesen neuen Hilfeformen zunächst einmal zu rekonstruieren. Das heißt, festzustellen, wie sich Theorie und Handhabung einer neuen Praxis innerhalb alter Abrechnungs- und Dokumentationsstrukturen im konkreten Fall zueinander verhalten. Aufbauend auf diesen Erkenntnissen können dann auch neue Entwicklungen in der Praxis beschrieben werden.

Soziale Erwünschtheit

Ähnlich wie das Phänomen der sozialen Erwünschtheit bei Erhebungen auftritt, die Individuen zum Untersuchungsgegenstand haben, gibt es auch bei Erhebungen, die sich Institutionen zuwenden, Formen der Verzerrung des Antwortverhaltens.

Die Beantwortung von Fragebögen kann aus institutioneller Sicht, also auf der Ebene der Befragten, leicht den Charakter von Außendarstellungen oder Rechtfertigungen erhalten, die auch dazu benutzt werden, bestimmte Interessen und Ansprüche quasi vermittelt über die scheinbare Objektivität der Wissenschaft in die Diskussion zu bringen. Diese Intention ist im Rahmen unserer bisherigen Erhebungen bei Jugendämtern immer wieder zu beobachten gewesen. In unserer Forschungspraxis wird dieses Verhalten insbesondere bei Antwortverweigerungen sichtbar.[8] So lehnte es zum Beispiel ein Jugendamt ab, den Fragebogen auszufüllen, da – so die Begründung – der Fragebogen nicht ausreichend Gelegenheit böte, das Jugendamt positiv darzustellen. Andere begründen ihre Ablehnung mit einer viel zu niedrigen Personalausstattung, die ihnen jegliche Aktivität außerhalb ihres unmittelbaren Aufgabengebietes unmöglich macht, obwohl sie prinzipiell einer solchen Befragung offen gegenüber stehen. So antwortet uns eine JugendamtsleiterIn ablehnend auf unsere Erhebung: »Der Stellenwert der Jugendhilfeaufgaben innerhalb der hiesigen Verwaltung wird durch den ständigen Stellenabbau

---

7 Allerdings gibt es auch bei bereits länger existierenden, weit verbreiteten und etablierten Hilfeformen wie z.B. sozialpädagogischer Familienhilfe in der Praxis unterschiedliche Vorstellungen, was genau darunter zu verstehen ist.

8 Antwortverzerrungen in Richtung einer (vermeintlichen) fachlichen Erwünschtheit wie z.B. auf eine Frage nach der Anzahl der Supervisionsstunden pro MitarbeiterIn sind nicht auszuschließen, aber natürlich schwerer zu erkennen.

verdeutlicht. Die personellen Ressourcen des hiesigen Jugendamtes sind nicht einmal mehr ausreichend, um den gesetzlichen Pflichtaufgaben gerecht werden zu können. Ich sehe mich daher außerstande, mich an Ihrer Umfrage zu beteiligen. Die Ablehnung, sich an der Fragebogenerhebung zu beteiligen, wird so bewusst als Möglichkeit genutzt, die Überlastung der Jugendämter nach außen hin zu signalisieren. Nicht auszuschließen ist weiterhin, dass einzelne Jugendämter ihr Ausfüllverhalten durch eine starke Identifikation mit nahestehenden Interessengruppen beeinflussen lassen.

Selbstverständlichkeiten, normative Vorstellungen und Vorgaben

In Institutionen vollziehen sich, unter anderem durch Alltagsroutinen bedingt, mehr oder weniger bewusste Redefinitionen von Aufgaben. Dieser Prozess kann insbesondere bei Institutionenerhebungen, die sich auf die Frage der Erfüllung von normativen, von außen auferlegten Aufgaben beziehen, zu Fehleinschätzungen führen. So zeigt beispielsweise eine erste Durchsicht der Antworten unserer Jugendamtsbefragung zur organisatorischen Einbettung von Jugendhilfeaufgaben in der Kommunalverwaltung, dass der Beantwortung der Fragen zur Aufgabenwahrnehmung bzw. -verteilung oftmals institutionelle Selbstverständlichkeiten zugrundegelegt werden. Der Horizont der Ausfüllenden wird durch die eigene Aufgabenstellung und nicht durch die Aufgabenfestlegung für Jugendämter im KJHG bestimmt. So gibt es in Ländern, in denen die Kindertagesbetreuung nach den Ausführungsgesetzen der Länder nicht in der Zuständigkeit der Jugendämter liegt, eine Reihe von Jugendämtern, die nicht angeben, dass die im KJHG festgelegte Aufgabe der Kindertagesbetreuung in dem betreffenden Jugendamtsbezirk in der Zuständigkeit der Gemeinde oder der Schulbehörde liegt. Umgekehrt ist manchmal unklar, ob die Angabe der Aufgabenwahrnehmung durch andere Organisationseinheiten eine Darstellung der tatsächlichen oder der gewünschten Verhältnisse ist. Insbesondere bei den von uns unterschiedenen Aufgabenfeldern der Schulsozialarbeit und der Jugendberufshilfe könnte der Verweis auf andere Organisationseinheiten (hier konkret Schule und Arbeitsamt) nicht auf eine fehlende bzw. übertragene Zuständigkeit, sondern auf eine normative Zurückweisung dieser Zuständigkeit bzw. fehlende Angebote in diesen Aufgabenfeldern der Jugendhilfe deuten.[9]

Aus den uns zur Verfügung stehenden Organigrammen der Jugendämter wird ersichtlich, dass es vereinzelt ›virtuelle‹ Jugendämter gibt, die *ausschließlich* auf dem Papier – oft mit dem Zusatz »Jugendamt im Sinne des

[9] So wird z.B. Schulsozialarbeit im KJHG nicht explizit erwähnt, in §13, Absatz 1 ist jedoch ein indirekter Verweis auf die Aufgaben der Schulsozialarbeit enthalten. Dort wird darauf hingewiesen, dass im Bereich der schulischen und beruflichen Ausbildung sozialpädagogische Hilfen zur Überwindung individueller Benachteiligungen von Kindern und Jugendlichen angeboten werden sollen.

KJHG« – existieren, aber im Gesamtgefüge der Kommunalverwaltung, so wie sie im Organigramm erkenntlich wird, keine einheitliche Organisationseinheit darstellen bzw. nach dem Organigramm auch andere, außerhalb des KJHG liegende Aufgaben wahrnehmen. Diese sich an normativen Vorgaben des KJHG orientierende Wirklichkeitsebene kann sich auch auf die Beantwortung der entsprechenden Fragen unseres Erhebungsinstruments auswirken und unterstreicht die Notwendigkeit von Plausibilisierungsstrategien innerhalb eines Erhebungsinstrumentes und zwischen verschiedenen Datenquellen.

Die Beispiele haben gezeigt, dass eine Institutionenerhebung eine Reihe von Besonderheiten aufweist, die es bei Individualerhebungen in der Form nicht gibt und die bei der Instrumentenentwicklung, dem Feldzugang und der Interpretation der Daten derartiger Erhebungen zu berücksichtigen sind. Die Beispiele aus unseren Erhebungen bei Jugendämtern haben darüber hinaus gezeigt, dass »Institutionenfamilien« weitere Spezifika aufweisen können, die ebenso beachtet werden müssen. Viele der Besonderheiten, die bei einer Erhebung von Jugendämtern auftreten, sind auf die kommunale Zuständigkeit der Kinder- und Jugendhilfe zurückzuführen. Es kann nicht überraschen, dass die Entwicklung in den 616 verschiedenen Gebietskörperschaften nicht parallel verläuft, weil sie weitgehend unabhängig voneinander und innerhalb ganz unterschiedlicher Rahmenbedingungen vonstatten geht. Eines der wichtigsten Erfordernisse einer solchen Erhebung besteht deshalb darin, Begrifflichkeiten so zu wählen, dass sie mit möglichst vielen Organisationskontexten und -kulturen kompatibel sind.

Auf einer generellen Ebene lässt sich das nicht immer einfache Verhältnis zwischen Jugendhilfeforschung und der Praxis sicher auch dadurch erklären, dass die Jugendhilfepraxis und die Jugendhilfeforschung zwei getrennte Welten darstellen bzw. allgemeiner formuliert, institutionelle Arrangements und Handlungslogiken des öfteren nicht mit den Strukturen und Handlungslogiken von Forschungsprozessen deckungsgleich sind. Auf der einen Seite werden für Forschungsfragen oft über die vorhandenen Unterlagen hinausgehende bzw. für ihre Zwecke auf eine andere Weise erfasste Daten benötigt als sie in der Praxis vorliegen. Auf der anderen Seite bemängeln Praktiker eine fehlende Relevanz bzw. Anwendungsbezogenheit der von den Forschern produzierten Ergebnisse für ihre eigene Situation. Wenn das persönliche Interesse des Forschenden handlungsleitend ist, findet eine Abwägung zwischen wünschenswerten und notwendigen Daten nicht immer statt. Während also auf Seiten der Praxis Zweifel am Nutzen des Arbeitsaufwandes, der mit der Generierung von Forschungsdaten verbunden ist, bestehen, wird von Seiten der Wissenschaft häufig der mit der Generierung bestimmter Daten verbundene Aufwand in der Jugendhilfepraxis unterschätzt.

Die aufgezeigten Spezifika bei der Erhebung von Strukturdaten bei Institutionen verweisen auf die Notwendigkeit von Validierungsstrategien. Als sehr hilfreich haben sich hier nach unseren Erfahrungen bei der Befragung von Jugendämtern (neben der Formulierung von speziellen Fragen, die hauptsächlich aufgenommen werden, um Aufschluss darüber geben zu können, in welchem Sinne bestimmte Begriffe verwendet werden) Workshops erwiesen, in denen die Ergebnisinterpretationen mit den beteiligten Institutionen validiert werden. Als eine Folge des Validierungsproblems ist eine zurückhaltende Interpretation der Daten notwendig. Das heißt, die den Daten inhärenten Beschränkungen müssen berücksichtigt werden und innerhalb dieser sind Wege zu finden, um trotzdem noch Aussagen treffen zu können.

(Fach)politische Instrumentalisierung

Institutionenbefragungen können zum Gegenstand von Auseinandersetzungen (fach)politischer Interessenvertretungen der befragten Institutionen werden. Der Versuch einer (fach)politischen Instrumentalisierung unserer Erhebung bei Jugendämtern wird im Entstehungs- und Verwendungskontext der Gesamtuntersuchung sichtbar. Insbesondere das Beispiel der Untersuchung zur organisatorischen Einbettung der Kinder- und Jugendhilfeaufgaben in der Kommunalverwaltung zeigt, dass unterschiedliche Interessen an die Ergebnisse der Untersuchung geknüpft sind. Manche wollen endlich empirisch belegt haben, dass modernisierte Jugendämter die Besseren sind, andere wollen nachgewiesen haben, dass gerade dies nicht stimmt und wieder andere wollen bestätigt sehen, dass gar keine bestimmte Organisationsform für eine adäquate Erfüllung der Kinder- und Jugendhilfeaufgaben notwendig ist. Wobei objektiv betrachtet, alle Interessengruppen die Interpretationsspielräume dieser Art von Untersuchungen, zumindest was die eigenen Interessen der Akteure betrifft, deutlich überschätzen. Versuche der (fach)politischen Instrumentalisierung sind nicht neu, nicht weiter verwunderlich, weit verbreitet und legitim, aber die Besonderheit liegt in diesem Fall an der Beteiligung bzw. den Abhängigkeiten von Interessengruppen an der Planung und Durchführung der Untersuchung, die sich auf die Erhebung selbst auswirken können. In diesem konkreten Fall wurde der Fragebogen für die Vollerhebung zur organisatorischen Einbettung von Jugendhilfeaufgaben in der Kommunalverwaltung auf Wunsch der kommunalen Spitzenverbände, die diese Erhebung unterstützen und ohne deren Unterstützung hohe Rücklaufquoten unwahrscheinlich sind, nicht nur an die Jugendämter, sondern zur Information auch an die politische Spitze der Kommunen verschickt. Die Reaktionen der Kommunen zeigen, dass dies in einigen Fällen zu Verwirrung geführt hat, obwohl in den Anschreiben der Zweck der »Doppelverschickung« sowohl an die mit der Ausfüllung beauftragte Stelle als auch an jene, für die der Fragebogen reinen Informationscharakter hatte, deutlich benannt wurden. Es ist zu vermuten, dass durch dieses Verfahren das Interesse der Verwaltungsspitze an der Befragung größer ist, als an anderen jugendhilfespezifischen Erhebungen. Darüber hinaus ist nicht auszuschließen, dass durch dieses Verfahren, die Möglichkeit zur politischen Instrumentalisierung auch tatsächlich genutzt wurde.[10] In Rückmeldungen an uns ließen einige Jugendämter durchblicken, dass der Fragebogen anders ausgefallen wäre, wenn die Letztkontrolle nicht bei der Leitungsspitze der Kommunalverwaltung gelegen hätte.

2. Reaktionen der Jugendämter auf die Erhebung

In diesem Abschnitt beschreiben wir Reaktionen von Seiten der Jugendamtsleitungen und der zuständigen Sachbearbeiterinnen und Sachbearbeiter auf unsere Befragung der Jugendämter. Unser Angebot, das Ausfüllen der Erhebungsbögen telefonisch zu unterstützen, wurde von vielen Jugendämtern genutzt.

In der konkreten Befragungssituation zu organisatorischen Veränderungen und Strukturdaten in der Jugendhilfe stoßen wir sowohl auf prinzipielle Ablehnung, begründet mit dem Verweis auf Arbeitsbelastung und einer Vielzahl von Befragungen[11], als auch auf großes Wohlwollen, da die Befragung einen willkommenen Anlass darstellt, sich endlich den schon längst als notwendig erachteten Gesamtüberblick über Strukturen und Leistungen der eigenen Behörde zu verschaffen. Beide Pole verweisen darauf, wie schwierig es für die öffentliche Jugendhilfe ist, systematisch und zuverlässig über sich selbst Auskunft geben zu können. Offenbar führt die Vielzahl an Untersuchungen, auf die verwiesen wird, nicht dazu, dass Daten in den einzelnen Ämtern systematisch vorhanden sind. Die Erfahrungen unserer Erhebungen bei freien Trägern der Kinder- und Jugendhilfe zeigen, dass dies nicht nur für Jugendämter gilt. Insgesamt lässt sich also eine erhebliche Diskrepanz zwischen den fachlichen Diskussionen in der Kinder- und Jugendhilfe zu Kennzahlen, Notwendigkeit einer Kostenrechnung, Steuerungsinstrumenten etc. und der Praxis feststellen. Es ist allerdings davon auszugehen, dass eine Etablierung der Jugendhilfeplanung auch über den bislang vorherrschenden Bereich der Kindertagesbetreuung (vgl. Seckinger/ Weigel/ van Santen/ Markert, 1998) hinaus zu einer größeren Auskunftsfähigkeit der Jugendämter führen wird. Die Praxis mancher Länder, Zuschüsse an Jugendämter an die Bedingung zu binden, dass im entsprechenden Jugendamt eine Jugendhilfeplanung existiert, wird diesen Prozess wahrscheinlich beschleunigen.

Ebenfalls bemerkenswert ist die Unsicherheit über und Unbekanntheit von zentralen Begriffen der Verwaltungsmodernisierung bei etlichen Jugend-

---

[10] Allerdings sind die Möglichkeiten zur (fach)politischen Instrumentalisierung von Seiten der Ausfüllenden bei dieser Erhebung sehr gering. Sie begrenzen sich auf die abschließend im Fragebogen zu bewertenden Items, die in den entsprechenden Richtungen verzerrt sein können.

[11] Leider werden die Ergebnisse dieser vielen Befragungen offensichtlich nur selten publiziert.

ämtern. Hierin kommt zum Ausdruck, dass der Entscheidung (für bzw.) gegen eine Umsetzung von Konzepten der Verwaltungsmodernisierung zum Teil keine gründliche Auseinandersetzung mit den vorhandenen Modellen zugrunde liegt.

Ohne bereits eine Aussage über die Häufigkeit von Ausgründungen und Ausgliederung von Teilaufgaben in stärker marktwirtschaftlich orientierten Organisationsformen machen zu können, wurde in Telefongesprächen mit Jugendämtern im Rahmen der Befragung bereits ein typisches Problem benannt. Eine Verlagerung in einen kommunalen Eigenbetrieb oder auch in eine (kommunale) GmbH führt dazu, dass wichtige Daten, wie zum Beispiel die Anzahl der vorhandenen Kita-Plätze für das Jugendamt nicht mehr verfügbar sind.[12] Diese neuen Organisationen können auf einer institutionellen und organisatorischen Unabhängigkeit vom Jugendamt beharren, weil sie entweder direkt dem Dezernenten – auch anderer Dezernate, wie das in dem sich das Jugendamt befindet – oder der Verwaltungsspitze (BürgermeisterIn, LandrätIn) unterstellt sind bzw. als kommunale GmbH der direkten politischen Kontrolle durch das Kommunalparlament entzogen sind.

Über Unsicherheiten, wie sie den Fragebogen zur Veränderung der organisatorischen Einbettung von Jugendhilfeaufgaben in die kommunale Verwaltungsstruktur beantworten sollen, berichten Jugendamtsleitungen interessanterweise nicht ausschließlich, weil sie sich momentan hin zu einer Auflösung einheitlicher Jugendamtsstrukturen bewegen. Sie tun dies auch, weil sich bereits durchgeführte Aufspaltungen und Zusammenlegungen von Jugendhilfeaufgaben in und mit anderen kommunalen Aufgabenfeldern aus verwaltungsinterner Sicht nicht bewährt haben und eine Entwicklung zurück zu einer Struktureinheit für Jugendhilfeaufgaben stattfindet. Wieder andere geben zu verstehen, dass die Strukturen ihres Jugendamts derart im Fluss sind, dass sie nicht in der Lage sind, ihren momentanen Zustand zu beschreiben oder zu bestimmen, in welche Richtung sich die Strukturen entwickeln werden.

Die Auswertung der Daten der Ende 2000 abgeschlossenen Befragung zur organisatorischen Einbettung von Jugendhilfeaufgaben in der Kommunalverwaltung wird es ermöglichen, sowohl die Bandbreite der inzwischen realisierten Organisationsformen als auch deren fachpolitische Bewertung aus der internen institutionellen Perspektive zu beschreiben.

[12] Hier stellt sich natürlich unmittelbar die Frage, was diese Entwicklung für die Steuerung der Kinder- und Jugendhilfe bedeutet. Inwiefern kann der Jugendhilfeausschuß noch Einfluss ausüben und was bedeutet dies für die Jugendhilfeplanung?

3. Die Reichweite von Kennzahlen

Betrachtet man nun diese, zugegebenermaßen nicht repräsentativen Anmerkungen von Jugendamtsleitungen sowie die aufgezählten Spezifika einer Institutionenbefragung in Verbindung mit den landauf und landab vernehmbaren Diskussionen zur Bedeutung von Kennzahlen und quantifizierbaren Indikatoren (vgl. z.B. Ames/ Bürger, 1998; Institut für soziale Arbeit, 1999; IKO-Netz, 1999a, 1999b) und der Praxis der Verwendung solcher Kennzahlen, so kann man sich dem Eindruck nicht entziehen, dass die hiermit verbundenen Steuerungsmöglichkeiten überschätzt werden. So werden in Schleswig-Holstein bereits seit dem 1.1.1999 Kennzahlen dazu genutzt, den Verteilungsschlüssel für die vom Land den Kommunen bereitgestellten Mittel für die Kinder- und Jugendhilfe zu bestimmen.[13] Die Eignung der Kennzahlen als Steuerungsgrundlage wird auch durch die bislang offensichtlich gewordenen methodischen Mängel in der Verarbeitung dieser Zahlen unterminiert (vgl. z.B. Pluto/ Pothmann/ van Santen/ Seckinger, 1999; van Santen, 2000).

Zum Teil wird den im Rahmen von Jugendamtserhebungen ermittelten Daten eine hohe Validität und Aussagekraft zugemessen, obwohl sie nur unter Vorbehalten die Realität der Jugendämter widerspiegeln. Solange es jedoch Organisationen gibt, die nicht in der Lage sind, z.B. verlässliche Zahlen über die Angebotsstruktur und die Nutzung von Angeboten zu generieren oder die nicht ohne erheblichen Aufwand feststellen können, wie viele MitarbeiterInnen an Fortbildungen teilgenommen haben oder wie hoch die Fallbelastung ist, erscheint eine Steuerung über aufwendig zu erhebende bzw. durch komplexe Rechenoperationen zu erzeugende Kennzahlen verfrüht (vgl. z.B. Heuchel/ Schrapper, 1999: 108).

Kennzahlen sollen, damit sie ihren Zweck erfüllen können – nämlich anhand von Indikatoren komplexe Sachverhalte zeitnah zu beschreiben und so rechtzeitige Reaktionen zu ermöglichen – schnell und einfach verfügbar sein (vgl. Heuchel, Schrapper, 1999). Die Vielzahl der hier angeführten Beispiele zeigt jedoch, dass diese Vorstellung in der Praxis oftmals nicht umsetzbar ist. Auch die Erfahrungen, von denen Heuchel und Schrapper berichten, bestätigen die Schwierigkeiten – trotz entsprechender gesetzlicher Verpflichtungen (§61 – 68 KJHG) – zentrale Leistungsdaten der Jugendhilfe zu erheben (ebd.: 108).

Die grundlegende Frage ist also nicht, *ob* Kennzahlen generiert werden sollen, sondern *wie* eine ihrer Aussagekraft angemessene Verwendung sichergestellt werden kann. Hierzu gehört erstens eine Reflexion der Objektivität, Reliabilität und Validität der zugrundegelegten Indikatoren, zweitens die kritische Bestimmung der Aussagekraft von Indikatoren und schließlich die Einbindung der Analyse der Daten in einen fachlichen Bezugsrahmen. Insbe-

[13] Kritisch dazu: van Santen/ Seckinger/ Pluto/ Pothmann, 2000.

sondere der letzte Schritt ermöglicht eine den fachlichen Notwendigkeiten angemessene Interpretation der Daten, die auch über manche Unsicherheit bei den Gütekriterien hinweghelfen kann. Das aktuelle Verfahren der Vergleichsringe verzichtet jedoch gerade auf die systematische Anwendung dieser dritten Kontrollinstanz.[14] Denn es sind hauptsächlich Unterschiede, die im Vergleichsring zwischen verschiedenen Jugendämtern festgestellt werden, die als Anlass dazu dienen sollen, über Veränderungspotentiale sowie Möglichkeiten der Effizienzsteigerung nachzudenken und somit steuerungsrelevant zu werden[15] (vgl. Homepage des IKON). Was passiert nun aber, wenn keine Auffälligkeiten hervortreten, sprich keine Unterschiede in den Vergleichen vorhanden sein sollten? An dieser Stelle fehlt das fachliche Korrektiv, die fachliche Plausibilisierung: Die Zahlen – und nicht die Fachstandards – sprechen für sich. Es findet ein kennzahlenimmanenter Vergleich statt; einer mit fachlichen Standards fehlt in der Praxis der Vergleichsringe hingegen bzw. kann nicht eingelöst werden, weil derartige Vergleiche (noch) nicht entwickelt wurden.

Wie kann man aber überprüfen, ob nicht innerhalb eines Vergleichsrings *überall* Handlungsbedarf existiert? Die Kennzahlen mit ihrer begrenzten und unzulänglichen fachlichen Aussagekraft setzen, sobald man sie in der jetzigen Form verwendet, »Normalitätsstandards«, obwohl sie nur eine begrenzte Aussagekraft besitzen bzw. zum Teil nicht valide sind, d.h. keinen Bezug zum Gegenstand der möglichen Steuerung haben. Hiermit ist ein weiterer kritischer Punkt angesprochen: Kennzahlen setzen also dort Standards, wo ihnen keine sonstigen Maßstäbe entgegengehalten werden oder andere, z.B. fiskalische sich vordrängen – ohne dass diese fachtheoretisch oder fachpolitisch begründet werden können.

Insgesamt betrachtet, scheint uns bislang ein Missverhältnis zwischen dem Wissen der hier vielfach beschriebenen (systemimmanenten) Schwierigkeiten bei der Generierung vergleichbarer Daten sowie der Reichweite und

---

[14] Im Abschlussbericht des IKO-Netzes der Großstädte wird zwar im Vorspann festgehalten: »Ohne in Jugendhilfeplänen und Arbeitskonzepten konkretisierten Zielen für die Gestaltung örtlicher Jugendhilfe kann keine Steuerung erfolgen« (IKO-Netz, 1999b: 9). In der Praxis musste man aber feststellen, dass »keine der am Vergleichsring beteiligten Großstädte ... auf eine aktuelle Jugendhilfeplanung zurückgreifen (konnte), in der für den Aufgabenbereich der Hilfen zur Erziehung diese Steuerungsziele konkret benannt werden« (ebd.: 11). Damit fehlt also ein fachlicher Bezugsrahmen für die Ergebnisse der Vergleichsringe.

[15] Auf der Homepage des IKO-Netzes findet sich folgende Erläuterung zum Vorgehen: »Mehrere Kommunen kommen zu bestimmten Themen in regelmäßigen, moderierten Arbeitssitzungen zusammen, um auf der Basis eines vereinbarten Kennzahlensystems ihre Erhebungsdaten auszutauschen. Aus den differenzierten Daten werden Unterschiede deutlich, die die Chance bieten, vom anderen zu lernen und damit die Leistungen der eigenen Kommune zu verbessern« (vgl. Homepage des IKON).

Sorgfalt, mit der diese Daten verwendet werden, zu bestehen. Sowohl die Erweiterung der Kenntnisse bezüglich der Generierung von Zahlen innerhalb von Institutionen, die helfen könnten, ihre Interpretationsmöglichkeiten zu spezifizieren als auch ein in der Sache adäquaterer Umgang mit den Daten sind geeignete Methoden, ein angemessenes Verhältnis (wieder)herzustellen.

4. Ausblick

Wie die vorliegenden Erfahrungen zeigen, ist die Generierung von verlässlichen und vergleichbaren Daten über Institutionen und deren Aktivitäten mit einer Reihe von erheblichen Herausforderungen verbunden. Es ist deshalb zu überlegen, inwiefern Transparenz über die dezentral erhobenen Daten hergestellt werden kann, um sowohl die Anzahl der Datenerhebungen und damit unmittelbar die Arbeitsbelastung in den Kommunalverwaltungen zu verringern, als auch um die verschiedenen Akteure in diesem Feld von den an den unterschiedlichen Stellen erarbeiteten Erfassungswegen und -möglichkeiten profitieren zu lassen. Ein weiterer Effekt einer koordinierten Datenerzeugung und -erfassung könnte in den wechselseitigen Synergieeffekten zwischen Praxis und Forschung liegen. Wie aus den Reaktionen von manchen Jugendamtsleitungen deutlich wurde, bieten systematische, von außen eingeforderte Beschreibungen der Leistungen und Strukturen des eigenen Amtes willkommene Anlässe die allseits eingeforderte Selbstauskunftsfähigkeit (besonders im Rahmen von Qualitätsentwicklung und neuer Steuerung) zu verbessern. Forschungsprojekte erhöhen somit nicht nur das Wissen über das Handeln und die Leistungsfähigkeit von Institutionen auf aggregierter, allgemeiner Ebene, sondern auch innerhalb der einzelnen Institution. Umgekehrt könnte man sich manch hilflos-wirkende oder auch fehlerhafte Operationalisierung von Forschungsfragen ersparen, würden die institutioneninternen Konzepte zur Kennzahlengenerierung allgemein zugänglich sein. Notwendig, damit die hier beschworenen Effekte nicht Träumerei bleiben, wäre jedoch eine Sammelstelle – und sei es eine Internetseite – an der Forschungsprojekte und kommunale Berichtsmethoden erfasst werden.

Die Felderfahrungen verweisen auch auf Validitätsprobleme der amtlichen Jugendhilfestatistik sowie der im Rahmen der interkommunalen Vergleichsringe etablierten Kennzahlensysteme. Diese Schwierigkeiten sind nicht neu. So wird im Abschlussbericht des interkommunalen Vergleichs mittlerer Großstädte (vgl. IKO-Netz, 1999a) darauf verwiesen, dass bestimmte Kennzahlen bei der Auswertung nicht herangezogen werden konnten, da sie zu Unterschiedliches beschreiben. Darüber hinaus wurde innerhalb des Vergleichringes vereinbart, zu jeder Kennzahl einen Bericht über die jeweiligen Besonderheiten bei der Erfassung beizufügen. Eine vergleichende Auswertung fand trotzdem statt, da sonst überhaupt keine Aussagen möglich gewesen wären. Auch innerhalb der amtlichen Jugendhilfestatistik sind die mit der Erfassung der Daten verbundenen Schwierigkeiten bekannt. Einerseits mangelt es an manchen Stellen an inhaltlichen Differenzierungen, die zielgenauere Aussagen erlauben würden, weshalb sich seit Jahren eine Arbeitsgruppe mit der inhaltlichen Verbesserung der Statistik befasst. Andererseits zeigt sich, dass bereits die jetzigen Differenzierungen an einigen Stellen zu invaliden Daten führen. Auch bei der Auswertung der Daten, die im Rahmen der von uns durchgeführten Befragung von Jugendämtern erhoben wurden, werden nicht alle diese Schwierigkeiten optimal gemeistert werden können. Um so wichtiger erscheint es, eine breite Diskussion über die Erfassungsmöglichkeiten sozialstaatlicher Leistungen und der dazu notwendigen organisatorischen Strukturen zu führen.

Literatur

Ames, A./ Bürger, U., 1998: Untersuchung der Ursachen zur unterschiedlichen Inanspruchnahme vollstationärer Heimerziehung im Verbandsgebiet, Teilbericht II, Landeswohlfahrtsverband Württemberg-Hohenzollern.

Gawlik, M./ Krafft, E./ Seckinger, M., 1995: Jugendhilfe und sozialer Wandel. Die Lebenssituation Jugendlicher und der Aufbau der Jugendhilfe in Ostdeutschland. München: DJI-Verlag.

Heuchel, I./ Schrapper, Ch., 1999: Planung und Steuerung der Jugendhilfe auf der Grundlage systematischer Beobachtung. Instrumente und Verfahren für die sozialraumorientierte Gestaltung kommunaler Jugendhilfe durch interkommunale Vergleiche. In: Institut für soziale Arbeit (Hrsg.) Soziale Indikatoren und Sozialraumbudgets in der Kinder- und Jugendhilfe. Soziale Praxis, Heft 20: 95-130.

IKO-Netz, 1999a: Interkommunaler Vergleich mittlerer Großstädte zum Bereich Hilfen zur Erziehung, Eingliederungshilfe für seelisch Behinderte und Schutzmaßnahmen. Köln.

IKO-Netz, 1999b: Jugendhilfe in Großstädten – Hilfen zur Erziehung. Münster.

Institut für soziale Arbeit (Hrsg.), 1999: Soziale Indikatoren und Sozialraumbudgets in der Jugendhilfe, Soziale Praxis, Heft 20.

Klatetzki, T. (Hrsg.), 1995: Flexible Erziehungshilfen. Ein Organisationskonzept in der Diskussion. Münster.

Pluto, L./ Pothmann, J./ van Santen, E./ Seckinger, M., 1999: Zauber der Zahlen und Zahlenzauber – Sozialindikatoren und Fremdunterbringung. In: Institut für soziale Arbeit (Hrsg.) Soziale Indikatoren und Sozialraumbudgets in der Kinder- und Jugendhilfe. Soziale Praxis, Heft 20: 35-61.

van Santen, E., 2000: Rauf oder runter, mehr oder weniger? – Ergebnisse und methodische Anmerkungen zu regionalen und zeitlichen Vergleichen der Fremdunterbringung. In: NDV, 80, Heft 7: 201-206.

van Santen, E./ Seckinger, M./ Pluto, L./ Pothmann, J., 2000: Sozialindikatoren, Fremdunterbringungen und Sozialraumbudgetierung – ein Bermudadreieck für Fachlichkeit? In: Archiv für Wissenschaft und Praxis der sozialen Arbeit, Heft 2: 101-134.

Seckinger, M./ Weigel, N./ van Santen, E./ Markert, A., 1998: Situationen und Perspektiven der Jugendhilfe. Eine empirische Zwischenbilanz. DJI-Verlag. München.

Seckinger, M./ van Santen, E./ Pluto, L., 2000: »Regionalisierte Jugendämter« – Jugendämter kreisangehöriger Gemeinden. In Zentralblatt für Jugendrecht, 3: 99-105.

STEFAN SCHNURR

Sozialpädagogische Professionalität in marktförmig strukturierten Organisationskontexten

Zur qualitativ-empirischen Rekonstruktion von Ermessen

Seit Mitte der neunziger Jahre werden in sozialarbeiterischen/sozialpädagogischen[1] Handlungsfeldern marktförmige Steuerungsmodelle eingeführt. Diese sollen gewährleisten, daß Ressourcen effizienter eingesetzt und Kosten effektiver kontrolliert werden. Die öffentliche Jugendhilfe ist von dieser Entwicklung in vielerlei Hinsicht betroffen. Die kontroversen Diskussionen, die vor allem durch die Umsetzung des »Neuen Steuerungsmodells« in kommunalen Jugendämtern ausgelöst wurden, kreisten bislang vorwiegend um steuerungstechnische Fragen, focussierten Probleme der Neugestaltung des Verhältnisses zwischen öffentlichen und freien Trägern oder thematisierten in ideologiekritischer Absicht das Einsickern ökonomischer Begriffe in die Beschreibung sozialpädagogischer Handlungskontexte. Weniger berücksichtigt wurden dagegen die Folgen, die sich aus der Einführung marktförmiger Steuerungsmodelle in sozialpädagogischen Organisationen für das professionelle Handeln von Sozialpädagogen und die Entwicklung sozialpädagogischer Professionalität ergeben.[2] Hier liegt der Ansatzpunkt des Forschungsprojektes »Sozialpädagogische Professionalität in marktförmig gesteuerten Organisationskontexten«, das an der Fakultät für Pädagogik der Universität Bielefeld (Arbeitsgruppe Sozialarbeit/Sozialpädagogik) angesiedelt ist und von der Deutschen Forschungsgemeinschaft finanziert wird.

Marktförmige Steuerungsmodelle zielen auf einen Abbau von Hierarchien und bürokratischen Weisungs- und Kontrollstrukturen und beinhalten damit – zumindest in formaler Hinsicht – eine Erweiterung der Entscheidungsautonomie von Sozialarbeitern/Sozialpädagogen. Gleichzeitig werden die entscheidungsrelevanten Parameter durch die Einführung von

---

[1] Im folgenden werden aus Gründen der besseren Lesbarkeit die Wortverbindungen Sozialarbeit/Sozialpädagogik, Sozialarbeiter/Sozialpädagoge etc. abgekürzt zu Sozialpädagogik, Sozialpädagoge, sozialpädagogisch etc.

[2] Dazu Schnurr (1998); eine intensive Diskussion zu diesem Thema wird schon seit einigen Jahren im Ausland geführt, z.B. Fabricant/Burghardt (1992), Dominelli (1996), Harris (1996, 1998), van der Laan (1998, 2000), White (2000), Exworthy/Halford (1999); für einen Einblick in diese internationale Debatte siehe die Beiträge in Otto/Schnurr (2000).

Budgets und Kosteninformationen um die ökonomische Dimension erweitert. Damit, so die Ausgangshypothese des Projekts, dürfte sich für Sozialarbeiter/Sozialpädagogen in veränderter Weise die Aufgabe stellen, bei der Wahl einer fallangemessenen Problembearbeitungsweise Kosteninformationen und Kriterien der Wirtschaftlichkeit zu berücksichtigen und diese mit Kriterien der Fachlichkeit und der Rechtmäßigkeit zu vermitteln. Ziel des Forschungsvorhabens ist es, zu untersuchen, wie Sozialpädagogen diese Aufgabenstellung interpretieren und bewältigen und auf welche Regeln und Praktiken sie dabei zurückgreifen. Damit rückt erstmals das professionelle *Ermessen* in den Mittelpunkt einer empirischen Studie zur sozialpädagogischen Professionalität. Ermessen, so die zentrale forschungsstrategische Vorentscheidung des Projekts, läßt sich nämlich konzipieren als die Schnittstelle organisationaler und professionaler Steuerung und als jener Strukturort, an dem sich die intendierten Wirkungen organisationsbezogener Neustrukturierungsmaßnahmen nach den Prämissen des New Public Management entscheiden (oder zumindest in besonderer Prägnanz niederschlagen sollten).

Mit diesem Forschungsprojekt wird zugleich versucht, den Gegenstand »sozialpädagogische Professionalität« einmal nicht von der Seite des Theorie/Praxis-Verhältnisses aufzurollen – und nicht in berufsbiographischer Perspektive nach einer gelungenen oder nicht-gelungenen Herausbildung beruflichen Wissens und Könnens bzw. von professioneller Identität zu fragen (vgl. Thole/Küster-Schapfl 1996ab, Ackermann/Seeck 1999ab) – sondern statt dessen das mindestens ebenso problematische (und daher attraktive) *Verhältnis von Organisation und Profession* in den Mittelpunkt qualitativ-empirischer Forschung zu rücken. Entsprechend wird Professionalität hier auch nicht als eine Kombination erwünschter Eigenschaften und Einstellungen konzipiert, die der Forscher bei den Beforschten entweder antreffen oder vermissen könnte. Statt dessen interessiert sich dieses Projekt in einer dezidiert rekonstruktiven Perspektive für die Merkmale und Ausprägungen faktischer Professionalität in ihren jeweiligen organisatorischen Rahmensetzungen und fragt nach den Wechselwirkungen zwischen Merkmalen der Organisation und Merkmalen professionellen Handelns. Der folgende Beitrag stellt die Konzeption dieser Untersuchung vor und dokumentiert zentrale Aspekte ihrer Begründung.

1. Wirkungsannahmen und Forschungsziele

Worin unterscheiden sich marktförmige und bürokratische Steuerungsmodelle?

Der Entwurf der Forschungskonzeption nimmt seinen Ausgangspunkt in einer Rekonstruktion grundlegender Mechanismen marktförmiger Organisationssteuerung im Kontrast zur konventionellen hierarchisch-bürokratischen

Organisationssteuerung. Das Neue Steuerungsmodell der KGSt (1991, 1993ab, 1994, 1995, 1996) erhält dabei als zugleich elaborierte und auf die Jugendhilfe zugeschnittene Konzeption und aufgrund seiner Verbreitung den Status eines Referenzmodells. Die Leitfrage in dem hier anzustellenden Gedankenexperiment lautet folglich: was würde sich in einem Jugendamt ändern, wenn das Neue Steuerungsmodell (NSM) und die darin favorisierten Steuerungsinstrumente (Kontrakte, Budgets, Produkte, Kostenkennzahlen) konzeptgetreu eingeführt und die in den Konzepten formulierten Intentionen erfolgreich umgesetzt würden und wie würden sich damit die Kontextbedingungen sozialpädagogischen Handelns verändern[3]? Auf eine detaillierte Rekonstruktion des Neuen Steuerungsmodells kann an dieser Stelle verzichtet werden. Hier sollte es genügen, an zentrale Reformoptionen dieses Modells zu erinnern:

- Outputorientierung bzw. Produktorientierung
- Budgetierung
- Steuerung durch Kontrakte (Leistungsvereinbarungen)
- Dezentrale Ressourcenverantwortung
- Leistungs- und Kostentransparenz (Produktbildung, Bestimmung von Kostenkennzahlen, Kosten- und Leistungsrechnung, Controlling)
- Interner und externer Wettbewerb
- Auslagerung von Aufgaben an externe Träger (Out-Contracting)

Bezieht man die hier angesprochenen Innovationspostulate auf unsere Fragestellung, so scheinen folgende Dimensionen des organisatorischen Wandels als besonders relevant: (1) die Leitungsstruktur, (2) die Verteilung von Ressourcenverantwortung, (3) die Verteilung von Entscheidungskompetenzen, (4) die Verteilung von Kostenwissen. Entlang dieser Dimensionen lassen sich nun kontrastierende *Idealtypen* konstruieren: ein Idealtyp des konventionell-hierarchisch gesteuerten Jugendamts und ein Idealtyp des marktförmig-wettbewerbsorientiert gesteuerten Jugendamts.

(1) Leitungsstruktur: In marktförmig-wettbewerbsorientiert gesteuerten Jugendämtern ist die Leitungsstruktur dezentral und folgt dem Konzernmodell (Verzahnung von teilautonomen Organisationseinheiten und Steuerungs- und Controllingeinheiten) (vgl. KGSt 1993a:19). / In konventionell-hierarchisch gesteuerten Jugendämtern ist die Leitungsstruktur hierarchisch und folgt dem Linienmodell (Amtsleiter, Abteilungsleiter, Abschnittsleiter, Sachbearbeiter).

(2) Verteilung von Ressourcenverantwortung: In marktförmig-wettbewerbsorientiert gesteuerten Jugendämtern gilt das Prinzip der dezentralen

[3] Es handelt sich um eine Extrapolation möglicher Effekte, wohl wissend, daß die realen Effekte sich mit den intendierten Effekten nicht zu decken brauchen: was in den Organisationen tatsächlich an Veränderungen passiert, wird als offen betrachtet; dies soll ja gerade ermittelt werden.

Integration von Fach- und Ressourcenverantwortung. / In konventionell-hierarchisch gesteuerten Jugendämtern gilt das Prinzip der Leitungsverantwortung.

(3) Verteilung von Entscheidungskompetenzen: In marktförmig-wettbewerbsorientiert gesteuerten Jugendämtern operieren Organisationseinheiten im Rahmen der gesetzlichen Bestimmungen und der vereinbarten Leistungs- und Finanzziele (Budgets) frei von hierarchischen Genehmigungsverpflichtungen und Entscheidungsvorbehalten. Sozialpädagogen der Ausführungsebene entscheiden im Rahmen der Leistungs- und Finanzziele ihrer jeweiligen Organisationseinheit selbständig und autonom über die Erbringung/Allokation von Produkten und Leistungen (vgl. KGSt 1994:14; 1996:15f). / In konventionell-hierarchisch gesteuerten Jugendämtern operieren Organisationseinheiten im Rahmen der gesetzlichen Bestimmungen, des Haushalts- und Buchungsplans und der Anordnungen und Entscheidungsvorbehalte der Amtsleiter. Sozialpädagogen der Ausführungsebene entscheiden im Rahmen der Vorgaben ihrer jeweiligen Organisationseinheit sowie generell unter dem Vorbehalt der Zustimmung der Abteilungleiter bzw. der Amtsleiter.

(4) Verteilung von Kostenwissen: In marktförmig-wettbewerbsorientiert gesteuerten Jugendämtern ist der Zusammenhang von Leistungen und Kosten für Sozialpädagogen der Ausführungsebene transparent (vgl. KGSt 1996:16, KGSt 1994:14). Wissen über die Kosten einzelner Leistungsspezifikationen (»Produkte«) und deren Relation zu einem gegebenen (Teil-) Budget können als Referenzgrößen im professionellen Ermessen herangezogen werden. / In konventionell-hierarchisch gesteuerten Jugendämtern ist der Zusammenhang von Leistungen und Kosten für Sozialpädagogen der Ausführungsebene undurchsichtig. Wissen über die Kosten einzelner Leistungsspezifikationen und deren Relation zum Haushalt ist bei spezialisierten Abteilungen (z.B. »Wirtschaftliche Jugendhilfe«) konzentriert.

Was ändert sich, wenn marktförmige Steurungsmodelle eingeführt werden?

Wohlgemerkt handelt es sich hier um eine schematische und stark kontrastierende Darstellung. Gleichwohl lassen sich von hier aus im Rahmen einer stärker organisationstheoretisch angeleiteten Argumentation die intendierten Folgen für die Handlungskontexte praktischer Sozialpädagogik näher konturieren.

Marktförmige Organisations- und Steuerungsmodelle wie das NSM beinhalten einerseits eine Erweiterung der Handlung- und Entscheidungsautonomie der ausführenden Sozialpädagogen. Andererseits sollen sie sicherstellen, daß Sozialpädagogen bei der Wahl von Problembearbeitungweisen und bei der Erbringung von Leistungen Kosten- und Ausgabengesichtspunkte stärker berücksichtigen, damit Ressourcen effizienter verwendet werden. Die

Einführung marktförmiger Steuerungsinstrumente (Produkte, Kontrakte, Budgets, Kostenkennzahlen) und der Annäherung an ein erwerbswirtschaftliches Konzernmodell folgt der Intention, den Kontext, in dem Sozialpädagogen Entscheidungen treffen, so umzugestalten, daß die Akteure die jeweils ökonomisch effizienten Strategien zur Bearbeitung des Aufgabenanfalls aufgrund einer erhöhten Kostentransparenz besser identifizieren können und aufgrund der ihnen zugewiesenen Ressourcenverantwortung innerhalb verbindlich definierter Kostenrahmen (Budgets) eher präferieren. Die Veränderung des Kontextes beinhaltet somit eine Modifikation von Erwartungen, denen die Akteure entsprechen können, oder auch nicht.

»Budgets are accounting techniques designed to control costs through people« (Argyris 1992:173). Ist das Budget einer Organisationseinheit verbindlich definiert, so entsteht damit ein Handlungsrahmen, in dem die Interessen der Akteure dieser Organisationseinheit mit dem übergeordneten Interesse der Organisation an einer effizienten Verwendung von Ressourcen tendenziell konvergieren. Budgets begrenzen die Möglichkeiten von Akteuren, die aus ihren Entscheidungen entstehenden Kostenwirkungen zu externalisieren und damit die Kostenrücksicht an die Leitungsebene, eine spezialisierte Organisationseinheit oder die Gesamtorganisation zu delegieren. Je enger kostenwirksame Entscheidungen und deren Auswirkungen auf das Budget der Entscheidungsträger aufeinander beziehbar sind, desto eher dürfte wirksam werden, was Abbott als zentrale Einflußgröße professionellen Entscheidens herausgestellt hat: »In most professions, cost is a central dimension aspect (sic!) of treatment decisions« (1992:159).

Steuerungstheoretisch betrachtet handelt es sich bei der Einführung marktförmiger Steuerungsinstrumente in hierarchisch gesteuerten Organisationen um eine Umstellung auf der Ebene der basalen Koordinationsformen (vgl. Willke 1995:137): Die Koordinationsformen »Hierarchie« und »Position« (Status) verlieren ihre dominante Stellung und werden tendenziell durch die marktförmigen Koordinationsformen »Kontrakt« und »Preis« substituiert (vgl. Heinze et al. 1997:242). Im Unterschied zum konventionell-hierarchischen Steuerungstyp zielt der marktförmig-wettbewerbsorientierte Steuerungstyp weniger auf eine »top-down«-Determination von Entscheidungen auf der Basis von Konditional- und Zweckprogrammen, deren Umsetzung durch hierarchische Weisungs- und Genehmigungsstrukturen kontrolliert wird, sondern auf eine Modifikation von Entscheidungs*situationen*. Die intendierte Steigerung der Rationalität der Aufgabendurchführung soll dadurch herbeigeführt werden, daß die entscheidungsrelevanten Parameter um die ökonomische Dimension erweitert werden und sich eine darauf aufbauende »Kostenrücksicht« systematisch in den Präferenzmustern und schließlich im Entscheidungshandeln der professionellen Akteure niederschlägt.

Der marktförmig-wettbewerbsorientierte Steuerungstyp bezieht sein Wirkungspotential offenbar aus einer kontextuellen Konditionierung von

Operationen des professionellen *Ermessens*. Die beschriebenen Veränderungen der Kontextbedingungen sozialpädagogischen Handelns und sozialpädagogischer Professionalität von Sozialpädagogen in Jugendämtern zielen auf eine Institutionalisierung von Wirtschaftlichkeitsprämissen, indem sie Gelegenheiten, Anreize und Zwänge schaffen, die Kostenwirkungen von Entscheidungen systematisch zu berücksichtigen und als Kriterium bei der Wahl einer fallangemessenen Bearbeitungsweise heranzuziehen. Für professionelle Akteure in marktförmig gesteuerten Jugendämtern dürfte sich somit in veränderter Weise die Aufgabe stellen, bei der Wahl einer fallangemessenen Bearbeitungsweise Kosteninformationen und Wirtschaftlichkeitsprämissen im Prozeß der Entscheidungsfindung zu berücksichtigen und diese mit Fachlichkeitsprämissen und Rechtmäßigkeitsprämissen zu relationieren.

Forschungsziele

Auf der Basis dieser Wirkungsannahmen lassen sich nun die Ziele des Forschungsvorhabens bestimmen:

- Ziel des Forschungsvorhabens ist es, zu untersuchen, *wie* Sozialpädagogen als Akteure in marktförmig gesteuerten Organisationen sich auf die veränderten/herrschenden Kontextbedingungen einstellen, wie sie sich diese aneignen und wie sie in diesen Organisationskontexten professionell handeln. Dabei wird von der Annahme ausgegangen, daß Akteure unterschiedliche Gebrauchs- und Verwendungsweisen marktförmiger Steuerungsinstrumente herausbilden, und sich die veränderten Kontextbedingungen sowie die darin eingelassenen ökonomischen Rationalitätsmuster vor dem Hintergrund ihrer jeweiligen Machtressourcen und Interessenlagen selektiv aneignen. Das Forschungsvorhaben zielt darauf, solche Formen der Aneignung marktförmiger Steuerung zu rekonstruieren.
- Mit der Einführung neuer Steuerungsinstrumente und mit dem Versuch einer Kontextuierung von Wirtschaftlichkeitsprämissen entstehen zugleich neue »organisatorische Ungewißheitszonen« (Crozier/Friedberg (1993:47) hinsichtlich ihrer situativen bzw. fallbezogenen Anwendung. Damit entsteht folglich ein Bedarf am Aufbau von Konventionen im Sinne von bewährten Praktiken und darauf bezogenen Angemessenheitsregeln, die es den Akteuren ermöglichen, unter den jeweils gegebenen Kontextbedingungen zu akzeptablen und zustimmungsfähigen Entscheidungen zu gelangen. Das Forschungsvorhaben zielt darauf, solche Regeln und Praktiken zu erschließen. Aus der Rekonstruktion solcher Regeln und Praktiken ergeben sich wichtige Erkenntnisse im Hinblick auf eine Bestimmung sozialpädagogischer Professionalität in marktförmig gesteuerten Organisationkontexten.
- Ein spezifisches Forschungsinteresse gilt dem professionellen Ermessen als Schnittstelle von organisationaler Steuerung und professionellem

Handeln. Ermessen erhält daher im Rahmen des geplanten Forschungsvorhabens den Status eines heuristischen Schlüsselkonzepts bzw. eines »sensitizing concept« im Sinne von Glaser/Strauss (1967) und Denzin (1970).

Damit wird ein weiterer Schritt innerhalb der Konzeptionierung der Untersuchung erforderlich, den man als ‚Modellierung des Forschungsgegenstandes' bezeichnen könnte: will man »Ermessen« beobachten bzw. rekonstruieren, so gilt es zunächst ein formales Modell von Ermessen zu entwickeln, das den Gegenstand in einer Weise erfaßt, die theoretisch anschlußfähig und empirisch zugänglich ist. Gleichzeitig ist argumentativ abzusichern, inwiefern dieses Modell geeignet ist, diejenigen Sachverhalte zu untersuchen, die gemäß der Bestimmung der Forschungsziele im Mittelpunkt der Untersuchung stehen sollen. Dieser Schritt wird im nächsten Abschnitt vorgestellt.

2. Ermessen als heuristisches Schlüsselkonzept

Ermessen und Ermessensspielräume sind für das Handeln professioneller Akteure in Humandienstleistungsorganisationen konstitutiv. »Discretion is inevitable, especially in most human service agencies« (Handler 1992: 277, vgl. Lipsky 1980). Ermessen ist eine Basisoperation von Professionellen in Organisationen, unabhängig davon, ob diese – nach der hier eingeführten Unterscheidung – dem marktförmig-wettbewerbsorientierten oder dem konventionell-hierarchischen Steuerungstyp zuzuordnen sind. Ermessen als spezifischer Handlungstyp wird erforderlich, wenn ein *Aufgabenumfeld* spezifische Eigenschaften aufweist:

(1) *Kontingenz*: Die zu bewältigenden Aufgaben sind inhomogen und diffus, »schlecht strukturiert«, komplex und unübersichtlich.

(2) *Wertebezug und Risikointensität*: Die zu bewältigenden Aufgaben beinhalten einen engen Bezug auf Werte (Unversehrtheit, Autonomie der Lebenspraxis, Gerechtigkeit) und sind risikobehaftet. Die Intensität des Wertebezugs eines Aufgabenumfelds erhöht sich, wenn dieses Eingriffe in die Integrität von Personen und Biographien einschließt (z.B. Erziehung, Psychotherapie, Humanmedizin). Aufgrund des Wertebezugs und der Risikobehaftetheit der Aufgaben muß ihre Bewältigung an kollektiv akzeptierte und institutionalisierte Regeln gebunden werden (Recht, Verfahrens- und Beteiligungsregeln) und wird typischerweise an Professionen delegiert.

(3) *Dilemmastruktur*: Die Aufgabenbewältigung ist aufgrund der unter (1) genannten Eigenschaften durch Präskriptionen und gesatzte Verfahrensregeln nicht abschließend zu definieren. Aufgrund der unter (2) genannten Eigenschaften besteht eine Tendenz zu Handlungssituationen, in denen mehrere verschiedene Werte und Maximen, die miteinander konfligieren, gleichzeitig beachtet und gegeneinander abgewogen wer-

den müssen (z.B. im Bereich der Jugendhilfe: das Recht eines Kindes auf Erziehung vs. der Schutz der familialen Privatsphäre).

Die Alltagspraxis von Sozialpädagogen in Jugendämtern ist geprägt von der Aufgabe, unter der Bedingung von Unsicherheit von den stets unvollständigen Daten eines Falls auf angemessene Bearbeitungsweisen zu schließen. In Ermessenshandlungen werden Falldaten selektiv verknüpft und zu einem Problemtyp aggregiert. Dieser Vorgang läßt sich im Anschluß an Weick (1985: 190, 1995: 35, 4ff, 52ff) als »Einklammern« (*bracketing*) und »Sinngebung« (*sensemaking*) verstehen. Dabei wird von der Überlegung ausgegangen, daß »Fälle als Fälle« nicht existieren. Sie sind stets das Produkt von Konstruktionsprozessen. Der Prozeß der Fallrekonstruktion erfordert es, daß wahrgenommene Merkmale von Ereignissen und Personen (z.B. eines Klienten in seiner Situation) zu einem konsistenten Bild zusammengefügt werden. Es findet ein Sinngebungsprozeß statt, an dessen Ende eine Klassifikation des Falls und schließlich die Zuordnung eines (vorläufig) konsistenten Problemtyps an einen Bearbeitungstyp erfolgen kann (vgl. Abbot 1992: 147). Dabei gilt folgender Zusammenhang: Je weniger eindeutig sich die Daten eines Falls auf eine Standard-Operation beziehen lassen und je weniger eine Bearbeitungsweise durch institutionalisierte Regeln prädisponiert ist, desto eher wird Ermessen erforderlich sein, und desto eher sind Akteure herausgefordert, heterogene Prämissen und Imperative gegeneinander abzuwägen, um eine akzeptable bzw. »angemessene« Lösung auszuwählen.

Angemessenheit – das Validitätskriterium professionellen Handelns – läßt sich vor diesem Hintergrund betrachten als das Resultat einer komplexen Relationierungssaufgabe.[4] Ermessensoperationen sind in der öffentlichen Jugendhilfe dadurch definiert, daß der professionell Handelnde folgende Ermessenselemente berücksichtigen und in ein Verhältnis setzen muß:

[4] Ähnlich – aber mit Blick auf das Theorie/Praxis-Verhältnis – argumentieren Dewe et al. (1992: 78ff).

Ermessenselemente			
Falldaten	**Lösungen**	**Ressourcen**	**Anspruchsbegründungen**
Die je fall- und situationsspezifischen Merkmale von Personen und Ereignissen (Problemlagen, Bedarfe, Nutzerinteressen)	Die elaborierten und approbierten Bearbeitungsweisen und Handlungsformen, (z.B. Beratungs- und Hilfeangebote, Leistungen von Regional- und Fachdiensten, »Produkte«) und ihre sachlichen Merkmale einschließlich der Kosten	Die situative und fallspezifische *Verfügbarkeit* von Lösungen in zeitlicher, ökonomischer und räumlicher Hinsicht	Zulässige und bewährte Muster der Verknüpfung von Falldaten, Lösungen und Rechtsnormen (hier: insbesondere des KJHG) zur Begründung von Rechtsansprüchen auf Lösungen/ Leistungen in leistungs- und verfahrensrechtlicher Hinsicht

Die Ermessenselemente Falldaten, Lösungen, Ressourcen und Anspruchsbegründungen sind untereinander lose gekoppelt (Weick 1976, 1985). Lose gekoppelt meint in diesem Zusammenhang, daß die Beziehungen zwischen den Ermessenselementen nicht durch eindeutige und konstante Algorithmen voreingestellt sind. Vielmehr sind in solchen Fällen, in denen Ermessen erforderlich ist, grundsätzlich mehrere »sinnvolle« Kombinationen möglich. Wird ein Sozialpädagoge mit einem Fall befaßt, so wird er Deutungen der Falldaten, mit jeweils kompatiblen Lösungen, Ressourcen und Anspruchsbegründungen hypothetisch kombinieren, und in der Form von Passungsexperimenten Mehrdeutigkeit soweit reduzieren (Weick 1985:191), bis er sich mehreren konsistenten Alternativen der Fallbearbeitung gegenübersieht, aus denen er dann eine »befriedigende Alternative« (March/Simon 1976:132) auswählt. Dabei wird er auf sein Profession- und Erfahrungswissen sowie die kontextuell gültigen Konventionen der Fallbearbeitung zurückgreifen und sich auf »Regeln der Angemessenheit« (March/Olsen 1989:23) stützen, die angeben, wie Ermessenselemente aufeinander zu beziehen und zu gewichten sind, um zu akzeptablen (»angemessenen«) Entscheidungen zu kommen. Das Ergebnis eines Ermessensvorgangs wird nicht nur davon abhängig sein, welche approbierten Handlungsalternativen (»Bearbeitungstypen«) situativ zur Verfügung stehen, sondern auch davon, welche Merkmale von Ereignissen und Personen wahrgenommen werden, wie sie vor dem Hintergrund möglicher Entscheidungsfolgen interpretiert und gewichtet werden, und welche relative Relevanz den jeweiligen in den Ermessensvorgang einbezogenen Ermessenselementen jeweils zuerkannt wird. Ermessensoperationen lassen sich somit begreifen als jener Wirklichkeitsausschnitt, in dem Sozialpädagogen Gesichtspunkte und Kriterien der Fachlichkeit, der Rechtmäßigkeit und der Wirtschaftlichkeit in ein Verhältnis setzen und im Blick auf hypothetische Entscheidungsfolgen gewichten. Es kann folglich davon ausgegangen werden, daß sich im Ermessen die Wirkungen marktförmiger Steuerungsinstrumente als Komponenten einer auf die Organisation bezogenen Kontextsteuerung ebenso niederschlagen, wie die Aneignungs- und Verwendungsweisen der Akteure.

Damit sind die wichtigsten theoretischen Vorüberlegungen abgeschlossen. Der folgende Abschnitt dokumentiert die forschungsmethodische Umsetzung und ihre Begründung.

3. Untersuchungsdesign

Die Untersuchung dient dem Ziel, Wirkungen und Wechselwirkungen zwischen organisatorischen Kontextbedingungen in Jugendämtern einerseits und sozialpädagogischer Professionalität und professionellem sozialpädagogischen Handeln andererseits zu ermitteln. Folgt man den methodologischen Begründungen von Yin (1994), so läßt sich zunächst argumentieren, daß unter dieser Fragestellung die Fallstudie die angemessene Forschungsstrategie ist: »A case study is an empirical inquiry that investigates a contemporary phenomenon within its real-life context, especially when the boundaries between phenomenon and context are not clearly evident. In other words, you would use the case study method because you deliberately wanted to cover contextual conditions – believing that they might be highly pertinent to your phenomenon of study« (Yin 1994:13). Sollen weiter, wie es hier der Fall ist, die Wirkungen veränderter organisatorischer Kontextbedingungen untersucht werden, so bietet sich eine Strategie des Vergleichs maximal kontrastierender Fälle an, ergänzt durch die Strategie der Auswahl der Fälle »nach der Intensität, mit der die interessierenden Eigenschaften, Prozesse, Erfahrungen etc. in ihnen enthalten sind bzw. vermutet werden« (Flick 1996:87, vgl. Patton 1990:171). Das Forschungsvorhaben wird daher als komparative (»multiple case«) Fallstudie angelegt. Als ideal wird dabei folgende Untersuchungsanordnung betrachtet:

- 2 Jugendämter, in denen die Einführung marktförmiger Steuerungsmodelle bereits vollzogen ist; diese Fälle repräsentieren den marktförmig-wettbewerbsorientierten Steuerungstyp.
- 2 Jugendämter, in denen eine Einführung marktförmiger Steuerungsmodelle (noch) nicht stattgefunden hat; diese Fälle repräsentieren den konventionell-hierarchischen Steuerungstyp.

Will man im Rahmen einer vergleichenden Fallstudie ermitteln, ob und wie bestimmte Organisationsmerkmale sich auf das professionelle Ermessen auswirken, dann ist zunächst sicherzustellen, daß solche Untersuchungseinheiten (Jugendämter) ausgewählt werden, in denen die als relevant betrachteten Organisationsstrukturmerkmale auch tatsächlich präsent sind. Die Einführung marktförmiger Steuerungsmodelle beinhaltet nicht nur eine Modifikation der Aufbau- und Ablaufstruktur, sondern intendiert zugleich eine Veränderung der organisatorischen Kontextbedingungen professionellen Handelns und damit die Errichtung eines Opportunitätsrahmens zur Neu-Strukturierung von Praktiken, Entscheidungspräferenzen und Mentalitäten. Es ist daher erforderlich, alle drei Ebenen – Organisationsstrukturen, Organisationskontexte und professionelles Handeln – in die Untersuchung einzubeziehen. Daraus ergibt sich folgender Untersuchungsaufbau:

- *Untersuchungsschritt I: Organisationsstrukturen:* Ermittlung von »objektiven« Merkmalen von Organisationsstrukturen. Auf der Basis von ausgewählten Strukturmerkmalen wird eine begründete und gezielte Auswahl kontrastierender Fälle (marktförmig-wettbewerbsorientierte vs. konventionell-hierarchische gesteuerte Jugendämter) vorgenommen.
- *Untersuchungsschritt II: Organisationskontexte*: Erschließung der »wahrgenommenen« Organisations- und Steuerungsstruktur
- *Untersuchungsschritt III: Regeln und Praktiken des Ermessens*: rekonstruktive Erschließung von Regeln und Praktiken des professionellen Ermessens von Sozialpädagogen

In allen Untersuchungsschritten konzentriert sich das Forschungsvorhaben durchgängig auf den Entscheidungsbereich der erzieherischen Hilfen (KJHG §§ 27-35). Diese thematische Fokussierung schlägt sich in den Analyserichtungen der Experten-Interviews (Untersuchungschritte I und II) und in der Konstruktion der Falldarstellungen/Vignetten (Untersuchungschritt III) nieder.[5] Die drei Untersuchungsschritte werden in den folgenden Abschnitten dargestellt.

[5] Für eine Untersuchung der Wirkungen und Wechselwirkungen, die sich aus der Einführung marktförmiger Steuerungsmodelle für das professionelle sozialpädagogische Handeln und für sozialpädagogische Professionalität ergeben, ist der Bereich der erzieherischen Hilfen als exemplarisches Programmsegment besonders gut geeignet, da er ein vergleichsweise weites und vielgestaltiges Spektrum von Hilfeformen mit entsprechend großen Kostendifferenzen umfaßt (von gruppenpädagogischen Angeboten über die sozialpädagogische Familienhilfe bis zu Formen der Heimerziehung und der intensiven sozialpädagogischen Einzelbetreuung). Die Spannweite der möglichen Folgekosten, die aus den Entscheidungen von Sozialpädagogen in der öffentlichen Jugendhilfe entstehen, ist in keinem Entscheidungsbereich größer, als im Bereich der erzieherischen Hilfen. Weil dieser Entscheidungsbereich unter anderem auch extrem kostenintensive Unterstützungsformen (z.B. die Heimerziehung) einschließt, ist davon auszugehen, daß Strategien der Kostenkontrolle hier in besonderer Weise virulent werden dürften. Schließlich stellen die erzieherischen Hilfen im Hinblick auf die Komplexität und den häufig diffusen Charakter der Problemlagen, auf die die hier rechtssystematisch zusammengefaßten Unterstützungsleistungen antworten und im Hinblick auf die Tragweite der Entscheidungen, die in diesem Bereich von Sozialpädagogen getroffen werden, besondere Anforderungen an die sozialpädagogische Expertise. Die typische dilemmatische Grundstruktur, die Ermessenshandlungen zugrunde liegt, ist daher in diesem Programmsegment besonders ausgeprägt.

Untersuchungsschritt I: Organisationsstrukturen

Der Untersuchungsaufbau folgt in dieser Phase dem Prinzip einer sukzessiven datengestützten Eingrenzung des Samples. In methodologischer Hinsicht stützt sich das Vorgehen auf Begründungen und Konzeptionen des »selective sampling« (Schatzman / Strauss 1973) und des »purposeful sampling« (Patton 1990:169). Die forschungspraktische Umsetzung erfolgt, indem vorab eine Gruppe der als geeignet in Frage kommenden Untersuchungseinheiten definiert wird; anschließend ist eine Vorauswahl von potentiellen Untersuchungseinheiten vorzunehmen; in den vorausgewählten Untersuchungseinheiten werden dann Experten-Interviews durchgeführt, auf deren Basis schließlich eine begründete Bestimmung des Samples erfolgt.

Eingrenzung der Fallgruppe: Die Gruppe, aus der die Untersuchungsfälle ausgewählt werden, sind Jugendämter in Kommunen des Bundeslands Nordrhein-Westfalen in der Größenordnung zwischen 60.000 und 100.000 Einwohnern.[6]

Gezielte Vorauswahl von potentiellen Untersuchungseinheiten: Vorausgewählt werden insgesamt 12 Jugendämter, bei denen die begründete Annahme besteht, daß die dort vermuteten Merkmalsausprägungen eine Realisierung der oben genannten Optimalbedingungen der Untersuchungsanordnung erlauben. Unterstützt wird die Vorauswahl durch Experten aus den beiden Landesjugendämtern Nordrhein-Westfalens, die aufgrund kontinuierlicher Kooperationskontakte im Rahmen der Fachaufsicht über relevante Informationen hinsichtlich des Stands der Umsetzung von Neustrukturierungsmaßnahmen in den Jugendämtern des Landes verfügen.

In den vorausgewählten Jugendämtern wird je ein leitfadengestütztes Experten-Interview (Meuser/Nagel 1991, 1997) durchgeführt. Als Interviewpartner sind die Amtsleiter/Fachbereichsleiter vorgesehen. Ziel der Interviews ist die Erfassung von Informationen über Organisations- und Steuerungsstrukturen und weitere Rahmendaten. Folgende Themen werden als relevant betrachtet:

a) Merkmale der Steuerungsstruktur:

– Situierung des Jugendamts in der Kommunalverwaltung: Selbständigkeit des Jugendamtes vs. Integration der Jugendhilfeaufgaben in einen größeren Fachbereich/Fachdienst

---

[6] Die Begründung für diese Vorauswahl: Jugendämter dieser Größenordnung sind voll ausgestattet, dabei aber besser überschaubar und besser zugänglich als Großstadtjugendämter. Vorrecherchen haben ergeben, daß Jugendämter dieser Größenordnung in der Einführung marktförmiger Steuerungsmodelle hinreichend konzeptionsgetreu verfahren und die für die Bildung von Kontrastfällen erforderliche Variationsbreite von Steuerungstypen in Jugendämtern dieser Größenordnung gegeben ist. Der gewählte Größentyp bietet daher die besten Voraussetzungen zur Realisierung der Optimalbedingungen.

- Zentralisierung vs. Dezentralisierung: Anzahl der Hierarchiestufen / Untergliederungen, Verteilung von Entscheidungskompetenzen
- Modus der Haushaltsplanung: kameralistische vs. kontraktualistische Haushaltsplanverfahren
- Budgetierung: Budgetierungstiefe (Amt / Fachbereich; Fachdienste / Spezialdienste; regional / fachlich spezialisierte Subeinheiten; Produktbereiche);
- Produktmanagement: Produktkatalog erstellt? Kennzahlen bestimmt? Flächendeckend oder partiell? Produktbudgets eingeführt? Für welche Produkte?
- Verteilung von Kostenwissen (Einschätzungen)

b) Rahmendaten:
- Größe
- Ausgaben und Aspekte der Ausgabenstruktur
- Leistungstiefe
- Zahl der Mitarbeiter
- Konfiguration: Zahl und Zuschnitt der Untergliederungen (Fach- und Spezialdienste) einschl. organisationsstrukturelle Verortung des Entscheidungsbereichs der erzieherischen Hilfen

Ergänzend zu den Experten-Interviews werden Dokumente zur Organisationsstruktur (Diagramme, Schaubilder usw.) herangezogen. Die Experten-Interviews werden teiltranskribiert und inhaltsanalytisch (Mayring 1983, 1991) ausgewertet. Die Auswertung folgt thematischen, nicht sequentiellen Gesichtspunkten (Meuser/Nagel 1991, 1997) und bezieht die gesammelten Dokumente systematisch in die Analyse ein. Die Auswertung zielt auf eine Ermittlung von »objektiven« Merkmalen der Organisation und ihrer Steuerungsstruktur. Diese werden synoptisch dargestellt. Auf diese Weise wird zu jedem vorausgewählten Jugendamt ein Organisationsprofil erarbeitet. Die ermittelten Merkmale der Steuerungsstruktur werden auf der Basis von Ordinalskalen gewichtet.

Auf der Basis dieser Vorauswahl werden diejenigen Jugendämter ermittelt, die mit der Einführung marktförmig-wettbewerbsorientierter Steuerungsmodelle und -instrumente am weitesten vorangeschritten sind (Extremfälle). Danach werden diejenigen Kontrastfälle ermittelt, in denen *ceteris paribus* die Einführung marktförmiger Steuerungsmodelle noch nicht stattgefunden hat und die damit den konventionell-hierarchischen Steuerungstyp repräsentieren. Eine optimale Untersuchungsanordnung ist also dann erreicht, wenn es gelingt, solche Jugendämter als Fälle miteinander zu vergleichen, die im Hinblick auf Größe, Ausstattung und interne Differenzierung in Fach- und Spezialdienste maximale Ähnlichkeit aufweisen, im Hinblick auf den erreichten Stand der Einführung marktförmiger Steuerungsmodelle jedoch maximale Abweichung.

Untersuchungsschritt II: Organisationskontexte

In diesem Untersuchungsschritt werden für die vier ausgewählten Jugendämter detaillierte Analysen des Organisationskontextes erarbeitet. Zielt der erste Untersuchungsschritt auf eine Ermittlung von »objektiven« Merkmalen der formalen Organisations- und Steuerungsstruktur, so zielt der zweite Untersuchungsschritt darauf, zu rekonstruieren, wie Akteure/Organisationsmitglieder Komponenten der Organisations- und Steuerungsstruktur interpretieren. Gegenstand des zweiten Untersuchungsschritts sind somit Selbstbeschreibungen der Organisation aus der Sicht von Akteuren unterschiedlicher Hierarchiepositionen und Aufgabenzuschnitte. Ziel ist die Erschließung von subjektiven Deutungen über Organisationsstrukturen, organisatorische Erwartungen, Regelungen und Steuerungskomponenten (wahrgenommene Handlungszwänge, Handlungsmaximen, Handlungsabläufe, Handlungsspielräume, Kontroll- bzw. Sanktionsstrukturen) und die Rekonstruktion typischer Formen der Aneignung und Verwendung von Komponenten der Organisations- und Steuerungsstruktur. Untersuchungsschritt II dient zugleich einer methodisch kontrollierten Generierung von Kontextwissen über die zu untersuchenden Organisationen zur Minimierung von Fehlerquellen bei der Durchführung und Auswertung der Vignetten-Interviews (Untersuchungsschritt III).

In den vier zu untersuchenden Jugendämtern werden jeweils vier Leitfaden-Interviews durchgeführt. Als Interviewpartner sind jeweils vorgesehen: 1 Akteur der Leitungsebene (Amtsleiter / Fachbereichsleiter), 1 Akteur der mittleren Ebene (Abteilungsleiter / äquivalente Positionen), 1 Akteur mit koordinierenden Aufgaben unterhalb der mittleren Ebene (z.B. Abschnittsleiter / Teamleiter), 1 Akteur der Ausführungsebene: Sachbearbeiter / Mitarbeiter. Erfragt werden *Deutungen über*:

- Komponenten der Organisations- und Steuerungsstruktur (Aufbau- und Ablaufmerkmale)
- Steuerungsinstrumente: insbesondere die jeweils verwendeten Verfahren der Haushaltsplanung und Ressourcendistribution (Kameralistik bzw. Budgetierung/Kontrakte)
- Verteilung von Entscheidungskompetenzen: Handlungsspielräume, Kontroll- und Sanktionsstrukturen der jeweiligen Ebenen / Funktionen / Aufgabenzuschnitte (Selbst- und Fremdeinschätzungen)

Themenkomplexe, die die Aufmerksamkeit leiten, sind:

- Welche Komponenten der Organisations- und Steuerungsstruktur (vor allem: Haushaltsplan / Budgetierung, Kompetenzverteilung) werden von den jeweiligen Akteuren als relevant betrachtet? Wie werden sie interpretiert und verwendet?
- Wie interpretieren die Akteure aus der Perspektive ihrer jeweiligen Organisationseinheit und Aufgabenspezialisierung die für sie relevanten

Entscheidungsstellen, Handlungsmaximen, Handlungsabläufe, Handlungsspielräume sowie Kontroll- bzw. Sanktionsstrukturen?
- Wie wird das Spannungsverhältnis von Autonomie und Handlungszwängen von den Akteuren interpretiert und mitgestaltet? Welche Erwartungen und Handlungszwänge werden als handlungsrelevant markiert?
- Wie werden Profession- und Funktionsrollen interpretiert und gestaltet?
- Was sind aus der Sicht der Akteure relevante Konfliktfelder und Problemzonen der Organisation? Welches sind die relevanten Probleme und Konflikte im Zusammenhang mit der Verteilung von Ressourcen und Entscheidungskompetenzen (z.B. Konflikte um Haushaltsmittel / Budgets)?

Als Gesprächsanreize dienen u.a. Fragen nach *»Stärken« und »Schwachstellen« der Organisation*, nach geeigneten bzw. gewünschten *Strategien der Optimierung* als bewährte Fragerichtungen zur Erschließung von Interpretations- und Sinngebungsschemata (König/Volmer 1993). Die Interviewsituation wird so gestaltet, daß Interviewpartner dazu angeregt werden, Deutungen und Einschätzungen mit Beispielen aus dem Alltagshandeln zu verknüpfen und diese auch in der Form von Geschichten zu präsentieren. Diese Interviewstrategie macht sich den Umstand zunutze, daß »most organizational realities are based on narration« (Weick 1995:127, vgl. Martin 1982).

Untersuchungsschritt III: Praktiken und Regeln des Ermessens

Der dritte Untersuchungsschritt zielt auf die rekonstruktive Erschließung von (impliziten) Praktiken und Regeln des Ermessens. Die Erschließung von Regeln und Praktiken des professionellen Ermessens zielt auf eine Klärung der Frage, ob Sozialpädagogen in marktförmig gesteuerten Organisationskontexten in ihren Ermessenshandlungen (a) auf strukturell andere Mustern der Relationierung von Falldaten, Lösungen, Ressourcen, Anspruchsbegründungen zurückgreifen und (b) strukturell anderen Mustern der Präferenzbildung folgen, als Sozialpädagogen in konventionell-hierarchisch gesteuerten Organisationsumgebungen. Besondere Aufmerksamkeit gilt der Frage, ob und wie Sozialpädagogen in marktförmig-wettbewerbsorientierten und in konventionell-hierarchischen Organisationsumgebungen Effizienzerwartungen und Kosteninformationen wahrnehmen und bei der Wahl von Handlungsalternativen berücksichtigen.

Bei der Wahl einer angemessenen Methode der Datenerhebung ist zu berücksichtigen, daß professionelles Ermessen (a) eine Handlung darstellt, für die der Fallbezug konstitutiv ist und daß (b) Operationen des Ermessens in der Regel überwiegend implizit gehalten werden. Gefragt ist damit ein Untersuchungsverfahren, in dem professionelle Akteure dazu herausgefordert werden,

(1) einen Ermessensvorgang zu vollziehen (also auf der Basis von Falldaten auf eine angemessene Bearbeitungsstrategie schließen),

(2) die implizit verwendeten Verknüpfungen, Kriterien und Kalküle eines solchen Ermessensvorgangs (zumindest teilweise) zu explizieren und das
(3) Daten generiert, die es dem Forscher ermöglichen, unter Rückgriff auf geeignete hermeneutische Verfahren auch nicht-explizierte Sinngehalte interpretativ zu rekonstruieren.

Gefragt ist somit ein Datenerhebungsverfahren, das Charakteristika und Vorteile des Experiments mit solchen des offenen Interviews verbindet. Für die Konstruktion eines solchen Verfahrens der Datenerhebung bietet sich die *Vignetten-Methodik* an. Die sozialwissenschaftliche Forschung verwendet Vignetten klassischerweise als Stimuli in Befragungen und »Urteilsexperimenten«, um Zusammenhänge zwischen den Merkmalen eines zu beurteilenden Objekts (z.B. Personen, Gruppen, Handlungsweisen), impliziten/intuitiven Bewertungskategorien der Urteilenden/Entscheidenden und ihren Urteilen/Entscheidungen zu ermitteln (siehe dazu ausf. meinen anderen Beitrag in diesem Band). Die Eignung und Gegenstandsangemessenheit vignettenbasierter Verfahren zur rekonstruktiven Erschließung der Wahrnehmungsperspektiven und Beurteilungskriterien (als Komponenten des *tacit knowledge*) von Professionellen ist durch zahlreiche Studien belegt (z.B. Morissey et al. 1995, Terum 1997, Wrobel 1993). Auch in Vergleichsstudien, die darauf zielten, das je Eigenspezifische eines »professionellen Blicks« im interprofessionellen Vergleich (Endres 1995, Dingwall/Fox 1986, Wilson/-While 1998) oder im Laien/Professionelle-Vergleich (Giovannoni/Becerra 1979, Drury-Hudson 1999) herauszuarbeiten und gegeneinander zu konturieren, sind sie mit Erfolg angewendet worden. Es kann daher davon ausgegangen werden, daß ein vignettenbasiertes Verfahren der Datenerhebung auch zu einer komparativ verfahrenden Rekonstruktion des Ermessens von professionellen Akteuren in unterschiedlich strukturierten Organisationskontexten einen angemessenen forschungsmethodischen Zugang bietet.

Im Rahmen eines Tonband-Interviews werden Sozialpädagogen insgesamt drei Vignetten vorgelegt: Texte, die in jeweils ca. 8-12 Sätzen die Rahmendaten eines für die Berufspraxis der Befragten realistischen und typischen Falls darstellen.[7] Die Vignetten werden in Kooperation mit erfahrenen Praktikerinnen in Anlehnung an reale Fälle erstellt (vgl. Wilson/While 1998). Alle drei Vignetten beschreiben realistische Fallproblematiken, die durch die formalen rechtlichen Definitionen von Unterstützungsanlässen der öffentlichen Jugendhilfe abgedeckt sind; sie beinhalten Tatbestände, die vor dem

[7] Vorgesehen sind jeweils 5 Interviews mit Mitgliedern jener Organisationseinheiten, die in den untersuchten Jugendämtern mit Aufgaben im Entscheidungsbereich der erzieherischen Hilfen (§§ 27-35 KJHG) betraut sind. 4 Interviews werden mit Sozialpädagogen der Ausführungsebene durchgeführt, je 1 Interview mit dem jeweiligen Leiter der Organisationseinheit.

Hintergrund des KJHG als Voraussetzungen von Pflichten bzw. Leistungen des Jugendamts interpretiert werden können.

Eine Vignette enthält Informationen über Merkmale einer potentiellen Nutzerperson, ihr Umfeld und ihre Lebensumstände (z.B. Geschlecht, Alter, Familiensituation, schulische/berufliche Situation usw.) in einer beschreibenden, nicht-wertenden Diktion. Sie enthält Falldaten, die eine »fallverstehend-deutende« Verknüpfung zu einem Problemtyp ermöglichen und evozieren, diese aber weder bereits enthalten, noch festlegen. Eine Vignette repräsentiert damit einen »ungedeuteten Fall«, der als Anreiz für den Vollzug von Operationen des Ermessens in die Interviewsituation eingebracht wird. Insgesamt werden nacheinander drei Vignetten zur Beurteilung vorgelegt. Ihre Reihenfolge bleibt in allen durchzuführenden Interviews gleich. Zur Vorbereitung der Interviews wird ein Leitfaden ausgearbeitet. Dieser hat Orientierungsfunktion für die Eröffnung des Interviews und für die Präsentation der Vignetten. Der Interviewer bittet den Probanden, zu schildern, wie er handeln würde, wenn ihm der in der Vignette vorgestellte Fall bekannt würde. Wird die präferierte Bearbeitungsweise mitgeteilt, dann bittet der Interviewer den Befragten, seine Präferenz zu begründen. Nach einem Inferenzzwang wird damit für den Befragten ein Begründungszwang virulent. Auf der Basis der mitgeteilten Entscheidung für eine Bearbeitungsweise und ihrer Begründungen schließt der Interviewer Nachfragen an, die eine weitere Explikation und Spezifizierung der in der Ermessenssituation als relevant betrachteten Parameter, Gesichtspunkte und Kontextbedingungen evozieren.

In Vignetten-Interviews kann der Fall eintreten, daß Befragte nach zusätzlichen Falldaten verlangen. Unter der Fragestellung dieser Untersuchung gefährdet dies weder die Zielsetzung der Interviews, noch schmälert es die Verwertbarkeit der Daten. Tatsächlich teilt der Proband mit der Frage nach weiteren Informationen implizit auch etwas darüber mit, worauf er sein Ermessen stützt. Der Interviewer wird daher die Frage nach zusätzlichen Falldaten dazu nutzen, seinerseits weitere Kontextinformationen zu erfragen, indem er den Probanden bittet, zu erläutern, welche Informationen er vermißt und welche Relevanz diese für seine/ihre Präferenzbildung besitzen. Der Interviewer hat darauf zu achten, daß *er selbst* den Vignetten nichts hinzufügt; weiter muß er sicherstellen, daß in den Antworten der Zusammenhang von verwendeten Falldaten und Bearbeitungsentscheidung transparent bleibt und diese einander eindeutig zuzuordnen sind. Der Interviewer wird daher einen Probanden, der nach zusätzlichen Informationen verlangt, dazu auffordern, die ihm fehlende Information hinzuzufügen und deutlich zu machen, auf welche hinzugefügten Informationen er sein Ermessen und seine Bearbeitungsentscheidung stützt (vgl. Hetherington 1998:75; ähnlich Wilson/While 1998:82).

Die Interviewsituation ist so angelegt, daß Akteure die von ihnen präferierten Fallbearbeitungsweisen explizieren und begründen. Die sprachlichen

Äußerungen der Respondenten haben daher die Struktur von Argumentationen. Gegenstand der Auswertung der Interviews sind nicht allein die Bearbeitungsweisen, die die Interviewpartner vorschlagen, sondern vor allem die Plausibilisierungen, in denen sie für die Angemessenheit der präferierten Bearbeitungsweisen argumentieren. In den Explikationen und Plausibilisierungen sind die Parameter des Ermessens ebenso eingeschlossen wie kontextuell bewährte Muster der Verknüpfung von Falldaten, Lösungen, Anspruchsbegründungen und Ressourcen. Ziel der Datenauswertung ist es, interpretativ herauszuarbeiten, auf welchen Ermessensgesichtspunkten die Respondentenentscheidungen gründen, und wie die herangezogenen Ermessensgesichtspunkte miteinander relationiert werden. Dazu bieten sich argumentationsanalytische Interpretationsansätze an.

Argumentationsanalytische Interpretationsverfahren machen sich den Umstand zunutze, daß Argumentationen nach Toulmin (1975) eine Basisstruktur aufweisen, gemäß der eine Konklusion (ein logischer oder praktischer Schluß) durch Daten begründet und der Zusammenhang zwischen Daten und Konklusion durch eine Prämisse oder Schlußregel hergestellt wird. Die Schlußregel ist die Regel, aus der folgt, daß sich aus dem Datum (D) »folgerichtig« die Konklusion (K) ergibt. Für eine Differenzialregulierung der Beziehungen zwischen Daten, Konklusion und Schlußregeln – z.B. die Plausibilisierung der »richtigen« Auslegung der zugrunde gelegten Daten oder des »richtigen« Anwendungsbezugs einer Schlußregel – können in Argumentationen Stützungen, Modaloperatoren und Ausnahmebedingungen herangezogen werden (Radtke 1983:65ff). Schlußregeln sind grundsätzlich kontextabhängig (Toulmin 1975) und lassen sich somit betrachten als die in einem bestimmten Kontext gültigen bzw. legitimen Muster der Sinngebung, der Relationierung von Abwägungsgesichtspunkten und der Wahl von Handlungsalternativen (vgl. Radtke 1985:345f). In sprachlichen Handlungsbegründungen müssen Schlußregeln nicht expliziert werden. Sie können aber mit Hilfe argumentationsanalytisch verfahrender Interpretationsverfahren *erschlossen* werden (ebd.).

Die Auswertung zielt auf eine Erschließung von Regeln und Praktiken des Ermessens unter besonderer Berücksichtigung von

- Formen der Verwendung von Kostenwissen und der Berücksichtigung von Kostengesichtspunkten
- Regeln der Angemessenheit, nach denen Akteure die Elemente *Falldaten*, *Lösungen*, *Anspruchsbegründungen* und *Ressourcen* miteinander zu zustimmungsfähigen Bearbeitungs-Entscheidungen verknüpfen
- Muster der Relationierung von Fachlichkeitsprämissen, Wirtschaftlichkeitsprämissen und Rechtmäßigkeitsprämissen.

Die Auswertung zielt auf eine Klärung der Frage, (1) ob sich innerhalb der untersuchten Organisationseinheiten typische, überindividuelle Muster des Umgangs mit Ermessensaufgaben herausbilden und (2) ob sich unter den beiden Kontrastfällen (konventionell-hierarchisch vs. marktförmig-modernisiert gesteuerte Jugendämter) stabile und typische Ausprägungen von Ermessensstilen finden lassen, die sich (3) plausibel auf die jeweiligen Organisations- und Steuerungsmodelle zurückführen lassen.

Literatur

Abbott, A., 1992: Professional Work, in: Hasenfeld, Y. (Ed), Human Services as complex organizations, Newbury Park (et al.) (Sage), 145-162

Ackermann, F./ Seeck, D., 1999a: Der steinige Weg zur Fachlichkeit. Handlungskompetenz in der Sozialen Arbeit. Unter Mitarbeit von Axel Winter, Hildesheim et al. (Georg Olms Verlag)

Ackermann, F./ Seeck, D., 1999b: Soziale Arbeit in der Ambivalenz von Erfahrung und Wissen. Motivation – Fachlichkeit – berufliche Identität: Ergebnisse einer qualitativ-empirischen Untersuchung, in: *Neue Praxis*, 29, 1, 7-22

Argyris, C., 1992: Human Problems with Budgets, in: ders., On Organizational Learning, Cambridge, Mass. (Blackwell), 173-195

Crozier, M./ Friedberg, E., 1993: Die Zwänge kollektiven Handelns: Über Macht und Organisation, Frankfurt am Main (Anton Hain)

Denzin, N. K., 1970: The research act. A theoretical introduction to sociological methods, Chicago (Aldine)

Dewe, B./ Ferchhoff, W./ Radtke, F.-O. 1992: Das »Professionswissen« von Pädagogen. Ein wissenstheoretischer Rekonstruktionsversuch, in: Dewe, B./ Ferchhoff, W./ Radtke, F.-O. (Hg.), Erziehen als Profession. Zur Logik professionellen Handelns in pädagogischen Feldern, Opladen (Leske und Budrich)

Dingwall, R./ Fox, S. 1986: Health visitors' and social workers' perceptions of cild care problems, in: While, A. (Ed.), Research in preventative community nursing care, Chichester (John Wiley)

Dominelli, L., 1996: Deprofessionalizing Social Work: Anti-Oppressive Practice, Competencies and Postmodernism, in: *British Journal of Social Work*, 26, 153-175

Drury-Hudson, J., 1999: Decision making in child protection: the use of theoretical, empirical and procedural knowledge by novices and experts and implications for fieldwork placement, in: *British Journal of Social Work*, 29, 1, 147-169

Endres, J., 1995: Die intuitive Beurteilung der Schuldfähigkeit von Affekttätern in Abhängigkeit von der Täterpersönlichkeit, *Zeitschrift für experimentelle Psychologie*, 52, 353-385

Exworthy, M./ Halford, S. (Hg), 1999: Professionals and the New Managerialism in The Public Sector, Buckingham / Philadelphia (Open Univesity Press)

Fabricant, M. B./ Burghardt, S., 1992: The Welfare State Crisis and the Transformation of Social Service Work, New York (Sharpe)

Flick, U., 1996: Qualitative Forschung, Theorien, Methoden, Anwendung in Psychologie und Sozialwissenschaften, 2. Aufl., Reinbek (Rowohlt)

Giovannoni, J.M./ Becerra, R.M., 1979: Defining Child Abuse, London (Collier-Macmillan)

Glaser, B. G./ Strauss, A. L. 1967: The discovery of grounded theory: strategies for qualitative research. Chicago (Aldine)

Handler, J. F., 1992: Dependency and discretion, in: Hasenfeld, Y. (Ed), Human Services as complex organizations, Newbury Park-London-New Delhi (Sage), 276-297

Harris, J., 1996: Soziale Arbeit als Business: Märkte, Manager und Konsumenten in der britischen Sozialarbeit, in: *Widersprüche*, 16, 59, 31-43

Harris, J., 1998: Scientific Management, Bureau-Professionalism, New Managerialism: The Labour Process of State Social Work, in: *British Journal of Social Work*, 28, 839-862
Heinze, R. G./ Schmid, J./ Strünck, C. 1997: Zur politischen Ökonomie der sozialen Dienstleistungsproduktion – Der Wandel der Wohlfahrtsverbände und die Konjunkturen der Theoriebildung, in: *Kölner Zeitschrift für Soziologie und Sozialpsychologie*, 49, 2, 242-271
Hetherington, R., 1998: Issues in European child protection research, in: European Journal of Social Work, 1, 1, 71-82
KGSt – Kommunale Gemeinschaftsstelle für Verwaltungsvereinfachung, 1991: Dezentrale Ressourcenverantwortung – Überlegungen zu einem neuen Steuerungsmodell, KGSt-Bericht 1991/12, Köln
KGSt – Kommunale Gemeinschaftsstelle für Verwaltungsvereinfachung, 1993a: Das neue Steuerungsmodell – Begründung, Konturen, Umsetzung, KGSt-Bericht 1993/5, Köln
KGSt – Kommunale Gemeinschaftsstelle für Verwaltungsvereinfachung, 1993b: Budgetierung – Ein neues Verfahren der Steuerung kommunaler Haushalte, KGSt-Bericht 1993/6, Köln
KGSt – Kommunale Gemeinschaftsstelle für Verwaltungsvereinfachung, 1994: Outputorientierte Steuerung der Jugendhilfe, KGSt-Bericht 1994/9, Köln
KGSt – Kommunale Gemeinschaftsstelle für Verwaltungsvereinfachung, 1995: Aufbauorganisation in der Jugendhilfe, KGSt-Bericht 1995/3, Köln
KGSt – Kommunale Gemeinschaftsstelle für Verwaltungsvereinfachung, 1996: Integrierte Fach- und Ressourcenplanung in der Jugendhilfe, Bericht Nr. 3/1996, Köln
König, Eckard/ Gerda Volmer, 1993: Systemische Organisationsberatung: Grundlagen und Methoden, Weinheim (Deutscher Studien Verlag)
van der Laan, G., 1998: The professional role of social work in a market environment, in: *European Journal of Social Work*, 1, 1, 31-40
van der Laan, G., 2000: Handlungsspielräume von Sozialarbeitern unter Marktbedingungen – Das Beispiel Niederlande, in: Otto, H.-U./ Schnurr, S. (Hg.), Privatisierung und Wettbewerb in der Jugendhilfe. Marktorientierte Modernisierungsstrategien in internationaler Perspektive, Neuwied et al. (Luchterhand), 87-110
Lipsky, M., 1980: Street level bureaucracy: dilemmas of the individual in public services, New York, NY (Russell Sage Foundation)
March, J. G./ Simon, H. A., 1976: Organisation und Individuum, Wiesbaden (Gabler)
March, J. G./ Olsen, J.P. 1989: Rediscovering Institutions: The organizational Basis of Politics, New York – London (Free Press)
Martin, J., 1982: Stories and scripts in organizational settings, in: Albert H. Hastorf / Alice M. Isen (Ed.) Cognitive Social Psychology, New York et al. (Elsevier), 255-305
Mayring, P., 1983: Qualitative Inhaltsanalyse, Grundlagen und Techniken, Weinheim
Mayring, P., 1991: Qualitative Inhaltsanalyse, in: Flick, U. et al. (Hg.) Handbuch Qualitative Sozialforschung, Grundlagen, Konzepte, Methoden und Anwendungen, München 1991, 209-213
Meuser, M./ Nagel, U. 1991: ExpertInneninterviews – vielfach erprobt, wenig bedacht. Ein Beitrag zur qualitativen Methodendiskussion, in: Garz, D./ Kraimer, K. (Hg.), Qualitativ-emprische Sozialforschung, Opladen (Westdeutscher Verlag), 441-471
Meuser, M./ Nagel, U. 1997: Das ExpertInneninterview – Wissenssoziologische Voraussetzungen und methodische Durchführung, in: Friebertshäuser, B./ Prengel, A. (Hg.), Handbuch Qualitative Forschungsmethoden in der Erziehungswissenschaft, Weinheim-München (Juventa), 481-491
Morissey, R. F./ Dicker, R./ Abikoff, H./ Alvir, J.-M.-J. et al., 1995: Hospitalizing the Suicidal Adolescent: An Empirical Investigation of Decision-Making Criteria, in: *Journal of the American Academy of Child and Adolescent Psychiatry*, 34, 7, 902-911
Otto, H.-U./ Schnurr, S. (Hg.), 2000: Privatisierung und Wettbewerb in der Jugendhilfe. Marktorientierte Modernisierungsstrategien in internationaler Perspektive, Neuwied et al. (Luchterhand)

Patton, M. Q., 1990: Qualitative Evaluation and Research Methods, Second Edition, Newbury Park (et al.) (Sage)

Radtke, F.-O., 1983: Pädagogische Konventionen: Zur Topik eines Berufsstandes, Weinheim-Basel (Beltz)

Radtke, F.-O., 1985: Hermeneutik und soziologische Forschung, in: Bonß, W./ Hartmann, H. (Hg.), Entzauberte Wissenschaft, Zur Relativität und Geltung soziologischer Forschung (Soziale Welt, Sonderband Nr. 3), Göttingen (Schwartz) 321-349

Schatzman, L./ Strauss, A. L., 1973: Field Research: Strategies for a Natural Sociology, Englewood Cliffs (Prentice Hall)

Schnurr, S., 1998: Jugendamtsakteure im Steuerungsdiskurs, in: *Neue Praxis*, 28, 4, 362-382

Terum, L. I., 1997: Professionsskapt ulikhet – et demokratieproblem? in: *Nordisk Sosialt Arbeid*, 17, No.1, 10-19

Thole, W./ Küster-Schapfl, E.-U, 1996a: Sozialpädagogische Profis: beruflicher Habitus, Wissen und Können von PädagogInnen in der außerschulischen Kinder- und Jugendarbeit, Opladen (Leske und Budrich)

Thole, W./ Küster-Schapfl, E.-U, 1996b: Erfahrung und Wissen. Deutungsmuster und Wissensformen von Diplompädagogen und Sozialpädagogen in der außerschulischen Kinder- und Jugendarbeit, in: Zeitschrift für Pädagogik, 42, 6, 831-851

Toulmin, S. E. (1975): Der Gebrauch von Argumenten, Kronberg (Taunus), Scriptor

Weick, K. E., 1976: Educational Organizations as Loosely Coupled Systems, in: *Administrative Science Quarterly*, 21, 1-19

Weick, K. E., 1985: Der Prozeß des Organisierens, Frankfurt am Main (Suhrkamp)

Weick, K. E., 1995: Sensemaking in Organizations, Thousand Oaks et al. (Sage)

White, V., 2000: Profession und Management. Über Zwecke, Ziele und Mittel in der Sozialen Arbeit, in: Widersprüche, 77, Der kontraktuelle Sozialstaat – Herrschaft des Managements? Ende der Profession? 9-27

Willke, H., 1996: Systemtheorie II: Interventionstheorie – Grundzüge einer Theorie der Intervention in komplexe Systeme, 2. bearb. Aufl., Stuttgart-Jena (Gustav Fischer)

Wilson, J./ While, A. E., 1998: Methodological issues surrounding the use of vignettes in qualitative research, in: *Journal of Interprofessional Care*, 12, 1, 79-86

Wrobel, N. H., 1993: Effect of Patient Age and Gender on Clinical Decisions, in: *Professional Psychology: Research and Practice*, 24, 2, 206-212

Yin, R. K., 1995: Case Study Research: Design and Methods, (2nd edn), Thousand Oaks (et al.) (Sage)

LILIAN FRIED

Zur Struktur des Professionswissens von ErzieherInnen

Untersuchung der (präventionsrelevanten) Qualität von Kindergärten – Eine Forschungsnotiz

1. Qualität von Kindergärten aus der Perspektive von ErzieherInnen: »Eckdaten« einer Pilotuntersuchung

Es ist unumstritten, dass die Komplexität, welche die Qualität von Kindergärten ausmacht, eine multiperspektivische bzw. multifunktionale Betrachtungsweise erfordert (vgl. z.B. Katz, 1996). Gemessen daran weist der derzeitige Erkenntnisstand diverse Defizite auf. So sind relevante Personperspektiven (z.B. ErzieherInnen, Eltern, Kinder usw.) und Funktionsoptionen (Prävention, Beratung, Qualifizierung usw.) bislang nicht hinreichend erforscht. Zur Schließung einer dieser Lücken soll die – nachfolgend nur ausschnitthaft berichtete – Pilotuntersuchung beitragen.

An der Untersuchung waren 123 ErzieherInnen beteiligt. Diese wurden gemäß einer vereinfachten Version der Methode des »problemzentrierten Interviews« befragt (vgl. Witzel, 1985). Dabei ging es darum zu explorieren, wie ErzieherInnen die Qualität von Kindergärten kennzeichnen, welche Rolle dabei präventionsrelevante Aspekte spielen und ob bzw. wieweit diesbezügliche »Reflexionsdefizite« feststellbar sind. Demzufolge zielte der erste Frageimpuls auf das Qualitätsverständnis (»Was macht nach ihren Erfahrungen die Qualität von Kindertagesstätten aus?«). Während die zweite und dritte Fragestellung präventionsrelevanten Aspekten galt (»Haben Sie selbst in Ihrem Kindergarten/ Ihrer Kindergartengruppe auch mit Kindern zu tun, die besondere Betreuungs-/Erziehungsansprüche stellen?« »Kennen oder verwenden Sie besondere, wie z.B. präventive Maßnahmen, Mittel usw. für den Umgang mit solchen Kindern?«). Die aufbereiteten Antworten (tonbandprotokolliert, verschriftet, qualitativ-inhaltsanalytisch bearbeitet) wurden mittels deskriptiv-statistischer bzw. nonparametrisch-heuristisch-statistischer Analyseprozeduren ausgewertet (zur genaueren Kennzeichnung von Stichprobe, Erhebungs- und Analysemethoden, Gütekriterien usw. vgl. Fried, 1999).

2. Qualitätsverständnisse: ErzieherInnen- und WissenschaftlerInnenperspektiven im Vergleich

Um Hinweise auf eventuelle Reflexionsdefizite zu erhalten, wurde ein Vergleich zwischen einer beispielhaften WissenschaftlerInnen- sowie der hier ermittelten ErzieherInnenperspektive durchgeführt. Zu diesem Zweck wurden die Antworten der ErzieherInnen mittels eines Kategorienschemas kodiert, dessen Grobkategorien »Prozess-, Orientierungs- und Strukturqualität« dem Qualitätskonzept entsprechen, welches von Tietze, Schuster und Roßbach (1997) in der Kindergarten-Einschätz-Skala (KES) zugrunde gelegt wird.

Konkret wurde bei jeder Erzieherin geprüft, ob sie Aussagen gemacht hat, die sich – nach den Kategoriendefinitionen – als prozess-, orientierungs- oder strukturrelevante Qualitätstopoi (Grobkategorien) markieren lassen. Sofern dies der Fall war, wurde die entsprechende Kodierung vergeben. Dabei spielte es keine Rolle, ob ein Topos mit einem Stichwort, Fragmentsatz, Satz oder mehreren Sätzen zum Ausdruck gebracht worden war. Die wenigen Aussagen (6%), die sich mit diesem Schema nicht erfassen ließen, wurden in eine »Restkategorie« verschoben, die nicht in die Analysen einging. Der erste Analyseschritt ergab folgende Grobstruktur:

Subqualität	**Definition**	**Anzahl**
Orientierung	Pädagogische Alltagstheorien der erziehenden Erwachsenen: Gesamt der pädagogisch-anthropologischen/ pädagogisch-programmatischen Konzepte/Ziele	111
Prozess	Dynamik des Kindergartenalltags: Gesamt der unmittelbar und mittelbar kindrelevanten Interaktionen und Prozesse (Einzelkinder/Kindergruppen/Eltern)	122
Struktur	Strukturbedingungen des Kindergartens: Gesamt der situationsunabhängigen, zeitlich stabilen Rahmenbedingungen der Institution allgemein und der Gruppe im besonderen (Gruppengröße, Erzieher-Kind-Schlüssel, Qualifikation/ Kompetenz des Personals, Räume, Materialien)	85

Hiernach erscheint den Befragten die Prozessqualität als wichtigste der drei Subqualitäten. Dies korrespondiert mit der einschlägigen Qualitätsforschung. Dort hat sich die Prozessdimension als eigentlicher Schlüssel der Qualitätsbestimmung erwiesen (vgl. z.B. Tietze, Schuster & Roßbach, 1997). ErzieherInnen- und WissenschaftlerInnen-Perspektive stimmen also in diesem Punkt überein. Dagegen bestehen Divergenzen, was den Stellenwert der Struktur- und Orientierungsqualität betrifft. So werden u.a. von Tietze (1998) Befunde berichtet, welche die Wirkmacht der Strukturqualität betonen und die Effizienzstärke der Orientierungsqualität relativieren. Wohingegen die hier ermittelten Ergebnisse nahelegen, dass die Orientierungsqualität für ErzieherInnen entscheidender ist als die Strukturqualität. Dies mag man schon allein aus der Tatsache folgern, dass deutlich mehr Befragte über Orientierungs- als über Strukturqualität sprechen. Noch aussagekräftiger sind die Ergebnisse von Korrelationsanalysen.

Um diese Berechnungen durchführen zu können, wurde für jede/n ErzieherIn geprüft, ob er/sie Aussagen zu den drei Grobkategorien gemacht hat. So konnten drei dichotome Variablen (angesprochen/nicht angesprochen) gebildet werden, deren jeweiliger Zusammenhang sich mit dem nominalen Assoziationsmaß C (Kontingenzkoeffizient) quantifizieren ließ (vgl. z.B. Bortz, 1993).

Danach besteht ein statistisch bedeutsamer Zusammenhang zwischen der Orientierungs- und Prozessqualität ($C = .2800$; $p = .00$). Hingegen ließ sich zwischen Struktur- und Prozessqualität keine bedeutsame Beziehung nachweisen.

Wie erklärt sich diese Differenz zwischen den Perspektiven? Eine von vielen möglichen Thesen lautet, dass die bisherigen Qualitätsverständnisse bedeutsame »Reflexionsdefizite« aufweisen.

Dass die wissenschaftlichen Qualitätsbestimmungen solche »kognitiven Defizite« beinhalten, mag man u.a. aus der Kritik an dem Qualitätsmessinstrument KES (Tietze, Schuster & Roßbach, 1997) folgern. Danach lässt die konzeptionelle Basis dieses Instruments vor allem hinsichtlich der Orientierungsqualität zu wünschen übrig (vgl. z.B. Arbeitsbereich Pädagogik der Frühen Kindheit, 1998; Calder, 1996). Wieweit dies auch für die Qualitätsvorstellungen von ErzieherInnen gilt, ist noch ungeklärt.

Um hier weiterzukommen, wurden die Aussagen der ErzieherInnen zur Grobkategorie »Orientierungsqualität« reanalysiert (vgl. Fried, 1999). Dabei wurde folgende semantische Binnenstruktur ermittelt (vgl. Grafik 1).

Wie man sieht, verfügen die ErzieherInnen über differenzierte Orientierungen. Wobei das Profil verdeutlicht, dass sie ein ausgeprägtes Interesse an pädagogisch-anthropologischen Hintergründen haben. Außerdem wird sichtbar, dass sie sich in starkem Maße an »Leitbildvorstellungen« orientieren. Das sind »Homogenisierungen« der Wahrnehmung von Erziehung, Kind, ErzieherIn usw., die komplexe Gegebenheiten »als Ganzheiten zu erfassen suchen« (vgl. Flitner, 1999: 164). Nach Treml (1991: 355) haben derartige Leitbilder »primär eine praktische Funktion«, weil sie »relativ stabile und vereinfachende Erwartungen« ermöglichen, die »intersubjektiv geteilt und kontrafaktisch durchgehalten« werden können. Kurz: Mit Hilfe von Leitbildern ist es leichter, zu entscheiden, was in einer bestimmten Erziehungssituation getan werden soll, aber auch wahrscheinlicher, dass die getroffene Entscheidung der Realität der Erziehungssituation nicht gerecht wird (vgl. auch Schäfer, 1997). Diese Gefahr besteht nach De Haan (1991: 361f.) vor allem da, wo Leitbilder dazu verleiten, sie »für ein Argument, für einen Beweis« zu nehmen, »der mit ihnen gar nicht zu haben ist«, weil doch »Bilder ... bloße Analogien sind, denen keine Wirklichkeit zukommt«. Wulf und Zierfas

(1994: 22) kommen deshalb zu dem Schluss, dass Leitbilder eine »mangelnde Wahrnehmung« von grundsätzlich gegebener »Differenz« bedingen. Demnach wären Leitbilder eine spezifische Ausprägung von »Reflexionsdefiziten«.

Grafik 1: Allgemein pädagogische Orientierungen
(N=Anzahl der ErzieherInnen, die diese Kategorie angesprochen haben)

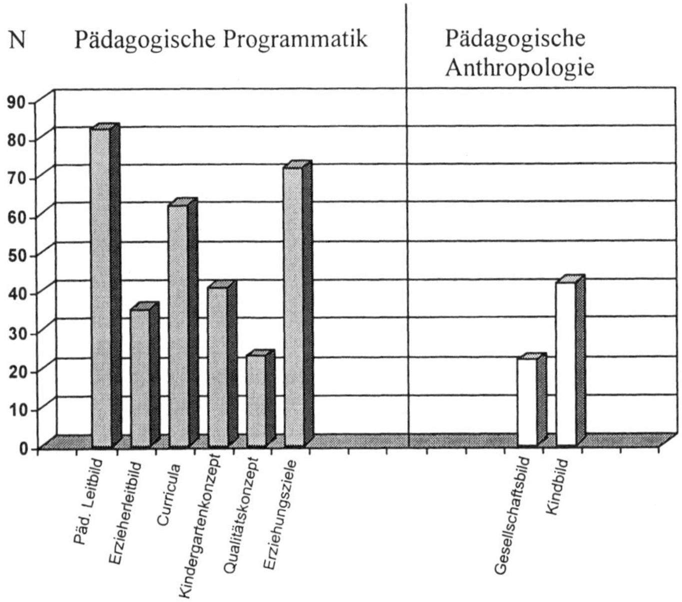

Was spricht für diese Sichtweise? Um darauf antworten zu können, schien es naheliegend, im weiteren zu prüfen, ob die von Leitbildern geprägte »Pädagogische Programmatik« und »Pädagogische Anthropologie« den Blick der ErzieherInnen auf die »Differenz« zwischen Kindern nachweisbar verstellt. Dem konnte anhand weiterer Aussagen der Befragten nachgegangen werden.

3. Präventionsoptionen: allgemein-pädagogische und speziell-präventive Orientierung im Vergleich

In der Kindergartenforschung ist mehrfach dokumentiert, dass ErzieherInnen im Umgang mit Kindern, die spezifische Ansprüche stellen, »erhebliche Probleme« haben, die bis hin »zu eindeutigen Überforderungen« gehen (vgl. z.B. Wolfram, 1995: 292). Umso erstaunlicher war es, dass die Befragten in ihren Aussagen zur ersten Frage nach ihrem Qualitätsverständnis mit keinem Wort auf diesen Aspekt eingingen. Dabei macht die nachfolgende Antwortstruktur

struktur auf die zweite und dritte Frage deutlich, dass man in erheblichem Maße über Kenntnisse von bzw. Erfahrungen mit »Problemkindern« und »präventiven Maßnahmen« verfügt (vgl. Grafik 2).

Grafik 2: Speziell-präventive Orientierungen (N=Anzahl der entsprechenden Nennungen)

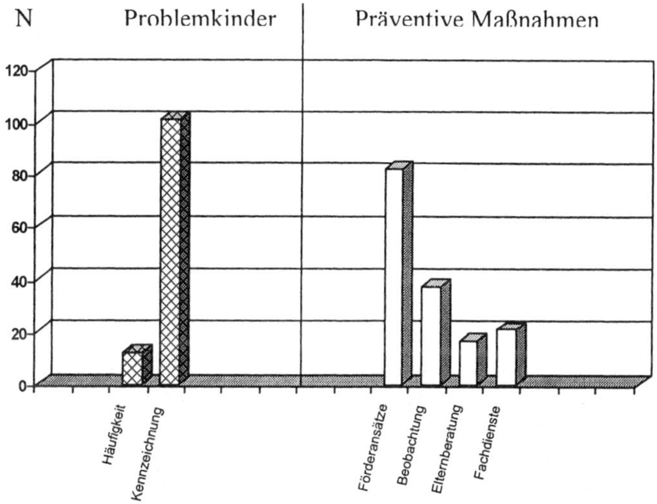

Um nun herausfinden zu können, ob bzw. inwiefern die allgemein-pädagogische sowie die speziell-präventive Orientierung der ErzieherInnen zusammenhängen, wurden weitere Analysen auf der Basis der gesamten Antworttexte durchgeführt.

Zu diesem Zweck wurden loglineare Modelle angewendet (vgl. z.B. Langeheine, 1980, 1986). Das sind Verfahren, die auf der Berechnung natürlicher Logarithmen von erfassten Häufigkeiten basieren und mit deren Hilfe sich bedeutsame komplexe Zusammenhangsmuster (Assoziationsstrukturen) zwischen Kategorialvariablen aufzeigen lassen. Derartige Muster konstituieren sich aus einem mehr oder minder komplexen Geflecht von Haupt- und Wechselwirkungseffekten. Ziel dieser Verfahren ist es, ein möglichst einfaches Modell zu finden, mit dem sich die Variation der Verteilung der Häufigkeiten angemessen »beschreiben« lässt, ein Modell also, das sich nicht signifikant von der Assoziationsstruktur unterscheidet. Wie es um den »Grad der Bedeutung« einzelner Effekte für das Gesamtmodell steht, kann dabei an den signifikanten λ-Koeffizienten abgelesen werden.

Zur Vorbereitung der Analysen musste wieder für jede der ErzieherInnen festgestellt werden, ob sie die Kategorien Prozessqualität, Strukturqualität,

Pädagogische Programmatik, Pädagogische Anthropologie, Problemkinder und Präventive Maßnahmen angesprochen hat oder nicht. Die dabei resultierenden Kategorialvariablen (ja/nein-Variablen) gingen in die Berechnungen ein. Dabei konnten infolge des begrenzten Stichprobenumfangs nie mehr als vier Variablen aufgenommen werden. Die Ergebnisse dieser Berechnungen sind in den Tabellen 1-5 aufgelistet.

Tab. 1: Zusammenhangsstruktur der Kategorialvariablen Pädagogische Programmatik, Pädagogische Anthropologie, Prozessqualität, Präventive Maßnahmen

Zusammenhangsstruktur	**λ-Koeff.**	**Z-Wert**
Konstante	.1405	27,40
Pädagogische $\text{Programmatik}_{\text{ANGESPROCHEN}}$ * Pädagogische $\text{Anthropologie}_{\text{ANGESPROCHEN}}$	.3308	4,81
$\text{Prozessqualität}_{\text{ANGESPROCHEN}}$ * Präventive $\text{Maßnahmen}_{\text{NICHT ANGESPROCHEN}}$	.2899	7,13
N = 123; χ^2 = 6,70876; p = .667; max. adjustiertes Residuum = 1,57		

Tab. 2: Zusammenhangsstruktur der Kategorialvariablen Pädagogische Programmatik, Pädagogische Anthropologie, Strukturqualität, Präventive Maßnahmen

Zusammenhangsstruktur	**λ-Koeff.**	**Z-Wert**
Konstante	.1509	23,56
Pädagogische $\text{Programmatik}_{\text{ANGESPROCHEN}}$ * Pädagogische $\text{Anthropologie}_{\text{ANGESPROCHEN}}$	.3895	4,96
Pädagogische $\text{Programmatik}_{\text{ANGESPROCHEN}}$ * Präventive $\text{Maßnahmen}_{\text{NICHT ANGESPROCHEN}}$	.3905	6,91
$\text{Strukturqualität}_{\text{NICHT ANGESPROCHEN}}$	.1951	4,13
N = 123; χ^2 = 8,13288; p = .521; max. adjustiertes Residuum = 1,98		

Tab. 3: Zusammenhangsstruktur der Kategorialvariablen Pädagogische Programmatik, Strukturqualität, Problemkinder, Präventive Maßnahmen

Zusammenhangsstruktur	**λ-Koeff.**	**Z-Wert**
Konstante	.1290	31,18
Pädagogische $\text{Programmatik}_{\text{ANGESPROCHEN}}$ * Präventive $\text{Maßnahmen}_{\text{NICHT ANGESPROCHEN}}$	.3904	6,91
$\text{Strukturqualität}_{\text{NICHT ANGESPROCHEN}}$ * $\text{Problemkinder}_{\text{ANGESPROCHEN}}$	.2054	2,82
N = 123; χ^2 6,08993; p = .808; max. adjustiertes Residuum = 1,58		

Tab. 4: Zusammenhangsstruktur der Kategorialvariablen Pädagogische Programmatik, Pädagogische Anthropologie, Problemkinder, Präventive Maßnahmen

Zusammenhangsstruktur	**λ-Koeff.**	**Z-Wert**
Konstante	.1607	22,29
Pädagogische Programmatik$_{\text{ANGESPROCHEN}}$ * Pädagogische Anthropologie$_{\text{ANGESPROCHEN}}$	.4207	4,16
Pädagogische Programmatik$_{\text{ANGESPROCHEN}}$ * Präventive Maßnahmen$_{\text{NICHT ANGESPROCHEN}}$	.3057	6,90
Pädagogische Anthropologie$_{\text{ANGESPROCHEN}}$ * Problemkind$_{\text{ANGESPROCHEN}}$	.3095	3,47
N = 123; χ^2 = 7,71693; p = .563; max. adjustiertes Residuum = 1,28		

Tab. 5: Zusammenhangsstruktur der Kategorialvariablen Pädagogische Anthropologie, Strukturqualität, Problemkinder, Präventive Maßnahmen

Zusammenhangsstruktur	**λ-Koeff.**	**Z-Wert**
Konstante	.2202	13,37
Pädagogische Anthropologie$_{\text{ANGESPROCHEN}}$ * Strukturqualität$_{\text{NICHT ANGESPROCHEN}}$	.2841	3,47
Pädagogische Anthropologie$_{\text{ANGESPROCHEN}}$ * Problemkinder$_{\text{ANGESPROCHEN}}$	.2637	2,97
Strukturqualität$_{\text{NICHT ANGESPROCHEN}}$ * Problemkinder$_{\text{ANGESPROCHEN}}$	.1807	3,54
Präventive Maßnahmen$_{\text{NICHT ANGESPROCHEN}}$	.3160	7,34
N = 123; χ^2 = 5,7997; p = .6697; max. adjustiertes Residuum = 1,37		

Es sind recht eindeutige Assoziationsmuster festzustellen, die sich kurz zusammenfassen lassen: Es werden überzufällig oft Aussagen gemacht, welche einen Zusammenhang zwischen allgemeiner pädagogisch-programmatischer und pädagogisch-anthropologischer Orientierung erkennen lassen. Gleichzeitig werden überzufällig Vorstellungen entwickelt, in denen diese allgemeine pädagogische Orientierung nicht mit einer spezifischen präventiven Orientierung einhergeht. Dies betrifft sowohl die Wahrnehmung von Problemkindern als auch die Kenntnis von präventiven Möglichkeiten. Außerdem wird überzufällig häufig auf die Prozessqualität eingegangen, ohne gleichzeitig auch »Präventive Maßnahmen« zu thematisieren. Schließlich werden überzufällig häufig Äußerungen getroffen, nach denen die Wahrnehmung von Problemkindern nicht mit einem »Bewusstsein« für Strukturqualität gekoppelt ist. Alles in allem gewinnt man somit den Eindruck, dass ErzieherInnen die Qualität des Kindergartens vornehmlich an Prozessen und pädagogischen Programmen und nicht so sehr an Strukturen festmachen. Dabei scheinen sie ein »Einheitskind« vor Augen zu haben, also nur bedingt an Problemkinder zu denken.

Warum das so ist, gehört in den Bereich der Spekulation. Es gibt aber Hinweise, dass diese Sicht der Dinge etwas mit dem Zustand der Kindergartenpädagogik sowie der Situation der Erzieherausbildung zu tun haben könnte (vgl. z.B. Schäfer, 1997; McLean/ Moyer, 1997). Wie genau dieses Zusammenspiel beschaffen ist und was sich daraus ergibt, muss zum Gegenstand weiterer Forschungen gemacht werden.

Literatur

Arbeitsbereich Pädagogik der Frühen Kindheit an der Universität Dortmund, 1998: Woran mißt man einen guten Kindergarten? In: Klein & Groß, 5: 12 – 16.

Bortz, J., 1993[4]: Statistik für Sozialwissenschaftler. Berlin: Springer.

Calder, P., 1996: Methodological reflections on using the early childhood environment rating scale as a measure to make cross-national evaluations of quality. In: Early Child Development and Care, 126: 27 – 37.

De Haan, G., 1991: Über Metaphern im pädagogischen Denken. In: Oelkers, J./ Tenorth, H.-E. (Hrsg.): Pädagogisches Wissen. Weinheim: Beltz: 361 – 375.

Flitner, A., 1999: Das Kind am Ende »seines Jahrhunderts«. In: Neue Sammlung, 39: 163 – 177.

Fried, L. 1999: Möglichkeiten und Grenzen des Qualitätskonzepts am Beispiel des Kindergartens, unveröffentlichter Habilitationsvortrag. Landau: Universität Koblenz-Landau.

Katz, L., 1996: Qualität der Früherziehung in Betreuungseinrichtungen: Fünf Perspektiven. In: Tietze, W. (Hrsg.): Früherziehung. Trends, internationale Forschungsergebnisse, Praxisorientierungen. Neuwied: Luchterhand: 226 – 239.

Langeheine, R., 1980: Multivariate Hypothesentestung bei qualitativen Daten. In: Zeitschrift für Sozialpsychologie, 11: 140 – 151.

Langeheine, R., 1986: Log-lineare Modelle. In: van Koolwijk, J./ Wilken-Mayser, M. (Hrsg.): Techniken der empirischen Sozialforschung. 8. Bd.: Kausalanalyse, München: Oldenbourg: 122 – 195.

McLean, S. V./ Moyer, J. E., 1997: Educating the child-centered practitioner: Innovations and dilemmas. In: International Journal of Early Years Education, 5: 199 – 210.

Schäfer, G., 1997: Aus der Perspektive des Kindes? Von der Kindheitsforschung zur ethnographischen Kinderforschung. In: Neue Sammlung, 37: 377 – 394.

Tietze, W. (Hrsg.), 1998: Wie gut sind unsere Kindergärten? Eine Untersuchung zur pädagogischen Qualität in deutschen Kindergärten. Neuwied: Luchterhand.

Tietze, W./ Schuster, K.-M./ Roßbach, H.-G., 1997: Kindergarten-Einschätzskala KES. Neuwied: Luchterhand.

Treml, A. K., 1991: Über die beiden Grundverständnisse von Erziehung. In: Oelkers, J./ Tenorth, H.-E. (Hrsg.): Pädagogisches Wissen, Weinheim: Beltz: 347 – 360.

Witzel, A., 1985: Das problemzentrierte Interview. In: Jüttemann, G. (Hrsg.): Qualitative Forschung in der Psychologie, Weinheim: Beltz: 227 – 256.

Wolfram, W.-W., 1995: Das pädagogische Verständnis der Erzieherin. Einstellungen und Problemwahrnehmungen. Weinheim: Juventa.

Wulf, C./ Zierfas, J., 1994: Pädagogische Anthropologie in Deutschland: Rückblick und Aussicht. In: Wulf, C./ Zierfas, J. (Hrsg.): Theorien und Konzepte der pädagogischen Anthropologie, Donauwörth: Auer: 7 – 27.

SALVATORE PASQUALE ANGILLETTA/ KIRSTEN FUCHS/
PARVIZ ROSTAMPOUR

AbsolventInnen erziehungswissenschaftlicher Hauptfachstudiengänge

Beruflicher Verbleib, Berufskarrieren und berufliches Selbstverständnis – Eine bundesweite empirische Untersuchung[1]

1. Einleitung

Das von der Deutschen Forschungsgemeinschaft geförderte Projekt »Beruflicher Verbleib, Berufskarrieren und berufliches Selbstverständnis von AbsolventInnen erziehungswissenschaftlicher Hauptfachstudiengänge« verfolgt das Ziel, in Anknüpfung an aktuelle professions- und hochschulpolitische Diskurse und in Weiterentwicklung der empirischen Verbleibsforschung, die Berufssituation von PädagogInnen erstmals systematisch zu untersuchen und zwar im Ost-West-Vergleich, im Vergleich verschiedener Studiengänge (Diplom, Magister, Diplom-FH) sowie im Vergleich dreier AbsolventInnengenerationen.[2]

Die Berufsverbleibsforschung über AbsolventInnen pädagogischer Hauptfachstudiengänge kann mittlerweile auf eine 25 jährige Tradition zurückblicken. Seit etwa Mitte der 1970er Jahre, als die erste AbsolventInnengeneration des 1969 neu eingeführten erziehungswissenschaftlichen Diplomstudiengangs in den Arbeitsmarkt eintrat, wurden zahlreiche Studien zum beruflichen Verbleib von PädagogInnen durchgeführt. Obwohl die bisherigen Forschungsergebnisse eine durchaus positive Einschätzung der Berufschancen von HauptfachpädagogInnen zulassen[3], besteht sowohl in der Öffentlichkeit als auch bei den Studierenden selbst nach wie vor das Vorurteil, Pädago-

---

[1] Der vorliegende Text stellt im wesentlichen eine Aktualisierung des Projektantrages dar, der von Heinz-Hermann Krüger und Thomas Rauschenbach (1999) unter Mitarbeit von Cathleen Grunert und Ivo Züchner erstellt wurde.

[2] Das Projekt wird an der Universität Dortmund unter Leitung von Thomas Rauschenbach und an der Universität Halle unter Leitung von Heinz-Hermann Krüger als Verbundprojekt durchgeführt. Das Projekt läuft vom 01.02.2000 bis voraussichtlich zum 31.01.2002.

[3] Vgl. hierzu Metaanalyse über Verbleibsstudien von Burkhardt/ Schomburg/ Teichler (2000); Schulze-Krüdener (1997).

gInnen würden in erster Linie ›für die Arbeitslosigkeit qualifiziert‹. Vielfach bleibt dabei unberücksichtigt, daß der berufliche Verbleib und die aktuelle Lage von PädagogInnen auf dem Arbeitsmarkt nur vor dem Hintergrund des Wandels der Arbeitsgesellschaft und der damit einhergehenden veränderten Struktur pädagogischer Berufe angemessen analysiert und eingeschätzt werden kann. Hierzu gehören die Expansion des Teilarbeitsmarktes der Sozial- und Erziehungsberufe, das Wachstum von Dienstleistungsberufen in den Bereichen Bildung, Wissen und Beratung, der Ausbau akademischer pädagogischer Berufsausbildung als Konsequenz aus der Expansion des Arbeitsmarktes seit den 1960er Jahren, die Dominanz und Zunahme weiblicher Studierender und dem damit möglicherweise einhergehenden geschlechtsspezifischen Erwerbsverhalten – um nur einige Aspekte stichwortartig zu nennen. Vor dem Hintergrund der Expansion pädagogischer Berufe sind AbsolventInnen erziehungswissenschaftlicher Hauptfachstudiengänge ebenso von Strukturveränderungen des Arbeitsmarktes betroffen wie AbsolventInnen anderer Berufsgruppen. Zu diesen Strukturveränderungen gehören beispielsweise die Erosion der Normalarbeitsverhältnisse und die Flexibilisierung der Beschäftigungsverhältnisse (vgl. Baethge/ Schiersmann, 1998). »Insofern kann die Struktur, Entwicklung und Dynamik des Teilarbeitsmarktes für die akademisch-pädagogischen Berufe auch als Gradmesser für die sich dahinter abzeichnenden allgemeinen Entwicklungen im Beschäftigungssystem der Bundesrepublik betrachtet werden« (Krüger/ Rauschenbach, 1999: 7).

Betrachtet man den aktuellen Stand der Verbleibsforschung, so sind folgende Forschungsdesiderate zu konstatieren: Es überwiegen lokale und regionale Studien, während bundesweite Untersuchungen, die dem Anspruch der Repräsentativität gerecht werden, fehlen. Insbesondere die berufliche Situation von PädagogInnen in den neuen Bundesländern ist bislang nur unzureichend erforscht worden. Darüber hinaus konzentrieren sich die vorliegenden Studien in der Regel auf die Berufseinmündungsphase, so daß kaum Aussagen über langfristige Plazierungsprozesse möglich sind. Darüber hinaus liegen bislang keine Studien vor, die einen systematischen Vergleich der verschiedenen pädagogischen Studiengänge zulassen. Besonders schwierig gestaltet sich auch die Vergleichbarkeit der vielen regionalen Verbleibsstudien. Da in den einzelnen Untersuchungen mit unterschiedlichen Frage- und Antwortkategorien gearbeitet wurde, ist eine Vergleichbarkeit der Ergebnisse nur mit einigen ›Reibungsverlusten‹ möglich. So kann bislang der Einfluß regionaler Besonderheiten des Arbeitsmarktes oder des Hochschulortes nicht systematisch untersucht werden. In inhaltlicher Hinsicht dominieren – zumindest in quantitativ ausgerichteten – Verbleibsstudien formale Aspekte der Berufseinmündung, während subjektive Aspekte der Berufstätigkeit wie das professionelle Selbstverständnis eher am Rande bearbeitet wurden.

2. Das Projektdesign

Das Gesamtprojekt besteht aus drei Teilstudien: (a) Die Berufseinmündungsstudie von DiplompädagogInnen, die zugleich die Grundlage für (b) eine Studiengangsvergleichsuntersuchung sowie (c) einen Kohortenvergleich bildet:

(a) Berufsverbleibsstudie: Ausgangspunkt ist eine bundesweite Berufseinmündungs- und -verbleibsstudie von Diplom-PädagogInnen auf der Basis einer schriftlichen Repräsentativbefragung mit einer Stichprobe von N=5.300 in den alten und neuen Bundesländern. Ziel dieser Studie ist es, die Bildungs- und Studienverläufe, die Prozesse der Berufseinmündung, den beruflichen Verbleib und die aktuelle Beschäftigungssituation sowie das berufliche Selbstverständnis und die Berufszufriedenheit von Diplom-PädagogInnen der AbsolventInnenjahrgänge 1995-1997 zu untersuchen.

(b) Studiengangsvergleichsuntersuchung: In zwei Regionen (Halle/ Leipzig/ Merseburg und Rhein-Main-Gebiet) sollen vergleichend AbsolventInnen der Jahrgänge 1996 und 1997 erziehungswissenschaftlich-universitärer Magisterstudiengänge (N=750) sowie sozialpädagogischer Fachhochschulstudiengänge (N=1.200) befragt werden. In dieser Teilstudie bei einer Gesamtstichprobe von N=7.950 (zusammen mit den Diplom-PädagogInnen in dieser Region) sollen die drei genannten Abschlußarten erstmalig im Vergleich auf ihre Gemeinsamkeiten und Unterschiede in den oben genannten Themengebieten hin untersucht werden.

(c) Kohortenvergleichsstudie: Um Aussagen zum langfristigen Verbleib von Diplom-PädagogInnen und zu Prozessen des tertiären Bereiches des Arbeitsmarktes treffen zu können, sollen schließlich an drei universitären Standorten (Dortmund, Mainz, Tübingen) zusätzlich zwei frühere AbsolventInnen-Kohorten schriftlich befragt werden (N=1.700), so daß in dieser Teilstudie bei einer Gesamtstichprobe von N=2.600 Daten für drei Diplom-PädagogInnen-Kohorten (1976-1978, 1986-1988, 1996-1998) vorliegen und miteinander verglichen werden können.

Um innerhalb einer Untersuchung drei Studien, die sich in einigen wenigen Aspekten unterscheiden, integrieren zu können, wird allen drei Studien ein ähnliches Schema zu Grunde gelegt. Beispielhaft für dieses Schema soll das Untersuchungsschema der Berufsverbleibsstudie dargestellt werden. Zusätzlich zu den Dimensionen, die in dem Schaubild aufgeführt sind und weiter unten näher beschrieben werden, kommen in der Studiengangsvergleichsuntersuchung und der Kohortenvergleichsstudie Dimensionen hinzu, die die spezifischen Fragestellungen dieser Untersuchungen treffen.

Für die Studiengangsvergleichsuntersuchung kommen zu diesem Schema Dimensionen hinzu, die es erlauben, gesicherte Daten zur aktuellen Beschäftigungssituation, zum beruflichen Selbstverständnis und zur Berufszu-

Schaubild 1: Untersuchungsschema der Berufsverbleibsstudie (Krüger/Rauschenbach 1999)

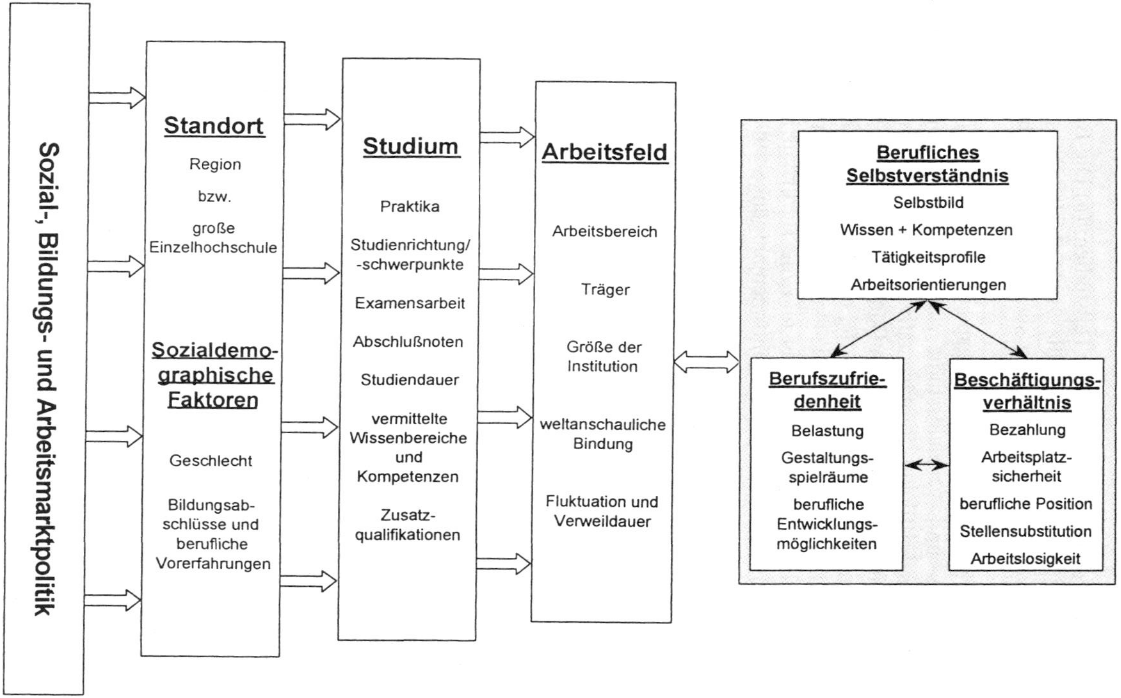

friedenheit von AbsolventInnen unterschiedlicher pädagogischer Studiengänge zu erhalten. Auch die Kohortenvergleichsstudie ist strukturanalog zu diesem Schema aufgebaut. Zusätzlich sollen Fragen nach den Auswirkungen langfristiger Berufstätigkeit – in Abhängigkeit von den verschiedenen Arbeitsfeldern – auf die aktuelle Beschäftigungssituation hin überprüft werden.

3. Auswertungsverfahren

Bei der Datenanalyse wird auf die in der empirischen Sozialforschung gängigen deskriptiven (z.B. Verteilungen, Mittelwerte, Streuungswerte) und inferenz-statistischen (z.B. Faktorenanalyse, Clusteranalyse) Verfahren zurückgegriffen. Um alle Dimensionen des oben abgebildeten Schaubildes empirisch erfassen zu können, wird zudem die Pfadanalyse als Auswertungsinstrument genutzt. Mithilfe der Pfadanalyse werden Zusammenhänge zwischen mehreren unabhängigen und abhängigen Variablen abgebildet. »Für den Zusammenhang eines Geflechts von Variablen lassen sich damit Pfadkoeffizienten berechnen, die das Ausmaß und die Richtung des Einflusses verschiedener Variablen auf die Zielvariable angeben« (Krüger 1999: 235f). So kann man mit Hilfe dieses Verfahrens prüfen, wie stark Variablen wie beispielsweise Geschlecht, Studienrichtung, Abschlußnote und Zusatzqualifikationen die berufliche Plazierung beeinflussen.

Im Falle der Pfadanalyse wird das Auswertungsverfahren nach den Maßgaben des Projektdesigns gewählt. Aber auch das Projektdesign richtet sich in gewissen Punkten nach den Bedingungen der Statistik. Beispielsweise ist ein Charakteristikum dieser Untersuchung der Versuch, die Absolventenjahrgänge 1996 und 1997 der DiplompädagogInnen bundesweit und der Magister- und FachhochschulabsolventInnen für die Regionen Rhein-Main und Halle/ Leipzig/ Merseburg in einer Totalerhebung zu untersuchen. Die Entscheidung zugunsten einer Totalerhebung bezogen auf die Hochschulstandorte folgte weniger einem inhaltlichen Forschungsinteresse als vielmehr einer statistischen Überlegung: Ein Grund für diese sehr umfassende und arbeitsintensive Erhebungsform ist das ›Verhalten‹ von Varianzen und Standardabweichungen bei kleinen Fallzahlen.

Unserem Untersuchungsschema folgend werden neben personenbezogenen Daten (Berufsverlauf, Berufserfolg, Berufszufriedenheit, berufliches Selbstverständnis usw.) auch Daten erhoben, die sich auf die Ausbildungsstätten (Hochschule, Hochschulart, Region usw.) beziehen. In multivariaten Analyseverfahren (z.B. Regression) müssen somit individuelle und Kontextvariablen gleichzeitig berücksichtigt werden. Dieser Fall liegt vor, wenn man mit einer »Klumpenstichprobe«[4] arbeitet. Dabei entsteht das Problem, daß die individuellen Variablen (die Variablen auf niedrigerer Ebene) eine größere Fallzahl aufweisen als die Kontextvariablen (Variablen auf höherer Ebene). Beispielsweise werden mehrere Tausend Befragte und nur 60 Standorte in das Sample fallen. Die übliche (und falsche) Vorgehensweise ist hierbei, daß man jedem Befragten die Daten der höheren Ebene zuweist und dadurch die Kontextvariablen praktisch wie die individuellen Variablen behandelt. Das hat zur Folge, daß die Fallzahl der Kontextvariablen künstlich erhöht wird (in unserem Fall von 60 auf mehrere Tausend). Wir wissen, daß die Standardfehler der geschätzten Parameter (wie Mittelwerte, Korrelationen, Regressionskoeffizienten usw.) umgekehrt proportional mit der Fallzahl zusammenhängen. Das bedeutet, daß eine künstliche Erhöhung der Fallzahl zu einer künstlichen Senkung der Standardfehler der Schätzungen führt. Das führt wiederum dazu, daß das Signifikanzniveau der geschätzten Parameter falsch bestimmt wird. In solchen Fällen kommt es häufig dazu, daß Zusammenhänge als signifikant eingeschätzt werden, die überhaupt nicht signifikant sind und nur wegen der künstlichen Erhöhung der Fallzahlen signifikant erscheinen.

Eine unbefriedigende Lösung dieses Problems ist die Durchführung der Analysen nur auf der Ebene der Institutionen. Dafür werden zuerst die Individualvariablen auf diese Ebene aggregiert[5], um später alle Analysen anhand dieser Durchschnittswerte und der sonstigen Kontextvariablen durchzuführen. Der entscheidende Nachteil dieser Vorgehensweise ist, daß die eigentlich bedeutenden Individualunterschiede eliminiert werden und daß die Fallzahl der Befragten sehr klein wird.

Die eigentliche Lösung dieses Problems ist das Analyseverfahren Mehrebenenanalyse, das für solche hierarchisch strukturierten Daten konzipiert worden ist und Variablen mit unterschiedlichen Fallzahlen zulässt. Mithilfe der Mehrebenenanalyse kann zwischen den verschiedenen Dimensionen des Untersuchungsschemas unterschieden werden. Die Varianz der individuellen

---

4 Von einer Klumpenstichprobe spricht man, wenn zuerst eine Stichprobe aus Institutionen konstruiert wird und dann alle Individuen in jedem ausgewählten Institut (oder einer Stichprobe aus den Individuen des jeweiligen Instituts) befragt werden. In diesen Fällen gehört jedes Individuum eindeutig zu einem Institut. Das bekannteste Beispiel ist eine Auswahl der Schulen (bundesweit oder in einer bestimmten Region) und die Befragung aller Schüler dieser Schulen (bzw. wiederum eine Auswahl innerhalb der jeweiligen Schule). In diesem Fall haben wir eine einfache Hierarchie aus zwei Ebenen. Komplexere Hierarchien sind auch denkbar, wenn man z.B. innerhalb jeder Schule auch eine Klassenebene mitberücksichtigt oder wenn man eine höhere Ebene als die Ebene der Schule in Betracht zieht (z.B. Region oder Bundesland). Auf jeden Fall muß man bei jeder hierarchischen Struktur eine eindeutige Zuordnung der unteren Ebenen zu den höheren Ebenen haben.

5 Aggregieren einer Variable bedeutet, daß man für jedes Institut den Mittelwert aller seiner Befragten berechnet und berücksichtigt.

abhängigen Variablen wird zwischen allen Ebenen zerlegt und die Zusammenhänge werden auf diesen verschiedenen Ebenen deutlich. In einem solchen Fall muß man natürlich dafür sorgen, daß die Fallzahl nicht nur auf der Individualebene, sondern auch auf der Kontextebene möglichst groß ist (und zwar tatsächlich und nicht künstlich), damit die statistischen Aussagen auch auf dieser Ebene auf der Grundlage einer größeren Fallzahl (und folglich mit mehr Sicherheit) ermöglicht werden. Eine größere Fallzahl auf der Kontextebene führt auch dazu, daß bei der Varianzzerlegung mehr Varianz auf der Kontextebene entsteht und dadurch geeignetere Rechenoperationen möglich werden. Deswegen wurde in diesem Projekt entschieden, daß möglichst viele Hochschulen in die Stichprobe einbezogen werden. Letztendlich fiel die Entscheidung zugunsten des aktuellen Erhebungsdesigns, da auf diesem Wege um die 60 Standorte in das Sample fallen, und nicht weil eine Totalerhebung an sich anzustreben ist. In anderen Befragungen, in denen es viele Institutionen gibt (z.B. ist dies in der Schulforschung der Fall), hätte auch eine ausreichend große Stichprobe aus diesen Institutionen ausgereicht und eine Totalerhebung wäre nicht notwendig gewesen.

4. Die Fragebogenkonstruktion

Die Modellkomponenten des in Abschnitt 2 dargestellten Untersuchungsschemas werden im Fragebogen folgendermaßen operationalisiert:

Demographische und (berufs-)biographische Rahmendaten

In Anlehnung an einschlägige Studien werden Geschlecht, Alter, Familienstand, Bildungsniveau der Eltern sowie berufliche Vorerfahrungen, d.h. Erstausbildung sowie weitere Studiengänge erhoben. Diese Faktoren haben sich in bisherigen Studien als relevante Einflußgrößen für die Berufsbiographie erwiesen.

Dimensionen des abgeschlossenen erziehungswissenschaftlichen Studiums

Im Hinblick auf die Prädiktoren und moderierenden Variablen wird nach Dimensionen des abgeschlossenen erziehungswissenschaftlichen Studiums gefragt. Zu diesen Dimensionen gehören Studienrichtung bzw. Studienschwerpunkt, Praktika (Anzahl und Dauer der Praktika, Arbeitsfelder), Klassifizierung der Examensarbeit nach Theorie-, Empirie- oder Praxisbezug, Abschlußnote und Studiendauer.

Daneben soll die Reflexion der AbsolventInnen über die im Studium vermittelten Wissensbereiche und Kompetenzen erfaßt werden. Als Vorlage dient hierfür eine in der Hallenser Befragung (Krüger/ Grunert, 1998: 199) entwickelte Itemliste: Auf der Basis einer Faktorenanalyse konnte ein Modell identifiziert werden, das in »wissenschaftliches Wissen«, »berufsorientiertes Wissen« sowie »anwendbares Praxiswissen« differenziert.

Dimensionen des derzeitigen Arbeitsfeldes

Im Mittelpunkt der Untersuchung steht die Entwicklung der beruflichen Situation, so daß dem derzeitigen Arbeitsfeld ein besonders großer Stellenwert eingeräumt wird. Unser Interesse richtet sich insbesondere auf folgende Themen: Arbeitsfelder, Institutionen und Träger, Zielgruppen/ Adressaten, Tätigkeitsprofil.

Professionelles Selbstverständnis

Um die berufliche Identität, das professionelle Selbstverständnis sowie die Vorstellungen der befragten AbsolventInnen über kompetentes berufliches Handeln umfassend analysieren zu können, müssen aus unserer Sicht in der schriftlichen Befragung die folgenden Facetten von Professionalisiertheit abgedeckt werden:

1) »Äußere« Indikatoren wie etwa die Mitgliedschaft in Berufsverbänden oder das individuelle Fortbildungsverhalten und die Bereitschaft zur Teilnahme an (ggf. auch selbstfinanzierter) Supervision. Dabei soll die Mitgliedschaft in Berufsverbänden Auskunft über die Identifikation der Befragten mit der Profession Pädagogik geben, während das Fortbildungsverhalten und die Teilnahme an Supervision Rückschlüsse über die Bereitschaft der Befragten zur Reflexion des eigenen beruflichen Handelns zulassen.

2) Dimensionen der »inneren« Logik professionalisierten pädagogischen Handelns. Hierzu gehören:

a) professionelle Leitbilder: beispielsweise die Vorstellungen der Befragten von den Zielen und Aufgaben von Pädagogik sowie der eigenen beruflichen Rolle und Funktion,
b) Umgang mit berufstypischen Problemen als Indikator für die Vorstellungen der Befragten von ›gutem‹, d.h. kompetentem pädagogischen Handeln,
c) Berufsrelevante Wissensformen und Wissensinhalte

zu a) Die Dimension *professionelle Leitbilder* zielt auf die subjektive Sichtweise der Befragten ab und umfasst eine Frage nach den Rollenbildern und eine weitere Frage nach den Zielvorstellungen für pädagogisches Handeln. Dahinter steht die Untersuchungsfrage, an welchen Handlungsmaximen sich die Befragten orientieren. Interessant scheint uns hierbei insbesondere im Kohortenvergleich, ob sich pädagogische Leitbilder über die verschiedenen Generationen von AbsolventInnen hinweg verändert haben und wenn ja, in welche Richtung diese Veränderung läuft.

zu b) Bei der Untersuchung des Umgangs mit *berufstypischen Problemen*, die als Indikator für die subjektive Vorstellung der Befragten von ›gutem‹, d.h. kompetentem pädagogischen Handeln gelten können, lehnen wir uns an die aktuelle Theoriediskussion zur Professionalisierung pädagogischen Handelns an. Pädagogisches Handeln wird in neueren Ansätzen als eine Handlungsform charaktierisiert, die sich im Spannungsfeld divergierender, prinzipiell unauflösbarer ›Handlungsorientierungen‹ bewegt (Schütze, 2000). Aufgrund dessen sind die professionell Handelnden aufgefordert, die dadurch zwangsläufig entstehenden »Dilemmata« (Helsper, 1997) bzw. »Paradoxien« (Schütze, 2000) auszubalancieren. PädagogInnen müssen also im Laufe ihrer Berufsbiographie – so unsere Annahme – tendenziell eine Lösung für diese Handlungsprobleme entwickeln, gleichzeitig jedoch offen und flexibel genug bleiben, um in der pädagogischen Situation auf die jeweils spezifische Fallstruktur angemessen eingehen zu können, d.h. Handlungsorientierungen eben im wörtlichen Sinne als »Orientierungstendenzen« und nicht in einem technischen Sinne als festgeschriebene Lösungsschemata/ Lösungsmuster zu verstehen.

Wir fragen also nach grundlegenden Handlungsorientierungen, d.h. wie sollte aus Sicht der Befragten – im Kontext ihres derzeitigen Arbeitsfeldes – mit bestimmten Handlungsdilemmata umgegangen werden? Bei der Konstruktion der Frage zu den Handlungsorientierungen gehen wir in der schriftlichen Befragung folgendermaßen vor: Zunächst werden thesenartig typische Handlungsprobleme und die daran anschließenden potentiellen Handlungsorientierungen in möglichst neutraler (d.h. nicht bewertender) Form als Stimuli angeboten. Die Befragten haben dann die Möglichkeit, auf einer Skala, deren Anfangs- und Endpunkt die jeweiligen Extrempositionen potentieller Handlungsorientierungen darstellen, ihre subjektive Einschätzung zum Umgang mit den jeweiligen Handlungsproblemen abzugeben.

In diesem Fragebogenteil wollen wir folgenden forschungsleitenden Fragen nachgehen: Gibt es für PädagogInnen allgemein gültige handlungsleitende Maxime und Orientierungstendenzen, die gutes pädagogisches Handeln ausmachen? Wie entwickeln oder verändern sich diese im Berufsverlauf? Von welchen Einflußfaktoren ist deren Entwicklung abhängig? Zu vermuten ist, daß berufliche Erfahrungen vor Beginn des erziehungswissenschaftlichen Studiums, das Studium selbst (sowohl der Studienrichtung als auch der Studiengangsart) sowie arbeitsfeld- und institutionenspezifische Faktoren relevante Einflußgrößen darstellen werden.

zu c) Ein dritter Aspekt, der unserer Einschätzung nach als Indikator für das professionelle Selbstverständnis fungieren kann, sind die ›*Wissensformen*‹, auf die in der beruflichen Situation zurückgegriffen wird. Hier unterscheiden wir in Anlehnung an Vogel (1999) in Alltagswissen, Professionswissen und erziehungswissenschaftliches Wissen. Diese Kategorien werden wie folgt operationalisiert:

- Wissenschaftliches bzw. theoretisches Wissen
- Berufsethische Grundsätze
- Aus beruflicher Erfahrung gewonnenes Wissen
- Rezeptwissen/ Regelwissen
- Intuition

Wir interessieren uns dafür, welchen Stellenwert die Befragten den einzelnen Wissensformen für ihr berufliches Handeln beimessen. Dies impliziert auch die Frage nach der Bedeutung theoretischen Wissens für die aktuelle Berufstätigkeit. Darüber hinaus sollen auch die jeweiligen *Wissensinhalte* konkretisiert werden, so daß Rückschlüsse auf Aus- und Fortbildung von PädagogInnen gezogen werden können. Von besonderem Interesse dürfte hierbei auch sein, welchen Stellenwert Befragte unterschiedlicher Fachrichtungen und Arbeitsfelder den einzelnen Wissensinhalten beimessen, d.h. gibt es Wissensbestände, die nur in einzelnen Teildisziplinen relevant sind, oder lassen sich arbeitsfeldübergreifende quasi für pädagogische Berufstätigkeit grundlegende Wissensbestände identizifzieren?

Schließlich fragen wir nach den *Lernorten*: Welche Bedeutung messen die Befragten der Hochschulausbildung im Vergleich zur Fortbildung und zum Lernen im Prozeß der Arbeit bei?

Berufszufriedenheit

Die Modellkomponente Berufszufriedenheit wird anhand der folgenden Dimensionen erhoben: Berufliche Belastungen, Gestaltungsspielräume, Einschätzung der bisherigen und zukünftigen beruflichen Entwicklungsmöglichkeiten. Bei diesen Fragen steht die subjektive Einschätzung der Befragten im Vordergrund.

Beschäftigungsverhältnis

Zur Charakterisierung der Beschäftigungsverhältnisse werden folgende formale Merkmale der Berufstätigkeit erhoben: Bezahlung (Vergütungsgruppen und Bruttomonatseinkommen), Arbeitsplatzsicherheit (subjektive Einschätzung der Befragten), berufliche Stellung (Angestellte/r, Beamter/in usw.), Beschäftigungsumfang (Vollzeit/ Teilzeit), Beschäftigungssicherheit (befristet, unbefristet). In diesem Kontext interessieren wir uns auch für die Stellensubstitution, z.B. wurde die Stelle neu eingerichtet? Über welche berufliche Qualifikation verfügte der Vorgänger/ die Vorgängerin? Sind die AbsolventInnen zum Zeitpunkt der Befragung nicht erwerbstätig, so fragen wir auch nach den Gründen für die Nichterwerbstätigkeit sowie nach der Dauer und der Finanzierung des Lebensunterhalts in Zeiten der Nichterwerbstätigkeit. Dahinter steht die Frage, ob es sich um ›selbstgewählte‹ Nichterwerbstätigkeit handelt oder diese der aktuellen Arbeitsmarktlage geschuldet ist.

Quer zu diesen inhaltlichen Dimensionen liegt die zeitliche Dimension der Berufsbiographie. Zum einen erfassen wir alle beruflichen Stationen seit Abschluß des erziehungswissenschaftlichen Studiums. Zum anderen nehmen wir, um einige Dimensionen detaillierter erfragen zu können, einen Vergleich zwischen erster und heutiger Stelle vor.

Die Fragen werden zum einen aufgrund der Stichprobengröße geschlossen formuliert. Zum anderen können wir bei der Fragebogenkonstruktion auf bereits erprobte Frageninventare aus einschlägigen quantitativen Studien zurückgreifen.

5. Datenschutzrechtliche Probleme im Vorfeld der Befragung

Eine besondere Problematik in den Anfängen der Untersuchung bildete die Frage des Umgangs mit dem Datenschutz. Die Adressen der AbsolventInnen werden in keiner bundesweit operierenden öffentlichen Einrichtung zentral gespeichert, sondern liegen zum größten Teil in den Prüfungsämtern bzw. in anderen Verwaltungseinrichtungen der jeweiligen Hochschulstandorte vor, die in besonderem Maße dem Bundesdatenschutzgesetz (BDSG) verpflichtet sind. In diesem Gesetz ist beispielsweise die Weitergabe der Adressen zu kommerziellen oder politischen Zwecken ausdrücklich verboten. Der Umstand, daß Details der Datenschutzgesetzgebung kaum jemandem wirklich bekannt sind und daß es neben dem Bundesdatenschutzgesetz weitere Gesetze und Verordnungen auf Länderebene existieren, denen die Verwaltungsstellen als Einrichtungen der Länder verpflichtet sind, macht die Aufgabe der Adressenbeschaffung an den Hochschulstandorten nicht leichter. In unserem Fall wenden wir uns als Hochschuleinrichtung des Bundeslandes NRW (Standort Dortmund) oder Sachsen-Anhalt (Standort Halle/Wittenberg) an Hochschuleinrichtungen anderer Bundesländer, womit automatisch das Bundesrecht statt der jeweiligen Landesgesetzgebungen in Kraft tritt. Im BDSG ist in verschiedenen Paragraphen (vgl. § 15 Abs. 1 Ziff. 2 in Verbindung mit § 14 Abs. 2 Ziff. 9 BDSG) die Weitergabe von Daten gestattet, wenn es zur Durchführung wissenschaftlicher Forschung erforderlich ist. Mithilfe eines Schreibens des Datenschutzbeauftragten der DFG und einer Erklärung der Projektleiter zum Umgang mit den Adressen und zu ihrem Verhältnis zum BDSG sind fast alle Standorte zu einer Kooperation bereit.

Eine weitere Hürde ergibt sich aus einer grundsätzlichen Problematik einer retrospektiven Befragung von AbsolventInnen. Zum Ende des Jahres 2000 werden weit über 10.000 Fragebögen an Personen versendet, deren Adressen zuletzt in den Jahren 1996-1998 und zum Teil in den Jahren 1986-1988 und 1976-1978 (Kohortenstudie) aktuell waren. Das führt dazu, daß davon auszugehen ist, daß die Adressen, die uns von den jeweiligen Hochschulstandorten zur Verfügung gestellt werden, zwischen 2 und 24 Jahre alt sind. In ganz seltenen Fällen stellen die Hochschulen aktualisierte Adressen bereit, wenn beispielsweise Alumni-Vereinigungen diese benötigen oder vor kurzem standortspezifische Berufsverbleibsstudien durchgeführt worden sind. Aber auch in diesen Fällen darf es nicht als sicher gelten, daß die Adressen tatsächlich zu unserem Befragungszeitpunkt aktuell sind.

Unter der Annahme, daß der Studienabschluß eine besondere Statuspassage in der Biographie eines jungen Menschen darstellt, können wir davon ausgehen, daß ein Wohnortswechsel kein seltenes Phänomen in unserer Zielgruppe darstellt. Darüber hinaus werden erziehungswissenschaftliche Hauptfachstudiengänge besonders von Frauen belegt. Bei diesen haben wir im Anschluß an das Studium – bedingt durch Heirat und Scheidung – mögliche Namenswechsel. Um die Problematik zu vervollständigen, neigen AkademikerInnen zu einer besonders hohen räumlichen Mobilität, die zum Teil bis ins Ausland reicht.

Wir wenden folgende Methoden an, um die Adressen mit möglichst wenig Arbeitsaufwand zu aktualisieren, so daß die Rücklaufquote nicht durch veraltete Adressen gefährdet wird:

a) Einige AbsolventInnen haben Ihren Namen beibehalten und haben Ihre Wohnung, nicht aber ihren Wohnort gewechselt. Die Adressen dieser Personen werden wir über die im Internet oder aber auch (mit erweiterten Suchfunktionen) auf CD-ROM erhältlichen Telefonbücher aktualisieren können.
b) Alle anderen Adressen gehen an die Einwohnermeldeämter, die im Rahmen der Amtshilfe kostenfrei (in den allermeisten Fällen) die nächste Umzugsadresse an uns weitergeben können. Namensänderungen werden uns auf diesem Wege auch bekannt. Für einige Personen muß dieser Arbeitsschritt an mehreren Einwohnermeldeämtern wiederholt werden, wenn diese Person mehrmals den Wohnort gewechselt hat.
c) Wenn dies nicht reicht, können wir versuchen, die Fragebögen an die Heimatadresse der AbsolventInnen (soweit diese in den Unterlagen der Prüfungsämter vermerkt ist) zuzusenden, mit der Bitte, die Fragebögen weiterzugeben. Mit diesem Verfahren hat der Sonderforschungsbereich 186 der Universität Bremen sehr gute Erfahrungen gemacht. Hier zeigt sich, daß die Eltern der AbsolventInnen sehr oft ein besonders starkes Interesse darin entwickeln können, daß ihre Kinder den Fragebogen erhalten, ausfüllen und auch rechtzeitig zurücksenden.
d) Die restlichen Adressen werden an die uns zuletzt bekannten Adressen gesandt in der Hoffnung, daß sich diese nicht geändert haben oder daß die Post diese an die aktuelle Adresse weiterleitet.

Mit diesen Verfahren werden wir versuchen, zumindest die Quote der Personen, die wir postalisch erreichen müssen, möglichst hoch zu halten, um die Rücklaufquote nicht bereits von vornherein zu gefährden.

Literatur

Baetge, M./ Schiersmann, Ch., 1998: Von der betrieblichen Weiterbildung zur Kompetenzentwicklung. Prozeßorientierte Weiterbildung – Perspektiven und Probleme eines neuen Paradigmas der Kompetenzentwicklung für die Arbeitswelt der Zukunft. In: Arbeitsgemeinschaft QUEM (Hrsg.): Kompetenzentwicklung '98. Forschungsstand und Forschungsperspektiven. Münster u.a.: Waxmann: 15-87

Burkhardt, A./ Schomburg, H./ Teichler, U. (Hrsg.), 2000: Hochschulstudium und Beruf. Ergebnisse von Absolventenstudien. Kassel: Wissenschaftliches Zentrum für Berufs- und Hochschulforschung an der Universität Gesamthochschule Kassel

Combe, A./ Helsper, W. (Hrsg.), 1997: Pädagogische Professionalität. Untersuchungen zum Typus pädagogischen Handelns. Frankfurt a. M.: Suhrkamp

Helsper, W., 1997: Antinomien des Lehrerhandelns in modernisierten pädagogischen Kulturen. Paradoxe Verwendungsweisen von Autonomie und Selbstverantwortlichkeit. In: Combe, A./ Helsper, W. (Hrsg.): Pädagogische Professionalität. Untersuchungen zum Typus pädagogischen Handelns. Frankfurt a. M.: Suhrkamp: 521-569

Krüger, H.-H., 1999: Einführung in Theorien und Methoden der Erziehungswissenschaft. Opladen: Leske + Budrich

Krüger, H.-H./ Grunert, C., 1998: Studium und Berufseinmündung. Ergebnisse einer Befragung der ersten AbsolventInnengeneration von Diplom-PädagogInnen in den neuen Bundesländern. In: Der pädagogische Blick, 6. Jg. H. 4, S. 196-205

Krüger, H.-H./ Rauschenbach, T., 1999: Beruflicher Verbleib, Berufskarrieren und berufliches Selbstverständnis erziehungswissenschaftlicher Hauptfachstudiengänge. DFG-Projektantrag, unveröffentl. MS

Nagel, U., 1996: Engagierte Rollendistanz. Professionalität in biographischer Perspektive. Opladen: Leske und Budrich

Schulze-Krüdener, J., 1997: »Nichts ist sicher, aber vieles ist möglich.« Der Arbeitsmarkt für Diplom-Pädagoginnen und Diplom-Pädagogen. In: Der pädagogische Blick 5. Jg., H. 2, S. 88-101

Schütze, F., 2000: Schwierigkeiten bei der Arbeit und Paradoxien des professionellen Handelns. Ein grundlagentheoretischer Aufriß. In: Zeitschrift für qualitative Bildungs-, Beratungs- und Sozialforschung 1. Jg., H. 1, S. 49-96

Thole, W./ Küster-Schapfl, E.-U., 1997: Sozialpädagogische Profis. Beruflicher Habitus, Wissen und Können von PädagogInnen in der außerschulischen Kinder- und Jugendarbeit. Opladen: Leske und Budrich

Vogel, P., 1999: Der Theorie-Praxis-Konflikt in der Pädagogik als Deutungsmuster im Studienalltag – oder: Was lernt man eigentlich im erziehungswissenschaftlichen Studium? In: Der pädagogische Blick 7. Jg., H. 1, S. 34-40

Friedhelm G.Vahsen

Methodologische Aspekte zur Erforschung von Migrationsprozessen

Im Mittelpunkt einer vergleichenden Längs- und Querschnittsanalyse stehen der Lebensverlauf und die Perspektiven des Lebens im Alter von älteren Arbeitsmigrantinnen und Remigrantinnen in der Türkei, Spanien, Slowenien und Deutschland. Ziel der Untersuchung ist es, Vorstellungen über das »Altern in der Fremde« zu ermitteln, die Angebote der Institutionen der Altenhilfe zu sichten, vorhandene Vernetzungssysteme zu erkennen und Vorschläge für eine Ausgestaltung der sozialpädagogischen Hilfen und Angebote zu entwickeln. Darüber hinaus soll der soziologische Aspekt der »Lagerung« der Migrantinnen zwischen Segregation und Integration erfasst werden sowie die Unterschiede deren sozio-kultureller Einbettung in den einzelnen Ländern.

Methodisch ist die Untersuchung im Kern als qualitative Studie angelegt und wird durch eine teilstandardisierte Befragung der Einrichtungen der Altenhilfe in den Städten Hannover, Ljubljana, Madrid und eine soziodemographische Rahmenanalyse der Lebenssituation von Migrantinnen in den jeweiligen Ländern ergänzt.

In jedem Land wurden bisher von einer Forschungsgruppe qualitative, narrativ-orientierte, leitfadengestützte Interviews durchgeführt. Hierbei wurden Modalgruppen im Sinne von Kelle/Kluge, also Gruppen mit vergleichbaren Auswahlmerkmalen (Kelle/Kluge 1999), interviewt. In einer zweistufigen Befragung sollten zunächst Arbeitsmigrantinnen über 45 Jahre mit mehrjähriger industrieller Arbeitserfahrung erfasst werden und in der erweiterten Untersuchungsperspektive auch deren Ehegatten.[1]

Bei der Planung und Durchführung der Untersuchung tauchten nun verschiedene Problemkonstellationen auf, die sich nicht nur auf die sprachlichen Differenzen *im Forschungsteam* und *zwischen Interviewern und Interviewten* bezogen, sondern insbesondere auf die spezifischen Forschungsstrategien und Auswertungsmethoden der einzelnen Ländergruppen, die sich, trotz aller Versuche des wechselseitigen Aneinanderorientierens, gleichsam naturwüch-

[1] Ein ausführlicher Forschungsbericht ist in der DIGESA der Fachhochschule Hildesheim erhältlich. Die Vorstudie wurde bereits unter dem Titel »Migration und Soziale Arbeit« publiziert. In ihr wurde versucht, die Professionalisierungsdebatte auf die interkulturelle Pädagogik zu beziehen und in einen gesellschaftstheoretischen Interpretationsrahmen einzubetten.

sig durchsetzten. Ähnliches galt für den Versuch, sich auf *einen* gemeinsamen sozialpädagogischen Bezugsrahmen als forschungsleitendes Paradigma zu verständigen, da die theoretischen Paradigmen der Forschungsgruppen unter den Ländern stark variieren.

Insgesamt waren also drei Aspekte im Forschungsprozess immer wieder präsent:

1. die sprachlichen Differenzen zwischen Forschern und Befragten, aber auch der Forscher untereinander und deren Auswirkungen auf die Erfassung der Interviewäußerungen sowie die Auswertung und Interpretation der narrativen Interviews,
2. die divergierenden, länderspezifischen Methoden der Erfassung und Auswertung der Interviews sowie des Eingebundenseins in spezifische Forschungstraditionen,
3. die Schwierigkeit, *ein* forschungsleitendes Paradigma forschungsmethodisch inhaltlich zu füllen.

Die sprachliche Differenz *innerhalb* des Forschungsteams sollte durch regelmäßige Treffen und Kooperation der einzelnen Teilgruppen und exakte Verabredungen der Vorgehensweise minimiert werden. In intensiven Gruppendiskussionsverfahren wurde ein gemeinsamer Interviewleitfaden festgelegt, die Analyse der Institutionen per Fragebogen verabredet, die Interviewmethode abgeglichen und Festlegungen in Bezug auf das Anfertigen von Lebensverlaufskizzen, von biographischen Portraits wie auch von Kriterien des länderspezifischen Rahmenberichtes der Lebenssituation von älteren Arbeitsmigrantinnen getroffen.

Dieses Sprachliche ließ sich am leichtesten ausgleichen. Schwieriger erwies es sich, größtmögliche Authentizität bei den Interviews herzustellen: Die Interviews wurden nur in Deutschland und in der Türkei in der Muttersprache der Befragten durchgeführt, in Spanien auf Spanisch und in Slowenien auf Slowenisch. Hier wurde die Sprache der Mehrheitsethnie zur Interviewgrundlage. Die Herkunftssprache, Marokkanisch und Bosnisch zu verwenden, scheiterte an den finanziellen Ressourcen des Projektes. Es ist jedoch anzunehmen, dass die Intensität und Expressivität und auch die Quantität der Lebensverlaufschilderungen je nach der verwendeten Sprache variiert.

Insgesamt haben gerade Migrantinnen des hier untersuchten Typus erhebliche Ausdrucksschwierigkeiten in der Sprache der jeweiligen Mehrheitsethnie. Durch die Interviewführung in der Herkunftssprache wird dies ausgeblendet. In der Herkunftssprache nimmt die Ausdrucksvielfalt und Expressivität zu und – ein häufig kaum gesehener Aspekt – eventuelle Veränderungen in der Muttersprache, z.B. die Entstehung und Verfestigung einer Art Sprachmelange, werden deutlich: So hat etwa eine Bosnierin im Interview ein Sprachgemisch aus Slowenisch und Bosnisch präsentiert, das kaum verstehbare neue Wortschöpfungen enthält.

Prinzipiell wurden die Interviews von den länderspezifischen Gruppen zunächst selbst ausgewertet, um dann in der deutschen Version in der Gesamtgruppe sekundär interpretiert zu werden. Dies erwies sich forschungsökonomisch als sehr aufwendig, da auch die gemeinsame Interpretation nur mit Dolmetschern erfolgen konnte. Aus unserer Sicht ist diese gemeinsame Interpretation jedoch wichtig; denn hier wird die Basis für eine tatsächlich vergleichende Analyse geschaffen. Da sich dies jedoch nicht für die gesamte Untersuchung realisieren ließ, sind ethnozentristische Sichtweisen nicht auszuschließen. Offensichtlich gilt für interkulturelle Forschung: Je nach Richtung der Forschungsfrage erscheint die Interviewführung in der Herkunfts- oder Zweitsprache als sinnvoll. Unter dem Aspekt der »Dichte« ist jedenfalls die Muttersprache vorzuziehen.

Die sprachlichen Unterschiede wirken aber auch auf die Forschungsgruppe. Durch die Übersetzung in eine gemeinsame Sprache als zentrale Interpretationsprache erfolgte eine zweifache »Brechung«, zunächst in die »Gastlandsprache« und von da ins Deutsche. Es lässt sich nur vermuten, dass hier Inhalte verlorengegangen sind bzw. geglättet wurden. Dies wurde jedoch ansatzweise durch die länderspezifische Erstinterpretation etwas minimiert.

Um diese Verzerrungen tendenziell auszugleichen, wurde im Bourdieu'schen Sinne angestrebt, die Interviews auf der Grundlage des Vertrauens und des Verstehens durchzuführen, also gegenseitiges Kennen als Ausgangspunkt der Befragung definiert. Damit soll die Kategorie des *Verstehens* zum zentralen Aspekt werden. Bourdieu will mit dieser Voraussetzung das Vorgehen für die Untersuchung von Migrationsschicksalen, die wir vor allem bei den Interviews in Deutschland erfüllen konnten, von »Verhörtechniken« unterscheiden (Bourdieu 1997). Dies setzt jedoch wiederum mehr als eine warming-up Phase für die Interviews voraus: Kontaktgespräche, intensive Vorbereitung und lange Interviewphasen. Dies ist forschungsökonomisch nur selten realisierbar. Gerade aber die Nähe bzw. Distanz zum Interviewten ist ein wichtiges, Erkenntnis generierendes oder verhinderndes Moment. Dies ist bislang kaum ausgelotet.

Unabhängig davon kristallisierte sich ein anderes Problem heraus: Die länderspezifischen Auswertungsmethoden und -traditionen setzten sich in den jeweiligen Interpretationsverfahren durch. Hier ist es besonders schwierig, ein gemeinsames Vorgehen zu realisieren: Das spanische Forschungsteam favorisierte – aus der eigenen Forschungstradition heraus – ein systematisch-strukturiertes, kategoriengeleitetes, inhaltsanalytisches Analyseverfahren. Die Hildesheimer Gruppe experimentierte mit zwei verschiedenen Zugriffen auf das Material, teils eng an Strauss/Corbin angelehnt, im offenen Kodierverfahren Konzepte und Kodes aus dem Interviewmaterial gewinnend, teils ein kategoriengeleitetes Auswertungsverfahren im Sinne von Kelle/Kluge praktizierend (Kelle/Kluge 1999). In Slowenien wurde am Forschungsleitfaden entlang nach Kodefamilien ausgewertet, in der Türkei war schon der Leitfaden sehr stark auf ein Frage – Antwortschema eingegrenzt, so dass die Auswertung nur synoptisch erfolgen kann, da in den Interviews kaum eine Erzählaufschichtung und eine biographische Narration entstand.

Um in vergleichenden Migrationsstudien überhaupt Ansätze des Vergleichens entwickeln zu können, erscheint es nach der Auswertung der bisherigen Ergebnisse und der rückschauenden Betrachtung des gemeinsamen Forschungszieles und Forschungspfades sinnvoll, sich methodisch stärker an Auswertungsstrategien zu orientieren, die die »theoretische Sensibilität« sowohl an einem Frageleitfaden als auch an einem kategoriengestützten Auswertungsverfahren orientiert: Dies ist der Erfahrung aus dem Forschungprojekt geschuldet, gemeinsame Verfahren und Auswertungsstrategien zu entwickeln, die sowohl die sprachlichen Brüche der Interviewten aber auch die der Forscher berücksichtigen und die eine stärkere methodische Harmonie der verschiedenen Untergruppen in einem multikulturellen Projekt bewirken. Hierzu ist eine engere Anlehnung an einen Interviewleitfaden und ein kategoriengeleitetes Auswertungsverfahren hilfreich. Dies muß dann nicht zwangsläufig zur Mayering´schen Inhaltsanalyse führen, aber minimiert die zahlreichen Verständigungslücken erheblich. In unserer Gruppe sind wir zunächst von diesem Pfad abgewichen, was zu erheblichen Synchronisierungsschwierigkeiten bei der Auswertung führte.

Forschungspragmatisch realistisch und sinnvoll im Sinne der Ergebnisoptimierung im Rahmen kleinerer qualitativer Studien ist auf jeden Fall – in der Konsequenz der Betrachtung des gesamten Forschungsverlaufes – das Abrücken von völlig offenen Auswertungstechniken. Offensichtlich ist es effektiver, im Sinne des hypothetischen Schlussfolgerns nach Peirce, offene und kategoriengelenkte Interpretationsverfahren miteinander zu verbinden. Dies ist aus unserer Sicht vor allem dann sinnvoll, wenn man vergleichende und vergleichbare Aussagen für Modalgruppen treffen will, also nicht nur den Einzelfall zum Sprechen bringen, sondern durch gezielte Auswahl von Merkmalskombinationen Ähnlichkeit und Varianz im Untersuchungsfeld herausarbeiten will (Kelle/Kluge 1999: 48). Dies entspricht dann in etwa dem von Glaser und Strauss propagierten theoretical sampling.

Als Binnentest für diese Vorgehensweise haben wir in der Hildesheimer Gruppe das kategoriengeleitete Auswertungsverfahren bei drei narrativen Interviews mit einem offenen Auswertungsverfahren kontrastiert. Der Autor selbst hat versucht, ein Interview entlang des Lebensverlaufes einer Migrantenfamilie anhand von sieben Leitkategorien systematisch aufzuschlüsseln, ein anderes Mitglieder der Forschungsgruppe hat das selbe Interview in Anlehnung an Strauss und Corbin im detaillierten Kodierverfahren aufgebrochen. Dabei zeigten sich im Ergebnis große Parallelen der Interpretationen. Der Unterschied lag mehr in der Theoretisierung: hier ein mehr psychologisch-verstehender Nachvollzug der Lebensverläufe, dort ein mehr gesellschaftstheoretischer Blick auf die Integration und Segregation der Migrantinnen. Letzteres ist dem eigenen fachlichen Bezugspunkt der Analyse geschuldet.

Gerade das Offenlegen theoretischer Vororientierungen erscheint – unabhängig von der gewählten Auswertungsmethode – als dringend geboten. Dies ist der Annahme geschuldet, dass das theoretische Vorwissen immer im Forschungsprozess mitschwingt und das Explizit-Machen von theoretischen Annahmen, die die Erkenntnisgewinnung tendenziell steuern, ein wichtiger Teil methodischer Offenlegung ist, nicht zuletzt, um nicht so zu tun, als würde alles naturwüchsig im Forschungsprozess emergieren. Außerdem beinhaltet das Bezugnehmen auf einen theoretischen Rahmen auch den Versuch, die Theorie selbst am Fall zu testen. Dies ist gerade im interkulturellen Vergleich wichtig, da auch hier die unterschiedlichsten Theoreme zur individuellen und sozialen Lage von Migranten aktualisiert werden, die für die jeweiligen Länder stark variieren. So erwies sich der Versuch, eine gemeinsame theoretische Folie zu finden, als nicht einlösbar.

Mittels der Orientierung an einem Kategoriengerüst, das auf der Grundlage der Erfahrungen der Vorinterviews und der theoretischen Literaturanalyse entwickelt wurde, sollte eine Ordnungsstruktur geschaffen werden, die die Interviews vergleichbarer und – dies ist wichtig – kontrastierbarer macht. Zugleich wird der Analyserahmen auf die Forschungsleitfragen fokussiert.

Beim offenen Kodieren entgehen dem Forscher – auch wenn dies paradox zu sein scheint – bestimmte Aspekte, da nur das offen kodierbar ist, was im Material aufschimmert und zugleich im Wahrnehmungshorizont des Interpreten ist. So traten z.B. in Deutschland bei den Interviews, da sie auf türkisch geführt wurden, sprachliche Probleme mit dem Deutschen nur dann hervor, wenn dies entweder angesprochen oder die Hilfe der Kinder beim Dolmetschen erwähnt wurde. Über die jetzige »Einbettung« in die sprachliche Soziokultur wissen wir damit wenig. So ist selbst die Vorgehensweise, die Interviews in der Muttersprache durchzuführen problematisierbar, da hier bestimmte soziale Phänomene nicht emergieren. Dies wäre für weitere Untersuchungen bedenkenswert. Vielleicht sollte man kontrastierend mit Narrationen in beiden Sprachen arbeiten. Andererseits schafft gerade die muttersprachliche Interviewführung einen Vertrauensrahmen, der zu intensiven lebensgeschichtlichen Verlaufsschilderungen führt. In einem Interview wurde mit dem Prinzip der Nachnarration experimentiert, da hier die Erzählaufschichtung so vital und unvermittelt erfolgte, dass nur noch Zuhören und Einprägen möglich schien.

Allerdings ist nach Auswertung der bisherigen Interviews die kategoriengeleitete Auswertung nicht nur zeitökonomisch sinnvoll, sondern auch eine wichtige Voraussetzung überhaupt, die Fülle der Interpretationsmöglichkeiten so zu reduzieren, dass eine gemeinsame vergleichende länderübergreifende Fallbetrachtung möglich wird.

Kelle (1997) schreibt zu der hier propagierten Vorgehensweise generell, dass sie dem »*induktivistischen Selbstmißverständnis der qualitativen Methoden*« entgegentritt: »Diesem Mißverständnis zufolge *emergieren* zentrale Kategorien und Konzepte quasi von selbst aus dem Datenmaterial« (ders. 1997: 12). Kelle/Kluge betonen hingegen die »empirisch begründete Generierung von Konzepten und theoretischen Annahmen als ein Prozess, bei welchem theoretisches Vorwissen mit empirischem Beobachtungswissen sowohl kreativ als auch methodisch kontrolliert verknüpft werden kann. Zugrunde liegt dieser Vorgehensweise das Modell von Peirce, das des *hypothetischen Schlußfolgerns*« (Kelle/Kluge 1999: 12).

Andererseits setzt dies eine Durchdringung des Materials ex ante voraus, in der schon weitgehend Probleme und Fragestellungen erkannt werden, die für die weitere Analyse wichtig sind. In unserem Fall war dies die Erkenntnis, dass die in der Literatur vielfältig vertretene These der multiplen Marginalisierung von Migrant(inn)en als Achsenkategorie nur einen Teil der biographischen Verläufe erfasst, der andere Pol ist unter der Achsenkategorie »positives Lebensprojekt« subsumierbar. Es erscheint deshalb für den Erfolg eines Auswertungsverfahrens wichtig, Offenheit der Methode mit strukturierter Auswertung zu verbinden, was noch theoretisch und praktisch weiter auszuformulieren wäre, aber auch empirisch-theoretisches Vorwissen in den Interpretationsprozess bewusst einfließen zu lassen.

In unserem Forschungsteam bestand die Tendenz, eigene, länderspezifische Untersuchungsverfahren zu verfolgen. So ist das Ausbalancieren zwischen den verschiedenen Forschungstraditionen ein schwieriger Teil des Projektes.

Prinzipiell wurde versucht, das Bourdieu`sche Verstehen wie es in ›la misere du monde‹ ausformuliert wurde (Bourdieu 1997), zur gemeinsamen Klammer werden zu lassen. Doch ließ sich dies so nicht realisieren. Bourdieu, der sich insbesondere gegen inquisitorische Befragungstechniken wendet, wurde zwar theoretisch rezipiert, aber nur zum Teil praktisch angewandt. Tatsächlich wurden die eigenen Traditionen im Forschungsprozess aktualisiert und bei der Befragung auf das wissenschafts-sozialisierte Artefakt des Erkennens zurückgriffen.

Neben dieser Orientierung an den eigenen Bezugssystemen des Auswertens und Interpretierens, erwies sich auch die Verständigung auf eine gemeinsame, theoretische, diziplinäre »Interpretationsfolie« als schwierig: Offensichtlich sind Erklärungsmuster sozialpädagogischen Handelns, theoretische Leitfragen und wissenschaftliche Konturen in den einzelnen Ländern unterschiedlich ausgeprägt. Bei ländervergleichenden Analysen potenziert sich die Problemkonstellation, einen theoretischen Bezugsrahmen zu finden, in den sozialpädagogische Fragestellungen eingeordnet werden können und der eine gewisse analytische Erklärungsreichweite hat.

Dennoch erscheinen aus unserer Sicht Forschungsstrategien in einzelnen Handlungsfeldern der Sozialen Arbeit beachtenswert, die sich auch auf vorhandene Muster des theoretischen Erklärens und Beschreibens beziehen. So erstaunt es, dass das vielbeschriebene und auch kritisierte Paradigma der Lebensweltorientierung schon in der Bundesrepublik forschungspragmatisch wenig erprobt und ausgefüllt ist. Im internationalen Kontext ist es weitgehend unbekannt, sieht man von Slowenien ab. Es wäre wichtig, einzelne Paradigmen und Theoreme aufzugreifen, im Forschungsprozess zu überprüfen und weiterzuentwickeln. Deshalb haben wir versucht, das Konzept der Lebensweltorientierung in den Forschungsprozess zu integrieren. In der Analyse finden hierbei drei Aspekte besondere Berücksichtigung:

1. die subjektive Eigenkompetenz des/der Befragten zur Gestaltung seines/ihres Lebens,
2. die Möglichkeiten und Grenzen zur Gestaltung der Lebenswelt durch die spezifischen Bedingungen dieser Lebenswelt, die zeitlich variieren und das Handeln des einzelnen mitleiten und beeinflussen,
3. die spezifischen System-Umweltbezüge dieser Lebenswelt, deren Wechselwirkung und Veränderungen.

Auf diese Weise soll eine Verbindung zwischen mikrotheoretischer und makrotheoretischer Analyse geschaffen werden, die Lebenswelt im Kontext struktureller, gesellschaftlicher Wandlungen und spezifischer Systemimperative gesehen werden.

Hier liegt das spezifische analytische Ziel des von uns gewählten Auswertungsverfahrens, das Material von beiden Ebenen, sowohl von einer soziologisch-interpretativen Sichtweise als auch von einer sozialpädagogischen Erklärungs- und Handlungsperspektive her in den Blick zu nehmen. Zugleich beansprucht diese Methode aber den »offenen Blick« zu bewahren und eventuell neu emergierende Kodes/Konzepte mit aufzunehmen und gegebenenfalls den Untersuchungsrahmen und -inhalt zu modifizieren. Dies ist, dies sei eingeräumt, nicht einfach zu realisieren. Hier ist jedoch das Korrektiv einer internationalen Gruppe wiederum hilfreich. Gerade das Orientieren an eigenen Forschungspfaden schärft den Blick für die Schwächen der Methode des Anderen und wird damit zum methodischen Korrektiv.

Als Fazit unserer bisherigen Studie lässt sich unter forschungspragmatischen Aspekten, aber auch unter dem Gesichtspunkt der Überprüfung vorhandener Theoreme zur Erklärung der sozialen Lage von Migrantinnen festhalten:

Zur Konkretisierung der vorgeschlagenen Eingrenzung der Kodefamilien im Sinne einer forschungspragmatischen Reduktion der Kategorienvielfalt wurde die Auswertung der Interviews auf sieben Kategorien/Kodefamilien eingegrenzt, die zentrale Aspekte des *Lebensverlaufes* erfassen sollen, und die sich am Material herauskristallisierend und aufschichtend auf die Handlungsperspektiven von Migrantinnen im Alter bezogen. Die ausgewählten Kategorien lauten:

1. Arbeit/Arbeitsbelastung/Arbeitsbeziehungen,
2. Handlungskompetenz (-ressourcen/-ziele), Lebensplan/Lebensdynamik,
3. Familiale Struktur/Beziehungen/Veränderungen der Rollen,
4. Soziale Beziehungen – Netzwerke (außerfamiliale),
5. Soziale Integration (Fremdheitserfahrung)/Ethnische Differenz,
6. Gesundheit – Krankheit – Bewältigung,
7. Lebensperspektive im Alter: Handlungsvorstellungen, wünsche und -ressourcen, Rolle von Institutionen.

Die ausgewählten Kategorien sind Ergebnis eines Pretests wie des Gruppendiskussionsverfahrens des internationalen Teams im Auswertungsprozess.

Die vorgenommenen Interpretationen und Erklärungen beziehen sich zum einen auf die inhaltlichen Passagen zu den Kategorien, sie wurden aber auch auf Rahmentheorien zur Modernisierung von Giddens und Lash bezogen und auf die Ergebnisse einer eigenen Analyse ausgewählter Migrationsverläufe von Arbeitsmigrantinnen (Vahsen 2000).

Das Gidden`sche »disembedding« als Hintergrundfolie bildet den Bezugsrahmen, soll zugleich überprüft werden. Es bleibt zwar noch offen, ob nicht im Prozess des Interpretierens diese theoretische Erklärung der sozialen Lagerung von Menschen an interpretativer Gültigkeit für Migrationschicksale verliert oder sich als universeller, transnationaler, gesellschaftstheoretischer Rahmen bestätigt.

Im Prozess der bisherigen Auswertung schimmern präzisere Konturen der Reichweite und Grenzen der Modernisierungsvorstellungen von Giddens und Lash aber auch eines Becks auf: Migrantinnen sind keine ›Kinder der Moderne‹ im Sinne der Individualisierung und Pluralisierung, aber sie sind dennoch hineingesogen in den Prozess der Moderne, deren Verlockungen und Versprechungen. Am Material wird deutlich: Sie sind nur partiell in den Kategorien von Giddens beschreibbar. Ihr »disembedding« ist mehr dem Versuch der Einbettung in eine nachgeholte Modernisierung geschuldet, denn dem Herauslösen aus tradierten Strukturen. Sie sind den Trümmerfrauen der Nachkriegszeit verwandt.

Fazit

Generell kann die hier propagierte Vorgehensweise als ein Zusammenbringen deduktiver und induktiver Analyseverfahren dargestellt werden: Auf der Basis

1. objektiver Daten (Lebensverlaufsdaten),
2. vorhandener Theoreme,
3. vorgefasster, strukturierter Kategorien,
4. (verstehender) Interpretation von Textpassagen zu den Kategorien,
5. sich möglicherweise entwickelnder neuer Kodes/Kategorien,

6. von Typisierungen
7. und Vergleichen und Kontrastierungen mit vorhandenen Auswertungen

soll die Lebensgeschichte der Interviewten nachgezeichnet werden. Analytisch ist der Blick auf Segregationsprozesse und anomische Tendenzen gerichtet, aber auch auf Prozesse sozialer Integration, Mobilität und subjektiver Wahrnehmung sozialer Lebenslagen.

Die Fallrekonstruktion ist auf soziale Wandlungsprozesse und deren Konsequenzen für die Wandernden bezogen. Dies unterscheidet die hier gewählte Herangehensweise grundlegend von dem Prinzip des (theoretisch) völlig offenen Herangehens. Sie verbindet sich mit dem Ansatz der gegenstandsnahen oder gegenstandsbezogenen Analyse allerdings durch den Anspruch der Offenheit im Prozess der Interpretationsgewinnung und der möglichen Erweiterungen der Kategorien im Verlaufe der Auswertung. Forschungspragmatisch bietet diese Vorgehensweise aber einen Bezugsrahmen im Sinne T. Parsons (frame of reference), ein klares Schema des Vorgehens, das wiederholbar und überprüfbar ist.

Das Material wird also nicht erst nachher mit der Theorie zusammen gebracht. Auch wird die Theorie nicht induktiv entfaltet. In anderen Verfahren prägen die impliziten Theoreme den Interpretationsrahmen und -inhalt signifikant, ohne dies jedoch explizit auszuweisen.

In der Analyse lassen sich Aussagen zur Modernisierungstheorie finden, die Anspruch und Realität an den konkreten Fällen messen. Es wird deutlich, dass der allgemeine Rahmen den Einzelfall nur bedingt widerspiegelt. Das Hineingesogenwerden in den Modernisierungsprozess tritt hervor, jedoch nicht die besondere Lage von Migranten in der Fremde.

Ähnliches gilt für sozialpädagogische Theoreme: Im bisherigen Forschungsprozess ist es schwierig, das Konzept der Lebensweltorientierung analytisch und interpretativ zu füllen. Es ist intentional und zu wenig forschungsleitend ausformuliert, es ist handlungsorientiert aber dennoch nicht konkretisiert. Die strukturelle Schwäche der bisherigen sozialpädagogischen Theoriebildung wird an diesem zentralen Paradigma deutlich: Es gibt (noch) keine sozialpädagogische Methodik, die über eine deklamatorisch beanspruchte paradigmatische Funktion hinaus – im Sinne von Kuhn – analytisch handlungsleitend sein könnte. Gerade im internationalen Vergleich wird das Fehlen von gemeinsamen Orientierungsmustern überdeutlich, die über bloße allgemeine Metaphern wie »membership«, »Kommunitarismus«, »Menschenrechte«, »ökosozial Handeln« und anderes mehr hinausgehen. Allerdings gilt dies (leider) auch für eine schlüssige und plausible Migrationstheorie.

Literatur

Beck, U., Giddens, A., Lash, S. 1996: Reflexive Modernisierung. Eine Kontroverse, Frankfurt/M.

Bourdieu, P. 1997: Das Elend dieser Welt. Zeugnisse und Diagnosen alltäglichen Leidens an der Gesellschaft, Konstanz

Kelle, U./ Kluge, S. 1999: Vom Einzelfall zum Typus, Fallvergleich und Fallkontrastierung in der qualitativen Sozialforschung, Opladen

Kelle, U., 1997: Empirisch begründete Theoriebildung, Zur Logik und Methodologie interpretativer Sozialforschung, Weinheim

Vahsen, F., 2000: Soziale Arbeit und Migration, Konzepte und Perspektiven im Wandel, Neuwied/Kriftel/Berlin

Forschungsmethoden

NADIA KUTSCHER

Die Gruppendiskussion

»Die Gruppendiskussion ist (...) nach wie vor eine empirische Forschungsmethode, der – so jedenfalls der Eindruck vieler Autoren – bislang zu wenig Beachtung geschenkt wurde. Dies gilt für die wissenschaftstheoretische, methodologische und methodisch-technische Ausarbeitungen ebenso wie für den praktischen Einsatz dieser Methode« (Lamnek, 1998: 11). Dieses Fazit Siegfried Lamneks in seinem Standardwerk über Gruppendiskussionen scheint auch auf die sozialpädagogische Forschung zuzutreffen. Angesichts der zunehmenden Verbreitung qualitativer Methoden in der erziehungswissenschaftlichen Forschung wird die Gruppendiskussion zwar vermehrt genutzt, doch ist ihre methodologische Diskussion im Vergleich zu anderen qualitativen Forschungsmethoden wenig entwickelt. Dies liegt möglicherweise in ihrer noch recht jungen Geschichte und ihrer Nutzung vor allem im kommerziellen oder außerwissenschaftlichen Bereich begründet.

Im amerikanischen Raum wurde die Gruppendiskussion erstmals von Kurt Lewin (1936) und seinen Schülern bei sozialpsychologischen Untersuchungen von Kleingruppen verwendet. Hier stand eher der experimentelle Charakter und weniger das methodische Design im Zentrum. In Deutschland wurde 1950/51 erstmalig von Fritz Pollock am Frankfurter Institut für Sozialforschung die Gruppendiskussion eingesetzt, um die Inhalte von Äußerungen in der Gruppensituation zu erforschen. Zwar entwickelte sich im deutschsprachigen Raum eine methodologische Debatte um die Gruppendiskussion, die jedoch seit Ende der 70er/Anfang der 80er Jahre trotz des vermehrten Einsatzes dieses Forschungsinstruments nicht wesentlich weiterentwickelt wurde. Im englischsprachigen Raum wurde und wird die Gruppendiskussion weitgehend pragmatisch verwendet und ist ebenfalls wenig methodisch und methodologisch geklärt (vgl. Lamnek, 1998: 17ff.). Im Bereich der kommerziellen Markt- und Meinungsforschung wird die Gruppendiskussion häufig eingesetzt, da sie dort als zeitökonomische Methode anwendungsorientiert und als leicht durchführbares Mittel zur Gewinnung von Informationen über Kunden viele Vorteile bietet, jedoch methodologisch kaum diskutiert wird. Über diese pragmatische Nutzung hinaus bietet diese Methode für die sozialpädagogische Forschung viele Möglichkeiten, die im folgenden dargestellt werden (vgl. hierzu Lamnek, 1998 und Bohnsack, 1999).

In diesem Beitrag werden nach einer kurzen Einführung in die methodologischen Grundlagen der Gruppendiskussion spezifische Merkmale dieser Methode und ihre bisherigen Anwendungsgebiete vorgestellt. Daran anschließend folgt eine Erörterung methodischer Prinzipien zur Auswahl der

TeilnehmerInnen, der Durchführung sowie der Datenaufzeichnung und -interpretation. Im Rahmen eines Forschungsprojektes über moralische Begründungsstrukturen für professionelles Handeln in der Sozialen Arbeit wurden einige Gruppendiskussionen durchgeführt, die hier illustrierend hinzugezogen werden.

1. Theoretische Bezüge und Charakteristika

Die methodologisch-theoretischen Ursprünge der Gruppendiskussion als qualitativer Forschungsmethode finden sich im Symbolischen Interaktionismus. Die Begründung dieser Methode beruht danach auf drei Grundannahmen: a) Menschen handeln auf der Grundlage von Bedeutungen, die die Objekte für sie haben. Daher muß der Forscher versuchen, diese Perspektive einzunehmen und zu verstehen, b) Interaktionen von Menschen und deren Interpretationen haben stets Prozeßcharakter, c) diese Prozesse sind situationsabhängig (vgl. Blumer, 1973: 134ff.).

Somit entspricht die Methode der Gruppendiskussion in mancher Hinsicht stärker als andere Methoden (wie beispielsweise das Leitfadeninterview) den Axiomen des qualitativen Paradigmas: Die *Offenheit* insbesondere gegenüber der Untersuchungssituation und den Untersuchungspersonen ist bei der Gruppendiskussion mehr als z.B. bei Interviews gegeben, da die TeilnehmerInnen den Verlauf und die Themenhierarchie durch die multilaterale Interaktion (im Gegensatz zur bilateralen im Interview) in großem Maße selbst bestimmen können. Aufgrund des kommunikativen Charakters von Alltagsinteraktionen wird in der qualitativen Forschung eine möglichst hohe *Kommunikativität* und *Naturalistizität* innerhalb des Forschungsprozesses angestrebt, um einerseits die Konstitution und Konstruktion von Wirklichkeit beobachten zu können. Andererseits kann somit die feldspezifische Kommunikation zwischen Forscher und Teilnehmer, die aufgrund der nicht-standardisierten Form unvermeidlich ist, möglichst alltagsnah und nicht-hierarchisch inszeniert werden. Dies ist im Falle der Gruppendiskussion durch den meist als angenehm und locker empfundenen Kommunikationsaustausch mit fast optimalem Alltagscharakter gegeben. Das Verfahren der Gruppendiskussion entspricht darüber hinaus einer in vielen Alltagsbezügen erlebten Situation. Da Alltagsinteraktionen *Prozeßcharakter* haben, ist besonders der Diskussionsverlauf geeignet, Prozesse der Beobachtung zugänglich zu machen. In der Gruppendiskussion läßt sich durch den Nachvollzug der Entstehung von Bedeutungen ein den Handlungen zugrundeliegender Sinn aufdecken, der durch reflexive Prozesse überprüft werden kann. Damit ist es möglich, auf unerwartete Entwicklungen im Verlauf der Diskussion adäquat und *flexibel* zu reagieren, und zugleich neben der *Reflexivität* von Gegenstand und Analyse der Reflexivität des Verhältnisses von Forscher und

Erforschten gerecht zu werden (ausführlich hierzu: Lamnek, 1998: 39ff. sowie Bohnsack, 1999: 26ff. und 75ff.).

Es gibt viele verschiedene Definitionen von Gruppendiskussionen, die in der unterschiedlichen Forschungspraxis von Beobachtungen von Gruppenprozessen bis hin zum Abfragen von Gruppeninformationen begründet sind. So reichen die Begriffe von »Gruppenexperiment« (Dreher/Dreher, 1982), »focus group« (Merton, 1987), Delphi-Technik bis hin zum Gruppeninterview. Allgemein läßt sich mit David L. Morgan (1997) die Gruppendiskussion als eine Erhebungsmethode bezeichnen, »die Daten durch die Interaktionen der Gruppenmitglieder gewinnt, wobei die Thematik durch das Interesse des Forschers bestimmt wird« (Lamnek, 1998: 27). Im Vergleich zu Gruppeninterviews steht in der Gruppendiskussion im Sinne der Dokumentarischen Methode die »Bedeutung von Interaktions-, Diskurs**Fehler! Textmarke nicht definiert.** und Gruppenprozessen für die Konstitution von Meinungen, Orientierungs- und Bedeutungsmustern« (Bohnsack, 1999: 123) im Forschungsmittelpunkt. Während bei ersteren das Kollektiv nicht als Gegenstand der Erhebung wahrgenommen wird und es sich hier in der Regel um eine rationelle Methode der Einzelbefragung handelt, werden bei letzterer kollektive Orientierungen in den Blick genommen.

Die verschiedenen Arten von Gruppendiskussionsverfahren können nach ihrer jeweiligen Erkenntnisabsicht differenziert werden. Bei Gruppendiskussionen, die zum Ziel haben, Informationen und Befunde inhaltlicher Art oder über gruppendynamische Prozesse zu erheben, spricht man von *ermittelnden* Gruppendiskussionen. Geht es darum, Verhaltensänderungen bei den Befragten zu erzielen, hat die Methode *vermittelnden* Charakter (vgl. Lamnek, 1998: 29, im Anschluß an Koolwijk/Wieken-Mayser, 1974).

Eine zentrale methodologische Bedeutung für die Gruppendiskussion hat in der Dokumentarischen Interpretation der von Karl Mannheim (1980) geprägte Begriff der »konjunktiven Erfahrung«. Gruppen, deren Mitglieder aus dem gleichen sozialen Hintergrund oder einer ähnlichen Sozialisationsgeschichte kommen, die gemeinsame Erfahrungen haben oder einer milieuspezifischen Teilkultur angehören, aktualisieren diese im Diskurs**Fehler! Textmarke nicht definiert.** (vgl. Bohnsack, 1999: 74; Schnurr, 1997: 62, 64). Dies geschieht in Form von Beschreibungen und Erzählungen erlebter Interaktionspraxis als auch in den Interaktionen im Diskursprozeß selbst (Bohnsack, 1999: 74) und erschließt somit kollektive Orientierungsrahmen einer Analyse.

Nach Werner Mangold (1960) kommt der situationsbedingten Gruppenkontrolle eine konstitutive Bedeutung für das individuelle Verhalten und für individuelle Meinungen und Einstellungen zu. Der Konsens, der über ein bestimmtes Thema durch wechselseitige Beeinflussung der einzelnen TeilnehmerInnen innerhalb der Diskussionsgruppe entsteht, ist die informelle Gruppenmeinung, die es zu erheben gilt. Durch die Erfassung von Prozessen der

Gruppenkontrolle wird es in der Analyse möglich, individuelle und kollektive Meinungen und deren Wechselbeziehungen zu beobachten.

2. Erkenntnisziele und Anwendungsgebiete

Studien mit Gruppendiskussionen verfolgen eine große Bandbreite an Erkenntniszielen, die hier nur kurz genannt werden können (vgl. ausführlich hierzu Lamnek, 1998: 51ff.).

In den USA und Großbritannien wurden in den 1940er Jahren Zuschauerreaktionen auf Propagandafilme während des Zweiten Weltkrieges mit »focus group interviews« erforscht (vgl. Hoveland, 1949 u.a., Merton u.a,. 1956, Lazarsfeld u.a., 1948). Robert K. Merton konzipierte »focus group interviews« als Mittel zur Exploration von Forschungsfeldern. In Großbritannien werden zunehmend den »survey sampling approaches« auch Verfahrensweisen entgegengestellt, die mit »naturally occuring groups of like-minded people« (Livingstone/Lunt, 1996: 82) arbeiten, also mit Realgruppen (vgl. z.B. Liebes/Katz 1990). Ein weiterer Bereich findet sich in den »cultural studies« hinsichtlich der Jugendforschung (vgl. exemplarisch Willis, 1991), der Frauenforschung (vgl. Brown, 1994; Gillespie, 1995) und der Medienforschung (vgl. Morley, 1980, 1981, 1986, 1996). Hier zeigten sich in Diskussionen von homogen zusammengesetzten Gruppen, daß die sozioökonomischen Hintergründe der TeilnehmerInnen deren Orientierungsmuster prägten (vgl. Bohnsack, 2000).

Die ersten großen Untersuchungen in Deutschland, bei denen das Verfahren der Gruppendiskussion angewendet wurde, zielten darauf ab, die nicht-öffentliche, individuelle Meinung von Individuen (vgl. Pollock, 1955), die informelle Gruppenmeinung (vgl. Mangold, 1960) bzw. eine situationsabhängige Gruppenmeinung (vgl. Nießen, 1977) zu erforschen. Darüber hinaus können im Mittelpunkt des Forschungsinteresses Informationen über Konsumentengruppen (in der kommerziellen Markt- und Meinungsforschung), gruppeninterne Prozesse oder die Exploration eines Forschungsbereichs (vgl. Merton, 1987) stehen. Die Methode bietet sich auch als Pretest-Methode, zur Instrumentenentwicklung für ein Forschungsvorhaben (vgl. Morgan, 1997) oder für die Evaluation von Programmen an (vgl. Bortz/Döring, 1995) und ist ebenso in Triangulation mit anderen qualitativen oder quantitativen Methoden (vgl. Schnell/Hill/Esser, 1995) einsetzbar. Vielfach wird die Gruppendiskussion auch als therapeutisches Instrument verwendet (vgl. Kriz, 1985).

In den letzten dreißig Jahren wurden Gruppendiskussionsverfahren in verschiedenen Feldern der empirischen Sozialforschung eingesetzt. Beispielsweise setzten in der Handlungs- und Aktionsforschung Thomas Leithäuser u.a. (1977), Ute Volmerg (1977) und Birgit Volmerg (1983) Gruppendiskussionen in einem psychoanalytischen Erklärungszusammenhang zur

Erschließung von »Alltagsbewußtsein« ein, Reinhard Peukert (1984) und Imbke Behnken (1984) rekonstruierten Lebenswelten von Lehrlingen mit Hilfe dieser Methode.

Da der konjunktive Erfahrungsraum von TeilnehmerInnen kollektive Orientierungsmuster erschließen läßt, verwendet z.B. Ralf Bohnsack Gruppendiskussionen in Zusammenhang mit rekonstruktiven Milieuanalysen (vgl. Bohnsack, 1999: 123ff.) und auch Schnurr empfiehlt sie insbesondere für die Erforschung von Berufskulturen oder beruflichen Teilkulturen (vgl. Schnurr, 1997: 62ff.). Dies kann auch auf andere Bereiche wie z.B. verbandliche Sozialisation, Generationen- und Geschlechterforschung übertragen werden. In jüngster Zeit sind von Iris Nentwig-Gesemann (1999), Peter Loos (1999) und Eva Breitenbach (2000) Studien in diesen Bereichen durchgeführt worden. Hingewiesen sei noch auf die Untersuchungen von Peter Loos und Burkhard Schäffer (2001, ein Überblick zu Forschungspraxis und Methodologie der Gruppendiskussion) und von Arndt-Michael Nohl (2001, eine Studie zu Migration und Milieu).

3. Methodische Überlegungen

Die Gruppe

Voraussetzung für die Gruppendiskussion ist, daß »die Diskutanten sich face-to-face kommunikativ zu einem bestimmten Gegenstand, von dem sie alle betroffen sind, austauschen, also miteinander interagieren« (Lamnek, 1998: 53). Die Entscheidung für eine natürliche oder eine künstliche Gruppe als TeilnehmerInnen ist abhängig von der Forschungsfragestellung zu treffen. Realgruppen ermöglichen eine höhere Naturalistizität und damit eine höhere externe Validität, sie sind meist bezüglich Status und Positionen heterogen beschaffen. Dies kann auch die Permissivität der Aussagen in der Diskussion einschränken. Künstliche Gruppen sind frei durch die Methode des theoretical sampling (vgl. Strauss, 1994: 70 f.) und mit einer maximalen Variationsbreite arrangierbar. Dadurch sind sie in der externen hierarchischen Positionierung nicht so bestimmt und ermöglichen erfahrungsgemäß eine offenere und informationsreichere Diskussion, die von der Moderation stärker beeinflußt werden kann.

Zur Gruppengröße finden sich verschiedene Angaben. Mangold spricht von 3-20 TeilnehmerInnen und präferiert 6-10 Personen (vgl. Mangold, 1973: 229), Pollock schlägt eine Gruppengröße von mindestens 7 und maximal 17 TeilnehmerInnen vor (vgl. Pollock, 1955: 38). In der amerikanischen Literatur werden 3-5 Diskutanten bevorzugt; Lamnek favorisiert 9-12 Personen (vgl. Lamnek, 1998: 101). Grundsätzlich empfiehlt es sich, über die Anzahl abhängig von Erkenntnisinteresse und Gegenstand der Untersuchung zu entscheiden. Es wird angeraten, insbesondere bei kleinen Gruppen eine ungerade Anzahl an TeilnehmerInnen zu wählen, um bei Frontenbildungen Pattsituationen zu vermeiden.

Durchführung

Ein zentrales Problem der meisten Forschungsvorhaben ist das der Vorinformation. In der Einladung der TeilnehmerInnen zur Gruppendiskussion ist es notwendig zu schildern, worin das Forschungsvorhaben besteht, allerdings ohne den TeilnehmerInnen zu detaillierte Anhaltspunkte zu geben, denn dies kann in der Diskussion zu eingeschränkten Orientierungen an den antizipierten Erwartungen des Forschers führen. In der Diskussionssituation selbst kann es zu Nachfragen der TeilnehmerInnen kommen, ob dies oder jenes noch zum Thema der Diskussion gehört oder »erlaubt« ist. In solchen Momenten liegt es an der Moderation, durch permissives Agieren und Reagieren die Orientierung an den Erwartungen des Forschers/Moderators abzubauen (zur Rolle des Moderators vgl. Bohnsack, 1999: 212ff. und Lamnek, 1998: 118, 128).

In den Gruppendiskussionen innerhalb des Forschungsprojekts zu moralischen Begründungsmustern Professioneller in der Sozialen Arbeit wurde eine nondirektive Gesprächsführung präferiert, um eine möglichst natürliche Gesprächssituation entstehen zu lassen, in der die TeilnehmerInnen wie in einer kollegialen Beratung oder Supervision über eine »Fallgeschichte« sprechen sollten. Dies bedeutet, daß die Moderation während der Diskussion sehr zurückhaltend agierte, um die Beeinflussung der TeilnehmerInnen durch die Moderation so gering wie möglich zu halten. Außer durch Nachfragen an Gesprächsstellen, die zur Vertiefung der Aussagen der TeilnehmerInnen führten, wurde nicht eingegriffen. Teilweise kamen von seiten der TeilnehmerInnen Nachfragen, ob das denn jetzt noch zum Thema gehöre, worüber sie gerade sprächen. In diesen Fällen wurde dies stets bestärkt und ihnen signalisiert, daß ihr Vorgehen in Ordnung sei. Dies war v.a. der Fall, wenn sie von ihrem eigenen Arbeitsalltag sprachen und eigene Beispiele brachten, die sich zwar nicht direkt auf die Dilemmasituation bezogen, aber oft noch klarer ihre eigenen moralischen Prioritätensetzungen als Team oder als Individuen in vergangenen Situationen zeigten.

Für die Initiierung der Diskussion bedarf es eines Stimulus, der die Diskutanten anregt, sich aktiv zu beteiligen. Dies können Erzählungen des Moderators aus dem eigenen Alltag, Vignetten[1] oder ein Leitfadenfragebogen sein. In dem oben genannten Forschungsprojekt zu moralischen Begründungsstrukturen für professionelles Handeln wurden den TeilnehmerInnen Vignetten über Dilemmasituationen vorgelegt, die Situationen aus ihrem Ar-

---

[1] Beispielsituationen, die Bezug zum Problem und den TeilnehmerInnen haben (vgl. der Beitrag von Stefan Schnurr in diesem Band).

beitsalltag ähnlich waren, jedoch gleichzeitig nicht direkt ihrem Arbeitsfeld entstammten. Somit hatten die TeilnehmerInnen die Gelegenheit, mögliche Handlungsalternativen zu entwickeln, ohne direkt eigene institutionelle Grenzen kritisieren zu müssen. Andererseits bot es ihnen auch die Gelegenheit, spontan Situationen aus dem eigenen institutionellen Alltag zu schildern und zum Mittelpunkt der Diskussion zu machen.

Die TeilnehmerInnen bekamen zunächst die Stimulussituation schriftlich ausgehändigt. Die Moderatorin las sie vor und dann beschäftigte sich jede/r 10 Minuten allein damit und notierte erste Gedanken zur Problematik sowie mögliche Interventionsansätze. Dadurch wurde die Situation jedem der TeilnehmerInnen für die weitere Diskussion präsent. Anschließend wurde im Team über mögliche Lösungsansätze, deren Für und Wider und die Begründungen dafür diskutiert.

In den Diskussionsbeiträgen spiegeln sich sowohl individuelle als auch gruppenspezifische Orientierungen (auch z.B. in Abgrenzung zu einer Institution), in den Interaktionen korrigieren und bestätigen die TeilnehmerInnen sich gegenseitig. Hierbei werden sowohl die Gruppenrollen der einzelnen TeilnehmerInnen als auch die spezifische Erhebungssituation bedeutend. Somit sind notwendigerweise die Inhalts- *und* die Strukturebene der Kommunikation Gegenstand der Erhebung und der Interpretation.

Datenerfassung

Meistens wird die Gruppendiskussion auf Tonband aufgezeichnet und zusätzlich auf Videoträger mitgeschnitten, um den Verlauf von gruppendynamischen Prozessen besser rekonstruieren und unklare akustische Ereignisse besser einordnen zu können. Diese Videoaufnahme kann dann je nach Erkenntnisinteresse mehr oder weniger intensiv zur Interpretation herangezogen werden. Die Audio- (und evtl. Video-) Daten werden dann transkribiert. Es gibt verschiedene Systeme für Transkriptionsregeln (beispielsweise Bohnsack, 1999: 233 f.), die die Kommunikation je nach Fragestellung an die Daten mehr oder weniger detailliert erfassen. Oft ist es hilfreich, durch einen Assistenten Notizen während des Diskussionsverlaufs machen zu lassen und diese ergänzend zur Datenauswertung heranzuziehen. Transkriptionssysteme für Videoaufzeichnungen sind jedoch sowohl methodisch als auch methodologisch ein Forschungsdesiderat.

Interpretation und Aufbereitung des Datenmaterials

Wenn nun die Daten verschriftlicht vorliegen, stellt sich die Frage, wie ein interpretativer Zugang dazu gefunden werden kann. Dieser ist vom jeweiligen Forschungsinteresse abhängig und dieses bestimmt die Wahl der Methode.

Da in der Gruppendiskussion neben den inhaltlichen Äußerungen die Interaktions- und Gruppenstrukturen eine große Bedeutung haben und auf die

Ergebnisse wirken, ist in der Interpretation diesen verschiedenen Dimensionen Rechnung zu tragen. Auf der formalen Ebene geht es um eine Rekonstruktion des Diskursverlaufs (Bohnsack, 1999: 148ff.), der Kommunikationsstrukturen und Rollen der Beteiligten. Diese Analyse ermöglicht es, inhaltliche Äußerungen in ihrer Bedeutung für die Gruppe einzuordnen. Dabei ist von Bedeutung, ob individuelle oder kollektive Meinungen betrachtet werden sollen, und je nachdem bieten sich unterschiedliche Interpretationsmethoden an. So ist es sinnvoll, den Verlauf von individuellen Argumentationen nachzuvollziehen und dies mit dem Verlauf der Gesamtdiskussion zu vergleichen, wenn dies der Forschungsfrage entspricht. Als Interpretationsverfahren bieten sich in diesem Zusammenhang beispielsweise die Dokumentarische Methode nach Ralf Bohnsack (1992 und 1997b) oder für inhaltliche Analysen die hermeneutische Textinterpretation nach Frank-Olaf Radtke (1996) an.

4. Fazit

Zusammenfassend läßt sich festhalten, daß Gruppendiskussionsverfahren als empirische Forschungsmethode für die Sozialpädagogik viele Ansatzpunkte bieten. Nicht zuletzt aufgrund der hohen Entsprechung zur Teamstruktur in Institutionen lassen sich letztere anhand dieser Methode mit einem hohen Grad an Natürlichkeit beobachten. Da diese Form der Datenerhebung gleichzeitig individuelle und kollektive Orientierungen erfaßt, bietet sie unter anderem der Erforschung institutioneller z.B. in Abgrenzung zu etwaigen professionellen oder individuellen Meinungen und Orientierungsmustern – gerade in der Professions- und der Institutionenforschung – viele Chancen. Insbesondere gegenüber anderen Verfahren wie dem Einzelinterview ist die Gruppendiskussion weitaus komplexer. Sie wird gleichzeitig durch Subjekt und Situation gestaltet und ihr Verlauf ist wenig vorstrukturiert. Ihre Natürlichkeit gilt sowohl für die Erhebungssituation als auch für die erhobenen Inhalte: »Ein Thema wird aus verschiedenen subjektiven Blickwinkeln betrachtet, Aussagen werden geprüft, bestritten, bestätigt, Behauptungen mit Beispielen untermauert, mit Gegenbeispielen neutralisiert und so fort« (Schnurr, 1997: 53). Meinungen und Einstellungen gewinnen in der Auseinandersetzung Kontur und dies ereignet sich mit einer situativen Eigendynamik, in die der Forscher nur begrenzt eingreifen kann, während im Vergleich dazu im Interview die Situation und somit auch die inhaltlichen Strukturen vom Forschenden sehr stark gesteuert werden. Darüber hinaus können mit Gruppendiskussionsverfahren ebenso Wirkungsanalysen in Klientelkreisen wie auch Konzeptevaluationen in Institutionen durchgeführt werden.

Diese verschiedenen Anwendungsbereiche von Gruppendiskussionsverfahren, die unterschiedliche Formen dieser Methode erfordern, zeigen die

Notwendigkeit einer weiteren methodologischen Diskussion, insbesondere im Bereich ihrer erziehungswissenschaftlichen Nutzung.

Literatur

Behnken, I., 1984: Jugendbiografie und Handlungsforschung. Gruppendiskussion als Methode zur Rekonkonstruktion der Lebenswelt von Lehrlingen. Band 2. Frankfurt am Main

Blumer, H., 1973: Der methodologische Standort des Symbolischen Interaktionismus. In: Arbeitsgruppe Bielefelder Soziologen (Hrsg.): Alltagswissen, Interaktion und gesellschaftliche Wirklichkeit. Band 1. Symbolischer Interaktionismus und Ethnomethodologie. Reinbek: 80ff

Bohnsack, R., 2000: Gruppendiskussion (unveröffentlichtes Manuskript)

Bohnsack, R., 1999: Rekonstruktive Sozialforschung. Opladen

Bohnsack, R., 1997a: Gruppendiskussionsverfahren und Milieuforschung. In: Friebertshäuser, B./ Prengel, A. (Hrsg.): Handbuch Qualitative Forschungsmethoden in der Erziehungswissenschaft. Weinheim/München: 492ff

Bohnsack, R., 1997b: Dokumentarische Methode. In: Hitzler, R./ Honer, A. (Hrsg.): Sozialwissenschaftliche Hermeneutik. Opladen

Bohnsack, R., 1992: Dokumentarische Interpretation von Orientierungsmustern – Verstehen – Interpretieren – Typenbildung in wissenssoziologischer Analyse. In: Meuser, M./ Sackmann, R. (Hrsg.): Analyse sozialer Deutungsmuster. Pfaffenweiler

Bortz, J./ Döring, N., 1995: Forschungsmethoden und Evaluation. Berlin

Breitenbach, E., 2000: Mädchenfreundschaften in der Adoleszenz: Eine fallrekonstruktive Untersuchung von Gleichaltrigengruppen. Opladen

Brown, M. E., 1994: Soap opera and women's talk. The pleasure of resistance. London/Thousand Oaks/New Delhi

Dreher, M./ Dreher, E., 1982: Gruppendiskussion. In: Huber, G./ Mandl, H. (Hrsg.): Verbale Daten. Weinheim/Basel: 141ff

Friebertshäuser, B./ Prengel, A., (Hrsg.), 1997: Handbuch Qualitative Forschungsmethoden in der Erziehungswissenschaft. Weinheim/München

Gillespie, M., 1995: Televisions ethnicity and cultural change. London/New York

Hovland, C. I. u. a., 1949: Experiments on Mass Communication. Princeton

Koolwijk van, J./ Wieken-Mayser, M., (Hrsg.), 1974: Techniken der empirischen Sozialforschung. München

Lamnek, S., 1995: Qualitative Sozialforschung. Band 2: Methoden. Weinheim

Lamnek, S., 1998:Gruppendiskussion. Theorie und Praxis. Weinheim

Lazarsfeld, P. F. u. a., 1948: The Peoples Choice. New York

Leithäuser, T. u.a., 1977: Entwurf zu einer Empirie des Alltagsbewußtseins. Frankfurt am Main

Lewin, K., 1936: Principles of topological psychology. New York

Liebes. T./ Katz, E., 1990: The export of meaning. Oxford UK

Lunt, P./ Livingstone, S., 1996: Rethinking the Focus Group in Media Research: In: Journal of Communication 46 (2): 79ff

Loos, P., 1999: Zwischen pragmatischer und moralischer Ordnung. Der männliche Blick auf das Geschlechterverhältnis im Milieuvergleich. Opladen

Loos, P./ Schäffer, B., 2001: Das Gruppendiskussionsverfahren – Theoretische Grundlagen und empirische Anwendung (Reihe: Qualitative Sozialforschung). Opladen

Mangold, W., 1960: Gegenstand und Methode des Gruppendiskussionsverfahrens. Frankfurt am Main

Mangold, W., 1973: Gruppendiskussionen. In: Handbuch der empirischen Sozialforschung, Bd. 2. Stuttgart

Mannheim, K., 1980: Strukturen des Denkens. Frankfurt am Main (ursprünglich 1922–1925; unveröff. Manuskript).
Merton, R. K., 1987: The Focused Interview and Focus Groups – Continuities and Discontinuities. In: Public Opinion Quarterly 51: 550ff
Merton, R. K. u.a., 1956: The Focused Interview. Glencoe, IL.
Morgan, D. L., 1997: Focus groups as qualitative research. Newbury Park
Morley, D., 1980: The nationwide audience: Structure and decoding (British Film Institute Television Monograph No. 11). London
Morley, D., 1981: The nationwide audience: A critical postscript. Screen Education: 3ff
Morley, D., 1986: Family television. Cultural power and domestic leisure. London
Morley, D., 1996: Medienpublika aus der Sicht der Cultural Studies. In: Hasebrink, U./ Krotz, F. (Hrsg.): Die Zuschauer als Fernsehregisseure? Zum Verständnis individueller Nutzungs- und Rezeptionsmuster. Baden-Baden
Nentwig-Gesemann, I., 1999: Krippenerziehung in der DDR: Alltagspraxis und Orientierungen von Erzieherinnen im Wandel. Opladen.
Nießen, M., 1977: Gruppendiskussion – Interpretative Methodologie – Methodenbegründung – Anwendung. München
Nohl, A.-M., 2000: Junge Einheimische und Migranten im rekonstruktiven Milieuvergleich. Reihe Forschung – Erziehungswissenschaft, Bd. 112, Leverkusen.
Peukert, R., 1984: Gesprächshermeneutik. Gruppendiskussion als Methode zur Rekonstruktion der Lebenswelt von Lehrlingen. Band 1. Frankfurt am Main
Pollock, F. (Hrsg.), 1955: Gruppenexperiment – Ein Studienbericht. Frankfurter Beiträge zur Soziologie Bd. 2. Frankfurt am Main
Radtke, Frank-Olaf, 1996: Wissen und Können. Die Rolle der Erziehungswissenschaft in der Erziehung. Opladen: 109ff
Schnurr, S., 1997: Sozialpädagogen im Nationalsozialismus. Weinheim/München
Strauss, A. L., 1994: Grundlagen qualitativer Sozialforschung. München
Volmerg, U., 1977: Kritik und Perspektiven des Gruppendiskussionsverfahrens in der Forschungspraxis. In: Leithäuser, T. u.a.. (Hrsg.): Entwurf zu einer Empirie des Alltagsbewußtseins, Frankfurt am Main: 184ff
Volmerg, B., 1983: Kriegsängste und Sicherheitsbedürfnis: zur Sozialpsychologie des Ost-West-Konflikts im Alltag. Frankfurt am Main
Willis, P., 1991: Jugend-Stile – Zur Ästhetik der gemeinsamen Kultur. Hamburg/Berlin

STEFAN SCHNURR

Vignetten in quantitativen und qualitativen Forschungsdesigns

Dieser Beitrag soll mit einigen knappen Anmerkungen auf eine Form der Gestaltung von Befragungen aufmerksam machen. In der Buchkunst versteht man unter »Vignette« eine graphische Randverzierung oder Illustration, in der Verkehrspolitik den Aufkleber auf der Windschutzscheibe und in der (klinischen) Psychologie und Medizin einen exemplarischen Fallverlauf, der meist als Lehr- und Anschauungsmaterial verwendet wird. In der empirischen Sozialforschung bezeichnet der Begriff eine Falldarstellung, die als Stimulus in Befragungen verwendet wird. Es handelt sich also in der Regel um einen Text (seltener um eine Videosequenz; z.B. McKinstry 2000), in der ein Fall (abstrakter: eine Merkmalsausprägung) präsentiert wird: die geraffte Darstellung einer Person (von Personen) und einer Situation, in der sich diese befindet (befinden); in manchen Fällen können sie auch die Darstellung von Handlungen bzw. Interaktionen zwischen Personen einschließen. Solche Vignetten werden Interviewpartnern im Rahmen einer Befragung vorgelegt und diese werden aufgefordert,

- eine Beurteilung (Klassifikation) der Situation vorzunehmen und/oder
- eine situationsangemessene Handlungsweise zu benennen und ggf.
- diese zu begründen.

Während Vignetten in deutschsprachigen Forschungen insgesamt wenig Gebrauch finden, gehören sie in der anglophonen Forschungslandschaft seit langem zum Standardrepertoire sozialwissenschaftlicher Techniken der Datenerhebung. Dabei läßt sich ein typischer Frage- bzw. Verwendungszusammenhang identifizieren. Vignetten werden in der Regel dann eingesetzt, wenn es darum geht, Zusammenhänge zwischen

- Merkmalen eines zu beurteilenden Objekts (z.B. Personen, Gruppen, Handlungsweisen),
- Schemata der Wahrnehmung, Interpretation, Beurteilung der Urteilenden/Entscheidenden
- und ihren Urteilen/Entscheidungen

zu erhellen. Typische Einsatzgebiete von Vignetten-Interviews sind daher (1) die empirische Gerechtigkeitsforschung bzw. die sozialpsychologische Urteils- und Entscheidungsforschung, (2) Forschungen zur Ermittlung öffentlicher Meinungen und Einstellungen, sowie (3) professionsanalytische Forschungen, die auf eine Rekonstruktion des *tacit knowledge* und die Relevanz- und Sinngebungsmuster von Professionellen bzw. Professionen zielen.

In der empirischen Gerechtigkeitsforschung verwendet man Vignetten exakt in dem vorhin beschriebenen Sinne, nämlich als Stimuli, um Zusammenhänge zwischen den Merkmalen eines zu beurteilenden Objekts (z.B. Personen, Gruppen, Handlungsweisen), impliziten/intuitiven Bewertungskategorien der Urteilenden/Entscheidenden und ihren Urteilen/Entscheidungen zu prüfen. Unter einer solchen Aufgabenstellung konstruierten beispielsweise Meeker/Elliott (1995, vgl. Elliott/Meeker 1984, 1986) Vignetten, in denen sie Merkmale der Zusammenarbeit in Arbeitsgruppen, den Erfolg einer Arbeitsgruppe und Eigenschaften einzelner Gruppenmitglieder verknüpfen und stellten ihren Interviewpartnern die Aufgabe, Leistungsbelohnungen vorzunehmen. Damit versuchten sie, die Konzepte von »Fairness« zu ermitteln, die Individuen als Regeln zugrunde legen, wenn sie die Allokation von Leistungsbelohnungen vornehmen sowie die Bedingungen, unter denen Individuen die konkurrierenden Konzepte von Verteilungsgerechtigkeit (equity, equality, need) präferieren. In vergleichbaren Designs untersuchte Wenzel (1997) Zusammenhänge zwischen sozialen Kategorisierungen (gleich vs. ungleich, bzw. in-group vs. out-group) und Anrechtswahrnehmungen und konnte zeigen, daß die sozialkategoriale Strukturierung des Kontextes die Beurteilung legitimer Ansprüche beeinflußt.

Auch in Forschungen zur öffentlichen Meinung werden Vignetten vorzugsweise verwendet, um die (oft verdeckten) Beurteilungskriterien (Hintergründe, Motive) von Urteilen zu erschließen. Finkelhor (1984) beispielsweise ermittelte in einer klassisch gewordenen Vignetten-Studie die in der öffentlichen Meinung vorherrschenden Definitionen von sexuellem Mißbrauch. Er entwickelte ein Instrument mit jeweils 14 minimalistischen Vignetten, die jeweils aus nur zwei Sätzen bestanden und Aussagen über sexuelle Handlungen zwischen Personen unterschiedlicher Lebensalter und Verwandtschaftsbeziehungen enthielten und ließ die Befragten auf einer Rating-Skala urteilen, ob es sich bei den verschiedenen Fällen um sexuellen Mißbrauch handele, oder nicht. Angermeyer/Matschinger (1996) untersuchten Laienkonzepte zur Beurteilung psychischer Krankheiten und die Präferenzen von Laien bei der Zuordnung von verschiedenen Krankheitsbildern zu Psychotherapien vs. Psychopharmakatherapien.

Vignetten liefern die rudimentäre Version eines Falls, die erst unter dem professionellen Blick und unter dem fallkonstruierenden Zutun eines *professionals* seine »geschlossene Gestalt« erhält, indem er im Kontext der spezifischen Relevanz- und Beobachtungsmuster der Profession/eines Professionellen typisiert und in den Zustand eines bearbeitbaren Falls transformiert wird. Eines der wichtigsten Einsatzgebiete von Vignetten ist daher die Erschließung der impliziten Wahrnehmungs-, Beurteilungs- und Entscheidungskriterien von *Professionals.* Auf der Basis von Vignetten untersuchten Morissey et al. (1995) Entscheidungskriterien von Psychiatern im Hinblick auf die Angemessenheit einer Hospitalisierung suizidgefährdeter Jugendlicher. Wrobel (1993) untersuchte den Einfluß von Alter und Geschlecht von Patienten auf die Behandlungsentscheidungen von klinischen Psychologen. Son et al. (1998) untersuchten, wie sich bei Polizeibeamten die ethnische Zugehörigkeit eines mutmaßlichen Opfers polizeilichen Fehlverhaltens auf die Wahrnehmung der Schwere dieses Fehlverhaltens auswirkt. Bandilla (1986) verwendete in einer Studie zum Entscheidungsverhalten von deutschen Strafrichtern fiktive und echte Ermittlungsakten als »Stimulusmaterial« zur Rekonstruktion von Zusammenhängen zwischen Kontextvariablen (z.B. Ermittlungsaktenkenntnis) und Urteilsverhalten (und fand deutliche Hinweise auf eine – contra legem – »kontextabhängige Informationsverarbeitung« in deutschen Strafverfahren).

In professionsanalytischen Forschungsdesigns werden Vignetten häufig in Vergleichsstudien eingesetzt, um zu ermitteln, wie Personen mit unterschiedlichem Ausbildungs- bzw. Erfahrungshintergrund einen identischen Fall deuten und beurteilen und welche Reaktionsweisen (Behandlungsentscheidungen, Empfehlungen) sie aus ihren jeweiligen Fallkonstruktionen ableiten. Endres (1995) verwendete in einer Vignettenstudie Tathergangsbeschreibungen und Sachverständigenaussagen zur Täterpersönlichkeit zur Untersuchung der »intuitiven Urteilsvoraussetzungen« bei Angehörigen zweier Professionen (Juristen und Psychologen). Lehman et al. (1994) untersuchten die Voraussetzungen, unter denen erfahrene Professionals im Vergleich zu Studierenden bei einem unbestätigtem Verdacht auf einen Fall von Kindesmißbrauch und -vernachlässigung eine sofortige Herausnahme des Kindes aus der Familie oder die weitere Beobachtung des Falls präferieren. Giovannoni/Becerra (1979) untersuchten Gemeinsamkeiten und Unterschiede in den Definitionen von Kindesmißhandlung bei Laien und Professionals; die von ihnen verwendeten Vignetten wurden später von Dingwall/Fox (1986) eingesetzt, um Muster der Fallperzeption von Sozialarbeitern mit solchen von Mitarbeitern des öffentlichen Gesundheitsdienstes zu vergleichen. Auf die breite Rezeption dieser beiden Studien, sowie der oben genannten von Finkelhor (1984), dürfte es zurückzuführen sein, dass Vignettendesigns im gesamten Bereich der Forschung zum professionellen Umgang mit sexuellem Mißbrauch bis heute eine ausgesprochene Domäne haben. Allein in den Jahrgängen 1995-2000 der Zeitschrift *Child Abuse and Neglect* findet man 15 Vignettenstudien (z.B. Harnett 1997; Van Haeringen 1998; O'Toole et al. 1999).

Vignetten kommen zwar bislang ganz überwiegend in quantitativen Forschungsdesigns zum Einsatz. Inzwischen wurde ihre Verwendung aber auch in qualitativen Forschungsansätzen erprobt und methodologisch begründet. Im Rahmen eines international vergleichenden Vignettendesigns rekonstruierten Hetherington et al. (1997; Hetherington 1998) Funktionsweise und Strukturen des Kinderschutzes in acht europäischen Staaten. Wilson/While

(1998) untersuchten die Selbst- und Fremdzuschreibung berufsrollenspezifischer Aufgaben von Sozialarbeitern und Pflegefachkräften in der ambulanten Altenarbeit. Schoenberg/Ravdal (2000) verwendeten Vignetten in einer Untersuchung über Kenntnisstand und Einstellungen von Senioren zu ambulanten Gesundheits- und Pflegediensten. Terum (1997) rekonstruierte in einer qualitativen Vignettenstudie die informellen Regeln und Praktiken der Leistungsbemessung von Sozialarbeitern in der norwegischen Sozialhilfe.[1] Terum, der Vignetten übrigens nicht nur in Einzelbefragungen, sondern auch in Gruppendiskussionen verwendete, stellt in der Begründung seiner Forschungsstrategie das Argument in den Vordergrund, dass sich Vignetten insbesondere als Instrumente zur Erschließung der hinter den Entscheidungen stehenden Prämissen und Rationalitätsmuster eignen. Damit macht er implizit auf Unterschiede der Verwendung von Vignetten in qualitativen und quantitativen Forschungsdesigns aufmerksam, auf die ich im folgenden kurz eingehe.

In quantitativ ausgerichteten Forschungsdesigns basiert das spezifische Potenzial der Vignetten-Methodik auf der Möglichkeit einer gezielten und kontrollierten Substitution von Merkmalen. Vignetten-Interviews tragen damit Züge eines Experiments:[2] beeinflussen unterschiedliche Persönlichkeitsmerkmale (Alter, Geschlecht, ethnische Zugehörigkeit etc.) bei sonst identischen Fallmerkmalen die Beurteilung? Welche Fallmerkmale lösen welche Urteile aus? Beeinflussen Merkmale der Urteilenden (Gruppenzugehörigkeit, Ausbildung etc.) bei identischen Fallmerkmalen die Wahrnehmung und Beurteilung? Das Spektrum der Urteils- bzw. Entscheidungsalternativen bleibt dabei in der Regel geschlossen, d.h. es wird ein Satz möglicher Urteile/Entscheidungen zur Auswahl gestellt, aus dem die Befragten eine Wahl treffen. Die Aufgabe der Forschenden besteht dann darin, schlüssige Beziehungen zwischen den jeweiligen Merkmalskombinationen der verschiedenen »Fälle«, den Urteilen/Entscheidungen und den Merkmalen der Urteilenden zu ermitteln, um so die für die Urteile/Entscheidungen ausschlaggebenden (»salienten«) Merkmale bzw. Faktoren zu bestimmen. Die Auswertung der Daten erfolgt typischerweise durch Varianz- und Regresionsanalysen in Kombination mit datenreduzierenden Verfahren der Faktoren- und Hauptkomponentenanalyse.

---

1 Für den Hinweis auf diese Studie und die auszugsweise Übersetzung danke ich Sissel Seim (Høgskolen i Oslo). Eine weitere qualitativ ausgerichtete Vignettenstudie (die allerdings im Unterschied zu den anderen hier genannten auf eine Darstellung und Begründung des methodischen Vorgehens weitgehend verzichtet) befaßt sich mit der Wissensverwendung bei der Entscheidungsfindung im Kinderschutz (Drury-Hudson 1999).

2 Endres spricht denn auch nicht von Vignetten, sondern von der »Methodik des Urteilsexperiments« (1995:353).

In qualitativen Forschungsdesigns lassen sich Vignetten-Interviews der Kategorie des teilstandardisierten (teilstrukturierten) Interviews zuordnen.[3] Die Verwendung von Vignetten in face-to-face-Interviews schafft ein Interview-Setting, das die Interviewpartner einem gewissen Inferenzzwang aussetzt, während die Ausgangsinformationen (die Merkmalskombinationen eines »Falls«) von den Forschern kontrolliert werden: ein Interviewpartner wird gebeten, auf der Basis vorgegebener, aber zugleich begrenzter und unvollständiger Merkmale einen Fall zu beurteilen (»weiter zu konstruieren«) und ggf. auf angemessene Handlungsweisen zu schließen. Dabei ist zu beachten, daß der von einem Probanden präsentierte Umgang mit den zur Verfügung gestellten Informationen auch dann auf die von ihm verwendeten Wahrnehmungs- und Deutungsmuster verweist, wenn er (was nicht selten vorkommt) eine Beurteilung des Falls aufgrund »fehlender Informationen« zunächst zurückweisen sollte. Es ist dann die Aufgabe des Interviewers, durch Nachfragen zu erschließen, welches denn die ›entscheidenden‹ Informationen sind, die dem Interviewpartner fehlen: »The nature of the information that was identified as lacking became another aspect of the data we collected« (Hetherington 1998:75; ähnlich Wilson/While 1998:82). Das volle Potenzial der Vignetten-Methodik dürfte aber erst dort ausgeschöpft werden, wo der Inferenzzwang mit einem Begründungszwang kombiniert wird, welcher entsteht, wenn der Interviewpartner aufgefordert wird, sein Urteil bzw. seine Handlungspräferenz zu begründen. Folgt er dieser Aufforderung, dann wird er in weit stärkerem Maße die sonst meist implizit gehaltenen Relevanzmuster, Wahrnehmungsperspektiven und Beurteilungskriterien (teilweise) explizieren und damit Anhaltspunkte liefern, die es dem Forscher ermöglichen, unter Rückgriff auf hermeneutische Verfahren auch Aspekte des Nicht-Explizierten interpretativ zu erschließen.

In qualitativ ausgerichteten Vignettendesigns wird man daher in der Regel davon absehen, den Interviewpartnern vorgefertigte Urteils- bzw. Handlungsalternativen zur Auswahl anzubieten und statt dessen – dem Prinzip der Offenheit und der Perspektive der Sinnrekonstruktion folgend – den sprachlichen Ausdruck der Beurteilung bzw. der unter Gesichtspunkten der Angemessenheit präferierten Handlungsweise diesen selbst überlassen. Gleichwohl werden sich die Auswertungsstrategien vermutlich weniger auf die Urteile und Handlungspräferenzen als solche konzentrieren, sondern eher auf die Begründungen und die darin eingeschlossenen Regeln der Angemessenheit, sowie auf die von den Befragten verwendeten Muster der Verknüpfung von Fallmerkmalen und Urtei-

[3] Eine weitere Form des teilstandardisierten Interviews, bei der ebenfalls Vignetten verwendet werden, ist das »Dilemma-Interview« (Aufenanger 1991). Da Vignetten Dilemmata enthalten können, aber nicht zwangsläufig enthalten müssen, kann man das Dilemma-Interview als Form des Vignetten-Interviews betrachten.

len/Handlungspräferenzen.[4] Geeignete Verfahren und Techniken der Auswertung lassen sich hierbei zunächst aus dem Methodenfundus der Qualitativen Inhaltsanalyse beziehen (Mayring 1997). Je stärker sich das Forschungsinteresse darauf richtet, auch nicht-explizierte Aspekte rekonstruktiv zu erschließen, desto eher wird der Forscher auf Methoden des theoretischen oder thematischen Kodierens (Strauss 1991, Flick 1998) zurückgreifen, oder sich an solchen Ansätzen der hermeneutischen Textinterpretation orientieren, die der Gruppe der sequentiell verfahrenden Interpretationsstrategien zuzuordnen sind, wie z.B. die Objektive Hermeneutik (Oevermann et al. 1979, Oevermann 1988) und die Dokumentarische Methode (Bohnsack 1997, 1999). Sofern eine Focussierung auf Begründungen bzw. Rechtfertigungen erfolgt, bietet sich eine Orientierung an argumentationsanalytischen Verfahren der Texterschließung an (Radtke 1985), wie sie inzwischen in verschiedenen professionsanalytischen (erziehungswissenschaftlichen) Studien erprobt wurden.[5]

Literatur

Angermeyer, M.C./ Matschinger, H., 1996: Public Attitudes towards psychiatric treatment, in: *Acta Psychiatrica Scandinavia*, 94, (5), 326-336

Aufenanger, S., 1991: Qualitative Analyse semi-struktureller Interviews – Ein Werkstattbericht, in: Garz, D./ Kraimer, K. (Hg.), Qualitativ-empirische Sozialforschung. Konzepte, Methoden, Analysen, Opladen (Westdeutscher Verlag), 35-59

Bandilla, W., 1986: Kontextabhängige Informationsverarbeitung in bundesdeutschen Strafverfahren. Ergebnisse zweier experimenteller Studien. Inaugural-Dissertation zur Erlangung des akademischen Grades des Doktors der Philosophie der Universität Mannheim, Mannheim

Böhm, W./ Mühlbach, M./ Otto, H.-U., 1989: Zur Rationalität der Wissensverwendung im Kontext behördlicher Sozialarbeit. In: Beck, U./ Bonß, W. (Hg.), Weder Sozialtechnologie noch Aufklärung? Analysen zur Verwendung sozialwissenschaftlichen Wissens. Frankfurt am Main (Suhrkamp), 226-247

Bohnsack, R., 1997: Dokumentarische Methode, in: Hitzler, R./ Honer, A. (Hg.) Sozialwissenschaftliche Hermeneutik, Opladen (Leske und Budrich), 191-211

Bohnsack, R., 1999: Rekonstruktive Sozialforschung. Einführung in Methode und Praxis qualitativer Forschung, 3. überarb. und erw. Auflage, Opladen (Leske und Budrich)

---

[4] Dabei bietet sich prinzipiell die Chance, Aspekte der Kontextuierung von Angemessenheits- und Verknüpfungsregeln in die Untersuchung einzubeziehen und somit beispielsweise Fragen der organisatorischen bzw. institutionellen Konditionierung von Wahrnehmungsperspektiven und Entscheidungspräferenzen zu thematisieren. Unter dieser Zielsetzung werden Vignetten-Interviews derzeit in einem DFG-Projekt über »Sozialpädagogische Professionalität in marktförmig strukturierten Organisationskontexten« (Universität Bielefeld, Fakultät für Pädagogik, AG Sozialarbeit/Sozialpädagogik) erprobt. Siehe dazu ausf. meinen anderen Beitrag in diesem Band.

[5] siehe Radtke (1983), Böhm et al. (1989), Sturzenhecker (1992), Bommes et al. (1995), Schnurr (1997), Gomolla/Radtke (2001)

Bommes, M./ Dewe, B./ Radtke, F.-O., 1995: Erziehungs- und Sozialwissenschaften für das Lehramt. Untersuchungen zur wissenschaftlichen Fundierung des Lehrerhandelns (Studien zur Erziehungswisenschaft und Bildungsforschung 4), Opladen (Leske und Budrich)

Dingwall, R./ Fox, S., 1986: Health visitors' and social workers' perceptions of cild care problems, in: While, A. (Ed.), Research in preventative community nursing care, Chichester (John Wiley)

Drury-Hudson, J., 1999: Decision making in child protection: the use of theoretical, empirical and procedural knowledge by novices and experts and implications for fieldwork placement, in: *British Journal of Social Work*, 29, 1, 147-169

Elliott, G. C./ Meeker, B. F., 1984: Modifiers of the Equity Effect: Group Outcome and Causes for Individual Performance, in: *Journal of Personality and Social Psychology*, 46, 3, 586-597

Elliott, G. C./ Meeker, B.F., 1986: Achieving Fairness in the Face of Competing Concerns: The Different Effects of Individual and Group Characteristics, in: *Journal of Personality and Social Psychology*, 50, 4, 754-760

Endres, J., 1995: Die intuitive Beurteilung der Schuldfähigkeit von Affekttätern in Abhängigkeit von der Täterpersönlichkeit, *Zeitschrift für experimentelle Psychologie*, 52, 353-385

Finkelhor, D., 1984: Child Sexual Abuse. New Theory and Research, New York – London (The Free Press)

Flick, U., 1998: Qualitative Forschung. Theorie, Methoden, Anwendung in Psychologie und Sozialwissenschaften, Reinbek (Rowohlt)

Giovannoni, J.M./ Becerra, R.M., 1979: Defining Child Abuse, London (Collier-Macmillan)

Gomolla, M./ Radtke, F.-O. (2001): Institutionelle Diskriminierung von Migrantenkindern. Die Herstellung ethnischer Differenz in der Organisation Schule, Opladen (Leske und Budrich)

van Haeringen, A.R, 1998: The child abuse lottery – will the doctor suspect and report? Physician attitudes towards and reporting of suspected child abuse and neglect, in: *Child Abuse & Neglect*, 22,3, 159-169.

Harnett, P. H., 1997: The attitudes of female and male residential care-workers to the perpetrators of sexual and physical assault, in: *Child Abuse and Neglect,* 21, (9), 861-868

Hetherington, R./ Cooper, A./ Smith, P./ Wilford, G., 1997: Protecting Children: Messages from Europe, Lyme Regis (Russell House Publishing)

Hetherington, R., 1998: Issues in European child protection research, in: *European Journal of Social Work*, 1, 1, 71-82

Lehman, D. R./ Mandel, D. R./ Yuille, J. C., 1994: Should this Child Be Removed From Home? Hypothesis Generation and Information Seeking as Predictors of Case Decisisons, in: *Child Abuse and Neglect*, 18, 12, 1051-1062

Meeker, B. F./ Elliott, G.C. 1995: Equality and Differentiation: Effects of Group Structure on Allocations, in *Social Justice Research*, 8, 3, 263-284

McKinstry, B., 2000: Do patients wish to be involved in decision making in the consultation? A cross sectional survey with video vignettes, in: *British Medical Journal*, 321, 7265, 867-870.

Morissey, R. F./ Dicker, R./ Abikoff, H./ Alvir, J.-M.-J., et al., 1995: Hospitalizing the Suicidal Adolescent: An Empirical Investigation of Decision-Making Criteria, in: *Journal of the American Academy of Child and Adolescent Psychiatry*, 34, 7, 902-911

Overmann, U./ Allert, T./ Konau, E./ Krambeck, J., 1979: Die Methodologie einer »objektiven Hermeneutik« und ihre forschungslogische Bedeutung in den Sozialwissenschaften, in: Hans-Georg Soeffner (Hg.), Interpretative Verfahren in den Sozial- und Textwissenschaften, Stuttgart (Metzler), 352-433

Overmann, U., 1988: Eine exemplarische Fallrekonstruktion zum Typus versozialwissenschaftlichter Identitätsformation, in: Hanns-Georg Brose / Bruno Hildebrand (Hg.), Vom Ende des Individuums zur Individualität ohne Ende, Opladen (Leske und Budrich), 243-286

O'Toole, R./ Webster, S.W./ O'Toole, A.W./ Lucal, B., 1999: Teachers' recognition and reporting of child abuse: a factorial survey – Improving system response to mandated reports, in: *Child Abuse and Neglect*, 23, 11, 1083-1101

Radtke, F.-O., 1983: Pädagogische Konventionen: Zur Topik eines Berufsstandes, Weinheim-Basel (Beltz)
Radtke, F.-O., 1985: Hermeneutik und soziologische Forschung, in: Bonß, W./ Hartmann, H. (Hg.) Entzauberte Wissenschaft. Zur Relativität und Geltung soziologischer Forschung (Soziale Welt Sonderband Nr 3), Göttingen (Schwartz), 321-149
Schnurr, S., 1997: Sozialpädagogen im Nationalsozialismus. Eine Fallstudie zur sozialpädagogischen Bewegung im Übergang zum NS-Staat, Weinheim und München (Juventa)
Schoenberg, N. E./ Ravdal, H., 2000: Using vignettes in awareness and attidudinal research, in: *International Journal of Research Methodology*, 3, 1, 63-74
Son, I.S. / Davis, M.S./ Rome, D.M., 1998: Race and its effect on police officers' perceptions of misconduct, in: *Journal of Criminal Justice*, 26,1,21-28
Strauss, A. L., 1991: Grundlagen qualitativer Sozialforschung, München (Fink)
Sturzenhecker, B., 1993: Wie studieren Diplom-Pädagogen?: Studienbiographien im Dilemma von Wissenschaft und Praxis. Weinheim (Dt. Studien-Verl.)
Terum, L. I., 1997: Professionsskapt ulikhet – et demokratieproblem? in: *Nordisk Sosialt Arbeid*, 17, No.1, 10-19
Wenzel, M., 1997: Soziale Kategorisierungen im Bereich distributiver Gerechtigkeit, Münster (Waxmann)
Wilson, J./ While, A. E., 1998: Methodological issues surrounding the use of vignettes in qualitative research, in: *Journal of Interprofessional Care*, 12, 1, 79-86
Wrobel, N. H., 1993: Effect of Patient Age and Gender on Clinical Decisions, in: *Professional Psychology: Research and Practice*, 24, 2, 206-212

HEINZ-GÜNTER MICHEEL

Explorative Typisierung von Ratingskalen

Typologien sind durch die Lebensstilforschung in den 90er Jahren in den Fokus eines breiten sozialwissenschaftlich interessierten Publikums gerückt. Viele Lebensstil-Typologien sind mittels explorativer Verfahren auf der Basis von Skalen subjektiver Einschätzungen (Rating-Skalen) entstanden (vgl. z.B. Heitmeyer u.a., 1995; Klocke, 1993; Lüdtke, 1989; Spellerberg, 1992, 1994, 1996a, 1996b, 1996c; Spellerberg/Berger-Schmitt, 1998; Ulbrich-Herrmann, 1996, 1998; Vester u.a., 1993; Vester, 1998). Aber auch außerhalb der Lebensstilforschung wurden für eine Vielzahl von empirischen Fragestellungen Typologien auf der Grundlage von Rating-Skalen gebildet. So sind im Bereich der empirischen Forschung in der Sozialen Arbeit insbesondere bei Forschungsfragen von empirischen Projekten unter der Leitung von Hans-Uwe Otto[1] Typologien entwickelt worden, die auf der Basis subjektiver Einschätzungen von Sozialarbeitern und Adressaten der Jugendhilfe entstanden: Typologien zur organisationellen Programmierung (Otto, 1991); Typologien zu Beteiligungschancen/Partizipation (Flösser u.a., 1994; Markert/Wagenblass, 1998; Petersen, 1999) und Lebenstilen (Flösser u.a., 1994; Petersen, 1999) von Adressaten der Jugendhilfe in NRW; Typen sozialarbeiterischer Handlungsorientierung von Beschäftigten der Jugendhilfe in den neuen Bundesländern (Bettmer u.a., 1994); Typologie zur Gewaltakzeptanz Jugendlicher im Transformationsprozeß (Hanssen/Micheel/Wagenblass, 1998); Typologien zur subjektiven Lebenslage von Adressaten der Jugendhilfe in den neuen Bundesländern (Brüggemann-Helmold u.a., 1996, 1997; Hanssen/Micheel/Wagenblass in diesem Band).

In der quantitativen Sozialforschung werden Typologien überwiegend anhand einer Kombination von Hauptkomponentenanalyse und Clusteranalyse gebildet; dies sind multivariate explorative Verfahren zur Reduzierung und Strukturierung von Daten. Diese Verfahren sind durch eine induktive Vorgehensweise gekennzeichnet, die einem Forscher erhebliche Ermessungsspielräume bei der Auswahl einer empirischen Lösung lassen (vgl. Bortz/Döring, 1995: 354). Die Hauptkomponentenanalyse ist ein variablenbezogenes und die Clusteranalyse ein objektorientiertes Verfahren (vgl. Bacher, 1996: 6-16).

---

[1] In der AG Sozialarbeit/Sozialpädagogik der Fakultät für Pädagogik und insbesondere in dem von der DFG von 1986 bis 1997 geförderten Sonderforschungsbereich 227 »Prävention und Intervention im Kindes- und Jugendalter« an der Universität Bielefeld

Der Unterschied liegt in der Zielsetzung: Das Ziel eines variablenbezogenen Verfahrens wie der Hauptkomponentenanalyse ist die Spezifizierung und Überprüfung von Beziehungen zwischen Variablen, das Ziel von objektbezogenen Verfahren wie der Clusteranalyse dagegen ist das Auffinden einer empirischen Typologie. In dem hier vorgestellten Verfahren werden diese beiden Vorgehensweise sinnvoll miteinander kombiniert. Als eine besonders geeignete Kombination hat sich dabei ein Verfahren herausgestellt, daß Hauptkomponentenanalysen mit hierarchischen Clusteranalysen nach Ward und abschließenden iterativen Clusterverfahren nach dem Varianzkriterium verbindet (wie z.B. bei Spellerberg, 1994, 1996a; Spellerberg/Berger-Schmitt, 1998; Brüggemann-Helmold u.a., 1996, 1997; Hanssen/Micheel/Wagenblaß, 1998 und in diesem Band; Petersen, 1999). Diese Vorgehensweise soll im folgenden begründet werden. Zuvor aber werden Fragen und Probleme zur Verwendung von Rating-Skalen behandelt.

Rating-Skalen

Eine Rating-Skala (=Einschätzungsskala; andere verwendete Begriffe: Bewertungs-, Beurteilungs-, Einstufungs- und Schätzskala)[2] ist eine mehrstufige Skala, mit der eine befragte Person den Ausprägungsgrad eines Merkmals, eines Objektes, einer Organisation, einer Person oder einer Gruppe im direkten Zusammenhang mit seiner Einstellung, Meinung, Empfindung, Vermutung, Beobachtung oder Erfahrung beurteilt und zuordnet. Die Stufen der Skala werden dabei vor allem durch verbale Beschreibungen und/oder durch Zahlen vorgegeben.

Rating-Skalen werden vielfach in der empirischen Sozialforschung eingesetzt; sie sind die am häufigsten eingesetzten Meßskalen. Dennoch werden sie in den empirischen Methoden- und Statistikbüchern der Sozialwissenschaften sehr selten beschrieben und so gut wie gar nicht ausführlich erläutert (sehr positive Ausnahmen: Bortz/Döring, 1995: 163 ff.; Stier, 1996: 65 ff.). In der Regel werden vor allem – und nicht immer besonders ausführlich – Likert-Skalen beschrieben (wie z.B. bei Atteslander, 1995; Friedrichs, 1990). Die Likert-Skalierung ist nur eine Variante zur eindimensionalen Analyse (und zwar Summierung) mehrerer Rating-Skalen (vgl. Bortz/Döring, 1995: 202, 203; Stier, 1996: 82-87). Häufig werden Rating-Skalen generell als Likert-Skalen bezeichnet (vgl. z.B. Schräpler, 1996: 9 ff.), was nicht den richtigen Sachverhalt trifft.[3]

---

2 Und fälschlicherweise sehr oft Likert-Skala: Dazu im folgenden Absatz mehr.

3 Als Likert-Skalierung sollte man der Eindeutigkeit wegen nur ein Verfahren nach der Technik Likerts bezeichnen (vgl. Jäpel, 1985: 177; Stier, 1996: 87).

Meßniveau von Rating-Skalen

Rating-Skalen sind zwar eine der am häufigsten eingesetzten aber auch mit umstrittensten Meßinstrumente in der empirischen Sozialforschung: Hauptstreitpunkt ist das Meßniveau von Rating-Skalen (siehe dazu ausführlich Orth, 1979; zusammenfassend Jäpel, 1985: 132 -137; Stier, 1996: 74-76; vgl. auch: Bortz/Döring, 1995: 168, 169; Gigerenzer, 1981: 317-320; Velleman/Wilkinson, 1993; Borgatta/Bohrnstedt, 1980): Die zwei extremen Gegensätze sind zum einen, Rating-Skalen als reine Ordinal-Skalen anzusehen und somit die statistische Analyse von Rating-Skalen anhand von metrischen Verfahren abzulehnen, und zum anderen Rating-Skalen grundsätzlich Intervallskaleneigenschaften zuzusprechen. Die Realität ist wohl die, daß Rating-Skalen Ordinalskalen sind, aber Intervallskalenniveau erreichen können. Dies kann anhand eines meßtheoretischen Ansatzes, bei dem Axiome (wie vor allem dem Repräsentations- und Eindeutigkeitstheorem) formuliert werden, überprüft werden (vgl. ausführlich Orth, 1979; vgl. auch Westermann, 1985; Giegerenzer, 1981: 320; vgl. zusammenfassend Jäppel, 1985; Stier, 1996: 74-76). Es bleibt das Problem, daß dies für einzelne Erhebungen aus praktischen Gründen nicht nachzuweisen ist, da es in jeder Untersuchung experimentell, d.h. auch durch die Erhebung zusätzlicher Daten, wie bei Orth (1979: 129 ff.), nachgewiesen werden muß[4] (vgl. unabhängig davon Westermann, 1985; Gigerenzer, 1981: 283 ff.). Letztendlich kann man davon ausgehen, daß das mögliche Nichtvorhandensein der Intervallskaleneigenschaft bei Rating-Skalen selten so gravierend ist, eine valide Skalenkonstruktion vorausgesetzt, daß intervallskalenniveauvorrausetzende Verfahren nicht angewandt werden können. Dies muß auch vor dem Hintergrund gesehen werden, daß eine strikte Trennung zwischen ordinalen und intervallskalierten Skalen im Sinne von Stevens (1946) Skalentheorie nicht haltbar ist (vgl. Velleman/Wilkinson, 1993; Borgatta/Bohrnstedt, 1980; Tukey, 1961: 245, 246). Auch wenn eine Rating-Skala nicht perfekt intervallskaliert ist, ist sie vom Meßniveau mehr als eine reine Ordinal-Skala. Insgesamt gesehen muß die Skalentheorie des Psychologen Stevens mit Vorsicht betrachtet werden; sie basiert auf zu vielen Mißverständnissen und falschen Aussagen (vgl. insbesondere ebenda; vgl. auch Bortz/Döring, 1995: 168; Grigerenzer, 1981: 116, 117; Lord, 1953)[5]. Stevens Skalentheorie suggeriert uns, daß Statistik eine einfache Sache ist; man definiert den Skalentyp von Daten und nimmt ein entsprechendes Analyseverfahren eines Statistikprogramms; sie will uns weismachen, daß der

[4] Orth (1979: 129 ff.) hat anhand eines meßtheoretischen Ansatzes experimentell den Nachweis geführt, daß Rating-Skalen Intervallskalenniveau erreichen können.

[5] Es gibt eine Vielzahl alternativer Skalen-Taxonomien, die etwas differenzierter als die Taxonomie von Stevens sind (vgl. z.B. Coombs, 1950; Suppes/Zinnes, 1963; Torgerson, 1958), bzw. deren Taxonomie einer ganz anderen Logik folgen (vgl. z. B. Mosteller/Tukey, 1977: 89).

Skalentyp von den Daten bestimmt wird, unabhängig von der Frage, die mit den Daten beantwortet werden soll: Dies kann zu einer Beschränkung der Beantwortung einer Frage und somit zu einer schlechten Datenanalyse und als letzte Konsequenz schlechten empirischen Wissenschaft führen (siehe Velleman/Wilkinson, 1993: 72). Stevens Skalentheorie kann nur als sehr grobe Orientierungshilfe und nicht als unbezweifelbares Gesetz gesehen werden[6]. Somit sollte man in der angewandten empirischen Sozialforschung auch weiterhin für Rating-Skalen intervallskalenviveauvorraussetzende Verfahren einsetzen, solange sie zu inhaltlich sinnvollen Ergebnissen gelangen.

Normalverteilungsannahme und Rating-Skalen

Ein weiteres immer wieder andiskutiertes Problem ist die Nichtannahme der Normalverteilung bei Rating-Skalen. Rating-Skalen sind in der Tat, rein graphisch gesehen, fast immer links- oder rechtsschief. Die Normalverteilungsannahme ist aber kein Problem der Optik, sondern der Mathematik, genauer der Wahrscheinlichkeitsrechnung. Die inferenzstatistische Absicherung (=Signifikanztest) von Produkt-Moment-Korrelationen – und entsprechende Korrelationsmatrizenen sind die Grundlage des nachher beschriebenen kombinierten Verfahrens aus Hauptkomponentenanalyse und Clusteranalyse – bedingt die Annahme einer Normalverteilung[7]: Dies führt uns zu einem Grundpfeiler der gesamten Inferenzstatistik, dem zentralen Grenzwerttheorem. Einfach ausgedrückt besagt dieses, daß die Verteilung von Mittelwerten aus Stichproben des Umfangs n, die sämtlich derselben Grundgesamtheit entnommen werden, mit zunehmender Stichprobengröße in eine Normalverteilung übergeht. Diese approximative Normalverteilung ist letztlich bei $n = 100$ annähernd erreicht. Aber schon ab Stichproben $n > 30$ sind Mittelwertverteilungen auch für extrem von der Normalität abweichende Grundgesamtheiten überwiegend hinreichend normal verteilt. Dies ist leider nicht einfach und mit wenigen Sätzen verständlich zu erklären; deshalb wird hier erst gar nicht der Versuch einer Erklärung unternommen (vgl. Bortz, 1989: 120-122; Bortz/Döring, 1995: 385-387; Fleming/Nellis, 1994: 144-147; Greene, 1990: 106-109; Hochstädter, 1991: 495; Schneeweiß, 1990: 349-352; Roscoe, 1975: 162-164; Hays, 1973: 282, 283, 316-322; vgl. sehr ausführlich: Mohr, 1993; vgl. sehr ausführlich und sehr mathematisch: Fizs, 1963: 175 ff.; Schmetterer, 1966: 126 ff.; Stuart/Ord, 1993: 310 ff.).[8]

---

6 Im diesen Sinne auch Schnell/Hill/Esser, 1999: 143.

7 Nicht aber die Berechnung der Korrelationskoeffizienten selber; sie sind ein rein deskriptives Maß.

8 Es ist wirklich eine schwere mathematische Kost: just beliefe it oder für besonders Interessierte my favorits: für mathematisch Nichtsoversierte: Mohr, 1993; für mehr mathematisch Interessierte: Stuart/Ord, 1993.

Anzahl der Skalenstufen bei Rating-Skalen

Eine weitere Frage in bezug auf Rating-Skalen betrifft die Anzahl der Skalenstufen: In bezug auf die Anzahl von Skalenstufen gibt es – insbesondere in der Psychometrie – eine kaum zu überblickende Menge von Veröffentlichungen. Letztendlich findet sich für jede Anzahl von Skalenstufen eine entsprechende Argumentation. In diesem Zusammenhang ist vor allem die Entscheidung zwischen einer ungraden und graden Anzahl von Skalenstufen von Bedeutung. In den letzten Jahren haben sich – insbesondere in der soziologisch orientierten Forschung – Skalen mit gerader Anzahl von vor allem vier Stufen durchgesetzt und auch sehr gut bewährt. Früher wurden und teilweise werden auch noch heute – auch unter einer falsch verstandenen Normalverteilungsannahme – ungerade Skalen eingesetzt, was bei einem fast immer bestehenden Antwortverhalten mit einer Tendenz zur Mitte häufig zu »optisch« normalverteilten Skalen führt.[9] Man sollte aber nur dann ungerade Skalen einsetzen, wenn von einer wirklich vorhandenen neutralen Antwortmöglichkeit ausgegangen werden kann. Der Nachteil von ungraden Skalierungen zeigt sich gerade bei Clusteranalysen sehr deutlich; es kommt sehr häufig zu einem Cluster mit Objekten[10], die bei (fast) allen Rating-Skalen mit der mittleren Stufe geantwortet haben (sogenannte Mittelwertcluster); entsprechende Cluster lassen sich dann oftmals kaum oder gar nicht sinnvoll interpretieren[11].

Typenbildung anhand von explorativen Clusteranalysen

Die Clusteranalyse ist ein exploratives Verfahren zur systematischen Typisierung, d.h. zur Einteilung einer Menge von Objekten in kleinere Teilmengen (siehe Kaufmann/Pape, 1984: 371, 372, 471, 472). Objekte, die demselben Cluster zugeordnet werden, sollen sich dabei möglichst ähnlich bezüglich bestimmter Merkmale sein; Objekte, die verschiedenen Clustern zugewiesen werden, sollen sich möglichst deutlich unterscheiden. Generell darf man nicht die Vorstellung haben, es gäbe richtige oder falsche Typisierungen und ein Verfahren, welches in der Lage ist, eine solche Typisierung zu finden. Eine Typologie sollte man eher als brauchbar oder unbrauchbar in Hinsicht einer Fragestellung beurteilen. Im allgemeinen wird man eine Typologie als brauchbar ansehen, wenn sich die Typen gut interpretieren lassen. Die Entscheidung für eine Typologie soll man nicht so sehr von formalen, sondern vor allem von inhaltliche Kriterien abhängig machen. Die einzelnen Typen lassen sich im Idealfall anhand von Außenkriterien interpretieren, also von

---

9 Zum Absurdum kommt es, wenn Autoren pauschal 11-stufige Rating-Skalen als metrisch und vierstufige Rating-Skalen als nur ordinal betrachten (vgl. Schräpler, 1996: 49/55).

10 Im vorliegenden Kontext von Rating-Skalen sind dies natürlich immer befragte Personen.

11 Diese Aussage beruht vor allem auf Erkenntnisse des Autors aufgrund vieler in den letzten 15 Jahren gemachten Clusteranalysen mit Ratingskalen.

Variablen, die selber nicht zur Typenbildung benutzt wurden. Für eine Interpretation ist es häufig ausreichend, daß hinsichtlich der zur Typisierung verwendeten Merkmale homogene und voneinander deutlich getrennte Typen vorliegen. Ob man eine solche Typologie gefunden hat, läßt sich bis zu einem gewissen Grad an verfahrenspezifischen Kriterien überprüfen. Insbesondere die Auswertung von typenspezifischen Kenngrößen, wie Mittelwert und Streuung, geben über die Trennung der gefundenen Typen Aufschluß (siehe ebenda).

Bei Clusteranalysen werden die Objekte auf der Basis von Ähnlichkeiten oder Distanzen so gruppiert, daß die Unterschiede der Objekte eines Clusters möglichst klein und die Unterschiede zwischen den Clustern möglichst groß sind. Um diese Homogenität innerhalb der Cluster und die Heterogenität zwischen den Clustern zu erreichen, gilt es, je nach Sachverhalt und Verfahren, bestimmte Ähnlichkeits- und Distanzmaße heranzuziehen (wie z.B. im folgenden die quadrierte euklidische Distanz).

Problem wechselseitig korrelierender Merkmale bei Clusteranalysen

Im folgenden wird ein wichtiges – oft unterschätztes – Problem bei der Clusteranalyse behandelt (vgl. Bortz, 1989: 689; Kaufman, 1985: 470, 471; Bacher, 1996: 194-198). Die Merkmale der untersuchten Objekte korrelieren in der Regel mehr oder weniger hoch miteinander; dies hat zur Folge, daß Eigenschaften, die durch mehrere, wechselseitig korrelierte Merkmale erfaßt werden, die Distanzbestimmung stärker beeinflussen als Eigenschaften, die durch einzelne, von einander unabhängige Merkmale erfaßt werden. Man kann aus inhaltlichen Gründen diese empirische Korrelation bestehen lassen (vgl. Bacher, 1996: 194-198). Bei Merkmalen, die anhand von Befragungen von Personen ermittelt wurden (wie Einstellungen, Meinungen, Beurteilungen), sind solche inhaltlichen Gründe kaum vorstellbar. Bei der Clusterung von Rating-Skalen ist eine ungleiche Gewichtung verschiedener Eigenschaften inhaltlich auf keinen Fall zu rechtfertigen. Somit ist dafür Sorge zu tragen, daß die Distanzbestimmung nur auf unkorrelierten Merkmalen basiert. Um dieses zu gewährleisten, müssen vor den Clusteranalysen mit explorativen Hauptkomponenten- bzw. Faktorenanalysen Hauptkomponenten- bzw. Faktorenwerte berechnet werden.

Hauptkomponentenanalyse vs. Faktorenanalyse

Viele werden sich bestimmt wundern, daß hier der Gegensatz von Hauptkomponentenanalyse und Faktorenanalyse aufgemacht wird. In den deutschsprachigen sozialwissenschaftlichen Methoden- und Statistiklehrbüchern wird die Hauptkomponentenanalyse immer und in den entsprechenden englischsprachigen Lehrbüchern überwiegend als Spezialfall der Faktorenanalyse angesehen. In anderen wissenschaftlichen Disziplinen (z.B. der Ökonometrie, Mathematik) werden sie als zwei unterschiedliche statistische Verfahren betrachtet: mathematisch sind es auch zwei völlig unterschiedliche Verfahren (zum Gegensatz von Hauptkomponenten und Faktorenanalyse siehe ausführlich: Jolliffe, 1986: 115-128; Jackson, 1991: 388-423; vgl. auch Dunteman, 1989: 55-64; Pedhazur/Pedhazur Schmelkin, 1991: 597-599). Beide Verfahren dienen zur Reduktion der Information von Daten, genauer gesagt der Reduktion von Kovarianz- oder Korrelationsmatrizen. Während die Hauptkomponentenanalyse aber Variabilität, d.h. totale Varianz erklärt, erklärt die Faktorenanalyse Struktur, d.h. also gemeinsame Varianz. In anderen Worten: Bei der Faktorenanalyse wird ein bestimmtes Modell unterstellt: die Faktoren sind latente Variablen, die einen gemeinsamen Anteil Varianz erklären, daneben gibt es in einem solchen Modell zusätzlich einen restlichen Anteil nicht erklärter Varianz. Eine Hauptkomponentenanalyse unterliegt nicht einem solchen Modell: Es wird immer die gesamte Varianz erklärt. Eine weitere wichtige Differenz zwischen Hauptkomponenten- und Faktorenanalysen ist, daß es zwischen den Hauptkomponenten und Variablen einen direkten linearen Zusammenhang gibt, die Faktoren dagegen nicht in einem direkten linearen Zusammenhang zu den Variablen stehen; bei einer Faktorenanalyse stehen die Variablen in einem linearen Zusammenhang mit den gemeinsamen Faktoren, abgesehen von den Fehlertermen. Dies bedeutet, daß es bei einer Faktorenanalyse immer einen gemeinsamen Faktor geben muß: Mindestens zwei Variablen müssen einen Faktor bilden, während bei einer Hauptkomponentenanalyse auch cine Variable eine Hauptkomponente bilden kann. Aus diesem Grund kommt es in der empirischen Praxis immer wieder vor, daß Forscher einzelne Variablen, die eine eigene Dimension abbilden, aus der Analyse herausnehmen, selbst wenn sie eine Hauptkomponentenanalyse anwenden, weil sie davon ausgehen, eine Faktorenanalyse zu rechnen und dabei die Bedingung des gemeinsamen Faktors berücksichtigen zu haben.

Mathematisch gesehen unterscheiden sich die Hauptkomponentenanalyse und die Faktorenanalyse noch an vielen Punkten, die hier aber nicht weiter aufgeführt werden (vgl. ebenda). Die Vorteile liegen eindeutig bei der Hauptkomponentenanalyse. Trotz dieser Differenzen von Hauptkomponentenanalyse und Faktorenanalyse heißt es nicht, daß sie nicht zu identischen oder ähnlichen Ergebissen kommen. Ganz oft ist dies der Fall: es hängt von der Art der Faktorenmethode und der Datenstruktur ab. Man sollte sich nur der Differenz bewußt sein. Faktorenanalysen werden fast ausschließlich in den Sozialwissenschaften, vor allem in der Psychologie angewandt. Aber auch dort überwiegen deutlich die Hauptkomponentenanalysen. Dies ist darin begründet, daß die Hauptkomponentenanalyse in den gängigen Statistikprogrammen (wie BMDP, SAS, SPSS) als Voreinstellung für Faktorenanalyseprozeduren implementiert ist. In den Handbüchern dieser Statistikprogramme wird die Hauptkomponentenanalyse als die wichtigste Methode für die Faktorenanalyse deklariert.

Entscheidungen bei Hauptkomponentenanalysen

Bei der Hauptkomponentenanalyse sind u.a. folgende zwei Entscheidungen zu treffen (vgl. Kaufman, 1985: 471 ff):[12]

1. Hauptkomponentenanalyse mit oder ohne Rotation
2. Anzahl der zu extrahierenden Hauptkomponenten (Stopping-Rule)

Hauptkomponentenanalyse mit oder ohne Rotation

Zuerst die am einfachsten zu entscheidene Frage: In den Sozialwissenschaften werden fast ausschließlich Hauptkomponentenanalysen mit einer anschließenden Rotation gerechnet. Ziel der Rotation ist es, eine Hauptkomponentenmatrix mit einer Einfachstruktur zu erhalten; d.h., daß jedes Merkmal nur auf einer Hauptkomponenten eine hohe Ladung hat. Nur so lassen sich – in den Sozialwissenschaften (vgl. Jackson, 1991: 165) – Hauptkomponenten und auch im nachhinein Clusteranalysen inhaltlich interpretieren. Dies muß aber noch nicht grundsätzlich heißen, daß Clusteranalysen mit Hauptkomponentenwerte einer rotierten Lösung besser sind; es zeigt sich aber, daß es wohl in den Sozialwissenschaften der Regelfall ist (siehe Kaufman, 1985: 471 ff.[13]; vgl. Bacher, 1996: 197, 198). Nur mit einer Hauptkomponentenanalyse mit einer orthogonalen Rotation können nicht miteinander korrelierende Hauptkomponentenwerte berechnet werden. Als orthogonale Transformation hat sich die Varimax-Methode (Kaiser, 1958) als Standardmethode bewährt (vgl. Jackson, 1991: 161-163). Die Rotation ist orginär für die Faktorenanalyse entwickelt worden; sie läßt sich aber auch genau so gut für die Hauptkomponentenanalyse anwenden[14] (vgl: Jackson, 1991: 155 ff.; Dunteman, 1989: 48 ff.).

Anzahl der zu extrahierenden Hauptkomponenten (Stopping-Rule)

Für die Anzahl der zu extrahierenden Hauptkomponenten gibt es keine Regel! Dies mag jetzt viele wieder verwundern, denn in den sozialwissenschaftlichen Methoden- und Statistikbüchern werden entsprechende (Faust-)Regeln beschrieben. Die am meisten angewandte und propagierte Faustregel (Rule of thumb), die auch in den gängigen Statistikprogrammen als Voreinstellung implementiert ist, ist das Eigenwert-größer-Eins-Kriterium. Das Eigenwert-größer-Eins-Kriterium zur Bestimmung der Anzahl von Hauptkomponenten/Faktoren wird häufig als Kaiser-Kriterium bzw. richtigerweise als Kaiser-Guttman-Kriterium bezeichnet. Als Begründung für dieses Kriterium wird

[12] Die gleichen Entscheidungen sind auch für Faktorenanalysen zu treffen.

[13] Aufgrund eigener Erfahrungen kommt der Autor zum gleichen Schluß wie Kaufman bei seinen Simulationsstudien.

[14] Auch wenn dies teilweise ziemlich pauschal – ohne Begründung – verneint wird (vgl. z.B. Pedhazur/Pedhazur Schmelkin, 1991: 598/599).

durchweg in den Methoden- und Statistikbüchern aufgeführt, daß Faktoren, deren Varianzerklärungsanteil über alle Variablen kleiner als Eins ist, weniger Varianz erklären als durch die entsprechende Variable selbst erklärt wird, denn die Varianz einer Variablen hat ja den Wert Eins. Diese sophistische Erklärung (vgl. Kim/Mueller, 1978: 43; Krzanowski/Marriott, 1994: 82) ist nicht auf Kaiser zurückzuführen, sondern auf Guttmann (1954), der dies für Faktorenanalysen als untere Grenze für gemeinsame Faktoren definierte. Die eigentliche Begründung von Kaiser (1960) ist die, daß es bei einem Eigenwert kleiner als Eins bei Faktoren zu negativen Reliabilitätskoeffizienten (nach Kuder-Richardson) kommen kann; darüber gibt es in der Psychometrie heftige und strittige Kontroversen (vgl. Cliff, 1988; Tzeng, 1992; Kaiser, 1992). In der allgemeinen Mathematik und Statistik werden solche Ad-Hoc-Faustregeln, wie sie insbesondere in den Sozialwissenschaften angewendet werden, als Quick and Dirty (vgl. Jackson, 1991: 45 ff.) bezeichnet. Als Quick and Dirty Methoden für Stopping-Rules sind auch der Scree-Test und die Broken-Stick-Methode anzusehen, die vor allem in der Psychologie (dies gilt insbesondere für den Scree-Test) als alternative Stopping-Rules benutzt werden. Zurück zum Kaiser-Guttman-Kriterium: Es ist von Anfang an heftig attakiert worden. Es ist seit den 60er Jahren anhand vieler Simulationsstudien nachgewiesen worden, daß es viel zu unflexibel ist. Das Kaiser-Guttman-Kriterium unterschätzt i.d.R. die Anzahl der zu extrahierenden Hauptkomponenten/Faktoren (vgl. Joliffe, 1986: 94f.).[15] Es gibt eine Vielzahl an Kriterien, auch mehr mathematisch relevante; diese sind für den sozialwissenschaftlichen Anwender kaum einzusetzen, da sie nicht den Statistikprogrammen implementiert sind und auch nicht so einfach zu berechnen sind; außerdem sind sie nicht für alle Datenstrukturen gleich relevant. Letztendlich sind die Hauptkomponenten- und Faktorenanalyse explorative Methoden; in der empirischen Praxis gibt es – im Gegensatz zu einer konstruierten – keine wahren Lösungen und insbesondere keine eindeutigen Kriterien für die Anzahl der zu extrahierenden Hauptkomponenten/Faktoren. Schon 1966 merkte Cattell (S. 273) richtig an: »There is no such things as the true number of factors to extract«. Man sollte die für die eigene Fragestellung am besten geeignete Lösung heranziehen (vgl. Dunteman, 1989: 22f., 40; Jackson, 1991: 56ff.). Dies kann man in bezug auf die Kombination mit Clusteranalysen häufig erst nach

[15] Dies bestätigen auch in bezug auf soziologische Fragestellungen viele Analysen des Autors. In bezug auf psychologische Testverfahren kommt das Kaiser-Guttman-Kriterium, abhängig von der Datenstruktur, häufig auch zur Überschätzung der Anzahl der zu extrahierenden Hauptkomponenten/Faktoren: letztendlich über- bzw. unterschätzt das Kaiser-Guttman-Kriterium die Anzahl der zu extrahierenden Hauptkomponenten/Faktoren bei psychologischen Testverfahren (vgl. Cliff, 1988; Tzeng, 1992); es kommt sehr selten zur Schätzung der richtigen Anzahl.

mehreren Clusteranalysen, die auf der Grundlage unterschiedlicher Hauptkomponentenlösungen gerechnet werden, entscheiden.

Fehlende Werte bei der Hauptkomponentenanalyse

Eine weitere Entscheidung betrifft die Behandlung von fehlenden Werten: Auch dafür gibt es keine Regel. Natürlich sollten Objekte, die überwiegend oder nur fehlende Werte bei den Rating-Skalen haben, aus der Analyse ausgeschlossen werden. Fehlen hin und wieder einige Werte, empfiehlt sich folgende Vorgehensweise: Berechnen einer Hauptkomponentenanalyse auf der Basis einer paarweise erstellten Korrelationsmatrix, anschließend eine Hauptkomponentenanalyse rechnen, bei der die fehlenden Werte durch den arithmetischen Mittelwert ersetzt werden. Sind beide Lösungen identisch, können die fehlenden Werte durch den arithmetischen Mittelwert ersetzt werden; kommt es zu unterschiedlichen Hauptkomponentenstrukturen, sind entweder zu viele Objekte mit fehlenden Werten bzw. Objekte mit zu vielen fehlenden Werten in der Analyse. Entsprechende Objekte müssen dann aus der Analyse ausgeschlossen werden.

Berechnung von Hauptkomponentenwerte

Zur Durchführung der Clusteranalyse müssen die Ausprägungen der extrahierten orthogonalen Hauptkomponenten, die sog. Hauptkomponentenwerte, für jedes Objekt berechnet werden. Die Berechnung von Hauptkomponentenwerten ist – im Gegensatz zu Faktorenwerten – sehr einfach. Mit einer OLS-Regression[16] werden Regressionskoeffizienten für die einzelnen (unabhängigen) Variablen für jede Hauptkomponente (als abhängige Variable) bestimmt. Mit den Regressionskoeffizienten und z-standardisierten Variablen[17] können dann die z-standardisierten Hauptkomponentenwerte berechnet werden (vgl. Johnson/Wichern, 1988: 410f.; SPSS Inc., 1997b: 303). Die Berechnung von Faktorenwerten ist wesentlich schwieriger, sie können nicht direkt berechnet sondern nur geschätzt werden, da die Faktoren nicht in einem direkten Zusammenhang mit den Variablen stehen (s.o.). Faktorenwerte sind im Gegensatz zu Hauptkomponentenwerten nicht eindeutig. Somit ist die Berechnung von Hauptkomponentenwerten gegenüber Faktorenwerten vorzuziehen (vgl. Jackson, 1991: 407f.; Johnson/Wichern, 1988: 409 ff.).

---

[16] OLS-Regression = Ordinary-Least-Spuares-(Kleinst-Quadrate-)Regression (vgl. z.B. Johnson/Wichern, 1988: 273 ff.; Stier, 1996: 239 ff.)

[17] Zur Erinnerung: eine z-standardisierte Variable hat einen Mittelwert von 0 und eine Streuung (Standardabweichung) von 1 (vgl. z.B. Hays, 1973: 251-253; Bortz/Döring, 1995: 387).

Hauptkomponentenanalyse zweiter Ordnung

Jetzt soll kurz ein sehr selten angesprochenes Problem aufgegriffen werden: Häufig werden Typologien anhand einer Vielzahl von Variablen gebildet, die zu jeweils bestimmten Variablengruppen gehören. Die Hauptkomponentenanalysen werden dann nach den Variablengruppen getrennt durchgeführt und anschließend die Clusteranalysen gerechnet (insbesondere in der Lebensstilforschung: vgl. z.B. Spellerberg, 1994, 1996a). Diese gängige Praxis ist nicht unproblematisch, da dann die Hauptkomponentenwerte aus verschiedenen Variablengruppen miteinander korrelieren können, was nicht selten vorkommt. Eine Möglichkeit wäre, eine Hauptkomponentenanalyse mit allen Variablen durchzuführen; dies geht selten gut: bei einer sehr großen Anzahl von Variablen laden viele Variablen (mit einer eher mäßigen Ladung) auf zwei oder mehr Hauptkomponenten. Es empfiehlt sich hier, mit den Hauptkomponenten, die nach getrennten Variablengruppen ermittelt wurden, eine weitere Hauptkomponentenanalyse durchzuführen (Hauptkomponentenanalyse zweiter Ordnung).

Problematik von Indexbildung

In dem Zusammenhang mit der Bildung von Hauptkomponenten- und Faktorenwerten noch eine Anmerkung zur Indexbildung: In der sozialwissenschaftlichen insbesondere psychologischen Empirie werden häufig auf der Basis von Hauptkomponenten- und Faktorenlösungen Indices gebildet; dazu wird hier auch die Likert-Technik gezählt. Dabei werden dann die auf einer Dimension hochladenen Variablen zu einem Index zusammengefaßt. Dies ist sehr problematisch, denn die Variablen messen im hohen Maße identische Merkmale. Da aber bei einer Indexbildung alle Variablen das gleiche Gewicht haben, werden bestimmte Merkmale über- bzw. untergewichtet. Dazu ein abstraktes Beispiel: Angenommen werden drei Variablen: x_1, x_2, und x_3. Alle drei Variablen laden auf einer Dimension: x_1 und x_2 mit .70, x_3 mit .60; die Korrelation zwischen x_1 und x_2 ist .90, die von x_3 mit x_1 und x_2 beträgt jeweils .30; d.h., daß x_1 und x_2 insbesondere ein gemeinsames Merkmal y_1 messen, x_3 insbesondere das Merkmal y_2 mißt. Bildet man nun einen gemeinsamen Index, würde das Merkmal y_1 mit einer viel zu starken Gewichtung in diesem Index eingehen. Letztendlich kommt es bei einer Indexbildung von Rating-Skalen immer zu einer Ungleichgewichtung, mal mehr und mal weniger. Dies kann man nie wirklich vermeiden. Durch die Berechnung von Hauptkomponenten- bzw. Faktorenwerte wird eine Ungleichgewichtung vermieden.

Hierarchische Clusteranalyse nach Ward

Hierarchische Clusteranalysen nach der Methode von Ward (1963; Ward/Hook, 1963) sind in der sozialwissenschaftlichen Forschung sehr populär, da sie die hierarchische Methode ist, mit der besonders homogene Clu-

Clusterlösungen gefunden werden können (siehe Anderberg, 1973: 142ff.; Wishart, 1999: 18, 28f.). In der Literatur wird der Ward-Methode hin und wieder unterstellt, daß sie dazu tendiert, gleich große Cluster zu bilden, daß sie keine kleinen Cluster findet und somit nicht geeignet ist, Clusterlösungen mit unterschiedlich großen Cluster zu finden (vgl. Bortz, 1989: 144; Backhaus u.a., 1987: 144): Wie auch immer diese Aussage zustande gekommen ist, sie stimmt so nicht. Mit der Ward-Methode werden in der sozialwissenschaftlichen Forschung immer wieder gute und brauchbare Clusterlösungen erzielt (siehe (mit weiteren Literaturhinweisen) Kaufman, 1985: 477)[18].

Es liegt aber in der Natur hierarchischer Clusteranalysen, daß sie nicht immer zu optimalen und letztendlich trennscharfen Clusterlösungen führen (vgl. Wishart, 1999: 37). Auch hierarchische Clusterlösungen nach der Ward-Methode lassen sich fast immer noch optimieren. Dies ist seit langem bekannt (vgl. Anderberg, 1973: 43f., 145). Das Problem wird jetzt kurz erklärt:

Zur Beginn einer hierarchischen Clusteranalyse bildet jedes Objekt ein eigenes Cluster. Man berechnet die paarweisen Distanzen[19] zwischen allen Objekten und fusioniert diejenigen zwei Objekte zu einem Cluster, die die kleinste Distanz aufweisen. Dadurch reduziert sich die Anzahl der Cluster um eins. Die Clusterdistanzen der verbleibenden Cluster werden erneut verglichen, um wieder diejenigen zwei Cluster, die eine minimale Distanz aufweisen, zusammenzufassen. Mit jedem Schritt reduziert sich die Anzahl der Cluster um eins, bis schließlich im letzten Schritt alle Objekte in einem Cluster zusammengefaßt sind. Dieses Verfahren hat den Nachteil, daß ein Objekt, wenn es einmal einem Cluster zugeordnet ist, es aus diesem nicht wieder entfernt werden kann, auch wenn im weiteren Fusionsprozeß sinnvoll einem anderen Cluster zugeordnet werden könnte.

Iteratives (K-Means-)Verfahren nach dem Varianzkriterium

Deshalb kann man die hierarchischen Clusterlösungen unter Anwendung eines iterativen Clusterverfahrens mit dem Varianzkriterium »Increase in Sum of Squares« (entspricht der Ward-Methode) anhand eines Algorithmus von Wishart deutlich verbessern (vgl. Wishart, 1987: 145f., 196; 1999: 28f., 35ff.). Iterative Clusterverfahren nach einem Varianzkriterium werden inzwischen generell als K-Means-Verfahren bezeichnet (Bacher, 1996: 308ff.).[20] Auch Wishart (1999: 37f.) bezeichnet sein Verfahren als K-Means-

[18] Dem kann der Autor aufgrund seit 15 Jahren gemachter Erfahrungen mit der Ward-Methode und umfangreicher Literaturkenntnisse von sozialwissenschaftlicher Forschung, bei der Clusteranalysen nach der Ward-Methode angewandt wurden, voll zustimmen.

[19] Bei der Ward-Methode und den anschließend beschriebenen iterativen Verfahren nach dem Varianzkriterium muß die quadrierte euklidische Distanz verwendet werden.

[20] Ursprünglich bezog sich der Terminus »K-Means« nur auf die Methode von MacQueen (1967; vgl. Anderberg, 1973: 162; Sneath/Sokal, 1973: 206).

Verfahren. In dem iterativen Verfahren wird versucht, die hierarchische Clusterlösung durch schrittweises Verschieben der einzelnen Objekte von einem Cluster zu einem anderen zu verbessern. Der Prozeß ist beendet, wenn sich ein Cluster durch weiteres Verschieben von Objekten nicht mehr verbessern läßt. Somit lassen sich mit dem Algorithmus von Wishart trennscharfe Clusterlösungen erzielen. Es sei angemerkt, daß das in den gängigen Statistikprogrammen implementierte iterative Quick-K-Means-Verfahren (vgl. z.B. SPSS Inc., 1997a: 448f.) weder zu homogenen noch trennscharfen Lösungen führt. Der dabei verwendete Algorithmus von MacQueen (1967) führt zu sehr zufälligen und willkürlichen Ergebnissen, abhängig von der Reihenfolge der Daten (vgl. Anderberg, 1973: 162f.; Bacher, 1996: 340ff.; Bortz, 1989: 702ff.).[21]

Ideale Anzahl an Cluster

Abschließend stellt sich die Frage nach der idealen Clusteranzahl. Um dies zu bestimmen, gibt es zwar entsprechende Kriterien. So ist bei dem Ward-Verfahren die mathematisch beste Lösung unterhalb des größten Sprungs des Fusionskoeffizienten: Beim Ward-Verfahren steigt der Fusionskoeffizient bei jedem Fusionsschritt; es ist gleichbedeutend mit einer Zunahme der Fehlerquadratsumme und der Heterogenität. Diese Zunahme sollte man nur als Anhaltspunkt sehen: Für sozialwissenschaftliche Fragestellungen führt dies eher zu einer zu geringen Anzahl an Clustern. Des weiteren gibt es auch statistische Kennwerte zur Bestimmung der Clusterzahl, auf die hier aber nicht weiter eingegangen werden soll (vgl. Bacher, 1996: 316ff.). Auch hier gilt, daß sie nur als Anhaltspunkt dienen können. Man sollte sich unterschiedliche Clusterlösungen anschauen und anhand von clusterspezifischen Kenngrößen, wie Mittelwert und Streuung von Variablen, seine Entscheidung treffen. Letztendlich ist entscheidend, eine trennscharfe Clusterlösung vorausgesetzt, welche der gefundenen Lösungen für die eigene Fragestellung am brauchbarsten ist.

Schlußbemerkung

Im vorliegenden Beitrag wurde eine explorative Vorgehensweise zur Typenbildung anhand von Rating-Skalen vorgestellt. Diese Vorgehensweise ver-

[21] Eine alternative Methode ist, die hierarchischen Clusterlösungen mit einer Diskriminanz-Analyse zu überprüfen und ggf. zu verbessern (vgl. Decker/Temme, 1998). Dies macht dann einen Sinn, wenn ein entsprechendes Clusterspezialprogramm für iterative Verfahren nach dem Varianzkriterium (wie z.B. Clustan, Clustan Graphics) nicht zur Verfügung steht (die gängigen Statistikprogramme wie z.B. SAS, SPSS haben keine entsprechende Prozedur); die Ergebnisse sind nicht so gut und trennscharf wie bei einem iterativen Verfahren nach dem Varianzkriterium, aber (nach Erfahrungen des Autors) besser als die eines iterativen Quick-K-Means-Verfahren.

bindet Hauptkomponentenanalysen mit hierarchischen Clusteranalysen nach der Ward-Methode und abschließenden iterativen Clusterverfahren nach dem Varianzkriterium. Es wurden unterschiedliche Fragen und Probleme, die bei der Umsetzung dieses Verfahrens auftreten, diskutiert. Letztendlich ist dieser Beitrag ein Plädoyer für eine pragmatische an Inhalten orientierte Vorgehensweise bei der Anwendung von Hauptkomponeten- und Clusteranalysen und gegen eine sich an pseudo-formalen Faustregeln (Quick- und Dirty-Methoden) orientierte gängige Praxis in den Sozialwissenschaften: Es sollen nur die wirklich relevanten mathematischen Kriterien als Regel herangezogen werden, ansonsten soll man die für die eigene Fragestellung am besten geeigneten Lösungen explorieren; dies führt sicherlich zu einer deutlichen Mehrarbeit an empirischen Analysen, aber man verspielt nicht die Möglichkeit bzw. eher die Wahrscheinlichkeit, die für die eigene Fragestellung besten Antworten zu bekommen.

Literatur

Anderberg, M. R., 1973: Cluster Analysis for Applications. New York, London: Academic Press.

Atteslander, P., 1995: Methoden der empirischen Sozialforschung. Berlin, New York: de Gryter. 8. bearbeitete Auflage.

Bacher, J., 1996: Clusteranalyse. München, Wien: Oldenbourg. 2. ergänzte Auflage.

Backhaus, K./ Erichson, B./ Plinke, W./ Schuchard-Ficher, C./ Weiber, R., 1987: Multivariate Analysemethoden. Eine anwendungsorientierte Einführung. Berlin u.a.: Springer. 4. neu bearb. Auflage.

Bettmer, F./ Brüggemann, K./ Flösser, G./ Micheel, H.-G./ Otto, H.-U./ Prüß, F./ Schmidt, M., 1994: Jugendhilfe im Umbruch. Chancen für den Aufbau lebenslagenbezogener Hilfe- und Unterstützungsleistungen? Forschungsdesign und erste Ergebnisse. Universität Bielefeld, SFB 227, Preprint Nr. 88.

Borgatta, E. F./ Bohrnstedt, G. W., 1980: Level of Measurement – Once Over Again. Sociological Methods and Research, 9: 147-160.

Bortz, J., 1989: Statistik für Sozialwissenschaftler. Berlin: Springer. 3. Auflage.

Bortz, J./ Döring, N., 1995: Forschungsmethoden und Evaluation. Berlin: Springer. 2. vollständig überarbeitete und aktualisierte Auflage.

Brüggemann-Helmold, K./ Hanssen, K./ Micheel, H.-G./ Schmidt, M./ Wagenblass, S., 1996: Psychosoziale Belastungen und soziale Unterstützungssysteme. Eine empirische Rekonstruktion der Vielfältigkeit des Hilfe- und Unterstützungsbedarfs junger Menschen. In: Zeitschrift für Pädagogik, 42 Jg., Nr. 6: 811-830.

Brüggemann-Helmold, K./ Micheel, H.-G./ Olk, T./ Otto, H.-U./ Schmidt, M., 1997: Lebenslagen und soziale Unterstützungssysteme – Herausforderung für die Jugendhilfe. Zur Situation junger Menschen und ihrer Familien in Sachsen-Anhalt. In: Hauser, R./Olk, Th. (Hrsg): Soziale Sicherheit für alle? Opladen: Leske + Budrich: 221-263.

Cattell, R. B., 1966: The Scree Test For The Number Of Factors. Multivariate Behavioural Research 1: 245-276.

Cliff, N., 1988: The Eigenvalues-Greater-Than-One Rule and the Reliability of Components. Psychological Bulletin 103 : 276-279.

Coombs, C. H., 1964: A thoery of data. New York u.a.: Wiley.

Decker, R./ Temme, T., 1998: Einsatzmöglichkeit der Diskriminanzanalyse in der Marktforschung. Diskussionspapier. Fakultät für Wirtschaftswissenschaften. Universität Bielefeld

Dunteman, G. H., 1989: Principal components analysis . Newbury Park u.a.: Sage.

Fisz, M., 1963: Probability Theory and Mathematical Statistics. New York u.a.: Wiley, 3. Auflage.

Fleming, M. C./ Nellis, J. G., 1994: Principles of Applied Statistics. London, New York: Routledge.

Flösser, G./ Markert, A./ Micheel, H.-G./ Otto, H.-U./ Petersen, K. u.a., 1994: Präventive Jugendhilfe: Ihre Adressaten als Potential für eine effektive Bewältigung psycho-sozialer Probleme. Forschungsdesign und erste Ergebnisse. Universität Bielefeld, SFB 227, Preprint Nr.82.

Friedrichs, J., 1990: Methoden empirischer Sozialforschung. Opladen: Westdeutscher Verlag. 14. Auflage.

Gigerenzer, G., 1981: Messung und Modellbildung in der Psychologie. München, Basel: Reinhardt UTB.

Greene, W. H., 1990: Econometric Analysis. New York: Macmillan.

Guttman, L., 1954: Some necessary and sufficient conditions for common factor analysis. Psychometrika 19: 149-161.

Hanssen, K./ Micheel, H.-G./ Wagenblass, S., 1998: Jugendgewalt als komplexes Phänomen – Eine modelltheoretische Analyse zur empirischen Bestimmung von Gewaltakzeptanz. In: Neue Praxis, 28. Jg., Heft 6: 556-577.

Hays, W. L., 1973: Statistics for the Social Sciences. London u.a: Holt, Rinehart and Winston, 2. Auflage.

Heitmeyer, W./ Collmann, B./ Conrad, J./ Matuschek, J./ Kraul, D./ Kühnel, W./ Möller, R./ Ulbrich-Herrmann, M., 1995: Gewalt: Schattenseiten der Individualisierung bei Jugendlichen aus unterschiedlichen Milieus. Weinheim u.a.: Juventa.

Hochstädter, D., 1991: Statistische Methodenlehre: Ein Lehrbuch für Wirtschafts- und Sozialwissenschaftler. Frankfurt/M., Thun: Deutsch, 7. ueb. u. erw. Auflage.

Jackson, J. E., 1991: A user's guid to principal components. New York u.a.: Wiley.

Jäpel, W., 1985: Die Qualität alternativer Rating-Formen und ihre Einflußgrößen. Dissertation Universität Regensburg.

Johnson, R. A./ Wichern D. W., 1988: Applied Multivariate Statistical Analysis. Englewood Cliffs: Prentice Hall, 2. Auflage.

Jolliffe, I. T., 1986: Principal Component Analysis. New York u.a.: Springer.

Kaiser, H. F., 1958: The Varimax Criterion for Analytic Rotation in Factors Analysis. Psychometrika 23: 187-200.

Kaiser, H. F., 1960: The application of electronic computers to factor analysis. Educational and Psychological Measurement 20: 141-151.

Kaiser, H. F., 1992: On Cliff's Formula, the Kaiser-Guttmann Rule, and the number of factors. Perceptual and Motor Skills 74: 595-598.

Kaufman, R. L., 1985: Issues In Multivariate Cluster Analysis. Some Simulation Results. Sociological Methods and Research 13: 467-486.

Kaufmann, H./ Pape, H., 1984: Clusteranalyse. In: Fahrmeier, L./ Hamerle, A. (Hrsg.). Multivariate statistische Verfahren. Berlin, New York: de Gruyter: 371 – 472.

Kim, J.-O./ Mueller, C. W., 1976: Factor Analysis. Statistical Methods and Practical Issues. Newbury Park u.a.: Sage.

Klocke, A., 1993: Sozialer Wandel, Sozialstruktur und Lebensstile in der Bundesrepublik Deutschland. Frankfurt am Main u.a.: Lang.

Krzanowski, W. J./ Marriott .F. H. C., 1994: Multivariate analysis. Part I. Distributions, ordination and inference. London, Melbourne, Auckland: Arnold.

Lord, F., 1953: On the Statistical Treatment of Football Numbers. American Psychologist, 8: 750-751.

Lüdtke, H., 1989: Expressive Ungleichheit. Zur Soziologie der Lebensstile. Opladen: Leske und Budrich.
MacQueen, J. B., 1967: Some Methods of Classification and Analysis of Multivariate Observations. In: Le Cam, L. M./ Neyman, J. (Hrsg.). Proceedings of Fifth Berkeley Symposium on Mathematical Statistics and Probability. Vol. I. Berkeley, Los Angeles: University of California Press: 281-297.
Markert; A./ Wagenblass:, 1998: Modernizing the Youth Welfare System: The Forgotten Perspective of the Clients. In: Flösser, G./ Otto, H.-U. (Hrsg.). Towards More Democracy in Social Services. Models of Culture and Welfare. Berlin, New York: de Gruyter: 263-269.
Mohr, L. B., 1993: Understanding Significance Testing. In: Lewis-Beck, M. S. (Hrsg.). Basic Statistics. International Handbooks of Quantitative Applications in the Social Sciens, Vol. 2. London: Sage Publications, Toppan Publishing: 89-157.
Mosteller, F./ Tukey, J. W., 1977: Data analysis and regression: a second course in statistics. Reading, Mass. u.a.: Addison-Wesley.
Otto, H.-U., 1991: Sozialarbeit zwischen Routine und Innovation. Berlin, New York: de Gruyter.
Orth, B., 1979: Rating-Verfahren und Größenschätzmethode: Skalenniveau und funktionale Zusammenhänge zwischen Skalen. Dissertation Universität Kiel.
Pedhazur, E. J./ Pedhazur Schmelin, L., 1991: Measurement, Design, and Analysis: An Integrated Approach. Hillsdale, London: Lawrence Erlbaum.
Petersen, K., 1999: Neuorientierung im Jugendamt. Dienstleistungshandeln als professionelles Konzept sozialer Arbeit. Neuwied: Luchterhand.
Roscoe, J. T., 1975: Fundamental Research Statistics for the Behavioral Sciences. New York u.a: Holt, Rinehart and Winston, 2. Auflage.
Schmetterer, L., 1966: Einführung in die mathematische Statistik. Wien: Springer, 2. Auflage
Schnell, R./ Hill, P.B./ Esser, E., 1999: Methoden der empirischen Sozialforschung. München, Wien: Oldenbourg, 6. völlig überarb. und erw. Auflage.
Sneath, P. H. A./ Sokal, R. R., 1973: Numerical taxonomy. San Francisco: Freeman and Company.
Schneeweiß, H., 1990: Ökonometrie. Heidelberg: Physica, 4 überarb. Auflage.
Schräpler, J.-P., 1996: Response Style und Response Set. Eine Längsschnittuntersuchung zu den Zufriedenheits- und Einstellungsfragen im Sozio-ökonomischen Panel. Wissenschaftszentrum Berlin. Arbeitspapier FS III 96-405.
Spellerberg, A., 1992: Freizeitverhalten – Werte – Orientierungen. Empirische Analysen zu Elementen von Lebenstilen. Wissenschaftszentrum Berlin. Arbeitspapier FS III 98-403.
Spellerberg, A., 1994: Alltagskultur in Ost- und Westdeutschland. Wissenschaftszentrum Berlin. Arbeitspapier P 94-102.
Spellerberg, A., 1996a: Soziale Differenzierung durch Lebensstile. Eine empirische Untersuchung zur Lebensqualität in West- und Ostdeutschland. Berlin: edition sigma.
Spellerberg, A., 1996b: Lebensstile in Deutschland – Verteilung und Beitrag zur Erklärung unterschiedlichen Wohlbefindens. In: Schwenk, O. G. (Hrsg.). Lebensstil zwischen Sozialstrukturanalyse und Kulturwissenschaft. Opladen: Leske + Budrich: 237-260.
Spellerberg, A., 1996c: Lebensstile, soziale Lage und Wohlbefinden. In: Zapf, W./ Habich, R. (Hrsg.). Wohlfahrtsentwicklung im vereinten Deutschland. Sozialstruktur, sozialer Wandel und Lebensqualität. Berlin: edition sigma: 205-221.
Spellerberg, A./ Berger-Schmitt, R., 1998: Lebensstile im Zeitvergleich: Typologien für West- und Ostdeutschland 1993 und 1996. Wissenschaftszentrum Berlin. Arbeitspapier FS III 98-403.
Stier, W., 1996: Empirische Forschungsmethoden. Berlin u.a.: Springer.
SPSS Inc., 1997a: SPSS 7.5 Statistical Algorithms. Chicago: SPSS Inc.
SPSS Inc., 1997b: SPSS Base 7.5 Applications Guide. Chicago: SPSS Inc.
Stevens, S. S., 1946: On the Theory of Scales of Measurement. Science, 103: 677-680.
Stuart, A./ Ord, J. K., 1993: Kendall's Advanced Theory of Statistics. Vol. 1. Distribution Theory. London u.a.: Edward Arnold, 6. Aufl.

Suppes, P./ Zinnes, J.L., 1963: Basic measurement theory. In: Luce, R. D./ Bush, R. R./ Galanter, E., (Hrsg.). Handbook of mathematical psychology . New York u.a: Wiley.

Togerson, W. S., 1958: Theory and methods of scaling. New York: Wiley.

Tukey, J. W., 1961: Data Analysis and Bevavioral Science or Learning to Bear the Quantitative Man's Burden by Shunning Badmandments. In: Cleveland, W. S. (Hrsg.). The collected works of John W. Tukey. Belmont, Calif. : Wadsworth Advanced Books & Software : 391 – 484.

Tzeng, O. G. S., 1992: On Reliability and number of principal components: joinder with Cliff and Kaiser. Perceptuual and Motor Skills 75: 929-930.

Ulbrich-Herrmann, M., 1996: Gewalt bei Jugendlichen unterschiedlicher Lebensstile. In: Schwenk, O. G. (Hrsg.), Lebensstil zwischen Sozialstrukturanalyse und Kulturwissenschaft. Opladen: Leske + Budrich: 221-234.

Ulbrich-Herrmann, M., 1998: Lebenstile Jugendlicher und Gewalt. Eine Typlogie zur mehrdimensionalen Erklärung eines sozialen Problems. Münster: Lit.

Velleman, P. F./ Wilkinson, L., 1993: Nominal, Ordinal, Interval and Ratio Typologies are Misleading. American Statistician Vol 47: 65-72.

Vester, M., 1998: Soziale Milieus zwischen Individualisierung und Deklassierung. In: Mansel, J./ Brinkhoff, K.-P. (Hrsg.). Armut im Jugendalter. Soziale Ungleichheit, Gettoisierung und die psychosozialen Folgen. Weinheim, München: Juventa: 37-59.

Vester, M./ von Oertzen, P./ Geiling, H./ Hermann, T./ Müller, D., 1993: Soziale Milieus im gesellschaftlichen Strukturwandel. Zwischen Integration und Ausgrenzung. Köln: Bund.

Ward, J. J. H., 1963: Hierarchical Grouping to Optimise an Objective Function. Journal of the American Statistical Association 58: 236-244.

Ward, J. J. H./ Hook, M. E., 1963: Application of an Hierarchical Grouping Procedure to a Problem of Grouping Profiles. Educational and Psychological Measurement 23: 69-82.

Westermann, R., 1985: Empirical Tests of Scale Type for Individual Ratings. Applied Psychological Measurement Vol 9, No. 3: 265-274.

Wishart, D., 1999: Clustan Graphics Primer. A Guide to Cluster Analysis. Edinburgh: Clustan Limited.

Wishart, D., 1987: Clustan User Manual. St. Andrews: University of St. Andrews, 4. Aufl.

Index

Autorinnen und Autoren

SALVATORE PASQUALE ANGILETTA, Dipl. Päd.; KIRSTEN FUCHS, M.A.; PARVIZ ROSTAMPOUR, M.A., wissenschaftliche MitarbeiterInnen, DFG-Projekt Berufsverbleib, Fachbereich 12, Universität Dortmund

LILIAN FRIED, Prof. Dr., Institut für Sozialpädagogik, Erwachsenenbildung und Pädagogik der frühen Kindheit, Fachbereich 12, Universität Dortmund

VOLKER GEDRATH, Dr. phil., Dipl. Päd., Kinder- und Jugendhilfezentrum Gerhard-Tersteegen-Institut, Jugendhilfewohnprojekt für Straßenjugendliche und Jugendschutzhaus »Zinkhütte«, Oberhausen

ANDREAS HANSES, Dr., Fachbereich 11: Human- und Gesundheitswissenschaften, Studiengang Sozialarbeitswissenschaft, Institut für angewandte Biographie und Lebensweltforschung, Universität Bremen

KIRSTEN HANSSEN, Dipl. Soz., wissenschaftliche Mitarbeiterin, Staatsinstitut für Frühpädagogik, Universität München

UDO KELLE, Dr. phil., Institut für Interdisziplinäre Gerontologie, Hochschule Vechta

NADIA KUTSCHER, Dipl. Päd., DfG-Graduiertenkolleg ›Jugendhilfe im Wandel‹, Dortmund / Bielefeld

CHRISTIAN LENHART, Dr., Institut für Sozialpädagogische Forschung Mainz e.V. (ism)

KONRAD MAIER, Prof. Dr., Fachbereich Sozialarbeit, Evangelische Fachhochschule Freiburg i.Br.

JASMIN MAMIER, Dipl. Päd.; LIANE PLUTO, M.A.; ERIC VAN SANTEN, Dipl. Soz.; MIKE SECKINGER, Dipl. Psych., wissenschaftliche MitarbeiterInnen am Deutschen Jugendinstitut, Abteilung I: Jugend und Jugendhilfe, München

HEINZ-GÜNTER MICHEEL, Dr. PD., Arbeitsgruppe Sozialarbeit / Sozialpädagogik, Fakultät für Pädagogik, Universität Bielefeld

GERTRUD OELERICH, Dr. phil., freiberuflich tätig als wissenschaftliche Begleitung und Evaluatorin, Wuppertal

HANS-UWE OTTO, Prof. Dr. Dr. h.c.; Arbeitsgruppe Sozialarbeit / Sozialpädagogik, Fakultät für Pädagogik, Universität Bielefeld

JENS POTHMANN, Dipl. Päd., Wissenschaftlicher Mitarbeiter, Institut für Sozialpädagogik, Erwachsenenbildung und Pädagogik der frühen Kindheit, Fachbereich 12, Universität Dortmund, Arbeitsstelle Kinder- und Jugendhilfestatistik

KARL-HEINZ REUBAND, Prof. Dr., Sozialwissenschaftliches Institut, Heinrich-Heine-Universität Düsseldorf

HELMUT RICHTER, Prof. Dr.; THOMAS COELEN; Dr., ELISABETH MOHR, Dipl. Päd., LUTZ PETERS, Dipl. Pol., Fachbereich Erziehungswissenschaft, Institut für Sozialpädagogik, Freizeitpädagogik und Erwachsenenbildung, Universität Hamburg

ALBERT SCHERR, Prof. Dr., Fachbereich Sozialpädagogik, Fachhochschule Darmstadt

STEFAN SCHNURR, Dr., z.Zt. Vertretung einer Professur für Sozialpädagogik am Institut für Allgemeine Pädagogik und Sozialpädagogik, Universität Rostock

CORNELIA SCHWEPPE, Dr. phil. habil., Dipl. Päd., M.A. (USA), Professorin am Fachbereich Sozialpädagogik der Fachhochschule Darmstadt

PETER SOMMERFELD, Prof. Dr., Fachhochschule Solothurn, Nordwestschweiz

HANSJÖRG SUTTER, Dr., wissenschaftlicher Assistent, Institut für Allgemeine Erziehungswissenschaft, Johann Wolfgang Goethe-Universität, Frankfurt/M.

FRIEDHELM VAHSEN, Prof. Dr., Fachbereich Sozialpädagogik, Fachhochschule Hildesheim

SABINE WAGENBLASS, Dipl. Päd., wissenschaftliche Mitarbeiterin, Institut für Soziale Arbeit e.V., Münster